全国司法职业教育"十三五"规划教材

刑法原理与实务

全国司法职业教育教学指导委员会　审定

主　编◎潘家永

副主编◎李士虎

撰稿人◎（以撰写章节先后为序）

　　　潘家永　马金虎　李士虎

　　　杨翠芬　施秀艳　李永和

　　　代守成　尹　潇　卢　珺

　　　邓江英　曹海清　杨　柳

中国政法大学出版社

2019·北京

图书在版编目（ＣＩＰ）数据

刑法原理与实务/潘家永主编. —北京:中国政法大学出版社,2019.8（2022.1重印）
ISBN 978-7-5620-9115-8

Ⅰ.①刑…　　Ⅱ.①潘…　　Ⅲ.①刑法—中国　　Ⅳ.①D924

中国版本图书馆CIP数据核字(2019)第162931号

出　版　者　　中国政法大学出版社
地　　　址　　北京市海淀区西土城路 25 号
邮寄地址　　北京 100088 信箱 8034 分箱　　邮编 100088
网　　　址　　http://www.cuplpress.com（网络实名：中国政法大学出版社）
电　　　话　　010-58908435(第一编辑部) 58908334(邮购部)
承　　　印　　固安华明印业有限公司
开　　　本　　720mm×960mm　1/16
印　　　张　　31.75
字　　　数　　587 千字
版　　　次　　2019 年 8 月第 1 版
印　　　次　　2022 年 1 月第 5 次印刷
印　　　数　　26001～31000 册
定　　　价　　69.00 元

出 版 说 明

　　为贯彻落实党的十九大精神和习近平总书记关于教育的系列重要讲话要求，充分发挥教材建设在提高人才培养质量中的基础性作用，促进现代司法职业教育改革与发展，全面提高司法职业教育教学质量，全国司法职业教育教学指导委员会于 2017 年 11 月正式启动了司法职业教育"十三五"规划教材的编写工作。

　　本次规划教材编写以习近平新时代中国特色社会主义思想为指导，以司法类专业教学标准为基本依据，以更深入地实施司教融合、校局联盟、校监所（企）合作、德技双修、工学结合为根本途径，强化需求导向和问题导向。在坚持实战、实用、实效原则的基础上，继续完善实行行业指导、双主体团队开发、多方人员参与、院校支持、主编负责、行指委统筹审定、分批次出版的编写工作机制，适时更新教材内容和结构，大力开发大类（专业群）专业基础课程、专业核心课程教材，倡导编写典型案例化、任务项目化教材，并运用现代信息技术创新教材呈现形式，着力加强实训教材和数字化教学资源建设，逐步建立符合我国国情、具有时代特征和行业特色的现代司法职业教育教材体系。本规划教材包括已有规划教材的全新修订、新增专业课程教材和司法类国控专业更新课程教材的编写。在编写内容上，必须顺应新时代、新要求，回应全面深化依法治国，尤其是深入推进司法体制改革的新需求、新期盼，力争符合司法类专业人才培养目标达成需要和相关课程标准要求，与司法职业一线岗位任职标准（岗位技能要求）相衔接，体现"原理与实务相结合"的特点，注重培养学生应用理论、规则解决实际问题的能力。

　　经过全体编写人员的共同努力和出版社编辑们的辛勤付出，现在首批教材已陆续出版，欢迎大家选用，并敬请各使用单位和广大师生在选用过程中提出意见和建议，行指委将及时根据教材评价和使用情况，丰富教材内容，优化教材结构，促进教材质量不断提高。

全国司法职业教育教学指导委员会
2019 年 6 月

编 写 说 明

　　《刑法原理与实务》是为全国高职高专教育公安与司法大类相关专业的刑法课程教学需要而编写。本教材立足我国刑法规定和刑事司法实践，遵循高等职业教育的基本规律，将理论知识讲授与专业技能培养有机结合，力求紧贴行业岗位（群）实践需要，紧贴学生学习和成长需要，满足专业人才培养目标和课程教学目标要求，与职业能力培养相适应，与刑法课程教学相配套。

　　本教材的编写，采用"问题（案例等素材）—理解（法理）—应用（案件分析处理）"的递进层次，侧重学生分析问题和解决问题能力的训练，培养学生的刑事执法能力、诉讼参与能力和刑事法律服务能力。在内容安排方面，以必须、够用为度，以《中华人民共和国刑法》主干的、核心的内容为主体，并适度引述刑事司法解释和刑事司法文件，注重融入刑法教学、刑法理论研究与刑事司法实践的新成果，同时也兼顾了刑法典的完整性。对刑法总则部分的编写，突出介绍基本概念、基本原理、基本制度和常见的实务问题。对刑法分则部分，选取了若干个重点、常见罪名，从概念、构成要件、司法认定和刑事责任四个方面作较全面的介绍，公安与司法类开设刑法课程的各专业，可根据本专业特点和岗位需要，选取适量罪名进行教学。

　　在体例设计方面，力求科学、新颖。全书共二十六章，在每章中以下栏目：一是目标任务，即在每章起首明确学生通过对本章内容的学习所应达到的目的与要求。二是案例，即在每节正文之前设置与本节主要知识点或能力相关的案例，并提出需要思考的问题，以启发学生的学习兴趣和引导学生思考。并在相应的知识点或能力点上解析"案例"，使学生掌握分析问题（案例）的技巧，具备处理问题的能力。三是本章小结，即对本章主要知识点和能力以及应注意的问题等方面进行梳理归纳。四是思考练习和实务训练，即针对教学要求，结合理论和实践，提出有待进一步学习思索的问题；设置一定数量的案例分析题，促进学生提高理论素养和解决实际问题的能力。五是拓展学习，即在每章尾部呈现出一个需要课外阅读和学习的与本章内容相关的二维码，包括网址链接（微课、短视频等）和书目，使学生通过拓展学习深化对本章相关内容的理解和掌握，拓宽视野。

本教材由潘家永教授任主编，李士虎副教授任副主编。全书由潘家永统稿、修改和定稿。由于编者水平有限，领悟能力尚需提升，教材中必有不当之处，敬请谅解和指正。本教材的撰稿分工如下（以撰写章节先后为序）：

潘家永（安徽警官职业学院教授）第一章、第八章、第十六章、第十九章、第二十四章；

马金虎（江苏省司法警官高等职业学校副教授）第二章、第十一章、第十二章；

李士虎（四川司法警官职业学院副教授）第三章、第十八章；

杨翠芬（河北司法警官职业学院教授）第四章、第五章、第二十六章；

施秀艳（黑龙江司法警官职业学院教授）第六章、第七章；

李永和（山西警官职业学院副教授）第九章、第十五章、第二十三章；

代守成（武汉警官职业学院副教授）第十章；

尹　潇（吉林司法警官职业学院讲师）第十三章、第二十五章；

卢　珺（海南政法职业学院副教授）第十四章、第十七章；

邓江英（江西司法警官职业学院教授）第二十章；

曹海清（安徽省肥东县人民法院院长、曾任合肥市中级人民法院刑二庭庭长）第二十一章；

杨　柳（安徽警官职业学院副教授）第二十二章。

本教材的编写，参阅了有关教材、著作和网络媒体资讯，吸收、借鉴了学者、专家的研究成果和行业改革与发展最新成果。安徽警官职业学院领导和中国政法大学出版社对本教材的编写出版给予了大力支持，在此一并表示衷心的感谢。

编　者
2019 年 6 月

图书总码

目录CONTENTS

第一章　刑法概说和刑法基本原则

目标任务

　　了解刑法的特征、根据、任务和体系；掌握刑法的概念和分类，刑法解释的分类标准和各种刑法解释的含义；掌握罪刑法定原则、适用刑法人人平等原则和罪责刑相适应原则的基本含义和基本要求。能够准确认定一起案件是应当由刑法调整还是应当由其他部门法调整，能够运用刑法的基本原则处理实务。

 第一节　刑法概说

【案例】

　　2006 年 4 月 21 日晚 10 时许，山西籍打工青年许某（男，23 周岁）来到广州市天河区黄埔大道广州市商业银行的 ATM 取款机前，持自己不具备透支功能、余额为 176.97 元的银行卡准备取款 100 元。许某无意中输入取款 1000 元的指令，柜员机随即出钞 1000 元。许某经查询，发现账户里只被扣 1 元，意识到柜员机出现异常，于是连续取款 5.4 万元。当晚，许某回到住处，将此事告诉了同伴郭某某（已判刑）。两人随即再次前往提款，之后反复操作多次。经查，许某先后取款 171 笔，合计 17.5 万元。许某携款潜逃一年后被抓获，赃款已被其挥霍。问：什么是民法上的不当得利？本案中，许某的行为所侵犯的银行财产所有权关系，应由刑法调整和保护，还是由民法调整和保护？

一、刑法的概念

　　刑法，是以国家名义规定何种行为是犯罪和应负刑事责任，并给予犯罪人何种刑罚处罚的法律。简言之，刑法是规定犯罪、刑事责任和刑罚的法律。

　　刑法有广义与狭义之分。

狭义的刑法，是指专门地、系统地规定犯罪、刑事责任和刑罚的刑法典。在我国，是指 1979 年 7 月 1 日第五届全国人民代表大会第二次会议通过、1997 年 3 月 14 日第八届全国人民代表大会第五次会议修订的《中华人民共和国刑法》（以下简称《刑法》）。[1] 修订后的刑法典于 1997 年 10 月 1 日生效后的 20 多年间，全国人大常委会以刑法修正案的方式对其进行了修改、补充，先后颁布了 10 个刑法修正案。刑法修正案的内容并不独立于刑法典而存在，而是进入刑法典之中，成为刑法典的有机组成部分。

　　广义的刑法，是指一切规定犯罪、刑事责任和刑罚的法律规范的总和，它包括刑法典、单行刑法和附属刑法规范。

　　1. 刑法典。如前所述。

　　2. 单行刑法。是指国家立法机关为补充、修改刑法典而颁行的，专门规定某种、某类犯罪及其刑事责任、刑罚，或者刑法的某一事项的法律文件。1997 年修订的刑法典施行后，全国人民代表大会常务委员会曾以决定的方式对其作了必要的修改补充，主要是 1998 年 12 月 29 日颁布的《关于惩治骗购外汇、逃汇和非法买卖外汇犯罪的决定》，这是立法机关作出的关于修改、补充刑法典的第一部单行刑法。

　　3. 附属刑法规范。也称"非刑事法律中的刑事责任条款"，是指附带规定于民法、行政法、经济法等非刑事法律文件中的罪刑规范。例如，国务院 2002 年 12 月 1 日施行的《禁止使用童工规定》第 11 条规定："拐骗童工，强迫童工劳动，使用童工从事高空、井下、放射性、高毒、易燃易爆以及国家规定的第四级体力劳动强度的劳动，使用不满 14 周岁的童工，或者造成童工死亡或者严重伤残的，依照刑法关于拐卖儿童罪、强迫劳动罪或者其他罪的规定，依法追究刑事责任。"该条规定就属于附属刑法。由于刑法是其他法律的保护法，因此民法、行政等法律文件中的法律责任章节，一般都设置刑法规范。

　　二、刑法的特征

　　刑法是国家的基本法律之一。刑法作为一个独立的部门法，具有区别于其他法律的特有属性。也就是说，刑法与民法、行政法、经济法等部门法相比较，有以下显著的特征或属性：

　　（一）刑法所规定的内容具有特定性

　　刑法是规定犯罪、刑事责任和刑罚的法律，它所涉及的内容大都是关于：什么是犯罪、如何认定犯罪、应否追究以及追究什么样的刑事责任的问题。而其他法律规定的都是一般违法行为及其法律后果的问题。

---

　　〔1〕 本书中所简称的《刑法》，均指 1997 年《刑法》。

（二）刑法所调整和保护的社会关系的范围具有广泛性

法律是社会关系的调节器。刑法调整和保护所有受到犯罪侵犯的社会关系，这些社会关系涉及社会生活方方面面，如政治、文化、经济、财产、人身、婚姻家庭、社会秩序等各个领域。而其他部门法，都只是调整和保护某一方面的社会关系。例如，民法只调整一定范围的财产关系和人身关系，行政法只调整和保护行政关系。当然，所有这些部门法所调整的社会关系，也都要借助刑法的调整。例如，一般性的走私、逃税，分别属于违反海关法、税收征收管理法的行为，由海关、税务部门来处理，但如果数量数额大、情节严重，则分别构成一定的走私罪、逃税罪、销售伪劣产品罪，应当由司法机关依照刑法的有关规定追究刑事责任。可见，刑法是其他部门法的保护法，没有刑法做后盾，其他部门法往往难以得到贯彻实施。需要指出的是，只有当其他部门法对某种危害行为无力抑止时，才能动用刑法。

【案例分析】许某第一次取得款项 1000 元，是由于银行的失误造成的，该项给付（999 元）属于不当得利，[1]由民法进行调整。但是，当他发现取 1000元，只扣除自己账户上 1 元的漏洞后，就利用机器故障多次取款，数额高达 17万多元，主观上是为了取得不属于自己的存款，其行为明显存在过错，具有非法占有的目的。因此，许某之后的积极主动取款的行为，是一种故意侵犯银行财产权的行为，不符合民事上不当得利，已经超出了民法调整的范围，应当由刑法予以调整和保护。[2]

（三）刑法的强制手段具有严厉性

任何法律都具有强制性，任何侵犯法律所保护的社会关系的行为人，都必须承担相应的法律后果，受到国家的制裁。虽然其他部门法对违反它的行为也适用强制方法，给予民事制裁或者行政制裁，如违反民法的，要承担停止侵害、排除妨碍、消除危险、返还财产、恢复原状、赔偿损失、支付违约金、恢复名誉、赔礼道歉等民事责任；违反行政法的，要受到警告、罚款、没收违法所得、没收非法财物、责令停产停业、行政拘留等行政处罚。但是，这些制裁手段的程度显然没有刑法所规定的刑罚那么严厉。因为刑法中所规定的刑罚方法，不仅可以剥夺犯罪分子的财产、政治权利，限制或剥夺其人身自由，而且在最严重的情况下还可以剥夺犯罪分子的生命。正是因为刑法的强制手段最为严厉，

〔1〕民法上的不当得利，是指没有法律上或者合同上的根据取得利益而使他人受到损害的法律事实。不当得利发生后，在受益人与受害人之间便产生债。其特点是：不当利益的获取，并不是通过受益人造成的，而是由于受害人的过失所导致，受益人（不当得利者）主观上不存在过错。

〔2〕广东省广州市中级人民法院于 2008 年 3 月 8 日作出判决：被告人许某犯盗窃罪，判处 5 年有期徒刑。

所以它能够成为其他部门法的保护法。

另外，对于违反其他部门法的违法行为的处理，在许多情况下当事人是可以自决的。而对于违反刑法规范的行为，除极少数自诉案件外，原则上都应当由国家专门机关依法追究行为人的刑事责任，犯罪人与被害人之间不得"私了"。

三、刑法的根据和任务

（一）刑法的根据

我国《刑法》第 1 条规定："为了惩罚犯罪，保护人民，根据宪法，结合我国同犯罪作斗争的具体经验及实际情况，制定本法。"这一规定既明确了我国刑法的目的，又指出了我国刑法的创制根据，包括法律根据和实践根据。首先，宪法是制定我国刑法的法律根据。刑法必须符合宪法的规定和精神，不能违背宪法或者与宪法相抵触。其次，我国同犯罪作斗争的具体经验及实际情况，是制定刑法的实践根据。一切从实际出发、实事求是，是我国立法工作的根本指导原则，也是制定刑法的客观依据。

（二）刑法的任务

我国《刑法》第 2 条规定："中华人民共和国刑法的任务，是用刑罚同一切犯罪行为作斗争，以保卫国家安全，保卫人民民主专政的政权和社会主义制度，保护国有财产和劳动群众集体所有的财产，保护公民私人所有的财产，保护公民的人身权利、民主权利和其他权利，维护社会秩序、经济秩序，保障社会主义建设事业的顺利进行。"该规定说明，我国刑法的任务包括惩罚和保护两个方面：惩罚犯罪是手段，保护人民是目的。二者密切联系、有机统一。

1. 惩罚方面。就是运用刑罚惩罚侵犯合法权益的一切犯罪行为。惩罚的对象是实施了犯罪行为的人，惩罚的手段是适用刑罚。

2. 保护方面。概括而言，就是保护人民，即保护国家和人民的利益，保护社会主义的社会关系。具体来说，表现在以下四个方面：

第一，保卫国家安全，保卫人民民主专政的政权和社会主义制度。这是我国刑法的首要任务。国家安全，是指国家独立、国家团结统一、国家领土完整和安全。国家安全是国家生存和发展的根本前提。人民民主专政的政权和社会主义制度，是我国人民根本利益的集中体现，是我国社会主义建设事业顺利进行的根本保证。为此，我国刑法将危害国家安全罪规定在刑法分则第一章，居各类犯罪之首，并规定了包括死刑在内的严厉刑罚。刑法总则还规定，对于危害国家安全的犯罪分子判处主刑时，应当附加剥夺政治权利。这些都体现了从严惩治危害国家安全犯罪的立法精神。

第二，保护社会主义经济基础，包括保护公共财产、公民私人所有的财产和维护社会经济秩序。刑法属于国家上层建筑的重要组成部分，刑法的法律属性决定了它必须肩负起保护社会主义经济基础的重任。为此，我国刑法分则不但专章规定了"破坏社会主义市场经济秩序罪"和"侵犯财产罪"，还在其他章节中规定了一些侵犯公私财产和破坏国家资源的犯罪。实践中，司法机关根据刑法规定，用刑罚惩罚各种破坏经济秩序的犯罪和侵犯财产的犯罪，从而有力地保护了社会主义经济基础。

第三，保护公民的人身权利、民主权利和其他权利。公民的人身权利、民主权利和其他权利，都属于人权的基本范畴。我国刑法分则将各种侵犯人权的严重行为犯罪化，集中规定在"侵犯公民人身权利、民主权利罪"一章中，对故意杀人、故意伤害、强奸、拐卖妇女儿童、绑架等严重侵犯公民人身权利的犯罪规定了直至死刑的重刑，明确规定了破坏选举罪、侵犯通信自由罪、报复陷害罪等，充分体现了对公民人身权利、民主权利的保护。刑法分则第四章还将一些严重侵犯公民其他权利的行为犯罪化，使公民的其他权利也切实受到保护。

第四，维护社会秩序。刑法在维护社会秩序和稳定社会环境方面肩负着其他法律无法替代的重任。刑法分则规定了"危害公共安全罪""妨害社会管理秩序罪""渎职罪"等各类犯罪。刑法通过惩罚破坏社会秩序的犯罪活动，使一切社会生活处于高度和谐的秩序状态，保障社会主义建设事业的顺利进行。

四、刑法的体系

（一）刑法的体系的概念

刑法体系主要是指刑法典体系，即刑法典的组成和结构。我国修订后的刑法典由三个部分组成，即总则、分则和附则。其中，总则、分则各为一编。在每编之下，再根据刑法规范的性质和内容有次序地划分为章、节、条、款、项等层次。刑法附则部分只有一个条文，即《刑法》第452条，它包括两个方面内容：一是规定修订后的刑法自1997年10月1日起施行；二是明确修订后的刑法典与以往单行刑法的关系，宣布在修订后的刑法典生效后，一些单行刑法予以废止，另一些单行刑法除有关行政处罚和行政措施的规定继续有效外，有关刑事责任的规定失效。

（二）刑法总则与刑法分则的组成及其相互关系

刑法总则是关于犯罪、刑事责任和刑罚的一般原理、原则的规范体系，是对刑法分则中规定的各种具体犯罪内容的抽象和概括。我国刑法第一编总则分设五章，即刑法的任务、基本原则和适用范围；犯罪；刑罚；刑罚的具体运用；其他规定。

刑法分则是关于各种具体犯罪的罪状及其刑罚幅度的规范体系，是对刑法总则的具体化。我国刑法第二编分则分设十章、十类犯罪，即危害国家安全罪；

危害公共安全罪；破坏社会主义市场经济秩序罪；侵犯公民人身权利、民主权利罪；侵犯财产罪；妨害社会管理秩序罪；危害国防利益罪；贪污贿赂罪；渎职罪；军人违反职责罪。其中，第三章破坏社会主义市场经济秩序罪、第六章妨害社会管理秩序罪之下设有节。

概括地说，刑法总则规范是认定犯罪、确定刑事责任和适用刑罚的共同规则。刑法分则规范是解决具体定罪量刑问题的标准。总则指导分则，分则具体体现总则中的原理、原则。二者是相辅相成、紧密联系、不可分割的有机整体。只有把总则和分则紧密地结合起来运用，才能保证认定犯罪、确定刑事责任和适用刑罚的正确性。

（三）刑法条文结构

刑法规范通常以条文的形式出现，条是最基本的单位。刑法总则条文主要由定义与规则两部分组成。刑法分则条文除个别定义式条文外，基本上都是罪刑式条文，由罪状与法定刑两部分组成。配置在各编、章、节中的刑法条文，全部用统一的顺序号码进行编号。我国修订后的刑法典共 452 条。由于立法机关先后颁布了一个决定和 10 个刑法修正案，目前刑法典的条文由 452 条增至490 条。条下为款，款无编号，其标记是另起一段。有些条文包括数款，如《刑法》第 15 条包含 2 款、第 17 条包含 4 款。某些条或款之下有项。项是用（一）、（二）、（三）等基数号码表示的。在引用时应写成第×条第×项或第×条第×款第×项。

刑法中有的条款同时包含有两个或两个以上的意思，有的条款中前后两层意思是用"但是"一词来连接，学理上将"但是"后面的这段文字称为"但书"。我国刑法条款中的"但书"所表示的主要有以下三种情况：①补充性"但书"。这种"但书"是前段的补充，使前段的意思更加明确。如《刑法》第 13条在规定了什么是犯罪之后，接着"但书"指出："情节显著轻微危害不大的，不认为是犯罪"，就是补充性"但书"的适例，它从反面使犯罪概念更加明确。②例外性"但书"。这种"但书"是前段的例外，如《刑法》第 65 条第 1 款的规定。③限制性"但书"。这种"但书"是对前段的限制，如《刑法》第 21 条第 2 款的规定。

五、刑法解释

刑法解释，就是对刑法规定含义的阐明。通过对刑法的一些规定作必要的解释，增强法条的可操作性和保证刑法的正确统一实施。关于刑法的解释，可以从不同方面进行分类，主要有以下两种分类：

（一）根据解释的效力，可分为立法解释、司法解释和学理解释

1. 立法解释。是指国家最高立法机关对刑法某项规定之确切含义所作的解

释。立法解释具有与立法相同的法律效力。刑法的立法解释通常认为包括三种情况：①在刑法或相关法律中对有关刑法术语所作的解释。例如，《刑法》第99条规定："本法所称以上、以下、以内，包括本数。"《刑法》第91条至第99条的规定，都属于立法解释。②国家立法机关在法律的起草说明或修订中所作的解释。③全国人大常委会就刑法施行过程中发生歧义的规定所作的解释。修订后的刑法典施行以来，全国人大常委会先后通过了若干个有关刑法典适用的立法解释文件，分别涉及《刑法》第30条、第93条第2款、第158条、第159条、第228条、第266条、第294条第1款、第312条、第313条、第341条、第342条、第384条第1款、第410条；已满14周岁不满16周岁的人承担刑事责任范围问题，《刑法》分则第九章渎职罪主体适用问题，《刑法》有关文物的规定适用于具有科学价值的古脊椎动物化石、古人类化石；以及《刑法》分则中"信用卡"的含义、"出口退税、抵扣税款的其他发票"的含义，等等。这些立法解释解决了刑法典适用中的一些疑难问题。

2. 司法解释。是指最高司法机关就审判和检察工作中如何具体应用刑法的问题所作的解释。由于司法解释具有普遍适用的效力，所以它与立法解释一起被称为正式的刑法解释，亦称有权解释。在我国，有权进行司法解释的机关是最高人民法院和最高人民检察院。修订后的刑法施行以来，最高人民法院和最高人民检察院不仅分别就刑事审判和检察工作中具体应用法律的问题作出过解释，还联合作出了大量的司法解释，如2017年1月1日起施行的《最高人民法院关于办理减刑、假释案件具体应用法律的规定》，2017年6月1日起施行的《最高人民法院、最高人民检察院[1]关于办理侵犯公民个人信息刑事案件适用法律若干问题的解释》，等等。这些司法解释对于保障法律统一适用，提高检察和审判工作质量，起着重要指导作用。

3. 学理解释。是指由未经授权的机关、团体、社会组织、学术机构以及专家、学者对刑法含义所作的宣教性、知识性、学术性的解释。如刑法典释义、刑法方面的教科书、专著、论文、案例分析等。由于学理解释没有法律效力，所以被称为非正式的刑法解释、无权解释。但是，正确的学理解释，对于刑事司法乃至立法活动具有重要的参考价值，同时还有助于培养法律人才，增强公民的法治观念。

（二）根据解释的方法，一般可分为文理解释与论理解释

1. 文理解释。亦称文义解释，是指从刑法用语的文义及通常使用方式出发，

---

〔1〕 本书后面引用最高人民法院、最高人民检察院联合作出的司法解释时，对"最高人民法院、最高人民检察院"一律简称"两高"。

阐明刑法规定含义的解释方法。其主要根据是语词的含义、语法、标点及标题。例如，2017 年 2 月 1 日"两高"《关于办理组织、利用邪教组织破坏法律实施等刑事案件适用法律若干问题的解释》规定，冒用宗教、气功或者以其他名义建立、神化、鼓吹首要分子，利用制造、散布迷信邪说等手段蛊惑、蒙骗他人，发展、控制成员，危害社会的非法组织，应当认定为《刑法》第 300 条规定的"邪教组织"。这一解释就属于文理解释。《刑法》第 91 条至第 99 条的规定，既属于立法解释，也属于文理解释。

2. 论理解释。是指按照立法精神，参酌刑法产生的缘由、沿革及其他有关事项，对刑法规定作逻辑分析，从而阐明其真实含义的解释方法。论理解释通常是在运用文理解释无法得出合理结论的情况下采用的。它又可分为扩张解释、限制解释、当然解释等。

（1）扩张解释，是指将刑法条文的含义作扩大范围的解释。如"两高"《关于办理生产、销售伪劣商品刑事案件具体应用法律若干问题的解释》规定："伪劣产品尚未销售，货值金额达到《刑法》第 140 条规定的销售金额 3 倍以上的，以生产、销售伪劣产品罪（未遂）定罪处罚。"这一解释就扩大了《刑法》第 140 条中"销售金额"的含义。

（2）限制解释，是指根据立法原意对刑法条文作窄于字面含义的解释。例如，如果将《刑法》第 20 条第 3 款中的"行凶"一词限定为"严重的行凶"，那么这种解释就是限制解释。

（3）当然解释，是指刑法条文表面虽未明示某一事项，但根据事物属性和逻辑推理，将该事项当然地解释在该条文的应有之义中。如《刑法》第 329 条规定了抢夺国有档案罪，但刑法没有规定抢劫国有档案罪。如果对暴力抢劫国有档案的行为以抢夺国有档案罪论处，那么，这就属于举轻以明重的当然解释。

第二节　刑法的基本原则

【案例】

2016 年春节过后，唐某想外出打工，妻子桂芹非常支持。唐某打工的头几个月还常给家里打电话、寄钱，后来就断了联系，活不见人死不见尸。此间，村民纪某经常去帮桂芹干些重活，这使桂芹深受感动。逐渐地两人有了感情，并多次发生不正当性关系。公婆知道桂芹出轨一事后，说通奸是犯罪，要去告发他们，让法院判他们的刑。问：定罪量刑应当坚持的刑法基本原则有哪些？本案中桂芹公婆的说法是否正确?

刑法基本原则,是指贯穿于全部刑法规范始终、体现我国刑事法制基本精神、指导与制约全部刑事立法和刑事司法过程的基本准则。我国刑法所明文规定的刑法基本原则,包括罪刑法定原则、适用刑法人人平等原则和罪责刑相适应原则。

为正确解决定罪量刑问题,立法机关在刑法中规定了各种不同的刑法原则。但是,并非每一个原则都能够成为刑法的基本原则。例如,从旧兼从轻原则、未成年人和老年人犯罪从宽处罚的原则、数罪并罚原则等,虽然都是刑法中不可缺少的重要原则,但由于这些原则仅仅适用于处理某些问题或某些案件,不具有全局性的指导意义,因而只是刑法的局部性原则。只有贯穿于全部刑法规范,具有全局性、根本性价值的刑法原则才能成为刑法基本原则。必须指出的是,主观与客观相统一、罪责自负、惩办与宽大相结合等原则,虽然是我国刑法中的重要原则,但并不是我国刑法明文规定的基本原则。

刑法基本原则是制定和修正刑法的理论支点,制约着具体刑法规范的设置。对哪些危害行为应当规定为犯罪,该如何科学设定罪与刑的比例关系,都必须在刑法基本原则的指导下进行,不能任意突破。同时,刑法基本原则也是对所有的刑事司法活动都具有直接指导意义的准则。

一、罪刑法定原则

(一)罪刑法定原则的基本含义

罪刑法定原则,是指定罪量刑必须以现行刑法的明文规定为准,对于现行刑法没有明文规定为犯罪的行为,即使具有严重的社会危害性,也不得定罪处刑。其简明的表达形式就是两句著名的格言:"法无明文规定不为罪""法无明文规定不处罚"。我国《刑法》第3条规定了罪刑法定原则,即:"法律明文规定为犯罪行为的,依照法律定罪处刑;法律没有明文规定为犯罪行为的,不得定罪处刑。"

罪刑法定原则的思想基础是民主主义和人权主义。民主主义要求,什么是犯罪,对犯罪处什么刑罚,必须由人民群众决定,具体表现为由人民群众选举产生的立法机关来决定,司法机关必须严格按照立法规定来执行。人权主义要求,为了既不妨害公民的权利与自由,又不至于使公民滥用权利与自由,就必须使得公民能够事先预测自己行为的性质和后果,以便他们能够选择无害于自己和社会的行为,故国家应当事先对什么是犯罪、如何处罚犯罪作出明文的规定。

(二)罪刑法定原则的基本要求

罪刑法定原则的内涵相当丰富,主要包含着以下方面的基本要求:

1. 排斥习惯法。规定犯罪及其法律后果的法律必须是立法机关制定的成文法，对于刑法上没有明文规定的行为，不允许通过适用习惯法予以定罪处刑。而且，罪刑法定原则中的"法"是指国家立法机关制定的法。

2. 排斥绝对不定期刑。即禁止对被告人适用不确定具体刑期（幅度）的宣告刑。

3. 禁止重法溯及既往。亦称排斥事后法，即对于行为的定罪量刑，只能以行为当时有效的法律为依据，禁止根据行为后开始实施的法律来定罪处刑。但是，由于罪刑法定的根本宗旨是保障人权和自由，故又有个例外，即如果适用事后法比适用行为时法对行为人更有利，则应当适用事后法。

4. 禁止类推定罪。即禁止对刑法分则没有明文规定为犯罪的行为比照类似的刑法分则条文规定来定罪判刑。

5. 罪刑法定化、实定化和明确化。犯罪和刑罚必须由法律事先予以明确规定，不允许法官的擅断；对构成犯罪的行为和犯罪的具体法律后果，刑法应当作出实体性的规定；刑法的条文必须文字表达确切、意思清楚。否则就无法实现法律的指引功能，无法让公民形成对未来的合理预期。

6. 合理性原则。在处罚范围上，只能将值得科处刑罚的行为规定为犯罪，禁止将轻微的危害行为作为犯罪处理；在处罚程度上，必须适应现阶段一般人的价值观念，禁止不均衡的、残虐的刑罚。

【案例分析】 桂芹公婆的说法是没有法律根据的。我国刑法并没有把通奸行为规定为犯罪，因此，桂芹的公婆即使到去告发，司法机关也不会受理的。如果把通奸行为作为犯罪处理，那就违反了罪刑法定原则，破坏了社会主义法治。对于通奸这种有伤社会风化的行为，只能进行道德和舆论的谴责。

（三）罪刑法定原则的立法体现

经修订的《刑法》第3条明文规定了罪刑法定原则，这一原则的价值内涵和基本要求在刑法中得到了全面系统的体现。

1. 取消了1979年刑法规定的类推定罪制度。我国1979年《刑法》第79条规定："本法分则没有明文规定的犯罪，可以比照本法分则最相类似的条文定罪判刑，但是应当报请最高人民法院核准。"实行类推定罪，不仅有可能导致国家刑罚权的滥用，而且直接违背了罪刑法定原则。

2. 重申了1979年刑法在刑法溯及力问题上采取的从旧兼从轻原则。

3. 实现了罪与刑的法定化。经修订的《刑法》明确规定了犯罪的概念、犯罪构成的共同要件以及每一种犯罪的构成要件，明确规定了刑罚的种类、量刑原则和各种刑罚制度，以及每一种犯罪的法定刑。

4. 在具体罪名规定上较为详备。刑法分则的条文由1979年刑法中的103条增加到 350 条，罪名数量由 1979 年的 130 个增加到 415 个。由于立法机关先后颁布了一个决定和 10 个刑法修正案，目前刑法典的条文由 452 条增至 490 条，罪名也随之增至 469 个，刑法扩张成为刑法和刑法学的关键词之一。有学者认为，我国刑法犯罪圈会继续扩大。[1]

5. 在具体罪状以及各种犯罪的法定刑设置方面增强了可操作性。在罪状的描述方式上，大量使用叙明罪状；在法定刑设置方面，注重量刑情节的具体化。

（四）罪刑法定原则的司法适用

罪刑法定原则的真正实现，离不开具体的刑事司法活动。在刑事司法活动中贯彻执行罪刑法定原则，必须注意以下一些问题：

1. 依法正确认定犯罪和裁量刑罚。司法机关必须强化法律至上的观念，认真把握犯罪的本质特征和刑法为各种犯罪设置的具体构成要件，严格区分罪与非罪、此罪与彼罪、重罪与轻罪的界限，做到定罪准确，于法有据。在量刑时，必须严格以具体犯罪的法定刑和法定情节为依据，正确适用各种量刑制度。

2. 正确进行司法解释。司法解释是沟通立法与司法的桥梁。司法解释必须忠实于罪刑法定原则，符合刑法目的，而不能违背立法原意和立法解释，更不能以司法解释来代替刑事立法。

3. 依法执行刑罚。行刑机关必须严格按照生效裁判所确定的刑种或刑期等内容进行执行活动，未经法定程序，不得擅自变更刑种或刑期。在提出减刑或假释建议时，也应当严格遵守刑法规定的条件。

二、适用刑法人人平等原则

（一）适用刑法人人平等原则的基本含义

我国《刑法》第 4 条规定："对任何人犯罪，在适用法律上一律平等。不允许任何人有超越法律的特权。"这就是适用刑法人人平等原则。其基本含义是：任何人犯罪，都应当受到刑法的追究；对一切犯罪行为，不论犯罪人的家庭出身、社会地位、职业性质、财产状况、政治面貌、才能业绩等如何，都应一律平等地适用刑法，在定罪、量刑和行刑时一视同仁，绝不允许任何人有超越法律的特权。

（二）适用刑法人人平等原则的基本要求

1. 保护合法权益一律平等。就被害人而言，任何人受到犯罪侵害，都应当依法追究犯罪、保护被害人的权益；不同被害人的同样权益，应当受到刑法的同样保护。同样，对犯罪嫌疑人、被告人、被行刑人应享有的合法权益也应予

---

〔1〕 张志钢："转型期的中国刑法立法：回顾与展望"，载《人民法院报》2017 年 11 月 8 日，第 6 版。

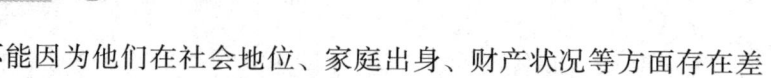

以平等的保护，不能因为他们在社会地位、家庭出身、财产状况等方面存在差别而影响刑法的公正适用。

2. 定罪一律平等。司法机关对任何犯罪人，不论其身份、地位、财产状况、才能业绩等如何，都应当以犯罪事实为根据，以刑法规定为准绳，一律平等对待，在罪与非罪问题上适用相同的法律标准进行衡量，对犯相同罪行的人应当定同样的罪名，不得因人而异，不得因为被告人地位高、贡献大而使其逍遥法外或者将重罪定为轻罪；也不能因为被告人是普通公民而妄加追究，任意定罪。

3. 量刑一律平等。对犯相同之罪且犯罪情节相同的，应当适用相同的量刑标准进行处罚，做到同罪同罚。当然，同罪同罚并不意味着只要是犯同一性质的犯罪就判处完全相同的刑罚。虽然触犯相同的罪名，但由于犯罪情节不相同，从而出现同罪不同罚的情况，这是合理的、正常的，并不违背量刑平等原则，而且是罪责刑相适应原则的具体体现。但如果考虑某人权势大、地位高、财产多等而导致同罪不同罚，则是违背量刑平等原则的。

4. 行刑一律平等。在执行刑罚时，对于所有的受刑人应当平等对待，凡罪行相同、主观恶性相同的，刑罚处遇也应当相同，不能考虑权势地位、富裕程度使一部分受刑人搞特殊，而对另一部分受刑人则加以歧视。例如，凡符合法定的减刑、假释条件的犯罪分子，应当平等地享有被减刑或假释的机会。

三、罪责刑相适应原则

（一）罪责刑相适应原则的基本含义

我国《刑法》第 5 条规定："刑罚的轻重，应当与犯罪分子所犯罪行和承担的刑事责任相适应。"这就是罪责刑相适应原则。据此，我们认为，罪责刑相适应，是指立法机关在设置罪刑关系时和人民法院在裁量刑罚时，既要考虑罪行的轻重，也要考虑到刑事责任的大小，做到重罪重罚，轻罪轻罚，罪刑相称，罚当其罪。刑罚的轻重与所犯罪行相适应，体现的是报应观念；而刑罚的轻重与所承担的刑事责任相适应，体现的是预防观念。

（二）罪责刑相适应原则的基本要求

1. 刑罚应当与犯罪性质相适应。犯罪性质不同，往往反映出的社会危害性程度也不一样，所以立法者为它们所配置的刑罚轻重也不同。

2. 刑罚应当与犯罪情节相适应。犯罪情节，是指犯罪构成基本事实以外的其他能够影响社会危害程度的各种具体事实情况。同一性质犯罪，如果犯罪情节不同，其社会危害性就有所不同，因而，不仅立法者所配置的刑罚轻重不同，而且人民法院量刑的轻重也不同。

3. 刑罚应当与犯罪人的人身危险性相适应，力求刑罚个别化。这里的人身危险性，是指犯罪人具有的虽然不直接反映其犯罪的社会危害程度，但可以说明其对社会潜在危险程度的性格，即犯罪人再次实施犯罪危害社会的可能性。所谓"刑罚个别化"，一般理解为以预防犯罪为出发点，根据犯罪人的人身危危险性大小决定刑罚的适用。

（三）罪责刑相适应原则的立法体现

罪责刑相适应原则的价值内涵和基本要求在我国刑法中得到了全面的体现，具体表现在以下几个方面：

1. 确立了科学严密的刑罚体系。我国刑法总则确立了一个科学的刑罚体系，这一体系由各种刑罚方法构成。从性质上区分，包括自由刑、生命刑、资格刑和财产刑；从程度上划分，有轻刑和重刑；从种类上划分，有主刑和附加刑。各种刑罚方法既相互区别又相互衔接，能够根据犯罪的不同情况灵活地运用，从而为司法实践中落实罪责刑相适应原则奠定了基础。

2. 规定了区别对待的处罚原则与制度。我国刑法根据各种犯罪行为的社会危害性和人身危险性的大小，规定了轻重有别的处罚原则。例如，对于防卫过当而构成犯罪者，应当减轻或者免除处罚；对于未遂犯，可以比照既遂犯从轻或者减轻处罚，等等。此外，还根据刑罚个别化的要求，规定了一系列的刑罚裁量与执行制度，如累犯、自首、缓刑、减刑制度等。

3. 设置了轻重不同的量刑幅度。我国刑法为各种具体犯罪配置了可以分割、能够伸缩、幅度较大的法定刑，其中对不少犯罪配置有两个或两个以上的量刑幅度。这种灵活的量刑幅度，使得人民法院可以根据犯罪的性质、罪行的轻重、主观恶性的深浅，对犯罪人判处适当的刑罚。

（四）罪责刑相适应原则的司法适用

1. 应当将量刑与定罪置于同等重要位置。定罪正确，量刑适当，是罪责刑相适应原则的基本要求，是衡量刑事审判工作质量好坏的不可分割的统一标准，审判人员必须予以高度重视，应纠正长期存在的重定罪而轻量刑的错误倾向。

2. 应当强化量刑公正的执法观念。目前，少数法官还崇尚重刑，认为刑罚愈重就愈能有效地遏制犯罪。重刑主义是一种不合时宜的没落思想，与罪责刑相适应原则背道而驰。因此，必须排除重刑主义的干扰，强化量刑公正的司法理念，切实做到刑与罪的均衡协调。

3. 应当力求实现刑事司法的平衡和协调统一。司法实践中还存在着"同案不同判"的现象。要纠正这种现象，除进一步完善刑事立法外，还必须采取各种有效措施，如加强刑事司法解释，系统编辑具有法律效力的刑事判例，制定量刑指南等。

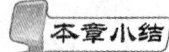 **本章小结**

　　刑法是规定犯罪、刑事责任和刑罚的法律。刑法有广义刑法与狭义刑法之分，广义刑法包括刑法典、单行刑法和附属刑法。刑法有以下特征：规定内容的特定性，调整和保护的社会关系范围的广泛性，强制手段的严厉性。刑法的体系主要指刑法典的体系，即刑法典的组成和结构。刑法分总则、分则和附则三部分。刑法解释是指对刑法规定的含义所作的阐明。依解释效力，刑法解释可分为立法解释、司法解释和学理解释。其中，立法解释和司法解释均具有法律效力，学理解释没有法律效力。依解释方法，刑法解释一般可分为文理解释与论理解释。刑法基本原则包括罪刑法定原则、适用刑法人人平等原则和罪责刑相适应原则。罪刑法定原则，即法无明文规定不为罪，法无明文规定不处罚。其基本要求包括排斥习惯法、排斥绝对不定期刑、禁止重法溯及既往、禁止有罪类推等。罪责刑相适应原则，即刑罚的轻重应当与犯罪分子所犯罪行和承担的刑事责任相适应。

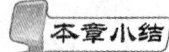 **思考练习**

　　1. 什么是刑法？广义刑法包括哪些部分？

　　2. 我国刑法的特征有哪些？

　　3. 如何理解刑法解释的分类及其含义。

　　4. 如何理解罪刑法定原则？

　　5. 如何理解罪责刑相适应原则？

　　6. 关于罪刑法定原则，下列各种说法是否正确？①罪刑法定原则的思想基础之一是民主主义，而习惯法最能反映民意，所以，将习惯法作为刑法的渊源并不违反罪刑法定原则；②罪刑法定原则中的"法"，不仅包括国家立法机关制定的法，而且包括国家最高行政机关制定的法；③罪刑法定原则禁止不利于行为人的溯及既往，但允许有利于行为人的溯及既往；④刑法分则的部分条文对犯罪的状况不作具体描述，只是表述该罪的罪名，这种立法体例违反罪刑法定原则。

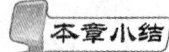 **实务训练**

　　1. 2012 年 4 月 10 日，鉴于薄某某涉嫌严重违纪，中央决定，停止其担任的中央政治局委员、中央委员职务，由中共中央纪律检查委员会对其立案调查。2013 年 7 月 25 日，薄某某涉嫌受贿、贪污、滥用职权犯罪一案，经依法指定管

辖，由山东省济南市人民检察院向济南市中级人民法院提起公诉。2013 年 8 月 22 日 8 时 43 分，济南市中级人民法院一审公开开庭审理被告人薄某某受贿、贪污、滥用职权案。2013 年 9 月 22 日 10 时 50 分许法庭一审判决，对被告人薄某某以受贿罪、贪污罪、滥用职权罪依法判处刑罚，数罪并罚，决定执行无期徒刑，剥夺政治权利终身。薄某某不服一审判决提出上诉。2013 年 10 月 25 日上午，山东省高级人民法院对薄某某受贿、贪污、滥用职权案二审公开宣判，裁定驳回上诉，维持一审判决。

问：司法机关对此案的处理体现了哪项刑法基本原则。

2. 张某和李某于深夜到某单位领导办公室行窃，共窃得了价值 3 万元的财物，销赃所得赃款二人平分。但张某在行窃中瞒着李某，偷偷地把一个价值 0.8 万元的金戒装入兜中，据为己有。案子后被公安机关侦破，一审法院以盗窃罪判处张某 5 年有期徒刑，而判处李某 3 年有期徒刑。张某不服，认为对其判的偏重，提起上诉。二审法院经审理后，驳回上诉，维持一审法院的判决。

问：法官是根据什么来确定罪犯刑罚的轻重的？

第一章 拓展学习

第二章 刑法的适用范围

目标任务

　　掌握刑法空间效力的概念和原则，理解我国刑法关于属地管辖权、属人管辖权、保护管辖权和普遍管辖权的规定，了解我国对外国刑事裁判效力的态度。掌握刑法溯及力的概念和原则，理解我国刑法的溯及力原则。能够正确判断何种案件应当或者可以适用我国刑法，以及具体案件应当适用何时的法律。

　　刑法的适用范围，亦称刑法的效力范围，是指刑法什么地方、对什么人和在什么时间内具有效力。我国《刑法》第 6 ~ 12 条对刑法的适用范围作了明确的规定。刑法的适用范围包括刑法的空间效力和刑法的时间效力。

第一节　刑法的空间效力

【案例】

　　汤姆斯，33 岁，系英国籍在中国科技大学的留学生。2016 年 5 月 17 日，汤姆斯遭到该校另一外国留学生李思纬拳打后，蓄意报复。7 月 10 日晚 7 时许，汤姆斯得知李思纬在留学生 7 楼 104 会客室会客，便手持木棒到会客室敲门。汤姆斯将门打开后，用木棒击打李思纬。在厮打中，汤姆斯手持的木棒被打掉，随手抓起一把菜刀乱砍，砍中李思纬的上腹部，经抢救无效，于次日下午死亡。问：可否适用我国刑法追究汤姆斯的刑事责任？

一、刑法的空间效力的概念和一般原则

　　刑法的空间效力，是指刑法对地域和对人的效力，即一国刑法在什么地域、对什么人适用。它解决的是一个国家的刑事管辖权问题。由于各国社会政治、经济情况和历史传统的不同，在解决刑事管辖权问题上所主张的原则也不尽相同。主要有以下几种处理原则：

1. 属地原则。亦称地域管辖原则，是指以地域为标准，凡是发生在本国领域内的犯罪，不论犯罪人是本国人还是外国人，都适用本国刑法。反之，则不适用本国刑法。

2. 属人原则。亦称国籍管辖原则，是指以犯罪人的国籍为标准，凡是本国人犯罪，无论是发生在本国领域内还是本国领域外，都适用本国刑法。反之，凡外国人犯罪，即使发生在本国领域内，也不适用本国刑法。

3. 保护原则。亦称自卫原则，是指以保护本国利益为标准，凡是侵害本国国家或者公民利益的犯罪，不论犯罪人是本国人还是外国人，也不论犯罪地是在本国领域内还是本国领域外，都适用本国刑法。只有在属地原则和属人原则不能发挥作用时，才适用保护原则。

4. 普遍管辖原则。亦称世界性原则，是指以保护国际社会的共同利益为标准，凡发生国际条约所规定的侵害国际社会共同利益的犯罪，不论犯罪人是本国人还是外国人，也不论犯罪地是在本国领域内还是在本国领域外，都适用本国刑法。如海盗、贩卖毒品、种族灭绝等国际犯罪行为，任何国家都可以行使刑事管辖权。

以上各项原则，单独来看都有其正确性，但若单纯地采用某一原则，则明显存在缺陷。因此世界大多数国家的刑法，一般都从维护国家主权和保护国家、公民利益的需要出发，采用以属地原则为基础、以其他原则为补充的刑事管辖权原则，即凡在本国领域内犯罪的，一律适用本国刑法；本国人或者外国人在本国领域外犯罪的，有条件地适用本国刑法。我国刑法在空间效力上也采取这样的刑事管辖权原则。

二、我国刑法的空间效力

（一）我国刑法的属地管辖权

《刑法》第 6 条第 1 款规定："凡在中华人民共和国领域内犯罪的，除法律有特别规定的以外，都适用本法。"这是我国对属地管辖原则的规定。

1. 关于"中华人民共和国领域内"的含义。中华人民共和国领域内，是指我国国境以内的全部空间区域，具体包括领陆、领水、领空，还包括我国领域的必要延伸部分。我国领域的必要延伸，即"浮动领土、拟制领土"，包括以下两个方面：

（1）我国的船舶和航空器。《刑法》第 6 条第 2 款规定："凡在中华人民共和国船舶或者航空器内犯罪的，也适用本法。"属地管辖原则的补充原则是旗国主义，即根据国际条约和国际惯例，悬挂本国国旗的船舶或者航空器，不管其航行或停放在何处，对在船舶或者航空器内的犯罪，都适用国旗国的刑法。

（2）我国驻外使领馆。根据我国承认的1961年《维也纳外交关系公约》的规定，各国驻外大使馆、领事馆不受驻在国的司法管辖，而应受本国的司法管辖。因此，凡在我国驻外使领馆内犯罪的，适用我国刑法。

2. 关于"在我国领域内犯罪"的确定标准。关于犯罪地的认定标准，我国刑法采用的是"行为或结果择一说"。《刑法》第6条第3款规定："犯罪的行为或者结果有一项发生在中华人民共和国领域内的，就认为是在中华人民共和国领域内犯罪。"这一规定确定了在我国领域内犯罪的情况有三种：①犯罪的行为和结果均发生在我国领域内；②犯罪的行为实施在我国领域内，而犯罪的结果则发生在我国领域外；③犯罪的行为发生在我国领域外，而犯罪的结果则发生在我国领域内。在司法实践中，还有两种情形需要注意：一种是在未遂形态下，行为地和行为人希望的结果发生地、可能发生结果之地，都是犯罪地；另一种是共同犯罪的，只要共同犯罪行为有一部分或者共同犯罪结果有一部分发生在我国领域内，就认为是在我国领域内犯罪。

3. 关于"法律有特别规定"的理解。从《刑法》第6条的规定来看，在法律有特别规定的情形下，即排除了我国刑法的适用，此处的刑法应当是指刑法典。"法律有特别规定"主要是指下列情形：

（1）对享有外交特权和豁免权的外国人的刑事责任之特别规定。《刑法》第11条规定："享有外交特权和豁免权的外国人的刑事责任，通过外交途径解决。"即凡享有外交特权和豁免权的外国人在我国领域内犯罪，我国没有刑事管辖权。当然，这并不是说我国对上述人员在我国领域内实施的违法犯罪行为放任不管，而是应当通过外交途径解决，一般采取要求其派遣国将其召回，或者宣布其为不受欢迎的人、限期离境等方式加以解决。

（2）香港和澳门特别行政区基本法作出的特别规定。在香港和澳门特别行政区，一般情况下不实施全国性法律，即大陆刑法没有适用的效力。据此，发生于港澳地区的犯罪行为，原则上适用当地刑法。

（3）民族自治地方的特别规定。《刑法》第90条规定："民族自治地方不能全部适用本法规定的，可以由自治区或者省的人民代表大会根据当地民族的政治、经济、文化的特点和本法规定的基本原则，制定变通或者补充的规定，报请全国人民代表大会常务委员会批准施行。"

（4）国家立法机关制定的特别刑法的特别规定。我国现行刑法典施行后，国家立法机关根据实际需要制定的单行刑法、附属刑法规范，属于特别刑法。依照特别法优于普通法的原则，在特别刑法规定与刑法典的规定产生冲突或者发生法条竞合时，应当适用特别刑法规定。

【案例分析】本案中，汤姆斯系英国籍在中国科技大学的留学生，是一普通外国留学生，不属于享有外交特权和豁免权。汤姆斯得知李思纬在留学生7楼104会客室会客，前去用木棒击打李思纬。在厮打中，用刀砍中李思纬的上腹部，经抢救无效死亡。可见本案犯罪地（行为地和结果地）均在中国，因此适用中国刑法，我国相关法院对本案有刑事管辖权。

（二）我国刑法的属人管辖权

属人原则是针对本国公民在本国领域外犯罪的情况，以弥补属地原则没有域外效力的缺陷。《刑法》第7条第1款规定："中华人民共和国公民在中华人民共和国领域外犯本法规定之罪的，适用本法，但是按本法规定的最高刑为3年以下有期徒刑的，可以不予追究。"第2款规定："中华人民共和国国家工作人员和军人在中华人民共和国领域外犯本法规定之罪的，适用本法。"

（三）我国刑法的保护管辖权

我国实行有限的保护管辖原则。《刑法》第8条规定："外国人在中华人民共和国领域外对中华人民共和国国家或者公民犯罪，而按本法规定的最低刑为3年以上有期徒刑的，可以适用本法，但是按照犯罪地的法律不受处罚的除外。"据此，外国人（包括外国籍人和无国籍人）在我国领域外对我国国家或者公民犯罪的，我国也有权实行管辖。

不过，行使保护管辖权必须同时满足以下三个条件：①所犯之罪必须侵犯了我国国家或者公民的利益；②所犯之罪按照我国刑法规定的最低刑为3年以上有期徒刑，即须是重罪，如放火罪、故意杀人罪、抢劫罪等；③所犯之罪依照犯罪地的法律也应受到刑罚处罚，即我国和行为地国家都认为是犯罪（双重犯罪原则）。我国刑法作出上述规定，既表明了坚决保护我国国家和公民在国外利益的立场，又尊重他国的主权和充分考虑到外国人在国外犯罪的实际情况。

（四）我国刑法的普遍管辖权

《刑法》第9条规定："对于中华人民共和国缔结或者参加的国际条约所规定的罪行，中华人民共和国在所承担条约义务的范围内行使刑事管辖权的，适用本法。"普遍管辖原则要求，每个公约的缔约国对该公约所规定的国际犯罪实行"或引渡或起诉"的原则。因此，对于我国缔结或者参加的国际条约所规定的罪行，只要犯罪人在我国领域内被发现，我国在承担条约义务的范围内，如不引渡给有关国家，就应当行使刑事管辖权，依照我国刑法的有关规定，追究犯罪人的刑事责任。

根据上述规定，我国行使普遍管辖权必须具备以下条件：①追诉的犯罪是"我国缔结或者参加的国际条约规定的罪行"，即国际犯罪。常见的国际犯罪如海盗、毒品、劫持民用航空器、酷刑、恐怖主义、战争罪行、灭绝种族等；

②追诉的犯罪是在我国所承担的条约义务的范围之内；③必须是我国刑法有明文规定的犯罪；④不具备适用其他管辖原则的条件；⑤犯罪人在我国境内居住或者出现在我国境内。

三、在行使刑事管辖权受阻时保留审判的权利

不难看出，如果各国都同时采取上述管辖原则，必然产生刑事管辖权的冲突。对本国具有刑事管辖权的刑事案件，经过外国的确定有罪判决或者无罪判决时，本国是否保留审判的权利？我国《刑法》第 10 条规定："凡在中华人民共和国领域外犯罪，依照本法应当负刑事责任的，虽然经过外国审判，仍然可以依照本法追究，但是在外国已经受过刑罚处罚的，可以免除或者减轻处罚。"这一规定表明，对同一行为我国可以行使审判权。但是，为了避免双重处罚或者处罚过重，对于在外国已经受过刑罚处罚的，可以免除或者减轻处罚。

第二节　刑法的时间效力

【案例】

赵某，某国有企业总经理。1993 年 1 月，赵某轻信朋友的介绍，对 D 公司的主体资格、履约能力及货源情况等不咨询、不调查，虽经下属一再提醒仍一意孤行，指令下属与他人签订购销合同，造成国家财产被骗近 130 万元的重大损失。1997 年 5 月 20 日上海市闵行区人民检察院以涉嫌玩忽职守罪对赵某立案侦查，后以签订合同失职被骗罪起诉到法院。1997 年 11 月人民法院开庭审理，并作出判决：被告人赵某犯签订合同失职被骗罪，判处有期徒刑 2 年，缓刑 2 年。宣判后，被告人赵某未提出上诉，检察机关也未抗诉，第一审判决发生法律效力。[1]
问：根据刑法时间效力的规定，本案的法律适用正确吗？

刑法的时间效力，是指刑法的生效时间、失效时间以及对刑法生效前所发生的行为是否具有溯及力。

一、刑法的生效时间和失效时间

（一）刑法的生效时间

刑法的生效时间，是指刑法从什么时候开始发生法律效力。关于刑法的生效时间，一般有两种规定方式：一是从公布之日起生效，如《全国人民代表大

---

〔1〕 "赵晨签定合同失职被骗案"，载《中华人民共和国最高人民法院公报》2001 年第 3 期。

会常务委员会关于惩治骗购外汇、逃汇和非法买卖外汇犯罪的决定》第 9 条规定："本决定自公布之日起施行。"二是公布后间隔一段时间才生效，如现行《刑法》于 1997 年 3 月 14 日公布，但自 1997 年 10 月 1 日起才施行。

（二）刑法的失效时间

刑法的失效时间，即刑法效力的终止时间，这通常要由立法机关作出决定。在我国，刑法的失效包括明示失效和默示失效。明示失效，是指立法机关明文宣布原有法律效力终止，如《刑法》第 452 条第 2 款规定，列于本法附件一的《关于惩治走私罪的补充规定》等 15 部单行刑法，自 1997 年 10 月 1 日起予以废止。默示失效即自然失效，是由于新的法律的施行代替了同类内容的旧法，或者由于原来特殊的立法条件已经消失，原有法律自行废止。

二、刑法的溯及力

（一）刑法的溯及力的概念和原则

刑法的溯及力，是指刑法生效以后，对于其生效以前未经审判或者判决尚未确定的行为是否适用的问题。如果适用，就是有溯及力；如果不适用，就是没有溯及力。在刑法的溯及力问题上，世界各国采用的原则主要有：

1. 从旧原则。即按照行为时的法律处理，新法对其生效前的行为一律没有溯及力。

2. 从新原则。即新法对于其生效以前发生的未经审判或者判决尚未确定的行为一律适用，新法具有溯及力。

3. 从新兼从轻原则。即新法原则上具有溯及力，但是当旧法不认为是犯罪或者处刑较轻的，则适用旧法；轻重一致的依新法处理。

4. 从旧兼从轻原则。即新法原则上不具有溯及力，但是当新法不认为是犯罪或者处刑较轻的，则适用新法。

（二）我国刑法关于溯及力的规定

我国刑法关于溯及力的规定，采用从旧兼从轻原则。《刑法》第 12 条第 1 款规定："中华人民共和国成立以后本法施行以前的行为，如果当时的法律不认为是犯罪的，适用当时的法律；如果当时的法律认为是犯罪的，依照本法总则第四章第八节的规定应当追诉的，按照当时的法律追究刑事责任，但是如果本法不认为是犯罪或者处刑较轻的，适用本法。"根据这一规定，对于 1949 年 10 月 1 日中华人民共和国成立至 1997 年 9 月 30 日期间内发生的行为，如果未经法院审判或者判决未确定，应按以下不同情况分别处理：

1. 行为时法律不认为是犯罪，而现行刑法认为是犯罪的，适用行为时的法律，即不追究刑事责任，现行刑法没有溯及力。

2. 行为时法律认为是犯罪，而现行刑法不认为是犯罪的，适用现行刑法，即不追究刑事责任，现行刑法具有溯及力。

3. 行为时法律与现行刑法都认为是犯罪，并且应当追诉的，按照行为时的法律追究刑事责任，即现行刑法没有溯及力；但是，如果现行刑法规定的处刑较轻，则应当适用现行刑法，即现行刑法具有溯及力。关于如何认定"处刑较轻"的问题，1998年1月13日《最高人民法院关于适用刑法第十二条几个问题的解释》作出了如下规定：①《刑法》第12条规定的"处刑较轻"，是指刑法对某种犯罪规定的刑罚即法定刑比修订前刑法轻。法定刑较轻是指法定最高刑较轻；如果法定最高刑相同，则指法定最低刑较轻。②如果刑法规定的某一犯罪只有一个法定刑幅度，法定最高刑或者法定最低刑是指该法定刑幅度的最高刑或者最低刑；如果刑法规定的某一犯罪有两个以上的法定刑幅度，法定最高刑或者法定最低刑是指具体犯罪行为应当适用的法定刑幅度的最高刑或者最低刑。③1997年10月1日以后审理1997年9月30日以前发生的刑事案件，如果刑法规定的定罪处刑标准、法定刑与修订前刑法相同的，应当适用修订前的刑法。

自1997年刑法施行以来，立法机关根据实际需要，先后以修正案的方式修改刑法，包括增设新罪名、提高或者降低原有犯罪的法定刑等。对于修正后的法条的适用，也应当采取有利于被告人的从旧兼从轻原则。

【案例分析】赵某的犯罪行为发生在1997年《刑法》生效前，而对本案的起诉、审判是在1997年《刑法》生效后，这涉及适用新法还是旧法的问题。根据1979年《刑法》第187条的规定，赵某的行为构成玩忽职守罪，玩忽职守罪的法定最高刑为5年有期徒刑。而根据1997年《刑法》的规定，赵某作为国有公司总经理，是公司对签订、履行合同起领导、决策作用的主管人员，符合1997年《刑法》第167条签订、履行合同失职被骗罪的构成要件，而该罪的法定最高刑为3年。由于本案在审判时遇到1997年《刑法》生效，并且与1979年《刑法》相比，其"处刑较轻"，所以人民法院适用1997年《刑法》处理本案是正确的。

为了维护人民法院生效判决的严肃性和稳定性，《刑法》第12条第2款规定："本法施行以前，依照当时的法律已经作出的生效判决，继续有效。"这表明，即使按照现行刑法的规定，其行为不构成犯罪或者处刑较当时的法律为轻，也不能推翻已经生效的判决。也就是说，从旧兼从轻原则仅适用于现行刑法生效以前的未决刑事案件。

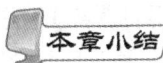 本章小结

刑法的适用范围，是指刑法在什么空间、什么时间内具有适用效力，包括

空间效力和时间效力。刑事管辖原则包括属地原则、属人原则、保护原则和普遍原则。我国刑法采用的是结合型的刑事管辖权体制，即以属地原则为基础，兼采其他原则。我国刑法在确立属地管辖权的同时，提出法律有特别规定的不适用我国刑法。刑法的时间效力包括刑法生效时间、失效时间和刑法的溯及力。刑法溯及力原则包括从旧原则、从新原则、从新兼从轻原则和从旧兼从轻原则。我国刑法在溯及力问题上采用的是从旧兼从轻原则。

1. 如何理解我国刑法关于属地管辖权的规定？
2. 如何理解我国刑法关于保护管辖权的规定？
3. 如何理解我国刑法在溯及力问题上采用的从旧兼从轻原则？

实务训练

1. 一艘悬挂我国国旗的客轮停泊在意大利某港口时，岸边一德国公民汉帛用手枪向轮船上的意大利公民维加射击，致其重伤，经抢救无效死亡。

问：我国司法机关对该案是否有刑事管辖权？为什么？

2. 某甲、某乙均系我国公民，受雇于美国的一艘轮船上工作。某年10月24日轮船停泊巴西某港口，二人在船上杀死同船的中国公民某丙，后又抢劫了其他船员的一些财物，逃到巴西某地藏身。后被巴西警方逮捕。

问：对甲、乙的犯罪行为，我国司法机关是否有刑事管辖权？

拓展学习

第二章 拓展学习

第三章　犯罪概念和犯罪构成

目标任务

　　理解和掌握我国刑法中犯罪的概念和基本特征；掌握犯罪构成的概念和犯罪构成的共同要件，理解犯罪构成的特征，了解犯罪概念与犯罪构成的关系以及研究犯罪构成的意义。

 第一节　犯罪概念

【案例】

　　西安市大唐西市的朱先生 2017 年 9 月 11 日通过滴滴打车叫了辆顺风车，给临潼的一个朋友捎一些东西，包括 4 条南京金陵十二钗牌香烟和一箱贡菜（总价值约 1200 元）。朱先生没上车而是把东西放车上，叮嘱好交接事宜、支付了 35 元打车费，让司机捎到其朋友所在地临潼。当天下午 5 点 40 分左右，朱先生接到朋友的电话，说司机电话一直打不通，没有拿到东西。朱先生赶紧给司机打电话，接通后司机说他等半天都没见人，他的义务已经尽到了。东西他拿走了，稍后再联系朱先生。可等到 6 点多，朱先生再打他电话就打不通了。朱先生才发现司机电话只有通过滴滴平台才可以打通，订单结束了，电话就没有了。[1]问：滴滴司机的行为构成民事纠纷还是犯罪？如何区分民事纠纷与刑事犯罪？

一、我国刑法中的犯罪概念

　　我国《刑法》第 13 条规定："一切危害国家主权、领土完整和安全，分裂国家、颠覆人民民主专政的政权和推翻社会主义制度，破坏社会秩序和经济秩

---

　　〔1〕　张晴悦："西安市民叫顺风车捎东西 没收到货物司机失联"，载搜狐陕西资讯，https://www.sohu.com/a/192976981_384315，最后访问时间：2017 年 12 月 8 日。

序，侵犯国有财产或者劳动群众集体所有的财产，侵犯公民私人所有的财产，侵犯公民的人身权利、民主权利和其他权利，以及其他危害社会的行为，依照法律应当受刑罚处罚的，都是犯罪，但是情节显著轻微危害不大的，不认为是犯罪。"简言之，犯罪是指严重危害社会、触犯刑法并且应受刑罚处罚的行为。我国刑法中的犯罪概念，揭示了犯罪的本质特征和法律特征，是认定犯罪、划分罪与非罪界限的基本依据。

二、犯罪的基本特征

（一）犯罪是严重危害社会的行为，即具有严重的社会危害性

严重的社会危害性，是犯罪的本质特征。所谓社会危害性，是指行为对法律所保护的社会关系所造成的这样或那样损害的特性。社会危害性是一切违法行为（包括犯罪行为）共有的特征。行为是否具有社会危害性，是区分违法行为与合法行为的重要标准，但据此无法将犯罪行为与一般违法行为区分开。犯罪行为是违法行为中最重要的部分，其社会危害程度要重于一般违法行为，因而严重的社会危害性是犯罪最基本的特征。《刑法》第 13 条规定："……以及其他危害社会的行为，依照法律应当受刑罚处罚的，都是犯罪，但是情节显著轻微危害不大的，不认为是犯罪。"这里明确指出，情节显著轻微危害不大的，不是犯罪，这就意味着只有危害严重的行为才能认为是犯罪。

犯罪的社会危害性，通常被认为是犯罪行为已经实际发生并对国家和人民利益造成了实际损害。但是，在法律有明文规定的情况下，某种行为对社会可能造成的实际损害，也被看作是犯罪的社会危害性的表现。我国《刑法》第 13 条通过列举犯罪所侵犯的客体，揭示了犯罪的社会危害性的各个方面表现。

认定行为是否具有社会危害性、是否达到严重危害程度，应主要考察以下方面：①行为所侵犯的社会关系的性质；②行为的对象、手段、时间、地点以及其他相关情节；③危害后果，即行为是否造成危害后果、危害后果的大小、是否可能造成严重危害后果，数额（数量）是否较大、巨大、特别巨大等；④行为人本身的情况，如年龄、刑事责任能力，以及是否具有首要分子、直接责任人员、领导者等特定身份；⑤行为人主观方面的情况，如是否明知、故意、过失、有无特定犯罪目的；⑥情节是否严重、恶劣等。

【案例分析】对本案应按民事纠纷处理。滴滴司机是基于朱先生的交付而控制财物，并试图按照约定将财物交给朱先生的朋友，由于交付未果，遂据为己有，且拒绝退还，其行为显然具有社会危害性。但是，由于涉案财物数额有限，尚未达到严重危害社会的程度，所以其行为不应构成犯罪，是民事纠纷的范畴。

（二）犯罪是触犯刑律的行为，即具有刑事违法性

刑事违法性，是指违反刑法条文和其他法律中所包含的刑法规范。

犯罪的本质特征是行为具有严重的社会危害性，不过，在社会生活和司法实践中，某一危害社会的行为是否已经达到了"严重"的程度，人们的认识肯定不一致，这就需要由国家权力机关以国家立法的形式加以规定。立法机关根据社会上各种行为的社会危害性程度，有选择地宣布某种行为是犯罪并作出相应的规定，这就使犯罪在严重危害性的特征之外，又派生出其法律特征——刑事违法性。人们包括司法机关不能凭直觉认定某种行为是否具有社会危害性，而只能通过刑法所确定的具体标准来认定和把握。也就是说，只有当行为的社会危害性达到违反刑法规范的程度时，符合了刑法规定的犯罪构成要件，才能被认定为犯罪。例如，嫖宿不满14周岁的幼女、明知自己患有性病而卖淫或嫖娼的，这种具有社会危害性的行为是刑法所禁止的，具有刑事违法性的特征，因而是犯罪。相反，如果某一行为仅有某种程度的社会危害性而没有违反刑法规范，就不成立犯罪。例如，卖淫、嫖娼的行为等，虽然也具有社会危害性，但立法者考虑到这种社会危害性还没有达到相当严重的程度，没有在刑法中予以禁止，因此实施该种行为由于缺乏刑事违法性的特征，不能按犯罪处理。

　　由上可见，行为的社会危害性是刑事违法性的基础，刑事违法性是行为的社会危害性在刑法上的表现，是司法机关认定犯罪的法律标准。强调犯罪认定上的刑事违法性特征，正是罪刑法定原则的要求和重要体现。

　　（三）犯罪是应受刑罚处罚的行为，即具有应受刑罚处罚性

　　所谓"犯罪是应受刑罚处罚的行为"，是指人的危害社会的、触犯刑律的行为应当承担刑罚处罚的法律后果。应受刑罚处罚性以行为的严重社会危害性和刑事违法行为前提，行为如果没有严重的社会危害性和刑事违法性，自然不应受刑罚处罚。同时，应受刑罚处罚性，是对具有严重的社会危害性和刑事违法性的评价。无需给予应受刑罚处罚评价的行为，不可能是犯罪。《刑法》第13条把"依照法律应当受刑罚处罚"写入犯罪概念之中，显然，应受刑罚处罚性应是犯罪的一个基本特征。

　　应受刑罚处罚性与"犯罪必须受到刑罚处罚"，是两个并不完全等同的概念，不能混为一谈。应受刑罚处罚性，是指行为具有应当受到刑罚惩罚的性质，这只是对行为的评价，属于应然的范畴，并非是说一切犯罪都要受到实际的刑罚惩罚。由于犯罪行为形形色色，同一种犯罪也可能存在不同情节，所以刑法规定了诸多构成犯罪而免予刑罚处罚的情形，即定罪免刑的情形。定罪免刑，是指行为人的行为已经构成犯罪，本应予以刑罚惩罚，但考虑到具体情况，如犯罪情节轻微、防卫过当等，从而免予刑罚处罚。它是一种客观事实，属于实然问题。免除刑罚处罚是以具有应受刑罚惩罚性为前提的。如果行为不应受刑罚处罚，就意味着行为根本不构成犯罪，当然就谈不上"免除刑罚"的问题。

犯罪的上述三个基本特征紧密结合，缺一不可。

三、犯罪的分类

关于犯罪的分类，存在着理论分类和法定分类两种。理论分类，包括轻罪与重罪、自然犯与法定犯、隔隙犯与非隔隙犯、实害犯与危险犯等分类。这里主要介绍犯罪的法定分类。

（一）国事犯罪与普通犯罪

国事犯罪，是指危害国家安全的犯罪，普通犯罪是除危害国家安全犯罪以外的犯罪。我国刑法分则规定了十类犯罪，其中刑法分则第一章规定的"危害国家安全罪"属于国事犯罪，第二章至第十章规定的九类犯罪统称为普通犯罪。

（二）身份犯与非身份犯

身份犯，是指以特定身份作为犯罪构成要件或者刑罚从重、减轻的法定事由的犯罪。它又分为真正身份犯和不真正身份犯。真正身份犯，即定罪身份犯，是指以特定身份作为犯罪构成要件的犯罪。例如，国家工作人员是贪污罪的主体身份，则非国家工作人员不能单独构成贪污罪。不真正身份犯，即量刑身份犯，是指特定身份仅是法定的量刑情节而不影响定罪的犯罪。例如，诬告陷害罪的主体是一般主体，但刑法规定，国家机关工作人员犯诬告陷害罪的，从重处罚。身份犯以外的犯罪则是非身份犯，如盗窃罪、故意伤害罪等。

（三）亲告罪与非亲告罪

亲告罪，是指告诉才处理的犯罪。根据《刑法》第98条的规定，告诉才处理，是指被害人告诉才处理，如果被害人因受强制、威吓无法告诉的，人民检察院和被害人的近亲属也可以告诉。亲告罪采用自诉方式，但并非所有的自诉案件都是亲告罪。我国刑法中规定的亲告罪包括：①侮辱、诽谤罪（严重危害社会秩序和国家利益的除外）；②暴力干涉婚姻自由罪（致使被害人死亡的除外）；③虐待罪（致使被害人重伤、死亡的除外）；④侵占罪。非亲告罪，是指刑法没有明文规定为告诉才处理的犯罪，即应当由人民检察院提起公诉的犯罪。对于非亲告罪，被害人就是否起诉通常没有处分权。

（四）基本犯、减轻犯与加重犯

基本犯，是指刑法分则规定的首选法定刑幅度的犯罪。具体而言，刑法分则条文规定的不具有法定加重或者减轻情节的犯罪，都是基本犯。减轻犯，是指刑法分则条文以基本犯罪为基础规定了减轻情节或较轻法定刑的犯罪，如《刑法》第390条第2款规定，行贿人在被追诉前主动交待行贿行为的，可以从轻或者减轻处罚。加重犯，是指刑法分则条文以基本犯为基础规定了加重情节或较重法定刑的犯罪。它又可以分为结果加重犯与情节加重犯两种。

 第二节　犯罪构成

【案例】

　　彭某，男，22周岁，精神正常，身高1.69米，消瘦脸庞、高挑鼻梁。2017年4月8日傍晚，彭某躲在偏僻的胡同里伺机抢钱。当他发现一位手提黑色皮包的女青年从胡同那头走来，就悄悄迎上去，趁其不备，一拳将其打倒，抢得皮包后逃离，包内有1000元人民币。问：本案中，哪些事实特征是彭某的行为成立犯罪（抢劫罪）所必须具备的基本事实特征？

一、犯罪构成的概念和特征

（一）犯罪构成的概念

犯罪构成，是指为我国刑法所规定的，决定某一具体行为的社会危害性及其程度，而为该行为构成犯罪所必需的一切客观要件和主观要件的有机整体。简单地说，犯罪构成就是犯罪成立的法定规格和标准。

犯罪构成与犯罪概念是两个既密切联系又相互区别的概念。犯罪概念是回答什么是犯罪、犯罪有哪些基本属性的问题，它从宏观上揭示了犯罪的本质，是划分罪与非罪界限的总标准。但是，如果要正确解决罪与非罪、此罪与彼罪的界限，还需要将这个总标准予以具体化，形成微观上的具体标准，这就是犯罪构成。犯罪构成在犯罪概念的基础上进一步回答了犯罪是怎样成立的、成立犯罪需要具备哪些法定条件，它是认定犯罪的具体法律标准。总之，犯罪概念是犯罪构成的基础，犯罪构成是犯罪概念的具体化。

（二）犯罪构成的特征

1. 犯罪构成的法定性。犯罪构成的法定性，是指行为成立犯罪所必须具备的一系列主客观要件是由刑法加以规定或者包含的。这是罪刑法定原则的要求和体现。罪刑法定原则中"罪"的法定，既包括犯罪概念的法定，也包括犯罪构成（要件）的法定。我国刑法关于犯罪构成，是由刑法总则和刑法分则共同规定的。刑法总则规定了一切犯罪的成立所必须具备的共同要件，刑法分则规定了具体犯罪的成立所必须具备的特定要件。所以说，犯罪构成具有法定性。

2. 犯罪构成的抽象性。这是指作为犯罪构成的各个共同要件是从案件的众多事实中抽象、提炼出来的，而不是所有案件事实的组合。任何一种犯罪都可以用许多事实特征来说明，但并非每一个事实特征都可以成为犯罪构成的要件，

事实特征必须经过法律的选择，才能成为犯罪构成的要件。只有对行为的社会危害性及其程度具有决定意义而为该行为成立犯罪所必须具备的那些基本事实特征，才是犯罪构成的要件。

【案例分析】 在本案中，能够说明犯罪的事实特征很多，如彭某是位男青年，身高1.69米，消瘦脸庞、高挑鼻梁；年龄22周岁，精神正常；行为实施的时间是2017年4月8日傍晚，地点是在一个胡同里；被害人是位女青年，被抢走的是一个皮包，皮包颜色是黑色的，包内有1000元人民币，等等。上述诸事实特征对于成立抢劫罪而言，并非都具有决定性意义，并不都是犯罪构成的要件。只有以下抽象出来的事实特征才能够说明该行为的性质、社会危害性及其程度，进而为成立抢劫罪所必须的要件：①彭某年龄22周岁，说明已达到法定的刑事责任年龄；②彭某精神正常，说明他有辨认与控制自己行为的能力；③彭某事先躲在偏僻的胡同里伺机抢钱，说明他在主观上具有犯罪故意和非法占有他人财物的目的；④彭某通过使用暴力抢走他人皮包，说明他在客观上实施了抢劫行为。至于其他方面的事实特征，对量刑或者诉讼证据具有一定的意义，但对定罪是不具有意义的。

3. 犯罪构成的主客观统一性。任何一个犯罪构成都包括许多要件，这些要件有表明犯罪客体、犯罪客观方面的，有表明犯罪主体、犯罪主观方面的，它们的有机统一，就形成了某种犯罪的犯罪构成。我国刑法规定了400多种具体犯罪，它们各自都有独立的犯罪构成，且都是一系列主客观要件的有机统一。所谓"有机统一"，就是说这些要件是内在联系的、缺一不可的整体。

二、犯罪构成要件和要素

（一）犯罪构成的共同要件和具体要件

犯罪构成的共同要件，是指一切犯罪构成都必须具备的要件。它是从犯罪构成的具体要件中抽象出来的。根据我国刑法的规定，任何一种犯罪的成立都必须具备四个方面的构成要件，即犯罪客体、犯罪客观方面、犯罪主体和犯罪主观方面。

犯罪构成的具体要件，是指具体犯罪的成立所必须具备的要件。它由刑法总则和刑法分则共同规定的。每一个犯罪都有其具体构成要件，任何行为只有符合某种具体犯罪构成要件，才能成立犯罪。

（二）犯罪构成的要件要素

犯罪构成是由客体、客观方面、主体和主观方面这四个要件组成的有机统一体，而各个要件一般又是由若干个基本事实所组成，组成各个要件的基本事实，就是犯罪构成要件的要素。这些要素有的是必要要素，有的是选择要素。其中，客观要件要素包括危害行为、危害结果、行为对象以及犯罪的时间、地

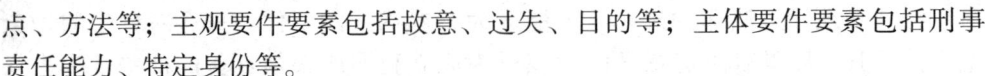
点、方法等；主观要件要素包括故意、过失、目的等；主体要件要素包括刑事责任能力、特定身份等。

三、研究犯罪构成的意义

犯罪构成作为认定具体犯罪的标准和规格，无论对司法实践还是刑法理论，都具有重大意义。其一，犯罪构成是我国刑法理论的基础和核心。犯罪构成理论在刑法学中占有十分重要的地位。它是我国刑法理论的基础和核心，贯穿在整个刑法学体系中。刑法中的许多理论问题，都与犯罪构成的基本理论息息相关。研究刑法理论，其关键就是掌握犯罪构成的理论。其二，为区分罪与非罪提供了法律标准。这些标准有些规定在刑法总则中，更大量的规定在刑法分则中，这就为追究犯罪人的刑事责任提供了法律依据，为无罪的人不受非法追究提供了法律保障。其三，为区分此罪与彼罪提供了法律标准。各种不同犯罪的独特的特点，反映在每一个具体的犯罪构成要件中。因此，研究和把握每个罪的具体构成要件，是准确定性、区分此罪与彼罪的关键。其四，为区分一罪与数罪提供了法律依据。区分行为构成一罪还是数罪，基本上是以犯罪构成的个数为认定标准的，符合一个罪的犯罪构成就成立一罪；符合数个罪的犯罪构成便成立数罪。其五，为准确裁量刑罚提供了法律依据。犯罪构成的主要作用是为正确定罪提供法律标准，但定罪是量刑的前提和基础，只有定性准确，才能保证量刑适当。因此从这个角度看，犯罪构成对正确量刑是具有重要意义的。

四、犯罪构成"三阶层模式"

由于受苏联的影响，新中国政权建立后将民国时代已经生根落地、开花结果的大陆法系"三阶层模式"予以抛弃，移植了苏联的"四要件模式"，[1]即犯罪构成由犯罪客体、犯罪的客观方面、犯罪主体和犯罪的主观方面等这样四个基本要件组成。而随着历史条件的变化，近年来，我国一些刑法学者认为，认定犯罪应当采用大陆法系的"三阶层模式"。

欧美较流行的犯罪构成论主张：犯罪是该当构成要件、且违法、有责的行为。因此行为成立犯罪必须具备"三要件"，并因此被学界称为"三要件"论。根据该理论，犯罪构成由构成要件该当性、违法性和有责性组成。由于这三个要件之间具有层次性，故又被称为犯罪构成"三阶层模式"。构成要件该当性，亦称构成要件符合性，是指行为具有与刑罚法规所规定的个罪的构成要件相符合的性质，具有一致性，表明该行为触犯了刑罚法规。例如，一个故意拿走他人财物并占为己有的行为，与盗窃罪的构成要件相当。违法性，是指行为对刑

---

〔1〕　杨兴培："'三阶层模式'工具效用局限性的反思与批评"，载《上海政法学院学报》2017年第4期。

法所保护的利益的实质侵害性。行为具备构成要件该当性，还不能认定该行为构成犯罪，还必须考察该行为是否具有实质的违法性。违法阻却事由包括正当防卫、紧急避险、执行职务、正当业务等。有责性，是指能够追究责任的性质，即实施违法行为的行为人应受到谴责。达到刑事责任年龄、有辨认控制自己行为能力人故意或过失实施违法行为，通常具备有责性。只有同时满足上述三个要件的行为，才能成立犯罪。

 **本章小结**

　　犯罪是指严重危害社会、触犯刑法并应受刑罚处罚的行为，严重的社会危害性、刑事违法性和应受刑罚处罚性是犯罪的三个基本特征。按照不同的标准，对犯罪可以作不同的分类。犯罪构成，是指为我国刑法所规定的，决定某一具体行为的社会危害性及其程度，而为该行为构成犯罪所必需的一切客观和主观要件的有机整体。它是认定具体犯罪的标准和规格。犯罪构成的共同要件包括犯罪客体、犯罪客观方面、犯罪主体和犯罪主观方面。

思考练习

　　1. 如何理解犯罪的基本特征？如何划清犯罪与违法的界限？
　　2. 如何理解犯罪概念与犯罪构成的关系？

拓展学习

第三章　拓展学习

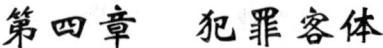

第四章　犯罪客体

目标任务

　　了解犯罪客体的概念和学习犯罪客体的意义，理解和掌握犯罪客体的分类以及与犯罪对象的联系与区别，能够根据犯罪客体的理论和法律规定正确分析认定具体案件犯罪客体的类别从而准确定性。

 **第一节　犯罪客体的概念和分类**

【案例】

　　2015 年 2 月 26 日 19 点 35 分，4 名 20 多岁男青年张某、王某、李某、赵某持刀冲入河北任丘市人民路的聚福缘珠宝店，将珠宝店老板砍成重伤，抢走金银首饰折合人民币 10 万余元，现金 7000 余元。问：上述 4 人的抢劫行为侵犯的直接客体是什么？

一、犯罪客体的概念

　　犯罪客体，是指我国刑法所保护的、为犯罪行为所侵犯的社会关系。它说明犯罪行为危害了什么利益，因而集中体现了犯罪行为严重的社会危害性的本质特征。犯罪客体有以下主要特征：

　　1. 犯罪客体是一种社会关系。社会关系是人们在共同生产、生活中所形成的人与人之间的相互关系，分为物质关系和思想关系。物质关系即生产关系，是人们在社会生产中所发生的相互关系，它是社会的经济基础。政治、法律、哲学、宗教、艺术等各种非物质关系即思想关系，是由经济基础决定的社会上层建筑。犯罪行为正是用不同的方式、在不同的场合、以不同的程度，侵犯了社会关系。刑法作为惩处犯罪的最有力武器，通过处罚犯罪实现对社会关系的保护。

　　2. 犯罪客体是刑法所保护的社会关系。社会关系内容十分丰富，范围十分广泛，涉及社会生活的各个方面，如在政治、经济、文化、思想、民族、宗教、伦理等方面都有人与人之间的关系。但不同方面的社会关系，其性质以及在社会生活中的地位和作用是不同的，因而，并非全部社会关系都由刑法来加以调整和保护，只有其中最重要的一部分社会关系才由刑法调整与保护，才能成为犯罪客体。根据我国《刑法》第 2 条、第 13 条规定，刑法所保护的社会关系包括国家主权、领土完整与安全、人民民主专政制度，公共安全，社会主义经济基础，公民的人身权利、民主权利和其他权利，公私财产权利，社会主义社会管理秩序，国防利益和军事利益等。

3. 犯罪客体必须是犯罪行为所侵犯的社会关系。刑法所保护的社会关系只有受到了犯罪行为的侵害才能成为犯罪的客体，如果没有受到犯罪行为的侵害，则不能成为犯罪客体。犯罪客体和犯罪行为是紧密联系的，没有犯罪行为就无所谓犯罪客体。

二、犯罪客体的意义

1. 有助于认清犯罪的本质特征，确定刑法打击犯罪的重点。犯罪的本质特征是严重的社会危害性，而犯罪行为危害了何种社会关系，则是决定行为社会危害程度的首要依据。犯罪行为侵害的客体不同，其社会危害性就有差别。因此，准确认定犯罪客体，有利于准确地区分犯罪的危害性及其程度。

2. 有助于划分犯罪的类别，建立科学的刑法分则体系。我国刑法分则以某一类犯罪所共同侵犯的某类社会关系作为分章设罪的标准，即按照十类社会关系，划分为十章犯罪，并大体上按照社会关系的重要性依次排列，从而建立起科学的刑法分则体系。

3. 有助于划清此罪与彼罪的界限，准确定罪。犯罪客体决定犯罪的性质，犯罪客体不同，犯罪性质则不同。当某些犯罪在罪过、行为和侵害的对象等方面都基本相同或者相近时，犯罪客体对犯罪性质的认定以及区分此罪与彼罪之间的界限则具有决定性的意义。

4. 有助于科学地配置法定刑和正确量刑。研究犯罪客体有助于客观评价犯罪的社会危害程度，科学地设置法定刑和准确裁量刑罚。

三、犯罪客体的分类

（一）犯罪客体的一般分类

在刑法理论上，通常从层次上，即根据犯罪所侵犯的社会关系的范围的不同，将犯罪客体分为三个不同层次，即一般客体、同类客体和直接客体。它们之间是一般与特殊、共性与个性、整体与部分的关系。

1. 犯罪的一般客体。又称犯罪的共同客体，是指一切犯罪行为所共同侵犯的客体，即我国刑法所保护的社会关系的整体。《刑法》第 2 条、第 13 条概括了犯罪一般客体的主要内容。犯罪的一般客体反映着一切犯罪行为的共同本质，

是犯罪严重社会危害性的集中体现。研究犯罪的一般客体，有助于我们进一步认清犯罪的本质。

2. 犯罪的同类客体。这是指某一类犯罪行为所共同侵犯的客体，即我国刑法所保护的社会关系的某一部分或某一方面。各种具体犯罪都侵犯了某种具体社会关系，但有些犯罪所侵犯的具体社会关系具有相同性或者近似性，把这些侵犯具有相同性或者近似性的具体社会关系的具体犯罪归并在一起，就形成了一类犯罪，该类犯罪所共同侵犯的客体，就是同类客体。例如，盗窃、抢夺、诈骗、敲诈勒索、侵占等具体犯罪，它们虽然在行为方式、侵害对象及危害程度等方面存在某些差别，但它们所侵犯的具体社会关系却具有共同性，即都侵犯了公私财产所有权。把侵犯公私财产所有权的这些具体犯罪作为一类，即侵犯财产罪类罪，公私财产所有权就是这类犯罪的同类客体。我国刑法分则就是根据犯罪的同类客体原理，将形形色色的犯罪划分为十类并将每一类犯罪设专章加以规定。研究犯罪的同类客体，对犯罪进行分类，一方面有利于建立严密、科学的刑法分则体系；另一方面有利于正确地掌握各类犯罪的基本特点及其危害程度。

另外，刑法分则第三章"破坏社会主义市场经济秩序罪"和第六章"妨害社会管理秩序罪"还分别设立有八节、九节犯罪。因此，在同类客体之外还存在着一个"次层次"的同类客体。如刑法分则第三章第四节"破坏金融管理秩序罪"，其同类客体是社会主义市场经济秩序，"次层次"同类客体则是金融管理秩序。

3. 犯罪的直接客体。这是指某一种犯罪所直接侵犯的我国刑法保护的某种具体社会关系。例如，故意伤害罪的同类客体是公民人身权利，而其直接侵犯的社会关系是公民的健康权利，所以其直接客体是他人的健康权利。犯罪直接客体是每一个具体犯罪成立的必要要件，是决定具体犯罪性质的重要因素之一。在司法实践中，区分罪与非罪、此罪与彼罪的界限，主要是依据直接客体，而非同类客体。例如，同样是盗窃价值较大的电缆线，一种是盗窃库存的电缆线，还有一种是盗窃正在使用中的电缆线，行为人的犯罪目的、手段、犯罪对象等都是相同的，但就犯罪直接客体来讲，前者仅仅侵犯公私财产所有权，构成盗窃罪，而后者既侵犯公私财产所有权，同时更重要的是侵犯了公共安全，构成了破坏电力设备罪或者破坏广播电视设施、公用电信设施罪。

（二）犯罪直接客体的分类

1. 简单客体和复杂客体。这是根据犯罪侵犯直接客体的数量不同所进行的一种分类。简单客体即单一客体，是指一种犯罪行为仅仅侵犯一种具体的社会关系。复杂客体，又称复合客体、多重客体，是指一种犯罪行为同时侵犯两种或两种以上具体社会关系。如抢劫罪，既侵犯了公私财产所有权，又侵犯了他人的人身权利。

【案例分析】 本案中，张某某等 4 人持刀抢走聚福缘珠宝店金银首饰折合人民币 10 万余元，现金 7000 余元，并将珠宝店老板砍成重伤的行为，侵犯的直接客体就属于复杂客体，既侵犯了公民的财产所有权，又侵犯了公民的身体健康权利，已经构成抢劫罪。

2. 主要客体和次要客体。这是对复杂客体所作的划分。当某一具体犯罪属于复杂客体时，就出现了应当按哪一个直接客体来定性或归类的问题。所以，刑法理论上又将复杂客体具体划分为主要客体和次要客体。这是根据两个以上直接客体在犯罪中受危害的程度、机遇和受刑法保护的程度为标准所作的分类。主要客体是指受犯罪行为危害较为严重、刑法予以重点保护的具体社会关系。它决定着具体犯罪的性质，从而也决定该犯罪的立法归类。次要客体是指受犯罪行为危害程度较轻、刑法同时予以保护的具体社会关系。对于属于复杂客体的犯罪来说，除主要客体外，次要客体也是犯罪构成的必要要件，对定罪量刑也起着决定作用。例如，抢劫罪的成立，必须是危害行为既侵犯财产权利又侵犯了被害人的人身权利。

第二节　犯罪客体与犯罪对象的关系

【案例】

2015 年 12 月至 2016 年 3 月间，杨某伙同马某、齐某携带脚扣、老虎钳、手电筒、邮政包等作案工具，采取攀登电线杆剪线等手段，先后盗割铁路通讯线 4 次，盗割地方邮政正在使用的通讯线 2 次，总计盗割 3.0 型铜线 88 公斤，价值 4243 元，致使通讯中断 6181 分钟；还盗割地方邮政尚未使用的通讯铜线 3 次，共计 64 公斤，价值 1830 元。请问，杨某等人的行为构成什么罪？

一、犯罪对象的概念

犯罪对象亦称行为对象。一般认为，犯罪对象是指刑法规定的，犯罪行为直接作用的具体物或具体人。如强奸罪的犯罪对象是妇女，盗窃罪的犯罪对象是财物。具体人是社会关系的主体，具体物是社会关系的物质表现。人们对于行为是否构成犯罪的认识过程，一般开始于对犯罪对象的感知，进而认识到犯罪对象所反映的、受刑法所保护的社会关系受危害的情况，再确定该行为是否成立犯罪和构成何罪。

二、犯罪对象与犯罪客体的联系与区别

在刑法理论上，对象和客体都有其特定的含义，是既有联系又有区别的两个概念。犯罪对象与犯罪客体的联系在于：犯罪对象反映犯罪客体，犯罪行为往往通过作用于一定的具体物或具体人，从而使刑法所保护的某种社会关系受到侵犯，该种社会关系就是犯罪客体。当然，犯罪对象与犯罪客体之间是有明显区别的，二者的区别包括：

1. 二者对犯罪性质的影响不同。犯罪客体反映的是行为的内在本质，因而决定犯罪的性质。而犯罪对象一般体现的是事物的外部特征，只有通过它所体现的具体社会关系即犯罪客体，才能认定某种行为构成什么犯罪，因而犯罪对象一般不能决定犯罪的性质。当然，犯罪对象在少数情况下也能够决定着犯罪的性质。

【案例分析】杨某等人盗窃的对象虽然都是通讯线，但是正在使用的通讯线和尚未使用的通讯线所体现的社会关系是不同的，即犯罪客体不同。杨某等人盗割正在使用的铁路通讯线，既侵犯了交通运输安全又侵犯了公私财产所有权，因而构成了破坏交通设施罪和盗窃罪，应当择一重罪定罪处罚。同理，杨某等人盗割地方邮政正在使用的通讯线的行为，不仅侵犯了公共通讯安全也侵犯了公私财产所有权，分别触犯了破坏公用电信设施罪和盗窃罪，也应当择一重罪论处。杨某等人盗割地方邮政尚未使用的通讯铜线，侵犯的客体是公私财产所有权，且盗窃数额较大，构成盗窃罪。

2. 二者在犯罪构成中的地位不同，即犯罪客体是任何犯罪构成的必备要件，而犯罪对象并不是每一个犯罪构成的必备要件。凡是犯罪行为就必然侵犯刑法所保护的社会关系，没有犯罪客体就不能构成犯罪；而犯罪对象并不是每一个犯罪构成的必备要件，它仅仅是某些犯罪构成的必备要件要素。如《刑法》第240条规定的拐卖妇女、儿童罪，其犯罪对象只能是妇女、儿童，否则便不构成此罪。另外，有些犯罪如像叛逃罪、脱逃罪、妨害传染病防治罪等，很难说有什么犯罪对象，但却都侵犯了某种具体社会关系。

3. 二者在具体犯罪中是否受到实际的损害不同，即任何犯罪都必然使刑法所保护的社会关系受到侵害，但犯罪对象不一定受到损害。

4. 二者对犯罪分类的意义不同，即犯罪客体是犯罪分类的基础，而犯罪对象则不是。由于犯罪客体是犯罪构成的必要要件，它的性质和范围是确定的，因而可以按一定的逻辑进行合理的分类和排列，从而成为犯罪分类的基础。我国刑法分则规定的十类犯罪，主要是以犯罪的同类客体为标准进行划分的。如果按照犯罪对象则无法进行分类，因为犯罪对象并非犯罪构成的必要要件，而且犯罪对象在不同的犯罪中可以是相同的，在同一性质的犯罪中也可以是不同的。所以，犯罪对象不能成为犯罪分类的基础。

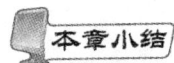

本章小结

　　犯罪客体是我国刑法所保护的、为犯罪行为所侵犯的社会关系。犯罪客体划分为三个层次：一般客体、同类客体和直接客体。犯罪的直接客体决定犯罪性质，对直接客体又可分为简单客体和复杂客体。与犯罪客体密切联系的是犯罪对象，犯罪对象反映犯罪客体。犯罪对象与犯罪客体的区别包括：犯罪客体决定犯罪性质，而犯罪对象则未必；犯罪客体是任何犯罪的必备构成要件，而犯罪对象仅仅是某些犯罪的必备构成要件；任何犯罪都必然使刑法所保护的社会关系受到侵害，而犯罪对象不一定受到损害；犯罪客体是犯罪分类的基础，而犯罪对象则不能成为犯罪分类的根据。

思考练习

　　1. 什么是犯罪客体？研究犯罪客体有什么意义？
　　2. 如何理解犯罪客体的三个不同层次？
　　3. 如何理解犯罪客体与犯罪对象之间的关系？

实务训练

　　张某利用私家车到外地运输假酒，在回本地的途中被甲工商所查处，车辆和假酒被扣押。第三天深夜，张某携带钳子等作案工具潜入甲工商所，试图将自己的汽车连同假酒取回。张某打开车门发动车辆时，惊动了值班人员。值班人员将其控制并扭送到派出所。在被送往派出所的途中，张某用钳子将值班人员打伤，然后逃离。

　　问：张某的行为侵犯的客体和对象分别是什么？

拓展学习

第四章　拓展学习

第五章　犯罪客观方面

目标任务

　　了解犯罪客观方面的概念，理解犯罪客观方面要件的意义，掌握危害行为、危害结果以及刑法上因果关系的基本内容。能够根据犯罪客观方面的理论和法律规定，正确分析认定具体案件是否具备犯罪客观方面要件。

 **第一节　犯罪客观方面概述**

一、犯罪客观方面的概念

　　犯罪客观方面，是指刑法规定的构成犯罪的客观外在表现或客观事实特征。它说明行为人是通过什么行为、在什么情况下对刑法所保护的社会关系进行侵犯，是否造成了结果以及造成了什么结果的事实特征。犯罪客观方面作为成立犯罪的必备要件之一，具有以下特征：

　　1. 具体性，即我国刑法所规定的犯罪客观方面要件是具体的而不是抽象的。犯罪客观方面的要件包括：危害行为（犯罪行为）；危害结果（犯罪结果）以及行为的时间、地点、方法（手段）等。以它们是否为所有犯罪的构成所必备的要件为标准，可以分为必备要件和选择要件。必备要件是指一切犯罪构成在客观方面都必须具备的要件，即危害行为。例如，成立放火罪、故意杀人罪等，在客观方面只要有危害行为即可。选择要件是指某些犯罪的构成在客观方面所必须具备的要件，而不是一切犯罪构成在客观方面都必须具备的要件，它包括危害结果和特定时间、地点、方法（手段）等。

　　2. 客观性，即人的犯罪活动的外在表现形式，能够为人们所直接感知。人的犯罪活动可以分为以下两个方面：一是犯罪主观方面有意志、有意识的思维活动，即形成犯意的活动；二是将主观犯罪心理活动客观化，即将所形成的犯意付诸实施，这就要求表现为某种特定的犯罪行为，乃至造成特定的危害结果，这属于犯罪客观方面。犯罪客观方面是与犯罪主观方面相对应的犯罪构成要件，二者紧密联系。但是，作为犯罪主观方面的犯罪意识和意志、犯罪动机和目的本身是看不见、摸不着的，它必须通过外在客观活动如危害行为和危害结果表现出来，才能为人们所认识。因此，犯罪客观方面作为犯罪活动的客观外在表现，客观性是其本身应有的内涵。

3. 法定性，即构成犯罪的各种客观要件（要素）必须是刑法条文明确规定的。犯罪活动表现于外的事实情况是多种多样的，但并非所有这些客观事实情况都属于犯罪客观方面。只有刑法条文明确规定的，能够充分说明犯罪行为的社会危害性及其程度的客观事实，才能成为犯罪客观方面的要件要素。例如，故意杀人罪的客观方面，表现为实施了杀人的行为，这是《刑法》第232条明确规定的。至于是否造成死亡结果，这不影响故意杀人罪的成立。再如，交通肇事，其客观事实很多，但《刑法》第133条对交通肇事罪的客观方面只规定两个事实特征：违反交通运输法规；发生重大交通事故。

4. 复杂性。犯罪现象复杂多样，具体表现形式数不胜数。我国刑法规定的众多犯罪各有其自身的特殊性，认识犯罪客观方面的复杂多样性，才能把握各种犯罪的不同特点。例如，同样是侵犯公民生命权利的犯罪，故意杀人在未发生他人死亡结果的情况下就可构成犯罪，而故意伤害罪的构成则要求发生轻伤害以上的结果，过失致人死亡罪的构成则要求必须发生他人死亡的结果。

二、犯罪客观方面的意义

犯罪客观方面在犯罪构成中居于关键地位，对定罪和量刑都具有重要意义。

1. 是区分罪与非罪的重要标准之一。犯罪的成立必须存在危害行为，没有危害行为就不可能存在犯罪。在有些情况下，即使有危害行为，但如果没有造成法定的危害结果，也不成立犯罪。有少数犯罪的构成还以特定的时间、地点、方法等为条件。此外，主观罪过的有无也需要通过对犯罪客观方面进行分析才能认定。因此，认定犯罪是否成立，离不开对犯罪客观方面的分析判断。

2. 是区分此罪与彼罪的重要依据之一。我国刑法规定的许多犯罪，在犯罪客体、主体方面的要件往往相同，法律之所以把它们规定为性质不同的犯罪，主要是由于它们在犯罪客观方面的表现不同，如有的表现为不同的行为方式，有的造成不同的危害结果。

3. 是认定犯罪完成与否的重要根据之一。犯罪完成与否的根据是犯罪构成要件是否齐备。危害行为实施程度、是否造成了危害结果等，直接关系到犯罪客观方面这一要件是否齐备，从而决定犯罪构成要件是否齐备，最终决定犯罪是否达到完成形态。因此，在实践中基本是根据犯罪客观方面来判断犯罪是否完成的。

4. 是影响刑罚轻重的重要因素之一。犯罪客观方面包含多种事实特征，有些事实特征虽然不决定犯罪的成立与否，但对行为的社会危害性程度有影响作用，如犯罪手段恶劣与否，危害结果大小等均是量刑时需考虑的情节。因此，分析犯罪客观方面有助于正确量刑。

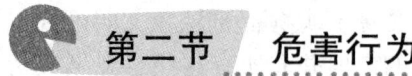

第二节 危害行为

【案例】

被告人黄某，男，43 岁，渔民。2006 年 5 月 27 日，黄某在黄河某渡口上捕鱼，突然一条用于摆渡的小船因载人过多而倾翻，乘客尽数落水。由于落水的人员当中有一部分不会游泳，故其生命处于极度危险状态，这时参与抢救的人们纷纷要求黄某驾船救人。黄某却笃信封建迷信，认为参加抢救落水的人会给自己带来灾难，因而拒绝，也不允许其他人用他的船去救人。由于抢救工具不够，最终有 4 人因抢救不及时而溺水身亡。事后应群众要求，检察机关以不作为犯罪对黄某提起公诉。[1]问：黄某的行为是否成立刑法上的不作为？

一、危害行为的概念

危害行为，即危害社会的行为，是指在人的意志或者意识支配下实施的危害社会的身体动静。这包括以下几层含义：

1. 危害行为必须是人的身体动静，包括动和静两方面，其主体是特定的。由于危害行为是人的身体活动，是客观的、外在的现象，故思想被排除在危害行为之外，我国刑法坚决摈弃"思想犯罪"。言论作为思想的外壳，本身不是犯罪行为，但发表言论则是人的有意志、有意识的身体活动，是行为。因此，刑法将一些发表言论的行为规定为犯罪，如煽动分裂国家罪、诽谤罪等。

2. 危害行为必须是表现人的意志和意识的行为，是人的意识支配的产物。因为，只有这样的人体外部动作（即危害行为），才可能由刑法来调整并达到预期目的。因此，人的无意志、无意识的身体动静，即使在客观上造成了损害，也不是刑法意义上的危害行为，更不能成立犯罪。人的无意志、无意识的行为，主要包括：①人在睡梦中或者精神错乱下的举动。②人在不可抗力作用下的举动。人在不可抗力作用下的举动并不表现人的意志，甚至是违背其意志的。③人在身体完全受强制下的行为。这种情况下的行为是违背行为人的主观意愿

---

〔1〕 正盛："黄某见死不救不构成犯罪"，载封丘县人民法院网，http://fqxfy.chinacourt.org/public/detail.php? id=36，最后访问时间：2018 年 2 月 25 日。

的，而且客观上行为人对身体受强制也是无法排除的。

但是，人在精神受到强制或威胁时而被迫实施某种损害社会的行为，这与人在身体完全受强制下的举动是有区别的。人在精神受到强制或者威胁的情况下，并未完全丧失意志自由和选择自由。这种情况下被迫实施的某种损害行为，是否属于刑法意义上的危害行为？要具体情况具体分析。

3. 危害行为必须是在客观上侵害或者威胁了社会关系的行为。因此，正当防卫、紧急避险等正当行为，不属于刑法意义上的危害行为。

二、危害行为的基本表现形式

危害行为具体表现形式是多种多样的，但概括起来有两种基本表现形式，即作为与不作为。

（一）作为

作为，是指行为人以身体活动实施刑法所禁止的危害行为，即"不当为而为之"、刑法禁止做而去做，它是危害行为的主要表现形式。我国刑法规定的绝大多数犯罪都可以由作为的形式实施，如故意杀人罪、放火罪等，而且许多犯罪只能以作为形式实施，如强奸罪、抢劫罪、盗窃罪等。刑法意义上的作为，一般并不仅指一个单独的举动，而通常是由人的一系列积极举动所组成的，如抢劫行为，一般由接近被害人、实施暴力或威胁、劫取财物等动作组成。

应当注意，作为，不仅仅限定于行为人亲手实施的行为，只要是受行为人意志的支配、行为人利用自身力量和外部的行为，都是作为。概括起来包括：①利用自己身体实施的行为，如拳打脚踢的伤人等。②利用物质工具实施的行为。如利用枪弹实施杀人行为，利用证件实施招摇撞骗等。③利用动物实施的行为，如唆使训练有素的猎犬伤害仇人。④利用自然力实施的作为，如放火、决水等。⑤利用他人的作为。这包括：一是利用无刑事责任能力的人实施的行为，如教唆不满14周岁的人去抢劫。二是利用主观上无罪过的人的行为，如医生令不知情的护士为病人注射毒药。三是利用他人的过失行为。

（二）不作为

不作为，是指行为人负有实施某种行为的特定法律义务，能够履行该特定义务而不履行的危害行为。简单地说，就是行为人在能履行自己应尽义务的情况下不履行该义务，即"当为而不为"、应当做且能做而没有做。

在我国刑法中，有的犯罪只能由不作为构成，如遗弃罪、丢失枪支不报罪等，这在刑法理论上称为"纯正不作为犯"；还有的犯罪虽然通常情况下由作为形式实施，但也可以由不作为形式实施，如故意杀人罪、放火罪等，这在刑法理论上称为"不纯正不作为犯"。另外，有些犯罪则同时包含作为和不作为两种

形式，如抗税罪，拒不执行生效判决、裁定罪等。

不作为犯罪的成立，在客观方面必须具备以下三个条件：

1. 行为人负有实施特定积极行为的法律义务，这是前提条件。这里的"特定义务"，是指行为人在特定的社会关系范围内，基于特定的事实和条件而产生的具体义务。它一方面要求是法律性质的义务，而不包括一般的道德义务和社会义务；另一方面，义务的内容必须是实施特定的积极行为。据此，荒山狩猎人发现弃婴后不救助的，不构成刑法上的不作为。

一般认为，特定义务的来源主要有以下几种：

（1）法律明文规定的义务。这种义务一般是由宪法、法律、法规和规章所规定并为刑法所认可的义务，任何符合法律规定条件的人都必须履行这种义务。如宪法和婚姻法规定了家庭成员间有互相扶养的义务，刑法也要求人们履行这种义务。因此，不履行扶养义务，情节恶劣的，就成立不作为犯（遗弃罪）。有些法律规定的特定义务，如果未被刑法所认可，则不构成刑法上的不作为。

（2）职务上或业务上要求的义务。按照有关法规、规章制度的要求，具有一定职务或者从事某种业务的人负有某种特定的义务。例如，国家工作人员有履行相应职责的义务，当班医生有抢救危重病人的义务等。

（3）先行行为引起的义务。这种义务是指行为人由于自己的（先前）行为使得刑法所保护的某种合法权益处于危险状态时，该行为人负有采取有效措施排除危险或防止危害结果发生的积极义务。如果行为人不履行这种义务以致发生严重后果的，就成立不作为犯。例如，成年人带着儿童游泳时，就负有保护该儿童安全的义务；将弃婴抱回家就产生了抚养该弃婴的义务，等等。

（4）因法律行为需承担的义务。法律行为即在法律上能产生一定权利义务的行为。例如，成年人甲按照《收养法》的规定收养未成年人乙为养子女，则甲基于收养行为对乙负有抚养义务，若其不履行抚养义务且情节恶劣，则构成遗弃罪。

2. 行为人能够履行特定义务。即行为人有作为能力，这是成立不作为的重要条件。法律规范与法律秩序只是要求能够履行义务的人履行义务，而不会强求不能履行义务的人履行义务。如果行为人缺乏必要的能力或者其他原因而不可能防止危害结果发生的，也就不可能成立不作为犯。至于行为人能否履行义务，则应从行为人履行义务的主观能力与客观条件两方面进行判断。

3. 行为人没有履行特定义务，造成了危害结果。行为人负有特定法律义务，而且能够履行，但没有履行，由此造成对刑法所保护的法益的危害结果，就可认定其实施了犯罪客观方面的不作为。

在理解不作为时还应当注意以下两点：①符合上述三个条件，就具备了不作为犯罪的客观方面条件，但这并不等于就直接成立犯罪。②不作为，并不是指行为人没有实施任何积极举动，而是指行为人没有实施法律要求其实施的积极举动。因此，行为人通过实施一些积极的举动而逃避法律要求其履行的特定义务时，并不影响不作为的构成。如行为人把年迈父母带至深山老林后予以遗弃，以逃避赡养义务，这仍属于不作为，而非作为。

【案例分析】黄某不构成刑法的不作为。黄某作为在黄河上捕鱼的渔民，有条件见义勇为却见死不救，以致4名落水乘客因抢救不及时而溺水身亡，这符合上述不作为的第2、3项条件。但是，摆渡船倾翻多人落水以致多人生命处于危险状态，并不是黄某的行为造成的，黄某不负有采取有效措施排除危险或者防止危害结果发生的特定义务，也不存在积极抢救的职责或业务上的要求，而仅仅负有道义上的义务，因此不具备成立不作为的第1项条件。相反，如果是黄某的小船摆渡时倾翻，落水之人是黄某的乘客，黄某便有了先行行为引起的救助义务。如果其见死不救，就属于刑法上的不作为。

第三节 危害结果

【案例】

张某，男，22周岁。2016年4月6日晚，张某在某酒店就餐时遇到女青年邵某，觉得邵某特别有气质，顿时心生爱慕。同行的伙伴周某说："往她饮料里放些安眠药，她就是你的了。"张某遂趁邵某短暂离开餐桌之机，往其饮料里投放了安眠药。在邵某昏迷后，张某将其带至客房发生了性关系。邵某在遭强奸后，一直精神抑郁，被诊断为神经反应症，不久服毒自杀身亡。问：张某的强奸行为造成的危害结果有哪些？分别属于哪一种危害结果？

一、危害结果的概念

危害结果，亦称犯罪结果，是指危害行为对刑法所保护的社会关系所造成的实际损害事实或现实危险。它具有以下几层涵义：首先，产生危害结果的原因只能是危害行为，如果不存在危害行为或者损害结果不是由危害行为引起的，就不存在刑法上的危害结果。其次，危害结果表明刑法所保护的社会关系受到了侵害。既可以是实际损害结果（实害犯），也可以表现为现实危险状态（危险犯），例如，交通工具被破坏后出现的"足以使火车、汽车、电

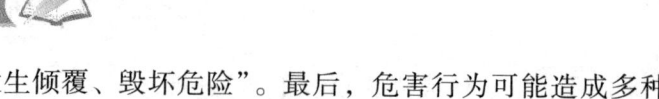

车、船只、航空器发生倾覆、毁坏危险"。最后，危害行为可能造成多种损害结果，但并非都能成为刑法意义上的危害结果，也就是说，危害结果具有法定性。

二、危害结果的种类

危害结果是多种多样的，刑法理论从不同层次、不同角度对之作了分类。

（一）广义的危害结果和狭义的危害结果

广义的危害结果，是指由行为人的危害行为所引起的一切对社会关系的侵害事实。它具体包括直接结果和间接结果、犯罪构成要件的结果和非犯罪构成要件的结果。

狭义的危害结果，是指犯罪构成要件的结果，即危害行为对直接客体造成的实际侵害或现实危险状态。它是定罪的主要根据之一。

（二）犯罪构成要件的结果与非犯罪构成要件的结果

犯罪构成要件的结果，是指刑法规定的，成立某种具体犯罪所必须具备的危害结果（包括加重犯罪构成所要求的加重结果）。有的犯罪构成要件结果由刑法分则条文明确规定，如过失致人重伤罪的危害结果是"致人重伤"；有的则没有明文叙述，只能根据条文对罪状的描述推断出来，如故意杀人罪的危害结果"致人死亡"即是推断出来的。从我国刑法的规定看，过失犯罪和间接故意犯罪均以发生法定的危害结果为构成要件（要素）；在直接故意犯罪中，只有少数是以特定危害结果为构成要件，而大多数直接故意犯罪属于行为犯，其成立并不要求发生危害结果，危害结果是否发生只影响犯罪的形态。

非犯罪构成要件的结果，是指危害行为引起的犯罪构成要件以外的，影响行为的社会危害性程度大小的危害结果。这种危害结果一般对量刑有意义。例如，故意杀人未遂，但导致被害人重伤，重伤就是非犯罪构成要件的结果。

（三）直接结果与间接结果

直接结果，是指由危害行为直接造成的侵害事实，它与危害行为之间具有因果关系。例如，甲开枪击中乙胸部，致乙死亡。乙的死亡则是甲的杀人行为引起的直接结果。直接结果主要对定罪起作用，犯罪构成要件的结果大多是直接结果。

间接结果，是指由危害行为间接造成的侵害事实，即危害行为实施后，介入其他因素而导致的危害结果。介入因素可以是被害人自身行为、第三者的行为，还可以是自然力的作用。例如，丙被丁打成轻伤后在治疗时因医生医治不当而死亡。间接结果主要对量刑起作用，在少数情况下也对定罪起作用。

（四）物质性危害结果与非物质性危害结果

物质性危害结果，是指危害行为通过物理作用导致对象发生有形变化的结果，如人的伤亡、财产的毁损。这种危害结果一般来说是有形的、可以具体认定和测量的，它具有直观性，易于为人们所认识。物质性危害结果在具体案件中可能发生，也可能由于某种原因而没有发生，因此必须予以查明。如果没有发生，一般只成立犯罪未遂或犯罪中止，甚至不构成犯罪。

非物质性危害结果，是指危害行为造成的不具有物质形态的无形结果。这种结果往往是抽象的、无形的、不能或者难以具体认定和测量的。对个人来说，主要是危害行为对个人的心理造成影响，留下痕迹，如对人格、名誉的损害等。对组织来说，则是使其正常的状态、信誉、信用受到影响。非物质性危害结果也是客观存在的，可以根据案件的全部事实和通常的价值观，确定其危害程度。非物质性危害结果往往是危害行为一经实施就同时发生了。对于这类案件，一般只要查明行为人已经实施了危害行为，就可以认定是犯罪既遂，而无须去查明因果关系，如侮辱罪、传授犯罪方法罪就是如此。

另外，还可以将危害结果划分为实害结果与危险结果两种。

【案例分析】被告人张某利用药物麻醉的方法致邵某昏迷，继而趁其昏迷强行奸淫，最终造成邵某服毒自杀，其行为已构成强奸罪。本案中，张某的强奸行为造成的危害结果，包括被害人邵某性权利受损害和自杀身亡，这两种结果属于广义的危害结果。其中，前者分别属于直接结果、犯罪构成要件的结果和狭义的危害结果。后者属于间接结果、非犯罪构成要件的结果。认定张某的行为成立强奸罪，只能以邵某的性权利受到侵害为根据，而邵某自杀身亡之结果只是在量刑时要考虑的情节。

三、危害结果的意义

1. 是区分罪与非罪的标准之一。当危害结果是犯罪构成要件要素时，如果行为没有造成法定的危害结果，就不构成犯罪，过失犯罪便是如此。当危害结果不是构成要件要素时，危害结果是否发生，则不影响犯罪的成立。

2. 是区分犯罪完成形态与犯罪未完成形态的标准之一。因为，我国刑法把特定的危害结果或者把足以使某种特定危害结果发生的危险规定为某些犯罪的完成形态的必要条件。

3. 是影响量刑轻重的因素之一。危害结果的发生与否，轻重如何，必然会影响到量刑。危害结果对量刑的影响作用表现在三个方面：①作为选择法定刑的根据。例如，《刑法》第234条根据伤害行为造成的不同结果，规定了三个幅度的法定刑。②作为法定的量刑情节。如《刑法》第24条第2款规定："对于中止犯，没有造成损害的，应当免除处罚；造成损害的，应当减轻处罚。"③作为酌定的量刑情节。当刑法没有将危害结果规定为法定刑升格的条件和法定量刑情节时，危害结果便成为酌定量刑情节。

 **第四节　刑法上的因果关系**

【案例】

　　被告人申某，男，27 岁，原系某中学体育教师。2000 年 4 月 3 日，申某上课时发现学生王某不遵守纪律，便提出批评。在王某不接受批评的情况下，申某一气之下朝王某腹部打了一拳，王某当即疼痛异常。申某和他人急忙送王某去几十公里外的县医院抢救，但经抢救无效死亡。经尸检发现，王某脾脏比正常人大一倍，属一种病态，遭受外力打击时极易破裂。医生还证明：若抢救及时，王某不至于死亡。问：申某的行为与王某的死亡之间是否具有刑法上的因果关系？

　　刑法上的因果关系，是指危害行为与危害结果之间存在的引起与被引起的关系，也即实行行为与构成要件性结果之间的因果关联。查明某一危害结果与某一危害行为之间是否存在因果关系，是决定行为人对该结果应否负刑事责任的客观依据。

　　研究刑法上的因果关系，应当注意把握一些基本观点和基本问题。

一、因果关系的客观性

　　因果关系作为客观现象之间引起与被引起的关系，它是客观存在的，并不涉及行为人的主观内容。因此，在刑事案件中查明因果关系，就要求司法工作人员从实际出发，客观地加以认定和判断。例如，1999 年 11 月 20 日，患有先天性心脏病的陈大妈到某市城隍庙一家服装店买服装，在试穿几件后因嫌太贵而未买。待陈大妈离开时，不耐烦的女店主张某突然甩上一句："没钱就别试来试去的。"闻听此言，陈大妈顿觉人格受损，遂和张某叫骂起来，围观者甚多，气得发抖的陈大妈突然晕倒在地，经送往医院抢救无效而死亡。本案中，陈大妈的犯病死亡结果是由张某的侮辱行为引起的，即二者之间具有因果关系，这是客观存在的。绝不能以张某不知道陈大妈患有心脏病或未预见到侮辱会引起如此严重后果为借口，来否认其因果关系的存在。至于张某是否要承担刑事责任，则应视其主观上有无罪过而定。

二、因果关系的相对性

　　各种客观现象是普遍联系和彼此制约的"锁链"，在某一对现象中作为原因的，其本身又可以是另一对现象中的结果；作为结果的，其本身也可以是另一现象的原因。在整个事物的发展过程中，原因和结果总是处在一种不确定的位置上，这就是因果关系的相对性。因此，只有把原因与结果这一对现象从普遍联系的整个链条中抽出来研究，才能显现出谁是原因谁是结果。

刑法上研究因果关系的目的，是要解决行为人对所发生的危害结果应否负刑事责任的问题。因此，这里所研究的因果关系，只能是行为人的危害行为与危害结果之间的因果关系，这就是刑法上因果关系的特定性。需要指出的是，刑法上因果关系中的结果，是指法律所要求的已经造成的、有形的、可以具体认定和测量的危害结果。

三、因果关系的时间序列性

所谓时间序列性，就是从发生时间上看，原因必定在先，结果只能在后，二者的时间顺序不能颠倒。因此，在处理刑事案件时，只能从危害结果发生之前的危害行为中去寻找原因。当然，结果之前的行为只有起到了引起和决定结果发生的作用，才能成为结果发生的原因。

四、因果关系的条件性和具体性

任何刑事案件的因果关系都是具体的、有条件的。一种行为在一般情况下可能不会造成某种危害结果，但在具体的环境中、特定的条件下，它却造成了某种危害结果。因此，认定刑法上的因果关系，绝不能脱离案件发生时的各种具体条件，而应全面考察危害行为实施的时间、地点和具体条件等情况，否则就难以判断因果关系。

在全面分析引起结果发生的各种因素时，要注意把原因与条件严格加以区分。原因是引起危害结果的决定性因素，而条件虽然也对结果的发生起着一定的作用，但不是决定性的作用，而只是对危害结果的发生起着促成作用。

【案例分析】①本案中，王某的死亡结果是由于老师申某的拳击行为造成的，这种因果关系是客观存在的。虽然申某不知道王某脾脏异常这种特殊情况，但不能据此否定申某的拳打与王某的死亡之间没有因果关系。②该案中的因果关系是有条件的，包括王某的脾脏过大和事发地点离县医院几十公里远。也就是说，如果王某的脾脏正常，在一般情况下一拳不会造成破裂；如果离县医院近，王某也可以得救。但是，认定王某死亡的原因只能是申某的拳击行为，脾脏过大和离医院远并不是因果关系中的"因"。

五、因果关系的复杂性

因果关系通常表现为"一因一果"，但也存在"一因多果"和"一果多因"的情况，这就是因果关系的复杂性。

"一因多果"是指一个危害行为同时引起多种结果的情况。在一行为引起多种结果的案件中，要分析主要结果与次要结果，直接结果与间接结果，这对于定罪和量刑都具有意义。

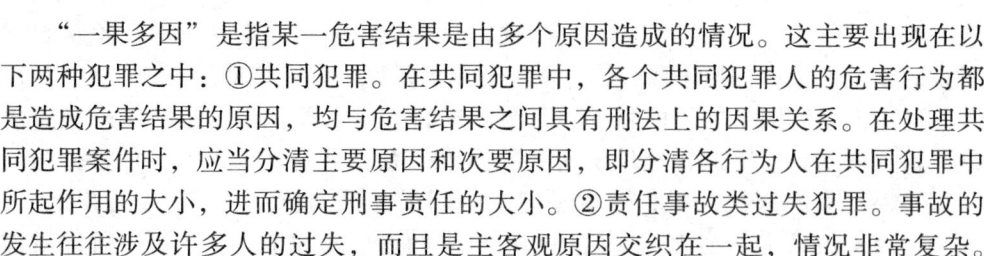

"一果多因"是指某一危害结果是由多个原因造成的情况。这主要出现在以下两种犯罪之中：①共同犯罪。在共同犯罪中，各个共同犯罪人的危害行为都是造成危害结果的原因，均与危害结果之间具有刑法上的因果关系。在处理共同犯罪案件时，应当分清主要原因和次要原因，即分清各行为人在共同犯罪中所起作用的大小，进而确定刑事责任的大小。②责任事故类过失犯罪。事故的发生往往涉及许多人的过失，而且是主客观原因交织在一起，情况非常复杂。处理这类案件时，应当分清主要原因与次要原因、主观原因与客观原因等情况。

六、因果关系的必然联系和偶然联系

因果关系的必然联系和偶然联系，也即必然因果关系和偶然因果关系问题。

（一）必然因果关系

必然因果关系，是指危害行为与危害结果之间存在着内在的、必然的、合乎规律的引起与被引起的联系，即危害行为对危害结果的发生起着根本性的、决定性的作用。必然因果关系是因果关系基本的和主要的表现形式，通常也只有这样的因果关系，才能令行为人对其行为引起的结果负责。

（二）偶然因果关系

偶然因果关系，是指某种行为本身不包含产生某种危害结果的必然性（内在根据），但是在其发展过程中，偶然又有其他原因加入其中，即偶然地同另一个原因的展开过程相交错，由后来介入的这一原因合乎规律地引起了这种危害结果。

通常情况下，偶然因果关系只对量刑具有意义。例如，甲对被害人乙实施强奸，乙乘机逃跑。在横穿马路时，乙由于慌忙被正常行驶的汽车撞倒，造成重伤。本案中，甲的强奸行为与乙的重伤结果之间存在着偶然的因果关系。因此，甲不仅要对强奸罪负刑事责任，而且对乙的重伤也应当负责任。当然，这种责任并不是故意伤害罪的刑事责任，而是在对强奸罪量刑时要有所体现。偶然因果关系有时对定罪也起一定的作用。这在以"情节严重""情节恶劣"作为构成犯罪要件要素的犯罪中具有一定的体现。

七、刑法上的因果关系与刑事责任

解决了刑法上的因果关系，只是确立了行为人对特定危害结果负刑事责任的客观基础，并不等于说行为人的行为已构成犯罪，还必须进一步认定行为人主观上是否存在罪过（故意或过失）。《刑法》第16条规定："行为在客观上虽然造成了损害结果，但是不是出于故意或者过失，而是由于不能抗拒或者不能预见的原因所引起的，不是犯罪。"因此，即使具备因果关系，如果行为人缺乏故意或过失，仍不能构成犯罪，否则就是客观归罪。总之，不能把因果关系与刑事责任混为一谈。

第五节　犯罪客观方面的其他要件

犯罪客观方面的其他要件，是指刑法规定的构成某些犯罪必须具备的特定的时间、地点和方法（手段）等客观条件。另外，犯罪对象也可以被归入其中。犯罪客观方面的其他要件对定罪量刑具有一定的意义。

一、是少数犯罪成立的必要要件要素

任何犯罪都是在一定的时间、地点，采取一定的方法（手段）实施的。但大多数犯罪的成立并不是以它们为必备条件的，它们只是少数犯罪构成的必要要件要素。我国刑法分则某些条文明确将特定的时间、地点、方法规定为某些犯罪构成的必要条件。例如，《刑法》第340条规定："违反保护水产资源法规，在禁渔区、禁渔期或者使用禁用的工具、方法捕捞水产品，情节严重的，处3年以下有期徒刑、拘役、管制或者罚金。"立法者把"禁渔区""禁渔期""禁用的工具、方法"规定为构成非法捕捞水产品罪的必备条件。刑法中规定的暴力干涉婚姻自由罪、非法狩猎罪、战时自伤罪等，均是如此。

二、一般情况下能够影响量刑

在刑法没有把特定的时间、地点、方法规定为犯罪构成要件要素的情况下，由于它们往往影响犯罪行为本身的社会危害程度，因此对正确量刑有重要意义，是量刑的酌定情节。例如，光天化日下杀人与夜黑风高下杀人相比，以残酷手段杀人与采用一刀杀死、一枪打死的方法相比，前者的社会危害性一般大于后者，因而适于刑罚轻重会有所区别。另外，对有些犯罪，立法者直接明确地把特定的时间、地点、手段规定为从重处罚或者法定刑升格的条件。

本章小结

犯罪客观方面是指刑法规定的构成犯罪的客观外在表现，其具体表现为危害行为、危害结果以及行为的时间、地点、方法等，它们在定罪时所起的作用有所不同。危害行为包括作为和不作为两种基本形态。不作为成立的条件包括：行为人负有实施特定积极行为的法律义务；行为人能够履行特定义务；行为人没有履行特定义务并造成了危害结果。特定义务的来源主要有：法律明文规定的义务、职务上或业务上要求的义务、先行行为引起的义务、因法律行为需承担的义务。危害结果是指危害行为对刑法所保护的社会关系所造成的实际损害事实或现实危险状态。对危害结果可以按不同的标准进行分类。刑法上的因果关系是指危害行为与危害结果之间存在的引起与被引起的关系。刑法上的因果关系具有客观性、相对性、时间序列性、条件性和具体性、复杂性等特点。认定具有刑法上的因果关系，并不等于就成立了犯罪。犯罪客观方面的其他要件是指刑法规定的构成某些犯罪必须具备的特定的时间、地点、方法（手段）、对象等客观条件。

思考练习

1. 如何理解危害行为？
2. 如何理解不作为犯罪的成立在客观方面必须具备的条件？
3. 对危害结果进行分类的意义是什么？
4. 学习和研究刑法因果关系应把握哪些基本观点和基本问题？

实务训练

1. 下列哪些选项中成立不作为犯罪的有哪些？

A. 过路人甲看见某公寓发生火灾而不报警，导致某公寓被烧毁

B. 宠物饲养人在宠物撕咬儿童时故意不制止，导致儿童被咬死

C. 甲到湖中游泳，见武某也在游泳。武某突然腿抽筋，向唯一在场的甲呼救。甲未予理睬，武某溺亡

D. 丙与贺某到水库游泳。丙为显示泳技，将不善游泳的贺某拉到深水区教其游泳。贺某忽然沉没，丙有点害怕，忙游上岸，贺某溺亡

E. 乙女拒绝周某求爱，周某说"如不答应，我就跳河自杀"。乙明知周某可能跳河，仍不同意。周某跳河后，乙未呼救，周某溺亡

F. 丁邀秦某到风景区漂流，在漂流筏转弯时，秦某的安全带突然松开致其摔落河中。丁未下河救人，秦某溺亡

2. 关于刑法上的因果关系，下列表述正确的是哪些？

A. 王某毁坏被害人面容，被害人感觉无法见人而自杀。王某的行为与被害人死亡之间具有因果关系

B. 甲开枪射击乙，乙迅速躲闪，子弹击中乙身后的丙。甲的行为与丙的死亡之间不具有因果关系

C. 乙追赶小偷徐某，徐某慌忙中撞上疾驶汽车身亡。乙的行为与徐某的死亡之间具有因果关系

D. 丙以杀人故意向陆某的食物中投放了足以致死的毒药，但在该毒药起作用前，丁开枪杀死了陆某。丙的行为与陆某的死亡之间不具有因果关系

E. 丁基于杀害的意思用刀砍宋某，见宋某受伤后十分痛苦，便将其送到医

院，但医生的治疗存在重大失误，导致宋某死亡。丁的行为和宋某的死亡之间没有因果关系

F. 戊因琐事与赵某发生争执，向赵某的胸部猛推一把，导致赵某心脏病发作，救治无效而死亡。戊的行为与赵某的死亡之间存在因果关系，是否承担刑事责任则应视丁主观上有无罪过而定

3. 宋某因家庭琐事与妻子李某争吵，宋某骂李某干脆死了算了，李某当即在家当着宋某之面上吊自缢。宋某坐视不救，李某因未得救而窒息死亡。

问：宋某是否构成不作为犯罪？为什么？

4. 被告人李某某（男，24 周岁，某市建筑工人）将所骑电动车停放在某贸易中心门前的便道上。三轮车工人孙某（男，66 岁）为该贸易中心拉货，蹬车到该贸易中心门前时认为"碍事"，欲将电动车挪开，李某某不让。争执中，电动车被碰倒，李某某即用右拳当胸打了孙某一拳，孙某仰面摔倒在马路边，伸胳膊蹬腿，嘴角抽搐。李某某在他人的帮助下将孙某急送医院，经抢救无效死亡，尸检报告：①死者孙某患有高度血管粥样硬化，形成夹层动脉瘤，因瘤破裂，引起大出血，出血填塞而致死亡；②死者胸部左侧有皮下出血，符合拳击伤的情况。该拳击力可以使夹层动脉破裂。

问：李某某的行为与孙某的死亡之间有无因果关系？并说明理由。

第五章　拓展学习

第六章　犯罪主体

目标任务

　　了解犯罪主体的概念、分类以及自然人犯罪主体的特殊身份，理解刑事责任能力的概念和内容，掌握我国刑法关于刑事责任年龄和刑事责任能力的规定，掌握单位犯罪的特征和处罚原则。能够运用刑法关于刑事责任年龄、刑事责任能力等规定以及相关原理分析处理具体案件。

 **第一节　犯罪主体概述**

一、犯罪主体的概念

　　犯罪主体，是指实施危害社会的行为，依法应当负刑事责任的自然人或单位。犯罪主体与犯罪的其他构成要件是连为一体的，只有符合犯罪主体条件的人，在其犯罪心理态度支配下实施了一定的行为，危害了一定社会关系后才是犯罪。

　　从主体的法律性质上分，犯罪主体包括自然人犯罪主体和单位犯罪主体。自然人犯罪主体是我国刑法中最基本的、具有普遍意义的犯罪主体。单位主体在我国刑法中不具有普遍意义，单位成为犯罪主体应以刑法分则有明文规定的为限。没有人实施危害社会的行为，就没有犯罪，没有实施危害社会行为的自然人或者单位，就不是犯罪主体。只有当一个人有能力承担刑事责任时，才能要求他对自己的危害行为承担刑事责任，因此，犯罪主体必须是客观上实施了危害社会行为，依照刑事法律的规定应当负刑事责任的自然人或者单位。

二、犯罪主体的意义

　　1. 定罪方面的意义。任何犯罪都有主体，离开了犯罪主体就不存在犯罪，也不会发生刑事责任问题，确定犯罪主体是定罪追责的前提。根据刑法规定，并非任何人实施了刑法所禁止的危害社会的行为都构成犯罪并需要承担刑事责任，不具有犯罪主体要件的人，即使实施了刑法所禁止的危害社会的行为，也不构成犯罪，只有具备法律所要求的犯罪主体要件的人，才能构成犯罪并被处以刑罚。同时，犯罪主体对于准确界定此罪与彼罪也具有重要意义，例如，刑法分则某些条文规定了某一罪名的犯罪主体应具备特殊身份，如果不具备该特殊身份则不能构成该罪名。

2. 量刑方面的意义。在具备犯罪主体要件的同样情况下，犯罪主体的具体情况也可能不同，而不同的具体情况又影响到刑事责任的大小程度。例如，我国刑法对未成年人、尚未完全丧失辨认或者控制自己行为能力的精神病人、又聋又哑的人或者盲人犯罪的处罚问题等，都有不同于其他犯罪人的处罚规定。这些都说明了犯罪主体的不同情况对量刑具有重要影响。

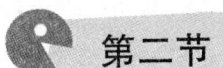

第二节　自然人犯罪主体

【案例】

1. 李某杨，男，13 周岁，身高 1.80 米，喜欢打篮球，为某初中学校学生。暑假中的某日，趁家中无其他人，甲以共同学习为借口，将住在同一单元的同班女生乙叫到家中，并意欲对其进行猥亵。乙进行反抗，甲用一手使劲卡住乙的脖子，一手在乙的身上乱摸，等感觉到乙不动了一看，才发现乙已经死亡。问：甲是否要负刑事责任？

2. 赵某，男，35 岁。某日，赵某请老家邻居徐某和其母给他帮忙种地，随后徐某和其母就帮着给赵某家种了几亩地。第二天下午 6 点左右，徐某有事去了亲戚家，不久后赵某来到徐某家，顺手拿起门口的铁锤，朝徐某母亲的头部砸去，徐母受伤后跑出去呼救，赵某又跑进屋内，用铁锤朝正在看电视的徐某超（徐某儿子，5 岁）头部连续击打七八下，致使其头颅骨凹陷碎裂，血流满面，后闻讯赶来的乡邻将徐某超和徐母紧急送到医院抢救，但孩子终因伤势过重不治身亡，徐母经抢救脱离生命危险。案发后，赵某的家人要求警方对赵某进行精神病鉴定。按照警方的指定，赵某在某司法鉴定机构做了司法精神病鉴定，结论是"赵某患有精神分裂症，在发病的幻觉状态下作案"。问：赵某是否须负刑事责任？

自然人犯罪主体，是指具有刑事责任能力，实施危害社会的行为并且依法应当承担刑事责任的自然人。

一、刑事责任能力

（一）刑事责任能力的概念

刑事责任能力，简称责任能力，是指行为人具有刑法意义上的辨认和控制

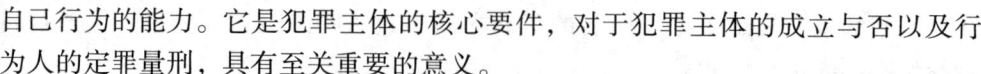

自己行为的能力。它是犯罪主体的核心要件，对于犯罪主体的成立与否以及行为人的定罪量刑，具有至关重要的意义。

一般说来，当人达到一定的年龄之后，只要智力发育正常，就自然具备了刑事责任能力。当然，这种能力也可能因年龄原因、精神状况、生理功能缺陷等原因而不具备、丧失或者减弱。具备刑事责任能力者可以成为犯罪主体并被追究刑事责任；不具备刑事责任能力的人即使实施了客观上危害社会的行为，也不能成为犯罪主体，不能被追究刑事责任；刑事责任能力减弱者，其刑事责任也相应地适当减轻。

（二）刑事责任能力的内容

刑事责任能力的内容，包括辨认行为能力和控制行为能力两个方面。

刑法意义上的辨认能力，是指行为人具备对自己行为在刑法上的性质、作用、后果的分辨能力。也就是说，行为人能够认识到自己的行为是为刑法所禁止、谴责和制裁的。例如，行为人对自己所实施的放火行为是否能认识是为刑法所禁止的，如果有肯定的认识，就具备了刑法上的辨认能力。

刑法意义上的控制能力，是指行为人具有选择自己实施或不实施刑法所禁止之行为的能力。也就是行为人能不能决定以自己的行为去触犯刑法。例如，认识到放火是犯罪的，能不能选择自己实施或不实施放火行为，若行为人具有选择自由，就具备了控制能力。

辨认能力和控制能力之间存在着有机的联系：一方面，辨认能力是刑事责任能力的基础，也是行为人具有控制能力的前提。一个人只有对自己行为的刑法意义有认识能力，才能够凭借这种认识能力而自觉有效地选择和决定自己是否实施触犯刑法的行为，才可能具有控制能力。如果不具备辨认能力（如未达到刑事责任年龄的人、患严重精神病的人），自然也就不可能有控制能力，从而不具有刑事责任能力。另一方面，控制能力是刑事责任能力的关键。有些人虽然有辨认能力，但也可能不具有控制能力而并无刑事责任能力。在具备辨认能力的基础上，还需要有控制能力才能具备刑事责任能力。总之，刑事责任能力的存在，要求辨认能力与控制能力必须齐备，二者缺一不可。

（三）影响刑事责任能力程度的因素

从我国刑法规定看，影响和决定刑事责任能力的有无及大小，或者说与刑事责任能力有关的因素，主要包括以下方面：一是人的年龄情况。年龄与刑事责任能力有着直接的关系。因为人的辨认和控制自己行为的能力，不是与生俱来的，而是随着年龄的增长，智力和道德的发展逐步发育成熟的。初生的婴儿、年龄幼小的儿童，对客观世界认识肤浅，难于理解行为的社会意义，也不能控制自己的行为，只有达到了一定的年龄，具备了相应的辨别是非善恶和控制自己行为的能力以后，才能要求他们对自己的行为负责。二是人的精神状况。一般来说，一个人达到一定年龄之后，就具有了刑事责任能力，但也有的人在达到一定年龄之后，由于其大脑功能不正常，即患有精神疾病，导致其完全或者部分丧失辨认能力和控制能力。总之，只有知识和智力成熟且精神正常的人，才具有刑事责任能力。三是人的生理功能状况。人可能由于重要的生理功能的丧失而影响其学习知识和开发智力，比如人视听功能、语言功能的丧失，就会影响其接受教育，使其智能受到影响，并进而使其刑法意义上的辨认能力和控制能力受到影响。

根据年龄、精神状况和生理功能状况等因素影响刑事责任能力的实际情况，我国刑法将刑事责任能力分为四种，即完全刑事责任能力、完全无刑事责任能力、相对无刑事责任能力和减轻刑事责任能力。

二、刑事责任年龄

（一）刑事责任年龄的概念

刑事责任年龄，是指法律规定的，行为人对自己实施的刑法所禁止的危害社会行为负刑事责任必须达到的年龄。自然人只有达到一定的年龄，才能够辨认和控制自己的行为，也才能够适应刑罚的惩罚和教育。根据自然人的年龄因素与责任能力的关系，刑法规定了刑事责任年龄制度。自然人只有达到刑事责任年龄，才可能具有刑事责任能力，也才可能成为犯罪主体受到刑事追究。我国刑法中关于刑事责任年龄的规定，主要解决不同年龄人的刑事责任的有无以及对未成年人、老年人从宽处罚的问题。

（二）刑事责任年龄阶段的划分

我国刑法从我国政治、经济、文化教育状况、少年儿童的成长过程以及各类犯罪等实际情况出发，以教育为主、惩罚为辅的刑事政策为指导，并适当借鉴国外立法例，顺应刑法的世界发展趋势，对刑事责任年龄作了如下划分：

1. 完全不负刑事责任年龄阶段。根据《刑法》第 17 条的规定，不满 14 周岁是完全不负刑事责任的年龄阶段。不满 14 周岁的人，由于身心发育尚未成熟，还不具备辨认和控制自己行为的能力，他们实施对社会造成某种危害的行为，主要是出于年幼无知，因此，对他们不是追究刑事责任的问题，而是需要加强预防和教育。

2. 相对负刑事责任年龄阶段。《刑法》第 17 条第 2 款规定："已满 14 周岁不满 16 周岁的人，犯故意杀人、故意伤害致人重伤或者死亡、强奸、抢劫、贩卖毒品、放火、爆炸、投毒罪的，应当负刑事责任。"据此，已满 14 周岁不满 16 周岁是相对负刑事责任年龄阶段，也称相对无刑事责任年龄阶段。在我国，这一年龄阶段的人正处在中等教育阶段，所具有的智识水平已经初步具备了刑法意义上的辨认和控制自己行为的能力，一般已能够根据国家法律和社会道德规范的要求约束自己，因此，刑法要求他们对自己实施的一些严重犯罪（上述 8 种犯罪）承担刑事责任。同时，考虑到这一年龄段的人毕竟尚未成年，智力发育还不成熟，生活阅历浅，对不少犯罪行为尚不具备完全的辨认和控制能力，因此，对他们实施的上述 8 种犯罪以外的危害行为，仍不追究刑事责任。

理解《刑法》第 17 条第 2 款的规定应注意以下问题：

（1）根据《刑法修正案（三）》的规定，《刑法》第 114 条规定的投毒，已被修改为投放危险物质。

（2）上述 8 种犯罪是指具体犯罪行为。2002 年 7 月 24 日《全国人大常委会法工委关于已满十四周岁不满十六周岁的人承担刑法责任范围问题的答复意见》指出，《刑法》第 17 条第 2 款规定的 8 种犯罪，是指具体犯罪行为而不是具体罪名。对于《刑法》第 17 条中规定的"犯故意杀人、故意伤害致人重伤或者死亡"，是指只要故意实施了杀人、伤害行为并且造成了致人重伤、死亡后果的，都应负刑事责任。而不是指只有犯故意杀人罪，故意伤害罪的，才负刑事责任，绑架撕票的，不负刑事责任。对于司法实践中出现的已满 14 周岁不满 16 周岁的人绑架人质后杀害被绑架人，拐卖妇女、儿童而故意造成被拐卖妇女、儿童重伤或者死亡的行为，依照刑法是应当追究其刑事责任的。

（3）对不予刑事处罚的未成年人，并不是一概不管。根据《刑法》第 17 条第 4 款的规定，因不满 16 周岁（包括不满 14 周岁）不予刑事处罚的，责令他的家长或者监护人加以管教；在必要的时候，也可以由政府收容教养。这是一种必要的社会保护措施。

3. 完全负刑事责任年龄阶段。《刑法》第 17 条第 1 款规定："已满 16 周岁的人犯罪，应当负刑事责任。"据此，已满 16 周岁是完全负刑事责任年龄的阶段。由于满 16 周岁的未成年人的体力和智力已有相当的发展，具有了一定的社会知识，是非观念和法制观念的增长已达到一定的程度，一般已经能够根据国家法律和社会道德规范的要求来约束自己，已经具备了基本的刑法意义上的辨认和控制能力。因此，我国刑法规定已满 16 周岁对自己实施的刑法禁止的一切危害行为，都应当承担刑事责任。

【案例 1 分析】本案中，甲实施危害社会行为时年仅 13 周岁，根据《刑法》第 17 条规定，不满 14 周岁的人属于完全不负刑事责任的年龄阶段，无论实施了刑法所禁止的何种危害行为都不应当承担刑事责任，因此甲不负刑事责任。

（三）未成年人犯罪案件的处理

未成年人由其生理和心理特点所决定，既有容易被影响、被引诱走上犯罪道路的一面；又有可塑性大、容易接受教育和改造的一面，因此从我国适用刑罚的根本目的出发并针对未成年犯罪人的特点，在处理未成年人犯罪案件时，应当贯彻教育、感化、挽救的方针，坚持教育为主、惩罚为辅的原则，加强对未成年人的特殊保护。在处理未成年人犯罪案件方面，我国刑法规定了以下一些特殊原则和措施：

1. 从宽处罚的原则。《刑法》第 17 条第 3 款规定："已满 14 周岁不满 18 周岁的人犯罪，应当从轻或者减轻处罚。"就是说，已满 14 周岁不满 18 周岁是一个法定的必须从宽处罚的情节。至于是从轻还是减轻以及从轻、减轻的幅度，则由司法机关根据案件具体情况确定。

2. 不适用死刑的原则。《刑法》第 49 条规定，犯罪的时候不满 18 周岁的人不适用死刑。"不适用死刑"是指既不适用死刑立即执行，也不适用死刑缓期 2 年执行。

3. 不构成累犯。《刑法》第 65 条规定："被判处有期徒刑以上刑罚的犯罪分子，刑罚执行完毕或者赦免以后，在 5 年以内再犯应当判处有期徒刑以上刑罚之罪的，是累犯，应当从重处罚，但是过失犯罪和不满 18 周岁的人犯罪的除外。"本条规定明确了不满 18 周岁的人犯罪不构成累犯，体现了对未成年犯罪人从宽处理的精神。

4. 免除轻罪报告义务。《刑法》第 100 条第 1 款规定："依法受过刑事处罚的人，在入伍、就业的时候，应当如实向有关单位报告自己曾受过刑事处罚，不得隐瞒。"这一规定即为前科报告制度。该条第 2 款规定："犯罪的时候不满 18 周岁被判处 5 年有期徒刑以下刑罚的人，免除前款规定的报告义务。"即前科报告义务的附条件免除。未成年人免除轻罪报告义务，必须满足以下两个条件：一是犯罪的时候不满 18 周岁。如果犯罪时已满 18 周岁则不能免除该义务；二是犯罪被判处的刑罚为 5 年有期徒刑以下的刑罚，包括被判处 5 年以下有期徒刑、拘役、管制、单处罚金刑以及适用缓刑的情形。

（四）老年人犯罪案件的处理

1. 已满 75 周岁的人故意犯罪的，可以从轻或者减轻处罚；过失犯罪的，应当从轻或者减轻处罚（《刑法》第 17 条之一）。

2. 审判的时候已满 75 周岁的人，不适用死刑，但以特别残忍手段致人死亡的除外（《刑法》第 49 条第 2 款），即有限制地不适用死刑。这里的"以特别残忍手段致人死亡"，是指令人发指的手段，如以肢解、残酷折磨、毁容、摘除人体器官等惨无人道的手段致使被害人死亡的。

3. 已满 75 周岁的人犯罪，符合缓刑条件的，应当宣告缓刑（《刑法》第 72 条第 1 款）。

（五）与刑事责任年龄有关的问题

1. 刑事责任年龄的计算。我国刑法中的刑事责任年龄都是以周岁计算，周岁应当一律按公历的年、月、日计算，即每满 12 个月为满 1 周岁。周岁应当从周岁生日的第 2 天起算。例如，"不满 14 周岁"包括周岁生日在内，"已满 14 周岁"则应从周岁生日的次日计算。

2. 关于跨刑事责任年龄阶段的犯罪问题。我国刑法对于不同刑事责任年龄人的犯罪，惩罚的原则是不同的。对于跨刑事责任年龄阶段犯罪的认定，不能按照最后实施犯罪时的年龄一并加以认定，而是需要根据刑法的规定，依据具体情况，区别不同的年龄阶段，分别加以认定，做到段段清。要严格把控刑事责任年龄阶段的界限，不能突破刑法规定界限对未成年人进行刑事追究。

三、几种"特殊人"的刑事责任能力问题

（一）精神障碍人

精神障碍人，是指大脑机能活动发生紊乱，导致认知、情感、行为和意志等精神活动发生不同程度障碍的自然人。

1. 完全无刑事责任能力的精神障碍人。《刑法》第 18 条第 1 款规定："精神病人在不能辨认或者控制自己行为的时候造成危害结果，经法定程序鉴定确认的，不负刑事责任，但是应当责令他的家属或者监护人严加看管和医疗；在必要的时候，由政府强制医疗。"据此，认定一个人是完全无刑事责任能力的精神障碍人，必须符合三个标准：

一是医学标准，也称为生物学标准。这是指从医学上看，行为人的危害行为是基于精神病理的作用而引起的。精神障碍人所患的精神病通常包括精神分裂症、情感性的精神病、器质性或症状性的精神病、妄想性的精神病、白痴等。在司法实践中，经常会遇到一些非精神病性的精神障碍，如变态人格等，由于这些人并不会失去或完全失去辨认和控制自己行为的能力，不属于无责任能力的范围。

二是法学标准，也称心理学标准。这是指精神病理机制不但引起了危害行为，而且由于精神病理的作用，使其行为时丧失了辨认和控制自己行为的能力。

三是程序标准，即必须"经法定程序鉴定确认"。

2. 完全负刑事责任的精神障碍人。《刑法》第 18 条第 2 款规定："间歇性的精神病人在精神正常的时候犯罪，应当负刑事责任。"刑法上的间歇性精神病，是指具有间歇发作特点的精神病。这种精神障碍人在精神正常时，其辨认和控制行为的能力与常人无异，不具备无责任能力的法学标准，因而对其危害社会的行为应当负完全的责任。

3. 限制刑事责任能力的精神障碍人。《刑法》第 18 条第 3 款规定："尚未完

全丧失辨认或者控制自己行为能力的精神病人犯罪的，应当负刑事责任，但是可以从轻或者减轻处罚。"在实践中，有些精神障碍人的责任能力的状态介乎无责任能力的精神障碍人与完全负刑事责任的精神障碍人之间，他们缺乏明显的精神病状态，但精神活动存在某些缺损，以致显得与常人有异，对行为认识能力和控制能力减弱，在某种外界条件下，容易实施犯罪行为。司法实践中，对他们犯罪一般予以从轻或减轻处罚。

【案例2分析】 本案中，赵某虽达到了法定刑事责任年龄，但司法精神病鉴定结论是"赵某患有精神分裂症，在发病的幻觉状态下作案"，据此，赵某属于完全无刑事责任能力的精神障碍人。根据《刑法》第18条第1款的规定，赵某不负刑事责任，但是应当责令他的家属或者监护人严加看管和医疗；在必要的时候，由政府强制医疗。

（二）生理功能丧失

《刑法》第19条规定："又聋又哑的人或者盲人犯罪，可以从轻、减轻或者免除处罚。"对该条规定应从以下几个方面理解：

1. 生理功能丧失的范围。生理功能丧失的范围仅限于又聋又哑的人和盲人两种情况，只聋不哑或只哑不聋，其生理缺陷对认识能力的影响甚小，不足以影响刑事责任能力，不适用该条的规定。

2. 责任能力的认定。又聋又哑的人或者盲人，不是无责任能力的人，他们犯了罪应当负刑事责任，但是因为他们生理上有缺陷，在智力、体力等方面比不上正常人，同时也是出于人道主义的考虑，所以不宜处罚过重。因此，又聋又哑的人或者盲人是减弱了责任能力，并没有丧失责任能力。

3. 责任认定的政策。又聋又哑的人或者盲人犯罪要坚持应当负刑事责任与适当从宽相结合的政策。又聋又哑的人或者盲人犯罪依法需要承担刑事责任，只是可以从轻、减轻或免除处罚。在个案中，对又聋又哑的人或者盲人追究刑事责任时，原则上应从宽处罚，但最终是否从宽处罚或从宽处罚的幅度，应考虑其生理功能的丧失是先天形成的还是达到刑事责任年龄后形成的，生理功能丧失对责任能力的减弱程度、犯罪性质的影响程度等。

（三）生理醉酒

《刑法》第18条第4款规定："醉酒的人犯罪，应当负刑事责任。"醉酒主要包括病理性醉酒和生理性醉酒两类情况。病理性醉酒，是指饮用不足以使一般人发生醉酒的酒量就出现明显的行为和心理改变，从而突然出现情绪冲动、暴怒，行为出现攻击性、破坏性，易导致危害结果的发生。病理性醉酒属于精神疾病的范畴，不负刑事责任。生理性醉酒，是最多见的一种急性酒精中毒，多发生于大量饮酒后，因饮酒过量而导致精神过度兴奋甚至神志不清的情况。

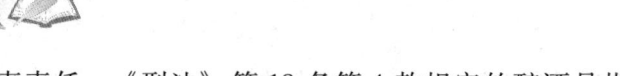

生理性醉酒应当负刑事责任。《刑法》第 18 条第 4 款规定的醉酒是指生理性醉酒。

四、犯罪主体的特殊身份

（一）犯罪主体特殊身份的概念

犯罪主体特殊身份，是指刑法规定的影响行为人刑事责任的，行为人所具有的人身方面的特定资格、地位或状态。刑法理论上，通常以犯罪主体是否要求以特殊身份为要件，把自然人主体分为一般主体和特殊主体。一般主体，是指具有刑事责任能力的自然人即可构成的犯罪主体。特殊主体，是指除要求具有刑事责任能力外，还必须具有刑法规定的某种特定身份才符合犯罪主体构成要件的自然人主体。

所谓特殊身份，是指行为人终身或在一定期间具有的特定资格的情况，如男性或女性、国家工作人员、军人、证人、司法工作人员等。特定的身份常伴随着某种特定的职责或者义务，这也正是刑法规定特殊主体的意义。应当注意，特殊身份必须是在行为人开始实施危害行为时就已经具有的特殊资格或者已经形成的特殊地位或状态。行为人在实施行为后才形成的特殊地位，并不属于特殊身份。另外，作为犯罪主体要件的特殊身份，仅仅是针对犯罪的实行犯而言的。当然，没有特殊身份的人在与有特殊身份的人共同犯罪的情况下，可以构成特殊主体的犯罪。例如《刑法》第 382 条第 3 款规定，与国家工作人员或者受国家机关、国有公司、企业、事业单位、人民团体委托管理、经营国有财产的人员，伙同贪污的，以贪污罪共犯论处。

（二）犯罪主体特殊身份的分类

1. 自然身份与法定身份。这是依形成方式所作的划分。自然身份，是指人因自然因素所赋予而形成的身份。例如，基于性别形成的男女之别，有的犯罪如强奸罪仅男子可以单独成为犯罪的主体；基于血缘形成的亲属身份，有些犯罪的主体只能由具有此种身份者构成，如遗弃罪、虐待罪等。法定身份，是指基于法律所赋予而形成的身份，如军人、国家机关工作人员、在押罪犯等。

2. 定罪身份与量刑身份。这是依据特殊身份对行为人刑事责任影响的性质和方式所作的划分。定罪身份，是指决定刑事责任能否存在的身份，又称为犯罪构成要件的身份。该种身份是某些犯罪主体要件中必备的要素。量刑身份，是指影响刑事责任程度大小的身份，即影响刑罚轻重的身份，是决定对犯罪人从重、从轻、减轻或者免除处罚的根据。例如，国家机关工作人员犯诬告陷害罪的，从重处罚。

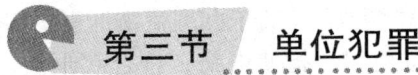

第三节　单位犯罪

【案例】

　　A公司于2010年10月依法成立，2012年至2016年12月刘某任法定代表人时，该公司建立了两套账，编号为1号账和2号账，对客户购货不需要正式税票或购物不能取得正式发票的收支纳入2号账做账，对客户需要正式税务发票或其他正常收入、支出等纳入1号账做账，两套账相互独立，合并为公司的实际账目。1号账用于申报纳税，2号账作公司内部使用，不申报纳税，从而达到少交税的目的。根据司法鉴定，该公司2012年至2016年12月累计少缴各种税款710多万元，占应纳税额的35%。问：本案中如何确定犯罪主体？该如何处罚？

一、单位犯罪的概念和特征

　　单位犯罪，是指公司、企业、事业单位、机关、团体实施的，依法应当承担刑事责任的危害社会的行为。《刑法》第30条规定："公司、企业、事业单位、机关、团体实施的危害社会的行为，法律规定为单位犯罪的，应当负刑事责任。"单位犯罪具有以下基本特征：

　　1. 单位犯罪的主体包括公司、企业、事业单位、机关、团体。根据1999年7月3日《最高人民法院关于审理单位犯罪案件具体应用法律有关问题的解释》的规定，单位犯罪中的"公司、企业、事业单位"，既包括国有、集体所有的公司、企业、事业单位，也包括依法设立的合资经营、合作经营企业和具有法人资格的独资、私营等公司、企业、事业单位。可见，单位的性质不影响单位犯罪的成立。

　　2. 单位犯罪的主观方面表现为经单位集体研究决定，并为本单位谋取利益实施犯罪的心理态度。单位犯罪必须经本单位集体研究或由其负责人决定实施，是单位整体犯罪意志的体现。

　　3. 单位犯罪的客观方面是在单位意志支配下由单位内部成员实施的犯罪，具有整体性的特点。单位犯罪是单位的整体行为，而这个整体的犯罪行为是通过单位直接负责的主管人员和其他直接责任人员实施的，并且与其经营管理活动具有密切关系的。

　　4. 单位犯罪必须以刑法分则条文明确规定为限。单位犯罪的存在范围具有法定性，即并非所有的犯罪都可由单位构成。如果刑法分则条文没有将某罪规定为单位犯罪，即使单位的有关人员在单位的犯罪意志支配下实施了该罪，也不能认定为单位犯罪。例如，2013 年 4 月 4 日"两高"《关于办理盗窃刑事案件适用法律若干问题的解释》第 13 条规定，单位组织、指使盗窃，符合《刑法》第 264 条及本解释有关规定的，以盗窃罪追究组织者、指使者、直接实施者的刑事责任，即不能认定单位构成盗窃罪。

二、单位犯罪的认定

1. 一级单位之下不具有独立资格的分支机构，如公司下设的各个职能部门、各个车间等，不能成为单位犯罪的主体。

2. 单位犯罪中的单位必须在实质意义上是合法的单位。《最高人民法院关于审理单位犯罪案件具体应用法律有关问题的解释》第 2 条规定，个人为进行违法犯罪活动而设立的公司、企业、事业单位实施犯罪的，或者公司、企业、事业单位设立后，以实施犯罪为主要活动的，不以单位犯罪论处。

3. 单位犯罪中，各犯罪人实施犯罪活动的动机是为了实现单位利益。如果单位内部人员未经单位授权擅自以单位名义实施犯罪，除非事后得到单位认可，否则只能是自然人犯罪。《最高人民法院关于审理单位犯罪案件具体应用法律有关问题的解释》第 3 条也明确指出，盗用单位名义实施犯罪，违法所得由实施犯罪的个人私分的，依照刑法有关自然人犯罪的规定定罪处罚。

三、单位犯罪的处罚原则

《刑法》第 31 条规定："单位犯罪的，对单位判处罚金，并对其直接负责的主管人员和其他直接责任人员判处刑罚。本法分则和其他法律另有规定的，依照规定"。据此，对单位犯罪，一般采取双罚制（两罚制）原则，即对单位处以财产刑的同时，对有关责任人员也要处以人身刑。但是，当刑法分则和其他法律另有规定不采取双罚制而采取单罚制的，则属例外。我国刑法中的单罚制，是指处罚单位直接负责的主管人员和其他直接责任人员。我国刑法中对少数几种单位犯罪采用的是单罚制，如《刑法》第 161 条的违规披露、不披露重要信息罪、第 162 条的妨害清算罪、第 396 条的私分国有资产罪等。

【案例分析】本案所涉罪名为逃税罪。根据《刑法》第 201 条的规定，逃税罪是指纳税人采取欺骗、隐瞒手段进行虚假纳税申报或者不申报，逃避缴纳税款数额较大并且占应纳税额 10% 以上，或者扣缴义务人采取上述手段，不缴或少缴已扣、已收税款数额较大的行为。该罪的主体为纳税人和扣缴义务人，既可以是自然人，也可以是单位。本案中的犯罪主体包括：①A 公司。A 公司采取少列收入，建账外账的手段，少缴纳税款，偷税数额占应纳税额的 30%，A 公司的行为已构成逃税罪。②刘某。刘某作为该公司的法定代表人，授意公司财务人员设置账外账进行偷税，系直接负责的主管人员，其行为构成逃税罪。③直接实

施逃税行为的公司财务人员。根据《刑法》第 211 条的规定，单位犯逃税罪的，对单位判处罚金，并对其直接负责的主管人员和其他直接责任人员，依照《刑法》第 201 条的规定处罚。

本章小结

犯罪主体，是指实施危害社会的行为，依法应当负刑事责任的自然人或单位，包括自然人犯罪主体和单位犯罪主体。自然人犯罪主体，是指具有刑事责任能力，实施危害社会的行为并且依法应当承担刑事责任的自然人。刑事责任能力，就是行为人具有刑法意义上的辨认和控制自己行为的能力。刑事责任年龄，是指法律规定的，行为人对其实施的危害社会行为负刑事责任而必须达到的年龄。刑事责任年龄划分为完全不负刑事责任、相对负刑事责任与完全负刑事责任三个年龄阶段。犯罪主体特殊身份，是指刑法规定的影响行为人刑事责任的，行为人所具有的人身方面的特定资格、地位或状态。刑法理论上，通常以犯罪主体是否要求以特殊身份为要件，把自然人主体分为一般主体和特殊主体。单位犯罪，是指由公司、企业、事业单位、机关、团体实施的依法应当承担刑事责任的危害社会的行为。我国刑法对于单位犯罪的处罚，以双罚制为原则，以单罚制为例外。

思考练习

1. 如何理解刑事责任能力？
2. 我国刑法对于刑事责任年龄是如何规定的？
3. 我国刑法对几种"特殊人"的刑事责任能力是如何规定的？
4. 特殊身份对定罪量刑有何作用？
5. 如何理解单位犯罪的特点？认定单位犯罪应注意哪些问题？

实务训练

王某、刘某同年同月同日生，都是 1994 年 4 月 10 日，两人也因此成为好朋友。赵某是王某的表弟，1996 年 2 月 8 日出生。2010 年 4 月 10 日晚上，3 人在一个饭店庆贺生日。晚上 11 点钟结账时，3 人所有的钱加起来都不够付账。服务员小李见此情景，嘟囔了一句："没钱还摆阔"，不想被王某听见了，他立即和小李吵了起来。刘、赵二人就在一旁起哄："扁他！扁他！"王某就掏出随身携带的匕首捅了小李一刀。看到饭店的服务员一起围过来，3 人落荒而逃。出了酒店，3人觉得必须去弄点钱来，于是决定到当厂长的安某家盗窃。当夜两点钟，估计安某睡熟后，3人来到安家。刘某和赵某在门外望风，王某入内行窃。王某摸到安某的卧室后，不小心碰翻了安某放在床头上的茶杯。茶杯碎裂的声音很大，安某被惊醒，大喊："谁?"王某让安某不要吵，但安某仍大声喊叫。王某一紧张，就又捅了安某一匕首。这时，在门外的赵某听到动静，就入内查看。刘某见势不妙，飞速逃走。赵某刚一进门，就被从隔壁屋赶来的安某的儿子小安抓个正着。赵某为了脱身，和小安扭打起来，向小安头部砸了几拳。王某也过来帮赵某打了几拳，将小安打倒后，2人逃了出来各自回家。王某走在大街上，因为神色慌张而被巡警截住。王某就交待了所有的犯罪行为，并交待赵某曾和刘某在2010年3月初，用威逼利诱的方式轮奸了一个9岁的小女孩。王某还交待了赵某和刘某的住处，警方据此将2人抓获。经鉴定，安某的伤情为重伤，小李和小安的伤情为轻伤。

请根据有关刑法规定及刑法原理，对本案进行全面分析。（提示：本案关键在于要对案中所涉及的具有刑法意义的行为逐一进行分析：包括关于三人的伤害行为和入户行为，关于赵桶、刘奔强奸幼女的行为，关于王飞的自首行为和立功行为。）

第六章　拓展学习

第七章 犯罪主观方面

目标任务

　　了解犯罪主观方面的概念和意义，理解犯罪故意的概念、种类及其特征，犯罪过失的概念、种类及其特征；掌握直接故意与间接故意、间接故意与过于自信过失、疏忽大意过失与意外事件的区别；了解无罪过事件的概念及类型，犯罪目的与犯罪动机的概念及意义；掌握事实上认识错误的种类与处理原则。能够运用犯罪主观方面的理论分析案例，解决实务问题。

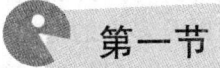

第一节　犯罪主观方面概述

【案例】

　　某日，被告人丁某（女，15周岁）骑自行车回家，行至一坡路时，因车速过快，撞着同方向行走的李某左脚的左侧。丁某从自行车上摔倒，将李某压倒在身下。丁某立即将李某送往医院，但李某因颅脑损伤，经抢救无效，于当天死亡。丁某应否对其行为负刑事责任？为什么？

一、犯罪主观方面的概念

　　犯罪主观方面，是指犯罪主体对自己的危害行为及其危害结果所持的心理态度。它是犯罪构成的要件之一，缺乏犯罪主观方面，犯罪便不能成立。主观方面的内容不同，所构成的犯罪也不同。

　　犯罪主观方面的表现形式为犯罪故意、犯罪过失以及犯罪目的和犯罪动机，这四种表现形式在犯罪主观方面中必要性各不相同。其中，犯罪故意和犯罪过失在刑法理论上合称为罪过，罪过是犯罪主观方面最主要的内容，是构成任何犯罪不可缺少的主观要件，是必要要件。犯罪目的只是某些犯罪构成所必备的主观要件，被称为选择要件。犯罪动机不是犯罪构成的主观要件，但能够反映行为人主观恶性的大小，因此一般会影响量刑。

二、犯罪主观方面的意义

1. 是区分罪与非罪的重要标准。如上所述，犯罪主观方面是一切犯罪成立的必备要件之一，任何在客观上造成损害的行为，如果不是行为人在主观罪过支配下实施的，则不可能构成犯罪。

2. 是区分此罪与彼罪的重要标准。在实践中，有些行为仅从行为与结果的外观上看，可能差不多，但由于主观方面的不同，定罪也就不同。任何具体犯罪构成的罪过形式和罪过内容都是特定的：有的犯罪只能是出于故意，有的犯罪只能出于过失；同是故意或过失犯罪，此罪与彼罪的故意内容或过失内容也有所不同。比如，同样是造成他人死亡的结果，如果主观方面是出于杀人的故意，则构成故意杀人罪；如果主观方面是出于伤害的故意，则构成故意伤害罪（致人死亡）罪；而如果对他人的死亡结果是出于过失的，则可能构成过失致人死亡罪。

3. 是影响量刑轻重的重要因素。犯罪的主观方面反映了行为人的主观恶性程度和人身危险性程度，而主观恶性程度和人身危险性大小不同，行为人所应承担的刑事责任的轻重也就不同，从而决定对其适用什么刑罚以及多重的刑罚。法律对故意犯罪和过失犯罪规定了轻重不同的刑罚，因此通过查明主观方面的内容就保证了正确适用轻重不同的法定刑。另外，犯罪动机、犯罪故意的不同表现形式、犯罪过失的严重程度等因素，表现出了行为人的主观恶性和人身危险性大小的不同，而这些因素往往对量刑起重要的影响作用。

【**案例分析**】本案中，丁某的行为不构成犯罪。根据我国《刑法》第 17 条第 2 款的规定，已满 14 周岁不满 16 周岁的人，犯故意杀人、故意伤害致人重伤或死亡、抢劫、贩卖毒品、强奸、放火、爆炸、投毒的，才应当负刑事责任。上述犯罪都是故意犯罪，主观方面要求必须是故意。本案中，丁某虽然已满 15 周岁，而且其行为也造成了李某死亡的后果，但其不具有故意杀人或者故意伤害他人的主观心理态度，不符合《刑法》第 17 条第 2 款的规定，不应负刑事责任。

 **第二节　犯罪故意**

【**案例**】

甲欲毒杀其父，计划在其酒中投毒，甲明知其父母每顿饭都一起吃，其母有时也会喝其父的酒，可能会一起中毒，但甲毒杀其父心切，决意实施毒杀行为。导致父母双双中毒身亡。问：甲的罪过形式是什么？

一、犯罪故意的概念

犯罪故意是故意犯罪的主观心理态度，是罪过的形式之一。《刑法》第14条第1款规定："明知自己的行为会发生危害社会的结果，并且希望或者放任这种结果发生，因而构成犯罪的，是故意犯罪。"根据这一规定，所谓犯罪故意，是指行为人明知自己的行为会发生危害社会的结果，并且希望或者放任这种结果发生的主观心理态度。可见，犯罪故意与故意犯罪是两个不同的概念，有着各自特定的含义。

二、犯罪故意的构成要素

犯罪故意的构成要素，包括认识因素和意志因素两个心理要素：

（一）认识因素

犯罪故意的认识因素，是指行为人明知自己的行为会发生危害社会的结果的心理态度。其中，"明知"是指故意的认识内容，"会"是指故意的认识程度。认识因素是成立犯罪故意的前提条件，人的任何行为都是基于对客观事实的认识，进一步通过意志确定行为的方向，选择行为的方式和进程，最终达到行为结果的。

1. 认识的内容。一般来说，成立犯罪的故意，行为人需明知以下三个方面的内容：首先，对行为本身的认识，即行为人对危害行为的内容和性质的认识。认识到行为的危害性质而仍然实施该行为，说明了行为人具有主观恶性。其次，对行为结果的认识，即对自己实施危害行为会必然发生或者可能发生某种危害结果的认识。最后，部分犯罪的构成还要求行为人对其他客观事实有认识，包括对特定的犯罪对象、时间、地点和方法等因素的认识。如盗窃枪支罪的构成，要求行为人明知盗窃的对象是枪支。

另外，关于"明知"的内容，是否包括行为人对自己行为刑事违法性的认识，目前理论上还存在争议。一般认为，不宜把对行为刑事违法性的认识纳入行为人"明知"的内容之列。

2. 认识的程度。犯罪故意中的"会发生"包括两种情况：一是行为人明知自己的行为必然导致危害结果的发生；二是行为人明知自己的行为可能导致某种危害结果的发生。无论是"必然会"还是"可能会"都具备了故意的认识因素，只不过认识程度不同而已。例如，甲意图杀乙，如果甲用刀直接将乙斩首，则意味着甲明知自己的行为必然导致乙死亡这一危害结果的发生；如果甲用刀连续捅刺乙腹部后弃刀而逃，则可能导致乙死亡，也可能乙被救未发生死亡结果，但是只要甲认识到自己的连续捅刺行为有可能将乙杀死，就意味着甲具备了故意的认识因素。

（二）意志因素

犯罪故意的意志因素，是指行为人对自己行为所要导致危害结果的发生所抱的希望或者放任的心理态度。所谓希望危害结果的发生，是指行为人对危害结果的发生抱着积极追求的态度，危害结果是行为人实施该犯罪行为的目的。所谓放任危害结果的发生，是指行为人为追求某种目的，而对可能发生的危害结果持听之任之、任凭其发生的心理态度，这种犯意较为模糊而随意。是希望还是放任危害结果发生，体现出行为人的主观恶性程度有所不同。

犯罪故意的认识因素和意志因素是两项有机联系的因素，在认定构成犯罪的故意中缺一不可，具有密切的关系。认识因素是意志因素存在的前提和基础，行为人对危害结果的发生持希望或放任的心理态度，是建立在对行为及其结果的危害性质有明确认识的基础上的；意志因素是认识因素的发展，是构成犯罪故意的决定性因素，也是认定犯罪故意的主要依据。

三、犯罪故意的类型

根据《刑法》第 14 条的规定，按照行为人在实施危害行为时意志因素的不同，可以把犯罪故意分为直接故意与间接故意两种类型。

（一）直接故意

直接故意，是指行为人明知自己的行为会发生危害社会的结果，并希望这种结果发生的心理态度。"明知"和"希望"是构成直接故意的两个条件。直接故意犯罪由于行为人对危害结果发生持希望的态度，因此在犯罪实行过程中，其犯罪目的都是明确的，而且多具有较强的意志力，对所遇到的困难或阻力多会想方设法排除以实现犯罪目的。因此，直接故意具有较大的主观恶性。

直接故意的认识因素，表现为行为人明知自己的行为会发生危害社会的结果。这里的"会发生"包括必然发生或可能发生两种情形。"必然发生"指危害结果的不可避免性，这是直接故意的独有特征。"可能发生"指危害结果发生的或然性。直接故意的意志因素，表现为行为人对于危害结果的发生持希望、追求的心理态度。

根据认识因素的不同，直接故意可以区分为两种情况：①行为人明知自己的行为必然发生危害社会的结果，并且希望这种结果发生的心理态度。例如，甲欲杀害乙，于是用枪对准乙的后脑部位射击。在这里，甲明知这种行为必然导致乙死亡而仍为之，追求乙死亡结果的发生。②行为人明知自己的行为可能发生危害社会的结果，并且希望这种结果发生的心理态度。例如，丙欲枪杀丁，但丙的枪法不准，当时的光线不好且无法接近乙，因而他对能否射中丁没有把握，但他不愿放过这个机会，希望能够打死丁，并在这种心理的支配下实施了射杀行为，这同样是直接故意。

（二）间接故意

间接故意，是指行为人明知自己的行为可能发生危害社会的结果，并且放任这种结果发生的心理态度。

在认识因素上，间接故意表现为行为人认识到自己的行为可能发生危害社会的结果，即行为人根据自身的条件及所处的环境等情况，认识到行为导致危害结果的发生只具有可能性、或然性。

在意志因素上，间接故意表现为行为人放任危害结果的发生。所谓放任，是指行为人在知道自己的行为可能造成危害结果的情况下，为了达到其所追求的一定目的，而决意为之。对可能造成的危害结果不去阻止或者采取措施防止，而是听之任之，任其发生，即结果发生也可以，不发生也无所谓，两种结局都不违背行为人的意志，也就是说行为人并不排斥危害结果的发生。

【案例分析】甲毒杀其父，其主观方面是明知其行为会导致其父死亡的结果，并且希望这种结果的发生，罪过形式为直接故意；而对于其母，甲的主观方面表现为明知其行为可能导致其母死亡的结果，却放任这种危害结果的发生，罪过形式为是间接故意。

在司法实践中，犯罪的间接故意大致表现为以下三种情况：其一，行为人追求一个犯罪目的而放任另一个危害结果的发生。例如，案例中，甲为了追求其父死亡的结果而放任了其母的死亡。其二，行为人追求一个非犯罪目的而放任另一个危害结果的发生。例如，甲为了打野味而对可能打中其他打猎者采取了放任的态度，结果因为枪法不准而打中猎人乙，导致其死亡。其三，在突发性犯罪中，对于严重的危害后果采取放任的态度，行为人对于行为会给对方造成何种损害并无明确的认识和追求，但无论出现什么结果，都在行为人主观预见范围内，并持放任其发生的态度。例如，甲因家中琐事心情郁闷，上班时由于工作原因与乙发生争执，一言不合就抄起工地上的铁管猛击乙头部一下，造成乙死亡的结果。

（三）直接故意与间接故意的区别

直接故意与间接故意都属于犯罪故意的范畴。从认识因素上看，二者都明确认识到自己的行为会发生危害社会的结果；从意志因素上看，二者都不排斥危害结果的发生。但是这两种故意形式是有重要区别的，主要包括：

1. 从认识因素上看，行为人对自己行为导致发生危害结果的认识程度不同。直接故意包括认识到必然发生危害结果和可能发生危害结果两种情形；而间接故意的行为人只是认识到自己的行为可能发生危害结果。

2. 从意志因素上看，行为人对于危害结果的发生所持的心理态度不同。直接故意的行为人是希望危害结果的发生；而间接故意的行为人是放任危害结果的发生。因此，意志因素上的不同，是区别二者的关键。

3. 从危害结果对犯罪成立的意义看，在直接故意情况下，特定危害结果的发生与否，并不影响犯罪的成立，而只会关系到能否成立犯罪既遂的问题；而在间接故意的情况下，特定危害结果的发生与否决定着犯罪的成立与否。

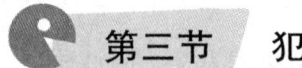 **第三节 犯罪过失**

【案例】

被告人江某在搬运站做过多年的三轮车搬运工，熟悉搬运工作。某日，江某的三轮车坏了，向同事张某借了一部旧车暂用。张某告诉江某，此车车闸失灵。江某说，"我骑了几十年车，没关系"。当日，江某运货将车骑至搬运站附近一斜坡处，为减小惯性，卸下一些货物后，驾车下坡。终因车重坡陡，车闸不灵，将一行人撞成重伤。问：对江某的行为应怎样认定和处理？并说明理由。

一、犯罪过失的概念

犯罪过失是过失犯罪的主观心理态度，是与犯罪故意并列的犯罪主观罪过形式之一。《刑法》第15条第1款规定："应当预见自己的行为可能发生危害社会的结果，因为疏忽大意而没有预见，或者已经预见而轻信能够避免，以致发生这种结果的，是过失犯罪。"据此，犯罪过失，是指行为人应当预见到自己的行为可能发生危害社会的结果，因为疏忽大意而没有预见，或者已经预见而轻信能够避免，以致发生这种结果的心理态度。

二、犯罪过失的特征

从认识因素方面看，犯罪过失的行为人对危害结果的发生是应当预见或者已经预见。具体包括两种情形：一是行为人具备认识能力，即行为人有能力、有条件认识到自己的行为在当时的条件下可能发生危害社会的结果，但事实上在行为时并没有认识到。二是行为人已经认识到自己的行为可能发生危害结果，但对可能性变为现实性的概率估计不足，错误地认为可以避免危害结果的发生。总之，在这些情形下，均是主体没有对客观现实作出正确而真实的反映，出现了实际认识与认识能力相分离。

从意志因素方面看，犯罪过失的行为人不仅不希望危害结果的发生，而且对危害结果的发生完全持否定的态度，即危害结果的发生与行为人的本意相违背，但是由于其错误认识而导致了主观愿望与实际结果相分离，出现了偏离其主观愿望的危害结果。因此，犯罪过失的认识因素与意志因素的联系往往处于不协调的状态中。

国家之所以要求过失犯罪的行为人对自己严重不负责任的态度支配之下的行为承担刑事责任，在于过失犯罪行为人本来应该能够正确地认识一定的行为与危害结果之间的联系，进而正确选择自己的行为，避免危害结果的发生，但他却在自己意志的支配下，对国家、社会和人民的利益采取了极不负责任的态度，从而以自己的行为造成了危害社会的结果。当然，犯罪过失所反映的主观恶性明显小于故意，因此，在刑事责任的承担上，故意犯罪要比过失犯罪重。

三、犯罪过失的类型

根据行为人的心理态度不同，刑法理论上把犯罪过失分为疏忽大意的过失和过于自信的过失两种类型。

（一）疏忽大意的过失

疏忽大意的过失，亦称"无认识的过失"，是指行为人应当预见到自己的行为可能发生危害社会的结果，因为疏忽大意而没有预见，以致发生这种结果的心理态度。例如，甲承包了某林场的清林工作，一日中午休息时，甲点火吸烟，过后随手将烟头往所坐的木头上一按，便起身到别处继续清林，由于烟头未灭，引燃了周围的杂草，火势蔓延酿成了特大火灾。疏忽大意的过失具有以下特征：

1. 行为人没有预见。所谓没有预见，是指行为人对实施行为的危害社会的性质、引起的结果完全没有认识到，在行为时完全没有想到其行为可能发生危害社会的结果。因此，也就不会从行为上防范危害结果的出现。实践中，包括了两种情况：一是行为人不仅对行为的危害社会的性质、危害结果没有预见，而且行为本身也是无意识的；二是行为人的行为本身是有意识的，但对行为的危害社会的性质、危害结果没有认识。

2. 行为人应当预见。所谓应当预见，是指行为人在实施行为时有责任预见也有能力预见自己的行为可能发生危害社会的结果。而行为人是否应当预见，应从行为人的预见义务、预见能力和预见的客观条件三方面联系起来分析：

（1）行为人须有预见义务。所谓预见义务，是指行为人在实施某种行为时，对行为发生结果的可能性应有预见的一种责任。这种预见义务，不仅包括法律、法令和各种规章制度所确定的义务，也包括日常生活准则所提出的义务。但是，法律不强人所难，不会要求公民去做他实际上不可能做到的事情，而只是对有实际预见可能的人赋予其预见的义务。

（2）行为人必须有预见能力。行为人虽有预见义务，但如果没有预见能力，同样谈不上"应当预见"。预见能力归根到底是属于人的认识能力，而个人的认识能力是由他本人的年龄、阅历、智力水平、受教育程度、技术熟练程度等因素决定的。因此，人的认识能力有高有低，是各不相同的。比如，不同职业的人在专业领域的预见能力是不同的。

（3）行为人须具备能够预见的客观条件。预见能力仅说明行为人有预见的可能性，要把预见的可能变成预见的现实，除了有赖于行为人的主观努力外，也不能离开客观条件的配合。有时复杂的客观环境会把结果发生的可能性掩盖得很深，使行为人根本没法预见结果发生的可能性，这种情况就不能认为是"应当预见"。因此，预见义务是以预见可能为前提的。

3. 行为人没有预见是因为疏忽大意。行为人在有预见义务并有预见能力的情况下，之所以没有预见到自己的行为可能发生危害社会的结果，其原因就在于行为人的疏忽大意，对其义务的漠不关心以致造成危害社会的结果，才使得其构成犯罪过失并因此承担刑事责任。在司法实践中，疏忽大意通常表现为以下两种形式：一是消极的不注意。即在负有义务的情况下，由于对工作、对社会严重不负责任的态度，而对自己的行为不假思索，以致根本没有考虑到自己的行为后果。二是行为人的注意力发生了转移。即行为人在实施某种行为时，对可能引起的危害结果的应有的注意转向了其他情况的注意，而这种转移又是有过错的。

（二）过于自信的过失

过于自信的过失，亦称"有认识的过失"，是指行为人已经预见到自己的行为可能发生危害社会的结果，但轻信能够避免，以致发生这种结果的心理态度。其特征是：

1. 行为人已经预见。即行为人已经预见到自己的行为可能发生危害社会的结果。过于自信过失的这种认识因素在程度上是比较模糊、不确定的，行为人更倾向于认为危害结果不会发生，或者说危害结果虽有可能发生的危险，但这种可能性不会转化为现实性，这是其区别于疏忽大意过失的明显标志。

2. 行为人轻信可以避免。这是构成这种过失的意志因素。它表明了行为人虽然已经认识到危害结果的可能发生，但不希望把这种可能性变成现实，而是自信可以避免结果的发生。正是在这种思想的支配下，行为人实施了危害社会的行为。轻信能够避免表明了行为人对危害结果的态度是否定的，是要努力避免的，行为人在主观上对危害结果的发生既不希望也不放任，而是自信这种结果不会发生。行为人之所以相信结果能够避免，是因为行为人认为有一定的避免结果发生的主客观条件。如果不存在避免结果发生的有利条件，行为人就不会相信结果能够避免。但是，行为人相信的有利条件是不可靠的或者是不全面的，过高地估计了避免结果发生的有利条件，过低地估计了自己行为导致危害结果发生的可能程度。

【**案例分析**】被告人江某的行为构成过失致人重伤罪，应当依据《刑法》第235条规定，处3年以下有期徒刑或者拘役。本案中，江某在下坡前卸下一部分货，说明其已经预见到，在刹车失灵的情况下骑车下坡可能会产生危害结果，但因其自恃有多年的货运经验，又熟悉道路，轻信在卸下一部分货后，凭借自己的技术能避免危害结果的发生，但是终因车重坡陡，车闸不灵，将一行人撞成重伤。江某在主观上构成过于自信的过失，符合《刑法》第235条的规定，构成过失致人重伤罪。

四、犯罪过失的司法认定

（一）犯罪过失与犯罪故意、过失犯罪与故意犯罪的区别

犯罪过失与犯罪故意均表现为认识因素与意志因素的统一，都是行为人主观恶性的反映，都说明行为人对刑法所保护社会关系的背反态度。二者的区别主要包括：其一，认识因素的具体表现不同。犯罪故意表现为行为人明知自己的行为必然发生或者可能发生危害社会结果的心理态度；而犯罪过失表现为对危害结果的发生虽然应当预见但实际上并未预见到，或者只是预见到在其看来并非现实的可能性。其二，意志因素的具体表现不同。犯罪故意表现为行为人对自己行为所要导致的危害结果的发生所抱的希望或者放任的心理态度；而犯罪过失表现为行为人对危害结果的发生持否定、排斥的心理态度。

由于犯罪故意和犯罪过失存在上述区别，所以刑法对过失犯罪与故意犯罪作出了以下不同的规定：①过失犯罪的成立均以发生法定的危害结果为要件；而故意犯罪并非一概要求发生危害结果才能成立。②《刑法》规定："过失犯罪，法律有规定的才负刑事责任"；"故意犯罪，应当负刑事责任"。这体现了我国刑法以处罚故意犯罪为原则，以处罚过失犯罪为特殊的精神。③由于犯罪过失所表明的行为人的主观恶性明显小于犯罪故意，所以，刑法对过失犯罪所规定的法定刑明显低于故意犯罪的法定刑。

（二）过于自信的过失与间接故意的异同

二者对危害结果的发生均有认识，并且均持不希望的态度，但二者是性质截然不同的两种罪过形式。从本质上看，间接故意所反映的是对社会关系的积极蔑视态度，而过于自信的过失所反映的是对社会关系消极的不保护态度。二者的具体区别主要包括：

1. 认识因素上有所不同。过于自信过失的行为人已经预见到自己的行为可能发生危害社会的结果，但行为人过高地估计了有利因素，过低地估计了不利因素的作用，对于可能性是否会转化为现实性的客观事实发生了错误认识，行为人主观和客观不一致。而间接故意的行为人是明知自己的行为可能发生危害

社会的结果，其认识程度相对较高，对发生危害结果的可能性转化为现实性并未产生错误的估计，在危害结果发生时，行为人并不感到意外，其主观认识与客观后果是一致的。

2. 意志因素上有重要区别。过于自信的过失中行为人不仅不希望也不放任危害结果的发生，相反是排斥、反对危害结果的发生，因此危害结果的发生是违背行为人本意的。而间接故意的行为人虽不希望危害结果的发生，但也不排斥、反对其发生，因此危害结果的发生并不违背行为人的本意。

3 行为特征不同。过于自信的情况下，行为人总是希望凭借一些有利条件或运用这些有利条件来防止危害结果的发生，在发生了危害结果的情况下，行为人往往感到意外；而间接故意的情况下，行为人既不采取任何防范措施，也不依靠任何条件去防止危害结果的发生，当危害结果发生时，行为人表现出无所谓的态度。因此，过于自信过失的主观恶性要远小于间接故意。

第四节　　无罪过事件

【案例】

涂某，女，57 岁，不识字。涂某的女儿许某生小孩，涂某到女儿家探望。一天上午，涂某见女婿姚某从床底下取出一瓶药酒来喝，涂某问姚这种药酒治什么病，姚某说治腰痛，姚某喝后将药酒瓶放回原处。过了两天，涂某的亲戚唐某、吴某也来看望许某，涂某与女儿热情招待。快吃中午饭时，唐某说："我的风湿病又犯了，腰痛。"涂某听后说："我的女婿泡有药酒，治腰杆痛很有效，我倒点给你们喝。"唐某说可以。涂某即到姚某的房间，从床底摸出一个瓶子（此瓶同药酒瓶颜色一样，但大小有差异），以为是药酒（实为敌敌畏）倒入药碗内，约有一两，端给唐某，唐某接过后与吴某各喝一半，不久唐某、吴某即感恶心、呕吐、头痛、四肢无力，涂某和许某急忙喊在山上干活的姚某返回，姚某一看瓶子，说，此瓶装的是敌敌畏。立即到村医疗所请医生抢救，但为时已晚，唐某、吴某经抢救无效死亡。涂某的行为是否构成犯罪？

一、无罪过事件的概念和种类

《刑法》第 16 条规定："行为在客观上虽然造成了损害结果，但是不是出于故意或者过失，而是由于不能抗拒或者不能预见的原因所引起的，不是犯罪。"

据此，我国刑法中的无罪过事件包括以下两种：

（一）意外事件

意外事件，是指行为在客观上虽然造成了损害结果，但是不是出于故意或者过失，而是由于不能预见的原因所引起的情形。它具有以下三个特征：其一，行为人的行为在客观上造成了损害结果；其二，行为人对自己行为所造成的损害结果既无故意也无过失；其三，损害结果是由不能预见的原因所引起的。所谓不能预见，是指行为人对损害结果的发生不但没有预见，而且根据当时的客观情况和行为人的主观认识能力，也根本不可能预见。

（二）不可抗力

不可抗力，是指行为人在客观上虽然造成了损害结果，但不是出于故意或者过失，而是由于不能抗拒的原因所引起的情形。它与意外事件的特征基本相同，只是引起损害结果的原因不同，即是由于不能抗拒的原因引起的。所谓不能抗拒，是指行为人虽然认识到自己的行为会发生损害后果，但由于当时主客观条件的限制，行为人不可能排除或阻止损害结果的发生。

二、无罪过事件的司法认定

（一）意外事件与疏忽大意过失的异同

二者相似之处在于，都造成了一定的损害结果，而且对损害结果的出现行为人都没有预见到。它们的本质区别在于，意外事件是行为人对损害结果的发生不可能预见、不应当预见而没有预见；而疏忽大意的过失则是行为人对行为发生危害结果的可能性能够预见、应当预见，只是由于疏忽大意才没有预见。

（二）不可抗力与过于自信过失的异同

二者的相同点在于，都造成了一定的损害结果，行为人对危害结果的发生都有相当的认识和预见。二者的区别主要在于损害结果发生的原因不同：不可抗力是在不可抗拒、无法预防和排除的情况下产生损害结果的，损害结果的发生已不以人的意志为转移；而过于自信过失的行为人对危害结果的发生是轻信能够避免，这种"轻信"是建立在不科学、不可靠的基础之上，事实上行为人是能够阻止、避免危害结果发生的。

【案例分析】涂某的行为不是犯罪，属于意外事件。从表面上看，唐某和吴某的死亡结果与涂某误倒"药酒"给他们喝这一行为之间具有因果关系，涂某具有负刑事责任的客观基础。但从主观上看，涂某不知道药酒瓶和敌敌畏瓶放在一起，她拿"药酒"给唐某、吴某喝是为了给他们治病，主观上不存在毒害唐某、吴某的故意，也不存在过失，即对唐某、吴某死亡结果的发生没有预见，按照实际情况也不可能预见，故其在主观上没有罪过，死亡结果的发生完全是因为意外事件所致。

第五节　犯罪目的和犯罪动机

【案例】

刘某与董某系夫妻，某日 16 时许，董某因某品牌微波炉代理问题与程某发生纠纷，后双方发生厮打。为了追究程某的刑事责任，刘某伙同董某在事发第二天，通过中间人找到滕某（另案处理）为董某伪造耳膜穿孔。后刘某和董某拿着鉴定材料多次到公安机关要求追究程某的刑事责任。问：对刘某和董某的行为如何认定？

一、犯罪目的

犯罪目的，是指行为人希望通过实施犯罪行为达到某种危害结果的心理态度。犯罪目的不仅反映出行为人主观恶性的程度，而且还支配行为人实施行为的方向，决定行为的性质。犯罪目的只存在于直接故意犯罪中，因为只有直接故意犯罪的行为人才具有希望发生某种危害结果的心理。

犯罪目的具有选择性，如报复的动机会产生杀人、伤害、诬告、报复陷害等不同的目的。犯罪目的具有唯一性，即一种故意犯罪其犯罪目的是相同的。犯罪目的具有暂时性，一旦达到便不再存在。犯罪目的是犯罪构成的选择要件，即犯罪目的侧重于影响定罪。我国刑法明文规定有些犯罪以特定犯罪目的为主观要件要素，否则就不构成犯罪。当然，犯罪目的对量刑也具有一定的意义。

二、犯罪动机

犯罪动机，是指刺激、驱使行为人实施犯罪行为以达到犯罪目的的内心起因。行为人确定某种犯罪目的，是以一定的犯罪动机为指引的。比如，在直接故意杀人的犯罪中，非法剥夺他人生命是其犯罪目的，但行为人的犯罪动机可以是报复、贪财或者嫉妒等，甚至是两个或两个以上的动机，即同一种故意犯罪中的犯罪动机具有多样性。

当然，同一种犯罪动机也可以导致不同的犯罪目的。

犯罪动机侧重于影响量刑。犯罪动机是否卑劣直接反映了行为人主观恶性的大小和罪行的轻重，因此犯罪动机是量刑考虑的一个重要因素。当然，在一定情况下，犯罪动机也影响着定罪。具体而言，虽然犯罪动机一般不是犯罪构成要件，但动机是否恶劣，反映了行为人的主观恶性程度，因而是判断情节是否严重、恶劣的重要依据之一，对以情节严重、情节恶劣作为构成要件要素的犯罪来说，犯罪动机对定罪是具有一定意义的。

【案例分析】根据《刑法》第 243 条的规定，诬告陷害罪是指捏造犯罪事实，向国家机关或者有关单位做虚假告发，意图使他人手段刑事追究，情节严重的行为。该罪的主观方面是故意，并具有意图使他人受到错误刑事追究的目的。本案中，刘某与董某捏造犯罪事实诬陷程某，意图使程某受到刑事追究，该行为符合《刑法》第 243 条的规定，应以诬告陷害罪追究刑事责任。

第六节　认识错误

刑法上的认识错误，是指行为人对自己的行为在法律上的评价和对案件的事实情况有不正确的认识或者缺乏认识。分析刑法上的认识错误，对于解决行为人在错误认识的支配下所实施的行为有无罪过以及是犯罪既遂还是犯罪未遂，进而确定行为人刑事责任的有无或大小，具有重要的意义。对刑法上的认识错误，可分为法律上的认识错误和事实上的认识错误两大类。

一、对法律的认识错误

对法律的认识错误，是指行为人对自己的行为在法律上是否构成犯罪、构成何罪以及应受何种刑罚处罚存在不正确的认识。刑法采取的是罪刑法定原则，判定行为人的行为是否构成犯罪，应否受刑罚处罚，以及应受什么刑罚处罚，依据只能是法律，而不能以行为人的自我评价和主观认识为标准。对法律的认识错误一般包括三种情况：

1. 假想犯罪。即误认无罪为有罪，是指行为人的行为在法律上不构成犯罪，行为人自己却误认为是犯罪。例如，行为人误认为自己正当防卫的行为构成了犯罪，而到公安机关"自首"。这种认识错误不影响对该行为认定为无罪。

2. 假想的非罪。即误认有罪为无罪，是指行为人的行为依法已构成犯罪，而行为人却误认为不构成犯罪。例如，医生甲见一晚期癌症患者不堪忍受病痛折磨，在病人的要求下，并经其家属的同意，对其实施"安乐死"。医生甲误认为这是助人为乐、解除病人痛苦，不构成犯罪。根据通说，刑事违法性不是犯罪故意的认识内容，这种认识错误一般也不影响犯罪故意的成立。

3. 假想的他罪与他刑。即对定罪量刑存在误解，是指行为人认识到自己的行为已构成犯罪，但对所触犯的罪名或者处刑轻重方面存在不正确的认识。

二、对事实的认识错误

对事实的认识错误，是指行为人在实施危害行为时，主观认识与行为的客观情况不相符合的情况。这种认识错误是否影响行为人的刑事责任，要区别情况具体分析认定。对事实的认识错误种类繁多，归纳起来主要有以下几种：

（一）对客体的认识错误

对客体的认识错误，是指行为人意图侵犯一种客体，而实际上侵犯了另一种客体。例如，甲为报私仇殴打乙造成乙轻伤，但当时甲并不知道乙是正在执行公务，以致妨害了乙的公务活动。本案中，甲意图侵犯的是他人的健康权利，却由于其认识错误，而实际上侵犯了国家机关工作人员的公务活动。对于这种认识错误，应当按照行为人意图侵犯的客体定罪。

（二）对行为对象的认识错误

对行为对象的认识错误，是指行为人主观上所认识的行为对象与其行为实际侵害的对象不相一致。具体包括以下几种情形：

1. 同性质的对象错误，即行为人误将甲对象当作乙对象加以侵害，而甲、乙对象所体现的社会关系是相同的。例如，甲想杀张某，但误把李某当张某杀了，这种对体现相同社会关系的具体目标的错误认识，并没有使行为人罪过的内容发生改变，所以行为人仍应负故意杀人罪的刑事责任。

2. 不同性质的对象错误，即行为人误将甲对象当作乙对象而侵害，但甲、乙对象所体现的社会关系是不同的。例如，欲捕杀珍贵动物金丝猴，却误将一小孩当作金丝猴而射杀。行为人意图的犯罪是未遂，对损害结果则要考虑是过失还是意外事件，若有过失，则按想象竞合犯处理。

3. 误将犯罪对象作为非犯罪对象加以侵害。例如，行为人误以人为兽而实施杀伤行为。对于这种错误，由于行为人没有认识到自己的行为可能会发生危害社会的结果，因而不是故意犯罪；如果行为人是应当预见而没有预见，则属于过失犯罪；如果是行为人所不能预见的，则应认定为意外事件。

4. 误将非犯罪对象作为犯罪对象加以侵害。比如行为人意图杀害甲，但在黑夜中将牲畜误认为是甲而加以杀害。对于此种错误，由于行为人主观上存在故意，客观上实施了犯罪行为，只是由于认识错误而未得逞，因而应认定为犯罪未遂。

（三）对行为性质的认识错误

对行为性质的认识错误，是指行为人对自己行为的实际性质发生了错误的理解。比如，行为人把不存在的侵害行为误认为是正在进行的不法侵害而实行防卫，致人死伤。这种情况下，由于行为人不存在犯罪的故意，因而不应论以故意犯罪，而应根据实际情况认定为过失犯罪或意外事件。

（四）对行为手段（工具、方法）的认识错误

对行为手段（工具、方法）的认识错误，是指行为人对自己行为手段、所使用的工具或者采用的方法存在错误认识。行为人实际使用的犯罪手段（或工具）与其预想的手段或工具在性质或作用上不一致。例如，行为人误将白糖当

砒霜，投放在他人的食物中，这种情形属于不能犯未遂，应以犯罪未遂论处。反之，行为人误将砒霜当白糖给他人食用，则按过失犯罪或意外事件处理。另外，行为人选择根本没有科学依据的迷信方法实施危害行为，这在刑法理论上称为"迷信犯"，应不以犯罪论处。

（五）打击错误

打击错误，亦称"行为偏差"，是指由于行为本身的差误，导致行为人所攻击的对象与实际受侵害的对象不一致。当打击错误的对象属于同种类时，不阻却故意；当打击错误的对象属于不同种类时，阻却故意。例如，甲欲杀王某，端枪瞄准王某，但由于枪法不准，结果打死了王某身边的张某，甲的行为构成故意杀人罪既遂。再如，丙欲射杀野兽，由于枪法不准，却将旁边的丁打死，对丁的死亡，丙不具有故意，若有过失，构成过失犯罪，若不具有过失，则属意外事件。应当指出，打击错误与行为人的主观认识错误无关，纯属客观行为的失误或行为差误，

（六）对因果关系的认识错误

对因果关系的认识错误，是指侵害的对象没有错误，行为人所预想的危害结果已发生，或行为人误认为已发生，只是因果关系的发展过程与行为人所预想的发展过程不一致。这种认识错误主要包括以下四种情况：

1. 行为人误认为自己的行为已经产生了预期的犯罪结果，事实上并没有发生这种结果，或者危害结果是由其他原因造成的。例如，甲意图杀乙，用棍棒猛击乙的头部，乙当即晕倒，甲以为乙已死亡而离开，事实上乙在甲离开后苏醒。这种情形，甲的行为成立故意杀人未遂。

2. 行为人的行为没有按照他预想的方向发展，发生了行为人预期结果以外的结果。例如，甲持刀欲伤害乙，朝乙大腿刺了一刀，不料刀刺在大腿的动脉血管上，致乙流血过多而死亡。在这种情形下，由于甲没有杀人故意，只需承担故意伤害致人死亡的刑事责任。

3. 行为人误认为自己的行为已造成预期的危害结果，进而实施第二个行为，实际上是由第二个行为导致危害结果发生的。例如，甲以杀人的故意对乙实施暴力，造成乙休克后，甲以为乙已经死亡，为了毁尸，将乙丢入水中，实际上乙是溺水而死的。这种情形下，要将甲的前后两个行为作为一个整体来评价，甲要承担故意杀人既遂的刑事责任。

4. 行为人的行为已经引起预期的危害结果发生，但其间的因果关系的发展进程与行为人预见的有所不同。例如，甲以杀人的故意，希望将乙推入井中淹死，但井中水很浅，乙不是溺死，而是摔死的。这种情形并不影响故意犯罪既遂的成立。

本章小结

　　犯罪主观方面，是指犯罪主体对其危害行为及其危害社会的结果所持的心理态度。它包括犯罪故意、犯罪过失（合称为罪过）、犯罪目的和犯罪动机等内容。犯罪故意是指行为人明知自己的行为会发生危害社会的结果，并且希望或者放任这种结果发生的心理态度，它包括直接故意和间接故意。犯罪过失是指行为人应当预见到自己的行为可能发生危害社会的结果，因为疏忽大意而没有预见，或者已经预见而轻信能够避免的心理态度，它分为疏忽大意的过失和过于自信的过失。犯罪目的，是指犯罪人希望通过实施犯罪行为达到某种危害结果的心理态度。犯罪动机，是指刺激犯罪人实施犯罪行为以达到犯罪目的的内心起因。另外，意外事件、刑法上的认识错误等问题也是正确认识罪过不可缺少的因素。

思考练习

1. 犯罪故意中的"明知"是否要求包括行为人对刑事违法性的认识？
2. 如何理解直接故意和间接故意的基本特征？
3. 疏忽大意的过失与过于自信的过失有何异同？
4. 如何理解和区分过于自信的过失与间接故意？
5. 什么是无罪过事件？意外事件与疏忽大意的过失有何异同？
6. 对事实的认识错误有哪些情形？司法实践中应如何认定？

实务训练

　　1. 甲承包大片土地用于种植西瓜，在西瓜成熟的季节，为防止附近村民前来偷瓜，就在瓜地的周围私拉电网。一日深夜，村民乙在偷西瓜时不慎触电，经送医抢救无效死亡。

　　问：甲对乙死亡结果的发生所持的主观心理态度是什么？（提示：重点在于准确分析甲对于私拉电网可能产生后果的预知程度和态度。）

　　2. 某日，陈某携带猎枪到山中打野鸡，返回途中，恰遇胡某迎面而来。胡某问陈某："野鸡打到没有？"陈某答："没打着。"二人搭话时，陈某手中猎枪的枪口正对着胡某的头部。结果猎枪走火，子弹射出正中胡某头部，陈某与他人将胡某送医院抢救，但抢救无效，胡某死亡。

　　问：陈某行为是否构成犯罪，如构成的话，其罪过形式是什么？

3. 吴某的岳母家卖给吴某叔父吴某甲一匹骡子，吴某甲少给了 200 元。某日下午 6 时许，吴某酒后到吴某甲家索要欠款，与吴某甲发生口角。吴某即到其父吴某乙家的院内拿了一根木棒（长 140 厘米，直径 5 厘米），回来后见其叔吴某甲与其父吴某乙站在路上说话（两人相距约一米），便手持木棒向吴某甲奔去。他人见状过去阻拦，吴某抛出木棒，吴某甲当即躲闪，吴某乙刚回头欲制止吴某的行为时，被木棒打中左颞部而倒地。吴某见其父被打倒，又去追打其叔吴某甲，没有追上，便将吴某甲家三间房屋的玻璃全部砸碎。吴某乙在送往医院抢救的途中死亡。经法医鉴定，吴某乙死于颅骨骨折，脑挫伤。

问：吴某误将自己父亲打死是否属于刑法上的认识错误？对其行为应如何认定？

第七章 拓展学习

第八章　正当行为

 ## 第一节　正当行为概述

一、正当行为的概念、特征和种类

（一）正当行为的概念和特征

正当行为，亦称排除犯罪性事由或排除社会危害性的行为，是指某种行为虽然在形式上符合某一犯罪的客观要件，但由于行为人不具有罪过，因而实质上不具有社会危害性的行为。我国刑法明确规定的正当行为，包括正当防卫和紧急避险两种。这类行为具有以下特征：

1. 从客观上、形式上看，正当行为造成了一定的损害结果，表面上符合某些犯罪的客观要件。如基于正当防卫而杀人，造成了死亡结果，表面上符合故意杀人罪的客观要件。

2. 从主观上看，行为人根本不具有刑法上的故意与过失，相反，是出于排除危害、保护合法权益的善意，大多是对社会有益的行为。例如，紧急避险是为了保全更大合法权益而不得已损害较小的合法利益，从整体上讲是有益社会的。

3. 从实质上看，由于正当行为具有趋利避害的意义，没有社会危害性，而且行为人主观上无罪过，因此应当排除其犯罪成立。

（二）正当行为的种类

除了刑法明确规定的正当防卫和紧急避险外，刑法理论认为，正当行为还包括以下几种：

1. 依照法令行为。这是指根据法律、法规、规章的规定或者合法有效命令，作为权利或义务实施的行为，如职务行为、警察逮捕犯罪嫌疑人的行为、公务员执行上级指示的行为、有权机构发行彩票的行为等。

2. 正当业务行为。这是指虽然没有法律法规的直接规定，但行为人基于所从事的职业性质和范围所实施的正当行为，包括医疗行为和竞技行为等。例如，体育竞技运动中对他人造成的伤害，医生遵循医疗常规给患者截肢、开颅等。正当业务必须以客观事实以及一般社会观念为根据并结合专门职业的知识、技术、经验及相关法律法规的规定进行综合判断，如职业杀手、黑社会讨债等，就不属于正当业务。

3. 被害人承诺的行为。这是指行为人经有权处分的被害人的同意或者请求，实施损害其某种法益的行为。对于侵害个人法益的行为，被害人的承诺在特定条件下可以否定行为的犯罪性，如经过女性同意的性行为就不是强奸。被害人承诺的行为成为排除犯罪的事由，必须符合一定的条件，如承诺人具有承诺能力、出于其真实意思、是事先做出的，其中主要是承诺人对被侵害的法益有处分权，不得侵犯公共利益。

4. 自救行为。这是指法益受到侵害的人，在公权力救济不可能或者明显难以恢复的情况下，依靠自己的力量救济法益的行为。例如，被害人在财产被盗之后及时追上犯罪嫌疑人，并通过暴力等手段抢回被盗财物的行为。自救行为人所采取的救济手段或方法必须具有适当性，所造成的损害与救济的法益应当具有相当性。

5. 自损行为。这是指自己损害自己利益的行为，如自杀、自伤、自己损毁自己的财物等。自损行为本身一般不是犯罪，但是，如果危害国家、社会或者他人利益的，则可能成立犯罪。例如，军人战时自伤、放火烧毁自己的财物但危害公共安全的，分别构成战时自伤罪、放火罪。

另外，正当行为还包括基于推定承诺的行为、义务冲突等。

二、正当行为的意义

刑法明文规定正当行为有着十分重要的理论价值和实践意义。从刑法理论角度而言，它可以帮助我们进一步理解和掌握任何一种犯罪构成都是主观罪过和客观危害的有机统一，缺乏其中任何一个要件都不能成立犯罪。从刑法的实践角度而言，它可以帮助我们确立法律的权威性，确保每一个不符合犯罪构成的行为不受刑事追究。从法律的社会效果角度而言，只要符合刑法明文规定的正当行为，人们就可以大胆、积极地行使法律所赋予的权利。

第二节　正当防卫

【案例】

　　李女，29 岁，农民。2010 年 3 月 15 日，村民年某见李女的丈夫外出打工，当晚窜入李女家，对李女实施强暴。李女挣扎中摸到枕下一把剪刀后，不顾一切地往年某身上猛刺。年某胸部、腹部多处被刺当场死亡。问：李女的行为是否属于正当防卫？

一、正当防卫的概念

　　《刑法》第 20 条第 1 款规定："为了使国家、公共利益、本人或者他人的人身、财产和其他权利免受正在进行的不法侵害，而采取的制止不法侵害的行为，对不法侵害人造成损害的，属于正当防卫，不负刑事责任。"《刑法》第 20 条第 2 款规定："正当防卫明显超过必要限度造成重大损害的，应当负刑事责任，但是应当减轻或者免除处罚。"

　　根据上述规定，正当防卫，亦称普通正当防卫，是指为了使国家、公共利益、本人或者他人的人身、财产和其他权利免受正在进行的不法侵害，而对不法侵害人所实施的未明显超过必要限度的损害行为。理解时需要把握以下几点：其一，防卫人的行为是抵制或阻却不法侵害的正义、合法的行为，其给不法侵害人所造成的损害，乃是制止不法侵害行为所必要的，这种行为对国家、社会和人民利益是有益的，是国家支持和鼓励的。其二，防卫人的目的在于保护国家、社会和人民的利益，因而主观上不具有危害社会的故意或过失的心理态度。其三，正当防卫是公民的一项合法权利，是鼓励公民与违法犯罪行为作斗争的一种积极手段，而且对于负有同违法犯罪行为作斗争职责的人员来说，还是一项法律上的义务。其四，正当防卫必须符合法定条件，公民不得滥用防卫权利。

二、正当防卫的成立条件

　　（一）起因条件：有实际的不法侵害存在

　　1. 必须有不法侵害。不法侵害是指行为人对某种权益作出违反法律规定的侵袭与损害，是具有社会危害性的行为。对依照法令的行为、执行合法命令的行为、公民依法扭送犯罪嫌疑人的行为等，不能实行正当防卫。此外，正当防卫、紧急避险中受到损害的一方，也不能借口保护自身权益而对正当防卫者、紧急避险者再进行所谓的防卫。

　　2. 不法侵害必须是违法侵害，包括犯罪行为和其他违法行为。当然，并非对所有的违法犯罪行为都可以实行防卫。例如，对在公众场合的语言侮辱、诽谤等行为就不宜正当防卫。由于正当防卫行为是一种带有积极进攻性、暴力性的反侵害行为，而且是以给不法侵害人造成损害的方式进行的，因此一般认为，只有对那些带有一定紧迫性的违法犯罪行为，才能实行正当防卫。所谓紧迫性，是指正在面对不法侵害，需要通过防卫以消除不法侵害。换言之，是指迫在眉睫的或正在进行的而且往往是带有暴力性、破坏性的，形成防卫紧迫感的侵害。[1]以具体犯罪为例，通常只有对那些带有紧迫性的危害公共安全、侵犯公民人身权利或财产权利、妨害社会管理秩序的故意犯罪，如放火、爆炸、故意杀人、强奸、非法拘禁、绑架、抢劫等犯罪行为，才可以实行正当防卫。对那些非暴力性的、不具有侵害紧迫性的贪污贿赂、滥用职权、破坏经济秩序等犯罪行为，一般不宜实行正当防卫。

3. 不法侵害必须是现实存在的，否则就是假想防卫。所谓假想防卫，是指实际上不存在不法侵害行为，行为人误认为存在不法侵害而对臆想中的侵害人所实行的防卫。例如，甲遭遇劫匪乙与之搏斗，便衣警察丙闻讯赶来帮忙制止劫匪，甲误以为丙是劫匪乙的同伙，猛烈挥拳打丙致其轻伤。甲打伤警察丙的行为就属于假想防卫。假想防卫是由于行为人对事实认识的错误而发生的，因此，排除犯罪故意的存在。对于假想防卫，如果已经造成危害结果的，应当根据具体情况分别按过失犯罪或者意外事件处理。在司法实践中，对此类案件一般认定为意外事件。

（二）时间条件：不法侵害正在进行

不法侵害正在进行，是指不法侵害正处于已经开始、尚未结束的进行状态。

1. 不法侵害已经开始。一般认为，不法侵害已经开始，就是不法侵害人已经着手直接实施不法侵害行为。如杀人犯持刀向受害人砍去，抢劫犯对财物所有人施以暴力或者以暴力相威胁，就是不法侵害已经开始。

应当指出，不法侵害行为已经对法律所保护的权益构成了现实的、迫在眉睫的威胁，也属于不法侵害已经开始。就是说，在某些情况下，虽然不法侵害尚未着手实行，但由于这种行为已经使合法权益直接面临着侵害的现实危险，已经对合法权益形成现实的紧迫性侵害，而且待其着手实行就往往丧失了有效防卫的时机、条件或者能力，因此应视为不法侵害已经开始。

2. 不法侵害尚未结束。这包括两种情形：其一，是指不法侵害行为尚在继续之中，如纵火者正在向房屋泼洒汽油。其二，是指由不法侵害行为导致的危险状态尚在继续之中，防卫人尚可以用防卫手段予以制止或者排除。如抢劫犯

---

〔1〕　曲伶俐主编：《刑事法律原理与实务》，中国政法大学出版社2011年版，第86页。

已打昏物主抢得钱财，但尚未离开现场，他人使用暴力方法夺回财物，仍不失为正当防卫。应当指出，如果不能通过防卫手段来排除该危险状态，则应认为不法侵害已经结束。例如，行为人向井中投毒后逃跑，已经造成了可能使人畜中毒的危险状态，就无法通过杀死或者伤害投毒犯的防卫手段来排除，对之采取正当防卫也就失去了适时性。

总之，不法侵害行为多种多样、性质各异，判断是否正在进行，应就具体行为和现场情境作具体分析。判断标准不能机械地对刑法上的着手与既遂作出理解、判断，因为着手与既遂侧重的是侵害人可罚性的行为阶段问题，而侵害行为正在进行，侧重的是防卫人的利益保护问题。所以，不能要求不法侵害行为已经加诸被害人身上，只要不法侵害的现实危险已经迫在眼前，或者已达既遂状态但侵害行为没有实施终了的，就应当认定为正在进行。[1]

3. 防卫不适时。这是指防卫行为的实施逾越了正当防卫的时间限度，它包括提前防卫和事后防卫。

（1）提前防卫。这是指不法侵害处于预备阶段或者犯意表示阶段，对合法权益尚未造成直接的威胁，就对其采取某种损害权益的行为，即先下手为强，操之过急。在这种情况下，不法侵害人是否真要实施某种侵害还处于或然状态，客观上并不存在防卫时间的紧迫性。因此，提前防卫是一种非法侵害行为，如果其社会危害性达到了犯罪程度，应当追究刑事责任。

（2）事后防卫。这是指在不法侵害已经结束，危害后果已经发生且不能通过防卫来排除的情况下，对不法侵害人的权益进行损害的行为。从司法实践看，不法侵害已经结束一般包括以下情况：①不法侵害行为已经实行完结，危害结果已经发生，无法挽回；②不法侵害人确已自动中止侵害，危险归于消灭；③不法侵害人已经被人制服；④不法侵害人已经丧失了继续侵害的能力。在不法侵害已经结束的情况下，不能实行正当防卫，也不允许私力救济。如果侵害者犯了罪，应交由司法机关依法处理，而不容许私力报复。事后防卫大多是出于故意的报复性侵害，对此应以故意犯罪论处。当然也不排除行为人出于过失或者由于认识上的错误，而实施了所谓的防卫行为，这应根据防卫人的心理态度不同认定为过失犯罪或者意外事件。

（三）主观条件：为了保护合法权益

正当防卫的主观条件，也就是防卫人必须具有防卫意图。防卫意图，是指防卫人认识到不法侵害正在进行，为了保护合法权益，而决意制止正在进行的

〔1〕 "第十二批指导性案例：于海明正当防卫案"，载中华人民共和国最高人民检察院，http://www.spp.gov.cn/spp/jczdal/201812/t20181219_402920.shtml，最后访问时间：2019 年 1 月 10 日。

不法侵害的心理态度。它包括两方面的内容：一是防卫认识，即防卫人明确认识到不法侵害正在进行，并且能够以防卫手段加以制止；二是防卫目的，即通过防卫手段制止不法侵害，以保护国家、公共利益、本人或者他人的人身、财产和其他权利免受不法侵害。

某些行为从形式上看似乎符合正当防卫的客观条件，但由于行为人主观上不具备正当的防卫意图，因而不能认定为正当防卫。这主要有以下几种：

1. 防卫挑拨。这是指行为人出于侵害目的，以故意挑衅、引诱等方法促使对方进行不法侵害，尔后借口防卫加害对方的行为。由于挑拨人主观上具有侵害意图而没有防卫意图，其实质是借正当防卫之名实施自己预谋的违法犯罪行为。因此，对防卫挑拨者，构成犯罪的要依法追究其刑事责任。

2. 相互的非法侵害行为。这是指双方都出于侵害对方的非法意图，而实施相互殴打、攻击等侵害行为，如聚众斗殴、双方决斗等。这类行为中，由于双方都具有侵害对方的非法意图，而没有防卫意图，也都实施了侵害对方的行为，没有侵害者和防卫者之分，故均不成立正当防卫，构成犯罪的，均按故意犯罪处理。当然，在相互侵害中，如果一方已经放弃侵害、求饶、逃跑，而另一方不肯住手或者穷追不舍、继续进攻，则已放弃侵害的一方就具备了正当防卫的条件，可以为了制止对方的进一步加害而采取必要的反击措施，并可以成立正当防卫。

3. 出于防护非法利益的防卫。这类行为明显缺乏防卫意图的正当性，不能成立正当防卫。例如，甲运输毒品，乙见状上前抢劫，甲为了保护毒品，以暴力进行反击致乙重伤。此案中，甲明显不具备正当防卫的主观条件。

（四）对象条件：针对不法侵害者本人

正当防卫是以给不法侵害人直接造成损害的方法阻止其不法侵害行为，这一本质决定了防卫的对象只能是不法侵害者本人，不能针对未实施侵害的第三人，包括不能及于不法侵害者的亲属。如果行为人故意针对第三者进行所谓的"防卫"，应认定为故意犯罪。在理解这一条件时还要注意以下几点：

1. 正当防卫是公民的权利，对于不法侵害行为，任何人都有实行正当防卫的权利，被害人即使能够躲避，也可以选择正当防卫。

2. 防卫主要是针对不法侵害者的人身，但在某些特定情况下，也可以针对不法侵害人的财产进行防卫，如不法侵害人使用了自己的财产作为犯罪工具或手段时，如果能够起到制止不法侵害、保护法益的作用，则可以通过损毁财产进行正当防卫。[1]

---

〔1〕 张明楷：《刑法学》（上），法律出版社 2016 年版，第 210 页。

3. 不法侵害者责任能力的有无，并不影响正当防卫的成立。当然，如果事先知道其是无责任能力的人，则在防卫时手段上应有所节制。

4. 对于来自动物的侵害进行反击，是否成立正当防卫，要具体情况具体分析。关键看是动物的自然侵袭还是被人驱使实施不法侵害。

（五）限度条件：没有明显超过必要限度造成重大损害

就是说，正当防卫的实施必须在法律规定的必要限度内进行，如果明显超过法律规定的防卫限度，而且造成了重大损害的，就是防卫过当，会构成犯罪。因此，是否明显超过必要限度并造成重大损害，是区别防卫的合法与非法、正当与过当的一个标志。所谓明显超过必要限度，是指根据所保护的权利性质、不法侵害的强度和紧迫程度等综合衡量，防卫措施缺乏必要性，防卫强度与侵害程度对比也相差悬殊。所谓造成重大损害，是指防卫行为对不法侵害人造成的损害，较为悬殊的大于不法侵害会造成的损害，具体是指造成不法侵害人死亡、重伤的后果，造成轻伤及以下损伤的不属于重大损害。如何理解普通正当防卫的必要限度？我国学界有多种主张。

2015 年 3 月 2 日最高人民法院、最高人民检察院、公安部、司法部印发的《关于依法办理家庭暴力犯罪案件的意见》第 19 条指出：认定防卫行为是否"明显超过必要限度"，应当以足以制止并使防卫人免受家庭暴力不法侵害的需要为标准，根据施暴人正在实施家庭暴力的严重程度、手段的残忍程度，防卫人所处的环境、面临的危险程度、采取的制止暴力的手段、造成施暴人重大损害的程度，以及既往家庭暴力的严重程度等进行综合判断。这虽然是就制止家庭暴力犯罪这种不法侵害如何认定是否"明显超过必要限度"的规定，但对处理其他防卫案件时如何认定是否"明显超过必要限度"也具有重要指导意义。在认定时，要考虑防卫行为与侵害行为在客观上是否具有相当性，即应当根据不法侵害的性质、手段、强度和危害程度，以及防卫行为的性质、手段、强度、时机和所处环境等因素，还应考虑双方人数、力量对比，进行综合判断。有学者认为，还要考虑侵害行为对防卫人心理造成的恐慌、激愤，由此带来认识能力和控制能力的减弱，因而不能十分准确地把握防卫限度。[1]

三、特殊正当防卫

《刑法》第 20 条第 3 款规定："对正在进行行凶、杀人、抢劫、强奸、绑架以及其他严重危及人身安全的暴力犯罪，采取防卫行为，造成不法侵害人伤亡的，不属于防卫过当，不负刑事责任。"一般称之为特殊正当防卫、无过当防卫。

与普通正当防卫相比，特殊正当防卫的成立条件有以下三个特殊之处：

---

〔1〕　陈兴良："正当防卫如何才能避免沦为僵尸条款"，载《法学家》2017 年第 5 期。

1. 在防卫起因上，所面临的不法侵害必须是特定的，即必须是"行凶、杀人、抢劫、强奸、绑架以及其他严重危及人身安全的暴力犯罪"。判断不法侵害行为是否属于"其他严重危及人身安全的暴力犯罪"，应当以本款列举的杀人、抢劫、强奸、绑架为参照，通过比较暴力程度、危险程度和刑法给予惩罚的力度等综合作出判断。同时，还应当注意把握以下几点：一是不法行为侵害的对象是人身安全，即危害人的生命权、健康权、自由权和性权利。二是不法侵害行为具有暴力性，且应达到犯罪的程度。对本款列举的杀人、抢劫、强奸、绑架应作广义的理解，即不仅指这四种具体犯罪行为，也包括以此种暴力行为作为手段，而触犯其他罪名的犯罪行为，如以抢劫为手段的抢劫枪支、弹药、爆炸物的行为，以绑架为手段的拐卖妇女、儿童的行为，以及针对人的生命、健康而采取的放火、爆炸、决水等行为；三是不法侵害行为应当达到一定的严重程度，即有可能造成他人重伤或死亡的后果。需要强调的是，不法侵害行为是否已经造成实际伤害后果，不必然影响特殊防卫的成立。此外，针对不法侵害行为对他人人身安全造成的严重危险，可以实施特殊防卫。[1]

2. 在防卫目的上，必须是出于保护人身安全，不包括人身安全之外的财产权利、民主权利等其他合法权利，这也是特殊防卫区别于一般防卫的一个重要特征。

3. 在防卫限度上，没有必要限度的要求，不存在防卫过当的问题。即使造成不法侵害人伤亡后果的，也属于正当防卫。

【案例分析】 村民年某夜晚窜入李女家，对李女实施强奸犯罪，这是一种不法侵害行为且已经开始实施。李女在自己的性权利和人身安全受到严重侵害时，为了制止年某的严重危及其人身安全的暴力犯罪行为，而采用刺伤年某的手段制止强奸犯罪，符合正当防卫的成立条件。虽然造成了年某死亡的结果，但这符合《刑法》第20条第3款关于特殊防卫的规定。因此，李女的行为属于正当防卫，是一种合法行为，依法不负刑事责任。

四、防卫过当及其刑事责任

防卫过当，是指在普通正当防卫中，防卫行为明显超过必要限度造成重大损害的行为。防卫过当的，应当负刑事责任。在理解时应把握以下几点：

1. 在客观上实施了明显超过必要限度的防卫行为，并对不法侵害人造成重大损害。是否明显超过必要限度造成重大损害，是区分正当防卫与防卫过当的标准。关于如何理解"明显超过必要限度"和"造成重大损害"，前面已经

〔1〕 参见"第十二批指导性案例：侯雨秋正当防卫案"，载中华人民共和国最高人民检察院，http：//www.spp.gov.cn/spp/jczdal/201812/t20181219_402920.shtml，最后访问时间：2019年1月10日。

介绍。

2. 防卫人在主观上对过当结果具有罪过。关于防卫过当的罪过形式，通说认为包括过失和间接故意，但不可能是直接故意。具体而言，在大多数情况下，防卫过当的罪过形式是过失。在少数情况下可能是间接故意，即防卫人在防卫过程中明知可能造成重大损害，因出于义愤等原因而放任重大损害的发生。认为防卫过当的罪过形式不可能是直接故意的理由是：直接故意犯罪的主观方面是行为人希望危害结果发生，而正当防卫的目的是保护合法权益，这两种目的在一个人大脑中不可能同时存在。

3. 防卫过当不是独立的罪名。防卫过当行为的罪名只能根据防卫人的主观罪过形式和客观事实主要是危害结果，依照刑法分则的有关条款来确定，如过失致人死亡罪、过失致人重伤罪、（间接）故意杀人罪等。

4. 对防卫过当的，应当减轻或者免除处罚。《刑法》第 20 条第 2 款规定："正当防卫明显超过必要限度造成重大损害的，应当负刑事责任，但是应当减轻或者免除处罚。"至于是选择减轻处罚还是免除处罚，或者减轻到什么程度，应当综合考虑过当程度、罪过形式、防卫过当所保护的权益和其侵害的权益、社会舆论等因素。

第三节　紧急避险

【案例】

　　徐某因揭发秦某和张某的合伙贪污行为，秦某和张某怀恨在心，欲找机会把徐某废了。某日下午，秦某和张某找到徐某后，将其砍伤。徐某逃跑过程中，秦某和张某仍不罢休，持刀追赶。途中，徐某多次拦车欲乘，均遭出租车司机拒载。当秦某和张某即将追上时，适逢丁某骑摩托车缓速行驶，徐某哀求丁某将自己带走，但也被拒绝。眼看秦某和张某已经逼近，情急之下，徐某一手抓住摩托车，一手将丁某推下摩托车，驾驶摩托车逃走。丁某被推下车后跌倒在地，造成右腿骨折。问：徐某对造成丁某伤害的行为应否负刑事责任？

一、紧急避险的概念

《刑法》第 21 条第 1 款规定："为了使国家、公共利益、本人或者他人的人身、财产和其他权利免受正在发生的危险，不得已采取的紧急避险行为，造成损害的，不负刑事责任。"第 2 款规定："紧急避险超过必要限度造成不应有的损害的，应当负刑事责任，但是应当减轻或者免除处罚。"据此，紧急避险是指为了使国家、公共利益、本人或者他人的人身、财产和其他权利免受正在发生的危险，不得已采取的损害另一较小合法权益的行为。

紧急避险的本质在于在两个合法权益发生冲突、只能保全其中之一的紧急状态下，法律允许为了保全较大的权益而牺牲较小的权益。虽然造成了较小的权益的损害，但从整体上看，它是有益于国家和社会的行为，不仅不应承担刑事责任，而且应当受到鼓励和支持。

二、紧急避险的成立条件

（一）起因条件：有危险发生

即有威胁合法利益的危险发生。所谓危险，是指足以立即对合法权益造成损害的某种紧迫事实状态。从司法实践上看，危险的主要来源有四种：①自然灾害，即来自大自然的危险，如山崩、海啸、火灾、水祸、地震、风暴、泥石流等。②人的非法侵害行为，包括有责任能力者的违法犯罪行为和无责任能力者的危害社会行为。③动物的侵袭，如狗的扑咬、毒蛇的袭击等。④人的生理、病理原因，如运送病危者的车辆闯红灯等。

作为成立紧急避险前提条件的危险，必须是客观存在的，即作为损害结果发生前兆的危险信息已经存在。如果实际上并不存在危险，避险人却由于对事实的认识错误，误认为危险存在，因而实行了所谓的紧急避险的，刑法理论上称之为"假想避险"。假想避险不是紧急避险，如果造成严重后果的，应当按照事实认识错误的处理原则解决，即按过失犯罪或者意外事件处理。

（二）时间条件：危险正在发生

危险正在发生，是指已经发生的危险将立即造成损害或者正在造成损害而尚未结束。危险的出现是这样一种状态，即由于某种事实的发生，合法权益直接面临迫在眉睫的危险。如果危险还处于潜在状态，其是否出现还有或然性，那么只可以采取某种防范措施，而不应实行紧急避险。

如果行为人在危险尚未出现或者危险已经结束的情况下实施所谓的避险，刑法理论上称之为"避险不适时"。行为人因此而对合法权益造成损害的，应根据案件具体情况，追究行为人相应的刑事责任或者民事责任。

（三）主观条件：为了保护合法权益

紧急避险的主观条件，也就是避险人必须有正当避险意图。正当避险意图，是指避险人对正在发生的危险有明确的认识，并希望通过避险行为使国家、公共利益、本人或者他人的人身、财产和其他权利免受危险损害的心理状态。如果是为了保护某种非法利益而实施所谓避险，是不能成立紧急避险的。

（四）对象条件：第三者合法权益

紧急避险的本质是通过牺牲无辜者的较小法益来保全另一较大法益，因此，紧急避险的对象只能是第三者的合法权益，而不是危险的来源。如果行为人不是通过损害相关较小法益的手段，而是直接以反击手段对抗危险，那么该行为就不是紧急避险，而是正当防卫或者抢险行为等。另外，对于动物的自然侵袭而反击动物，这无疑可以成立紧急避险。但是，如果动物是被人驱使实施侵害，这种情况下动物实际上是他人进行不法侵害的工具，被害人或他人将动物打死、打伤，其实质是对不法侵害人的防卫，属于正当防卫的范畴。

（五）限制条件：迫不得已

紧急避险的限制条件，也称可行性条件。由于紧急避险不可避免地要给无辜第三者的法益造成损害，因此，刑法限定紧急避险的实施只能是出于迫不得已。所谓迫不得已，是指在危险正在发生的非常之际，除了损害第三者的法益外，别无他法能够排除危险或者避免危险。这是紧急避险与正当防卫的重要区别。如果当时有其他方法可以避险，如有条件逃避、报警求援或者直接排除危险、正当防卫等，就不能实行紧急避险。如果进行避险而给无辜的第三人造成了不必要的损害，应视行为人的主观认识与客观损害，分别认定为故意犯罪、过失犯罪或者意外事件。

考察是否属于迫不得已，应充分考虑危险的客观情况（包括环境、时间、危险的紧急程度等）、行为人的自身生理和心理状况（包括年龄、体格、经验、主观认识条件等），进行综合分析认定。

（六）限度条件：不能超过必要限度造成不应有损害

对于紧急避险的必要限度，刑法没有规定，但刑法学界和司法实务界对此的认识基本一致，即避险行为所造成的损害必须小于所避免的损害，而不能等于更不能大于所保护的法益。因为在两个法益发生冲突时，只有牺牲一个较小法益来保护一个较大法益，才会对社会有意义，也才符合紧急避险的意图。所以，一般来说，不允许为了保护较小的法益而损害一个较大或同等的法益，否则就超过了必要限度。

一般认为，权衡合法权益大小的基本标准是：人身权利大于财产权益；人的生命权利大于人的健康权利；财产权的大小可以用财产价值的大小来衡量；在公共利益与个人利益发生冲突时，应根据权益的性质和内容而定。

（七）禁止条件：不适用职务上、业务上负有特定责任的人

《刑法》第21条第3款规定："第1款中关于避免本人危险的规定，不适用于职务上、业务上负有特定责任的人。"所谓职务上、业务上负有特定责任，是指某些人依法承担的职务或者所从事的业务活动本身就要求他们与一定的危险进行斗争。例如，军人必须服从命令参加战斗，面对战死沙场的危险；消防队员必须奋勇扑火，面对烧伤的危险；医生、护士在治疗疾病时，面对病菌传染

的危险等。如果这些负有特定责任的人员，为了避免与自己职务、业务有关的上述各种危险，而擅离职守，逃避责任，其行为不能成立紧急避险。因渎职造成严重危害后果构成犯罪的，应当依法追究刑事责任。

【案例分析】徐某在被两名加害人追砍时，其人身权利已经处于危险之中。在拦乘出租车不成、两名加害人逼近自己的紧急情况下，将丁某推下摩托车然后骑车逃走，属于迫不得已。虽然造成了丁某右腿骨折，但该损害没有超过必要限度。因此，徐某的行为符合紧急避险的成立条件，属于紧急避险，徐某对此不应负刑事责任。

三、避险过当及其刑事责任

避险过当，是指避险行为超过必要限度造成不应有的损害的行为。避险过当的，应当负刑事责任。在理解时应把握以下几点：其一，行为人在客观上实施了超过必要限度的避险行为，造成了合法权益的不应有损害。其二，行为人在主观上对避险过当行为具有罪过，通常是疏忽大意的过失，少数情况下也可能是间接故意或过于自信的过失。其三，避险过当不是独立的罪名，应根据行为人的主观罪过形式及过当行为特征，依照刑法分则相应条款确定罪名。其四，对避险过当的，应当减轻或者免除处罚。

本章小结

正当防卫是指为了使国家、公共利益、本人或者他人的人身、财产和其他权利免受正在进行的不法侵害，而对不法侵害人所实施的未明显超过必要限度的损害行为，它包括普通正当防卫和特殊正当防卫两种。普通正当防卫的成立条件有：①有实际的不法侵害存在；②不法侵害正在进行；③具有保护合法权益的防卫目的；④防卫行为必须针对不法侵害人进行；⑤防卫行为没有明显超过必要限度造成重大损害。具备前4个条件而不具备第5个条件的，是防卫过当。特殊正当防卫与普通正当防卫的主要区别在于有无防卫限度的要求不同。紧急避险是指为了使合法权益免受正在发生的危险，不得已采取的损害另一较小合法权益的行为，紧急避险的成立也必须具备特定的条件。避险过当是指避险行为超过必要限度造成不应有的损害的行为。防卫过当和避险过当的，都应当负刑事责任，但是应当减轻或者免除处罚。

思考练习

1. 如何理解普通正当防卫的成立条件？

2. 特殊正当防卫与普通正当防卫的成立条件有何异同？

3. 什么是防卫过当，防卫过当应如何承担刑事责任？

4. 如何理解紧急避险的成立条件？

5. 试比较正当防卫与紧急避险的异同。

实务训练

1. 下列可以实行正当防卫的对象是哪种情形？

A. 杀人后，正要逃离现场的行为人

B. 欲实施强奸而尾随、跟踪妇女的行为人

C. 驱使训练有素的动物侵害他人的行为人

D. 家养动物侵害他人的动物主人

2. 甲乙二人发生争执而互殴，甲因身强力壮，几次将乙打倒在地。乙见自己打不过甲，从地上爬起来，夺路而逃，甲紧追不舍。乙在无路可逃时，捡起一棍棒将甲打伤。乙的行为属于何种性质？

A. 紧急避险　　　　　　　B. 正当防卫

C. 防卫过当　　　　　　　D. 故意犯罪

3. 被害人甲在盗窃犯乙即将逃离犯罪现场的片刻，来不及通过司法机关挽回损失，遂使用暴力手段迅速从乙手中夺回了财物。以下说法错误的是哪个选项？

A. 甲的行为是违法的　　　B. 甲的行为属于自救行为

C. 甲的行为属于正当行为　　D. 甲的行为不具有社会危害性

4. 张某的次子乙，平时经常因琐事滋事生非，无端打骂张某。一日，乙与其妻发生争吵，张某过来劝说。乙转而辱骂张某并将其踹倒在地，并掏出身上的水果刀欲刺张某，张某起身逃跑，乙随后紧追。张某的长子甲见状，随手从门口拿起扁担朝乙的颈部打了一下，将乙打昏在地上。张某顺手拿起地上的石头转身回来朝乙的头部猛砸数下，致乙死亡。

请分析张某和甲的行为性质，并说明理由。（提示：关键在于分析乙的不法侵害行为是否已经结束。）

5. 某日，收废品的费某到居民区收废品，从钱某家经过，见钱某家没人，即将放在门口的一辆自行车骑走，刚好钱某下班回家，立即叫费某停下。费某见状，加速行驶，钱某追不上，即随手拿起一根木棍砸向费某，致其轻伤。

问：钱某的行为是否成立正当防卫？并说明理由。（提示：关键在于分析费某的不法侵害是否正在进行之中。）

6. 甲和乙赌博，输给乙3万元，甲认为乙"抽老千"作弊，不愿将钱给乙，

乙为拿到这笔钱，将甲打伤，将钱抢走。

问：乙的行为属于正当防卫、紧急避险、防卫过当和故意犯罪中的哪一种？为什么？

7. 一天晚上，田华从同学家归来，路过一条偏僻的胡同时，突然跳出一个持刀青年黄某。黄某把刀逼向田华并让他交出钱和手表。田华扭头就跑，不料跑进了死胡同，而黄某持刀紧随其后，慌乱害怕中，田华拿起墙角的一根木棒向黄某挥去，黄某应声倒下。田华立即向派出所投案，后经查验，黄某已死亡。

问：田华的行为是否成立正当防卫？为什么？

8. 甲外出时在自己的住宅内安放了防卫装置。某晚，乙撬门侵入甲的住宅后，被防卫装置击伤。

问：甲的行为是否成立正当防卫？并说明理由。（提示：关键是看安放防卫装置是否危及公共安全以及预防效果的发生时间。）

9. 甲开一辆偷来的油罐车向一列行使中的火车冲去，值班战士乙见状用步枪将甲击毙，油罐车翻下路边在沟中爆炸烧毁。

问：乙的行为是成立紧急避险还是正当防卫？为什么？

第八章 拓展学习

第九章　故意犯罪形态

目标任务

　　了解故意犯罪形态的概念和特征；掌握犯罪既遂的概念和种类，理解认定犯罪既遂的标准；熟悉犯罪预备、犯罪未遂和犯罪中止的概念、特征和处罚原则，能够准确划清四种犯罪形态之间的界限；能够运用所学知识正确认定具体案件的犯罪形态。

第一节　故意犯罪形态概述

【案例】

　　某日，吴某在一胡同里抢劫一位妇女的钱包（内有现金2000元、银行卡3张）。吴某抢到钱包准备离开时，突然发现被害人是自己的邻居，遂将钱包送还，声称是与她开玩笑。问：吴某退还钱包的行为是否属于故意犯罪形态。

一、故意犯罪形态的概念和特征

（一）故意犯罪形态的概念

　　故意犯罪形态，即故意犯罪停止形态，是指故意犯罪在其产生、发展和完成的过程及阶段中，因各种主客观原因而停止下来的各种犯罪状态。故意犯罪行为往往有一个发展过程，在这个发展过程中，并非任何犯罪行为都能顺利得以实施，并非任何犯罪人都能实现其故意内容，总会受到各种主客观条件的影响与制约，从而出现不同的结局，形成了不同的犯罪停止形态。

　　根据停止下来时犯罪是否已经完成为标准，故意犯罪形态可分为两种基本类型：一是犯罪完成形态，即犯罪既遂形态，是指故意犯罪在其发展过程中没有在中途停止下来而得以进行到终点，行为人完成了犯罪，符合了刑法分则规定的某种犯罪的全部构成要件；二是犯罪未完成形态，即故意犯罪在其发展过程中居于中途停止下来，行为人没有完成犯罪，缺乏犯罪构成客观方面的某些要件，但依据刑法总则的规定已构成犯罪（符合修正的犯罪构成），[1]应当受到刑罚处罚。犯罪未完成形态包括犯罪预备、犯罪未遂和犯罪中止三种形态。

（二）故意犯罪形态的特征

1. 故意犯罪形态只能存在于犯罪过程中。故意犯罪过程，以行为人开始实施犯罪的预备行为为起点，至行为人完成犯罪为其终点。故意犯罪形态只能存在于犯罪过程中，在犯罪过程以外出现的某种状态，不是故意犯罪形态。在仅有犯罪决意而无犯罪预备行为之前的阶段，是不可能出现故意犯罪形态的。例如，甲基于仇恨而产生了杀害乙的犯意，并扬言要杀害乙，但后来经反复考虑后打消了杀害乙的想法。这属于犯罪表示，产生于实施犯罪预备行为之前，因而不是故意犯罪形态，当然也不是犯罪。同样，犯罪既遂之后也不可能出现故意犯罪形态。

2. 故意犯罪形态具有局限性。故意犯罪形态只存在于部分直接故意犯罪中，具有局限性的特点。首先，过失犯罪不存在犯罪停止形态。由于过失犯罪中的行为人主观上对危害结果的发生是没有预见或者是反对的，不可能为犯罪实施预备行为，客观上我国刑法又限定必须发生法定危害结果才构成过失犯罪，因此过失犯罪不可能存在犯罪预备、犯罪未遂和犯罪中止形态。其次，间接故意犯罪也不存在犯罪停止形态。由于行为人对危害结果的发生是持放任态度，决定了其不可能进行犯罪预备。而且在没有发生危害结果的情况下，难以认定行为人有间接故意。也就是说，过失犯罪和间接故意犯罪只有成立与否的问题，而不存在犯罪未完成形态。既然不存在犯罪的未完成形态，也就没有必要肯定其有犯罪完成形态。最后，直接故意犯罪并非都存在犯罪停止形态。例如，依法一着手实行即告完成犯罪的举动犯不可能存在犯罪未遂，刑法规定的某些情节犯也不存在犯罪未遂。再如，突发性的直接故意犯罪没有犯罪预备形态，而只有犯罪未遂、犯罪中止和犯罪既遂形态。

3. 故意犯罪形态具有结局性和排他性。故意犯罪形态是在犯罪过程中由于某种原因停止下来所呈现的状态，这种停止不是暂时性的停顿，而是结局性的停止，即该犯罪行为由于某种原因不可能继续向前发展。犯罪形态是故意犯罪过程中不再发展而固定下来的相对静止的不同结局，不同犯罪形态之间是一种彼此独立存在的关系，不可能相互转化。就同一犯罪行为而言，出现了一种犯罪形态后，就不可能再出现另一种犯罪形态。故意犯罪形态不是就犯罪行为的某一部分而言，而是就已经实施的犯罪行为整体而言。不能认为一个人实施的

---

〔1〕 所谓修正的犯罪构成，是指以基本的犯罪构成为前提，适应犯罪行为的各种不同犯罪形态，而对基本的犯罪构成加以某些修改变更的犯罪构成。

一个犯罪中一部分是此犯罪形态，而另一部分是彼犯罪形态。如用枪杀人，第一枪未打中，第二枪才将人打死，虽然第一枪的侵害行为已完成，但整个犯罪行为并没有完成，犯罪行为尚未停顿在未遂状态，仍处在犯罪运动过程中，两次射击的动作是紧密联系的，形成一个统一杀人的行为，不能认为行为人构成一个故意杀人罪的未遂和一个故意杀人罪的既遂。

【案例分析】吴某抢到钱包后，其抢劫犯罪行为已经全部完成，已成立了犯罪既遂，不可能再转化为犯罪中止形态。吴某退回钱包的行为，只能视为犯罪既遂后的悔罪表现，仅是一种量刑情节而与关系到定罪的故意犯罪形态无关。因此，吴某退回钱包的行为不属于故意犯罪形态。

二、故意犯罪阶段

故意犯罪阶段，是指故意犯罪发展过程中因主客观具体内容的不同而划分的段落。一般认为，故意犯罪阶段包括以下两个阶段：一是犯罪预备阶段，以行为人开始实施犯罪预备行为之时为起点，以行为人完成犯罪预备行为而尚未着手犯罪实行行为之时为终点。在这个阶段，只能出现犯罪预备和犯罪中止形态；二是犯罪实行阶段，以行为人着手犯罪实行行为之时为起点，以行为人完成犯罪即达到犯罪既遂为终点。在这个阶段，只能出现犯罪未遂、中止与既遂形态。

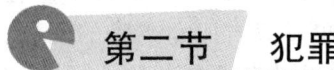

第二节　犯罪既遂

【案例】

某日晚 10 时许，赵某从一朋友处喝酒后回家，行至一小路岔口处，看到他前面有一妇女单独行走，遂从后面冲上去，抓住该妇女的皮包就往回跑。刚跑出不到 10 米，只听后面喊道："赵某，你怎么抢我的东西？"赵某回头一看，见被抢者是其同学的妹妹，便赶紧走上前去说："阿妹，我看你一个人走路，不放心，逗你玩玩。走吧，我送你回家。"遂将该妇女护送到家。当时，该妇女包内有现金 3000 元。问：赵某的行为属于何种犯罪形态？

一、犯罪既遂的概念和标准

犯罪既遂，是指行为人故意实施的行为已经具备了刑法分则所规定的某种犯罪的全部构成要件。认定犯罪既遂与否，应当以行为人所实施的行为是否具备了刑法分则所规定的某一犯罪的全部构成要件为标准，而不能以犯罪目的达到或者以犯罪结果的发生作为认定标准。

二、犯罪既遂的类型

根据我国刑法分则对各种直接故意犯罪构成要件的不同规定，犯罪既遂主要有以下几种类型：

（一）结果犯

结果犯，是指不仅要实施具体犯罪构成客观要件的行为，而且必须发生法定的危害结果才构成既遂的犯罪。所谓法定的危害结果，是指刑法分则明文规定的犯罪行为对犯罪对象造成物质性、有形的、可以具体测量确定的损害结果。如故意杀人罪、盗窃罪、诈骗罪等犯罪，均为结果犯。

【案例分析】 赵某的行为属于抢夺罪的既遂形态。抢夺罪是以行为人将他人财物抢夺到手作为犯罪既遂的标志。本案中，赵某趁被害人不备将其皮包抢到手，此时已成立抢夺罪既遂。至于在刚逃跑时由于被害人认出而将已经非法占有的财物返还，属于犯罪既遂之后的事情，与犯罪的既遂与否不再有关系。因此赵某抢夺他人财物之后被认出，主动返还所抢财物的行为，不影响抢夺罪既遂的成立。

（二）行为犯

行为犯，是指以法定犯罪行为的完成作为既遂标志的犯罪。只要行为人实施完毕法定的犯罪行为，即使犯罪行为没有实际造成危害结果的发生，甚至没有导致危害结果发生的现实危险，也构成犯罪既遂。例如脱逃罪，如果脱逃行为达到了使行为人摆脱监管机关和监管人员的实际控制的状态和程度的，即为脱逃罪的既遂。

（三）危险犯

危险犯，是指以行为人实施的危害行为造成法律规定的发生某种危害结果的危险状态作为既遂标志的犯罪。一般认为，我国《刑法》第114条和第115条规定的放火罪、爆炸罪等罪以及第119条规定的破坏交通工具罪、破坏交通设施罪，均属于危险犯。例如，甲为了使火车颠覆，将一块大石头搬到铁轨上，在回家的路上产生后悔之念，在火车到来之前将石头搬走，甲的行为就是破坏交通设施罪的既遂。

（四）举动犯

举动犯，是指行为人一着手犯罪实行行为即告犯罪完成和完全符合构成要件，从而构成既遂的犯罪。我国刑法中的举动犯大致包括两种情况：一是法律将预备性质的行为提升为实行行为的犯罪，如组织、领导、参加黑社会性质组织罪等；二是法律将教唆、煽动性质的行为规定为实行行为的犯罪，如煽动分裂国家罪等。

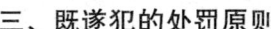

三、既遂犯的处罚原则

由于我国刑法分则对各种犯罪的法定刑都是以犯罪既遂为标准设置的，因此，对于既遂犯应当直接按照刑法分则中相应犯罪的法定刑处罚。当然，刑法总则所规定的一般量刑原则必须严格遵守。

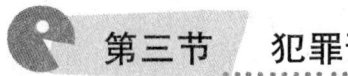

第三节　犯罪预备

【案例】

蒲某意图抢劫，尾随一妇女身后，当该妇女回家开门后准备关门时，蒲某以为其家中无人，强行挤进房内，该妇女被吓得惊叫一声。她的丈夫闻声起床，拉开电灯，见蒲某站在门口，便问："你是干什么的？"蒲某答不上来，该妇女的丈夫上前打了蒲几个耳光。在邻居的帮助下，蒲某被扭送到公安机关，蒲某供认他的目的是抢钱。问：蒲某的行为属于抢劫犯罪预备还是抢劫犯罪未遂？

一、犯罪预备的概念与特征

《刑法》第22条第1款规定："为了犯罪，准备工具、制造条件的，是犯罪预备。"根据这一规定和刑法理论，犯罪预备，是指行为人为实施犯罪而开始制造条件的行为，由于行为人意志以外的原因而未能着手实行犯罪行为的犯罪形态。犯罪预备具有以下特征：

（一）主观上为了实行犯罪

行为人进行犯罪预备活动的意图和目的，是顺利着手实施和完成犯罪。为了实行犯罪，表明行为人具有明确的犯罪故意，已经认识到自己的预备行为是为实行行为服务的，对危害结果的发生起促进作用。为了实行犯罪，包括为了自己实行犯罪和为了他人实行犯罪。

（二）客观上实施了犯罪的预备行为

即行为人在其犯罪故意的支配下，为了实行犯罪而准备犯罪工具或者制造其他便利条件的行为。如为了杀害仇人而购买凶器、调查被害人行踪等。

根据我国刑法的规定，犯罪预备行为包括以下两种类型：一是准备工具。准备工具即准备犯罪工具，是指准备为实行犯罪活动所用的一切器械物品，包括制造犯罪工具、寻求犯罪工具、加工犯罪工具使之适合于犯罪需要等。二是制造条件。制造条件即制造犯罪条件，是指除准备工具以外的一切为实行犯罪制造条件的预备行为。这类预备行为通常有：准备实施犯罪的手段，勾引、集结共同犯罪人进行犯罪预谋，调查犯罪场所和被害人行踪，出发前往犯罪现场、追踪被害人或者守候被害人到来，排除实施犯罪的障碍，拟订实施犯罪和犯罪后逃避侦查追踪的计划等。

犯罪预备不同于犯意表示。所谓犯意表示，是指行为人通过一定的形式单纯地将自己的犯罪意图表露出来的外部活动。犯意表示者尚未开始实施任何危害社会的行为，是单纯的思想表露，不具有社会危害性，因此犯意表示不属于故意犯罪形态的范畴，即不是犯罪。

（三）行为人尚未着手实施犯罪的实行行为

所谓"犯罪的实行行为"，是指刑法分则中具体犯罪构成客观方面的行为，如杀人行为、强奸行为等。犯罪预备作为一种停止形态，只能出现在犯罪预备阶段，犯罪行为必须在着手实行犯罪以前停顿下来，才能构成犯罪预备。如果已经进入犯罪实行阶段，由于行为人意志以外的原因停止下来的，则成立犯罪未遂。

（四）未能着手实行犯罪是由于行为人意志以外的原因所致

这一特征是犯罪预备与预备阶段的犯罪中止形态区别的关键。行为人意志以外的原因，是指不受行为人意志控制的足以制止行为人犯罪意图、迫使其不得不停止犯罪预备行为，不能继续实行犯罪的各种主客观因素。如果行为人自动放弃预备行为或者自动不着手实行犯罪，则不构成犯罪预备，而成立犯罪中止。

【案例分析】蒲某的行为属于抢劫罪的预备。本案中，蒲某尾随被害人并趁被害人不注意强行挤进房内，属于为抢劫犯罪制造方便条件的阶段，由于其意志以外的原因，尚未着手实施具体的抢劫行为，因此，其行为构成抢劫罪的预备，不构成犯罪未遂。

二、预备犯的处罚原则

《刑法》第22条第2款规定："对于预备犯，可以比照既遂犯从轻、减轻处罚或者免除处罚。"至于究竟是从轻处罚还是减轻或者免除处罚，在实务中主要考虑的情节有：犯罪预备行为是否已经完成；犯罪预备行为本身能否导致实行行为造成重大危害结果，如为了实施爆炸，准备了一卡车的炸药；犯罪预备行为所反映的行为人主观恶性的大小等。在使用罪名时，应在罪名后加括弧标明预备形态，如"抢劫罪（预备）"。

 **第四节 犯罪未遂**

【案例】

1. 罗某（女）为了达到与其情夫结婚的目的，产生了杀死其丈夫刘某的念头。某日，罗某到集市上买来毒药并投放到刘某的酒中，并为刘某炒了菜，让刘某喝酒。刘某将酒喝光，但并未死，后来得知毒药已失效。问：罗某的行为属于犯罪的何种形态？

2. 某县连续发生数起拦路强奸案，均未能破获。为此，县公安局派公安人员杨某男扮女装，诱捕犯罪分子。某日晚，叶某正准备去农机厂盗窃废铁，途中遇到杨某，即起强奸之念。叶从后面扑上去，掐住杨的脖子，手解裤带，欲行强奸。杨转身抓叶，叶将杨的假发抓掉，发现是个男的，便脱身逃跑，被巡逻的公安人员抓获。问：叶某的行为属于犯罪的何种形态？

一、犯罪未遂的概念和特征

《刑法》第23条第1款规定："已经着手实行犯罪，由于犯罪分子意志以外的原因而未得逞的，是犯罪未遂。"据此，犯罪未遂，是指行为人已经着手实行犯罪，由于其意志以外的原因而未能完成犯罪的一种犯罪形态。犯罪未遂具有三个特征：

（一）行为人已经着手实行犯罪

这一特征是区分犯罪预备与犯罪未遂的重要标志。所谓"着手"，是指动手、开始做某事的意思，即行为人已经开始实施刑法分则条文规定的具体犯罪的实行行为。如何确定"着手"，在实践中是个比较困难的问题。因为犯罪是一种极为复杂的社会现象，不同的犯罪或同一种犯罪采用的方式不同，着手的表现形式和内容也各种各样，并没有一个固定不变的模式。具体认定某一犯罪是否着手，只能根据刑法分则条文对具体犯罪实行行为的规定和具体案件的特点，作具体分析判断。实务中，正确判断着手实行犯罪，可从以下四个方面把握：

1. 实行行为已能够比较明显地反映出行为人的犯罪意图。着手犯罪是以行为人具有犯罪意图为前提的，如同是擦燃火柴，既可以用于点燃香烟，也可以用来放火，只有为了放火而擦燃火柴的行为，才是放火罪的"着手"。

2. 实行行为实际接触或者接近犯罪对象。例如，举刀或者用枪对准被害人，就是已经着手实行故意伤害或故意杀人犯罪。相反，为杀人而准备凶器，就是尚未着手实行犯罪。

3. 实行行为对犯罪的直接客体造成了直接威胁。如撬保险柜的门锁，就对保险柜里的财物构成了直接的威胁，如果没有这种实际威胁，即使已经接触或者接近犯罪对象，也不能认为是"着手"，如站在保险柜前观察、思考如何打开保险柜。

4. 实行行为能够直接引起危害后果的发生。有些实行行为虽然还没有直接

接触犯罪对象，但只要能够直接对犯罪客体造成危害结果，就应认为是已经着
手实行犯罪。如行为人将毒物放入被害人食物内的行为，就有可能发生被害人
死亡结果，这样的行为就是"着手"。

（二）犯罪未得逞

这一特征是区分犯罪未遂与犯罪既遂的重要标志。所谓犯罪未得逞，是指
犯罪行为没有完全符合刑法分则规定的特定犯罪的全部构成要件，也就是犯罪
没有完成。这里需要注意两个问题：一是不能把犯罪未得逞简单地理解为没有
达到犯罪目的或者没有发生危害结果。有些犯罪既遂的成立，并不要求行为人
实现了犯罪目的或者发生了实际危害结果，如行为犯和危险犯。二是犯罪未得
逞不等于没有发生任何损害结果。如杀人时遭到被害人反抗或者别人的制止，
没有把人杀死，但把被害人砍成了重伤。

（三）犯罪未得逞是由于犯罪分子意志以外的原因所致

这一特征是犯罪未遂区别于犯罪中止的基本标志。所谓意志以外的原因，
是指违背行为人的犯罪意志、并足以阻止犯罪行为达到既遂状态的各种主客观
因素。这些因素与犯罪人的主观愿望相违背，与犯罪行为的发展进程相冲突。
实务中主要包括以下情况：一是行为人意志以外的客观原因。如遭遇被害人的
强烈反抗，遭遇第三人的制止，被害人的有效逃避，自然力的破坏，犯罪的时
间、地点不适于犯罪，遇到难以克服的物质障碍等。二是行为人自身的客观原
因。如行为人智能低下，缺乏犯罪经验或犯罪技术拙劣，致使其未能完成犯罪，
犯罪时突遇病变，体力不支，致使犯罪活动无法继续进行等。三是行为人主观
上的认识错误。即对客观外界事物的不正确认识使其行为未能达到既遂状态，
包括对犯罪对象的认识错误，对犯罪工具的认识错误，对犯罪因果关系的认识
错误，对犯罪时周围客观环境的认识错误等。

二、犯罪未遂的类型

刑法理论上，根据犯罪未遂的特征和犯罪未遂的原因，将犯罪未遂分为以
下类型：

（一）实行终了的未遂与未实行终了的未遂

这是以犯罪的实行行为是否实行终了为标准所作的划分。

实行终了的未遂，是指行为人已经着手实行刑法分则规定的特定犯罪构成
客观要件的行为，并且自认为已经将实现犯罪意图所必需的全部行为实施完毕，
但由于其意志以外的原因而未得逞。例如，行为人持枪向被害人射击，被害人
应声倒地，行为人误以为被害人已经中弹死亡，持枪逃离犯罪现场，其实被害
人只是受伤，并未死亡。

【案例1分析】罗某的行为属于犯罪未遂。本案中，当罗某将毒药投放到刘

某的酒中以后，其投毒杀人的行为已实施完毕，之所以未能将其丈夫杀死，是因为毒药已失效，这出乎罗某意料之外。罗某的犯罪未遂在刑法理论上称为实行终了的未遂。

未实行终了的未遂，是指行为人已经着手实施刑法分则规定的特定犯罪构成客观要件的行为，但由于意志以外的原因，使其尚未将他认为实现犯罪意图所必需的全都行为实行完毕，因而犯罪未得逞。

【案例 2 分析】 叶某的行为属于犯罪未遂。当叶某从后面扑上去，掐住杨的脖子，手解裤带，已属强奸犯罪的着手实施。但在继续犯罪的过程中，叶某发现杨某是男性，出乎他的意料，自然没有办法将强奸行为继续进行下去。叶某的这种情况，在刑法理论上称为未实行终了的未遂。

一般说来，实行终了的未遂较之于未实行终了的未遂更接近于完成犯罪，因而具有更大的社会危害性。根据罪责刑相适应原则，在案件其他情况相同的前提下，对实行终了的未遂的处罚一般应重于未实行终了的未遂。

（二）能犯未遂与不能犯未遂

这是以犯罪行为实际上能否达到既遂为标准所作的划分。

能犯未遂，是指犯罪行为实际有可能达到既遂，但由于行为人意志以外的原因而未能达到既遂状态。例如，甲男因有外遇，蓄意除掉发妻另结新欢，遂将足量灭鼠药掺入其妻的饭食中，其妻在吃饭时感觉饭中有异味，便将饭食全部倒掉。甲男的行为客观上可能导致其妻中毒死亡，只是由于其妻警觉而未能得逞，甲男的行为属于能犯未遂。

不能犯未遂，是指行为人已经着手实行犯罪，但由于对行为事实的认识错误而根本不可能达到既遂状态。它包括工具不能犯未遂和对象不能犯未遂两种。工具不能犯未遂，是指行为人由于认识错误而使用了按其客观性质不能实现犯罪意图、不能达到既遂状态的犯罪工具，以致犯罪未遂。如【案例 1】中罗某的行为就属于工具不能犯未遂。对象不能犯未遂，是指行为人由于认识错误而针对本不存在的犯罪对象实施了犯罪行为，因而未能达到既遂状态。如【案例 2】中叶某的行为就属于对象不能犯未遂。另外，要将不能犯未遂与迷信犯加以区别。迷信犯，是指行为人由于愚昧无知，企图使用迷信方法实现自己意图的危害结果。迷信行为是违背客观规律的，在任何情况下都不可能产生危害结果，因而不是犯罪。

不能犯未遂毕竟不存在发生危害结果的实际危险，其社会危害性显然小于能犯未遂，在案件其他情况相同的前提下，对不能犯未遂的处罚一般应轻于能犯未遂。

三、未遂犯的处罚原则

《刑法》第 23 条第 2 款规定："对于未遂犯，可以比照既遂犯从轻或者减轻处罚。"由于未遂犯不是独立罪名，没有独立的法定刑，而且其社会危害性一般要比既遂犯小，因而可以比照既遂犯从宽处罚。

 第五节 犯罪中止

【案例】

1. 李某（男）乘邻居陈某（女）一人在家，闯进陈家并锁上房门，提出和陈发生性关系。陈不同意，李即按住陈的双手，骑在陈的身上。陈在反抗中抓破李的脖子，李把陈的裤子扯到臀部以下，欲行强奸。陈急中生智说："俺小姑子一会儿要来。"并看了一下手表。李闻听，恐陈告发，就罢手起身，向陈赔礼后离开。问：李某的行为属于何种犯罪形态？

2. 甲因有了第三者，即觉得其妻乙已成累赘，便想毒死乙。一日，甲乘乙去厨房之时，将事先准备好的砒霜倒入乙吃饭的碗中，乙吃过含有砒霜的饭食后，腹痛难忍，全身抽搐，痛苦万分。甲见状后心中不忍，赶忙将乙送医院抢救。经医院抢救，乙转危为安。问：甲的行为属于何种犯罪形态？

一、犯罪中止的概念和特征

《刑法》第24条第1款规定："在犯罪过程中，自动放弃犯罪或者自动有效地防止犯罪结果发生的，是犯罪中止。"据此，犯罪中止是指在犯罪过程中，行为人自动放弃犯罪或者自动有效地防止犯罪结果发生，而未完成犯罪的一种犯罪形态。我国刑法理论上把犯罪中止分为未实行终了的犯罪中止和实行终了的犯罪中止两种类型。

（一）未实行终了的犯罪中止的特征

未实行终了的犯罪中止，是指行为人在犯罪过程中自动放弃犯罪而成立的犯罪形态。它具备以下三个特征：

1. 时空性，犯罪中止必须发生在犯罪过程中。这是成立犯罪中止的前提条件。犯罪中止必须发生在犯罪预备行为开始实施至犯罪既遂之前的时间内，且犯罪又处于运动过程中而尚未形成任何停止形态。这个犯罪过程，包括预备犯罪过程、实行犯罪的过程、实现行为终了但法定的危害结果没有发生前的过程。如果犯罪在发展过程中已由于行为人意志以外的原因而停止，则属于犯罪预备或犯罪未遂，而不可能成立犯罪中止。如果犯罪已经达到既遂形态，则行为人

不可能再中止犯罪。即使行为人在犯罪既遂后又自动恢复原状或主动赔偿损失，也不能认为是犯罪中止。

2. 自动性，必须是自动放弃犯罪。这是成立犯罪中止的实质性条件，也是犯罪中止与犯罪预备、犯罪未遂的根本区别所在。自动放弃犯罪，是指行为人出于自己的意志而放弃了自认为可以继续实施和完成的犯罪。犯罪中止的自动性有两层含义：

（1）必须是行为人自认为能够继续实施并完成犯罪。只要行为人主观上认为当时有能力和条件继续实施并完成犯罪，并在此主观认识前提下自动放弃犯罪，不论客观上是否能够继续实施该犯罪行为，均不影响对行为人自动放弃犯罪的认定。例如，甲潜入财务室欲打开保险柜窃取现金，其实保险柜里根本没有现金，但甲不知道这一情况，以为只要打开柜子就可以拿到钱。但正在撬保险柜时，突然担心罪行败露，遂停止了盗窃行为。甲仍属于自动放弃犯罪。如果客观上能够完成犯罪，但行为人主观上却误认为不可能继续实施和完成，因而停止犯罪的，就不属于自动放弃犯罪。

（2）必须是出于行为人本人的意志而自动放弃犯罪。就是说，行为人在自认为可以继续实施和完成犯罪的情况下，自愿作出停止犯罪的决定。在主观上表现为自愿放弃继续犯罪的意图；在客观上表现为停止和放弃犯罪的继续实施与完成。

行为人自动中止犯罪的动机具有多样性，有的是出于真诚悔悟，不愿继续犯罪；有的是由于他人的规劝、教育或斥责，思想起了变化；有的是基于对被害人的同情或怜悯；有的是慑于法律的威力，担心被惩处；有的是为了争取宽大处理；有的是遇到了对完成犯罪有轻微不利的客观因素，等等。这些不同的因素只是反映了行为人中止犯罪的不同悔悟程度，而并不影响犯罪中止的成立。

3. 彻底性，彻底放弃了原来的犯罪。彻底放弃犯罪，是指行为人彻底打消了继续并完成犯罪的念头，彻底放弃实施自认为可以继续实施并完成的犯罪行为。彻底放弃犯罪的特征要求，犯罪中止应当是彻底的、无条件的，而不是因条件、时机不成熟或者环境不利而暂时中断犯罪。但是，犯罪中止又不是苛求行为人保证从此以后再不犯任何罪行，而只是要求行为人彻底放弃实施正在预备或实行的特定犯罪行为。

【案例1分析】李某的行为属于强奸罪的中止形态。本案中，李某在实施强奸犯罪的过程中，之所以停止犯罪的继续实施，并非出现了意志以外的原因而不得不放弃犯罪。陈说："俺小姑子一会儿要来。"并不足于阻止李某继续实施强奸行为，而是因为怕告发而起身作罢，主动停止了犯罪，属于未实行终了的犯罪中止。

（二）实行终了的犯罪中止的特征

实行终了的犯罪中止，是指行为人在实行行为终了以后，出于本意而以积极有效的行为阻止了既遂之犯罪结果的发生。实行终了的犯罪中止的成立，除了要具备未实行终了的犯罪中止的时空性、自动性、彻底性外，还要求具备"有效性"的特征。这里的"有效性"，是指在实行行为实行终了、犯罪结果尚未发生的特定场合，行为人自动采取积极行动实际有效地阻止了犯罪结果的发生。

【案例2分析】甲的行为属于杀人罪的中止形态。本案中，甲的投毒杀人行为已经实施完毕，但是，在乙死亡的结果发生之前，看到其妻服毒后痛苦万分，心中不忍，积极主动地将乙送往医院抢救，使其转危为安，有效地防止了死亡结果的发生，属于实行终了的犯罪中止。

如果行为人虽有意停止犯罪并采取了防止犯罪结果发生的措施，但未能够有效地阻止犯罪结果发生的，则不成立犯罪中止。如甲出于杀人的目的将乙刺倒在地，甲见乙痛苦不堪的样子，就将其送往医院抢救，但乙由于失血过多，经抢救无效死亡。本案中，甲的行为应认定为犯罪既遂而不是犯罪中止。另外，如果行为人虽然采取了防止犯罪结果发生的措施，事实上犯罪结果也没有发生，但没有发生是由于其他原因所致，而不是行为人所采取的措施起的作用，则不能成立犯罪中止，而是犯罪未遂。

二、中止犯的处罚原则

《刑法》第24条第2款规定："对于中止犯，没有造成损害的，应当免除处罚；造成损害的，应当减轻处罚。"是否造成损害结果，是对中止犯予以不同从宽处罚的依据。这里的"造成损害"，是指行为人的犯罪行为所造成的损害小于法定犯罪结果。

本章小结

故意犯罪形态是故意犯罪在其产生、发展和完成的过程及阶段中，因主客观原因而停止下来的各种犯罪状态。犯罪的完成形态即犯罪既遂，是指行为人故意实施的行为已经具备了刑法分则所规定的某种犯罪的全部构成要件，它包括结果犯、行为犯、危险犯和举动犯四种类型。犯罪未完成形态包括犯罪预备、犯罪未遂和犯罪中止形态。为了犯罪，准备工具、制造条件的，是犯罪预备。对于预备犯，可以比照既遂犯从轻、减轻或者免除处罚。已着手实行犯罪，由于犯罪分子意志以外的原因而未得逞的，是犯罪未遂。对于未遂犯，可以比照既遂犯从轻或者减轻处罚。在犯罪过程中，自动放弃犯罪或者自动有效地防止犯罪结果发生的，是犯罪中止。对于中止犯，没有造成损害的，应当免除处罚；造成损害的，应当减轻处罚。犯罪预备与犯罪未遂的主要区别在于是否已经着手实行犯罪；犯罪预备、犯罪未遂与犯罪中止的主要区别在于是否自动停止犯

罪；犯罪未遂与犯罪既遂的主要区别在于犯罪是否得逞。

思考练习

　　1. 如何理解犯罪既遂的认定标准？

　　2. 简述犯罪预备、犯罪未遂、犯罪中止的特征和处罚原则。

　　3. 如何理解"已经着手实行犯罪"？

　　4. 犯罪未遂有哪些类型？

　　5. 试比较犯罪预备与犯意表示的区别。

　　6. 犯罪中止与犯罪未遂之间有哪些区别？

实务训练

　　1. 马某持刀往仇人乙的住所，欲杀害乙。到达乙居住地附近，发现周围停有多辆警车，并有警察在活动，感到无法下手，遂返回。

　　问：马某的行为属于何种犯罪停止形态？

　　2. 宣某（男）与薛某（女）长期通奸。宣某为达到与薛某结婚的目的，与薛某共同谋害其丈夫赵某。宣某提出由他提供毒药，由薛某趁吃饭时，把毒药放入赵某碗内，将赵某毒死。薛某虽然同意，并已把宣某提供的毒药准备好，但她有一个 3 岁女孩，顾虑会把孩子毒死，便没有按约定的办法实施毒杀行为。后宣某要继续和薛某通奸遭到拒绝，薛某便揭发了宣某上述罪行。

　　问：宣某和薛某的行为属于何种犯罪停止形态？并说明理由。（提示：从二人是否已经着手实行犯罪以及停止实行犯罪的原因是否相同的方面把握。）

　　3. 刘某欲去某仓库行窃，并事先去仓库周围"踩道"，决定行窃及逃跑路线。某夜，刘某按照预先观察好的路线进入仓库行窃，在搬东西时，碰翻了堆放在仓库中的水桶，水桶发出巨大响声。刘某大恐，急忙逃走。

　　问：刘某的行为是犯罪中止还是犯罪未遂？并说明理由。（提示："水桶发出巨大响声"这种意志以外的原因是否足以阻止刘某继续行窃，是本案定性的关键。）

　　4. 甲因有外遇而喜新厌旧，欲与妻子某乙离婚，但乙坚决不同意。于是，甲在乙的茶杯里投放毒药后就离开了家。乙饮用毒茶后，疼痛难忍，大声地喊"救命"

　　问：（1）如果甲感到人命关天，法网难逃，立即将乙送往医院抢救，经抢救乙幸免未死，则甲的行为属于哪种犯罪形态？为什么？

　　（2）如果甲虽然将乙送往医院抢救，但由于药性已发作，抢救无效导致乙死亡，则甲的行为是属于哪种犯罪形态？为什么？

（3）如果甲赶回家打算送乙去医院抢救，但乙已被邻居送去医院抢救而脱险，则甲的行为属于哪种犯罪形态？为什么？

第九章 拓展学习

第十章 共同犯罪形态

目标任务

　　了解任意共犯与必要共犯、事前共犯与事中共犯、简单共犯与复杂共犯以及一般共犯与特殊同犯的含义，理解不构成共同犯罪的主要情形；掌握共同犯罪的概念与成立条件、犯罪集团的概念与成立条件、共同犯罪人的分类及其刑事责任。能够运用共同犯罪的原理分析和解决实际问题。

 **第一节   共同犯罪概述**

【案例】

　　甲与乙共谋盗窃汽车，甲将盗车所需的钥匙交给乙。但甲后来向乙表明放弃犯罪之意，让乙还回钥匙。乙对甲说："你等几分钟，我用你的钥匙配制一把钥匙后再还给你"，甲要回了自己原来提供的钥匙。后乙利用自己配制的钥匙盗窃了汽车（价值5万元）。问：甲与乙是否构成盗窃罪（既遂）的共犯？

一、共同犯罪的概念

　　共同犯罪简称"共犯"。《刑法》第25条第1款规定："共同犯罪是指二人以上共同故意犯罪。"

　　共同犯罪是相对于单个人犯罪的一种特殊犯罪形式，它具有以下特点：一是共同犯罪的主客观统一性。共同犯罪要求二人以上既有共同故意，又有共同行为，而且二者之间具有统一关系。二是共同犯罪的整体性。共同犯罪是二人以上在共同故意支配下实施犯罪行为形成的一个整体，而不是个人行为的简单相加。三是共同犯罪类型、共同犯罪人的差异性。

二、共同犯罪的成立条件

　　根据我国刑法的规定，成立共同犯罪必须同时具备三个条件：

（一）犯罪主体要件：必须为二人以上

"二人以上"即两个以上符合犯罪主体要件的人，主要包括两个以上的自然人、两个以上单位、自然人与单位之间所构成的共同犯罪等情形。在理解共同犯罪的主体要件时应注意以下问题：

1. 一个具有刑事责任能力的人利用一个无刑事责任能力的人去实施刑法禁止的行为，不成立共同犯罪。在这种情况下，应当把利用者作为实行犯来处理，这在刑法理论上称为"间接正犯"。

2. 一般主体与特殊主体可以构成共同犯罪。就是说，不具有特殊身份的人与具有特殊身份的人共同故意实施以特殊身份为构成要件的犯罪时，可以构成共同犯罪。例如，贪污罪的构成要求主体必须是国家工作人员，若非国家工作人员教唆、帮助国家工作人员贪污的，与实施贪污行为的国家工作人员一起成立贪污罪的共同犯罪。

（二）犯罪客观方面要件：必须有共同犯罪行为

共同犯罪行为，是指各犯罪人为了追求同一犯罪结果、完成同一犯罪而实施的彼此联系、互相配合的犯罪行为。具体应从以下方面理解：

1. 各共犯人都实施了属于同一犯罪构成要件的行为。

2. 各共犯人所实施的行为在共同故意支配下，指向或围绕同一犯罪目标，相互配合、互为条件，形成一个有机的犯罪活动整体。即各个共同犯罪人的行为尽管在具体分工和表现形式上有所不同，但他们之间并不是孤立的，而是由一个共同的犯罪目标将他们的单个行为联系在一起，其中每个人的行为都是这个整体行为的必要组成部分。

3. 共同犯罪行为的表现形式和共同犯罪人之间的分工对认定共同犯罪没有影响。共同犯罪行为有三种表现形式，即共同作为、共同不作为以及作为与不作为的结合。根据行为人之间的分工情况，共同犯罪行为可以分为以下两类：

（1）没有分工的共同犯罪行为。即各共同犯罪人均直接实施刑法分则具体犯罪构成客观方面的行为，都是实行犯，刑法理论上称之为"共同正犯"。

（2）存在分工的共同犯罪行为，包括实行行为、教唆行为、组织行为和帮助行为。即各共同犯罪人不都直接实施刑法分则规定的具体的犯罪实行行为，而是由一部分人实施实行行为，另一部分人实施教唆行为、组织行为或者帮助行为。应当指出，共同犯罪行为既包括共同实行行为，也包括共同预备行为，还包括预备行为和实行行为的结合。因此，仅仅参与犯罪预备行为，而未参与犯罪实行行为，同样属于共同犯罪行为。

4. 共同犯罪行为与犯罪结果之间具有因果关系。在发生了犯罪结果的情况下，各共同犯罪人的行为作为一个整体与犯罪结果之间具有因果关系，因而也可以肯定每个人的行为与犯罪结果之间具有因果关系。换句话说，只要共同犯罪人中的一个人的实行行为导致了犯罪结果的发生，全体共同犯罪人都应对该犯罪结果承担刑事责任。例如，甲、乙约定杀害丙，两人同时向丙开枪，结果甲的子弹出现偏差没有击中丙，乙的子弹击中丙，导致丙死亡。在该案中，甲、乙共同对丙的死亡承担故意杀人罪既遂的刑事责任。

（三）犯罪主观方面要件：必须有共同故意

所谓共同故意，是指各行为人通过意思联络，明知自己与他人共同实施犯罪行为会发生危害社会的结果，并且希望或者放任这种危害结果发生的心理态度。因此，"共同故意"包括相同（同一性质）的犯罪故意和意思联络。

共同犯罪故意在认识因素方面包括以下内容：①各共同犯罪人在主观上相互沟通，彼此联络，都认识到自己是在和他人一起实施某种犯罪，即具有意思联络；②各共同犯罪人都明知自己行为和共同行为的性质及其危害结果；③各共同犯罪人都认识到共同犯罪行为与共同犯罪结果之间的因果关系。

共同犯罪故意在意志因素方面，不仅是各共犯人是经过自己的自由选择而决意与他人共同协力实施犯罪，而且对他们的共同犯罪行为会发生犯罪结果都是持希望或放任的心理态度。

共同犯罪故意的类型包括三种组合形式：一是共同直接故意；二是共同间接故意；三是直接故意和间接故意相组合的共同犯罪故意。例如，甲乙共谋放火烧丙家的房子，二人明知丙的 2 岁孩子在屋内，可能被烧死，但仍然放火，其中甲希望丙的孩子被烧死，而乙持放任的态度。这就属于第三者组合。

【案例分析】甲与乙成立盗窃罪（既遂）的共犯。依照刑法理论的通说，就共同正犯而言，当所有正犯者都自动中止犯罪时，均成立中止犯。共同正犯中的一部分正犯自动停止犯罪，并阻止其他正犯实行犯罪或防止结果发生时，这部分正犯就是中止犯；其他没有自动中止意图与中止行为的正犯，则是未遂犯。如果共同正犯中的部分正犯中止自己的行为，但其他正犯的行为导致结果发生时，均不成立中止犯，而应成立既遂犯。因为共同正犯者之间具有相互利用、相互补充的关系，形成一个有机整体，即使中止了自己的行为，也不能认为中止了犯罪。因此对共同正犯采用部分实行全部责任的原则，行为人不仅要对自己的行为及结果负责，还要对其他共同犯罪人的行为及其结果负责。本案中，甲虽然表示放弃犯罪，但并没有有效阻止乙实施盗窃行为。既然乙的盗窃犯罪已经既遂，甲理当对犯罪既遂承担刑事责任。

三、不构成共同犯罪的主要情形

1. 二人以上共同过失行为，不构成共同犯罪。《刑法》第 25 条第 2 款规定："二人以上共同过失犯罪，不以共同犯罪论处；应当负刑事责任的，按照他们所

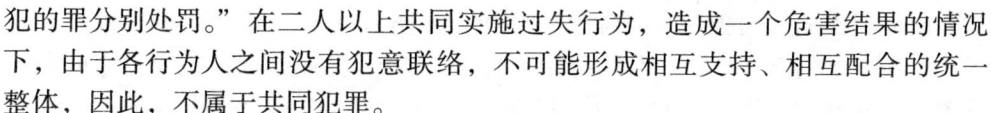

犯的罪分别处罚。"在二人以上共同实施过失行为，造成一个危害结果的情况下，由于各行为人之间没有犯意联络，不可能形成相互支持、相互配合的统一整体，因此，不属于共同犯罪。

2. 一方故意与一方过失行为共同造成危害结果的，不构成共同犯罪。例如，看守所值班武警擅离职守，重大案犯乘机脱逃。前者为过失，后者为故意，客观上虽然有一定的联系，但缺少共同犯罪故意，所以不成立共犯。

3. 同时犯，不构成共同犯罪。同时犯，是指二人以上没有共同实行犯罪的意思联络，而是在同一时间同一场所实施同一性质的犯罪。

4. 故意内容不同的，不构成共同犯罪。例如，甲、乙同时加害丙，甲出于伤害故意，乙则出于杀人故意，甲、乙就不是共同犯罪。如果造成死亡结果，对甲、乙应分别以故意伤害罪和故意杀人罪论处。如果事先预谋的，则仅就预谋的犯罪成立共犯。

5. 实行过限行为，不构成共同犯罪。具体是指在共同犯罪过程中，有的行为人超出了共同故意的范围，单独地实施其他犯罪，由于其他行为人对此缺乏共同故意，只能由实施该种犯罪的行为人单独承担刑事责任。例如，甲、乙共同盗窃，甲在外面放风，乙入室行窃时，见一女孩熟睡，将该女孩强奸，后窃取财物和甲离开。本案甲、乙只就盗窃罪构成共犯，而对强奸罪不成立共犯，应由乙单独负刑事责任。

6. 事前无通谋的事后帮助行为，不构成共同犯罪。事前无通谋的事后帮助行为，主要是指事后窝藏、包庇以及掩饰、隐瞒犯罪所得及其产生的收益的行为。这种"事后帮助行为"应分别成立窝藏、包庇罪，掩饰、隐瞒犯罪所得、犯罪所得收益罪或者洗钱罪等。如果事前通谋的，则应以共同犯罪论处。

四、共同犯罪的形式

共同犯罪的形式即共同犯罪的结构，是指各共同犯罪人的故意犯罪行为之间相互联系、相互作用的方式。我国刑法理论通常将共同犯罪区分为四类八种：

（一）任意共同犯罪与必要共同犯罪

这是以共同犯罪能否任意构成为标准所作的划分。

任意共同犯罪，是指刑法分则规定的一人能够单独实施的犯罪由二人以上共同故意实施时所成立的共同犯罪。如故意杀人罪、盗窃罪等。

必要共同犯罪，是指刑法分则规定必须由二人以上共同实施才能构成的犯罪。我国刑法中的必要共犯主要有两种：一是聚众共同犯罪，如《刑法》第317条规定的聚众持械劫狱罪。二是集团共同犯罪，如《刑法》第294条规定的组织、领导、参加黑社会性质组织罪。

（二）事前通谋的共同犯罪与事前无通谋的共同犯罪

这是以共同故意形成的时间为标准所作的划分。

事先通谋的共同犯罪，简称事前共犯，是指各共犯人的共同犯罪故意在着手实行犯罪之前已经形成的共同犯罪。所谓"通谋"，是指共同犯罪人之间犯罪意图的互相联络、沟通。它可以是口头形式的，也可以是书面形式的；可以是全面的谋划，也可以是简单的表态。共同预谋而未共同实施的，同样构成共同犯罪。

事前无通谋的共同犯罪，简称事中共犯，是指共同犯罪故意是在刚着手实行犯罪或者实行犯罪的过程中形成的共同犯罪。例如，甲拦路抢劫，被害人乙反抗，适逢甲的朋友丙从对面过来，甲呼喊丙帮忙，于是甲、丙两人一起抱住乙并抢走其财物。甲、丙即为事中共犯。如果先行为人已实施一部分实行行为后，后行为人以共同犯罪的意思参与实行或者提供帮助，则叫承继的共同犯罪。后行为人就其参与后的行为与先行为人构成共同犯罪。

（三）简单共同犯罪与复杂共同犯罪

这是以共同犯罪人之间有无分工为标准所作的划分。

简单共同犯罪，在理论上又称共同正犯，是指各共犯人都直接实行某一具体犯罪客观方面行为（实行行为）的共同犯罪，各共犯人都是实行犯。如甲、乙两人共同故意持凶器刺杀丙。对简单共犯追究刑事责任应遵循以下原则：①部分实行全部责任的原则。如甲、乙共同开枪射击丙，甲射中而乙未射中，致丙死亡，乙也应负杀人既遂的责任。②区别对待原则。对各共犯人应当根据他们在共同犯罪中所起作用的大小，分清主犯、从犯与胁从犯，依照刑法的有关规定予以处罚。③罪责自负原则。各共犯人只能对共同故意实行的犯罪承担责任，对他人超出共同故意实行的犯罪不承担刑事责任。

复杂共同犯罪，是指各共同犯罪人之间存在着实行行为与非实行行为分工的共同犯罪。即各共犯人有的实施实行行为，而有的实施教唆行为、组织行为或者帮助行为等。组织行为是指对整个犯罪活动予以组织、策划、指挥和领导的行为。教唆行为是指唆使他人产生犯罪意图的行为；帮助行为是指对犯罪的实施、完成和保持犯罪后的不法状态，提供物质和精神上的帮助的行为。对于复杂共犯，应按各共犯人所起的作用大小分别处罚。

（四）一般共同犯罪与特殊共同犯罪

这是以共同犯罪有无组织形式为标准所作的划分。

一般共同犯罪，是指没有特殊组织形式的共同犯罪。其特点是，共同犯罪人一般为实施某种特定犯罪而临时结合，且结合程度上比较松散，一旦犯罪完成，其犯罪联盟就不复存在。

特殊共同犯罪，是指有组织的共同犯罪，即"犯罪集团"。《刑法》第26条第2款："三人以上为共同实施犯罪而组成的较为固定的犯罪组织，是犯罪集团。"犯罪集团一般具有以下特征：①人数较多，即必须是 3 人以上。②具有一定的组织性。所谓组织性，主要是指成员较为固定，且内部存在着领导与被领导的关系。其中有首要分子，有骨干分子，还有一般成员。犯罪人之间通过成文或不成文的律规维系在一起。组织性是犯罪集团最本质的特征。③犯罪目的明确。即犯罪集团是以多次实施某种或某几种犯罪为目的而组成的。应当指出，实施多次犯罪，仅是他们的目的，即使没有来得及实施或者只实施了一次犯罪，也不影响犯罪集团的成立。④具有一定的稳定性。即各共犯人是为了在较长时间内多次实施犯罪活动而结合起来的，在实施一次犯罪后，其间的相互关系和组织形式仍然存在，而不是实施一次犯罪就散伙。

第二节　共同犯罪人的种类及其刑事责任

【案例】

1. 甲在某市组织成立了一个盗窃犯罪集团。一天，甲指使手下乙和丙去街上扒窃。乙和丙在扒窃过程中被失主丁发现。因丁大声呼叫，乙和丙逃离了现场。乙和丙因对扒窃的失败感到十分恼火，产生了报复丁的念头。随后，乙和丙尾随丁至偏僻无人处将丁捅伤，抢走其身上财物。问：对乙和丙报复伤害丁的行为，甲是否应承担刑事责任？

2. 贺某欲强奸本单位后勤部女职员彭某，向其好友齐某流露出要求协助，齐某提醒，"都是熟人，不太好办"。贺某说："我带上你的匕首，吓一吓她就行了。"齐某表示同意，随即从床下取出匕首交给贺某。当晚10 时许，贺某潜入彭某卧室，持匕首将彭某强奸。奸后怕罪行败露，贺某又用匕首把彭某杀死。问：贺某、齐某是否成立共同犯罪？如何处罚？

3. 甲（17 周岁）与乙（16 周岁）在一住宅楼前闲坐，见女学生刘某、张某在马路上行走，甲说："我一瞧这俩女生就不舒服、就来气。"乙听后便激起流氓心理，用手中弹弓向刘某、张某 2 人射石子，结果，打中刘某的左眼，致刘某左眼失明。问：甲是否成立教唆犯？

我国刑法以共同犯罪人在共同犯罪中所起的作用为主，同时兼顾共同犯罪人的分工情况，将共同犯罪人分为主犯、从犯、胁从犯和教唆犯。

一、主犯及其刑事责任

（一）主犯的概念和种类

《刑法》第 26 条第 1 款规定："组织、领导犯罪集团进行犯罪活动或者在共同犯罪中起主要作用的，是主犯。"据此，主犯分为以下两类：

1. 犯罪集团的首要分子，即组织、领导犯罪集团进行犯罪活动的犯罪分子。"组织"主要是指为首纠集、串联他人组成犯罪集团，使集团成员固定或基本固定。"领导"就是策划、指挥犯罪集团进行犯罪活动，通常是为犯罪集团的犯罪活动出谋划策、作出决定，主持制定犯罪活动计划，指使、安排、调配犯罪集团成员的犯罪活动等。

2. 一般主犯，即在共同犯罪中起主要作用的犯罪分子。这里的"主要作用"，是指对共同犯罪的形成、实施与完成起决定或者重要作用的犯罪分子。是否起主要作用，应当从主客观方面进行综合分析认定。这类主犯具体又可分为以下几种：

（1）犯罪集团中除首要分子以外的其他起主要作用的犯罪分子，即犯罪集团的骨干分子。这里所说的"起主要作用"，主要表现为积极参加犯罪集团，进行犯罪活动特别活跃，或者在犯罪集团中直接实行犯罪，罪行重大等。

（2）在一般共同犯罪中起主要作用的犯罪分子。这主要是指在一般共同犯罪中起主要作用的实行犯，具体表现为：在共同犯罪中直接造成严重危害结果，积极献计献策，在完成共同犯罪中起关键作用，在共同犯罪中罪行重大或者情节特别严重等。

（3）聚众性犯罪中的首要分子，即在聚众犯罪中起组织、策划、指挥作用的犯罪分子。应当注意，我国刑法分则所规定的聚众犯罪，有的属于共同犯罪，有的则不是共同犯罪。因此在聚众犯罪并不构成共同犯罪的情况下，就不存在主犯与从犯之分，其中的首要分子当然无所谓主犯。

在共同犯罪中，主犯可能是一个，也可能是多个。因此在认定时，只要符合主犯特征，不论数量多少，都应按主犯论处。在有的共同犯罪案件中，各共犯人的情况大体相同，难以分清主犯、从犯的，那就不必强求划分。

（二）主犯的刑事责任

1. 犯罪集团首要分子的刑事责任。《刑法》第 26 条第 3 款规定："对组织、领导犯罪集团的首要分子，按照集团所犯的全部罪行处罚。""集团所犯的全部罪行"是指首要分子组织、领导的犯罪集团在预谋犯罪的范围内所犯的全部罪行。因此，即使个别成员实施的犯罪行为不是由首要分子直接指挥的，但只要属于集团预谋范围内的犯罪，首要分子也要承担刑事责任。对于集团个别成员超出集团犯罪计划（集团犯罪故意）范围所实施的罪行，首要分子不承担刑事责任。

2. 其他主犯的刑事责任。《刑法》第 26 条第 4 款规定："对于第 3 款规定以外的主犯，应当按照其所参与的或者组织、指挥的全部犯罪处罚。"据此，对犯罪集团首要分子以外的主犯，应区分两种情况处罚：一是对于没有从事组织、指挥活动但在共同犯罪中起主要作用的人，应按其参与的全部犯罪处罚。二是对于组织、指挥共同犯罪的人，应当按照其组织、指挥的全部犯罪处罚。需要指出的是，对于聚众犯罪，刑法分则均规定有独立的法定刑。

【案例1分析】甲组织成立盗窃犯罪集团，并进行领导和指挥，是犯罪集团的首要分子。如上所述，犯罪集团的首要分子只应对集团所犯的全部罪行承担刑事责任，而对集团成员超出集团预谋范围所实施的罪行，不承担刑事责任。本案中，甲只是指挥乙和丙去实施盗窃犯罪，而乙和丙报复伤害丁的行为是集团犯罪中的过限行为。对于乙和丙的过限行为，甲不承担刑事责任。

二、从犯及其刑事责任

《刑法》第27条第1款规定："在共同犯罪中起次要或者辅助作用的，是从犯。"据此，从犯分为以下两种：

1. 在共同犯罪中起次要作用的犯罪分子，即次要的实行犯。具体是指行为人虽然直接实行具体犯罪构成客观方面的行为，但在整个犯罪活动中所起作用小于主犯。通常表现为：在犯罪集团中，听从首要分子或者其他主犯的指挥，罪行较小或者情节不严重；在一般共同犯罪中，虽然直接参与实行犯罪，但所起作用不大，不能单独、直接地引起犯罪结果。

2. 在共同犯罪中起辅助作用的犯罪分子，即通常所说的帮助犯。所谓"辅助作用"，即行为人不直接实施具体犯罪构成客观方面的行为，而是为共同犯罪的预备、着手实行、完成和犯罪后的"善后"提供各种帮助、创造有利条件，辅助实行犯罪。主要表现为提供犯罪工具，排除犯罪障碍，指示犯罪地点或犯罪对象，打探和传递有利于实施犯罪的信息，为实行犯望风、事前通谋、事后隐匿犯罪嫌疑人或窝藏、销赃等。只要为他人实施犯罪提供了帮助，如事前提供万能钥匙、画现场结构图等，即使在实施犯罪时没有派上用场，或者客观上没能为他人犯罪提供实质的帮助，也不影响成为共犯。

我国对从犯的处罚采用的是必减原则。《刑法》第27条第2款规定："对于从犯，应当从轻、减轻处罚或者免除处罚。"至于对具体案件中的从犯是从轻、减轻抑或免除处罚，则应当综合考虑共同犯罪的性质、情节轻重、从犯的参与程度、对危害结果发生的作用大小等因素来决定。应当指出，我国刑法分则对有些共同犯罪中的从犯行为规定了相应的罪名，如《刑法》第358条规定了协助组织卖淫罪，对此就不再适用上述从犯的处罚原则。

【案例2分析】①贺某和齐某构成强奸罪，是强奸罪的共同犯罪。贺某具有强奸的故意并实施了强奸的行为，构成强奸罪；虽然齐某并没有实施强奸行为，但是齐某明知贺某实施强奸犯罪行为，仍然为其提供犯罪工具帮助，因而是强奸罪的共犯。②贺某还单独构成故意杀人罪。贺某为了灭口，故意杀害彭某，因此构成故意杀人罪。齐某与贺某既无杀人的共同故意，也没有共同的杀人行为，因此齐某不构成故意杀人罪的共犯。③对贺某应当以强奸罪和故意杀人罪实行并罚。④贺某在共同的强奸犯罪中是实行犯，而且起主要作用，是主犯，应当按照其参与的全部犯罪处罚；齐某在强奸犯罪中仅起辅助作用，是从犯，应当从轻、减轻或者免除处罚。

三、胁从犯及其刑事责任

胁从犯，是指被胁迫参加犯罪的人，即在他人威胁下不完全自愿地参加共同犯罪，并在共同犯罪中起较小作用的人。胁从犯具有以下特征：①行为人在受到胁迫时，并没有丧失意志自由，实施共同犯罪行为是受其意志支配的。所谓"胁迫"，是指通过暴力威胁或者精神强制，迫使被胁迫者屈从淫威，被迫参与共同犯罪。如以伤害其本人或家人相威胁，以暴露隐私、毁灭财产相要挟等。②在共同犯罪中所起作用较小。

在认定胁从犯时应注意以下问题：①被诱骗参加犯罪的，不是胁从犯。②将精神受强制和身体受强制的情况区别开。行为人在身体完全受强制、完全丧失意志自由或者符合紧急避险条件实施了某种行为的，不构成胁从犯。③胁从犯可以转化为主犯。就是说，行为人起先是被胁迫参加共同犯罪，但后来发生了变化，积极主动实施犯罪行为，在共同犯罪中起主要作用的，应认定为主犯。

根据《刑法》第28条的规定，对于胁从犯，应当按照他的犯罪情节减轻处罚或者免除处罚。其中的"情节"主要包括被胁迫的程度和在共同犯罪中所起的作用。

四、教唆犯及其刑事责任

（一）教唆犯的概念和成立条件

教唆犯，是指故意唆使他人实行犯罪的人。成立教唆犯，必须具备以下条件：

1. 对象条件。教唆对象具有限定性和特定性，即必须是具有刑事责任能力且未曾产生犯意的他人。可以是特定的一个人，也可以是特定的几个人。在特定情况下对众人进行煽动的，也可以认定是教唆行为。应当注意：①如果教唆的对象是无刑事责任能力的人，则不成立教唆犯，而是间接正犯。但如果行为人误以为无刑事责任能力人为有刑事责任能力人而教唆其犯罪，仍构成教唆犯。②行为人不知被教唆人已有犯罪意图而教唆其实施犯罪的，这属于认识错误，仍应按教唆行为处理。③行为人对已有犯意但尚在犹豫的人，用言辞激发，促使其下定实施犯罪的决心，也属于教唆行为。如果是对已经决意犯罪的人再用言辞鼓励，为其出谋划策，帮助促成犯罪的，该种行为应属于帮助性质，不成立教唆犯。

2. 客观条件。即在客观方面必须有教唆他人犯罪的行为。所谓"教唆"，就是使具有刑事责任能力没有犯罪故意的他人产生犯罪意图。对教唆行为应当从以下方面加以理解和把握：

（1）教唆行为的内容具有明确性，即必须是教唆他人实施较为特定的犯罪行为。让他人实施完全不特定的犯罪的，难以认定为教唆行为。教唆他人实施一般违法行为的，当然也不成立教唆犯。

（2）教唆行为的方式、方法具有多样性。既可以是口头教唆，也可以是书面教唆或网上教唆，还可以是通过打手势、使眼神等形体语言进行教唆。通常采用的教唆方法有指使、挑拨、激将、怂恿、嘱托、请求、命令、劝诱、收买、强迫等。

（3）教唆行为具有独立性。教唆行为对他人实施犯罪都是起着积极的作用，而不可能是消极的作用。行为人只要实施了教唆行为，就成立教唆犯。至于被教唆人有无接受教唆以及是否实施了所教唆的犯罪，均不影响教唆行为的成立。

（4）教唆行为的成立不要求行为人就具体犯罪的时间、地点、方法、手段等作出指示。例如，甲教唆赵某入户抢劫，赵某接受教唆后实施的是拦路抢劫。甲仍然成立教唆犯。

3. 主观条件。在主观方面必须有教唆他人犯罪的故意，即行为人明知自己的教唆行为会引起他人产生犯罪意图进而实施犯罪，并且希望或者放任他人去犯罪。如果行为人没有唆使他人犯罪的故意，仅仅是由于出言不慎，客观上引起了他人犯罪的意念，这属于过失教唆，不能认定为教唆犯。

【**案例 3 分析**】甲只是发泄对女学生刘某、张某的不满情绪，并没有教唆乙去伤害他人的故意，故甲不成立教唆犯，应当由乙单独负故意伤害罪的刑事责任。

（二）认定教唆犯时应注意的问题

1. 教唆犯本身不是一个独立的罪名。对于教唆犯，一般应按他所教唆之罪定罪，而不能笼统定教唆罪。

2. 教唆犯对"实行过限"的犯罪不承担责任。就是说，如果被教唆者对教唆的犯罪理解错误，实施了其他犯罪，或者在犯罪时超出了被教唆之罪的范围，则教唆犯对此不承担刑事责任。

3. 对于间接教唆的，也应按教唆犯处罚。行为人教唆他人实施犯罪，可以由本人直接进行教唆，也可以由第三者转达进行教唆，即间接教唆。间接教唆的，也成立教唆犯。

4. 注意把教唆犯与以教唆方法独立构成犯罪的情形区别开来。当刑法分则条文将教唆他人实施特定犯罪的行为规定为独立犯罪时，如某些煽动性犯罪、传授犯罪方法罪等，对教唆者不能依所教唆之罪定罪，也不再适用刑法总则关于教唆犯的规定。

（三）教唆犯的刑事责任

关于教唆犯的刑事责任，《刑法》第29条规定有以下三种情况：

1. 教唆他人犯罪的，应当按照他在共同犯罪中所起的作用处罚。这是指在被教唆者已经实施所教唆之罪，构成共同犯罪的情况下，对教唆犯应当适用的处罚原则。具体而言，如果教唆犯在共同犯罪中起主要作用的，则认定为主犯。教唆犯是他人犯罪意图的制造者，是引起犯罪的重要原因，没有教唆犯的教唆，他人就不会产生犯意并实行犯罪，因而教唆犯在共同犯罪中通常起主要作用，所以审判实践中对教唆犯一般都是按主犯处罚。如果在共同犯罪中起次要或辅助作用，如教唆他人帮助别人犯罪，教唆他人教唆别人犯罪等，则按从犯论处。

2. 教唆不满18周岁的人犯罪的，应当从重处罚。不满18周岁的未成年人尚处于身心发育的关键阶段，思想还不成熟，辨别是非能力差，容易接受教唆误入歧途。行为人选择不满18周岁的人作为教唆对象，说明其主观恶性深，且教唆行为本身的腐蚀性大，社会危害性严重，因此，对这种教唆犯理应从重处罚。

3. 如果被教唆的人没有犯被教唆的罪，对于教唆犯，可以从轻或者减轻处罚。这种情况称为教唆未遂。它主要包括以下情形：被教唆人拒绝了教唆犯的教唆；被教唆人虽然接受教唆犯的教唆，但没有实施犯罪行为；被教唆人实施犯罪并不是教唆犯的教唆行为所引起的；被教唆人虽然实施了犯罪，但实际所犯之罪并不是教唆犯所教唆之罪。

本章小结

共同犯罪是指二人以上共同故意犯罪，其成立需要同时符合三个条件，即在犯罪主体上必须二人以上，在客观方面必须具有共同的犯罪行为，在主观方面必须具有共同的犯罪故意。我国刑法理论通常将共同犯罪区分为任意共犯与必要共犯、事前共犯与事中共犯、简单共犯与复杂共犯以及一般共犯与特殊同犯。根据共同犯罪人在共同犯罪中所起的作用和分工不同，我国刑法把共同犯罪人分为主犯、从犯、胁从犯和教唆犯。主犯是指组织、领导犯罪集团进行犯罪活动或者在共同犯罪中起主要作用的犯罪分子。对组织、领导犯罪集团的首要分子，按照集团所犯的全部罪行处罚；对其他主犯，应当按照其所参与的或者组织、指挥的全部犯罪处罚。从犯是指在共同犯罪中起次要或者辅助作用的犯罪分子。对于从犯，应当从轻、减轻或者免除处罚。胁从犯是指被胁迫参加犯罪的人。对于胁从犯，应当按照他的犯罪情节减轻或者免除处罚。教唆犯是指故意唆使他人犯罪的人。对于教唆犯，应当按照他在共同犯罪中所起的作用处罚；教唆不满18周岁的人犯罪的，应当从重处罚；如果被教唆的人没有犯被教唆的罪，对于教唆犯，可以从轻或者减轻处罚。

思考练习

1. 如何理解共同犯罪的概念和成立条件。
2. 哪些情形不成立共同犯罪？
3. 如何理解主犯的种类及其刑事责任。
4. 如何理解从犯和胁从犯？其处罚原则分别是什么？
5. 如何认定教唆犯？对教唆犯的处罚原则有哪些？

实务训练

1. 关于共同犯罪，下列说法错误的是？

A. 甲乙相约共同去痛打丙一顿，丙反抗并咒骂甲，甲愤怒之下将其用刀捅死。就故意杀人罪而言，甲乙不成立共同犯罪

B. 甲教唆乙去猥亵妇女，乙将被害人强奸。甲是强奸罪的共犯

C. 甲乙相约盗窃并准备了工具，但动手当天乙因生病未去，甲自己完成盗窃。甲乙不构成共同犯罪

D. 甲欲杀乙，故意将下了毒的饭菜让丙送给乙，但未告知丙实情，丙事前偷偷看到甲在饭菜里下毒，因其对乙也不满未告知乙实情，结果乙吃了下毒的饭菜中毒身亡。甲丙成立共同犯罪

2. 钱某教唆17岁的孙某盗窃他人钱财，孙某盗窃得手后，为抗拒抓捕将追赶来的被害人打成重伤。关于本案，下列说法正确的是？

A. 钱某构成盗窃罪的教唆既遂

B. 孙某构成转化型抢劫罪

C. 对钱某教唆孙某犯罪的行为应当从重处罚

D. 钱某和孙某不构成盗窃的共同犯罪

E. 钱某与孙某构成抢劫罪的共同犯罪

3. 强某因与他人的妻子通奸而遭到痛打，遂产生了盗枪报复的念头。某日

晚 11 时，强某窜入本单位武器库，哄骗值班员岳某开门，用尖刀逼住岳某，岳某被迫打开武器库门。强某取走两支半自动步枪。强某离开时，岳某让强某把自己绑起来。强某就将岳某绑起，推倒在地。强某携枪前去报复，由于枪里没有子弹　未能得逞。

问：强某、岳某是否构成共同犯罪？强某、岳某属于共同犯罪人中的哪一种？（提示：关键是岳某当时是否丧失自由意志，其行为是受其意志支配？）

4. 张平和李均到海光照相馆照相，发现该照相馆内有照相机、放大机及胶卷等物，遂产生盗窃之念。当晚，张、李二人准备好作案工具，窜到该照相馆，李均持刮刀在门口放哨，张平潜入室内，盗出理光照相机、彩色胶卷等多种物品。张平在离开现场时，为破坏现场，将一电炉放进柜台后的木柜内，周围放了一些书和包装纸，并接通电源。在张平、李均逃离现场后，照相馆起火，不但烧毁了照相馆，还烧毁了邻近的几间住房。

问：张平、李均二人都是盗窃、放火的共犯吗？（提示：是否构成放火共犯，应从张平的放火行为是否超出了二人共同故意的范围上着手。）

拓展学习

第十章　拓展学习

第十一章　罪数形态

目标任务

　　了解区分罪数的意义，掌握区分一罪与数罪的标准；理解结果加重犯的概念和特征，吸收关系的种类；掌握继续犯、想象竞合犯、连续犯、牵连犯、吸收犯的概念、特征和处罚原则；掌握法条竞合的概念、特征和适用原则。能够运用所学知识正确认定具体案件的一罪与数罪、异种数罪与同种数罪、并罚数罪与非并罚数罪，能够区分涉及继续犯、想象竞合犯、连续犯、牵连犯、吸收犯时的一罪与数罪。在法条竞合的情况下，能够准确选择应当适用的法条。

第一节　罪数形态概述

【案例】

　　邹某，男，31周岁。某日晚，邹某趁俞某（女，25周岁）不备，往其臀部扎了一针麻醉药致俞某昏迷，邹某随即拿走俞某的手提包（内有人民币3200余元）。邹某正欲离去，发现俞某貌美，顿生歹意，便趁俞某昏迷之际奸淫了俞某。之后逃离现场。问：邹某的行为是构成一罪还是数罪？

一、区分罪数的标准和意义

（一）区分一罪与数罪的标准

罪数即犯罪的个数，是指一个人所犯之罪的数量，是一罪还是数罪。

关于区分一罪与数罪的标准，在中外刑法理论上存在多种学说。我国刑法学界通常采取"犯罪构成说"，即以犯罪构成的个数作为判断一罪与数罪的标准。按此标准，行为具备一个犯罪构成的，为一罪；行为具备数个犯罪构成的，为数罪；行为数次符合一个犯罪构成的，也为数罪。具体而言，行为人基于一个犯罪故意或过失，实施一个犯罪行为，符合一个罪名的犯罪构成要件的，是一罪；行为人基于数个犯罪故意或过失，实施数个行为，符合数个罪名的犯罪构成要件的，是数罪。采用这一标准的理由很简单，犯罪构成是主客观要件的统一，它既然是行为成立犯罪的唯一标准，理所当然也应是区分行为成立一罪或数罪的基本标准。

需要指出的是，上述区分标准有时却与刑法的规定不相一致。例如，牵连犯按犯罪构成标准应属于一罪的类型，但我国刑法中对有的牵连犯却规定按数罪来处理，实行并罚，如《刑法》第 198 条的有关规定。因此，在区分一罪与数罪时，原则上应以符合犯罪构成的数量为标准，同时也要注意到刑法中的有关特殊规定。

（二）区分罪数的意义

正确区分罪数，对于正确定罪量刑，贯彻刑法基本原则，实现司法公正，都具有重要意义。具体表现在以下几个方面：

1. 有助于准确定罪。准确定罪，不仅要求准确地认定行为是否构成犯罪、是构成此罪还是彼罪，还要求准确地认定构成的是一罪还是数罪。一方面，如果没有正确区分罪数，定罪就不准确。另一方面，如果没有正确区分罪数，就会影响罪名的确定。例如，行为人以抢劫的故意持刀杀死被害人，立即取走被害人的财物。如果认定为一罪，就是抢劫罪；如果认定为数罪，就可能是故意杀人罪与盗窃罪。不难看出，正确区分罪数关系到准确认定罪名的问题。

2. 有助于合理量刑。一般而言，对一罪只能一罚，对数罪应当并罚。因此，只有正确认定是一罪还是数罪，是并罚的数罪还是非并罚的数罪，才能为正确适用刑罚提供必要的保障，否则，就很可能导致无根据地加重或者减轻行为人的刑事责任。

3. 有助于正确适用刑法中的一些重要制度。我国刑法中的某些罪数形态，如继续犯、连续犯、牵连犯等的认定，与刑法的空间效力、时间效力、追诉时效等规定有着密切联系。如果不能正确认定这些罪数形态，就会在适用上述制度方面出现偏差。

【案例分析】邹某出于非法占有俞某财物的故意和目的，以注射麻醉药的手段劫取俞某的钱财，侵犯了俞某的财产权，其行为符合抢劫罪的犯罪构成，成立抢劫罪。邹某在抢劫犯罪既遂之后，又产生强奸俞某的故意，趁俞某昏迷之际实施奸淫行为，侵犯了妇女的性的自己决定权，其行为符合强奸罪的犯罪构成，成立强奸罪。因此，邹某的行为符合两个犯罪构成，属于数罪（2 个罪名）。

二、罪数的类型

（一）一罪的类型

一罪，是指一个犯罪，包括单纯的一罪与特殊的一罪两类。单纯的一罪，

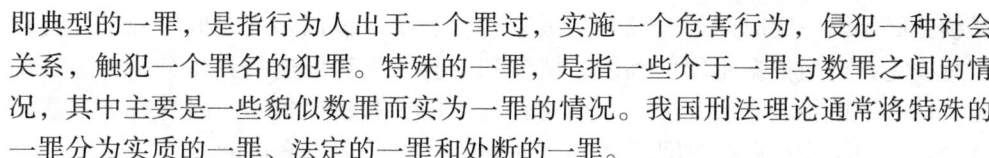

即典型的一罪，是指行为人出于一个罪过，实施一个危害行为，侵犯一种社会关系，触犯一个罪名的犯罪。特殊的一罪，是指一些介于一罪与数罪之间的情况，其中主要是一些貌似数罪而实为一罪的情况。我国刑法理论通常将特殊的一罪分为实质的一罪、法定的一罪和处断的一罪。

（二）数罪的类型

数罪，是指行为人基于数个犯罪故意或过失，实施数个行为，符合数个犯罪构成，成立数个独立的犯罪。关于数罪的类型，详见本章第三节。

第二节　一罪的类型

【案例】

钟某欠苏某人民币 6 万元，苏某多次索要，但钟某以种种借口拖延不还。2015 年 9 月 12 日晚，苏某将钟某骗到自己家里拘禁起来，管吃管喝，要钟某还钱后才放他走。直至 9 月 15 日上午，钟某的妻子拿来 6 万元现金还账，苏某才把钟某放走。问：苏某的行为是否符合继续犯的特征？

一、实质的一罪

实质的一罪，又称形式上的数罪，是指在外观上具有数罪的某些特征，但实质上构成一罪的犯罪形态的总称。它包括继续犯，想象竞合犯和结果加重犯，其共同特点是行为人只实施了一个犯罪行为。

（一）继续犯

继续犯，亦称持续犯，是指出于一个犯罪故意，犯罪行为与该行为引起的不法状态在一定时间内同时处于持续状态的犯罪。非法拘禁罪通常被认为是典型的继续犯。另外，绑架罪、重婚罪、窝藏罪、非法持有毒品罪等，通常也被认为是继续犯。继续犯具有以下特征：

1. 行为人出于一个犯罪故意，实施了一个犯罪行为。所谓一个犯罪行为，是指刑法分则所规定的犯罪构成要件的行为，而不是指一个举动。如果行为人是出于数个故意，那么相应地就有数个行为，因而不可能成立继续犯。

2. 一个行为持续地侵害同一具体的社会关系。我国刑法学界通说认为，继续犯的犯罪行为必须自始至终都针对同一对象，持续侵害同一具体的法益。

3. 犯罪行为具有时间上的持续性，即犯罪行为从着手实行时起到行为终了时止持续了一定时间，在这个过程中，实行行为一直处于不间断状态。总之，继续犯必须以一定时间的继续为构成要件。至于应该以多长时间为标准，法律没有规定，应当根据犯罪的性质、情节和社会危害程度进行具体分析，综合确定。例如，甲将乙非法关押 1 个小时，就不构成非法拘禁罪。因为有关司法解释规定，非法拘禁持续时间超过 24 小时的，才应予以立案追诉。

4. 犯罪行为与不法状态同时继续。就是说，继续犯不仅必须具有犯罪行为持续性的特征，而且行为的持续也导致由此引起的不法状态的同步持续或基本同步持续。所谓不法状态，是指犯罪行为对客体所造成的损害状态。如果犯罪行为一经实施即告完成，只是犯罪行为所造成的不法状态处于继续之中，则不是继续犯，而是状态犯。例如，盗窃犯窃取财物后，作为盗窃罪构成要件的盗窃行为即告结束，但占有他人财物的不法状态一直继续，即属于状态犯。

继续犯是实质的一罪。尽管既遂后，犯罪行为还在继续，但仍然是一罪。对于继续犯应按刑法规定以一罪论处。其追诉时效应当从犯罪行为结束之日起计算。

【案例分析】苏某为索债，出于一个犯罪故意，只实施了非法拘禁钟某的行为，并且自始至终都针对钟某一个人，持续地侵犯其人身自由。苏某从实施非法拘禁行为时起到解除对钟某的拘禁时止，其犯罪行为一直持续了 2 天多的时间，没有间断，具有时间上的持续性。而且，由非法拘禁行为所引起的不法状态——钟某的人身自由被剥夺也持续了 2 天多，属于犯罪行为与不法状态同时继续。苏某在拿到钱款时放人，其非法拘禁行为终了，钟某人身自由被剥夺的不法状态也随之消除。因此，苏某的行为符合继续犯的构成特征，构成了非法拘禁罪。

（二）想象竞合犯

想象竞合犯，即想象的数罪，是指实施一个犯罪行为同时触犯数个不同罪名的犯罪形态。如行为人盗窃电力设备的行为，同时构成盗窃罪和破坏电力设备罪。想象竞合犯具有以下特征：

1. 行为人只实施了一个行为。这里的"一个行为"，指基于自然的观察，在社会的一般观念上被认为是一个行为。行为人实施该行为既可以是出于故意，也可以是出于过失。

2. 一个行为触犯了数个罪名。一行为之所以会触犯数个罪名，有的是因为该行为本身具有多重属性，而更多的是因为该行为造成了数个结果，数个结果分别属于不同的犯罪，把这一个行为与其所造成的每一个结果联系起来看，都可构成一种犯罪。例如，甲意图杀害乙，趁乙在鱼塘边全神贯注钓鱼之际，扔去一爆炸物，结果炸死乙，炸伤围观者丙和丁。甲的一个犯罪行为同时触犯了故意杀人罪和故意伤害罪两个罪名，成立想象竞合犯。应当指出，一行为必须触犯数个不同的罪名，才成立想象竞合犯。

对于想象竞合犯，从一重处断，即按照所触犯罪名中的一个重罪论处。应当指出，如果刑法对想象竞合犯的处罚另有特别规定的，则应依照特别规定处理，如《刑法》第204条第2款之规定。

（三）结果加重犯

结果加重犯，是指实施基本犯罪构成要件的行为，由于造成了基本犯罪构成要件以外的严重结果，刑法规定加重其法定刑的犯罪形态。如实施强奸行为致被害人重伤、死亡的，就属于结果加重犯。结果加重犯具有以下特征：

1. 实施了基本犯罪构成要件的行为，即实施了一个基本犯罪行为。基本犯罪行为是结果加重犯存在的前提，没有基本犯罪行为就不会有结果加重犯。

2. 产生了基本犯罪构成要件以外的加重结果，且基本犯罪行为与加重结果之间具有因果关系。①这里的加重结果，必须是超出了基本犯罪构成的结果。如果发生的现实结果能够为基本犯罪构成所要求的结果涵盖，就不是结果加重犯。如故意伤害他人，即使造成被害人重伤，这也是伤害行为通常应有之结果，仍属于故意伤害罪的基本结果，不属于结果加重犯。但如果伤害行为造成了被害人死亡，死亡结果则不是伤害行为之基本结果，它已经超出了故意伤害罪所预定的基本犯罪构成，故属于结果加重犯。②加重结果与基本犯罪行为之间具有因果关系，否则就不构成结果加重犯。如甲将乙打成轻伤，乙在住院治疗过程中因医疗事故而死亡，就不属于故意伤害罪的结果加重犯。

3. 行为人对基本犯罪一般是出于故意，但不排除出于过失，而对加重结果至少是过失。

4. 刑法明文规定加重其法定刑。即刑法专门就发生的加重结果规定了重于基本犯罪的法定刑。如果刑法没有直接规定加重法定刑，结果再严重也不是结果加重犯。

由于刑法分则条款对结果加重犯规定有独立的法定刑，所以只要在加重的法定刑幅度内量刑即可。

二、法定的一罪

法定的一罪，是指刑法将数个本来可能独立构成犯罪的行为明文规定为一罪的情况。它包括集合犯和结合犯。

（一）集合犯

集合犯，是指犯罪构成预定了数个同种类的行为的犯罪，即基于刑法规范的预设，反复实施数个同种类构成要件行为不成立数罪，而应以一罪论处的犯罪形态。集合犯具有以下特征：

1. 在主观方面，行为人以实施不定次数的同种犯罪行为为目的，即行为人不是意图实施一次犯罪行为即行结束。如我国《刑法》第336条第1款规定的非法行医罪，行为人就具有实施不定次数的非法行医行为的故意。

2. 在客观方面，行为人通常是反复实施了数个同种的犯罪行为。集合犯虽然是行为人意图实施不定次数的同种犯罪行为，但即便只实施了一次，只要符合犯罪构成的预定，也是集合犯。如甲第一次实施非法行医行为，就造成了就诊人身体健康受到严重损害，构成非法行医罪，属于集合犯。

3. 必须是刑法将可能实施的数个同种犯罪行为规定为一罪。

集合犯主要包括常习犯、职业犯和营业犯三种。其中，犯罪构成预定具有常习性的行为人反复多次实施行为的，称为常习犯。我国现行刑法典中没有规定常习犯。犯罪构成预定将一定的犯罪作为职业或业务反复实施的，称为职业犯，如非法行医罪。犯罪构成预定以营利为目的反复实施一定犯罪的，是营业犯，其显著特点是将"营利目的"作为犯罪构成的必备要件，如《刑法》第303条第1款规定的赌博罪。

对于集合犯，无论行为人实施了多少次同种的犯罪行为，都只能根据刑法的规定以一罪论处。

（二）结合犯

结合犯，是指原为刑法上数个独立的犯罪，依照法律的规定，结合成为一个犯罪的情况。如《日本刑法》第241条规定的"犯强盗罪，而又强奸妇女者"，构成强盗强奸罪，就是法定的结合犯。一般认为，我国刑法中没有结合犯。结合犯具有如下特征：①结合犯所结合的数罪，原本为刑法上数个独立且罪名不同的具体犯罪。②结合犯是将数个原本独立的犯罪，结合成为另一个独立的新罪，如甲罪＋乙罪＝丙罪，或者甲罪＋乙罪＝甲乙罪。③数个原本独立的犯罪结合成另一新罪，是基于刑法的明文规定。

对于结合犯，应当按照刑法分则条文规定的法定刑处罚，不得数罪并罚。

三、处断的一罪

处断的一罪，亦称裁判的一罪，是指本来是数个犯罪行为、符合数罪特征，但因数个行为之间存在密切关联，司法机关在处理时将其作为一罪。它包括连续犯、牵连犯和吸收犯。

（一）连续犯

连续犯，是指行为人基于一个犯罪故意，连续实施性质相同的数个犯罪行为，触犯同一罪名的犯罪形态。连续犯具有以下特征：

1. 主观上基于一个犯罪故意，包括出于同一的犯罪故意和概括的犯罪故意。"同一的犯罪故意"是指行为人预计实施数次同一犯罪，如某甲一开始就计划好分三次杀死某乙家的三口人。"概括的犯罪故意"是指行为人虽然在实施相同犯罪的次数及时间、地点等方面没有明确具体的计划，但有一个总的犯罪意图。例如，丙因与丁有仇，蓄意报复丁及其家人，除了明确伤害丁之外，对其家里什么人进行伤害并无明确目标。随后，丙伤害了丁，不久又伤害了丁妻。

2. 客观上实施了性质相同的独立成罪的数个行为。只实施一次行为的，或者实施的数个行为性质不同的，不可能成立连续犯。一般认为，连续犯仅限于每次行为分开看都能够独立成罪的情形。如果连续实施同一种行为，但每次行为分开看都不能单独成罪，只有就这些行为的整体看才构成犯罪的，则不是连续犯，而是徐行犯。[1]

3. 时间上数行为之间具有连续性。所谓连续性，一般理解为在一定的时间内连续实施某种犯罪行为，而且这些连续实施的行为未经处理。

4. 法律上数行为触犯了同一罪名。如果数行为分别触犯的是不同罪名，则不是连续犯。

关于连续犯的处罚原则，根据我国审判实践经验和刑法有关规定，应当按照不同情况分别处理：对于一般的连续犯，应按一罪从重处罚；危害严重的连续犯，可以按照情节加重犯处罚，以做到罪刑均衡。

（二）牵连犯

牵连犯，是指出于一个犯罪目的，实施某一犯罪（本罪），其方法行为或结果行为又触犯了其他罪名（他罪）的犯罪形态。如为诈骗财物而伪造国家机关公文的，该诈骗行为（目的行为）构成诈骗罪，其伪造国家机关公文行为（方法行为）又触犯了伪造国家机关公文罪。牵连犯具有以下特征：

1. 主观上出于一个犯罪目的，即以实施一个犯罪为目的。这里的"一个犯罪目的"，是指行为人最终所要实现的那个目的。虽然行为人还同时实施了手段行为或结果行为，但最终都附属于或服务于目的行为的。

2. 客观上实施了数个行为。牵连犯的数行为之间的关系表现为两种方式：一是目的行为与方法行为的关系，如以伪造公文的方法骗取他人财物；二是原因行为与结果行为的关系，如盗窃信用卡并冒名消费，盗窃是原因行为，冒名消费是结果行为（从行为、辅助行为）。必须注意的是，这里的方法行为或结果行为都是指目的行为或者原因行为之外的行为，而不是目的行为或者原因行为本身的方法或结果，否则就不是数个行为而仅仅是一个行为了。

3. 数行为之间具有牵连关系。一般认为，判断数行为之间是否存在牵连关

---

〔1〕 徐行犯，是指本来可以即时达到预期目的的犯罪，行为人有意采取徐缓方式陆续完成的情形，即有意识地以数个举动完成犯罪。例如，某甲为毁坏某乙的房屋，今天拆其一块砖，明天掀其一片瓦，天长日久，日积月累，使某乙的房屋倒塌，从而达到毁坏他人房屋的目的。

系，应当从主客观两个方面考察，即行为人在主观上具有牵连的意思，数行为之间在客观上又具有通常的目的与方法或者原因与结果关系的，才能认为有牵连关系。

4. 数个行为侵犯了不同法益，触犯了不同罪名，即在目的行为或者原因行为触犯某一罪名的情况下，其方法行为或结果行为又触犯了另一罪名。

刑法理论上一般主张，对牵连犯应从一重处断或者从一重从重处罚。我国刑法对少数牵连犯的处罚原则作出了特别规定，但规定不一。有规定从一重处罚的，有规定从一重从重处罚的，有规定独立的较重法定刑的，也有规定实行数罪并罚的。因此，关于牵连犯的处罚原则包括：刑法分则条款有特别规定的，依照该规定处理；刑法未作特别规定的，则实行从一重处断或者从一重从重处罚的原则。

（三）吸收犯

吸收犯，是指存在数个不同的犯罪行为，其中的一个犯罪行为吸收其他犯罪行为，仅成立吸收的犯罪行为一个罪名的犯罪形态。例如，盗窃枪支后私藏于家中，私藏枪支的行为被盗窃枪支的行为所吸收，仅成立盗窃枪支罪一罪。吸收犯具有如下特征：

1. 实施了数个犯罪行为，这是成立吸收犯的基础。行为人实施的数个行为，分别符合某一犯罪构成，均能独立成罪。

2. 数个行为须触犯数个罪名，并且指向同一犯罪对象。这是吸收犯的本质特征。如果数个行为虽针对同一个犯罪对象，但不是侵害同一犯罪客体，则不能构成吸收犯。

3. 数行为之间具有吸收关系。之所以能够吸收，是因为这些行为通常属于实施某种犯罪的同一过程，彼此之间存在着密切的联系。主要表现为：前行为是后行为发展的必经阶段，后一个行为是前一个行为发展的自然结果（当然或盖然性的结果）。

一般认为，吸收关系表现为三种形式：①重行为吸收轻行为，即社会危害性程度大、罪质重、法定刑高的犯罪行为，吸收社会危害性程度小、罪质轻、法定刑低的犯罪行为。②主行为吸收从行为，这是就共同犯罪而言的。如先教唆某乙杀人，后又向某乙提供杀人工具，只以故意杀人罪的教唆犯论处。③实行行为吸收非实行行为。非实行行为包括预备行为帮助行为、教唆行为。例如，为了骗取钱财，就先伪造信用卡，之后使用伪造的信用卡诈骗了大量钱财。这里，使用伪造的信用卡诈骗钱财是实行行为，触犯了信用卡诈骗罪，而伪造信用卡是预备行为，触犯了伪造金融票证罪，对此只应以信用卡诈骗罪定罪处罚。

对于吸收犯，应当依照吸收行为所构成的犯罪处罚，即只能以一罪论处。

第三节 数罪的类型

我国刑法理论界按照不同的标准，对数罪进行了不同的分类。这里仅介绍其中几种主要的类型。

一、异种数罪与同种数罪

这是以数个行为所符合的数个犯罪构成的性质是否一致为标准，对数罪所作的分类。

异种数罪，是指行为人出于数个不同的犯意，实施数个行为，符合数个性质不同的犯罪构成，触犯数个不同罪名的情况。通常触犯数个条文的就构成异种数罪，但也有不同罪名规定于同一法条的情形，因此触犯同一法条的也可能构成异种数罪。根据我国刑法的规定，对异种数罪，除少数情况外，应实行并罚。这里的"少数情况"，除指前面介绍的吸收犯和法律未作并罚规定的牵连犯外，还指刑法明文规定不按数罪处理的其他情况。

同种数罪，是指行为人出于数个相同的犯意，实施数个行为，符合数个性质相同的犯罪构成，触犯同一罪名的情况。对于同种数罪，一般不实行并罚，只要按照一罪从重处罚即可，但在一些特殊场合，则应当实行数罪并罚。例如，因一罪而被判处刑罚后在执行期间，又被发现有同种"漏罪"或又犯同种"新罪"，就应对"漏罪"或"新罪"与原判之罪实行数罪并罚。

二、并罚数罪与非并罚数罪

这是以行为人已构成的实质数罪在处罚时是否实行数罪并罚为标准，对数罪所作的分类。

并罚数罪，是指行为人出于数个罪过，实施数个行为，构成数个独立的犯罪，依照法律应当实行并罚的数罪。如前所述，异种数罪在一般情况下都是并罚数罪。同种数罪在法律有特别规定的情况下，也可以成为并罚数罪。

非并罚数罪，是指行为人虽然实施数个行为，符合数个犯罪构成，触犯数个罪名，但由于特定事由或者法律规定不实行并罚，而只按一罪处理的数罪。一般情况下的同种数罪、牵连犯、吸收犯等，都属于非并罚数罪。

三、判决宣告以前的数罪与刑罚执行期间的数罪

这是以实质数罪发生的时间条件为标准，对数罪所作的分类。

判决宣告以前的数罪，是指行为人在判决宣告以前实施的并被发现的数罪。判决宣告以前的数罪，可能是异种数罪，也可能是同种数罪。

刑罚执行期间的数罪，是指在刑罚执行期间发现漏罪或再犯新罪而构成的数罪。由于我国刑法对发生于不同时间条件下的数罪，规定了不同的并罚规则，所以，将数罪区分为判决宣告以前的数罪和刑罚执行期间的数罪，是正确适用不同法定并罚规则的必要前提。

 第四节　法条竞合

一、法条竞合的概念和特征

法条竞合，也称法规竞合，是指一行为触犯数法条，而数法条之间存在包容或者交叉关系的情况。也就是说，一个犯罪行为同时符合数个法条规定的犯罪构成，但从数个法条之间的逻辑关系来看，只能适用其中一个法条，排除适用其他法条的情况。法条竞合具有以下基本特征：

1. 行为人实施了一个犯罪行为。这是构成法条竞合的前提。如果是基于数个罪过实施数个犯罪行为，就不能构成法条竞合。

2. 一个犯罪行为同时触犯数个法条。也就是说，数个法条对同一犯罪行为均有规定，或者说该犯罪构成能够依据数个法条进行确认。

3. 数个法条之间存在某种逻辑关系。这包括两种情况：一是包容关系，即一法条的全部内容为另一法条的内容所包含，成为另一法条内容的一部分。如《刑法》第 266 条规定的诈骗罪就包括《刑法》第 196 条规定的信用卡诈骗罪。二是交叉关系，即两个法条的内容部分重合。如《刑法》第 266 条规定的诈骗罪与《刑法》第 279 条规定的招摇撞骗罪就属于交叉型重合关系。

4. 最终只能适用一个法条。由于行为人只实施了一个犯罪行为，所以最终只能适用一个法条予以定罪处理，而排除其他法条的适用。

二、法条竞合的适用原则

法条竞合本质是一个犯罪，一个犯罪行为之所以会触犯数个法律条文，符合数个犯罪构成，完全是由于立法的重复规定所致。对于法条竞合，在适用法律时应当遵循以下原则：

（一）特别法优于普通法

所谓普通法，是指刑法规定的犯罪构成外延大的法条。所谓特别法，是指在普通法基础上附加其他限制条件，从而缩小了外延的法条。立法者在普通法条之外又设特别法条，是为了对特别犯罪给予特定处罚，或者因为某种犯罪特别突出而予以特别规定。所以，当一个行为同时触犯普通法条与特别法条时，通常情况下，应依照特别条款优于普通条款的原则处理。

（二）重法优于轻法

对于法条竞合，应当采用特别法优于普通法的原则，但在特定情况下，应当采用重法优于轻法的原则。就是说，当普通法规定的法定刑重于特别法规定的法定刑时，应当以普通法的规定定罪处罚。这种适用原则，是有法律根据的。例如，《刑法》第 149 条第 2 款规定："生产、销售本节第 141 条至第 148 条所列产品，构成各该条规定的犯罪，同时又构成本节第 140 条规定之罪的，依照处罚较重的规定定罪处罚。"其中，《刑法》第 140 条是普通法，第 141～148 条是特别法。《刑法》第 140 条规定的生产、销售伪劣产品罪与第 141～148 条规定的 8 种犯罪的关系，是法条竞合中的包容关系。当然，在法律没有明确规定的情况下，也应遵循重法优于轻法的原则，否则会背离罪责刑相适应的刑法基本原则。

本章小结

罪数，即一罪与数罪，区分的标准是犯罪构成。行为符合一个犯罪构成的为一罪，数行为分别符合数个犯罪构成的为数罪。一罪包括实质的一罪、法定的一罪和处断的一罪等类型。其中，实质的一罪包括继续犯、想象竞合犯和结果加重犯；法定的一罪包括结合犯和集合犯；处断的一罪包括连续犯、牵连犯和吸收犯。数罪，根据不同的标准，可以分为异种数罪和同种数罪、并罚数罪和非并罚数罪、判决宣告以前的数罪与刑罚执行期间的数罪等。法规竞合，是指一行为触犯数法条，而数法条之间存在包容或者交叉关系的情况。法条竞合的处理原则包括特别法优于普通法原则和重法优于轻法原则。

思考练习

1. 如何理解区分一罪与数罪的标准？
2. 如何理解和认定继续犯、想象竞合犯、结果加重犯？
3. 如何理解牵连犯和吸收犯？如何区分二者？
4. 试述法条竞合及其适用原则。
5. 试比较法条竞合与想象竞合犯的异同。

实务训练

1. 张三丰到某检察院去盗窃国有档案，结果把整个检察院的档案全部给偷走了，并当废纸卖给废品站，非法所得 7000 元。

问：对张三丰应如何定罪。

2. 2011 年 7 月，姚某，男，26 周岁，先后多次闯入他人住宅，手持自制火枪，要求他人交出财物。姚某通过此种方式，共抢得财物 1 万余元。

问：姚某是构成一罪还是数罪，为什么？（提示：《刑法》245 条规定：非法搜查他人身体、住宅，或者非法侵入他人住宅的，处 3 年以下有期徒刑或者拘役。）

3. 许某，男，出租车司机。一天晚上，许某驾车经一路口处时，遇到一个从外地来该市探亲的冯某。许某停车问冯某到哪儿去，冯某说到某单位找丈夫。许某以带路为名将冯某骗上车，后将车开到郊区停下，在车内用暴力欲对冯某实施强奸。冯某在奋力反抗中，将许某的嘴唇咬破。许某认为这是给其犯罪行为留下罪证，唯恐罪行败露，即决意杀人灭口。许某先用双手掐冯某的颈部，又用铁锤朝冯某的头部猛击数下，遂拖出车外，扔在路旁。后冯某被路过这里的张某送进医院，经抢救脱险，但造成了重残。

问：（1）许某构成一罪还是数罪？为什么？

（2）如果许某在实施强奸过程中，为了制止冯某的呼救，用毛巾堵住冯某的嘴，等强奸完毕，发现冯某已窒息死亡，则许某构成一罪还是数罪？

第十一章　拓展学习

第十二章 刑事责任与刑罚概说

目标任务

理解刑事责任的概念、特征和解决方式；掌握刑罚的概念和特征，了解刑罚的功能，理解特殊预防与一般预防的内涵；了解刑罚体系。能够运用刑法总则的相关规定，确定具体刑事案件中的行为人刑事责任的解决方式。

第一节 刑事责任

【案例】

冯某，男，26 周岁，某公司合同工。2004 年 2 月，冯某发现已交往 4 年的女朋友舒某突然对他比较冷淡，经探听得知是舒某嫌他是合同工，想与他断绝关系。冯某很生气，决定以死迫使舒某回心转意。2 月 21 日晚 8 时许，冯某来到舒某的单身宿舍，要求其看在交往多年的情分上，不要离开他。但舒某表示自己的主意已经拿定，请不要再纠缠。冯某见舒某态度如此强硬，就拿出事先准备的匕首，说："你要是这样我就死给你看。"舒某摇了摇头，冯某大怒，说："那你和我一起死吧。"即用匕首刺向舒某的腹部，舒某及时躲闪开了。舒某见冯某动真的，就苦苦哀求冯某。冯某产生怜悯，转身离开。问：对冯某的刑事责任的解决方式是什么？

一、刑事责任的概念

刑事责任是刑法的基本内容之一，是介于犯罪与刑罚之间的独立的基本范畴，是犯罪与刑罚之间的桥梁与纽带，对犯罪与刑罚之间的关系起着调节的作用。我国 1997 年刑法典中多处出现了"刑事责任"这一术语，《刑法》第 5 条有关"罪责刑相适应"原则中的"责"就是指"刑事责任"，刑法总则第二章第一节则以"犯罪和刑事责任"作为标题，附属刑法中一般均使用"刑事责任"

一词。如何给刑事责任下定义，我国刑法学界意见不一。

给刑事责任下定义必须面对以下三种事实：一是行为构成犯罪，依法追究刑事责任，并给予刑罚处罚；二是行为虽然构成犯罪，依法追究刑事责任，但只是给予非刑罚处罚；三是行为虽然构成犯罪，依法追究刑事责任，但只是单纯宣告有罪，既没有给予刑罚处罚，也没有给予非刑罚处罚。这三种情况都是刑法明确规定的，而且在这三种情况下都追究了行为人的刑事责任。因此，刑事责任是指刑事法律规定的，因实施犯罪行为而产生的，由司法机关强制犯罪人承受的刑事惩罚或者单纯否定性法律评价的负担。[1]

二、刑事责任的特征

（一）刑事责任具有法定刑

刑事责任作为一种负担，并不以犯罪人的意志为转移的。它与犯罪一样，是由我国刑事法律规定的。例如，《刑法》第 14 条第 2 款规定："故意犯罪，应当负刑事责任。"第 15 条第 2 款规定："过失犯罪，法律有规定的才负刑事责任。"所以实施了犯罪行为，就应当依照法律规定承担相应的刑事责任。因此，刑事责任与犯罪同时产生，同时成立。

（二）刑事责任具有应当性

刑事责任是因实施犯罪行为而产生，具有应当性或必然性的特征。实施犯罪是刑事责任产生的原因，刑事责任则是立法者以法律形式为犯罪设定的后果。只要行为人实施了犯罪，就必然产生刑事责任，要接受法律的否定评价、谴责或惩罚。

（三）刑事责任具有代价性

刑事责任作为刑事法律规定的一种负担，具有代价性，表现为犯罪人承受对自己不利的后果，其核心内容表现为行为人要受到刑罚惩罚或者否定的法律评价，实际效果则是行为人要遭受身体、精神、财产等方面的剥夺性痛苦和损失。即便是给予非刑罚处理方法的惩罚或者单纯的定罪免刑，也体现了国家、社会在政治上、伦理上对犯罪人及其犯罪行为的否定评价和谴责。

（四）刑事责任具有多样性

刑事责任以刑事惩罚或单纯否定性法律评价为内容，具有多样性的特征。刑事惩罚包括刑罚处罚和非刑罚处理方法的惩罚，其中，刑罚处罚包括剥夺政治权利、财产权利、人身自由甚至是生命；非刑罚处理方法的惩罚包括赔偿损失、训诫、责令具结悔过、责令赔礼道歉、行政处罚、行政处分、职业禁止。

---

〔1〕 高铭暄、马克昌主编：《刑法学》，北京大学出版社、高等教育出版社 2017 年版，第 201 页。

（五）刑事责任具有强制性和严厉性

刑事责任是由司法机关代表国家强制犯罪人承担的，而且这种强制性较其他法律责任更为严厉。①刑事责任是直接借助国家强制力实现的责任，即必须由公安机关、国家安全机关、国家监察委员会、人民检察院、人民法院、监狱机关等特定的国家机关予以追究。而民事责任则可以由当事人在法律规定的范围内，平等自愿协商解决。协商不成时，可通过法院予以解决，一般不需要借助检察机关，更不需要通过其他特定国家机关。②刑事责任由法院确定后，通过法定机关强制犯罪人承担，犯罪人必须承担。而民事责任在法院审理民事案件时可以通过调解解决，在法院确定民事责任之后当事人仍可以进行和解。③刑事责任的主要表现形式是刑罚，而刑罚是一种最严厉的强制方法。刑事责任即使是以单纯有罪宣告的方式实现，其否定评价的程度也最为强烈。

（六）刑事责任具有专属性和时效性

我国刑法实行罪责自负的原则，所以刑事责任只能由实施了犯罪的人承担，这就是刑事责任的专属性。刑事责任的时效性表现在，行为人犯罪后，国家追究其刑事责任一般是有法定期限的。超过了法定追诉期限，如果不属于刑法中的例外情况，一概不再追究行为人的刑事责任。

三、刑事责任的解决方式

刑事责任的解决，是指对已经产生的刑事责任予以处理，使刑事责任得以终结。按照我国刑法的规定，刑事责任的解决方式主要有以下几种：

（一）定罪判刑的方式

定罪判刑，是指人民法院认定行为人的行为构成犯罪，在作出有罪判决的同时宣告适用相应的刑罚。刑事责任是犯罪引起的必然后果，而刑事责任又是适用刑罚的前提。当然，刑事责任的实现方式是多元的，刑事责任并不必然导致刑罚，只决定着刑罚适用的现实可能性。由于在大多数情况下，追究行为人的刑事责任，最终结果表现为对犯罪人判处相应轻重的刑罚，所以适用刑罚或者说定罪判刑是刑事责任最基本、最主要的实现方式。

（二）定罪免刑的方式

1. 单纯的定罪免刑。即只对行为人作有罪判决而不给予任何处罚。根据我国刑法规定，犯罪情节轻微不需要判处刑罚的，或者犯罪分子具有法定的免除处罚情节的，可以或者应当免除刑罚处罚。但是，免除处罚并不是否定行为人的刑事责任的存在。根据我国刑事诉讼法规定，宣告有罪判决一律公开进行。公开宣告行为是犯罪、行为人是犯罪人，本身就表明了对犯罪行为的否定和对犯罪人的谴责，也必然对犯罪人的社会生活产生不利反应。所以，单纯的定罪免刑，也是刑事责任实现的一种方式。

【案例分析】 本案中，对冯某应定罪免刑。首先，冯某出于杀人的故意并实施了杀人的行为，对冯某应当以故意杀人罪追究刑事责任。其次，冯某虽然已经着手实施杀害行为，但在第一刀未刺中后，他完全有条件继续犯罪，可他出于对舒某的怜悯，停止了犯罪行为，应当认定为犯罪中止。最后，《刑法》第24条第2款规定：对于中止犯，没有造成损害的，应当免除处罚。冯某的犯罪行为并没有给舒某造成实际损害，所以，对冯某应当以故意杀人罪定罪并免除刑罚处罚。

2. 非单纯的定罪免刑。这是指对行为人虽然定罪免刑，但要给予非刑罚处理方法的处理。《刑法》第37条规定："对于犯罪情节轻微不需要判处刑罚的，可以免予刑事处罚，但是可以根据案件的不同情况，予以训诫或者责令具结悔过、赔礼道歉、赔偿损失，或者由主管部门予以行政处罚或者行政处分。"这里规定的几种非刑罚方法，都是实现刑事责任的方法。

（三）消灭处理方式

消灭处理方式，是指行为人的行为已经构成犯罪，应当负刑事责任，但由于存在法律规定的实际阻却追究其刑事责任的事由，从而使刑事责任归于消灭。此时，国家不再追究行为人的刑事责任，行为人也不再负刑事责任。例如，犯罪已过追诉时效期限，行为人死亡等，就使得客观存在的刑事责任得以终结。

应当指出，刑事责任消灭与刑罚消灭是不同的。刑罚消灭是指由于一定的法定原因或事实原因，致使司法机关不能对特定犯罪人行使具体的刑罚权。从各国的刑事立法来看，引起刑罚消灭的原因或事由主要有：①超过追诉时效的；②经特赦令免除刑罚的；③告诉才处理的犯罪，没有告诉或者撤回告诉的；④犯罪嫌疑人、被告人死亡的；⑤其他的法定事由，如被判处罚金的犯罪人由于遭遇不能抗拒的灾祸等原因缴纳罚金确实有困难，法院裁定予以免除。

（四）转移处理方式

转移处理方式，是指特定行为人的刑事责任不由我国司法机关解决，而是通过外交途径解决。

 **第二节 刑罚概说**

一、刑罚的概念和特征

刑罚，是刑法规定的，由国家审判机关依法对犯罪人适用的剥夺或者限制其某种权益的、最严厉的强制性法律制裁方法。刑罚作为一种工具，它具有以下特征：

1. 刑罚是由我国刑法明文规定的强制性制裁方法。我国刑法确定了罪刑法定原则，犯罪和刑罚都由刑法事先作出明文规定，从而实现了犯罪的法定化和刑罚的法定化。刑法总则明确规定了刑罚的种类和各种量刑制度，刑法分则也对各种具体犯罪所应适用的刑罚种类和适用标准作出了明文规定。在刑事司法实践中，对犯罪人决定刑罚的种类和适用标准，应以刑法明文规定为依据。

2. 刑罚是以对犯罪人的一定权益予以剥夺或者限制为内容的强制性制裁方法。尽管各国刑法所规定的具体刑罚方法有所不同，但都具有惩罚犯罪人或者使犯罪人承受一定剥夺性痛苦的本质特征。我国一贯反对以残酷、野蛮的刑罚方法来摧残、折磨犯罪人，但不可否认，刑罚作为国家对犯罪行为的否定评价与对犯罪人谴责的一种最严厉的形式，它的适用必然要给犯罪人带来身体的、精神的或财产的剥夺性痛苦。相对于其他法律制裁措施而言，是一种最强烈的痛苦。刑罚的基本内容就是剥夺或限制犯罪人的某种权益。我国刑法规定的各种刑罚方法的具体适用，不仅可以剥夺犯罪人的政治权利、财产权利，而且可以限制或者剥夺犯罪人的人身自由，乃至剥夺生命。

3. 刑罚是仅适用于犯罪人的强制性制裁方法。刑罚是因犯罪所产生的当然的法律后果，其适用对象只能是实施了犯罪行为的犯罪人。

4. 刑罚是由人民法院依法适用的强制性制裁方法。由于刑罚的严厉性和适用对象的特定性，在我国，刑罚适用的主体只能是人民法院。依法适用刑罚，就是必须以刑法的规定为根据，并严格遵循刑事诉讼法规定的诉讼程序。非经法定的刑事诉讼程序，不能适用刑罚。

5. 刑罚是由特定机关依法执行的强制性制裁方法。刑罚的执行关系到人民法院判决确定的刑罚内容的实现和国家刑罚权的实现。为了保证刑罚执行工作的严肃性，我国法律规定由特定的国家机关负责刑罚的执行工作。

二、刑罚的功能

刑罚的功能，是指国家制定、适用、执行刑罚所产生的社会效应，如威慑作用、教育作用、安抚作用等。一般来说，刑罚功能可以分为三个方面的内容：一是对犯罪人的效应，二是对社会一般公民的效应，三是对被害人及其亲属的效应。具体而言，刑罚的功能包括以下几种：

1. 限制、剥夺功能，即惩罚功能。刑罚的固有属性，就是通过剥夺、限制犯罪人享有的某些权益而使其感受到一定痛苦。

2. 矫正功能，即改造功能。刑罚惩罚只是一种手段，刑罚的最终功能在于把犯罪人矫正成为社会的无害因素，使他们通过刑罚惩罚所带来的痛苦和道义上的非难，在内心产生畏惧感，从而悔悟，改变其价值观念和行为方式，不再危害社会。刑罚的矫正功能是通过刑罚的实际执行实现的。

3. 安抚功能。刑罚的安抚功能是针对刑事案中的被害人及其亲属而言的。

对犯罪人适用刑罚，就可以使被害人及其亲属受伤的心灵得到抚慰，平息其愤怒与仇恨心理，避免出现私力报复，酿成新的犯罪。

4. 威慑功能。刑罚的威慑功能主要是针对社会上有可能犯罪的不稳定分子而言的。通过刑罚的适用和执行，使那些意图犯罪之人因目击他人的受刑之痛苦，在思想上、心理上产生震撼，从中得到警戒和感悟，出于对刑罚的畏惧而不敢重蹈犯罪的覆辙。当然，刑罚的威慑功能也包括对犯罪分子本身的威慑。

5. 教育功能。一方面是通过适用和执行刑罚，教育和改造犯罪人；另一方面，通过规定、适用和执行刑罚，可以使广大公民了解犯罪的后果，从具体的案例中受到法制教育，从而增强法治观念和依法办事意识。

三、刑罚的目的

刑罚目的，是指国家制定刑罚以及对犯罪人适用和执行刑罚所期望达到的效果。对犯罪人适用刑罚，虽然在形式上看是为了惩罚犯罪人，但是，惩罚并不是刑罚的最终目的。由于我国刑法没有规定刑罚目的，以致学界认识不一，学说林立。[1]我国刑罚目的，是通过惩罚和教育相结合，改造罪犯，预防犯罪，其核心在于预防犯罪。预防犯罪包括特殊预防和一般预防两个方面。

（一）特殊预防

特殊预防，是指通过对犯罪人适用、执行刑罚，防止其重新犯罪。特殊预防的对象是已经实施了犯罪并受到刑罚处罚的人。特殊预防的方式侧重于对犯罪人进行刑罚的物理性强制和精神威慑。防止已经犯罪的人重新犯罪，可以采取多种方式，而刑罚则是最重要的一种预防手段。

刑罚在特殊预防中的具体作用表现为：①通过对极少数罪行极其严重的犯罪人适用和执行死刑，永远剥夺其再犯罪之能力。这是一种最简单、最有效的特殊预防，但在现代社会这种方式不应成为实现特殊预防的主要途径。②通过对绝大多数犯罪人适用和执行自由刑，一方面使其在一定期间内与社会隔离，另一方面也可对其进行教育改造，使他们改过自新，重新做人。③通过对经济犯罪、财产犯罪和其他贪财图利型犯罪的犯罪人适用和执行财产罪，削弱乃至摧垮其再犯罪的物质条件，也是对其贪财图利思想的教育矫正。④通过对某些犯罪人适用和执行资格刑，剥夺其某种权利或资格，可以防止他们利用这些权利或资格进行新的犯罪活动。

（二）一般预防

一般预防，是指通过制定、适用和执行刑罚，防止社会上可能犯罪的人走上犯罪道路。一般预防的对象不是犯罪人，而是没有犯罪的社会成员，主要包

---

〔1〕　参见马克昌主编：《刑罚通论》，武汉大学出版社 2006 年版，第 59～61 页。

括危险分子、不稳定分子和刑事被害人等。

一般预防的方式只能是通过对犯罪人适用和执行刑罚这一客观事实，以期对其他社会成员造成一定的心理影响。具体来说，一般预防的方式主要包括：①威慑、警戒社会上的不稳定分子，使他们不敢以身试法。②抚慰被害人及其亲属，防止报复性犯罪行为的发生。③教育和鼓励广大人民群众积极地同犯罪作斗争。

特殊预防和一般预防是刑罚目的的两个方面，它们之间是紧密结合、相辅相成的。对任何一个犯罪人适用刑罚，都包含着特殊预防和一般预防目的。因此，制定、适用和执行刑罚，既要考虑特殊预防，也要考虑一般预防，二者不可偏废。如果舍弃了其中任何一个方面，都将使刑罚的目的难以实现。

四、刑罚体系

刑罚体系，是指刑法所规定的，依照一定的标准分类并按照一定的顺序排列的各种刑罚方法的总和。由于不同国家的经济发展水平、文化传统、价值观念、历史发展、立法技术不同，导致了各国的刑罚体系各具特色，各有千秋。如许多国家已经废除了死刑，也有许多国家仍然保留着死刑。对刑罚体系可以从以下方面进一步理解：

1. 刑法体系是对刑罚方法按照一定次序排列组合而成的。刑罚体系内各种刑罚方法的分类方式一般有以下两种：

（1）理论上的分类，即以限制或剥夺的权益性质为标准，将刑罚方法分为自由刑、生命刑、身体刑、财产刑和资格刑等。自由刑是指剥夺或限制犯罪人人身自由的刑罚方法，如管制、有期徒刑等。生命刑即指死刑。身体刑即"肉刑"，是指使人残废或者肉体遭受痛苦的刑罚方法，如鞭刑等。财产刑是指以剥夺犯罪人金钱或财物为内容的刑罚方法。资格刑是指剥夺犯罪人行使某一权力之资格的刑罚方法。另外，还可以按照刑罚的轻重为标准，将刑罚分为轻刑和重刑。

（2）立法上的分类。我国刑法总则把刑罚分为主刑与附加刑，这是依据各刑种能否独立适用为标准所作的划分。其中，主刑依次为管制、拘役、有期徒刑、无期徒刑和死刑；附加刑依次为罚金、剥夺政治权利、没收财产和驱逐出境。主刑和附加刑都是按照各自的严厉程度由轻到重进行排列的，刑罚分则罪刑关系条文中的刑罚，也基本采用由轻到重的排列方法。

2. 刑罚体系是由刑法规定的。我国的刑罚体系内的刑罚方法分类、刑种类别和刑种的排列顺序，均是由刑法明文规定的。

3. 刑罚体系的确立以有利于发挥刑罚功能、实现刑罚目的为指导原则。刑罚体系不是所有刑罚方法毫无目的地、杂乱无序地堆积，而必须建立在一定的指导原则基础上。只有在刑种的选择、分类和排列顺序等方面，都有利于发挥刑罚的积极功能，有利于实现刑罚目的，才有其合理存在的根据。

本章小结

　　刑事责任与犯罪同时产生。刑事责任是刑事法律规定的一种负担，因实施犯罪行为而产生，以刑事惩罚或单纯否定性法律评价为内容，由司法机关强制犯罪人承担的，比其他法律责任更为严厉。刑事责任的解决方式包括定罪判刑、定罪免刑、消灭处理和转移处理等。刑罚是刑法规定的由国家审判机关依法对犯罪人适用的剥夺或者限制其某种权利的、最严厉的强制性法律制裁方法。刑罚的种类和适用标准由刑法明文规定，刑罚的适用程序是刑事诉讼程序，刑罚的内容是对受刑者一定权益的限制或者剥夺，刑罚的适用对象只能是犯罪人，刑罚的适用主体只能是人民法院，刑罚的执行机关是国家的特定机关。刑罚的功能是指国家制定、适用、执行刑罚所产生的社会效应。刑罚目的是指国家制定刑罚以及对犯罪人适用和执行刑罚所期望达到的效果。我国的刑罚目的是预防犯罪，包括特殊预防和一般预防。刑罚体系是指刑法所规定的，依照一定的标准分类并按照一定的顺序排列的各种刑罚方法的总和。

思考练习

　　1. 如何理解刑事责任？刑事责任的解决方式有哪些？
　　2. 什么是刑罚？刑罚具有哪些特征？
　　3. 试比较刑罚与其他法律制裁（民事制裁、行政制裁）的区别。
　　4. 如何理解我国刑罚的目的？

拓展学习

第十二章　拓展学习

第十三章 刑罚种类

第一节　主刑

【案例】

　　2011 年 7 月 20 日，被告人甲女在贩毒时被抓获，当场查获交易用的高纯度海洛因 800 克及大量赃款。经查，甲女于 2011 年 2 月至 2011 年 7 月间采取现场交易、同城快递等方式进行大量毒品交易，数额巨大，获利颇丰。甲女于被抓获次日在同伙接应下脱逃。2011 年 12 月甲女再次被抓获，羁押期间因怀孕做人工流产手术后再次脱逃。被通缉 3 年后于 2015 年在从事毒品交易时被当场抓获。问：人民法院能否对甲女判处死刑？

　　主刑，亦称本刑或基本刑，是指对犯罪分子独立适用的主要刑罚方法。主刑的特点是：只能独立适用，不能附加适用；一个罪只能适用一个主刑，不能同时适用两种以上的主刑。根据《刑法》第 33 条的规定，主刑包括管制、拘役、有期徒刑、无期徒刑和死刑。

一、管制

（一）管制的概念、特点和适用对象

　　管制是对罪犯不予关押，但限制其一定自由，实行社区矫正的刑罚方法。管制是我国刑法中最轻的主刑，是唯一的开放性主刑，也是我国独创的一种刑罚方法。实践证明，管制的适用，不仅可以避免短期自由刑的固有弊害，又可以使罪犯在原来的工作单位或居住地工作或劳动，保持正常的工作与生活。

管制的主要特点包括：①不予关押，即不剥夺罪犯的人身自由。被判处管制的犯罪分子，在执行期间，除了必须遵守《刑法》第 39 条第 1 款和 2012 年《社区矫正实施办法》的各项规定外，其行动仍然是自由的。②限制一定人身自由。管制犯在执行期间，其活动往往受到社区矫正机构和群众的监督。当然，限制人身自由是有期限的。③采取社区矫正的执行方式。

刑法总则对管制的适用对象未做明确限制，从刑法分则相关条文的规定看，管制只能适用于罪行较轻、不予关押也不再有犯罪危险的犯罪分子。究竟对哪些犯罪分子可以判处管制，要取决于刑法分则相关条文的具体规定。

（二）管制的期限和刑期计算

根据《刑法》第 38 条、第 69 条的规定，管制的期限为 3 个月以上 2 年以下，数罪并罚时最高不得超过 3 年。

在刑期计算方面，《刑法》第 41 条规定："管制的刑期，从判决执行之日起计算；判决执行以前先行羁押的，羁押 1 日折抵刑期 2 日。"《刑事诉讼法》第 76 条规定："指定居所监视居住的期限应当折抵刑期。被判处管制的，监视居住 1 日折抵刑期 1 日。……""判决执行之日"是指人民法院签发执行通知书之日，即将犯罪分子交付执行机关执行之日。

（三）管制的执行内容

管制作为一种限制自由刑，主要体现在被判处管制的罪犯必须遵守有关特殊规定，主要包括：

1. 遵守《刑法》第 39 条规定的内容。《刑法》第 39 条第 1 款规定，被判处管制的犯罪分子，在执行期间即社区矫正期间，应当遵守下列规定：①遵守法律、行政法规，服从监督；②未经执行机关批准，不得行使言论、出版、集会、结社、游行、示威自由的权利；③按照执行机关规定报告自己的活动情况；④遵守执行机关关于会客的规定；⑤离开所居住的市、县或者迁居，应当报经执行机关批准。但是，对犯罪人的劳动报酬不得进行限制。《刑法》第 39 条第 2 款规定："对于被判处管制的犯罪分子，在劳动中应当同工同酬。"

2. 遵守禁止令。《刑法》第 38 条第 2 款规定："判处管制，可以根据犯罪情况，同时禁止犯罪分子在执行期间从事特定活动，进入特定区域、场所，接触特定的人。"因此，如果犯罪分子在被判处管制的同时被宣告禁止令的，则在管制期间必须遵守禁止令。应当指出，禁止令只适用于被判处管制、被宣告缓刑的罪犯。《刑法》第 72 条第 2 款规定："宣告缓刑，可以根据犯罪情况，同时禁止犯罪分子在缓刑考验期限内从事特定活动，进入特定区域、场所，接触特定的人。"

2011 年 5 月 1 日《最高人民法院、最高人民检察院、公安部、司法部关于对判处管制、宣告缓刑的犯罪分子适用禁止令有关问题的规定（试行）》第 2 条规定：人民法院宣告禁止令，应当根据犯罪分子的犯罪原因、犯罪性质、犯罪手段、犯罪后的悔罪表现、个人一贯表现等情况，充分考虑与犯罪分子所犯罪行的关联程度，有针对性地决定禁止其在管制执行期间、缓刑考验期限内"从事特定活动，进入特定区域、场所，接触特定的人"的一项或者几项内容。上述规定对禁止令的具体内容作了列举。

禁止令的期限，既可以与管制执行、缓刑考验的期限相同，也可以短于管制执行、缓刑考验的期限，但判处管制的，禁止令的期限不得少于 3 个月，宣告缓刑的，禁止令的期限不得少于 2 个月。禁止令的执行期限，从管制、缓刑执行之日起计算。

（四）管制的执行方式、执行机关和管制的解除

《刑法》第 38 条第 3 款规定："对被判处管制的犯罪分子，依法实行社区矫正。"这就明确了管制的执行方式。根据《社区矫正实施办法》第 3 条的规定，县级司法行政机关社区矫正机构对社区矫正人员进行监督管理和教育帮助。司法所承担社区矫正日常工作。

社区矫正是与监禁矫正相对的行刑方式，是指将符合社区矫正条件的罪犯置于社区内，由专门的国家机关在相关社会团体和民间组织以及社会志愿者的协助下，在判决、裁定或决定确定的期限内，矫正其犯罪心理和行为恶习，并促进其顺利回归社会的非监禁刑罚执行活动。我国社区矫正的适用对象仅限于被人民法院认定犯罪成立并判处刑罚的人，具体包括以下四种人员：①被判处管制的罪犯；②被宣告缓刑的罪犯；③被裁定假释的罪犯；④被决定、批准暂予监外执行的罪犯。

《刑法》第 40 条规定："被判处管制的犯罪分子，管制期满，执行机关应即向本人和其所在单位或者居住地的群众宣布解除管制。"这就要求执行机关应当组织解除社区矫正宣告，宣布执行期满，解除管制，同时发给《解除社区矫正证明书》。附加剥夺政治权利的，还应当同时宣布恢复政治权利。

二、拘役

（一）拘役的概念、特点和适用对象

拘役，是指短期剥夺犯罪人的人身自由，就近实行劳动改造的刑罚方法。拘役的特点是：①它虽然是一种剥夺犯罪分子人身自由的刑罚方法，但相对于有期徒刑来说刑期又很短；②对被判处拘役的犯罪分子实行就近关押，并对有劳动能力的，实行劳动改造；③拘役是刑罚，在法律属性上不同于行政拘留、刑事拘留、司法拘留。

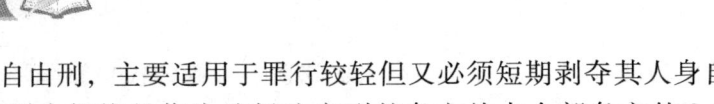

拘役是一种短期自由刑，主要适用于罪行较轻但又必须短期剥夺其人身自由的犯罪人。刑法分则中把拘役作为选择法定刑的条文约占全部条文的 3/4 左右。

（二）拘役的期限和刑期计算

根据《刑法》第 42 条、第 44 条、第 69 条的规定，拘役的期限为 1 个月以上 6 个月以下，数罪并罚时最高不得超过 1 年。拘役的刑期，从判决执行之日起计算；判决执行以前先行羁押的，羁押 1 日折抵刑期 1 日。根据《刑事诉讼法》第 76 条的规定，指定居所监视居住的期限应当折抵刑期，被判处拘役、有期徒刑的，监视居住 2 日折抵拘役 1 日。应当指出，如果被告人被判处刑罚的犯罪行为和被行政拘留的行为系同一行为，其被行政拘留的日期可以折抵刑期，此时行政拘留 1 日折抵有期徒刑或拘役的刑期 1 日。

（三）拘役的执行

《刑法》第 43 条第 1 款规定："被判处拘役的犯罪分子，由公安机关就近执行。"可见，拘役的执行机关是公安机关。所谓"就近执行"，就是将犯罪分子放在其所在地的县、市公安机关的看守所执行。[1]

《刑法》第 43 条第 2 款规定："在执行期间，被判处拘役的犯罪分子每月可以回家 1 天至 2 天；参加劳动的，可以酌量发给报酬。"拘役犯在服刑期间回家的天数应计算在刑期之内。

三、有期徒刑

（一）有期徒刑的概念和特点

有期徒刑，是指剥夺犯罪人一定期限的人身自由，强制其参加劳动，接受教育和改造的刑罚方法。

有期徒刑是适用范围最广的一种刑罚，既可适用于较重的犯罪，又可适用于较轻的犯罪。在我国刑法分则中，除危险驾驶罪、代替考试罪和使用虚假身份证件、盗用身份证件罪外，其他各种犯罪的法定刑都包括有期徒刑在内。有期徒刑和拘役虽然都是剥夺犯罪分子人身自由的刑罚方法，但二者在许多方面具有较大区别。

（二）有期徒刑的期限和刑期计算

根据《刑法》第 45 条、第 50 条第 1 款、第 69 条的规定，有期徒刑的期限为 6 个月以上 15 年以下，在下列两种情况下可能超过 15 年：①数罪并罚时，有期徒刑总和刑期不满 35 年的，最高不能超过 20 年；总和刑期在 35 年以上的，

---

〔1〕 公安部 2012 年 12 月 13 日《公安机关办理刑事案件程序规定》第 290 条第 2 款规定："对被判处拘役的罪犯，由看守所执行。"

最高不能超过 25 年。②判处死刑缓期执行的，在死刑缓期执行期间如果确有重大立功表现，2 年期满以后，减为 25 有期徒刑。

《刑法》第 47 条规定，有期徒刑的刑期，从判决执行之日起计算；判决执行以前先行羁押的，羁押 1 日折抵刑期 1 日。

（三）有期徒刑的执行

《刑法》第 46 条规定，被判处有期徒刑的犯罪分子，在监狱或者其他执行场所执行；凡有劳动能力的，都应当参加劳动，接受教育和改造。这说明有期徒刑的基本执行内容是强制犯罪人参加劳动，接受教育和改造。所谓"其他执行场所"，是指监狱以外的执行场所，如看守所等。对被判处有期徒刑的罪犯，在被交付执行刑罚前，剩余刑期在 3 个月以下的，由看守所代为执行。

四、无期徒刑

（一）无期徒刑的概念和特点

无期徒刑，是指剥夺犯罪分子终身自由，强制其参加劳动，接受教育和改造的刑罚方法。无期徒刑主要适用于那些罪行严重但不够判处死刑，而判处有期徒刑又不足以惩罚其罪的犯罪分子。未成年人犯罪只有罪行极其严重的，才可以适用无期徒刑。对已满 14 周岁不满 16 周岁的人犯罪一般不判处无期徒刑。[1]

无期徒刑是自由刑中最严厉的刑罚方法，主要表现在剥夺犯罪分子的终身自由。同时，在判决执行前先行羁押的时间不能折抵刑期。另外，无期徒刑不能孤立的适用，根据《刑法》第 57 条规定，被判处无期徒刑的犯罪分子，应当附加剥夺政治权利终身。

（二）无期徒刑的执行

刑法对无期徒刑执行的规定，同有期徒刑相同。无期徒刑虽然没有刑期限制，但在具体执行中，并不一定将犯罪分子关押到死，而是充分给其悔过自新、重新做人的机会。根据我国刑法规定，被判处无期徒刑的犯罪人，如果符合法定条件，可予以减刑或者假释；在国家颁布特赦令的情况下，符合特赦条件的无期徒刑犯可以被释放。从实际情况看，被判处无期徒刑的罪犯很少有终身在监狱服刑的。

不过，根据《刑法》第 383 条第 4 款和第 386 条的规定，因贪污、受贿数额特别巨大，并使国家和人民利益遭受特别重大损失，"被判处死刑缓期执行的，人民法院根据犯罪情节等情况可以同时决定在其死刑缓期执行 2 年期满依法减为无期徒刑后，终身监禁，不得减刑、假释。"应当指出，我国刑法中的

---

〔1〕 参见 2006 年 1 月 23 日《最高人民法院关于审理未成年人刑事案件具体应用法律若干问题的解释》第 13 条之规定。

"终身监禁"不是独立的刑种，而是无期徒刑的一种特殊执行方式，并且仅针对极少数特定的罪犯。

五、死刑

（一）死刑的概念

死刑，亦称极刑或生命刑，是剥夺犯罪分子生命的刑罚方法。在我国，死刑包括死刑立即执行和死刑缓期 2 年执行两种情况。死刑在我国刑罚体系中是最严厉的刑罚方法。保留死刑，严格限制和慎重适用死刑，是我国一贯坚持的一项刑事法律政策。我国 1997 年《刑法》规定了 68 个死刑罪名。2011 年《刑法修正案（八）》取消了近年来较少适用或基本未适用的 13 个经济性非暴力犯罪的死刑。2015 年《刑法修正案（九）》又进一步取消了 9 个非暴力犯罪的死刑。目前，我国的死刑罪名为 46 个。从长远看，死刑的废除是不可逆转的。

（二）死刑的适用

我国刑事法律对死刑的适用作出了一系列的限制性规定，具体包括：

1. 死刑适用条件或适用范围上的限制。首先，刑法总则对死刑适用条件作出了限制性规定。《刑法》第 48 条规定："死刑只适用于罪行极其严重的犯罪分子。"所谓"罪行极其严重"，一般认为是犯罪行为对国家和人民利益的危害特别严重，手段极其残忍，情节特别恶劣，犯罪分子的人身危险性极大。其次，必须严格遵守罪刑法定原则，只有分则条文明文规定何种犯罪、何种情形可以适用死刑时，才可能判处死刑。凡是没有达到罪行极其严重程度和刑法分则没有规定可以适用死刑的犯罪，一律不得适用死刑。而且在必须判处死刑时，应优先适用死刑缓期执行。

2. 死刑适用对象上的限制。根据《刑法》第 49 条的规定，适用死刑在犯罪主体上是有限制的，具体包括：

（1）犯罪的时候不满 18 周岁的人不适用死刑。所谓"不适用死刑"，是指既不能判处死刑立即执行，也不能判处死刑缓期二年执行。

（2）审判的时候怀孕的妇女不适用死刑。这里的"审判的时候"应指整个羁押期间，包括受审前羁押期间、审判期间和判决后执行期间。"审判的时候怀孕的妇女"是指整个羁押期间已怀孕或流产（包括自然流产和人工流产）的妇女。对于怀孕的妇女，无论是在羁押期间还是在受审期间，都不应当为了要判死刑而对其进行人工流产。已经人工流产的，仍应视同审判时怀孕的妇女，不能适用死刑。另外，根据有关规定，[1]怀孕妇女因涉嫌犯罪在羁押期间自然流

---

〔1〕 1998 年 8 月 4 日《最高人民法院关于对怀孕妇女在羁押期间自然流产审判时是否可以适用死刑问题的批复》。

产后，又因同一事实被起诉、交付审判的，应当视为"审判的时候怀孕的妇女"，依法不适用死刑。

（3）审判的时候已满 75 周岁的人，不适用死刑，但以特别残忍手段致人死亡的除外。这里的"以特别残忍手段致人死亡"，是指令人发指的手段，如以肢解、残酷折磨、毁容、摘除人体器官等惨无人道的手段致使被害人死亡的，而且并不限以特别残忍手段故意杀人，还包括以特别残忍手段实施其他暴力犯罪致人死亡的。应当注意，虽然犯罪的时候不满 75 周岁，但只要审判的时候已满 75 周岁，就原则上不适用死刑。

3. 死刑适用程序上的限制。根据《刑事诉讼法》第 20 条的规定，可能判处死刑的案件只能由中级以上人民法院进行第一审，基层人民法院无权对犯罪人适用死刑。《刑法》第 48 条第 2 款规定：死刑除依法由最高人民法院判决的以外，都应当报请最高人民法院核准。

4. 死刑执行制度上的限制。我国刑法规定了死刑缓期 2 年执行制度，从而有效地减少了死刑立即执行的适用。

【案例分析】 人民法院对甲女不能判处死刑。本案中，甲女多次贩卖高纯度海洛因且数量达到 800 余克，超过 50 克，罪行极其严重，根据《刑法》第 347 条第 2 款"贩卖海洛因 50 克以上的，处 15 年有期徒刑、无期徒刑或者死刑，并处没收财产"之规定，可以判处死刑。但是，甲女因涉嫌贩毒被羁押期间已经怀孕的这一事实，不因随后的流产和脱逃而改变。而且甲女再次被抓并被交付审判所涉及事实依然是先前的贩毒行为。因此，其属于"怀孕妇女因涉嫌犯罪在羁押期间自然流产后，又因同一事实被起诉、交付审判的"情形，应当视为"审判的时候怀孕的妇女"，依法不适用死刑。

（三）死刑缓期执行制度

《刑法》第 48 条第 1 款规定："对于应当判处死刑的犯罪分子，如果不是必须立即执行的，可以判处死刑同时宣告缓期 2 年执行。"这就是我国独创的死刑缓期执行制度，简称"死缓"。通过创设死缓制度，减少死刑立即执行的适用，以贯彻少杀方针。应当指出，死缓不是独立的刑种，而是死刑的一种执行制度。

1. 死缓的适用条件。适用死缓必须具备以下两个条件：

（1）必须是应当判处死刑的犯罪分子。这是适用死缓的前提条件。所谓"应当判处死刑"，就是说犯罪分子所犯的罪行极其严重，按照刑法分则的有关规定，对其应当判处死刑刑种。

（2）不是必须立即执行。这是适用死缓的实质条件，是区分死刑立即执行与死刑缓期执行的原则界限。对于罪行极其严重，但只要是依法可不立即执行

的，就不应当判处死刑立即执行。关于"应当立即执行"和"不是必须立即执行"的具体情形，刑法未作明确规定，但有关司法文件先后作出了一些规定。如2007年9月13日印发的《最高人民法院关于进一步加强刑事审判工作的决定》第45条指出：贯彻执行"保留死刑，严格控制死刑"的刑事政策。对于具有法定从轻、减轻情节的，依法从轻或者减轻处罚，一般不判处死刑立即执行。对于因婚姻家庭、邻里纠纷等民间矛盾激化引发的案件，因被害方的过错行为引起的案件，案发后真诚悔罪积极赔偿被害人经济损失的案件等具有酌定从轻情节的，应慎用死刑立即执行。注重发挥死缓制度既能够依法严惩犯罪又能够有效减少死刑执行的作用，凡是判处死刑可不立即执行的，一律判处死刑缓期2年执行。

2. 死缓的核准和执行。为了保证死缓制度的正确执行，《刑法》第48条第2款规定，死刑缓期执行的，可以由高级人民法院判决或者核准。被判处死缓的罪犯，在监狱场所执行刑罚，凡有劳动能力的，应当参加劳动，接受教育和改造。

3. 死缓的考验期限及其计算。死缓犯有2年的缓期执行考验期限。《刑法》第51条规定："死刑缓期执行的期间，从判决确定之日起计算。死刑缓期执行减为有期徒刑的刑期，从死刑缓期执行期满之日起计算。"这就是说，死缓判决确定之日以前的羁押时间，不能计算在缓期2年的期限之内；也不能把死缓的2年考验期限计算在减刑后的有期徒刑的刑期之内。

4. 死缓的考验结果。根据《刑法》第50条第1款的规定，对于被判处死缓的犯罪分子，在死缓期间因其表现不同而会有不同的结果，包括减刑（对死缓罪犯的减刑属于死缓制度的组成部分）、核准执行死刑和重新计算死刑缓期执行期间。

（1）在死刑缓期执行期间，如果没有故意犯罪，2年期满以后，减为无期徒刑。

（2）在死刑缓期执行期间，如果确有重大立功表现，2年期满以后，减为25年有期徒刑。所谓"重大立功表现"的具体情形，本书后面予以介绍。

（3）在死刑缓期执行期间，如果故意犯罪，情节恶劣的，报请最高人民法院核准后执行死刑。对"故意犯罪，情节恶劣"应根据死缓制度的精神与目的予以理解和认定，只有当故意犯罪本身的情节恶劣，并且表明其抗拒改造情节恶劣时，才能执行死刑。[1]

（4）对于故意犯罪未执行死刑的，死刑缓期执行的期间重新计算，并报最

---

〔1〕 张明楷：《刑法学》（上），法律出版社2016年版，第532页。

高人民法院备案。这里的"故意犯罪"需要经过法院审判确定。

另外，2017 年 1 月 1 日《最高人民法院关于办理减刑、假释案件具体应用法律的规定》（以下简称《减刑、假释规定》）第 12 条规定，被判处死缓的罪犯经过一次或者几次减刑后，其实际执行的刑期不得少于 15 年，死刑缓期执行期间不包括在内。

5. 特殊死缓罪犯的减刑限制。《刑法》第 50 条第 2 款规定："对被判处死刑缓期执行的累犯以及因故意杀人、强奸、抢劫、绑架、放火、爆炸、投放危险物质或者有组织的暴力性犯罪被判处死刑缓期执行的犯罪分子，人民法院根据犯罪情节等情况可以同时决定对其限制减刑。"这里明确了"限制减刑"的对象范围。当然是否限制减刑，人民法院有酌定裁量权。所谓"限制减刑"，是指死缓罪犯被减为无期徒刑或因有重大立功表现被减为 25 年有期徒刑后，虽然可以适用减刑，但是应当比照未被限制减刑的死缓罪犯在减刑的起始时间、间隔时间和减刑幅度上从严掌握。如《减刑、假释规定》第 13 条规定，被限制减刑的死缓罪犯，减为无期徒刑后，符合减刑条件的，执行 5 年以上方可减刑。

第二节 附加刑

【案例】

甲因 A 罪于 1999 年 12 月 20 日被判处有期徒刑 1 年，附加剥夺政治权利 1 年。判决于 1999 年 12 月 30 日生效，2000 年 1 月 10 日交付执行。此前，甲被羁押 3 个月。甲在有期徒刑执行期间未获减刑、假释。

问：对甲附加剥夺政治权利的期限应当如何计算？

附加刑，亦称从刑，是补充主刑适用的刑罚方法。附加刑的特点包括：它既可以附加主刑适用，也可以独立适用；在附加适用时，可以同时适用两个以上的附加刑。附加刑包括罚金、剥夺政治权利和没收财产。另外，刑法还规定了只适用于犯罪的外国人的特殊附加刑——驱逐出境。

一、罚金

（一）罚金的概念和适用对象

罚金，是指人民法院判处犯罪分子向国家缴纳一定数额金钱的刑罚方法。罚金属于财产刑的一种，不同于行政罚款，但是，行政机关对被告人就同一事实已经处以罚款的，人民法院判处罚金时应当折抵，扣除行政处罚已执行的部分。

罚金主要适用于贪利性犯罪以及与财产有关的犯罪。具体对哪些犯罪以及在何种情形下应当或可以判处罚金，取决于刑法分则条文的规定。

（二）罚金的数额和适用方式

《刑法》第 52 条规定："判处罚金，应当根据犯罪情节决定罚金数额。"关于罚金数额，从刑法分则和有关司法解释的规定看，主要有倍数罚金制、比例罚金制、定额罚金制（规定了罚金数额的幅度）和无限额罚金制。例如，《刑法》第 354 条规定："容留他人吸食、注射毒品的，处 3 年以下有期徒刑、拘役或者管制，并处罚金。"这就属于无限额罚金制。

为了保证准确裁量罚金数额，2000 年 11 月 15 日《最高人民法院关于适用财产刑若干问题的规定》第 2 条规定："人民法院应当根据犯罪情节，如违法所得数额、造成损失的大小等，并综合考虑犯罪分子缴纳罚金的能力，依法判处罚金。刑法没有明确规定罚金数额标准的，罚金的最低数额不能少于 1000 元。对未成年人犯罪应当从轻或者减轻判处罚金，但罚金的最低数额不能少于 500 元。"

从刑法分则的规定看，罚金的适用方式有选处罚金、单处罚金、并处罚金、并处或者单处罚金四种情形。

（三）罚金的执行

根据《刑法》第 53 条的规定，罚金的执行方式包括以下四种：

1. 限期缴纳。即在判决指定的期限内一次或者分期缴纳。

2. 强制缴纳。即在判决指定的缴纳期限届满时，对没有法定延期、减免事由而不缴纳或未足额缴纳罚金的，人民法院应当采取查封、拍卖财产、冻结账户、扣留收入等措施，强制其缴纳。

3. 随时缴纳。即对于不能全部缴纳金的，人民法院在任何时候（包括主刑执行完毕后）发现被执行人有可供执行的财产的，应当随时追缴。

4. 延期缴纳、酌情减少或免除。由于遭遇不能抗拒的灾祸等原因缴纳确实有困难的，经人民法院裁定，可以延期缴纳、酌情减少或者免除。"由于遭遇不能抗拒的灾祸等原因"主要是指因遭受火灾、水灾、地震等灾祸而丧失财产，罪犯因重病、伤残等而丧失劳动能力，或者需要罪犯抚养的近亲属患有重病，需支付巨额医药费等，确实没有财产可供执行的情形，以及犯罪单位由于破产或者严重亏损导致缴纳确实有困难。延期缴纳或者减免，应当由罪犯本人、亲属或者犯罪单位提出书面申请并提供相应的证明材料。

二、剥夺政治权利

（一）剥夺政治权利的概念和内容

剥夺政治权利，是指人民法院依法剥夺犯罪分子参加国家管理和政治活动权利的刑罚方法。

剥夺政治权利的内容，根据《刑法》第 54 条的规定，是剥夺下列权利：①选举权和被选举权；②言论、出版、集会、结社、游行、示威自由的权利；③担任国家机关职务的权利；④担任国有公司、企业、事业单位和人民团体领导职务的权利。一般来说，剥夺政治权利是同时剥夺上述四项权利，在执行期间，犯罪人应当遵守法律、行政法规，服从监督，不得行使上述四项权利。

（二）剥夺政治权利的适用对象

1. 附加适用。附加适用剥夺政治权利的对象主要是严重的犯罪和被判重刑的犯罪分子。根据《刑法》第 56 条、第 57 条的规定，剥夺政治权利的附加适用有以下三种情况：

（1）对于危害国家安全的犯罪分子，应当附加剥夺政治权利，而不论对其判处的主刑种类。

（2）对于被判处死刑、无期徒刑的犯罪分子，应当剥夺政治权利终身，而不论其犯罪的性质与类型。

（3）对于故意杀人、强奸、放火、爆炸、投放危险物质、抢劫等严重破坏社会秩序的犯罪分子，可以附加剥夺政治权利。根据有关司法解释，[1]对故意伤害、盗窃等其他严重破坏社会秩序的犯罪，犯罪分子主观恶性较深、犯罪情节恶劣、罪行严重的，也可以依法附加剥夺政治权利。

2. 独立适用。独立适用剥夺政治权利的对象是较轻的犯罪。至于对哪些犯罪可以独立适用剥夺政治权利，取决于刑法分则的明文规定。

（三）剥夺政治权利的期限和刑期起算

根据《刑法》第 55 条第 1 款、第 57 条、第 58 条的规定，剥夺政治权利的期限和刑期起算包括以下几种情况：

（1）独立适用剥夺政治权利的，其期限为 1 年以上 5 年以下，从判决执行之日起计算。

（2）判处管制附加剥夺政治权利的，剥夺政治权利的期限与管制的期限相等，同时起算，同时执行。

（3）判处拘役、有期徒刑附加剥夺政治权利的，期限为 1 年以上 5 年以下。剥夺政治权利的刑期，从主刑执行完毕之日或者从假释之日起计算；剥夺政治权利的效力当然施用于主刑执行期间。也就是说，被附加剥夺政治权利的罪犯在主刑执行期间，当然也不享有政治权利。至于被判处有期徒刑、拘役、管制

---

〔1〕 1998 年 1 月 13 日《最高人民法院关于对故意伤害、盗窃等严重破坏社会秩序的犯罪分子能否附加剥夺政治权利问题的批复》。

而没有附加剥夺政治权利的犯罪分子，在主刑执行期间仍享有政治权利。

（4）判处死刑、无期徒刑的，剥夺政治权利终身，不存在起算问题。

（5）死缓减为有期徒刑或者无期徒刑减为有期徒刑时，附加剥夺政治权利的期限改为3年以上10年以下，其刑期应当从减刑后的有期徒刑执行完毕之日或者假释之日起计算。

另外，根据2017年1月1日《最高人民法院关于办理减刑、假释案件具体应用法律的规定》第17条的规定，被判处有期徒刑罪犯减刑时，对附加剥夺政治权利的期限可以酌减。酌减后剥夺政治权利的期限，不得少于1年。

【案例分析】对甲附加剥夺政治权利的期限应当从2000年10月10日开始计算，2001年10月10日为附加剥夺政治权利期满之日，应当恢复其政治权利。理由是：刑法规定，对被判处有期徒刑附加剥夺政治权利的，剥夺政治权利的期限从主刑执行完毕或者假释之日起计算。甲被判处1年有期徒刑，其刑期从判决执行之日开始计算，即从2000年1月10日开始计算。因其在判决执行以前被先行羁押3个月，故1年减去3个月即为甲应当执行的有期徒刑的期限，甲的主刑应当于2000年10月10日执行完毕。其附加剥夺政治权利的期限则应当从这一天起算。

（四）剥夺政治权利的执行

剥夺政治权利由公安机关执行。根据《刑法》第58条第2款规定，被剥夺政治权利的罪犯，在执行期间，应当遵守法律、行政法规和国务院公安部门有关监督管理的规定，服从监督；不得行使《刑法》第54条规定的各项权利。剥夺政治权利的期限届满时，应当由执行机关书面通知本人及其所在单位、居住地基层组织，宣布恢复政治权利。

三、没收财产

（一）没收财产的概念

没收财产，是指将犯罪分子个人所有财产的一部或者全部强制无偿地收归国有的刑罚方法。

没收财产与没收犯罪物品、没收财物具有本质的区别。《刑法》第64条规定："犯罪分子违法所得的一切财物，应当予以追缴或者责令退赔；对被害人的合法财产，应当及时返还；违禁品和供犯罪所用的本人财物，应当予以没收。没收的财物和罚金，一律上缴国库，不得挪用和自行处理。"这里的追缴违法所得的财物、没收违禁品和供犯罪所用的本人财物，均不属于没收财产的性质。也就是说，没收财产作为一种财产刑，是专指没收犯罪人合法所有并且没有用于犯罪的财产。不得以追缴违法所得、没收违禁品和供犯罪所用的本人财物来代替或者折抵没收财产。

（二）没收财产的范围

《刑法》第59条规定："没收财产是没收犯罪分子个人所有财产的一部或者

全部。没收全部财产的，应当对犯罪分子个人及其扶养的家属保留必需的生活费用。在判处没收财产的时候，不得没收属于犯罪分子家属所有或者应有的财产。"所谓"犯罪分子个人所有财产"，是指犯罪分子实际所有的一切财产以及在家庭共有财产中应得的财产。2014 年 11 月 6 日《最高人民法院关于刑事裁判涉财产部分执行的若干规定》第 9 条规定，执行没收财产或罚金刑，应当参照被扶养人住所地政府公布的上年度当地居民最低生活费标准，保留被执行人及其所扶养家属的生活必需费用。

（三）没收财产的执行

判处没收财产的，判决生效后，应当立即执行。没收财产刑由第一审人民法院执行。在执行没收财产刑和罚金刑时，应注意以下规定：

1. 民事赔偿优先原则。《刑法》第 36 条第 2 款规定："承担民事赔偿责任的犯罪分子，同时被判处罚金，其财产不足以全部支付的，或者被判处没收财产的，应当先承担对被害人的民事赔偿责任。"这就是说，犯罪人被判处财产刑，同时又要承担附带民事赔偿责任的，按照"民事责任优先"的原则，应当先履行民事赔偿责任。

2. 关于以罚金或没收的财产偿还债务的问题。《刑法》第 60 条规定："没收财产以前犯罪分子所负的正当债务，需要以没收的财产偿还的，经债权人请求，应当偿还。"[1]所谓"正当债务"，是指犯罪分子在判决生效前所负他人的合法债务。对于赌债等非法债务，不能请求以被执行的财产偿还。

四、驱逐出境

驱逐出境，是强迫犯罪的外国人离开中国国（边）境的刑罚方法。《刑法》第 35 条规定："对于犯罪的外国人，可以独立适用或者附加适用驱逐出境。"可见，驱逐出境是仅适用于犯罪的外国人（包括具有外国国籍和无国籍的人）的一种特殊附加刑。独立适用驱逐出境的，从判决确定之日起执行；附加适用的，从主刑执行完毕之日起执行。

第三节 非刑罚处理方法

非刑罚处理方法，是指人民法院对犯罪分子适用刑罚以外的其他处理方法

---

〔1〕 该条规定也适用被判处罚金的犯罪人。2013 年 1 月 1 日《最高人民法院关于适用〈刑事诉讼法〉的解释》第 441 条第 2 款规定："判处财产刑之前被执行人所负正当债务，需要以被执行的财产偿还的，经债权人请求，应当偿还。"

的总称。非刑罚处理方法的适用，以行为人的行为已构成犯罪为前提，它虽然是犯罪的法律后果，但不具有刑罚性质，而是刑罚的必要补充。非刑罚处理方法包括赔偿损失、训诫、责令具结悔过、责令赔礼道歉、行政处罚或者行政处分、职业禁止等。

一、赔偿损失

赔偿损失，是指人民法院根据犯罪人的犯罪行为给被害人造成的损失情况，判处或者责令犯罪人给予被害人一定的经济赔偿的处理方法。赔偿损失包括两种情形：一是判处赔偿损失。《刑法》第 36 条第 1 款规定："由于犯罪行为而使被害人遭受经济损失的，对犯罪分子除依法给予刑事处罚外，并应根据情况判处赔偿经济损失。"二是责令赔偿损失。《刑法》第 37 条规定："对于犯罪情节轻微不需要判处刑罚的，可以免予刑事处罚，但是可以根据案件的不同情况，予以训诫或者责令具结悔过、赔礼道歉、赔偿损失，或者由主管部门予以行政处罚或者行政处分。"

判处赔偿损失和责令赔偿损失，虽然在性质上均属于刑事附带民事的强制处分，但二者的适用对象或条件是不同的。前者是与刑事处罚一并适用，以给予刑罚处罚为前提；后者是以依法免予刑事处罚为前提。

二、训诫、责令具结悔过、赔礼道歉

训诫，是指人民法院对犯罪人当庭予以批评、谴责，并责令其改正的一种教育方法。责令具结悔过，是指人民法院责令犯罪人用书面方式保证悔改，以后不再重新犯罪的一种方法。责令赔礼道歉，是指人民法院责令犯罪人公开向被害人当面承认错误，表示歉意的一种方法。这几种处理方法的适用，都是以犯罪人的犯罪情节轻微不需要判处刑罚即免予刑事处罚为前提。

三、由主管部门予以行政处罚或者行政处分

由主管部门予以行政处罚或者行政处分，是指人民法院根据案情，向犯罪分子的主管部门提出对犯罪分子予以行政处罚或者行政处分的建议，由主管部门给予犯罪分子一定的行政处罚或者行政处分的一种非刑罚处理方法。其适用的前提和条件同样是犯罪人的犯罪情节轻微不需要判处刑罚。

四、职业禁止

《刑法》第 37 条之一对职业禁止作出了如下规定：

1. 因利用职业便利实施犯罪，或者实施违背职业要求的特定义务的犯罪被判处刑罚的，人民法院可以根据犯罪情况和预防再犯罪的需要，禁止其自刑罚执行完毕之日或者假释之日起从事相关职业，期限为 3 年至 5 年。例如，证券从业者利用职业便利实施操纵证券市场的犯罪，负有监护、看护职业的人员实施虐待被监护、看护的人且情节恶劣等，人民法院可以作出从业禁止的决定。

2. 被禁止从事相关职业的人违反人民法院依法作出的禁止从事相关职业的决定的，由公安机关依法给予处罚；情节严重的，依照《刑法》第 313 条拒不执行判决、裁定罪的规定定罪处罚。

3. 其他法律、行政法规对其从事相关职业另有禁止或者限制性规定的，从其规定。例如，《食品安全法》的 135 条第 2 款规定："因食品安全犯罪被判处有期徒刑以上刑罚的，终身不得从事食品生产经营管理工作，也不得担任食品生产经营企业食品安全管理人员。"对于其他法律、行政法规中有关职业禁止的规定，应当优先适用。

 **本章小结**

我国的刑罚分为主刑和附加刑两类。主刑是只能独立适用的主要刑罚方法，主刑包括管制、拘役、有期徒刑、无期徒刑和死刑。附加刑是补充主刑适用的刑罚方法，既可以附加适用也可以独立适用，附加刑包括罚金、剥夺政治权利、没收财产以及只对犯罪的外国人适用的驱逐出境。除了刑罚方法外，刑罚还规定了非刑罚处理的方法，包括赔偿损失、训诫、责令具结悔过、责令赔礼道歉、行政处罚或者行政处分、职业禁止。

思考练习

1. 我国刑法中的主刑包括哪些基本内容？
2. 我国刑法中的附加刑包括哪些基本内容？
3. 根据所学知识，试比较有期徒刑与拘役之间的区别。
4. 试述我国对适用死刑的限制。

实务训练

1. 下列不适用死刑的犯罪人有哪些？

A. 犯罪的时候不满 18 周岁的人

B. 犯罪时怀孕，在押期间做了人工流产的妇女

C. 在押期间怀孕而审判时自然流产的妇女

D. 排除特别残忍手段致人死亡以外的审判时已满 75 周岁的人

E. 审判时已经 75 周岁的人

F. 75 周岁的甲恶意报复，行凶杀人并肢解抛尸

2. 赵某犯 A 罪，依法应当附加剥夺政治权利，其中正确的判决是？

A. 判处有期徒刑 2 年，附加剥夺政治权利 1 年

B. 判处有期徒刑 2 年，缓刑 3 年，附加剥夺政治权利 1 年

C. 判处管制 2 年，附加剥夺政治权利 1 年

D. 判处拘役 6 个月，附加剥夺政治权利 1 年

3. 曹甲（女，1987 年 2 月 22 日出生）与其弟曹乙（1992 年 8 月 15 日出生）为劫取他人财物，于 2009 年 3 月至 2010 年 7 月期间先后杀害 2 人、重伤 3 人，劫得钱财 8 万余元。两人于 2010 年 8 月被逮捕羁押于看守所。曹甲听说对怀孕的妇女不能判死刑，就利用钱财和自己的美色引诱看守所工作人员林某与其发生性关系。林某先后与曹甲发生了 3 次性关系。至案件交付审判时，曹甲向法官声称自己已经怀孕。经鉴定，曹甲确实已经怀孕 2 个月。

问：（1）曹甲和曹乙是否属于罪行极其严重？

（2）人民法院对曹甲和曹乙是否可以判处死刑？若不能，则可以判处哪些主刑和附加刑？为什么？

第十三章　拓展学习

第十四章 量刑

 第一节　量刑概述

【案例】

　　2009 年 5 月 10 日晚 8 时许，湖北省巴东县野三关镇政府 3 名工作人员在该镇雄风宾馆梦幻城消费时，涉嫌对当时在该处做服务员的邓玉娇主动进行骚扰挑衅，邓玉娇用水果刀刺向两人，其中一人被刺伤喉部、胸部，经抢救无效死亡。邓玉娇当即拨打 110 报警。人民法院认为，邓玉娇在遭受邓贵大、黄德智"无理纠缠、拉扯推搡、言词侮辱"等不法侵害的情况下，实施的反击行为具有防卫性质，但超过了必要限度，属于防卫过当。被告人邓玉娇故意伤害致人死亡，其行为已构成故意伤害罪。案发后，邓玉娇主动向公安机关投案，如实供述罪行，构成自首。经法医鉴定，邓玉娇为心境障碍（双相），属限定刑事责任能力。据此，依法判决对邓玉娇免予刑事处罚。问：法院对本案的处理是否合适？

一、量刑的概念

量刑即刑罚裁量，是指人民法院在对被告人定罪的同时，依法决定对其是否判处刑罚、判处何种刑罚以及判处多重的刑罚，并决定对所判刑罚是否立即执行的刑事审判活动。定罪是量刑的前提，量刑是定罪的通常结果，量刑的轻重取决于刑事责任的轻重。定罪和量刑的权力均属于人民法院。被量刑的对象是犯罪分子。人民法院量刑的任务和内容包括：决定对犯罪人是否适用刑罚；决定对犯罪人判处何种刑罚和多重刑罚；决定对犯罪人所判处的刑罚是否立即执行。公正的裁决，正确地量刑，可以有效地实现刑罚的预防功能，达到打击犯罪的社会效应。

二、量刑的指导原则

《刑法》第 61 条规定："对于犯罪分子决定刑罚的时候，应当根据犯罪的事实、犯罪的性质、情节和对于社会的危害程度，依照本法的有关规定判处。"据此，我国量刑的指导原则是：以犯罪事实为根据，以刑事法律为准绳。

（一）以犯罪事实为根据的原则

犯罪事实有广义和狭义之分。广义的犯罪事实，应包括《刑法》第 61 条所规定的"犯罪的事实、犯罪的性质、情节和对于社会的危害程度"。狭义的犯罪事实，是指犯罪构成的基本事实，即犯罪客体、犯罪客观方面、犯罪主体、犯罪主观方面的各种情况。对"以犯罪事实为根据"原则中的"犯罪事实"应作广义理解。这就要求量刑必须做到以下几点：

1. 查明犯罪的基本事实。行为人的行为是否构成犯罪，当前主要还是依据犯罪的四个构成要件进行分析。查明犯罪的基本事实，是对行为人准确地定罪量刑的前提。

2. 准确认定犯罪性质。犯罪性质是指行为人的行为成立何种具体罪名。各种犯罪都有其独立的法定刑，只有正确区分此罪与彼罪的界限，准确地认定犯罪性质，才能正确选择应当适用的法定刑。如果确定罪名不准，量刑就很难适当。

3. 全面考察犯罪情节。犯罪情节，是指犯罪构成基本事实以外的能够影响社会危害程度的各种具体事实情况。犯罪情节可分为两种，一种是与定罪直接相关的情节，即定罪情节，如有的刑法条文规定某一危害行为必须"情节严重"才构成犯罪；另一种是与定罪无关但与量刑有直接关系的情节，即量刑情节，如犯罪手段、时间、目的、动机等。这里所说的"犯罪情节"是指后一种。同一性质的犯罪，因犯罪情节不同，其社会危害程度就有差别，因而量刑也应有别。准确地认定了犯罪性质，只是确定了应当适用刑法分则哪一条文规定的法定刑，而究竟选择适用何一刑种和何种刑度，还得根据犯罪情节加以判定。应当指出，对犯罪情节禁止重复评价，即同一情节不能同时在定罪和量刑中予以适用。

4. 综合评价犯罪的社会危害性。在分别弄清了犯罪的事实、性质和情节后，还需要综合评价犯罪的社会危害程度。在综合评价和衡量时，既要以犯罪的事实、犯罪的性质和情节为基本依据，同时也要适当考虑国家的政治、经济，特别是社会治安形势等。

（二）以刑事法律为准绳的原则

要做到量刑适当，还必须严格遵守刑事法律的有关规定，为此必须做到以下几点：

1. 必须依照刑法总则的规定正确适用各刑种和刑期。刑法总则对刑罚的种类及其适用对象、条件和期限等作出了明确规定，如死刑只适用于罪行极其严重的犯罪分子，对于危害国家安全的犯罪分子应当附加剥夺政治权利；非数罪并罚时有期徒刑的期限为 6 个月以上 15 年以下等。这些规定都是在量刑时必须严格遵守的。

2. 依照刑法分则规定的法定刑裁量刑罚。对于设置了单一法定刑幅度的犯罪，要在该法定刑幅度内，选择与犯罪分子的罪行相适应的刑种和刑期。对于有 2 个以上法定刑幅度的犯罪，首先要根据犯罪的社会危害程度来选定应当适用的法定刑幅度，然后进一步选择刑种和刑期。即使是从重、从轻或减轻处罚，也要以选定的法定刑为标准。

3. 依照刑法关于各种量刑情节的规定裁量刑罚。刑法总则和分则规定了各种量刑情节，具体量刑时，必须明确这些法定量刑情节的意义、适用原则与适用范围，并严格遵守。

在量刑时，还应当遵守以下指导原则：一是做到罪责刑相适应。量刑既要考虑被告人所犯罪行的轻重，又要考虑被告人应负刑事责任的大小，做到罪责刑相适应，实现惩罚和预防犯罪的目的。二是量刑应当贯彻宽严相济的刑事政策，做到该宽则宽，当严则严，宽严相济，罚当其罪，确保裁判法律效果和社会效果的统一。三是量刑要客观、全面把握不同时期不同地区的经济社会发展和治安形势的变化，确保刑法任务的实现；对于同一地区同一时期、案情相似的案件，所判处的刑罚应当基本均衡。

三、量刑情节

量刑情节，是指人民法院对犯罪人量刑时应当考虑的，据以决定刑罚轻重或者免除刑罚处罚的各种事实情况。对量刑情节可以按照不同的标准进行不同的分类，如法定情节与酌定情节，从宽情节与从严情节，应当型情节与可以型情节，单功能情节与多功能情节，罪前情节、罪中情节与罪后情节等。这里主要介绍法定情节与酌定情节两种。

（一）法定量刑情节

法定量刑情节即法定情节，是指刑法明文规定的，在量刑时必须予以考虑的情节，包括总则性情节与分则性情节。总则性情节是指刑法总则规定的对各种犯罪共同适用的量刑情节。如《刑法》第 24 条第 2 款规定，对于中止犯，没有造成损害的，应当免除处罚；造成损害的，应当减轻处罚。分则性情节是指刑法分则规定的对特定犯罪适用的量刑情节。如《刑法》第 236 条第 2 款规定，奸淫不满 14 周岁的幼女的，以强奸论，从重处罚。法定情节包括：从重处罚、从轻处罚、减轻处罚和免除处罚情节。

1. 从轻处罚和从重处罚情节。《刑法》第 62 条规定："犯罪分子具有本法规定的从重处罚、从轻处罚情节的，应当在法定刑的限度以内判处刑罚。"据此，从重处罚，是指在法定刑幅度内判处相对较重的刑罚，即在刑法分则规定的法定刑中选择适用一个相对较重的刑种或者在量刑幅度内判处相对较长的刑期。从轻处罚，是指在法定刑幅度内判处相对较轻的刑罚。无论是从重处罚还是从轻处罚，都必须"在法定刑的限度以内判处刑罚"，不允许在法定最高刑以上或法定最低刑以下量刑，否则便成了加重处罚或减轻处罚。判处较重或者较轻的刑罚是相对而言的，不能理解为在法定刑内一律判处最高（最低）或接近最高（最低）的刑罚。

2. 减轻处罚情节。减轻处罚，是指判处低于法定最低刑的刑罚。减轻处罚包括以下两种：

（1）法定的减轻处罚。《刑法》第 63 条第 1 款规定："犯罪分子具有本法规定的减轻处罚情节的，应当在法定刑以下判处刑罚；本法规定有数个量刑幅度时，应当在法定量刑幅度的下一个量刑幅度内判处刑罚。"所谓"在法定刑以下判处刑罚"，是指在法定量刑幅度的最低刑以下判处刑罚。刑法分则中规定的"处 10 年以上有期徒刑、无期徒刑或者死刑"是一个量刑幅度，而不是"10 年以上有期徒刑""无期徒刑"和"死刑"三个量刑幅度。

（2）酌定的减轻处罚。《刑法》第 63 条第 2 款规定："犯罪分子虽然不具有本法规定的减轻处罚情节，但是根据案件的特殊情况，经最高人民法院核准，也可以在法定刑以下判处刑罚"。这里的"特殊情况"，是指与国家、社会利益有重要关系的情况。因案件有特殊情况而需要减轻处罚的，必须经最高人民法院审核批准后才能裁量。

3. 免除处罚情节。免除处罚，是指作有罪宣告但免除刑罚处罚。免除处罚的前提是行为人的行为构成犯罪。因此，免除处罚与《刑法》第 13 条有关"不认为是犯罪"的规定是有原则区别的。

（二）酌定量刑情节

酌定量刑情节即酌定情节，是指刑法虽然没有明文规定，但根据立法精神和审判实践经验，在量刑时应当灵活掌握酌情适用的情节。酌定情节是多种多样的，主要包括犯罪动机、犯罪手段、犯罪对象、犯罪时间与地点、危害结果、犯罪后的态度、犯罪人的一贯表现、前科等。对于具有酌定情节的犯罪人，只能在法定刑幅度内从轻或从重处罚。

在司法实践中，不是所有的案件都存在法定情节，但每个案件都有酌定情节。因此，在量刑时也要足够重视酌定情节的运用。例如，行为人由于受到被害人的极大侮辱，在激愤状态下杀害了被害人。这里的"激愤杀人"不是法定情节，但审判机关在审理时，一般都会充分考虑这个情节，酌情作出从轻处罚的裁判。这说明酌定情节在量刑中也具有重要作用。

四、量刑的基本方法

量刑时，应以定性分析为主，定量分析为辅，依次确定量刑起点、基准刑和宣告刑。

（一）量刑步骤

1. 根据基本犯罪构成事实在相应的法定刑幅度内确定量刑起点；

2. 根据其他影响犯罪构成的犯罪数额、犯罪次数、犯罪后果等犯罪事实，在量刑起点的基础上增加刑罚量确定基准刑；

3. 根据量刑情节调节基准刑，并综合考虑全案情况，依法确定宣告刑。

（二）调节基准刑的方法

1. 具有单个量刑情节的，根据量刑情节的调节比例直接调节基准刑。

2. 具有多个量刑情节的，一般根据各个量刑情节的调节比例，采用同向相加、逆向相减的方法调节基准刑；具有未成年人犯罪、老年人犯罪、限制行为能力的精神病人犯罪、又聋又哑的人或者盲人犯罪，防卫过当、避险过当、犯罪预备、犯罪未遂、犯罪中止，从犯、胁从犯和教唆犯等量刑情节的，先适用该量刑情节对基准刑进行调节，在此基础上，再适用其他量刑情节进行调节。

3. 被告人犯数罪，同时具有适用于各个罪的立功、累犯等量刑情节的，先适用该量刑情节调节个罪的基准刑，确定个罪所应判处的刑罚，再依法实行数罪并罚，决定执行的刑罚。

（三）确定宣告刑的方法

1. 量刑情节对基准刑的调节结果在法定刑幅度内，且罪责刑相适应的，可以直接确定为宣告刑；如果具有应当减轻处罚情节的，应依法在法定最低刑以下确定宣告刑。

2. 量刑情节对基准刑的调节结果在法定最低刑以下，具有法定减轻处罚情节，且罪责刑相适应的，可以直接确定为宣告刑；只有从轻处罚情节的，可以依法确定法定最低刑为宣告刑；但是根据案件的特殊情况，经最高人民法院核准，也可以在法定刑以下判处刑罚。

3. 量刑情节对基准刑的调节结果在法定最高刑以上的，可以依法确定法定最高刑为宣告刑。

4. 综合考虑全案情况，独任审判员或合议庭可以在 20% 的幅度内对调节结果进行调整，确定宣告刑。当调节后的结果仍不符合罪责刑相适应原则的，应提交审判委员会讨论，依法确定宣告刑。

5. 综合全案犯罪事实和量刑情节，依法应当判处无期徒刑以上刑罚、管制或者单处附加刑、缓刑、免刑的，应当依法适用。

【案例分析】本案中，法院认定邓玉娇具有的法定量刑情节包括：限定刑事责任能力、防卫过当和自首。《刑法》第 18 条第 3 款规定："尚未完全丧失辨认或者控制自己行为能力的精神病人犯罪的，应当负刑事责任，但是可以从轻或者减轻处罚。"第 20 条第 2 款规定，防卫过当的，"应当减轻或者免除处罚"。第 67 条规定，对于自首的犯罪分子，可以从轻或者减轻处罚；其中，犯罪较轻的，可以免除处罚。鉴于邓玉娇是部分刑事责任能力人，并具有防卫过当和自首等法定从轻、减轻或者免除处罚情节，可以对邓玉娇免予刑事处罚。法院对本案的处理是适当的。

 第二节　累犯

【案例】

被告人杨某某，男，1997 年 2 月出生。2014 年 8 月，杨某某因犯敲诈勒索罪被人民法院判处有期徒刑 1 年，缓刑 1 年零 6 个月。缓刑考验期满后，杨某某不思悔改，于 2017 年 4 月 20 日晚盗窃某单位一批货物，价值 8 万余元。被盗单位报案后，公安机关经侦查破获该起盗窃案，杨某某被抓获。问：杨某某是否构成累犯？

一、累犯的概念和构成条件

累犯，是指受过一定的刑罚处罚，在刑罚执行完毕或者赦免后的法定期限内，又犯应处一定刑罚之罪的犯罪分子。我国刑法中的累犯分为一般累犯和特别累犯两种。

（一）一般累犯的构成条件

《刑法》第 65 条规定："被判处有期徒刑以上刑罚的犯罪分子，刑罚执行完毕或者赦免以后，在 5 年以内再犯应当判处有期徒刑以上刑罚之罪的，是累犯，应当从重处罚，但是过失犯罪和不满 18 周岁的人犯罪的除外。"一般累犯的成立条件是：

1. 前罪与后罪都必须是故意犯罪。这是成立一般累犯的罪过条件。如果前后罪都是过失犯罪，或者其中有一罪是过失犯罪的，则不构成累犯。

2. 犯罪时必须已满 18 周岁。这是成立一般累犯的年龄条件。如果犯前罪时不满 18 周岁，即使犯后罪时已满 18 周岁，也不构成累犯。

3. 前罪被判处有期徒刑以上的刑罚，后罪应当被判处有期徒刑以上刑罚。这是成立一般累犯的刑种条件。所谓"前罪被判处有期徒刑以上的刑罚"，是指人民法院最后确定的宣告刑是有期徒刑以上的刑罚。所谓"后罪应当被判处有期徒刑以上的刑罚"，是指根据犯罪事实和刑法的规定，实际应当判处有期徒刑以上的刑罚，而不是指后罪的法定刑包括有期徒刑以上的刑罚。

4. 后罪必须发生在前罪的刑罚执行完毕或赦免以后 5 年内。这是成立一般累犯的时间条件。这里的"刑罚执行完毕"，是指主刑执行完毕，附加刑是否执行完毕，不影响累犯的构成。如果后罪发生在前罪的刑罚执行期间，或者发生在前罪刑罚执行完毕或赦免 5 年以后，均不构成累犯。另外，还包括被裁定假释的犯罪人假释考验期满的情形。就是说，对假释犯而言，"5 年以内"从假释期满之日起计算。因此，如果在假释期满后 5 年以内再犯新罪的，可以构成累犯。如果是在假释考验期内又犯新罪的，则不构成累犯，而应当撤销假释，实行数罪并罚。

【案例分析】 杨某某不构成累犯。成立累犯的条件是：①前罪与后罪都须是故意犯罪；②实施前罪与后罪时都必须已满 18 周岁；③前罪被判处有期徒刑以上的刑罚，后罪应当被判处有期徒刑以上的刑罚；④后罪必须发生在前罪的刑罚执行完毕或赦免以后 5 年内。根据《刑法》第 264 条的规定，盗窃公私财物数额巨大的，处 3 年以上 10 年以下有期徒刑。这里的"数额巨大"是指 3～10 万元以上。因此，杨某某无疑符合累犯构成条件中的第①、③项，关键是看其是否符合另两项条件。

首先，杨某某 1997 年 2 月出生，2014 年 8 月因犯敲诈勒索罪被判刑，显然犯前罪时不满 18 周岁，因此不符合上述第②项条件。

其次，杨某某是在有期徒刑缓刑考验期满后的 5 年之内，再犯盗窃罪且应当判处有期徒刑以上的刑罚，那么有期徒刑缓刑考验期满是否属于刑罚执行完毕呢？根据《刑法》第 72 条的规定，缓刑是在一定考验期限内，暂缓执行原判刑罚的制度。如果犯罪分子在缓刑考验期内没有再犯新罪，实际上并没有执行过原判的有期徒刑刑罚，也就不存在刑罚执行完毕一说。因此，不符合上述第④项条件。也就是说，被判处有期徒刑宣告缓刑的犯罪人，如果是在缓刑考验期满以后 5 年内又犯罪的，不构成累犯。如果在缓刑考验内又犯罪的，也不构成累犯，而应当撤销缓刑，实行数罪并罚。

（二）特别累犯的构成条件

《刑法》第 66 条规定："危害国家安全犯罪、恐怖活动犯罪、黑社会性质的组织犯罪的犯罪分子，在刑罚执行完毕或者赦免以后，在任何时候再犯上述任一类罪的，都以累犯论处。"据此，特别累犯的成立条件是：

1. 前罪和后罪都必须是危害国家安全犯罪、恐怖活动犯罪、黑社会性质的组织犯罪。前罪和后罪只要都属于上述三类犯罪之一，就可构成特别累犯，而不论属于三类犯罪中的哪一类。如果前罪或后罪有一个不属于上述三类犯罪的，就不构成特别累犯，但可能成立一般累犯。

2. 前罪必须被判处刑罚。如果前罪没有被判处刑罚，即使再犯上述三类犯罪的，也不构成特别累犯。至于前罪和后罪被判处或应当判处的刑种及其轻重，刑法未作任何限制。

3. 后罪可以发生在前罪所判的刑罚执行完毕或者赦免以后的任何时间之内。就是说，构成特别累犯并无时间限制条件。

另外，与一般累犯不同的是，特别累犯的成立没有年龄条件的限制。

二、累犯的法律后果

犯罪分子在刑罚执行完毕或者赦免以后再次实施可以构成累犯的犯罪，说明其主观恶性相当深、人身危险性相当大，对社会的危害性也相当严重，教育、改造这样的犯罪分子有相当的难度。因此，刑法对累犯的法律后果作出了以下特别规定：

1. 对于累犯应当从重处罚（《刑法》第 65 条）。

2. 对于累犯不适用缓刑（《刑法》第 74 条）。

3. 对累犯不得假释（《刑法》第 81 条）。

 第三节 　自首、坦白与立功

【案例】

梁某与被害人曹某之妻汪某通奸长达数年。2011 年 3 月 6 日 19 时许，曹某在梁某家门口遇见梁某时，因曹某询问其妻汪某是否在他家中，双方发生口角并互相厮打。梁某将曹某打倒后又用手扼其颈部，致曹某窒息死亡。作案后，梁某逃往外地躲避。梁某经其父亲反复规劝后，于 2011 年 3 月 11 日在其父亲陪同下到公安机关投案，交代了全部罪行，但时时翻供，至一审判决前如实供述了自己的全部罪行，包括犯罪事实和自己的姓名、年龄、职业、住址等情况。问：梁某的行为是否成立自首？

一、自首

自首，是指犯罪以后自动投案，如实供述自己罪行的行为，或者被采取强制措施的犯罪嫌疑人、被告人和正在服刑的罪犯，如实供述司法机关还未掌握的本人其他罪行的行为。根据《刑法》第 67 条的规定，自首分为一般自首和特别自首两种。

（一）一般自首

一般自首，是指犯罪以后自动投案，如实供述自己罪行的行为。成立一般自首，必须具备以下两个条件：

1. 自动投案。自动投案，一般是指犯罪嫌疑人在犯罪之后归案之前，出于本人意志而向监察机关、公安机关、人民检察院、人民法院及其他有关单位和人员承认自己实施了犯罪，并自愿置于上述单位和人员的控制之下，等待法律制裁的行为。自动投案的本质属性是投案的主动性和自愿性。自动投案可分为两种。

（1）典型的自动投案。1998 年 5 月 9 日《最高人民法院关于处理自首和立功具体应用法律若干问题的解释》（以下简称《自首立功解释》）第 1 条第 1 款规定，自动投案，是指犯罪事实或者犯罪嫌疑人未被司法机关发觉，或者虽被发觉，但犯罪嫌疑人尚未受到讯问、未被采取强制措施时，主动、直接向公安机关、人民检察院或者人民法院投案。

（2）非典型的自动投案，即视为自动投案。根据《自首立功解释》第 1 条第 1 款的规定，下列情形体现了投案主动性和自愿性的本质特征，应当视为自动投案：①犯罪嫌疑人向其所在单位、城乡基层组织或者其他有关负责人员投案的；②犯罪嫌疑人因病、伤或者为了减轻犯罪后果，委托他人先代为投案，或者先以信电投案的；③罪行尚未被司法机关发觉，仅因形迹可疑，被有关组织或者司法机关盘问、教育后，主动交代自己的罪行的；④犯罪后逃跑，在被通缉、追捕过程中，主动投案的；⑤经查实确已准备去投案，或者正在投案途中，被公安机关捕获的；⑥并非出于犯罪嫌疑人主动，而是经亲友规劝、陪同投案的；⑦公安机关通知犯罪嫌疑人的亲友，或者亲友主动报案后，将犯罪嫌疑人送去投案的。至于犯罪后被群众扭送归案的，或者在群众、警察的包围阻截之下走投无路而当场被捕的，或者经司法机关传讯、采取强制措施后归案的，均不能认定是自动投案。另外，犯罪嫌疑人自动投案后又逃跑的，不能认定为自首。

根据 2010 年 12 月 22 日《最高人民法院关于处理自首和立功若干具体问题

的意见》（以下简称《自首立功意见》）的规定，犯罪嫌疑人具有以下情形之一的，也应当视为自动投案：①犯罪后主动报案，虽未表明自己是作案人，但没有逃离现场，在司法机关询问时交代自己罪行的；②明知他人报案而在现场等待，抓捕时无拒捕行为，供认犯罪事实的；③在司法机关未确定犯罪嫌疑人，尚在一般性排查询问时主动交代自己罪行的；④因特定违法行为被采取行政拘留、司法拘留、强制隔离戒毒等行政、司法强制措施期间，主动向执行机关交代尚未被掌握的犯罪行为的；⑤其他符合立法本意，应当视为自动投案的情形。

《自首立功意见》还特别指出了以下几点：①犯罪嫌疑人被亲友采用捆绑等手段送到司法机关，或者在亲友带领侦查人员前来抓捕时无拒捕行为，并如实供认犯罪事实的，虽然不能认定为自动投案，但可以参照法律对自首的有关规定酌情从轻处罚。②罪行未被有关部门、司法机关发觉，仅因形迹可疑被盘问、教育后，主动交代了犯罪事实的，应当视为自动投案，但有关部门、司法机关在其身上、随身携带的物品、驾乘的交通工具等处发现与犯罪有关的物品的，不能认定为自动投案。③交通肇事后保护现场、抢救伤者，并向公安机关报告的，应认定为自动投案，构成自首的，因上述行为同时系犯罪嫌疑人的法定义务，对其是否从宽、从宽幅度要适当从严掌握。交通肇事逃逸后自动投案，如实供述自己罪行的，应认定为自首，但应依法以较重法定刑为基准，视情况决定对其是否从宽处罚以及从宽处罚的幅度。另外，就职务犯罪案件的自首认定问题，最高人民法院、最高人民检察院于2009年3月12日印发了《关于办理职务犯罪案件认定自首、立功等量刑情节若干问题的意见》。

2. 如实供述自己的罪行。这是成立自首的根本条件，也是自首的本质特征。如实供述自己的罪行，除供述自己的主要犯罪事实外，还应包括姓名、年龄、职业、住址、前科等情况。

（1）必须如实交代自己的主要犯罪事实。就是说，犯罪嫌疑人自动投案后，由于主客观原因而不能如实交代全部犯罪事实，但只要如实交代了自己的主要犯罪事实，就应当认定为自首。这里的主要犯罪事实，是指对犯罪嫌疑人行为的性质认定有决定意义的事实、情节（即定罪事实）以及对量刑有重大影响的事实、情节（即重大量刑事实）。《自首立功意见》规定：犯罪嫌疑人多次实施同种罪行的，应当综合考虑已交代的犯罪事实与未交代的犯罪事实的危害程度，决定是否认定为如实供述主要犯罪事实；虽然投案后没有交代全部犯罪事实，但如实交代的犯罪情节重于未交代的犯罪情节，或者如实交代的犯罪数额多于未交代的犯罪数额，一般应认定为如实供述自己的主要犯罪事实；无法区分已交代的与未交代的犯罪情节的严重程度，或者已交代的犯罪数额与未交代的犯罪数额相当，一般不认定为如实供述自己的主要犯罪事实。从上述规定不难看出，只要如实供述的犯罪事实对量刑的影响大于所隐瞒的事实，就可以认定为"如实供述主要犯罪事实"。

应当指出，如果犯罪嫌疑人在供述过程中，避重就轻，掩盖事实真相，隐瞒犯罪情节，企图蒙混过关的，均不属于如实供述自己的罪行。同样，在共同犯罪的场合下，犯罪嫌疑人投案后推、揽罪责，隐瞒重大犯罪情节的，也不能认定为如实供述主要犯罪事实。如甲与他人结伙入户抢劫，其直接致死一人，劫得财物数千元，但其自动投案后仅如实交代参与抢劫的基本事实，隐瞒了自己直接致死被害人的关键事实。在此情形下，犯罪嫌疑人虽然如实供述了参与抢劫的事实，但未如实供述直接致人死亡这一更严重的犯罪情节，故不能认定为如实供述主要犯罪事实。

就如何认定"如实供述自己的罪行"，《自首立功解释》和《自首立功意见》作了以下规定：①犯有数罪的犯罪嫌疑人仅如实供述所犯数罪中部分犯罪的，只对如实供述部分犯罪的行为，认定为自首。②共同犯罪案件中的犯罪嫌疑人，除如实供述自己的罪行，还应当供述所知的同案犯，主犯则应当供述所知其他同案犯的共同犯罪事实，才能认定为自首。③犯罪嫌疑人自动投案并如实供述自己的罪行后又翻供的，不能认定为自首，但在一审判决前又能如实供述的，应当认定为自首。④犯罪嫌疑人自动投案时虽然没有交代自己的主要犯罪事实，但在司法机关掌握其主要犯罪事实之前主动交代的，应认定为如实供述自己的罪行。

（2）必须如实交代自己的姓名、年龄、职业、住址、前科等情况。犯罪嫌疑人供述的身份等情况与真实情况虽有差别，但不影响定罪量刑的，应认定为如实供述自己的罪行。犯罪嫌疑人自动投案后隐瞒自己的真实身份等情况，影响对其定罪量刑的，不能认定为如实供述自己的罪行。

【案例分析】对梁某应当认定为自首。首先，梁某在犯罪后逃往外地，在尚未受到讯问、未被采取强制措施时，经其父亲规劝和陪同到案，主动接受司法机关的控制，属于自动投案；其次，梁某在自动投案后，如实交代了自己的罪行，虽然后又不时翻供，但在一审判决前又如实供述了自己的全部罪行。因此，梁某的行为符合一般自首的成立条件。

（二）特别自首

特别自首，亦称准自首，是指被采取强制措施的犯罪嫌疑人、被告人和正在服刑的罪犯，如实供述司法机关还未掌握的本人其他罪行的行为。其成立条件是：

（1）特别自首的主体必须是被采取强制措施的犯罪嫌疑人、被告人和正在服刑的罪犯。因特定违法行为被行政拘留、司法拘留、强制隔离戒毒等行政、司法强制措施期间，主动向执行机关交代尚未被掌握的犯罪行为的，也可成立自首。

（2）必须如实供述司法机关还未掌握的本人其他罪行。根据《自首立功解释》的规定，所谓"其他罪行"，是指与司法机关已掌握的或者判决确定的罪行属不同种罪行。如果属于同种罪行的，不构成自首，但可以酌情从轻处罚。如实供述的同种罪行较重的，一般应当从轻处罚。关于"司法机关还未掌握的本人其他罪行"和"不同种罪行"的认定，《自首立功意见》中有具体规定。

（三）对自首犯的处罚原则

《刑法》第 67 条第 1 款规定："对于自首的犯罪分子，可以从轻或者减轻处罚。其中，犯罪较轻的，可以免除处罚。"具体确定从轻、减轻还是免除处罚，总的来说，应当根据犯罪轻重，并考虑自首的具体情节。具体而言，应当考虑其犯罪事实、犯罪性质、犯罪情节、危害后果、社会影响、被告人的主观恶性和人身危险性等，同时还应考虑投案的主动性、供述的及时性和稳定性等。

二、坦白

（一）坦白的概念

坦白，是指犯罪分子被动归案之后，如实供述自己罪行的行为。坦白与自首有共同之处，如都是在归案后如实交代自己的犯罪事实，都是法定从宽处罚情节。坦白与特别自首都是犯罪人被动归案，但它们也存在诸多不同。

1. 坦白与一般自首的区别。二者的主要区别在于是否自动投案。一般自首是犯罪人自动投案，坦白则是犯罪人被动归案。这里的"被动归案"包括三种情况：一是被司法机关采取强制措施而归案；二是被司法机关传唤到案；三是被群众扭送归案。另外，犯罪人所交代的罪行范围也不同。自首交代的既可以是已被发觉的罪行，也可以是尚未被发觉的罪行，坦白则限于如实供述已被发觉、被指控的罪行。

2. 坦白与特别自首的区别。关键在于所供述的罪行是否已经被司法机关掌握。被采取强制措施的犯罪嫌疑人、被告人和正在服刑的罪犯，如实供述司法机关还未掌握的本人其他罪行的，成立特别自首；如实供述司法机关已经掌握的本人罪行的，是坦白。

（二）对坦白犯罪分子的处罚原则

根据《刑法》第 67 条第 3 款的规定，犯罪嫌疑人虽不具有自首情节，但是如实供述自己罪行的，可以从轻处罚；因其如实供述自己罪行，避免特别严重的后果发生的，可以减轻处罚。

三、立功

（一）立功的种类和具体情形

立功分为一般立功和重大立功两种。《自首立功解释》对两种立功的具体情形作出了规定。

1. 一般立功的情形。犯罪分子有下列情形之一的，应当认定为有立功表现：①到案后有检举、揭发他人犯罪行为，包括共同犯罪案件中的犯罪分子揭发同案犯共同犯罪以外的其他犯罪，经查证属实；②提供侦破其他案件的重要线索，经查证属实；③阻止他人犯罪活动；④协助司法机关抓捕其他犯罪嫌疑人（包括同案犯）；⑤具有其他有利于国家和社会的突出表现的。

关于上述"协助司法机关抓捕其他犯罪嫌疑人"的具体认定，根据《自首立功意见》的规定，是指犯罪分子具有下列行为之一，使司法机关抓获其他犯罪嫌疑人的：①按照司法机关的安排，以打电话、发信息等方式将其他犯罪嫌疑人（包括同案犯）约至指定地点的；②按照司法机关的安排，当场指认、辨认其他犯罪嫌疑人（包括同案犯）的；③带领侦查人员抓获其他犯罪嫌疑人（包括同案犯）的；④提供司法机关尚未掌握的其他案件犯罪嫌疑人的联络方式、藏匿地址的；等等。

2. 重大立功的情形。犯罪分子有检举、揭发他人重大犯罪行为，经查证属实；提供侦破其他重大案件的重要线索，经查证属实；阻止他人重大犯罪活动；协助司法机关抓捕其他重大犯罪嫌疑人（包括同案犯）；对国家和社会有其他重大贡献等表现的，应当认定为有重大立功表现。这里所称"重大犯罪""重大案件""重大犯罪嫌疑人"的标准，一般是指犯罪嫌疑人、被告人可能被判处无期徒刑以上刑罚或者案件在本省、自治区、直辖市或者全国范围内有较大影响等情形。

（二）不构成立功的情形

《自首立功意见》指出，下列情形不能认定为犯罪分子有立功表现：①犯罪分子通过贿买、暴力、胁迫等非法手段，或者被羁押后与律师、亲友会见过程中违反监管规定，获取他人犯罪线索并"检举揭发"的；②犯罪分子将本人以往查办犯罪职务活动中掌握的，或者从负有查办犯罪、监管职责的国家工作人员处获取的他人犯罪线索予以检举揭发的；③犯罪分子亲友为使犯罪分子"立功"，向司法机关提供他人犯罪线索、协助抓捕犯罪嫌疑人的。④犯罪分子提供同案犯姓名、住址、体貌特征等基本情况，或者提供犯罪前、犯罪中掌握、使用的同案犯联络方式、藏匿地址，司法机关据此抓捕同案犯的，不能认定为协助司法机关抓捕同案犯，即不能认定有立功表现。

关于立功线索的查证程序、具体认定和立功证据材料的审查等问题，《自首立功意见》也作出了解释。

（三）对立功犯罪分子的处罚原则

《刑法》第68条规定："犯罪分子有揭发他人犯罪行为，查证属实的，或者提供重要线索，从而得以侦破其他案件等立功表现的，可以从轻或者减轻处罚；有重大立功表现的，可以减轻或者免除处罚。"对具有立功表现的被告人是否从宽处罚、从宽处罚的幅度，应当考虑其犯罪事实、犯罪性质、犯罪情节、危害后果、社会影响、被告人的主观恶性和人身危险性等。同时还应考虑检举揭发罪行的轻重、被检举揭发的人可能或者已经被判处的刑罚、提供的线索对侦破案件或者协助抓捕其他犯罪嫌疑人所起作用的大小等。

根据《自首立功解释》第 6 条的规定，共同犯罪案件的犯罪分子到案后，揭发同案犯共同犯罪事实的，可以酌情予以从轻处罚。

 第四节 数罪并罚

【案例】

农某因犯抢劫罪被人民法院依法判处有期徒刑 15 年，入监服刑。原判刑罚执行 10 年时，农某因琐事与狱友裴某发生争执，并以特别残忍的手段致裴某重伤，人民法院经审理认为，农某重伤裴某的行为构成故意伤害罪，并依法判处有期徒刑 10 年。问：对农某应适用何种"数罪并罚"方法？

一、数罪并罚的概念

数罪并罚，是指人民法院对于行为人在法定时间界限内所犯数罪分别定罪量刑后，按照法定的并罚原则及刑期计算方法决定其应执行的刑罚的制度。根据《刑法》第 69 条、第 70 条和第 71 条的规定，数罪并罚具有以下特征：

1. 一人犯数罪。这里的"数罪"包括同种数罪和异种数罪。对一人犯异种数罪的，除刑法有特别规定外，应一律实行数罪并罚。对一人犯同种数罪的，一般是按照一罪从重处罚，但如果符合刑法特别规定的，则应当数罪并罚。

2. 数罪必须是在法定期间内发生的。根据刑法的规定，以下情形应当数罪并罚：①判决宣告以前一人犯数罪的，主要指异种数罪，因为犯同种数罪的一般按一罪从重处罚。②判决宣告以后刑罚尚未执行完毕，发现被判刑的犯罪分子在判决宣告以前还有其他罪没有判决的，即发现有"漏罪"。不论所判之罪与漏罪是否属于同种犯罪，均并罚。③判决宣告以后刑罚尚未执行完毕，被判刑的犯罪分子又犯罪的，不论所犯新罪与前罪是否属于同种犯罪，均并罚。④被宣告缓刑或裁定假释的犯罪人在缓刑或假释考验期限内被发现有漏判或者又犯新罪的。

3. 对一人所犯数罪合并处罚，这是适用数罪并罚的操作规则。合并处罚，就是对一人所犯的数罪先分别定罪量刑，然后按照法定的并罚原则、范围与方法，决定执行的刑罚。

二、数罪并罚的原则与适用规则

各国刑事立法所采用的数罪并罚原则不完全相同，概括起来主要有并科原则、吸收原则、限制加重原则、折中原则等。根据《刑法》第 69 条的规定，我国采用以限制加重原则为主、以其他原则为辅的折中原则。

（一）普通数罪的并罚规则

普通数罪的并罚，是指对判决宣告以前一人犯数罪的并罚，这是数罪并罚的最基本形态。根据《刑法》第 69 条的规定，其适用规则包括：

1. 判决宣告的数个主刑中有死刑或无期徒刑的，应当执行死刑或无期徒刑，即采用吸收原则，低于死刑或无期徒刑的其他主刑不再执行。就是说，判决宣告数个死刑或最重刑为死刑的，应决定执行一个死刑。判决宣告数个无期徒刑或最重刑为无期徒刑的，应决定执行一个无期徒刑，而不能决定执行两个以上的无期徒刑，或者将两个以上的无期徒刑合并升格为一个死刑。

2. 判决宣告的数个主刑均为有期徒刑或均为拘役或均为管制的，采用限制加重原则。这里的"限制"表现为两个方面：①受总和刑期的限制，即应当在总和刑期以下、数刑中最高刑期以上，酌情决定执行的刑期；②酌情决定执行的刑期，受数罪并罚法定最高刑期的限制，即管制最高不能超过 3 年；拘役最高不能超过 1 年。有期徒刑总和刑期不满 35 年的，最高不能超过 20 年；总和刑期在 35 年以上的，最高不能超过 25 年。

3. 数罪中有判处有期徒刑和拘役的，执行有期徒刑，即采用吸收原则。

4. 数罪中有判处有期徒刑和管制，或者拘役和管制的，有期徒刑、拘役执行完毕后，管制仍须执行，即采用分别执行原则。

5. 数罪中有判处附加刑的，附加刑仍须执行。其中，附加刑种类相同的，合并执行；种类不同的，分别执行。

（二）发现漏罪的并罚规则

《刑法》第 70 条的规定："判决宣告以后，刑罚执行完毕以前，发现被判刑的犯罪分子在判决宣告以前还有其他罪没有判决的，应当对新发现的罪作出判决，把前后两个判决所判处的刑罚，依照本法第 69 条的规定，决定执行的刑罚。已经执行的刑期，应当计算在新判决决定的刑期以内。"该条规定的数罪并罚方法简称为"先并后减"。这里的"判决宣告"应是指已经发生法律效力的判决。也就是说，在判决尚未发生法律效力时发现同种漏罪的，一般不适用刑法关于数罪并罚的规定。如果是异种数罪的，则应当依照《刑法》第 69 条之规定实行并罚。"刑罚执行完毕以前"包括刑罚实际执行期间、缓刑考验期间和假释考验期间。

对于发现漏罪实行并罚的操作规则是：首先实行"先并"，即应当对发现的漏罪单独作出判决，然后把前罪所判处的刑罚与漏罪所判处的刑罚，依照《刑法》第69条规定的数罪并罚原则，决定应执行的刑罚。这里的"漏罪"可以是一罪或数罪，也可以是与原判决的罪相同的罪名。其次，在先并的基础上实行扣减，即在计算刑期时，应当把已经执行的刑期计算在新判决决定的刑期之内。例如，甲犯故意杀人罪被判处有期徒刑14年，在刑罚执行3年以后，发现甲在判决宣告前还犯有强奸罪没有处理，这时应当对强奸罪作出判决。如果依法对强奸罪判处有期徒刑8年，则"先并"的量刑幅度为14年以上22年以下。由于总和刑期未超过35年，故应在14年以上20年以下的幅度内裁量刑罚，假设决定执行的有期徒刑为18年，则应当将已经执行的3年从中减去，因此甲还需继续执行15年有期徒刑。

根据2017年1月1日《最高人民法院关于办理减刑、假释案件具体应用法律的规定》（以下简称《减刑假释规定》）第34条的规定，罪犯被裁定减刑后，刑罚执行期间因发现漏罪而数罪并罚的，原减刑裁定自动失效。如漏罪系罪犯主动交代的，对其原减去的刑期，由执行机关报请有管辖权的人民法院重新作出减刑裁定，予以确认；如漏罪系有关机关发现或者他人检举揭发的，由执行机关报请有管辖权的人民法院，在原减刑裁定减去的刑期总和之内，酌情重新裁定。

（三）再犯新罪的并罚规则

《刑法》第71条规定："判决宣告以后，刑罚执行完毕以前，被判刑的犯罪分子又犯罪的，应当对新犯的罪作出判决，把前罪没有执行的刑罚和后罪所判处的刑罚，依照本法第69条的规定，决定执行的刑罚。"该条规定的数罪并罚方法简称为"先减后并"。对这里的"判决宣告"和"刑罚执行完毕以前"的理解，如上所述。这里的"新罪"与原判决的罪名是否相同，不影响数罪并罚。

【案例分析】对农某应当适用"先减后并"的方法来决定应执行的刑期，即应当将抢劫罪所判15年有期徒刑中没有执行的部分即5年，与故意伤害罪所判处的10年实行并罚，在10年以上15年以下决定执行的刑期。如果决定执行13年，在不考虑减刑的情况下，则农某还需服刑13年。加上已经执行的刑期10年，农某实际执行的刑期则长达23年。从本案可以看出，"先减后并"比"先并后减"表现出明显的从严处罚精神。在犯罪分子已经执行的刑期较长，所犯新罪处刑较重的情况下，实际服刑期可能更长，甚至会超过法定的数罪并罚最高刑期20年或25年的限制。

另外，根据《减刑假释规定》第 33 条的规定，罪犯被裁定减刑后，刑罚执行期间因故意犯罪而数罪并罚时，经减刑裁定减去的刑期不计入已经执行的刑期。原判死刑缓期执行减为无期徒刑、有期徒刑，或者无期徒刑减为有期徒刑的裁定继续有效。

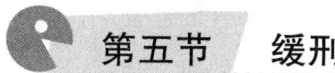

第五节　缓刑

【案例】

赵某曾因犯盗窃罪被判处有期徒刑 6 年。2012 年 3 月的一天，赵某与邻居张某聊天时，编造谎言称其舅子刘某在某工程部当部长，搞大型机械除尘工程，比较赚钱，可以入股，自己已入股 47 万元，如果张某入股 10 万元，可以分得 20% 至 30% 的红利，到 11 月份就可以分红了。张某信以为真，便取出自家的 4 万元交给赵某帮其入股。一月后，张某又筹资 3 万元交给赵某。赵某将骗得的 7 万元用于自己花销。同年 6 月 30 日，张某得知赵某去向不明、手机关机、无法联系后，即向公安机关报案。2012 年 9 月 24 日，赵某在上海一旅馆内被上海公安机关的民警抓获。归案后，被告人赵某如实供述了其犯罪事实，退还了赃款 7 万元，并取得张某的谅解。[1] 问：对赵某能否适用缓刑？

一、缓刑的概念及特点

缓刑，是指人民法院对于被判处拘役、3 年以下有期徒刑的犯罪分子，认为暂不执行原判刑罚，确实不致再危害社会的，在一定考验期内，暂缓执行原判刑罚的制度。简言之，缓刑是有条件地不执行所判决的刑罚。我国刑法中规定的缓刑包括一般缓刑与战时缓刑两种。缓刑是惩办与宽大相结合的刑事政策的具体体现。司法实践证明，缓刑制度在教育改造罪犯，促使罪犯悔过自新，预防重新犯罪，维护社会和谐稳定等方面发挥了重大作用。

缓刑的特点是：对犯罪分子既判处一定的刑罚，又同时宣告暂不执行，但在一定期限内保留着执行所判刑罚的可能性。可见，缓刑的实质在于符合法定条件时，原判刑罚就不再执行或者不以犯罪论处。缓刑不是一种独立的刑种，它是从属于拘役和有期徒刑的一种刑罚裁量制度。

---

〔1〕　贾成龙："从一则案例看缓刑的适用"，载华律网，http://www.66law.cn/domainblog/64233.aspx，最后访问时间：2018 年 3 月 18 日。

二、一般缓刑

（一）缓刑的适用条件

根据《刑法》第 72 条和第 74 条的规定，适用一般缓刑必须符合以下条件：

1. 犯罪分子被判处拘役或者 3 年以下有期徒刑。这是适用的对象条件。缓刑是把犯罪分子留在社会上进行监督管理和教育帮助，基于保证社会治安的考虑，只能适用于罪行较轻的犯罪分子。对于被判处 3 年以上有期徒刑的犯罪分子，因其罪行较重，社会危害性和人身危险性较大，不予关押而放在社会上改造，不利于社会的安定，因此不宜规定适用缓刑。对被判处管制的罪犯，没有必要适用缓刑。

2. 犯罪情节较轻，有悔罪表现，没有再犯罪的危险，宣告缓刑对所居住社区没有重大不良影响。这是适用一般缓刑的实质条件。就是说，被判处拘役和 3 年以下有期徒刑的犯罪分子，还必须同时符合以下四个条件，才可以或者应当宣告缓刑：

（1）犯罪情节较轻。这里的犯罪情节是一个综合性的情节，既包括客观方面的情节，也包括主观方面的情节；既包括案中情节，也包括案外情节。

（2）有悔罪表现。是指犯罪人对其犯罪行为能够认识到错误，真诚悔悟并有悔改的意愿和行为，比如积极向被害人道歉，赔偿被害人的损失，获取被害人的谅解等。

（3）没有再犯罪的危险。是指综合犯罪人的犯罪情节和悔罪表现，表明对其适用缓刑没有再犯罪的可能性。

（4）宣告缓刑对所居住社区没有重大不良影响。是指对该犯罪人适用缓刑，不会对其所居住社区的安全、秩序和稳定带来重大的、现实的不良影响。

同时符合上述四项条件的，就可以宣告缓刑。对于符合上述条件的不满 18 周岁的人、怀孕的妇女和已满 75 周岁的人，则应当宣告缓刑。

3. 不是累犯和犯罪集团的首要分子。《刑法》74 条规定："对于累犯和犯罪集团的首要分子，不适用缓刑。"这是禁止性条件，体现了对累犯和犯罪集团的首要分子从严惩处的精神。

【案例分析】本案中，赵某曾因盗窃罪被判处 6 年有期徒刑，有盗窃犯罪前科，后又实施诈骗犯罪，骗取钱款 7 万元属于数额巨大，是在逃跑、隐匿期间被公安机关抓获的，其主观恶意较深。综合分析赵某的情况，并不能排除赵某有再犯罪的可能性，故对其不适用缓刑要妥当些。

（二）缓刑的考验期限及计算

一般缓刑的考验期限，是指对被宣告缓刑的犯罪分子进行考察和实行社区矫正的期限。《刑法》第 73 条第 1 款、第 2 款规定："拘役的缓刑考验期限为原判刑期以上 1 年以下，但是不能少于 2 个月。""有期徒刑的缓刑考验期限为原判刑期以上 5 年以下，但是不能少于 1 年。"缓刑考验期限的长短应当适当，既不能短于原判刑期和法定的最低期限，也不能超过法定的最高期限，一般以不超过原判刑期 2 倍为宜。

《刑法》第 73 条第 3 款规定："缓刑考验期限，从判决确定之日起计算。"判决以前先行羁押的时间，不能折抵缓刑的考验期。

（三）缓刑考验期限内的考察

1. 缓刑的考察机关。《刑法》第 76 条规定："对宣告缓刑的犯罪分子，在缓刑考验期限内，依法实行社区矫正，……"社区矫正的执行机关是县级司法行政机关的社区矫正机构。

2. 应当遵守监督管理和教育矫正方面的规定。根据《刑法》第 75 条的规定，缓刑犯在社区矫正期间必须遵守以下规定：①遵守法律、行政法规，服从监督；②按照考察机关的规定报告自己的活动情况；③遵守考察机关关于会客的规定；④离开所居住的市、县或者迁居，应当报经考察机关批准。另外，根据《社区矫正实施办法》的规定，缓刑犯应当接受教育矫正，按规定积极参加教育学习和社区服务等活动。

3. 被附加宣告禁止令的缓刑犯，在社区矫正期间应当遵守禁止令。

（四）缓刑考验期满与缓刑撤销

根据缓刑犯的不同表现，一般缓刑的法律后果有以下三种：

1. 撤销缓刑，实行数罪并罚。根据《刑法》第 77 条第 1 款的规定，被宣告缓刑的犯罪分子，在缓刑考验期限内犯新罪或者发现判决宣告以前还有其他罪没有判决的，应当撤销缓刑，对新犯的罪或者新发现的罪作出判决，把前罪和后罪所判处的刑罚，依照《刑法》第 69 条的规定，决定执行的刑罚。

2. 撤销缓刑，执行原判刑罚。根据《刑法》第 77 条第 2 款的规定，被宣告缓刑的犯罪分子，在缓刑考验期限内，违反法律、行政法规或者国务院有关部门关于缓刑的监督管理规定，或者违反人民法院判决中的禁止令，情节严重的，应当撤销缓刑，执行原判刑罚。

3. 缓刑考验期满，原判刑罚不再执行。根据《刑法》第 76 条的规定，被宣告缓刑的犯罪分子，在缓刑考验期限内，如果没有《刑法》第 77 条规定的情形，缓刑考验期满，原判的刑罚就不再执行，并公开予以宣告。

此外，《刑法》第 72 条第 3 款规定："被宣告缓刑的犯罪分子，如果被判处附加刑，附加刑仍须执行。"这就是说，缓刑的效力不及于附加刑。

三、战时缓刑

战时缓刑，又称特别缓刑。《刑法》第 449 条规定："在战时，被判处 3 年以下有期徒刑没有现实危险宣告缓刑的犯罪军人，允许其戴罪立功，确有立功表现时，可以撤销原判刑罚，不以犯罪论处。"战时缓刑的适用条件包括：①适用的时间必须是战时。战时，是指国家宣布进入战争状态、部队受领作战任务或者遭敌突然袭击时；部队执行戒严任务或者处置突发性暴力事件时，以战时论。②适用的对象只能是被判处3年以下有期徒刑的犯罪军人。③适用的基本根据是在战争条件下宣告缓刑没有现实危险。战时缓刑在犯罪军人确有立功表现的情况下，原判刑罚可以撤销，不以犯罪论处，即罪与刑同时消灭。可见，战时缓刑与一般缓刑在适用对象、适用时间、有无考验期限、考验方法、法律后果等方面均有所不同。

本章小结

　　量刑是指法院对被定罪之人依法裁量和决定刑罚的刑事审判活动，必须遵循以犯罪事实为根据、以刑事法律为准绳的原则。量刑情节主要分为法定情节和酌定情节。法定情节包括从重处罚、从轻处罚、减轻处罚和免除处罚情节。量刑时，应在定性分析的基础上，结合定量分析，依次确定量刑起点、基准刑和宣告刑。

　　量刑制度有累犯、自首、坦白、立功、数罪并罚和缓刑。累犯，是指受过一定的刑罚处罚，在刑罚执行完毕或者赦免后的法定期限内，又犯应处一定刑罚之罪的犯罪分子，包括一般累犯和特别累犯。对于累犯应当从重处罚。自首分为一般自首和特别自首。一般自首，是指犯罪以后自动投案，如实供述自己的罪行的行为。特别自首，是指被采取强制措施的犯罪嫌疑人、被告人和正在服刑的罪犯，如实供述司法机关还未掌握的本人其他罪行的行为。对于自首犯可以从轻或者减轻处罚；其中，犯罪较轻的，可以免除处罚。坦白，是指犯罪分子被动归案之后，如实供述自己罪行的行为。立功分为一般立功和重大立功两种。坦白和立功也是法定的从宽处罚情节。数罪并罚是一人犯数罪合并处罚的量刑制度，刑法规定了三种数罪并罚的情形。缓刑是指法院对于被判处拘役、3年以下有期徒刑的犯罪分子，根据其犯罪情节较轻、有悔罪表现、没有再犯罪的危险、宣告缓刑对所居住社区没有重大不良影响的情况，宣告暂不执行所判的刑罚，但又保留着执行所判刑罚的可能性的量刑制度，它不是独立的刑种。

思考练习

　　1. 量刑原则和量刑情节包括哪些内容？如何正确运用量刑情节？

2. 什么是累犯？如何理解累犯的成立条件？

3. 如何认定自首？对自首犯的处罚原则是什么？

4. 自首与坦白的区别是什么？

5. 我国刑法关于数罪并罚是如何规定的？

6. 我国刑法规定的缓刑制度的具体内容有哪些？

实务训练

1. 下列哪些情形中的行为人构成累犯？

A. 甲犯间谍罪，被判有期徒刑 10 年，执行刑罚完毕后第 8 年，因犯煽动分裂国家罪被判处有期徒刑 3 年

B. 乙犯强奸罪，被判处有期徒刑 10 年，执行刑罚完毕后第 3 年，因犯盗窃罪被判处 6 个月拘役

C. 丙犯抢夺罪判处有期徒刑 3 年，执行刑罚完毕后第 4 年，因犯抢劫罪判处有期徒刑 10 年

D. 丁犯诈骗罪判处有期徒刑 3 年，执行刑罚完毕后第 2 年，因犯失火罪被判处有期徒刑 3 年

2. 下列哪些情形中的行为人构成自首？

A. 甲在抢劫时被当场抓获，在公安人员讯问时，其主动交代了其他 3 件盗窃的事实

B. 甲因为与乙有仇，与儿子丙一起残忍地杀害了乙。甲见罪责难逃，自动到公安机关投案自首，交代杀人是自己一人所为，与别人无关

C. 甲在实施强奸行为后自动投案，如实供述了自己的罪行，但后来又翻供，拒不认罪，直到一审庭审期间才恢复原先的如实供述

D. 甲在诈骗后，自动投案，但在投案后又逃跑，后被公安机关抓获，如实供述了自己的罪行

3. 对下列哪些情形中的行为人应当实行数罪并罚？

A. 甲因盗窃罪被起诉，在判决宣告前，查明甲分别实施了未指控的 3 次盗窃行为，数额分别为 2 万元、3 万元、5 万元

B. 乙因受贿被判处有期徒刑 2 年，缓刑 3 年，在缓刑考验期内，又查明其另外一起受贿 3 万元的罪行

C. 丙因故意伤害罪被判处有期徒刑 3 年，在服刑期间又犯故意伤害罪

D. 丁因盗窃罪被判处有期徒刑 2 年，执行完毕后，又发现其在该次盗窃以前还有一起重大盗窃犯罪行为

4. 被告人贾某于 2006 年 5 月 19 日因犯破坏交通设施罪、破坏电力设备罪被人民法院判处有期徒刑 10 年，刑期自 2005 年 6 月 17 日起至 2015 年 6 月 16 日止。因服刑期间发现漏罪，法院于 2010 年 8 月 16 日以故意伤害罪判处贾某有期徒刑 1 年。

问：对本案该如何实行数罪并罚？

第十四章　拓展学习

第十五章　刑罚执行和刑罚消灭

目标任务

　　了解减刑、假释、时效和赦免的概念；熟悉减刑、假释的适用条件，掌握对假释犯的考察及其法律后果；掌握刑法关于时效的规定；能够正确分析和处理减刑、假释案件，正确判断对假释犯是否应当撤销假释；能够根据时效的相关规定正确判断是否应追究行为人的刑事责任。

 **第一节　减刑和假释**

【案例】

　　兰某某因犯生产、销售伪劣产品罪，被 D 市中级人民法院判处有期徒刑 8 年（刑期自 2009 年 9 月 11 日起至 2017 年 9 月 10 日止），并处罚金 300 万元，但该笔罚金一直没有执行到位。经过几年的教育改造，D 监狱认为兰某某综合表现符合减刑条件，遂于 2016 年 6 月报请对该犯予以减刑。D 市中级人民法院经审理后，裁定对罪犯兰某某不予减刑。问：法院的裁定是否正确？

一、减刑

（一）减刑的概念

　　根据《刑法》第 78 条的规定，减刑，是指对被判处管制、拘役、有期徒刑或者无期徒刑的犯罪分子，因其在刑罚执行期间认真遵守监规，接受教育改造，确有悔改或者立功表现，将其原判刑罚予以适当减轻的一种刑罚执行制度。减刑，既可以是将较重的刑种减为较轻的刑种（不过这限于无期徒刑减为有期徒刑），也可以是将较长的刑期减为较短的刑期。减刑具有以下特征：

　　（1）适用减刑对象的限定性，即只适用于被判处管制、拘役、有期徒刑或者无期徒刑的罪犯。对死缓罪犯的减刑、罚金的减免、附加剥夺政治权利期限的调整或酌减，都不是《刑法》第 78 条意义上的减刑。

（2）适用减刑时间的限定性，即仅限于刑罚执行过程中。因此，减刑与减轻处罚明显不同。减轻处罚是一项量刑活动，是人民法院在裁量刑罚时，对具有减轻处罚情节的犯罪分子在法定刑以下判处刑罚，它只适用于判决确定前的未决犯。而减刑是一项行刑制度，是在原判刑罚的执行过程中，根据罪犯的服刑表现而将原判刑罚予以适当减轻，只适用于已决犯。

（3）适用减刑后果的限定性，即基于法定事由将原判刑罚予以减轻。因此，减刑与改判不同。改判是对错判的纠正，即原判决在认定事实或者适用法律上确有错误时，依照第二审程序或者审判监督程序，撤销原判决，重新判决。改判的结果多种多样。减刑则是在肯定原判决的基础上，根据犯罪分子在刑罚执行期间的表现，按照法定条件和程序，将原判刑罚予以适当减轻，它只涉及刑罚的变更，而且是变轻。

减刑是激励罪犯改造的刑罚制度和奖励性措施，是宽严相济刑事政策在刑罚执行过程中的具体体现，它对于激励罪犯积极改造，促进其回归、融入社会，最大限度地发挥刑罚的功能，实现刑罚的目的，具有非常重要的意义。

（二）减刑的条件

根据《刑法》第 78 条的规定，对犯罪分子适用减刑，必须符合下列条件：

1. 减刑的对象条件。减刑的对象只能是被判处管制、拘役、有期徒刑、无期徒刑的犯罪分子。在这里，只有刑种的限制，而没有刑期长短、犯罪性质、罪行轻重和罪过形式等方面的限制。

另外，根据 2017 年 1 月 1 日《最高人民法院关于办理减刑、假释案件具体应用法律的规定》（以下简称《减刑、假释规定》）第 18 条的规定，对于缓刑罪犯一般不适用减刑，但如果在缓刑考验期内有重大立功表现的，可以予以减刑，同时应当依法缩减其缓刑考验期。缩减后，拘役的缓刑考验期限不得少于 2 个月，有期徒刑的缓刑考验期限不得少于 1 年。2013 年 1 月 1 日《最高人民法院关于适用〈中华人民共和国刑事诉讼法〉的解释》第 449 条第 2 款规定："对暂予监外执行罪犯的减刑，应当根据情况，分别适用前款的有关规定。"1997 年11 月 8 日《最高人民法院关于办理减刑、假释案件具体应用法律若干问题的规定》第 16 条规定："被假释的罪犯，除有特殊情形，一般不得减刑，其假释考验期也不能缩短。"但该司法解释已于 2013 年 4 月 8 日废止，而新的《减刑、假释规定》没有作出上述限制性规定。这些规定说明，对缓刑犯、假释犯、暂予监外执行罪犯均可适用减刑。

2. 减刑的实质条件。减刑的实质条件因减刑的种类不同而有所区别。根据《刑法》第 78 条的规定，减刑分为可以减刑和应当减刑两种。

（1）可以减刑的实质条件。可以减刑的实质条件是犯罪分子在刑罚执行期间，认真遵守监规，接受教育改造，确有悔改表现，或者有立功表现。《减刑、假释规定》对如何认定"确有悔改表现"和"立功表现"作出了具体规定。

"确有悔改表现"是指同时具备以下条件：①认罪悔罪；②遵守法律法规及监规，接受教育改造；③积极参加思想、文化、职业技术教育；④积极参加劳动，努力完成劳动任务。对职务犯罪、破坏金融管理秩序和金融诈骗犯罪、组织（领导、参加、包庇、纵容）黑社会性质组织犯罪等罪犯，不积极退赃、协助追缴赃款赃物、赔偿损失，或者服刑期间利用个人影响力和社会关系等不正当手段意图获得减刑、假释的，不能认定其"确有悔改表现"。需要注意的是，申诉是法律赋予包括罪犯在内的刑事诉讼当事人的一项重要权利，因此，对于罪犯在刑罚执行期间的申诉权利应当依法保护，对其正当申诉不能不加分析地认为是不认罪悔罪。

具有下列情形之一的，可以认定为有"立功表现"：①阻止他人实施犯罪活动的；②检举、揭发监狱内外犯罪活动，或者提供重要的破案线索，经查证属实的；③协助司法机关抓捕其他犯罪嫌疑人的；④在生产、科研中进行技术革新，成绩突出的；⑤在抗御自然灾害或者排除重大事故中，表现积极的；⑥对国家和社会有其他较大贡献的。

另外，对"可以减刑"的实质条件应当注重综合考察。《减刑、假释规定》第2条规定，对于罪犯符合《刑法》第78条第1款规定"可以减刑"条件的案件，在办理时应当综合考察罪犯犯罪的性质和具体情节、社会危害程度、原判刑罚及生效裁判中财产性判项[1]的履行情况，交付执行后的一贯表现等因素。2014年6月1日《最高人民法院关于减刑、假释案件审理程序的规定》（以下简称《减刑、假释审理程序规定》）第5条规定："人民法院审理减刑、假释案件，除应当审查罪犯在执行期间的一贯表现外，还应当综合考虑犯罪的具体情节、原判刑罚情况、财产刑执行情况、附带民事裁判履行情况、罪犯退赃退赔等情况。"

【案例分析】"可以"是允许、许可的意思，表明了刑事立法的倾向性意见，符合"可以减刑"实质条件的，并不意味着就应当予以减刑。本案中，罪犯兰某某在服刑期间，认真遵守监规，接受教育改造，积极参加"三课"学习，确有悔改表现，虽然符合"可以减刑"的实质条件，但由于判决确定的罚金300万元未履行，根据上述司法解释的规定，对这种罪犯在减刑时应当从严掌握。因此，D市中级人民法院裁定对罪犯兰某某不予减刑，是正确的。

---

〔1〕 所谓"财产性判项"是指判决罪犯承担的附带民事赔偿义务判项，以及追缴、责令退赔、罚金、没收财产等判项。

（2）应当减刑的实质条件。应当减刑的实质条件是犯罪分子在刑罚执行期间有重大立功表现。《刑法》第 78 条规定，有下列重大立功表现之一的，应当减刑：①阻止他人重大犯罪活动的；②检举监狱内外重大犯罪活动，经查证属实的；③有发明创造或者重大技术革新的；④在日常生产、生活中舍己救人的；⑤在抗御自然灾害或者排除重大事故中，有突出表现的；⑥对国家和社会有其他重大贡献的。根据《减刑、假释规定》，重大立功表现还包括"协助司法机关抓捕其他重大犯罪嫌疑人的"情形。

3. 减刑的限度条件。减刑的限度，是指犯罪分子经过一次或者数次减刑以后，应当实际执行的最低刑期。根据《刑法》第 78 条第 2 款和《减刑、假释规定》第 12 条的规定，减刑以后实际执行的刑期不能少于下列期限：①判处管制、拘役、有期徒刑的，不能少于原判刑期的 1/2；②判处无期徒刑的，不能少于 13 年；③人民法院依照《刑法》第 50 条第 2 款规定限制减刑的死刑缓期执行的犯罪分子，缓期执行期满后依法减为无期徒刑的，不能少于 25 年，缓期执行期满后依法减为 25 年有期徒刑的，不能少于 20 年；④死缓罪犯经过一次或者几次减刑后，其实际执行的刑期不得少于 15 年，死刑缓期执行期间不包括在内。

关于减刑的起始时间、减刑幅度和间隔时间等问题，《减刑、假释规定》作出了具体规定。其中规定，被判处有期徒刑的罪犯减刑起始时间为：不满 5 年有期徒刑的，应当执行 1 年以上方可减刑；5 年以上不满 10 年有期徒刑的，应当执行 1 年 6 个月以上方可减刑；10 年以上有期徒刑的，应当执行 2 年以上方可减刑。确有悔改表现或者有立功表现的，一次减刑不超过 9 个月有期徒刑；确有悔改表现并有立功表现的，一次减刑不超过 1 年有期徒刑；有重大立功表现的，一次减刑不超过 1 年 6 个月有期徒刑；确有悔改表现并有重大立功表现的，一次减刑不超过 2 年有期徒刑。

（三）减刑的程序

减刑是一项极其严肃的司法工作，必须严格按照法定程序进行。《刑法》第 79 条规定："对于犯罪分子的减刑，由执行机关向中级以上人民法院提出减刑建议书。人民法院应当组成合议庭进行审理，对确有悔改或者立功事实的，裁定予以减刑。非经法定程序不得减刑。"《减刑、假释审理程序规定》对减刑案件的管辖法院、审理期限和审理方式等问题作出了明确规定。

（四）减刑后刑期的计算

减刑后刑期的计算方法，因原判刑罚的种类不同而有所区别：①对于原判管制、拘役、有期徒刑的，减刑后的刑期自原判决执行之日起计算，已经执行过的刑期（包括判决宣告以前先行羁押的日期在内），应当计算在减刑后的刑期之内。"判决执行之日"是指罪犯实际送交刑罚执行机关之日。②无期徒刑减为有期徒刑的，从裁定减刑之日起计算，即裁定减刑前已执行的刑期，不得计入减刑后的刑期之内。③对于无期徒刑减为有期徒刑之后，再次减刑的，应当从前次裁定减为有期徒刑之日算起。

　　根据《减刑、假释规定》第32条的规定，法院按照审判监督程序重新审理的案件，裁定维持原判决、裁定的，原减刑裁定继续有效；再审裁判改变原判决、裁定的，原减刑裁定自动失效，执行机关应当及时报请有管辖权的法院重新作出是否减刑的裁定；再审改判为死刑缓期执行或者无期徒刑的，在新判决减为有期徒刑之时，原判决已经实际执行的刑期一并扣减；再审裁判宣告无罪的，原减刑裁定自动失效。

二、假释

（一）假释的概念

　　假释，是指对被判处有期徒刑、无期徒刑的犯罪分子，在执行一定刑期之后，因其认真遵守监规，接受教育改造，确有悔改表现，没有再犯罪的危险，而附条件地将其提前释放，在假释考验期限内依法实行社区矫正的制度。假释是对犯罪分子附条件提前释放的一项刑罚执行制度，它同刑满释放、监外执行、缓刑和减刑虽有某些相似之处，但又有本质的区别。

　　假释与刑满释放不同。假释是将部分犯罪人附条件地提前释放。所谓"附条件"，是指尚未执行的刑期不是无条件地免除，而是在一定期限内保留执行的现实可能性，即如果出现法定情形，就撤销假释，收监执行剩余的刑罚。而刑满释放是犯罪分子原判刑罚已经执行完毕，无条件地回归社会，不存在再执行刑罚的问题。

　　假释与监外执行不同。假释是根据犯罪分子在刑罚执行期间的悔改表现而附条件地予以提前释放。只要犯罪分子在假释考验期限内没有出现法定情形，假释考验期满，就认为原判刑罚已经执行完毕，不存在再收监执行的问题。而监外执行则是为了解决犯罪分子某些特殊情况，诸如有严重疾病需保外就医，妇女怀孕或者正在哺乳自己的婴儿等，而采取的暂不在监内执行的临时性措施。一旦暂予监外执行的法定条件消失而刑期又未满，就应当收监执行。

　　假释与缓刑不同。二者的区别包括：①假释是罪犯服刑一定时间后，由法院依法裁定的；而缓刑则是法院在判决的同时宣告的。②假释必须执行原判刑期的一部分后，有条件地不在监所执行余刑；而缓刑则是有条件的不在监所执行所判的全部刑期。③假释犯在考验期间没有发生应当撤销假释的情形，就认为原判刑罚执行完毕；缓刑犯在考验期间没有发生应当撤销缓刑的情形，原判刑罚就不再执行。另外，二者在适用的对象条件和实质条件方面也是有区别的。

　　假释与减刑不同。二者在适用的对象范围、实质条件、适用的时间、次数和适用的结果等方面均是有区别的。尽管假释与减刑之间存在诸多区别，但二者的意义是相同的。而且从司法实践看，假释制度比减刑制度改造效果更好，假释罪犯再犯罪率更低。我国社区矫正制度日益健全，扩大假释适用的条件不断改善，根据《减刑、假释规定》第 26 条的规定，对部分罪行较轻、符合规定条件的罪犯，适用假释时可以依法从宽掌握；罪犯既符合减刑条件又符合假释条件的，可以优先适用假释。

（二）假释的条件

1. 适用假释的对象条件。假释的适用对象只能是被判处有期徒刑、无期徒刑的犯罪分子。管制本身就是对犯罪分子不予关押，故不发生假释问题。拘役犯的刑期很短，不具有适用假释的实际意义。死刑立即执行因其特殊性质，不存在假释的问题。对死缓罪犯不能直接适用假释。

应当指出，假释并非适用于全部有期徒刑、无期徒刑罪犯，对重大刑事罪犯应当排除或禁止适用。根据《刑法》第 81 条第 2 款和《减刑、假释规定》，排除适用假释的情形包括：

（1）对累犯以及因故意杀人、强奸、抢劫、绑架、放火、爆炸、投放危险物质或者有组织的暴力性犯罪被判处 10 年以上有期徒刑、无期徒刑的犯罪分子，不得假释。由于这些罪犯主观恶性较深，人身危险性较大，难以改造，如果放到社会上，既不容易得到人们的理解，又不利于社会安全，因此禁止适用假释。

（2）因上述情形和犯罪被判处死刑缓期执行的罪犯，被减为无期徒刑、有期徒刑后，也不得假释。

（3）对于生效裁判中有财产性判项，罪犯确有履行能力而不履行或者不全部履行的，不予假释。

（4）对被判处终身监禁的罪犯，在死刑缓期执行期满依法减为无期徒刑的裁定中，应当明确终身监禁，不得再减刑或者假释。

2. 适用假释的限制条件。《刑法》第 81 条第 1 款规定："被判处有期徒刑的犯罪分子，执行原判刑期 1/2 以上，被判处无期徒刑的犯罪分子，实际执行 13 年以上，认真遵守监规，接受教育改造，确有悔改表现，没有再犯罪的危险的，可以假释。如果有特殊情况，经最高人民法院核准，可以不受上述执行刑期的限制。"因为只有通过一定时间的刑罚执行，才能比较准确地掌握犯罪人是否具有悔改表现，是否有再犯罪的危险，才能体现出人民法院判决的严肃性和稳定性，才能确保适用假释的严肃性。无期徒刑减为有期徒刑或有期徒刑减为较短刑期的，适用假释时，实际执行刑期的确定应以原判刑罚为标准，而不能以减刑后的刑期为标准。上述条款中的"如果有特殊情况……"的规定，说明适用假释也具有一定的灵活性。所谓"特殊情况"，是指有国家政治、国防、外交等方面特殊需要的情况。

另外,《减刑、假释规定》第 23 条规定,被判处死刑缓期执行的罪犯减为无期徒刑或者有期徒刑后,实际执行 15 年以上,方可假释,该实际执行时间应当从死刑缓期执行期满之日起计算。死刑缓期执行期间不包括在内,判决确定以前先行羁押的时间不予折抵。

3. 适用假释的实质条件。适用假释的实质条件是犯罪分子认真遵守监规,接受教育改造,确有悔改表现,没有再犯罪的危险。这里的"确有悔改表现"应具备的情形与减刑中的"确有悔改表现"相同。认定"没有再犯罪的危险",除符合《刑法》第 81 条规定的情形外,还应当根据犯罪的具体情节、原判刑罚情况,在刑罚执行中的一贯表现,罪犯的年龄、身体状况、性格特征,假释后生活来源以及监管条件等因素综合考虑。

4. 适用假释的社区条件。《刑法》第 81 条第 3 款规定:"对犯罪分子决定假释时,应当考虑其假释后对所居住社区的影响。"犯罪分子被假释后都是回到其所居住的社区接受社区矫正,如果假释后对所居住社区的影响不好,势必影响其融入社会,甚至会诱发新的犯罪,不利于社会的稳定与安宁,因此刑法作出了上述规定。所谓"对所居住社区的影响",主要是指所居住社区的居民对假释该罪犯的主观意愿以及该社区原来的社会治安情况,已接收的社区矫正对象的数量或规模等情况。

根据《减刑、假释规定》第 26 条和第 31 条的规定,对下列罪犯适用假释时可以依法从宽掌握:①过失犯罪的罪犯、中止犯罪的罪犯、被胁迫参加犯罪的罪犯;②因防卫过当或者紧急避险过当而被判处有期徒刑以上刑罚的罪犯;③犯罪时未满 18 周岁的罪犯;④基本丧失劳动能力、生活难以自理,假释后生活确有着落的老年罪犯、患严重疾病罪犯或者身体残疾罪犯;⑤服刑期间改造表现特别突出的罪犯;⑥具有其他可以从宽假释情形的罪犯。罪犯既符合法定减刑条件,又符合法定假释条件的,可以优先适用假释。年满 80 周岁、身患疾病或者生活难以自理、没有再犯罪危险的罪犯,既符合减刑条件,又符合假释条件的,优先适用假释。

(三) 假释的裁定和执行

1. 假释的程序。根据《刑法》第 82 条的规定,对于犯罪分子的假释,由执行机关向中级以上人民法院提出假释建议书,人民法院应当组成合议庭进行审理,对符合假释条件的,裁定予以假释。非经法定程序不得假释。《减刑、假释审理程序规定》对假释案件的管辖法院、审理期限和方式等问题作出了规定。

2. 假释的考验期限及执行。假释是附条件地提前释放,因而需要设立一定的考验期限,以便对假释罪犯继续进行监督管理和教育矫正。《刑法》第 83 条规定："有期徒刑的假释考验期限，为没有执行完毕的刑期；无期徒刑的假释考验期限为 10 年。假释考验期限，从假释之日起计算。"凡被附加剥夺政治权利的，自假释之日起执行。

对假释的犯罪分子，在假释考验期限内，依法实行社区矫正。

3. 假释犯的行为规范。根据《刑法》第 84 条的规定，被宣告假释的犯罪分子，在假释考验期内应当遵守下列规定：①遵守法律、行政法规，服从监督；②按照监督机关的规定报告自己的活动情况；③遵守监督机关关于会客的规定；④离开所居住的市、县或者迁居，应当报经监督机关批准。

（四）假释的法律后果

1. 适用假释所期望的结果——认为原判刑罚执行完毕。根据《刑法》第 85 条的规定，假释犯在假释的考验期限内，没有出现应当撤销假释的三种情形，假释考验期满，就认为原判刑罚已经执行完毕，并公开予以宣告。这里的"认为原判刑法已经执行完毕"与缓刑中的"原判的刑罚就不再执行"是根本不同的。

2. 适用假释所不期望的结果——撤销假释、收监执行。根据《刑法》第 86 条的规定，假释犯有下列三种情形之一的，应当撤销假释，分别作出相应处理：

（1）被假释的犯罪分子，在假释考验期限内再犯新罪，应当撤销假释，依照《刑法》第 71 条的规定实行数罪并罚。

（2）在假释考验期限内，发现被假释的犯罪分子在判决宣告以前还有其他罪没有判决的，应当撤销假释，依照《刑法》第 70 条的规定实行数罪并罚。

（3）被假释的犯罪分子，在假释考验期限内，有违反法律、行政法规或者国务院有关部门关于假释的监督管理规定的行为，尚未构成新的犯罪的，应当依照法定程序撤销假释，收监执行未执行完毕的刑罚。

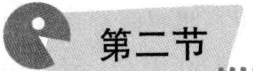 第二节　时效和赦免

【案例】

1999 年 1 月 10 日，王某盗窃邻居李某家的人民币 800 元，并挥霍一空。同年 6 月 1 日，公安机关以王某涉嫌盗窃罪立案侦查（当地盗窃案件立案标准为 500 元）。同年 11 月，王某向公安机关报告称要外出打工挣钱赔偿李某的损失，公安机关未置可否。同年 11 月 10 日王某外出打工，期间经常回家看望母亲，并给了母亲许多钱，但未赔钱给李某。李某从 2000 年 6 月份起就不断向公安机关反映，要求迅速处理王某，但公安机关以忙为由不予理睬。2005 年 6 月 9 日，公安机关将王某刑事拘留，

后移送检察机关审查起诉。问：本案是否已过追诉时效期限？

一、时效

（一）时效的概念

刑法中的时效，分为追诉时效和行刑时效两种。

追诉时效，是指刑法规定的追究犯罪分子刑事责任的有效期限。超过这个期限，除法定最高刑为无期徒刑、死刑，经最高人民检察院核准必须追诉的外，都不得再追究犯罪人的刑事责任；已经追究的，应当撤销案件，或者不起诉，或者终止审理。

行刑时效，是指法律规定的对被判处刑罚的人执行刑罚的有效期限。

我国刑法只规定了追诉时效制度，对行刑时效未作规定。在刑法中规定追诉时效，绝不是给犯罪分子提供"护身符"，而是为了更有效地同犯罪作斗争，维护社会的和谐稳定，实现我国刑法的任务。

（二）追诉时效的期限

我国刑法根据罪责刑相适应原则，以犯罪的法定最高刑为标准，规定了4个档次的追诉时效。根据《刑法》第87条的规定，犯罪经过下列期限不再追诉：①法定最高刑不满5年有期徒刑的，经过5年；②法定最高刑为5年以上不满10年有期徒刑的，经过10年；③法定最高刑为10年以上有期徒刑的，经过15年；④法定最高刑为无期徒刑、死刑的，经过20年。如果20年以后认为必须追诉的，须报请最高人民检察院核准。

在确定具体犯罪的追诉时效期限时，首先要根据罪行轻重，确定应当适用刑法分则相应条款或者相应的量刑幅度，然后确定其法定最高刑并计算追诉期限。具体而言，如果所犯之罪的法定刑由一个条款规定且只有一个量刑幅度的，则按该法定刑的最高刑计算追诉期限；如果所犯之罪的法定刑由一个条款规定，并且有数个量刑幅度的，则按其罪行应当适用的量刑幅度的最高刑计算；如果所犯之罪的刑罚分别规定有几条或几款时，则按其罪行应当适用的条或款的法定最高刑计算。

（三）追诉期限的计算

1. 追诉期限的起算。《刑法》第89条第1款规定："追诉期限从犯罪之日起计算；犯罪行为有连续或继续状态的，从犯罪行为终了之日起计算。"所谓"犯罪之日"，是指犯罪成立之日。由于法律对各种形态犯罪的构成要件规定不同，因而认定犯罪成立的标准也不相同。这里的"犯罪行为终了之日"，就连续犯而言，是指最后的一个独立的犯罪成立之日；就继续犯而言，是指处于持续状态的一个犯罪行为的结束之日。

2. 追诉时效的中断。追诉时效中断，是指在追诉时效进行期间，由于发生了法定的事由而使以前经过的时效期间归于无效，法定的事由终了之时，追诉时效重新开始计算。《刑法》第89条第2款规定："在追诉期限以内又犯罪的，前罪的追诉期限从犯后罪之日起计算。"

3. 追诉时效的延长。追诉时效延长，是指在追诉时效进行期间，因发生法律规定的事由，致使追诉期限暂时停止执行。《刑法》第88条第1款规定："在人民检察院、公安机关、国家安全机关立案侦查或者人民法院受理案件之后，逃避侦查或者审判的，不受追诉期限的限制。"第2款规定："被害人在追诉期限内提出控告，人民法院、人民检察院、公安机关应当立案而不立案的，不受追诉期限的限制。"刑法作这样的规定，是为了打击那些想方设法逃避侦查、审判的犯罪分子，无论他们逃避多久，司法机关都可以对其进行追诉；同时可以有效地保护被害人的合法权益，特别是对被害人进行精神上的抚慰。实务中应注意，如果犯罪分子没有逃避侦查和审判的行为，而是有的司法机关在立案或受理后，因某些原因又未继续采取侦查或追究措施，以至超过追诉期限的，不应适用《刑法》第88条的规定。

【案例分析】逃避侦查是指犯罪分子以逃跑、隐藏的方法逃避刑事追究。本案中，公安机关已对王某立案侦查，王某外出打工时曾向公安机关报告过，且打工期间经常回家看望母亲，而公安机关既未讯问过王某，也未对其采取强制措施。因此，王某并未逃避侦查，只是没有主动向李某赔偿而已。根据《刑法》第88条第1款的规定，对王某应判处3年以下有期徒刑，这样追诉期限应为5年（自1999年1月10日起至2004年1月9日止），过了这个期限就不能再追诉。而公安机关于2005年6月9日将王某刑事拘留，显然不符合法律规定。公安机关本应撤销案件，而不应当移送起诉。

二、赦免

赦免，是指国家以发布命令的形式，对犯罪分子免予刑事追诉或免除执行全部或部分刑罚的法律制度。

赦免分为大赦和特赦两种。大赦，是指国家对某一时期犯有某些罪行的不特定的多数犯罪分子的赦免。这种赦免的效力及于罪与刑两个方面，就是说，被大赦的犯罪人既不受刑事追究和刑罚处罚，也不存在着犯罪记录。特赦是指国家对受罪刑宣告的特定的犯罪分子，免除其刑罚的全部或部分的一项制度。特赦只赦其刑，不赦其罪，即只免除刑罚的执行而不消灭犯罪记录。

我国1954年宪法规定了大赦和特赦，但在实践中并没有实行过大赦。以后的宪法都只规定了特赦，没有规定大赦。因此我国刑法中的赦免均指特赦。根据我国宪法的规定，特赦由全国人民代表大会常务委员会决定，由国家主席发布特赦令实施特赦。自 1959 年以来，我国先后实行了 9 次特赦。其中，自 1959 年至 1975 年先后实行了 7 次特赦。最近两次的特赦分别在 2015 年和 2019 年。

2015 年 8 月 29 日，为纪念中国人民抗日战争暨世界反法西斯战争胜利 70 周年，体现依法治国理念和人道主义精神，全国人大常委会通过了《关于特赦部分服刑罪犯的决定》，对依据 2015 年 1 月 1 日前人民法院作出的生效判决正在服刑，释放后不具有现实社会危险性的四类罪犯实行特赦。2019 年 6 月 29 日，为庆祝中华人民共和国成立 70 周年，体现依法治国理念和人道主义精神，根据宪法，全国人大常委会通过了《关于在中华人民共和国成立七十周年之际对部分服刑罪犯予以特赦的决定》，决定对依据 2019 年 1 月 1 日前人民法院作出的生效判决正在服刑的九类罪犯实行特赦。具体特赦对象以及不得特赦的情形，详见上述两个决定。

我国的特赦制度的特点是：不是针对个别的犯罪分子，而是以某一类或者某几类犯罪分子为特赦对象；适用于经过一定时期的关押改造，确已改恶从善的犯罪分子；不是免除全部刑罚，只是免除执行剩余的刑罚予以释放，或者减轻其原判的刑罚。

本章小结

减刑是将正在服刑犯罪人的原判刑罚予以适当减轻，它包括可以减刑和应当减刑两种。被判处管制、拘役、有期徒刑、无期徒刑的犯罪分子，在执行期间，认真遵守监规，接受教育改造，确有悔改表现，或者有立功表现的，可以减刑；有重大立功表现的，应当减刑。减刑以后实际执行的刑期不能少于法定期限。假释是将正在服刑的犯罪人附条件地予以提前释放。对罪犯进行假释必须符合法定条件和法定程序，假释并非适用于全部有期徒刑、无期徒刑罪犯。裁定假释时应依法确定考验期限，对假释犯依法实行社区矫正。假释犯必须遵守行为规范，如果出现《刑法》第 86 条规定的情形之一，应当撤销假释，收监执行；如果没有出现应当撤销假释的情形，假释考验期满，就认为原判刑罚已经执行完毕。追诉时效是指刑法规定的追究犯罪分子刑事责任的有效期限。我国刑法规定了 4 档追诉时效，并规定了追诉时效中断和延长等不同的时效计算方法。赦免有大赦和特赦之分，我国刑法中的赦免是指特赦。

思考练习

1. 减刑制度包括哪些内容？

2. 假释制度包括哪些内容?

3. 如何理解追诉时效制度?

1. 邹某因犯盗窃罪于 2016 年 9 月被判处有期徒刑 4 年,收入 A 监狱服刑。2017 年 7 月的一天,A 监狱两名罪犯密谋越狱,被邹某偷听到,邹某立即向管教干警报告。监狱经调查确认邹某反映的情况属实,并对两名罪犯采取了必要措施。同年 10 月,A 监狱提请当地中级人民法院为邹某减刑。法院组成合议庭经审理,裁定减刑 6 个月。

问:该减刑裁定是否正确?

2. 马某因犯抢劫罪被判处有期徒刑 9 年,2002 年 11 月刑满释放。2005 年 1 月,马某盗窃他人财物 1 万元,人民法院于 2005 年 3 月以盗窃罪判处马某有期徒刑 7 年,判决生效后交付 B 监狱执行。2009 年 1 月,马某认为自己已符合适用假释的条件,遂向 B 监狱提出为其办理假释手续。

问:对马某能否假释?(提示:主要从适用假释的禁止性条件方面把握。)

3. 夏某被假释后第 3 天,在其姐开的旅店里见一年轻漂亮的女旅客徐某独自住在该店的 405 房间,遂生邪念。待夜深徐某熟睡后,翻窗进入 405 房间,先是对徐某进行猥亵,后又进行奸淫。此间,徐某曾被惊醒,但误以为夏某是其同住该店的未婚夫,而未反抗,夏某行奸后匆忙离开现场,这一举止引起了徐某的怀疑,徐某即向公安机关报案。夏某被抓获归案。

问:对夏某应如何定罪处罚?并说明理由。(提示:注意从假释的法律后果方面分析。)

第十五章 拓展学习

第十六章 罪刑关系条文的构成

　　刑法分则主要规定具体犯罪的不同内涵、责任要素和处罚效果。刑法分则条文，按照其是否规定有具体犯罪和刑罚为标准，可以分为罪刑关系的条文和非罪刑关系的条文。罪刑关系的条文，是指规定有具体犯罪并配置了相应刑罚的条文，它由罪状和法定刑两部分构成。非罪刑关系的条文，是指不包含有具体犯罪和刑罚，而只是对有关概念、词语作解释的条文。我国刑法分则中的条文，绝大部分属于罪刑关系的条文，少数属于非罪刑关系的条文。

第一节　罪状和罪名

【案例】

　　《刑法》第305条规定，在刑事诉讼中，证人、鉴定人、记录人、翻译人对与案件有重要关系的情节，故意作虚假证明、鉴定、记录、翻译，意图陷害他人或者隐匿罪证的，处3年以下有期徒刑或者拘役；情节严重的，处3年以上7年以下有期徒刑。问：该条文中的罪状属于哪一种？

一、罪状

（一）罪状与犯罪构成要件的关系

　　罪状，是指罪刑关系条文对具体犯罪及其基本构成特征的描述。罪状是犯罪构成的载体和基本内容，是定罪的法律依据。只有通过对各罪状的准确分析，才能掌握各种具体犯罪的基本构成特征，明确如何区分罪与非罪、此罪与彼罪的界限。

应当指出，任何一个罪状都不可能、也不必要对每一种罪的全部构成要件加以描述，罪状一般只是对某一犯罪特有的构成要件事实特征加以描述，而对于属于共性的构成要件不作描述，因为共性的构成要件已经规定在刑法总则中，可以根据刑法总则的相关规定予以确定。例如，由于大多数犯罪的主体是一般主体，而一般主体应具备的责任年龄、责任能力等条件在刑法总则中已有规定，因此，刑法分则条文的罪状中只对某种犯罪的特殊主体作出规定。基于同样的道理，关于犯罪主观方面的罪过形式，罪状中一般也不作描述。总之，罪状只是规定了部分的犯罪构成，确定一个具体犯罪的全部犯罪构成还需要结合刑法总则的一般性规定予以确定。

（二）罪状的种类

刑法理论一般根据罪状的描述方式及繁简程度的不同，把罪状划分为简单罪状、叙明罪状、引证罪状和空白罪状四种：

1. 简单罪状。是指在条文中仅写出犯罪名称即罪名，没有具体描述犯罪的基本构成特征的罪状。例如，《刑法》第 232 条规定："故意杀人的，处……"第 233 条规定："过失致人死亡的，处……"这两个条文中的"故意杀人""过失致人死亡"，就是简单罪状。采用简单罪状，虽然能够使法律条文简化避免繁琐，但不利于对法律条文含义准确地理解和执行，因而刑法分则条文中较少使用简单罪状。

2. 叙明罪状。是指在条文中对犯罪构成特征作出较详细描述的罪状。例如，《刑法》第 360 条规定："明知自己患有梅毒、淋病等严重性病卖淫、嫖娼的，处……"该条文具体描述了犯罪的主观特征和客观方面表现，因而该罪状属于叙明罪状。采用这种罪状描述方式，易为人们理解和掌握，有助于准确认定犯罪，因而我国刑法分则大多数条文采用叙明罪状。

【案例分析】《刑法》第 305 条规定的罪名是伪证罪，该条文对伪证罪的主体特征、主观方面特征和客观方面行为表现作了详细的描述，因而该罪状是典型的叙明罪状。

3. 引证罪状。是指引用同一法律中的其他条款来说明和确定某一犯罪构成特征的罪状。例如，《刑法》第 124 条第 1 款规定："破坏广播电视设施、公用电信设施，危害公共安全的，处 3 年以上 7 年以下有期徒刑……"该条款规定了破坏广播电视设施、公用电信设施罪的罪状，描述了该罪侵犯的客体、对象和客观方面表现。《刑法》第 124 条第 2 款规定："过失犯前款罪的，处……"该款规定的是过失损坏广播电视设施、公用电信设施罪，对该罪的构成特征要通过查看第 1 款的规定予以确定。引证罪状的标志性语句是"……犯前款罪的，处……"引证罪状的特点是引用、参照刑法典中的其他条款。

4. 空白罪状。亦称参见罪状，是指条文只规定了某种具体犯罪，但是具体的犯罪构成特征则要参照其他法律、法规的规定予以确定。例如，《刑法》第133 条规定："违反交通运输管理法规，因而发生重大事故，致人重伤、死亡或者使公私财产遭受重大损失的，处……"就是空白罪状。因为，该罪状中并没有写明交通肇事行为的客观表现，只能根据行为人所违反的交通运输管理法规的规定来确定。空白罪状的标志性语句是"违反……法规或规定""违反国家规定"。根据《刑法》第96 条的规定，刑法中所称"违反国家规定"，是指违反全国人民代表大会及其常务委员会制定的法律和决定，国务院制定的行政法规、规定的行政措施、发布的决定和命令。空白罪状的特点是参照刑法以外的其他法律法规。

以上几种罪状都属于基本罪状。有些罪刑关系条文在规定了基本罪状的同时，还规定了加重或减轻罪状。加重、减轻罪状，是指对加重或减轻法定刑的适用条件的描述。例如，《刑法》第232 条规定："故意杀人的，处死刑、无期徒刑或者10 年以上有期徒刑；情节较轻的，处3 年以上10 年以下有期徒刑。"该条就同时包括基本罪状和减轻罪状。

二、罪名

（一）罪名的确定方式

罪名，顾名思义，是犯罪的名称，是对具体犯罪本质特征或重要特征的高度概括，如投放危险物质罪、盗窃罪等。罪名虽然概括了犯罪内容，但它本身并不是确定该具体犯罪构成要件的依据。在确定具体犯罪的构成要件时，应当以刑法分则条文规定的罪状、刑法总则的相关规定以及其他相关条文的内容为依据。

我国刑法分则关于罪名的确定方式，少数采用定义明示式，绝大多数采用包含式的方式。

1. 定义明示式罪名。是指在条文中以定义的形式载明罪名。如《刑法》第382 条第1 款规定："国家工作人员利用职务上的便利，侵吞、窃取、骗取或者以其他手段非法占有公共财物的，是贪污罪"。这类罪名可以称为立法罪名。

2. 包含式罪名。是指将罪名包含在罪状之中，通过对罪状的分析来确定该条所规定的罪名。正确规定和使用罪名，对于准确划清此罪与彼罪的界限，正确定罪量刑，都具有重要的意义。由于我国刑法分则条文对大多数具体犯罪只规定了罪状，而没有明确罪名，这不利于刑事执法的统一，因此，最高司法机关通过司法解释对刑法分则各条文所规定的具体犯罪的名称作出了明确规定。

由司法解释所确定的罪名可以称为司法罪名。

（二）罪名的分类

一般来说，罪名可以分为以下几类：

1. 类罪名与具体罪名。

（1）类罪名，是指某一类犯罪的总名称。在刑法分则中，类罪名就是各章节的标题，如刑法分则第二章"危害公共安全罪"等，它没有具体的罪状和法定刑，因而，类罪名不能作为定罪的罪名使用，即对具体刑事案件不能以类罪名来定罪。

（2）具体罪名，即种罪名、个罪名，是指各种具体犯罪的名称，如以危险方法危害公共安全罪、抢劫罪、受贿罪等，都是具体罪名。我国刑法分则中只有 10 个类罪名，而目前有 469 个具体罪名，每个具体罪名都有其定义、构成要件与法定刑。具体罪名规定在类罪名之中，是定罪时应当使用的罪名。

2. 单一罪名、选择罪名与概括罪名。

（1）单一罪名，是指一个罪状中只包括一种犯罪行为，概括一个犯罪构成、不能分解拆开使用的罪名。如故意杀人罪、故意伤害罪等。由于单一罪名只反映一种犯罪行为的名称，所以在使用时不会发生歧义。我国刑法分则中的大部分罪名是单一罪名。

（2）选择罪名，是指某一罪状中所包含的犯罪构成内容复杂，包括多种犯罪行为或者多种行为对象，既可以概括为一个罪名使用，也可以分解拆开使用的罪名。如《刑法》第 125 条第 1 款规定的非法制造、买卖、运输、邮寄、储存枪支、弹药、爆炸物罪，第 240 条规定的拐卖妇女、儿童罪等，都属于选择罪名。选择罪名即使在多种行为方式或者多个行为对象同时存在的情况下，也只能定一个罪名，而不实行数罪并罚。应当注意，虽然选择罪名通常被规定在同一个条文中，但规定在同一个条文中的未必都是选择罪名。有时一个条文可能规定数个属于并列关系的罪名，如《刑法》第 118 条规定："破坏电力、燃气或者其他易燃易爆设备，危害公共安全，尚未造成严重后果的，处 3 年以上 10 年以下有期徒刑。"本条虽然规定了破坏电力设备罪和破坏易燃易爆设备罪 2 个属于并列关系的罪名，但并不属于选择罪名，行为人的行为分别触犯这 2 个罪名时，应当实行数罪并罚。

（3）概括罪名，是指虽然某一罪状中所包含的犯罪构成内容复杂，但是只能概括使用而不能分解拆开使用的罪名。如《刑法》第 196 条规定的信用卡诈骗罪，包括使用伪造的信用卡或者使用以虚假的身份证明骗领的信用卡、使用作废的信用卡、冒用他人信用卡、恶意透支四种行为类型，不管行为人是实施其中一种行为还是数种行为，都只定信用卡诈骗罪，而不实行数罪并罚。

 第二节 法定刑

一、法定刑的概念

法定刑，是指刑法分则条文对具体犯罪所确定的适用刑罚的种类（刑种）和刑罚的幅度（刑度）。法定刑是刑法分则罪刑关系条文的组成部分，是审判机关对犯罪人适用刑罚的依据。

法定刑不同于宣告刑。宣告刑是人民法院对犯罪分子判决宣告的应当执行的刑罚。法定刑是国家立法机关在刑法中规定的，它着眼于某一具体犯罪的共性；而宣告刑是人民法院在处理具体案件时确定的，且宣告刑必须以法定刑为依据，是法定刑的具体运用，它着眼于具体犯罪案件及犯罪人的特殊性。

法定刑也不同于执行刑。执行刑是对犯罪分子实际执行的刑罚，其执行依据是宣告刑而非法定刑。在通常情况下，执行刑与宣告刑是相等的，但在特殊情况下，执行刑要低于宣告刑。

二、法定刑的基本形式

从各国立法实践看，对法定刑的规定有三种基本形式：

（一）绝对确定的法定刑

绝对确定的法定刑，是指在刑法条文中对某种犯罪或某种犯罪的某种情形只规定单一、固定而无量刑幅度的刑种和刑度，审判机关没有自由裁量的余地。如对某种犯罪只规定"处死刑"。采用这样的法定刑，审判机关容易操作，但缺乏灵活性，难以保证罪责刑相适应原则的贯彻。因此，包括我国在内的现代世界各国刑法一般都不采用绝对确定的法定刑。

但是，我国刑法针对极个别犯罪的特定情节，规定了绝对确定的法定刑。例如，《刑法》第121条规定："以暴力、胁迫或者其他方法劫持航空器的，处10年以上有期徒刑或者无期徒刑；致人重伤、死亡或者使航空器遭受严重破坏的，处死刑。"从整体上看，该罪的法定刑不是绝对确定的，但是针对造成严重后果的情节，只规定单一的死刑，是绝对确定的，可以视为一种绝对确定法定刑。

（二）绝对不确定的法定刑

绝对不确定的法定刑，是指在刑法条文中只笼统地规定对某种犯罪要处以刑罚，而不规定具体的刑种和刑度，具体如何处罚完全由法官自由裁量。如只规定对某种犯罪行为"依法制裁""依法追究刑事责任"等。采用这样的法定

刑，给予法官的自由裁量权太大，容易造成执法的不统一和不平衡。由于我国实行罪刑法定原则，因此我国刑法中无此种类型的法定刑。

（三）相对确定的法定刑

相对确定的法定刑，是指在刑法条文中对某种犯罪规定了相对具体的刑种和刑度。相对确定的法定刑有较大的裁量幅度，便于审判机关根据犯罪人的不同情况适用不同的刑罚，这是我国刑法分则条文中普遍采用的法定刑形式。

三、我国刑法中"相对确定法定刑"的表现形式

我国刑法分则中的相对确定法定刑，有以下几种表现形式：

1. 只规定一种刑罚即主刑，并且只规定最高限度的法定刑，其最低限度决定于刑法总则对某种刑种下限的规定。如《刑法》第 429 条规定："在战场上明知友邻部队处境危急请求救援，能救援而不救援，致使友邻部队遭受重大损失的，对指挥人员，处 5 年以下有期徒刑。"根据刑法总则关于"有期徒刑的期限为 6 个月以上 15 年以下"的规定，拒不救援友邻部队罪的法定刑为 6 个月以上 5 年以下有期徒刑。

2. 只规定一种刑罚即主刑，并且只规定最低限度的法定刑，其最高限度决定于刑法总则对某种刑种上限的规定。如《刑法》第 317 条规定："组织越狱的首要分子和积极参加的，处 5 年以上有期徒刑；其他参加的，处 5 年以下有期徒刑或者拘役。"该条前段的法定刑没有最高限度，但结合刑法总则关于有期徒刑最高期限的规定，其法定刑就是 5 年以上 15 年以下有期徒刑。

3. 只规定一种刑罚即主刑，并且规定最高限度和最低限度的法定刑。如《刑法》第 294 条第 2 款规定："境外的黑社会组织的人员到中华人民共和国境内发展组织成员的，处 3 年以上 10 年以下有期徒刑。"

4. 规定两种以上主刑，同时对有期徒刑的最高限度或最低限度作出规定。如《刑法》第 232 条规定："故意杀人……情节较轻的，处 3 年以上 10 年以下有期徒刑。"

5. 规定一种主刑并同时规定附加刑。如《刑法》第 133 条之一规定："在道路上驾驶机动车，有下列情形之一的，处拘役，并处罚金：……"

6. 规定两种以上主刑并同时规定附加刑，其中对有期徒刑规定了最低限度或最高限度。如《刑法》第 309 条规定："聚众哄闹、冲击法庭，或者殴打司法工作人员，严重扰乱法庭秩序的，处 3 年以下有期徒刑、拘役、管制或者罚金。"

7. 规定两种以上主刑，两个以上的量刑幅度并同时规定附加刑，其中有期徒刑规定了最高限度和最低限度。如《刑法》第 239 条第 1 款规定："以勒索财物为目的绑架他人的，或者绑架他人作为人质的，处 10 年以上有期徒刑或者无期徒刑，并处罚金或者没收财产；情节较轻的，处 5 年以上 10 年以下有期徒刑，并处罚金。"

8. 规定援引法定刑，即规定对某罪援引其他条文或同条的另一款的法定刑处罚。如《刑法》第 386 条规定："对犯受贿罪的，根据受贿所得数额及情节，依照本法第 383 条的规定处罚。索贿的从重处罚。"就是说，对犯受贿罪的，按照《刑法》第 383 条所规定的贪污罪的法定刑进行处罚。采用这种形式的法定刑，目的是简化条文。

 **本章小结**

刑法分则条文，按照其是否规定有具体犯罪和刑罚为标准，可以分为罪刑关系的条文和非罪刑关系的条文。罪刑关系条文包括罪状和法定刑两部分。罪状是指罪刑关系条文对具体犯罪的基本构成特征的描述，包括简单罪状、叙明罪状、引证罪状和空白罪状四种。罪名即是犯罪的名称，是对具体犯罪本质特征或重要特征的高度概括。法定刑是指刑法分则条文对具体犯罪所确定的刑种和刑度，它不同于宣告刑和执行刑。法定刑包括绝对确定法定刑、绝对不确定法定刑和相对确定法定刑三种基本形式。

思考练习

1. 刑法理论将罪状分为哪几种？如何理解各自的特点？
2. 刑法理论对罪名是如何分类的？
3. 什么是法定刑？我国采用的是何种法定刑？

拓展学习

第十六章 拓展学习

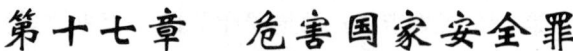

第十七章　危害国家安全罪

目标任务

　　理解危害国家安全罪的概念和构成特征，掌握各个罪名的概念、相关处罚的特别规定，熟悉重点罪名的构成要件以及认定时应注意的问题。能够根据刑法的相关规定与犯罪构成，进行案例分析，处理实务问题。

第一节　危害国家安全罪概述

　　危害国家安全罪，是指故意危害中华人民共和国国家安全的行为。它是性质最为严重、危害性最大的一类犯罪。这类犯罪的构成特征是：

　　1. 犯罪的同类客体是中华人民共和国的国家安全。国家安全，不是泛指一切属于国家的利益，而是指国家的根本利益，即我国主权、领土完整与安全以及人民民主专政的政权和社会主义制度。危害国家安全罪不同于其他九类犯罪的突出特点，就是它不是危害某些人、某一部门或某一方面的利益，而是直接指向和威胁国家政权和社会主义制度的存在。

　　2. 在客观方面表现为实施危害国家安全的行为。危害国家安全的行为，是指危害我国主权、领土完整和安全以及人民民主专政政权和社会主义制度的行为，具体包括《刑法》第102～112条规定的各种行为。这类犯罪属于行为犯，即上述条文规定的任何一种行为，只要一经实施，就成立犯罪既遂。而且，在本章犯罪中，有大量的非实行行为（预备行为、教唆行为、帮助行为）实行化的规定。例如，为分裂国家而实施策划的行为，本是分裂国家罪的预备行为，但刑法把它规定为分裂国家罪的实行行为；煽动分裂国家、煽动颠覆国家政权的行为本是分裂国家罪、颠覆国家政权罪的教唆行为，但刑法规定这种非实行行为独立成罪；资助危害国家安全犯罪活动，本是危害国家安全罪的帮助犯，也被独立成罪。此外，本类犯罪均以作为方式实施。

　　3. 犯罪的主体多数是一般主体，少数是特殊主体。本章中的少数犯罪的主体只能是具有刑事责任能力的中国公民，如背叛国家罪、投敌叛变罪、资敌罪。叛逃罪的主体只能是具有特殊身份的中国公民。其他 8 个罪名不论国籍情况，有刑事责任能力的自然人均可构成。单位不可能成为本类犯罪的主体。

4. 犯罪的主观方面是故意，即明知自己的行为会危害国家安全，并且希望或者放任这种结果的发生。

本类罪共包括 12 个罪名，这 12 个犯罪的刑事责任在有些方面是相同的，包括：①根据《刑法》第 106 条的规定，与境外机构、组织、个人相勾结，犯分裂国家罪，煽动分裂国家罪，武装叛乱、暴乱罪，颠覆国家政权罪，煽动颠覆国家政权罪的，从重处罚。②根据《刑法》第 113 条第 1 款的规定，除煽动分裂国家罪、颠覆国家政权罪、煽动颠覆国家政权罪、资助危害国家安全犯罪活动罪、叛逃罪外，其他犯罪的最高法定刑均为死刑，即"对国家和人民危害特别严重、情节特别恶劣的，可以判处死刑"。③根据《刑法》第 113 条第 2 款的规定，犯本章之罪的，可以并处没收财产。④根据《刑法》第 56 条的规定，对于危害国家安全的犯罪分子应当附加剥夺政治权利。

上述③④两个方面的规定，后面在介绍各罪的处罚时不再重复。

第二节　危害国家安全罪分述

【案例】

1. 江某长期受反华势力渗透影响，长期以来利用互联网发布大量反动言论。2013 年，江某与一些律师共同成立了"中国保障人权律师服务团"，该平台以"维权"为幌子，通过炒作国内热点事件，攻击和诽谤国家现行政治制度。2016 年 10 月，江某指使谢某（因涉嫌犯煽动颠覆国家政权罪被依法采取强制措施）的妻子陈某编造了"谢某在羁押期间遭受酷刑"的系列文章，在互联网上进行炒作。江某还将前述文章及境外网站歪曲事实的报道大量转发，并鼓动他人转发，煽动民众对现行体制和司法机关的不满。问：江某的行为该当何罪？

2. 王某系我国某直辖市原副市长，之前曾任该市公安局长。2012 年 2 月 6 日，王某以洽谈工作为由，借故取消原定公务安排，于当日 14 时 31 分私自进入美国驻成都总领事馆，称因查办案件人身安全受到威胁，请求美方提供庇护，并书写政治避难申请。王某于 2 月 7 日 23 时 35 分自动离开美领馆，并愿意接受组织调查。问：王某的行为构成何种犯罪？

一、背叛国家罪

（一）背叛国家罪的概念和构成要件

背叛国家罪，是指勾结外国或者境外机构、组织、个人，危害国家的主权、领土完整和安全的行为。其构成要件是：

1. 本罪的客体是国家的主权、领土完整和安全。

2. 本罪在客观方面表现为勾结外国或者境外机构、组织、个人，危害国家主权、领土完整和安全的行为。这包括两个方面：其一，构成本罪必须有勾结外国或者境外机构、组织、个人的事实。所谓勾结，是指与外国的政府、政党、政治集团或者境外机构、组织、个人进行联络、密谋、策划。其二，与外国或者境外机构、组织、个人相勾结实施了危害国家主权、领土完整和安全的行为。危害国家主权、领土完整和安全，是指签订卖国条约，出卖国家主权；非法割让国家领土，破坏国家领土完整；策划对我国发动侵略战争；制造国家争端，使外国向我国提出领土要求；勾结外国，迫使我国政府同意外国在我国领土上行使治外法权，以及其他危害国家安全的活动。上述两个方面必须同时具备。

3. 本罪的主体只能是中国公民，而且通常是掌握国家重要权力或者有一定社会地位和政治影响的中国公民。外国人不能成为本罪的主体，但可以成为本罪的共犯。

4. 本罪在主观方面表现为故意，并具有危害国家主权、领土完整和安全的目的。

（二）背叛国家罪的司法认定

1. 本罪既遂与未遂的界限。本罪属于行为犯，即只要行为人具有与外国或境外机构、组织或个人相勾结，密谋并实施危害国家主权、领土完整和安全的行为，就成立本罪既遂。

2. 本罪与其他同样具有背叛行为的犯罪的界限。其他同样具有背叛行为的犯罪包括武装叛乱、暴乱罪，投敌叛变罪，叛逃罪。背叛国家罪与这几种犯罪在侵犯的客体、主观方面等是相同的，但在犯罪客观方面和犯罪主体上存在区别。

（三）背叛国家罪的刑事责任

根据《刑法》第102条、第113条的规定，犯本罪的，处无期徒刑或者10年以上有期徒刑；对国家和人民危害特别严重、情节特别恶劣的，可以判处死刑。

二、分裂国家罪

分裂国家罪，是指组织、策划、实施分裂国家、破坏国家统一的行为。分裂国家，主要表现为推翻地方政府，拒绝中央政府领导，武装割据一方，进行分裂活动。破坏国家统一，是指通过前述行为破坏统一的国家整体或者阻碍国家统一的进程。根据《刑法》第103条第1款、第106条、第113条的规定，犯本罪的，对首要分子或者罪行重大的，处无期徒刑或者10年以上有期徒刑；对积极参加的，处3年以上10年以下有期徒刑；对其他参加的，处3年以下有期徒刑、拘役、管制或者剥夺政治权利。对国家和人民危害特别严重、情节特别恶劣的，可以判处死刑。与境外机构、组织、个人相勾结犯本罪的，从重处罚。

三、煽动分裂国家罪

煽动分裂国家罪，是指煽动分裂国家、破坏国家统一的行为。根据有关司法解释的规定，以下情形应以本罪定罪处罚：①明知出版物中载有煽动分裂国家、破坏国家统一的内容，而予以出版、印刷、复制、发行、传播的；②组织和利用邪教组织，组织、策划、实施、煽动实施分裂国家、破坏国家统一的；③利用突发传染病疫情等灾害，制造、传播谣言，煽动分裂国家、破坏国家统一的；④以各种方式宣扬宗教极端、暴力恐怖思想，煽动分裂国家、破坏国家统一的。根据《刑法》第103条第2款、第106条的规定，犯本罪的，处5年以下有期徒刑、拘役、管制或者剥夺政治权利；首要分子或者罪行重大的，处5年以上有期徒刑。与境外机构、组织、个人相勾结犯本罪的，从重处罚。

四、武装叛乱、暴乱罪

武装叛乱、暴乱罪，是指组织、策划、实施武装叛乱或者武装暴乱的行为。武装叛乱，是指以投靠外国或者境外敌对势力为目的，纠集多人利用武装进行暴力破坏活动，这是一种反叛国家和政府的行为。武装暴乱，是指在境内纠集多人，利用武装进行暴力破坏活动从而引起动乱，行为人不具有投靠境外敌对势力的目的。根据《刑法》第104条、第106条、第113条的规定，犯本罪的，对首要分子或者罪行重大的，处无期徒刑或者10年以上有期徒刑；对积极参加的，处3年以上10以下有期徒刑；对其他参加的，处3年以下有期徒刑、拘役、管制或剥夺政治权利。对国家和人民危害特别严重、情节特别恶劣的，可以判处死刑。策动、胁迫、勾引、收买国家机关工作人员、武装部队人员、人民警察、民兵进行武装叛乱、暴乱的，或者与境外机构、组织、个人相勾结犯本罪的，依照上述规定从重处罚。

五、颠覆国家政权罪

颠覆国家政权罪，是指组织、策划、实施颠覆国家政权、推翻社会主义制度的行为。本罪的主体是一般主体，但主要是那些窃取国家党政军重要职位以及具有一定社会地位和影响力的人物。根据《刑法》第105条第1款、第106条的规定，犯本罪的，对首要分子或者罪行重大的，处无期徒刑或者10年以上有期徒刑；对积极参加的，处 3 年以上 10 年以下有期徒刑；对其他参加的，处 3 年以下有期徒刑、拘役、管制或者剥夺政治权利。与境外机构、组织、个人相勾结犯本罪的，从重处罚。

六、煽动颠覆国家政权罪

煽动颠覆国家政权罪，是指以造谣、诽谤或者其他方式煽动颠覆国家政权、推翻社会主义制度的行为。所谓造谣，是指编造、散布敌视国家政权与社会主义制度的言论，从而混淆公众视听的行为。所谓诽谤，是指捏造并散布虚假事实，损害、诋毁、污蔑国家政权与社会主义制度的行为。所谓其他方式，是指采取造谣、诽谤以外的能够使人们仇视国家政权与社会主义制度的方式，如夸大、渲染我国社会中存在的问题，鼓吹将来的政权和制度比现在的好，等等。行为人所采取的各种方式，都旨在鼓动不特定人或多数人颠覆国家政权、推翻社会主义制度。根据《刑法》第 105 条第 2 款、第 106 条的规定，处 5 年以下有期徒刑、拘役、管制或者剥夺政治权利；首要分子或者罪行重大的，处 5 年以上有期徒刑。与境外机构、组织、个人相勾结犯本罪的，从重处罚。

【案例 1 分析】被告人江某以颠覆国家政权、推翻社会主义制度为目的，通过在互联网上发布文章、接受境外媒体采访、炒作热点事件等方式抹黑国家政权机关，攻击宪法所确立的制度，煽动颠覆国家政权、推翻社会主义制度，其行为已构成煽动颠覆国家政权罪。某市中级人民法院一审公开宣判，认定江某犯煽动颠覆国家政权罪，判处有期徒刑 2 年，剥夺政治权利 3 年。江某当庭表示不上诉。

七、资助危害国家安全犯罪活动罪

资助危害国家安全犯罪活动罪，是指境内外机构、组织或者个人资助境内组织或者个人实施特定的危害国家安全罪的行为。本罪在客观方面表现为资助我国境内的组织、个人实施背叛国家、分裂国家、煽动分裂国家、武装叛乱、暴乱、颠覆国家政权、煽动颠覆国家政权的行为。所谓"资助"，是指通过提供经费、物资、场所进行支持和帮助。本罪的主体是境内外机构、组织或者个人，但只处罚直接责任人员。主观方面是故意，即明知境内组织或个人实施上述 6 种危害国家安全犯罪，而予以资助。根据《刑法》第 107 条的规定，犯本罪的，对直接责任人员，处 5 年以下有期徒刑、拘役、管制或者剥夺政治权利；情节严重的，处 5 年以上有期徒刑。

八、投敌叛变罪

投敌叛变罪，是指中国公民投奔敌方营垒，或者被捕、被俘后投降敌人，危害国家安全的行为。如果行为人虽然实际上投奔了敌占区，但并没有危害国家安全的故意，也没有实施危害国家安全的行为，则不构成本罪。根据《刑法》

第108条的规定，犯本罪的，处3年以上10年以下有期徒刑；情节严重或者带领武装部队人员、人民警察、民兵投敌叛变的，处10年以上有期徒刑或者无期徒刑。

九、叛逃罪

（一）叛逃罪的概念和构成要件

叛逃罪，是指国家机关工作人员在履行公务期间，擅离岗位，叛逃境外或者在境外叛逃的行为，以及掌握国家秘密的国家工作人员叛逃境外或者在境外叛逃的行为。其构成要件是：

1. 本罪的客体是国家安全。

2. 本罪在客观方面表现为以下两种情形之一的行为：

（1）国家机关工作人员在履行公务期间，擅离岗位，叛逃境外或在境外叛逃的行为。具体包括以下两个要素：一是叛逃行为必须发生在履行公务期间。所谓履行公务期间，主要是指国家机关工作人员在代表国家履行职务期间，如作为国家机关代表团团员在外访问期间，我国驻外使领馆的外交人员以及代表我国在我国驻外机构或者国际机构履行职务期间等。二是必须有擅离岗位叛逃境外，或者擅离岗位，在境外叛逃的行为。所谓擅离岗位，是指违反规定私自离开代表国家履行职务的岗位，不能狭隘地理解叛逃只能是从行为人具体执行公务的地点叛逃。所谓叛逃，主要是指投靠境外的机构、组织，或者直接投奔国外有关组织，或者逃往外国驻我国使领馆，背叛国家的行为，如向外国寻求政治避难或庇护、公开发表叛国言论，我国驻外使节宣布放弃中华人民共和国国籍等。叛逃的地点包括：一是由境内叛逃到境外；二是在境外叛逃，即行为人在境外履行公职期间，擅离岗位，叛变逃跑，或者利用公务出境之机滞留国外、境外不归。

（2）掌握国家秘密的国家工作人员叛逃境外或者在境外叛逃的行为。这与前一种情形不同，没有"在履行公务期间，擅离岗位"的限定条件。就是说，掌握国家秘密的国家工作人员无论在何时、何种情况下叛逃，都构成叛逃罪。

3. 本罪的主体是特殊主体，即只能是国家机关工作人员和掌握国家秘密的国家工作人员。

4. 本罪的主观方面是直接故意。叛逃的动机可以是多种多样的，如贪图享受、逃避惩罚、出于对祖国的仇视等。

【案例2分析】被告人王某身为国家机关工作人员，在履行公务期间，以洽谈工作为由，借故取消原定公务安排，擅离岗位，私自进入美国驻成都总领事馆，而且申请政治避难，属于叛逃境外。王某实施叛逃行为，其主观方面是故意的，符合叛逃罪的犯罪构成，应以叛逃罪追究其刑事责任。

（二）叛逃罪的司法认定

1. 本罪与非罪的界限。区分的关键在于行为人主观上是否有叛逃的故意，客观上是否实施了叛逃的行为。对于一般的国家机关工作人员到国外学习、探亲访友、旅游滞留境外不归，以及由于不以本人意志为转移的客观原因而被迫滞留境外的，不能简单地与"叛逃"划等号。

2. 本罪与投敌叛变罪区别。二者均具有背叛祖国的性质，其区别主要表现在：①犯罪主体不同。本罪只能是国家机关工作人员和掌握国家秘密的国家工作人员；而后者的主体可以是任何具有刑事责任能力的中国公民。②客观方面表现不同。本罪在客观方面表现为在履行公务期间，叛逃境外或者在境外叛逃的行为；而后者表现为投奔敌人营垒或者投降敌人的行为。

3. 一罪与数罪的界限。叛逃罪是行为犯，至于行为人叛逃后是否实施了危害国家安全的行为，不影响本罪的成立。如果叛逃后实施了其他危害国家安全的活动，如加入间谍组织或为境外的机构提供我国国家秘密等，则又构成间谍罪、为境外非法提供国家秘密罪等，应实行数罪并罚。

（三）叛逃罪的刑事责任

根据《刑法》第109条的规定，犯本罪的，处5年以下有期徒刑、拘役、管制或者剥夺政治权利；情节严重的，处5年以上10年以下有期徒刑；可以并处没收财产。掌握国家秘密的国家工作人员犯本罪的，从重处罚。

十、间谍罪

（一）间谍罪的概念和构成要件

间谍罪，是指参加间谍组织或者接受间谍组织及其代理人的任务，或者为敌人指示轰击目标的行为。其构成要件是：

1. 本罪的客体是国家安全。

2. 本罪在客观方面表现为参加间谍组织或接受间谍组织及其代理人的任务，或者为敌人指示轰击目标的行为，即实施了间谍行为。根据《刑法》第110条和全国人大常委会于2014年11月1日通过的《中华人民共和国反间谍法》第38条的规定，间谍行为包括以下几种：

（1）参加间谍组织。间谍组织，主要是指外国政府或者境外敌对势力建立的，旨在搜集我国秘密或情报、进行颠覆破坏活动等危害我国国家安全和利益的组织。参加间谍组织，主要是指经过一定程序加入间谍组织成为其成员的行为，包括履行了正式的加入手续，或者参加了某种形式的加入仪式，如接受挑选、专门训练等。应当指出，虽然没有履行上述程序，但实际上已为该间谍组织效力，或者接受间谍组织的代理人的单线发展的，也视为参加间谍组织。

（2）接受间谍组织及其代理人的任务。即受间谍组织及其代理人的命令、

派遣、指使或者委托，为间谍组织服务，从事危害我国国家安全的活动，主要表现为执行窃取、刺探我国秘密或情报、建立间谍网络或者颠覆破坏等任务。只要行为人事实上接受间谍组织及其代理人的任务，不论其是否参加了间谍组织，均不影响本罪的构成。所谓"间谍组织代理人"，是指接受间谍组织或者其成员的指使、委托、资助，而又指使、授意他人进行危害我国国家安全活动的人。

（3）为敌人指示轰击目标。即为敌人指明、显示轰炸、袭击对象的行为。其方式可以是发送情报，指明我方目标的方位、特征等有关情况，也可以是通过设置标志物或者发射照明弹等方式指示。

（4）间谍组织及其代理人实施或者指使、资助他人实施，或者境内外机构、组织、个人与其相勾结实施的危害中华人民共和国国家安全的活动。

（5）间谍组织及其代理人以外的其他境外机构、组织、个人实施或者指使、资助他人实施，或者境内机构、组织、个人与其相勾结实施的窃取、刺探、收买或者非法提供国家秘密或者情报，或者策动、引诱、收买国家工作人员叛变的活动。

（6）进行其他间谍活动的。

行为人只要实施了上述行为之一，即可构成本罪。

3. 本罪的主体是一般主体。

4. 本罪的主观方面是故意，即明知是间谍组织而参加，或者明知是间谍组织或间谍组织的代理人而接受其派遣的任务，或者明知是我国的敌人而为其指示轰击目标，并且对危害国家安全结果的发生持希望的心理态度。

（二）间谍罪的司法认定

1. 本罪与非罪的界限。行为人是否出于危害国家安全的故意，并实施了法律规定的上述间谍行为，是区分间谍罪与非罪的基本界限。因此，对于因受蒙蔽、欺骗，不明真相而误入间谍组织，事后发现是间谍组织而主动退出，未从事间谍活动的；或者不知是间谍组织或其代理人派遣的任务而接受，一旦了解真相后拒绝执行该任务的，不应以间谍罪论处。对于在间谍组织中就业，从事勤杂、医务、传达等非间谍事务的，但并不知道该组织性质的，也不应以间谍罪论处。另外，行为人虽实施了间谍行为，但如果这一行为不是危害我国国家安全的，则不能以间谍罪论处。例如，甲参与了某国的间谍组织，但他主要对他国进行间谍活动，并未对我国的国家安全造成危害，则不能以间谍罪论处。

《反间谍法》第 28 条规定，在境外受胁迫或者受诱骗参加敌对组织、间谍组织，从事危害中华人民共和国国家安全的活动，及时向中华人民共和国驻外机构如实说明情况，或者入境后直接或者通过所在单位及时向国家安全机关、公安机关如实说明情况，并有悔改表现的，可以不予追究。

2. 罪数形态的问题。参加间谍组织后又实施窃取、刺探、收买、非法提供国家秘密、情报或其他破坏活动的，或者在接受间谍组织或其代理人派遣的任务后实施完成该任务的行为，而触犯其他罪名的，应当以间谍罪一罪论处。犯本罪，又实施颠覆政府、分裂国家等危害国家安全犯罪活动的，以及叛逃后又参加间谍组织或者接受间谍任务的，应当数罪并罚。

（三）间谍罪的刑事责任

根据《刑法》第 110 条、第 113 条的规定，犯本罪的，处 10 年以上有期徒刑或者无期徒刑；情节较轻的，处 3 年以上 10 年以下有期徒刑。对国家和人民危害特别严重、情节特别恶劣的，可以判处死刑。

十一、为境外窃取、刺探、收买、非法提供国家秘密、情报罪

为境外窃取、刺探、收买、非法提供国家秘密、情报罪，是指为境外的机构、组织、人员窃取、刺探、收买、非法提供国家秘密或者情报的行为。本罪的主观方面是故意，即明知是国家秘密或情报，明知是境外机构、组织、人员而实施窃取、刺探、收买或者非法提供的行为。有关司法解释规定，[1]行为人知道或者应当知道没有标明密级的事项关系国家安全和利益，而为境外窃取、刺探、收买、非法提供的，应当以为境外窃取、刺探、收买、非法提供国家秘密罪定罪处罚。根据《刑法》第 111 条、第 113 条的规定，犯本罪的，处 5 年以上 10 年以下有期徒刑；情节特别严重的，处 10 年以上有期徒刑或者无期徒刑；情节较轻的，处 5 年以下有期徒刑、拘役、管制或者剥夺政治权利。对国家和人民危害特别严重、情节特别恶劣的，可以判处死刑。

十二、资敌罪

资敌罪，是指战时供给敌人武器装备、军用物资资敌的行为。资敌的行为必须发生在战时，非战时的资敌行为不构成本罪。根据《刑法》第 112 条、第 113 条的规定，犯本罪的，处 10 年以上有期徒刑或者无期徒刑；情节较轻的，处 3 年以上 10 年以下有期徒刑；对国家和人民危害特别严重、情节特别恶劣的，可以判处死刑。

本章小结

危害国家安全罪共包括 12 个罪名，本章对其中的主要罪名，包括背叛国家

---

〔1〕 2001 年 1 月 22 日《最高人民法院关于审理为境外窃取、刺探、收买、非法提供国家秘密、情报案件具体应用法律若干问题的解释》第 5 条。

罪、叛徒罪、间谍罪等，从犯罪构成要件、司法认定和刑事责任方面作了重点阐析，应当重点掌握和理解，并能够运用。对本章的其他罪名也应当有所掌握。

思考练习

1. 如何理解危害国家安全罪？
2. 背叛国家罪的概念和构成要件是什么？
3. 如何理解叛逃罪的构成要件？
4. 间谍行为有哪些？认定间谍罪时应当注意什么问题？

实务训练

1. 朱某原系我国某海关的领导干部。1998 年随本单位组团赴某国考察。考察结束后，朱某担心自己贪污和受贿犯罪被查处，遂脱离组织，滞留不归。为获得庇护，朱某向所在国难民署提供我国从未对外公开且影响我国经济安全的海关数据。

问：朱某的行为构成何罪？是一罪还是数罪？

2. 俞某于 2005 年被某国间谍机关招募为间谍，经过特工训练后，于 2007 年受该间谍机关的派遣，潜入我国境内，到处刺探、搜集我国的机密情报。2011 年，俞某再次潜入我国某市时，被我国国家安全机关侦破。在国家安全机关对俞某实施抓捕时，俞某开枪拒捕，重伤国家安全机关工作人员一名。

问：俞某的行为构成何罪？应如何处罚？并说明理由。

拓展学习

第十七章　拓展学习

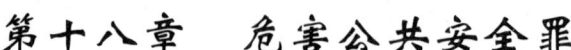

第十八章　危害公共安全罪

目标任务

　　了解危害公共安全罪的概念和构成特征，以及各个非重点罪名的概念和有关特别规定；把握"公共安全"的含义及其认定，掌握和理解各个重点、常见罪名的概念、犯罪构成以及认定时应注意的问题；能够根据刑法的规定和运用犯罪构成，进行案例分析，处理实务问题。

第一节　危害公共安全罪概述

　　危害公共安全罪，是指故意或者过失地实施危害不特定或多数人的生命、健康或者重大公私财产安全的行为。这类犯罪的构成特征是：

　　1. 犯罪的同类客体是公共安全。公共安全，是指不特定或者多数人的生命、健康安全或者重大公私财产安全。所谓"不特定"，是相对其他犯罪危害的"特定"人和物而言的。"不特定"是指犯罪行为可能侵犯的对象和可能造成的结果事先无法确定，行为人对此既无法具体预料也难以实际控制，行为造成的危险或者侵害结果可能随时扩大或增加。[1]例如，对生产加工中的食品投放危险物质，在居民楼里放火等，这些行为就侵害了不特定人的生命、健康安全或者重大公私财产安全，属于危害公共安全的行为。所谓"多数"，是相对其他犯罪一般只危害少数人或物而言的，行为使较多人（即使是特定的多数人）的生命、健康受到威胁，或者使重大公私财产受到威胁，就应认为危害了公共安全。例如，在行驶的列车上实施爆炸等。

　　"不特定"和"多数"是危害公共安全罪的突出特点。如果危害行为指向特定的人身或财产，并不直接危及多人的生命、健康或者重大公私财产安全，就只能分别以侵犯公民人身权利罪或侵犯财产罪中的某些犯罪论处。例如，在公共水源投放毒害性物质，由于有可能造成不特定的多人中毒，危害到公共安全，

―――――――――

〔1〕 张明楷：《刑法学》（下），法律出版社 2016 年版，第 687 页。

因此构成投放危险物质罪。相反，甲基于仇恨乙的心理，将毒药偷偷投放到乙家的饭锅里，造成乙家 4 口人中毒死亡，对甲的投毒行为只能以故意杀人罪定罪。因为，甲的投毒行为指向的对象是特定的，其可能造成的危害后果被控制在一定的范围内，不可能危及多数人的生命、健康安全。应当指出，"不特定"是一种客观判断，不依行为人主观上是否有确定的侵害对象为转移。行为人意欲侵害特定的对象，但在客观上足以危害多数人的生命、健康或者重大公私财产安全，那就侵害了公共安全。

2. 在客观方面表现为实施了刑法规定的危害公共安全的行为。刑法分则第二章规定的各种危害公共安全的行为，从表现形式上看，多数以作为的方式实施，少数是以不作为的方式实施。从危害结果上看，一切危害公共安全的行为都能够造成人身、财产重大损害的后果。从犯罪构成上看，刑法对危害公共安全罪的构成规定了三种情况：①以危险方法实施危害公共安全的行为，如放火、投放危险物质、破坏交通工具等，只要具有足以危害公共安全的危险，就构成犯罪既遂。②对行为的具体危害结果未提出要求，只要实施了法条规定的行为，就构成犯罪。③对于过失危害公共安全的行为，必须造成法定的危害结果，才构成此类罪。

3. 犯罪的主体方面，多数罪是一般主体。少数犯罪的主体是特殊主体，如丢失枪支不报罪、铁路运营安全事故罪等。

4. 犯罪的主观方面既有故意也有过失，而且本类罪中包括的过失犯罪最多。本类罪共包括 52 个罪名。为正确处理这类刑事案件，"两高"分别或者联合发布了大量的司法解释。另外，最高人民检察院、公安部印发了《关于公安机关管辖的刑事案件立案追诉标准的规定（一）》（本章以下简称《公安立案标准一》），对有关犯罪的立案追诉标准作了规定。

第二节 危害公共安全罪分述

【案例】

1. 邢某于 2008 年 4 月 4 日 21 时许，在其工作的"福锅记"饭店内，因倒垃圾问题与饭店经理陈某（男，44 岁）发生争执，陈某将邢某头部打伤（经鉴定为轻微伤）。邢某被打后，从厨房拿 1 把菜刀追砍陈某，陈某躲进饭店的 1 号包间内。邢某用菜刀将包间房门的玻璃砍碎，其见陈某不出来，便把饭馆大厅离 1 号包间最近的 28 号餐桌下的煤气管道阀门打开，并用打火机点燃，意图烧陈某。煤气着火后将 1

把椅子和隔板烧坏。后饭店员工及时将火扑灭。被点燃的煤气管道连接4个大型煤气罐，如不及时扑灭极易引起爆炸，威胁到饭店及饭店周围商店的安全。经鉴定，"福锅记"饭店所遭受的经济损失为人民币410元。[1] 问：邢某的行为是否构成放火罪？

2. 2008年5月，被告人孙某某购买一辆车牌号为川A43K66的别克轿车。之后，在未取得驾驶证的情况下长期驾驶该车，并多次违反交通法规。同年12月14日中午，孙某某与其父母为亲属祝寿，大量饮酒。当日17时许，孙某某驾驶其别克轿车行至成都市成龙路"蓝谷地"路口时，从后面撞向与其同向行驶的一辆比亚迪轿车尾部。肇事后，孙某某继续驾车超限速行驶，行至成龙路"卓锦城"路段时，越过中心黄色双实线，先后与对面车道正常行驶的4辆轿车相撞，造成4人死亡、1人重伤，以及公私财产损失5万余元。经鉴定，孙某某驾驶的车辆碰撞前瞬间的行驶速度为134~138公里/小时；孙某某案发时血液中的乙醇含量为135.8毫克/100毫升。案发后，孙伟铭的亲属赔偿被害人经济损失11.4万元。[2] 问：对孙伟铭的行为应如何定性？

3. 李某怀疑妻子与某县公安局局长岑某关系暧昧而怀恨在心，为泄愤报复，给岑某造成不良影响，谋划炸坏公安局小轿车。为此，李某用草香1段、雷管1枚、硝胺炸药2筒、导火索85厘米、竹签等制成爆炸装置，于某日晚12时许，撬开县公安局停放本田牌小轿车的库门，将该爆炸装置放在该轿车旁，然后用打火机点燃捆在导火索头的草香，即关上库门离开现场，0时50分，炸药引爆，小轿车被炸坏，造成经济损失31 490元。检察院指控李某的行为构成破坏交通工具罪；辩护人认为李某的行为构成故意毁坏财物罪。问：检察院对李某的指控是否正确？

4. 2010年12月11日下午2时许，被告人陈某某驾驶一辆粤A129KD号牌小客车沿广州市广花路由北向南行驶至广州王老吉药业有限公司对面出路口时，遇钟某骑一辆无牌自行车在人行横道线内由西往东横过马路，由于陈某某驾车忽视行车安全，行经人行横道时未减速慢行，刹车不及导致小客车车头碰撞钟某致其重伤，后陈某某驾驶事故车逃离现场。经公安机关认定，被告人陈某某在该起事故中承担

---

[1] "放火罪的案例分析"，载找法网，http://china.findlaw.cn/zuiming/2_59/anli.html，最后访问时间：2018年6月1日。

[2] "最高人民法院关于印发醉酒驾车犯罪法律适用问题指导意见及相关典型案例的通知"，载刑事辩邦律师网，http://www.law001.net/n481c34.aspx，最后访问时间：2018年6月1日。

全部责任。经法医鉴定，被害人钟某的损伤达到一级伤残。2011 年 3 月，被告人陈某某到公安机关投案自首，并给予被害人一定的经济赔偿。[1]问：被告人陈某某的行为是否构成交通肇事罪？是否构成"交通运输肇事后逃逸"？应如何处罚？

5. 2012 年 2 月 3 日 20 时 20 分许，被告人张某某、金某相约驾驶摩托车出去享受大功率摩托车的刺激感，约定"陆家浜路、河南南路路口是目的地，谁先到谁就等谁"。随后，由张某某驾驶无牌的本田大功率二轮摩托车（经过改装），金某驾驶套牌的雅马哈大功率二轮摩托车（经过改装），从上海市浦东新区乐园路 99 号车行出发，行至杨高路、巨峰路路口掉头沿杨高路由北向南行驶，经南浦大桥到陆家浜路下桥，后沿河南南路经复兴东路隧道、张杨路回到张某某住所。全程 28.5 公里，沿途经过多个公交站点、居民小区、学校和大型超市。在行驶途中，二被告人驾车在密集车流中反复并线、曲折穿插、多次闯红灯、大幅度超速行驶。当行驶至陆家浜路、河南南路路口时，张某某、金某遇执勤民警检查，遂驾车沿河南南路经复兴东路隧道、张杨路逃离。其中，在杨高南路浦建路立交（限速 60km/h）张某某行驶速度 115km/h、金某行驶速度 98km/h；在南浦大桥桥面（限速 60km/h）张某某行驶速度 108km/h、金某行驶速度 108km/h；在南浦大桥陆家浜路引桥下匝道（限速 40km/h）张某某行驶速度大于 59km/h、金某行驶速度大于 68km/h；在复兴东路隧道（限速 60km/h）张某某行驶速度 102km/h、金某行驶速度 99km/h。被告人张某某、金某先后归案。[2]问：张某某、金某在道路上驾驶机动车追逐竞驶的行为是否构成危险驾驶罪？

6. 被告人牛某某在承包本市高新区高美有限责任公司所属枫叶新都市会所游泳馆期间，未按照相关规定办理经营许可证，救生等管理责任不落实，救生设施、安全措施等不到位，违规经营。致使在 2006 年 5 月 31 日中午 12 时许高新二小学生党某某、郭某某二人在该游泳馆游泳时溺水死亡。经高新医院诊断：二被害人系溺水，呼吸、心跳骤

〔1〕 最高人民法院中国应用法学研究所：《人民法院案例选（2012 年第 1 辑）》，人民法院出版社 2012 年版，第 48 页。

〔2〕 "指导案例 32 号：张某某、金某危险驾驶案"，载中华人民共和国最高人民法院，http://www.court.gov.cn/fabu - xiangqing - 13228. html，最后访问时间：2018 年 6 月 3 日。

停死亡。当日下午 5 时许，牛某某到公安机关接受讯问。[1] 问：被告人牛某某的行为构成何罪？

一、放火罪

（一）放火罪的概念和构成要件

放火罪，是指故意放火焚烧公私财物，危害公共安全的行为。其构成要件是：

1. 本罪的客体是公共安全。放火与后面的爆炸、决水、投放危险物质等一样，都属于危险方法。本罪的对象是公私财物，一般是指他人财物，包括生产设施、公共建筑物以及其他公私财物。但是，放火烧毁自己或家庭所有的财物，足以引起火灾、危害公共安全的，邪教组织人员以自焚的方法危害公共安全的，也构成放火罪。

2. 本罪在客观方面表现为放火焚烧公私财物，危害公共安全的行为。这包括两个方面：其一，必须实施了放火的行为。放火，是指故意利用火力使对象物燃烧，引起火灾的行为。其行为方式，既可以是作为，如在他人室内泼洒汽油并用引火物点燃；也可以是不作为，如发电厂值班电工明知线路有故障，不予维修可能酿成火灾，但为了发泄不满，故意不进行维修，结果造成火灾。其二，放火行为足以或者已经危害公共安全。行为人实施的放火行为只要足以危害公共安全，就成立犯罪既遂，而不论是否发生了实际危害后果。放火的行为是否足以危及公共安全，要根据对象的性质、特点、作案的时间、地点、环境等情况进行综合分析认定。如果行为人选择特定的侵害对象和特定的环境，有意识地将危害控制在特定范围内，确实不足以危害公共安全的，就不构成放火罪。

3. 本罪的主体是一般主体。已满 14 周岁并具有刑事责任能力的自然人，都可以成为放火罪的主体。

4. 本罪的主观方面是故意，即明知自己的行为会引起公私财物的燃烧，造成火灾，从而危及公共安全，仍希望或者放任这种结果发生。行为人的犯罪动机是多种多样的，如图报复、泄私愤、杀人灭口、嫁祸于人、毁灭罪证等。

【案例 1 分析】邢某的行为构成放火罪。邢某在与饭店经理争执中被对方打伤，为报复陈某，在饭店内将连接 4 个大型煤气罐的煤气管道点燃，威胁到饭店周围不特定多数人的人身及财产安全，足以造成严重的人身伤亡，其行为危害了公共安全，符合放火罪的客观构成要件。又因邢某具有放火的主观故意，符合放火罪的主观构成要件。因此，邢某的行为已构成放火罪。

---

〔1〕 "牛建成重大责任事故案案例分析"，载西安市雁塔区人民法院网，http://xaytfy. chinacourt. org/ public/detail. php? id＝19，最后访问时间：2018 年 6 月 3 日。

（二）放火罪的司法认定

1. 本罪既遂与未遂的界限。关于放火罪既遂的认定标准，刑法理论界多采用"独立燃烧说"，即只要行为人着手实施放火行为，使对象物达到独立燃烧的程度，显示出造成严重后果的危险性，就成立放火罪既遂。如果放火行为因行为人意志以外的原因而未实行完毕，或者因自然力的原因无法点燃等，则应认定为放火罪未遂。

2. 本罪与故意杀人罪、故意伤害罪的界限。放火是一种危险方法，但并非一切以放火的方法实施的犯罪都是放火罪。对于司法实践中存在的有些行为人用放火的方法实施杀人、伤害等犯罪的情况，应注意划清此罪与彼罪的界限。区分的关键是看放火行为是否足以危及公共安全。如果行为人使用放火的手段杀害或伤害特定的人，不足以危害公共安全的，则应以故意杀人罪或故意伤害罪定罪；如果同时危害到公共安全的，则属于想象竞合犯，应以放火罪论处。

3. 本罪与故意毁坏财物罪的界限。区分的关键仍然在于放火行为是否足以危及公共安全。行为人以放火为手段毁损公私财产，如果没有造成重大损失，也不可能危及公共安全的，则以故意毁坏财物罪论处；如果造成重大损失或者足以酿成火灾危害公共安全的，则构成放火罪。

（三）放火罪的刑事责任

根据《刑法》第 114 条和第 115 条第 1 款的规定，犯放火罪，尚未造成严重后果的，处 3 年以上 10 年以下有期徒刑；致人重伤、死亡或者使公私财产遭受重大损失的，处 10 年以上有期徒刑、无期徒刑或者死刑。应当指出，本章后面介绍的投放危险物质罪、决水罪、爆炸罪、以危险方法危害公共安全罪和放火罪都规定在《刑法》第 114 条和第 115 条第 1 款之中，它们的法定刑完全相同，因此后面不再详述。

二、失火罪

失火罪，是指因过失引起火灾，造成严重后果，危害公共安全的行为。本罪在客观方面表现为引起火灾，并且造成严重后果的行为。一般表现为在日常生活中用火、用电不慎等。所谓严重后果，是指具有致人重伤、死亡或者使公私财产遭受重大损失的事实。本罪的主观方面是过失。《公安立案标准一》第 1 条对应当以失火罪立案追诉的情形作了列举。根据《刑法》第 115 条第 2 款的规定，犯本罪的，处 3 年以上 7 年以下有期徒刑；情节较轻的，处 3 年以下有期徒刑或者拘役。[1]

---

[1] 本章后面介绍的过失决水罪、过失爆炸罪、过失投放危险物质罪、过失以危险方法危害公共安全罪与失火罪都规定在《刑法》第 115 条第 2 款中，它们的法定刑完全相同，后面不再重复。

三、决水罪

决水罪，是指故意决水，制造水患，危害公共安全的行为。所谓"决水"，是指决溃蓄水、防水堤坝或者对其他水利设施进行破坏，足以使水流横溢、泛滥成灾的行为。本罪的刑事责任与放火罪相同。

四、过失决水罪

过失决水罪，是指过失损坏水利设施，引起水患，危害公共安全，致人重伤、死亡或者使公私财产遭受重大损失的行为。本罪的刑事责任与失火罪相同。

五、爆炸罪

爆炸罪，是指故意使用爆炸的方法危害公共安全的行为。实施爆炸的地点，多是公共场所、交通路线、财物集中堆放处。不论使用什么样的爆炸物品和爆炸方法以及在什么地方，只要是故意进行爆炸，足以危害公共安全，就构成爆炸罪。爆炸罪与放火罪的根本区别是实施犯罪的方法不同。实践中，如果爆炸行为仅起到引火作用，因爆炸方法引起了火灾而危害公共安全的，应认定为放火罪。本罪的刑事责任与放火罪相同。

六、过失爆炸罪

过失爆炸罪，是指过失引起爆炸，危害公共安全，致人重伤、死亡或者使公私财产遭受重大损失的行为。本罪的刑事责任与失火罪相同。

七、投放危险物质罪

（一）投放危险物质罪的概念和构成要件

投放危险物质罪，是指故意投放毒害性、放射性、传染病病原体等物质，危害公共安全的行为。其构成要件是：

1. 本罪的客体是公共安全。

2. 本罪在客观方面表现为投放毒害性、放射性、传染病病原体等物质，危害公共安全的行为。关于投放危险物质的场所，法律无特别限制，但实际上必须是在足以使不特定或多数人或大量财物接触危险物质，并遭受危险物质危害的场所。例如，在公共饮用的水源、食品中投放危险物质，在牲畜、家禽的饮水池、饲料中投放危险物质等。

3. 本罪的主体和主观方面，与放火罪完全相同。

（二）投放危险物质罪的司法认定

1. 本罪既遂与未遂的界限。投放危险物质罪也是一种危险犯，投放危险物质的行为足以危及公共安全，即使尚未造成严重后果，也构成犯罪既遂。如果开始着手投放，但投放危险物质的过程尚未完结，就由于意志以外的原因而被迫停止，则属于本罪未遂。

2. 本罪与故意杀人罪、故意毁坏财物罪的界限。投放危险物质可以成为杀

人、毁坏财物的手段。当行为人以投放危险物质的方法实施杀人或毁坏财物的行为时，是构成投放危险物质罪还是构成故意杀人罪或故意毁坏财物罪，区分方法同与前述所讲的放火罪与故意杀人罪、故意毁坏财物罪的区分方法一样，即关键要看投放危险物质的行为是否足以危及公共安全。

（三）投放危险物质罪的刑事责任

本罪的刑事责任与放火罪相同。

八、过失投放危险物质罪

过失投放危险物质罪，是指过失投放毒害性、放射性、传染病病原体等物质，危害公共安全，致人重伤、死亡或者使公私财产遭受重大损失的行为。本罪的刑事责任与失火罪相同。

九、以危险方法危害公共安全罪

以危险方法危害公共安全罪，是指故意使用与放火、决水、爆炸、投放危险物质等危险性相当的其他危险方法，危害公共安全的行为。这里的"其他危险方法"，是指那些与放火、决水、爆炸、投放危险物质四种危险方法的危险性和社会危害性相当的危险方法，它仅仅是《刑法》第114条和第115条的"兜底"规定，而并非是对刑法分则第二章的"兜底"。

根据有关司法解释[1]，属于"其他危险方法"的情形包括：在公共场所私拉电网；邪教组织人员自焚、自爆；传播突发传染病病原体；乘客在公共交通工具行驶过程中，抢夺方向盘、变速杆等操纵装置，殴打、拉拽驾驶人员，或者有其他妨害安全驾驶行为，危害公共安全；驾驶人员在公共交通工具行驶过程中，与乘客发生纷争后违规操作或者擅离职守，与乘客厮打、互殴，危害公共安全。醉酒驾车肇事后继续驾车冲撞也属于"危险方法"。2009年9月11日发布的《最高人民法院关于印发醉酒驾车犯罪法律适用问题指导意见及相关典型案例的通知》中指出，行为人明知酒后驾车违法、醉酒驾车会危害公共安全，却无视法律醉酒驾车，特别是在肇事后继续驾车冲撞，造成重大伤亡，说明行为人主观上对持续发生的危害结果持放任态度，具有危害公共安全的故意。对此类醉酒驾车造成重大伤亡的，应依法以以危险方法危害公共安全罪定罪。另外，刑法理论和司法实践一般认为，属于"其他危险方法"的情形还包括：驾驶机动车冲撞人群，扩散传染病病菌、毒种，破坏矿井下的通风设施等。本罪

---

〔1〕 分别参见：2000年12月11日《最高人民法院关于审理破坏野生动物资源刑事案件具体应用法律若干问题的解释》第7条、2017年2月1日"两高"《关于办理组织、利用邪教组织破坏法律实施等刑事案件适用法律若干问题的解释》第12条、2003年5月15日"两高"《关于办理妨害预防、控制突发传染病疫情等灾害的刑事案件具体应用法律若干问题的解释》第1条、2019年1月8日《最高人民法院、最高人民检察院、公安部关于依法惩治妨害公共交通工具安全驾驶违法犯罪行为的指导意见》。

的刑事责任与放火罪相同。

【案例2分析】 孙某某的行为构成以危险方法危害公共安全罪。刑法规定，醉酒的人犯罪，应当负刑事责任。被告人孙某某无视交通法规和公共安全，在未取得驾驶证的情况下，长期驾驶机动车辆，多次违反交通法规，且在醉酒驾车发生交通事故后，继续驾车超限速行驶，冲撞多辆车辆，造成数人伤亡的严重后果，说明其主观上对危害结果的发生持放任态度，具有危害公共安全的间接故意，其行为已构成以危险方法危害公共安全罪。孙某某犯罪情节恶劣，后果严重。但鉴于孙某某是间接故意犯罪，不希望、也不积极追求危害后果发生，与直接故意驾车撞击车辆、行人的犯罪相比，主观恶性不是很深，人身危险性不是很大；犯罪时处于严重醉酒状态，其对自己行为的辨认和控制能力有所减弱；案发后，真诚悔罪，并通过亲属积极筹款赔偿被害方的经济损失，依法可从轻处罚。[1]

十、过失以危险方法危害公共安全罪

过失以危险方法危害公共安全罪，是指过失使用与放火、决水、爆炸、投放危险物质等危害性相当的其他危险方法危害公共安全，致人重伤、死亡或者使公私财产遭受重大损失的行为。本罪的刑事责任与失火罪相同。

十一、破坏交通工具罪

（一）破坏交通工具罪的概念和构成要件

破坏交通工具罪，是指故意破坏火车、汽车、电车、船只、航空器，足以使其发生倾覆、毁坏危险，或者已经造成严重后果的行为。其构成要件是：

1. 本罪的客体是交通运输安全。犯罪对象只限于法定的火车、汽车、电车、船只、航空器等大型交通工具。破坏自行车、三轮车、摩托车、农用拖拉机等简单的交通工具，由于不足以危害公共安全，故不构成本罪。应当指出，破坏的对象必须是正在使用期间的上述交通工具。"正在使用期间"不仅指运行中的交通工具，也包括已经交付使用，随时都可以启动执行运输任务的交通工具。如果破坏的是尚未投入使用、正在修理中或者封存不用的交通工具，则不构成本罪。

2. 本罪在客观方面表现为破坏上述交通工具，足以或者已经使其发生倾覆、毁坏的行为。对此，应从以下几方面把握：①必须实施了破坏的行为。"破坏"是指人为地通过外力作用，损害交通工具的整体或重要部件的正常功能，从而危害交通运输安全。②破坏的结果，必须是足以使交通工具发生倾覆、毁坏的危险，或者已经使其倾覆、毁坏。"倾覆"是指使车辆倾倒、颠覆，船只翻沉，

---

〔1〕 法院认定被告人孙某某犯以危险方法危害公共安全罪，判处无期徒刑，剥夺政治权利终身。

航空器坠落等。"毁坏"是指不能修复的毁损或者不能正常使用，包括烧毁、坠毁等完全报废或受到严重破坏的情况。③破坏的方法是多种多样的，既包括用放火、爆炸等危险方法，也包括采用拆卸、打砸、在燃料中掺入杂质等一般性方法。采用一般性方法破坏，必须是针对与交通工具安全运行紧密相连的关键部位实施的。如果破坏的是那些不足以危及交通工具安全运行的辅助设施，如座椅、门窗、灯具等，则不构成本罪，情节严重的，应以故意毁坏财物罪论处。总之，应当根据破坏的方法有无危险性、破坏的部位是否属于关系到运行安全的要害部位等因素，来确定破坏行为是否足以使交通工具发生倾覆、毁坏危险。

3. 本罪的主体是一般主体。

4. 本罪的主观方面是故意，包括直接故意和间接故意。

（二）破坏交通工具罪的司法认定

1. 本罪的既遂。破坏交通工具罪属于危险犯，即以破坏行为产生足以使交通工具发生倾覆、毁坏危险状态为构成要件。因此，只要已经实施完毕的破坏行为显示这种危险状态，就是既遂。如果已经造成倾覆、毁坏的严重后果，则适用高一档次的法定刑。

2. 本罪与放火罪、爆炸罪的界限。放火罪、爆炸罪的犯罪对象是各种公私财物，而交通工具也属于公私财物。前者包容后者。因此，用放火或爆炸的危险方法破坏交通工具，虽然已经具备了放火罪或爆炸罪的构成要件，触犯了放火罪或爆炸罪的罪名，但由于刑法已特别规定了破坏交通工具罪，故应按照特别法优于普通法的原则处理，即以破坏交通工具罪定罪处罚。同理，用放火或爆炸的危险方法破坏交通设施、电力设备或易燃易爆设备的，应以破坏交通设施罪、破坏电力设备罪或破坏易燃易爆设备罪论处。

3. 本罪与盗窃罪、故意毁坏财物罪的界限。当侵犯的对象均是交通工具时，破坏交通工具罪与盗窃罪、故意毁坏财物罪之间容易发生混淆。它们的主要区别包括：①犯罪客体不同。本罪的客体是交通运输安全，后二罪的客体是公私财物所有权。②犯罪对象不同。本罪的对象必须是正在使用期间的交通工具，而后二罪则无此限制。③犯罪目的各不相同。因此，对于那些针对正在使用期间的交通工具实施破坏或盗窃行为的定性，取决于该行为是否足以危及交通运输安全。如果不足以危及交通运输安全，但符合故意毁坏财物罪或盗窃罪的构成要件，就应以故意毁坏财物罪或盗窃罪定罪。还应指出，盗窃正在使用期间的交通工具的重要零部件，并危及交通运输安全，往往同时触犯了破坏交通工具罪和盗窃罪，应按想象竞合犯处理。这些原理，同样适用于区分破坏交通设施罪、破坏电力设备罪、破坏易燃易爆设备罪与盗窃罪、故意毁坏财物罪的界限。

【案例3分析】检察院指控李某犯破坏交通工具罪，这是不正确的。李某不以制造车祸为目的，而是直接将轿车炸坏，其行为在客观上不会发生轿车在使用中倾覆、毁坏的危险，不具有危害交通运输安全的性质。因此，对李某应当以故意毁坏财物罪定罪处罚。

（三）破坏交通工具罪的刑事责任

根据《刑法》第116条和第119条第1款的规定，犯本罪，尚未造成严重后果的，处3年以上10年以下有期徒刑；造成严重后果的，处10年以上有期徒刑、无期徒刑或者死刑。本章后面介绍的破坏交通设施罪、破坏电力设备罪、破坏易燃易爆设备罪，与破坏交通工具罪的法定刑完全相同，因此后面不再详述。

十二、过失损坏交通工具罪

过失损坏交通工具罪，是指过失损坏火车、汽车、电车、船只、航空器，危害交通运输安全，造成严重后果的行为。根据《刑法》第119条第2款的规定，犯本罪的，处3年以上7年以下有期徒刑；情节较轻的，处3年以下有期徒刑或者拘役。[1]

十三、破坏交通设施罪

破坏交通设施罪，是指故意破坏轨道、桥梁、隧道、公路、机场、航道、灯塔、标志或者进行其他破坏活动，足以使火车、汽车、电车、船只、航空器发生倾覆、毁坏危险，或者已经造成严重后果的行为。这里的"破坏"，是指使交通设施丧失正常使用功能，而不仅仅限于交通设施本身遭到毁损。其他破坏活动，是指虽未直接破坏交通设施，但其行为本身足以使交通工具发生倾覆、毁坏危险的破坏性活动，如乱发指示信号等。在认定本罪时应注意：①破坏的对象必须是正在使用中的与交通运输安全密切相关的各种交通设施。②行为人直接破坏交通设施，即使其目的是使交通工具毁坏，也应定为破坏交通设施罪。本罪与破坏交通工具罪一样，都是危险犯，刑事责任相同。

十四、过失损坏交通设施罪

过失损坏交通设施罪，是指过失损坏轨道、桥梁、隧道、公路、机场、航道、灯塔、标志等交通设施，危害交通运输安全，造成严重后果的行为。本罪的刑事责任与过失损坏交通工具罪相同。

十五、破坏电力设备罪

破坏电力设备罪，是指故意破坏电力设备，足以造成或者已经造成严重后

---

〔1〕　本章后面介绍的过失损坏交通设施罪、过失损坏电力设备罪、过失损坏易燃易爆设备罪与过失损坏交通工具罪都规定在《刑法》第119条第2款中，它们的法定刑完全相同，故后面不再详述。

果，危害公共安全的行为。这里的"电力设备"包括：处于运行、应急等使用中的电力设备；已经通电使用，只是由于枯水季节或电力不足等原因暂停使用的电力设备；已经交付使用但尚未通电的电力设备。2007 年 8 月 21 日《最高人民法院关于审理破坏电力设备刑事案件具体应用法律若干问题的解释》第 3 条规定，盗窃电力设备，危害公共安全，但不构成盗窃罪的，以破坏电力设备罪定罪处罚；同时构成盗窃罪和破坏电力设备罪的，依照刑法处罚较重的规定定罪处罚。盗窃电力设备，没有危及公共安全，但应当追究刑事责任的，可以根据案件的不同情况，按照盗窃罪等犯罪处理。本罪的刑事责任与破坏交通工具罪相同。

十六、过失损坏电力设备罪

过失损坏电力设备罪，是指过失损坏电力设备，危害公共电力安全，造成严重后果的行为。本罪的刑事责任与过失损坏交通工具罪相同。

十七、破坏易燃易爆设备罪

破坏易燃易爆设备罪，是指故意破坏燃气或者其他易燃易爆设备，足以造成或者已经造成严重后果，危害公共安全的行为。本罪的对象是正在使用中的燃气或者其他易燃易爆设备。在认定本罪时应注意划清它与盗窃罪的界限。[1]本罪的刑事责任与破坏交通工具罪相同。

十八、过失损坏易燃易爆设备罪

过失损坏易燃易爆设备罪，是指过失损坏燃气或者其他易燃易爆设备，危害公共安全，造成严重后果的行为。本罪的刑事责任与过失损坏交通工具罪相同。

十九、组织、领导、参加恐怖组织罪

（一）组织、领导、参加恐怖组织罪的概念和构成要件

组织、领导、参加恐怖组织罪，是指组织、领导、参加恐怖活动组织的行为。其构成要件是：

1. 本罪的客体是公共安全。

2. 本罪在客观方面表现为组织、领导或者参加恐怖活动组织的行为。

（1）组织、领导、参加的必须是恐怖活动组织。所谓"恐怖活动组织"，是指 3 人以上为实施恐怖活动而组成的犯罪组织。根据我国《反恐怖主义法》第 3 条的规定，恐怖活动是指恐怖主义性质的下列行为：①组织、策划、准备实施、实施造成或者意图造成人员伤亡、重大财产损失、公共设施损坏、社会秩序混

---

〔1〕 2007 年 1 月 19 日"两高"《关于办理盗窃油气、破坏油气设备等刑事案件具体应用法律若干问题的解释》有明确规定。

乱等严重社会危害的活动的；②宣扬恐怖主义，煽动实施恐怖活动，或者非法持有宣扬恐怖主义的物品，强制他人在公共场所穿戴宣扬恐怖主义的服饰、标志的；③组织、领导、参加恐怖活动组织的；④为恐怖活动组织、恐怖活动人员、实施恐怖活动或者恐怖活动培训提供信息、资金、物资、劳务、技术、场所等支持、协助、便利的；⑤其他恐怖活动。所谓"恐怖主义"，是指通过暴力、破坏、恐吓等手段，制造社会恐慌、危害公共安全、侵犯人身财产，或者胁迫国家机关、国际组织，以实现其政治、意识形态等目的的主张和行为。

（2）必须实施组织、领导、参加恐怖活动组织的行为。"组织"主要是指行为人以实行恐怖活动为目的组建恐怖活动组织。"领导"主要是指策划、指挥恐怖活动组织的具体活动。"参加"是指加入恐怖活动组织，使自己成为该组织成员。

（3）本罪属于行为犯和选择式罪名。行为人只要实施组织、领导、参加三种行为之一的，即构成本罪既遂，而不要求以实际实施恐怖活动为构成要件。如果行为人已经着手实施上述行为，但由于其意志以外的原因而未得逞的，则成立犯罪未遂。

3. 本罪的主体是一般主体。

4. 本罪的主观方面是故意，并具有进行恐怖活动的目的。

（二）组织、领导、参加恐怖组织罪的司法认定

主要应注意一罪与数罪的认定。本罪的客观行为只限于组织、领导和参加恐怖活动组织，不包括具体的恐怖活动。《刑法》第 120 条第 2 款规定，犯组织、领导、参加恐怖组织罪并实施杀人、爆炸、绑架等犯罪的，依照数罪并罚的规定处罚。另外，应划清恐怖活动组织与一般犯罪组织（集团）的界限。

（三）组织、领导、参加恐怖组织罪的刑事责任

根据《刑法》第 120 条的规定，组织、领导恐怖活动组织的，处 10 年以上有期徒刑或者无期徒刑，并处没收财产；积极参加的，处 3 年以上 10 年以下有期徒刑，并处罚金；其他参加的，处 3 年以下有期徒刑、拘役、管制或者剥夺政治权利，可以并处罚金。

二十、帮助恐怖活动罪

帮助恐怖活动罪，是指资助恐怖活动组织、实施恐怖活动的个人，或者资助恐怖活动培训，以及为恐怖活动组织、实施恐怖活动或者恐怖活动培训招募、运送人员的行为。根据《刑法》第 120 条之一的规定，犯本罪的，处 5 年以下有期徒刑、拘役、管制或者剥夺政治权利，并处罚金；情节严重的，处 5 年以上有期徒刑，并处罚金或者没收财产。单位犯本罪的，实行两罚制。

二十一、准备实施恐怖活动罪

准备实施恐怖活动罪，是指为实施恐怖活动准备工具或者进行培训、联络、

策划等准备活动的行为。本罪在客观方面表现为实施了下列情形之一的行为：①为实施恐怖活动准备凶器、危险物品或者其他工具的；②组织恐怖活动培训或者积极参加恐怖活动培训的；③为实施恐怖活动与境外恐怖活动组织或者人员联络的；④为实施恐怖活动进行策划或者其他准备的。根据《刑法》第120条之二的规定，犯本罪的，处5年以下有期徒刑、拘役、管制或者剥夺政治权利，并处罚金；情节严重的，处5年以上有期徒刑，并处罚金或者没收财产。有上述行为，同时构成其他犯罪的，依照处罚较重的规定定罪处罚。

二十二、宣扬恐怖主义、极端主义、煽动实施恐怖活动罪

宣扬恐怖主义、极端主义、煽动实施恐怖活动罪，是指以制作、散发宣扬恐怖主义、极端主义的图书、音频视频资料或者其他物品，或者通过讲授、发布信息等方式宣扬恐怖主义、极端主义的，或者煽动实施恐怖活动的行为。恐怖主义的含义，如前所述。所谓"极端主义"，是指歪曲宗教教义和宣扬宗教极端，以及其他崇尚暴力、仇视社会、反对人类等极端的思想、言论和行为。[1]根据《刑法》第120条之三的规定，犯本罪的，处5年以下有期徒刑、拘役、管制或者剥夺政治权利，并处罚金；情节严重的，处5年以上有期徒刑，并处罚金或者没收财产。

二十三、利用极端主义破坏法律实施罪

利用极端主义破坏法律实施罪，是指利用极端主义煽动、胁迫群众破坏国家法律确立的婚姻、司法、教育、社会管理等制度实施的行为。根据《刑法》第120条之四的规定，犯本罪的，处3年以下有期徒刑、拘役或者管制，并处罚金；情节严重的，处3年以上7年以下有期徒刑，并处罚金；情节特别严重的，处7年以上有期徒刑，并处罚金或者没收财产。

二十四、强制穿戴宣扬恐怖主义、极端主义服饰、标志罪

强制穿戴宣扬恐怖主义、极端主义服饰、标志罪，是指以暴力、胁迫等方式强制他人在公共场所穿着、佩戴宣扬恐怖主义、极端主义服饰、标志的行为。根据《刑法》第120条之五的规定，犯本罪的，处3年以下有期徒刑、拘役或者管制，并处罚金。

二十五、非法持有宣扬恐怖主义、极端主义物品罪

非法持有宣扬恐怖主义、极端主义物品罪，是指明知是宣扬恐怖主义、极端主义的图书、音频视频资料或者其他物品而非法持有，情节严重的行为。根据《刑法》第120条之六的规定，犯本罪的，处3年以下有期徒刑、拘役或者管制，并处或者单处罚金。

---

〔1〕 参见2014年11月公布的《中华人民共和国反恐怖主义法（草案）》第104条第6款。

二十六、劫持航空器罪

劫持航空器罪，是指以暴力、胁迫或者其他方法劫持航空器，危害航空运输公共安全的行为。所谓"劫持航空器"，是指行为人以暴力、胁迫或者其他方法强行控制航空器，使航空器按照自己的意志运行，包括改变原定航向或者飞往行为人指定的地点。应当指出，所劫持的必须是正在使用或飞行中的航空器，才构成本罪。《蒙特利尔公约》对航空器"正在使用中""飞行中"的含义作了解释。劫持航空器罪是行为犯，行为人只要实施了劫持行为，并控制了航空器，就构成犯罪既遂，而不管是否达到了使该航空器改变航向或飞往其指定地点的目的。根据《刑法》第 121 条的规定，犯本罪的，处 10 年以上有期徒刑或者无期徒刑；致人重伤、死亡或者使航空器遭受严重破坏的，处死刑。

二十七、劫持船只、汽车罪

劫持船只、汽车罪，是指以暴力、胁迫或者其他方法劫持船只、汽车，危害公共安全的行为。犯罪对象是正在使用中的船只、汽车。劫持，就是使用暴力、胁迫或者其他方法强行控制船只或者汽车，使其处于行为人的支配之下，驶往任何地方。本罪的主观方面是故意，其目的只是暂时控制并利用该船只或汽车，以达到其最终目的。如果是以非法占有为目的而劫持的，就构成抢劫罪。根据《刑法》第 122 条的规定，犯本罪的，处 5 年以上 10 年以下有期徒刑；造成严重后果的，处 10 年以上有期徒刑或者无期徒刑。

二十八、暴力危及飞行安全罪

暴力危及飞行安全罪，是指对飞行中的航空器上的人员使用暴力，危及飞行安全，已经或者足以造成严重后果的行为。本罪属于危险犯。根据《刑法》第 123 条的规定，犯本罪，尚未造成严重后果的，处 5 年以下有期徒刑或者拘役；造成严重后果的，处 5 年以上有期徒刑。

二十九、破坏广播电视设施、公用电信设施罪

破坏广播电视设施、公用电信设施罪，是指故意破坏广播电视设施、公用电信设施，危害公共安全的行为。本罪的犯罪对象是正在使用中的广播电视设施、公用电信设施。这里的"破坏"，其手段是多种多样的，包括盗窃在内。[1]根据《刑法》第 124 条第 1 款的规定，犯本罪的，处 3 年以上 7 年以下有期徒刑；造成严重后果的，处 7 年以上有期徒刑。

三十、过失损坏广播电视设施、公用电信设施罪

过失损坏广播电视设施、公用电信设施罪，是指过失损坏广播电视设施、

---

〔1〕 2011 年 6 月 13 日《最高人民法院关于审理破坏广播电视设施等刑事案件具体应用法律若干问题的解释》和 2005 年 1 月 11 日《最高人民法院关于审理破坏公用电信设施刑事案件具体应用法律若干问题的解释》就本罪的有关认定问题作出了规定。

公用电信设施，危害公共安全，造成严重后果的行为。根据《刑法》第 124 条第 2 款的规定，犯本罪的，处 3 年以上 7 年以下有期徒刑；情节较轻的，处 3 年以下有期徒刑或者拘役。

三十一、非法制造、买卖、运输、邮寄、储存枪支、弹药、爆炸物罪

（一）非法制造、买卖、运输、邮寄、储存枪支、弹药、爆炸物罪的概念和构成要件

非法制造、买卖、运输、邮寄、储存枪支、弹药、爆炸物罪，是指违反国家有关枪支、弹药、爆炸物的管理规定，擅自制造、买卖、运输、邮寄、储存枪支、弹药、爆炸物，危害公共安全的行为。其构成要件是：

1. 本罪的客体是公共安全和国家对枪支、弹药、爆炸物的管理制度。本罪的犯罪对象只限于枪支、弹药、爆炸物。枪支，是指以火药、压缩气体为动力，利用管状器具发射金属弹丸或者其他物质，足以致人伤亡或者丧失知觉的各种枪支。其不仅指整枪，而且也指枪支的主要零部件。主要包括《枪支管理法》规定的各种军用枪支、公务用枪与民用枪支，如手枪、步枪、冲锋枪、机枪、射击运动枪支、猎枪、麻醉注射枪、散弹枪、火药枪、电击枪、发射金属弹丸的气枪、以压缩气体为动力的枪支等。弹药，是指上述各种枪支所使用的子弹、铅弹。爆炸物，是指能够引起爆炸，具有较大杀伤力或破坏力的物品，如手榴弹、爆炸装置、炸药、发射药、黑火药、烟火药、雷管、导火索、导爆索等，但不包括烟花爆竹等娱乐性物品。

2. 本罪的客观方面表现为非法制造、买卖、运输、邮寄、储存枪支、弹药、爆炸物的行为。非法制造，是指未经国家有关部门批准，私自制造枪支、弹药、爆炸物的行为，包括加工制作、组装、改装、拼装、修理上列物品等。无论是否制造成功，也无论是为了自用还是出售，只要实施了制造的行为，即可构成本罪。非法买卖，是指未经国家有关部门批准，私自购买或者销售枪支、弹药、爆炸物的行为，包括以物易物、赊购等方式在内。根据《最高人民法院关于审理非法制造、买卖、运输枪支、弹药、爆炸物等刑事案件具体应用法律若干问题的解释》[1]（以下简称《涉枪等刑案解释》）的规定，介绍买卖枪支、弹药、爆炸物的，以买卖枪支、弹药、爆炸物罪的共犯论处。非法运输，是指未经国家有关部门批准，将枪支、弹药、爆炸物在国境内从此地运往彼地的行为，不包括非法运输上列物品进出国（边）境的行为。非法邮寄，是指通过邮政部门以邮件的形式或者采用在邮寄的物品中夹带的方式，非法寄递枪支、弹药、爆炸物的行为。非法储存，是指明知是他人非法制造、买卖、运输、邮寄的枪支、

---

〔1〕 该司法解释自 2001 年 5 月 16 日起施行，2009 年 11 月 9 日修订后，自 2010 年 1 月 1 日起施行。

弹药、爆炸物而为其存放的行为。《涉枪等刑案解释》第 7 条规定："非法制造、买卖、运输、邮寄、储存、盗窃、抢夺、持有、私藏、携带成套枪支散件的，以相应数量的枪支计；非成套枪支散件以每 30 件为一成套枪支散件计。"

3. 本罪的主体是一般主体，包括自然人和单位。

4. 本罪的主观方面是故意，即明知是枪支、弹药、爆炸物而非法制造、买卖、运输、邮寄、储存。

（二）非法制造、买卖、运输、邮寄、储存枪支、弹药、爆炸物罪的司法认定

1. 关于本罪与非罪的界限。根据《涉枪等刑案解释》第 1 条的规定，个人或者单位非法制造、买卖、运输、邮寄、储存枪支、弹药、爆炸物，具有下列情形之一的，应当定罪处罚：①非法制造、买卖、运输、邮寄、储存军用枪支 1 支以上的；②非法制造、买卖、运输、邮寄、储存以火药为动力发射枪弹的非军用枪支 1 支以上或者以压缩气体等为动力的其他非军用枪支 2 支以上的；③非法制造、买卖、运输、邮寄、储存军用子弹 10 发以上、气枪铅弹 500 发以上或者其他非军用子弹 100 发以上的；④非法制造、买卖、运输、邮寄、储存手榴弹 1 枚以上的；⑤非法制造、买卖、运输、邮寄、储存爆炸装置的；⑥非法制造、买卖、运输、邮寄、储存炸药、发射药、黑火药 1000 克以上或者烟火药 3000 克以上、雷管 30 枚以上或者导火索、导爆索 30 米以上的；⑦具有生产爆炸物品资格的单位不按照规定的品种制造，或者具有销售、使用爆炸物品资格的单位超过限额买卖炸药、发射药、黑火药 10 千克以上或者烟火药 30 千克以上、雷管 300 枚以上或者导火索、导爆索 300 米以上的；⑧多次非法制造、买卖、运输、邮寄、储存弹药、爆炸物的；⑨虽未达到上述最低数量标准，但具有造成严重后果等其他恶劣情节的。

2. 关于涉以压缩气体为动力的枪支、气枪铅弹的认定。2018 年 3 月 30 日"两高"《关于涉以压缩气体为动力的枪支、气枪铅弹刑事案件定罪量刑问题的批复》指出：①对于非法制造、买卖、运输、邮寄、储存、持有、私藏、走私以压缩气体为动力且枪口比动能较低的枪支的行为，在决定是否追究刑事责任以及如何裁量刑罚时，不仅应当考虑涉案枪支的数量，而且应当充分考虑涉案枪支的外观、材质、发射物、购买场所和渠道、价格、用途、致伤力大小、是否易于通过改制提升致伤力，以及行为人的主观认知、动机目的、一贯表现、违法所得、是否规避调查等情节，综合评估社会危害性，坚持主客观相统一，确保罪责刑相适应。②对于非法制造、买卖、运输、邮寄、储存、持有、私藏、走私气枪铅弹的行为，在决定是否追究刑事责任以及如何裁量刑罚时，应当综合考虑气枪铅弹的数量、用途以及行为人的动机目的、一贯表现、违法所得、是否规避调查等情节，综合评估社会危害性，确保罪责刑相适应。

3. 关于一罪与数罪的界限。非法制造、买卖、运输、邮寄、储存枪支、弹药、爆炸物罪，属于选择式罪名，行为人只要实施了其中任何一种行为，即可构成本罪；如果实施了其中两种以上行为，也只构成一罪，不实行数罪并罚。

（三）非法制造、买卖、运输、邮寄、储存枪支、弹药、爆炸物罪的刑事责任

根据《刑法》第 125 条的规定，犯本罪的，处 3 年以上 10 年以下有期徒刑；情节严重的，处 10 年以上有期徒刑、无期徒刑或者死刑。单位犯本罪的，实行两罚制。

三十二、非法制造、买卖、运输、储存危险物质罪

非法制造、买卖、运输、储存危险物质罪，是指非法制造、买卖、运输、储存毒害性、放射性、传染病病原体等物质，危害公共安全的行为。《公安立案标准一》对这类案件应予追诉的情形作了列举。根据《刑法》第 125 条的规定，犯本罪的，处 3 年以上 10 年以下有期徒刑；情节严重的，处 10 年以上有期徒刑、无期徒刑或者死刑。单位犯本罪的，实行两罚制。

三十三、违规制造、销售枪支罪

违规制造、销售枪支罪，是指依法被指定、确定的枪支制造企业、销售企业，违反枪支管理规定，非法制造、销售枪支的行为。违规制造、销售枪支的行为包括：①超过限额或者不按照规定的品种制造、配售枪支；②制造无号、重号、假号的枪支；③非法销售枪支或者在境内销售为出口制造的枪支。本罪的主体是依法被指定、确定的枪支制造企业、销售企业。本罪的主观方面是故意，并且以非法销售为目的。根据《涉枪等刑案解释》的规定，违规制造枪支 5 支以上的，或者违规销售枪支 2 支以上的，或者虽未达到上述最低数量标准，但具有造成严重后果等其他恶劣情节的，构成违规制造、销售枪支罪。根据《刑法》第 126 条的规定，犯本罪的，对单位判处罚金，并对其直接负责的主管人员和其他直接责任人员，处 5 年以下有期徒刑；情节严重的，处 5 年以上 10 年以下有期徒刑；情节特别严重的，处 10 年以上有期徒刑或者无期徒刑。

三十四、盗窃、抢夺枪支、弹药、爆炸物、危险物质罪

盗窃、抢夺枪支、弹药、爆炸物、危险物质罪，是指以非法占有为目的，秘密窃取或者公然夺取枪支、弹药、爆炸物、危险物质，危害公共安全的行为。本罪的主观方面是直接故意，并且以非法占有为目的，即行为人明知是枪支、弹药、爆炸物、危险物质而进行盗窃或抢夺。如果行为人不明知是枪支、弹药、爆炸物、危险物质而进行盗窃或抢夺，在盗窃、抢夺后才发现是上述特定对象的，则不构成本罪，而应以盗窃罪或抢夺罪论处。如果误盗或者误夺后藏匿的，则又构成非法持有枪支、弹药罪，应实行数罪并罚。《涉枪等刑案解释》第 4 条第 1 款对成立本罪的情形作了列举。根据《刑法》第 127 条的规定，犯本罪的，

处 3 年以上 10 年以下有期徒刑；情节严重的，处 10 年以上有期徒刑、无期徒刑或者死刑；盗窃、抢夺国家机关、军警人员、民兵的枪支、弹药、爆炸物的，处 10 年以上有期徒刑、无期徒刑或者死刑。

三十五、抢劫枪支、弹药、爆炸物、危险物质罪

抢劫枪支、弹药、爆炸物、危险物质罪，是指以非法占有为目的，以暴力、胁迫或者其他方法抢劫枪支、弹药、爆炸物、危险物质，危害公共安全的行为。如果行为人为抢劫一般财物而实际劫取的是枪支、弹药、爆炸物、危险物质的，不以本罪论处。根据《刑法》第 127 条第 2 款的规定，犯本罪的，处 10 年以上有期徒刑、无期徒刑或者死刑。

三十六、非法持有、私藏枪支、弹药罪

非法持有、私藏枪支、弹药罪，是指违反枪支、弹药管理规定，非法持有、私藏枪支、弹药的行为。所谓非法持有，是指不符合配备、配置枪支、弹药条件的人员，违反枪支管理法律、法规的规定，擅自持有枪支、弹药的行为，如非法携带或拥有枪支、弹药。所谓私藏，是指依法配备、配置枪支、弹药的人员，在配备、配置枪支、弹药的条件消除后，违反枪支管理法律、法规的规定，私自藏匿所配备、配置的枪支、弹药且拒不交出的行为。本罪的主观方面是故意，即行为人明知是枪支、弹药而故意持有或者私藏。如果确实不知道是枪支、弹药而持有的，不构成本罪。《涉枪等刑案解释》第 5 条第 1 款对应当以非法持有、私藏枪支、弹药罪定罪处罚的情形作了规定。根据《刑法》第 128 条第 1 款的规定，犯本罪的，处 3 年以下有期徒刑、拘役或者管制；情节严重的，处 3 年以上 7 年以下有期徒刑。

三十七、非法出租、出借枪支罪

非法出租、出借枪支罪，是指依法配备公务用枪的人员或单位，非法出租、出借枪支，或者依法配置枪支的人员或单位，非法出租、出借枪支，造成严重后果的行为。将公务用枪用作借债质押物的，也属于非法出借枪支。《公安立案标准一》对非法出租、出借枪支的行为应予追诉的情形作了列举。根据《刑法》第 128 条的规定，犯本罪的，处 3 年以下有期徒刑、拘役或者管制；情节严重的，处 3 年以上 7 年以下有期徒刑。单位犯本罪的，实行两罚制。

三十八、丢失枪支不报罪

丢失枪支不报罪，是指依法配备公务用枪的人员，丢失枪支不及时报告，造成严重后果的行为。"丢失"枪支既包括因保管不善而遗失，也包括枪支被盗、被抢、被骗或其他丧失对枪支控制的情况。本罪的主观方面是过失。根据《刑法》第 129 条的规定，犯本罪的，处 3 年以下有期徒刑或者拘役。

三十九、非法携带枪支、弹药、管制刀具、危险物品危及公共安全罪

非法携带枪支、弹药、管制刀具、危险物品危及公共安全罪，是指非法携

带枪支、弹药、管制刀具或者爆炸性、易燃性、放射性、毒害性、腐蚀性物品，进入公共场所或者公共交通工具，危及公共安全，情节严重的行为。《涉枪等刑案解释》对"情节严重"的情形作了列举。根据《刑法》第130条的规定，犯本罪的，处3年以下有期徒刑、拘役或者管制。

四十、重大飞行事故罪

重大飞行事故罪，是指航空人员违反规章制度，致使发生重大飞行事故，造成严重后果的行为。根据《刑法》第131条的规定，犯本罪的，处3年以下有期徒刑或者拘役；造成飞机坠毁或者人员死亡的，处3年以上7年以下有期徒刑。

四十一、铁路运营安全事故罪

铁路运营安全事故罪，是指铁路职工违反规章制度，致使发生铁路运营安全事故，造成严重后果的行为。根据《刑法》第132条的规定，犯本罪的，处3年以下有期徒刑或者拘役；造成特别严重后果的，处3年以上7年以下有期徒刑。

四十二、交通肇事罪

（一）交通肇事罪的概念和构成要件

交通肇事罪，是指违反交通运输管理法规，因而发生重大事故，致人重伤、死亡或者使公私财产遭受重大损失的行为。其构成要件是：

1. 本罪的客体是公共交通运输安全。通说认为，这里的交通运输安全是专指公路、水上和城市道路交通运输安全，不包括航空运输安全和铁路运营安全。也就是说，交通肇事罪只能发生于公路、水路和城市道路交通运输过程中。

2. 本罪在客观方面表现为违反交通运输管理法规，以致发生重大事故，致人重伤、死亡或者使公私财产遭受重大损失的行为。具体包括以下三个要素：

（1）必须有违反交通运输管理法规的行为，即有违章行为。交通运输管理法规，是指一切与保障交通运输正常进行和交通运输安全的各种法律、法规，如《道路交通安全法》《道路交通安全法实施条例》《公路法》《海上交通安全法》《内河交通安全管理条例》等。这些法律、法规规定了从事交通运输时应当遵守的各项规则、操作规程，是交通运输安全的基本保证。违章行为可以表现为作为，也可以表现为不作为。前者如违反操作规程、超速、超载、违章超车、酒后或吸毒后驾车、闯红灯、无证驾驶、驾驶拼装的或已达到报废标准的机动车，车主强令驾驶员违章驾驶等。后者如拐弯不开方向灯，通过交叉路口或行经人行横道时不减速慢行，等等。

（2）违章行为必须发生在交通运输过程中，即行为人正在从事交通运输活动或者与交通运输安全直接有关，这是时间条件。如果发生与交通运输工具有

关的重大事故，但并不是处在交通运输活动过程中，则不构成本罪。例如，出于好奇或逞能而乱开停在院中挂倒挡的汽车，不慎将车后之人挤死，应以过失致人死亡罪论处。

（3）违章行为必须造成重大事故发生。如果虽有违章行为但未发生重大事故，或者虽然发生了重大事故但并不是违章行为所致，则不构成本罪。这里的"重大事故"，是指在交通运输过程中，发生车辆、船只碰撞、倾覆、毁坏或其他事故，造成他人重伤、死亡或者公私财产遭受重大损失的严重后果。

3. 本罪的主体是一般主体，即任何具有刑事责任能力的自然人，包括从事交通运输的人员、非交通运输人员和其他相关人员。从事交通运输的人员包括交通运输工具的驾驶人员、交通设备的操纵人员、交通运输活动的直接领导和指挥人员、交通运输安全的管理人员，如驾驶员、道口看守员、调度员、引航员、信号员、船长等。非交通运输人员，是指除交通运输人员以外的任何人，如行人、骑车者等。也就是说，无驾驶资格者驾驶机动车辆的，行人或者骑行人的违章行为招致他人驾驶的交通工具发生重大事故的，都可以构成交通肇事罪。

其他相关人员，包括单位主管人员、机动车辆所有人、机动车辆承包人、乘车人。根据 2000 年 11 月 21 日《最高人民法院关于审理交通肇事刑事案件具体应用法律若干问题的解释》（以下简称《交通肇事刑案解释》）第 5 条、第 7 条的规定，交通肇事后，单位主管人员、机动车辆所有人、承包人或者乘车人指使肇事人逃逸，致使被害人因得不到救助而死亡的，以交通肇事罪的共犯论处；单位主管人员、机动车辆所有人或者机动车辆承包人指使、强令他人违章驾驶造成重大交通事故，具有本解释第 2 条规定情形之一的，以交通肇事罪定罪处罚。

4. 本罪的主观方面是过失。

（二）交通肇事罪的司法认定

1. 本罪与非罪的界限。认定交通事故罪，不仅要看是否发生重大交通事故，而且要看行为人应负事故责任的大小。交通事故责任包括全部责任、主要责任、同等责任和次要责任。事故责任的大小影响着交通肇事罪的构成。例如，虽然交通肇事致 1 人死亡或者 3 人以上重伤，但如果行为人只应对事故负次要或同等责任的，就不构成本罪。《交通肇事刑案解释》对此作出了如下具体规定：

《交通肇事刑案解释》第 2 条第 1 款规定，交通肇事具有下列情形之一的，构成交通肇事罪，处 3 年以下有期徒刑或者拘役：①死亡 1 人或者重伤 3 人以上，负事故全部或者主要责任的；②死亡 3 人以上，负事故同等责任的；③造成公共财产或者他人财产直接损失，负事故全部或者主要责任，无能力赔偿数额在 30 万元以上的。

《交通肇事刑案解释》第 2 条第 2 款规定，交通肇事致 1 人以上重伤，负事故全部或者主要责任，并具有下列情形之一的，以交通肇事罪定罪处罚：①酒后、吸食毒品后驾驶机动车辆的；②无驾驶资格驾驶机动车辆的；③明知是安全装置不全或者安全机件失灵的机动车辆而驾驶的；④明知是无牌证或者已报废的机动车辆而驾驶的；⑤严重超载驾驶的；⑥为逃避法律追究逃离事故现场的。

【案例 4 分析】陈某某在驾车行至人行横道时未减速，违反了《道路交通安全法》第 47 条"机动车行经人行横道时，应当减速行驶"之规定，属于违章驾驶。由于刹车不及造成 1 人重伤的交通事故，危害了交通运输安全，主观上具有过失。虽然事故只造成 1 人重伤，但由于陈某某应负事故的全部责任，并在事故发生后逃逸，符合《交通肇事刑案解释》第 2 条第 2 款的规定，其行为已构成交通肇事罪。

2. 关于本罪发生的空间限制问题。驾驶或使用车辆时肇事是否构成交通肇事罪，关键在于对"道路"的理解，或者说要看事故是否发生于公共交通管理的地方。根据《道路交通安全法》第 119 条的规定，"道路"是指公路、城市道路和虽在单位管辖范围但允许社会机动车通行的地方，包括广场、公共停车场等用于公众通行的场所。显然，只有在实行公共交通管理的范围内发生重大交通事故的，才可能构成交通肇事罪。根据《交通肇事解释》第 8 条的规定，如果在公共交通管理的范围外，驾驶机动车辆或者使用其他交通工具致人伤亡或者致使公共财产或者他人财产遭受重大损失，构成犯罪的，则应当分别依照《刑法》第 134 条（重大责任事故罪）、第 135 条（重大劳动安全事故罪）、第 233 条（过失致人死亡罪）等规定定罪处罚。另外，在实行公共交通管理的范围内驾驶非机动车因违章而发生致人重伤或死亡的重大事故的，实践中一般按交通肇事罪处理。

3. 本罪与故意杀人罪、故意伤害罪的界限。主要区别是犯罪客体和罪过形式不同。以下几种情况应以故意杀人罪或故意伤害罪定罪处罚：①行为人利用交通工具杀害、伤害特定的人，不足以危害公共安全的；②行为人在发生交通肇事后明知被害人受伤，又采取倒车或者继续前行的手段将被害人轧死，或者驾车挂带被车钩住的被害人，致使被害人死亡的；③行为人在交通肇事后为逃避法律追究，将被害人带离事故现场后隐藏或者遗弃，致使被害人无法得到救助而死亡或者严重残疾的。

4. 本罪与以驾车撞人的危险方法危害公共安全罪的界限。二者的主要区别在于罪过形式不同。如果行为人出于泄愤报复或者其他反社会动机，驾驶汽车等交通工具在公路、城镇街道或者其他公共场所横冲直撞，制造事端，危害公共安全的，不论是否造成了严重后果，都应当认定为以危险方法危害公共安全罪。

（三）交通肇事罪的刑事责任

《刑法》第 133 条规定为本罪设置了 3 个档次的法定刑：

1. 基本犯的法定刑。即犯本罪的，处 3 年以下有期徒刑或者拘役。

2. 情节加重的法定刑。即交通运输肇事后逃逸或者有其他特别恶劣情节的，处 3 年以上 7 年以下有期徒刑。交通运输肇事后逃逸，是指行为人具有《交通肇事刑案解释》第 2 条第 1 款规定和第 2 条第 2 款第 1～5 项规定的情形之一，在发生交通事故后，为逃避法律追究而逃跑的行为。应当注意，适用"交通运输肇事后逃逸"的量刑情节，是以行为人的交通肇事行为已构成交通肇事罪为前提的。其他特别恶劣情节，是指具有下列情形之一的：①死亡 2 人以上或者重伤 5 人以上，负事故全部或者主要责任的；②死亡 6 人以上，负事故同等责任的；③造成公共财产或者他人财产直接损失，负事故全部或者主要责任，无能力赔偿数额在 60 万元以上的。

3. 因逃逸致人死亡的法定刑。因逃逸致人死亡的，处 7 年以上有期徒刑。应当注意，交通肇事后因逃逸致人死亡的，仍定交通肇事罪，而不能转化为其他罪名。根据《交通肇事刑案解释》第 5 条的规定，因逃逸致人死亡，是指行为人在交通肇事后为逃避法律追究而逃跑，致使被害人因得不到救助而死亡的情形。执行这一规定，应当掌握以下条件：①行为人交通肇事行为的有罪性；②逃逸行为与死亡结果的因果性；③行为人对交通肇事的明知性。

【案例 4 分析】陈某某的逃逸行为不构成"交通运输肇事后逃逸"。因为，陈某某的交通肇事行为只造成 1 人重伤的后果，如果没有逃逸行为，就不构成交通肇事罪，其逃逸行为已经作为交通肇事罪的定罪要件，故不能再作为交通肇事罪的法定加重情节，否则就违背了禁止重复评价原则。因此，对陈某某的量刑应当在"3 年以下有期徒刑或者拘役"的幅度内裁量。同时，由于陈某某具有自首情节，且事后进行了一定的经济赔偿，依法可以从轻处罚。

四十三、危险驾驶罪

（一）危险驾驶罪的概念和构成要件

危险驾驶罪，是指在道路上驾驶机动车具有追逐竞驶情节恶劣、醉酒驾驶等特定危险驾驶情形的行为。其构成要件是：

1. 本罪的客体是道路公共安全。

2. 本罪在客观方面表现为在道路上驾驶机动车，具有下列情形之一的行为：

（1）在道路上驾驶机动车追逐竞驶，情节恶劣的行为。对此，应当从以下方面把握：①必须是在道路上驾驶机动车。机动车，是指以动力装置驱动或者牵引，上道路行驶的供人员乘用或者用于运送物品以及进行工程专项作业的轮式车辆。②必须实施了追逐竞驶的行为。追逐竞驶，俗称"飙车"，是指行为人出于赌博竞技、追求刺激、斗气等，驾驶机动车在道路上高速行驶，反复并线、违法超车的行为。[1]虽然从"追逐竞驶"本身词义看，有相互展示、炫耀车技、速度之意，但从入罪的意义上看，不应排除单车可以构成本罪。③必须是情节恶劣。考虑到在道路上追逐竞驶，受时间、路段、道路通流量、当时的车流量、限制车速等复杂因素的影响，法律规定"情节恶劣的"才构成犯罪。追逐竞驶虽未造成人员伤亡或财产损失，但综合考虑超过限速、闯红灯、强行超车、抗拒交通执法等严重违反道路交通安全法的行为，足以威胁他人生命、财产安全的，应认定为"情节恶劣"。

（2）在道路上醉酒驾驶机动车的行为，俗称"醉驾"。2013 年 12 月 18 日《最高人民法院、最高人民检察院、公安部关于办理醉酒驾驶机动车刑事案件适用法律若干问题的意见》第 1 条规定，在道路上驾驶机动车，血液酒精含量达到 80 毫克/100 毫升以上的，属于醉酒驾驶机动车，以危险驾驶罪定罪处罚。

（3）从事校车业务或者旅客运输，严重超过额定乘员载客，或者严重超过规定时速行驶的行为。这种"多拉快跑"的行为成立本罪，不以发生人员伤亡等后果为要件，但必须达到严重程度。如果虽然超员或者超速，但没有达到严重程度的，不构成本罪。

（4）违反危险化学品安全管理规定运输危险化学品，危及公共安全的行为。如果行为人虽然违反危险化学品安全管理规定运输危险化学品，但不具有危害公共安全的危险的，则不构成本罪。行为是否危及公共安全，要根据行为人所运输的化学危险品的种类、数量、运输的时间、路线、车辆的安全状况、发生实害事故的可能性程度等方面综合认定。

3. 本罪的主体是一般主体。根据《刑法》第 133 条之一第 2 款的规定，机动车所有人、管理人对上述（3）（4）项行为负有直接责任的，也构成危险驾驶罪。

4. 本罪的主观方面是故意。犯罪动机是多种多样的，如出于竞技、追求刺激、斗气或者其他动机。

【案例 5 分析】张某某、金某在道路上驾驶机动车追逐竞驶，情节恶劣，构成危险驾驶罪。本案中，从主观驾驶心态上看，张某某、金某到案后先后供述"心里面想找点享乐和刺激""在道路上穿插、超车、得到心理满足"；在面临红灯时，"刹车不舒服、逢车必超""前方有车就变道曲折行驶再超越"。二被告人上述供述与相关视听资料相互印证，可以反映出其追求刺激、炫耀驾驶技能的竞技心理。从客观行为上看，二被告人驾驶超标大功率的改装摩托车，为追求速度，多次随意变道、闯红灯、大幅超速等严重违章。从行驶路线看，二被告

---

〔1〕　黄太云：《刑法修正案解读全编》，人民法院出版社 2011 年版，第 65 页。

人共同自浦东新区乐园路 99 号出发，至陆家浜路、河南南路路口接人，约定了竞相行驶的起点和终点。综上，可以认定二被告人的行为属于危险驾驶罪中的"追逐竞驶"。

二被告人追逐竞驶行为，虽未造成人员伤亡和财产损失，但从以下情形分析，属于危险驾驶罪中的"情节恶劣"：其一，从驾驶的车辆看，二被告人驾驶的系无牌和套牌的大功率改装摩托车；其二，从行驶速度看，总体驾驶速度很快，多处路段超速达 50% 以上；其三，从驾驶方式看，反复并线、穿插前车、多次闯红灯行驶；其四，从对待执法的态度看，二被告人在民警盘查时驾车逃离；其五，从行驶路段看，途经的杨高路、张杨路、南浦大桥、复兴东路隧道等均系城市主干道，沿途还有多处学校、公交和地铁站点、居民小区、大型超市等路段，交通流量较大，行驶距离较长，在高速驾驶的刺激心态下和躲避民警盘查的紧张心态下，极易引发重大恶性交通事故。上述行为，给公共交通安全造成一定危险，足以威胁他人生命、财产安全，故可以认定二被告人追逐竞驶的行为属于危险驾驶罪中的"情节恶劣"。[1]

（二）危险驾驶罪的司法认定

《刑法》第 133 条之一第 3 款规定："有前两款行为，同时构成其他犯罪的，依照处罚较重的规定定罪处罚。"因此，在认定本罪时应注意以下方面：

1. 本罪与交通肇事罪的关系。这两种犯罪都属于违反交通运输管理法规的行为，主要区别包括：①发生的空间范围不同。前者只限于发生在道路交通运输中，而后者可以发生于道路和水路交通运输过程中。②主观罪过不同。前者为故意犯罪，后者为过失犯罪。③入罪标准不同。前者以行为在客观上具有公共危险为入罪标准，即不论是否造成危害后果都构成犯罪；而后者以发生严重后果为入罪的必要条件。如果行为人醉酒驾驶、追逐竞驶或者多拉快跑，造成人员伤亡或者公私财产重大损失，符合交通肇事罪构成要件的，应当以交通肇事罪定罪，而行为人醉酒驾驶、追逐竞驶或多拉快跑的行为，应作为从重处罚的量刑情节予以考虑。[2]

2. 本罪与以危险方法危害公共安全罪的关系。最高人民法院《关于醉酒驾车犯罪法律适用问题的指导意见及相关典型案例》中指出：行为人明知酒后驾车违法、醉酒驾车会危害公共安全，却无视法律醉酒驾车，特别是在肇事后继续驾车冲撞，造成重大伤亡，说明行为人主观上对持续发生的危害结果持放任

〔1〕 "指导案例 32 号：张某某、金某危险驾驶案"，载中华人民共和国最高人民法院，http://www.court.gov.cn/fabu - xiangqing - 13228.html，最后访问时间：2018 年 6 月 3 日。

〔2〕 黄太云：《刑法修正案解读全编》，人民法院出版社 2011 年版，第 68 页。

态度，具有危害公共安全的故意。对此类醉酒驾车造成重大伤亡的，应依法以以危险方法危害公共安全罪定罪。

（三）危险驾驶罪的刑事责任

根据《刑法》第133条之一第1款的规定，犯本罪的，处拘役，并处罚金。

根据《最高人民法院关于常见犯罪的量刑指导意见（二）（试行）》的规定，对于醉酒驾驶机动车的被告人，应当综合考虑被告人的醉酒程度、机动车类型、车辆行驶道路、行车速度、是否造成实际损害以及认罪悔罪等情况，准确定罪量刑。对于情节显著轻微危害不大的，不予定罪处罚；犯罪情节轻微不需要判处刑罚的，可以免予刑事处罚。

四十四、重大责任事故罪

（一）重大责任事故罪的概念和构成要件

重大责任事故罪，是指生产、作业人员在生产、作业中违反有关安全管理的规定，因而发生重大伤亡事故或者造成其他严重后果的行为。其构成要件是：

1. 本罪的客体是公共安全，即生产、作业安全。

2. 本罪在客观方面表现为在生产、作业中违反有关安全管理的规定，因而发生重大伤亡事故或者造成其他严重后果的行为。具体包括以下三个要素：

（1）必须实施了违反有关安全的管理规定的行为。这里的"有关安全管理规定"，是指同保障生产、作业安全有关的操作规程、劳动纪律以及劳动保护法律法规等。违反有关安全管理规定，既可以是作为，也可以是不作为。

（2）违反有关安全管理规定的行为必须发生在生产、作业过程中，与生产、作业有直接联系。如果造成的事故与生产、作业无关，不可能构成本罪。例如，工人在车间休息室用电炉烧水、做饭，不慎引起火灾，造成重大损失的，由于其行为与生产、作业没有任何关系，只能以失火罪论处。

（3）违反有关安全管理规定的行为必须造成了重大伤亡事故或者其他严重后果。根据2015年12月16日"两高"《关于办理危害生产安全刑事案件适用法律若干问题的解释》（以下简称《危害生产安全解释》）的规定，具有下列情形之一的，应当认定为"发生重大伤亡事故或者造成其他严重后果"：①造成死亡1人以上，或者重伤3人以上的；②造成直接经济损失100万元以上的；③其他造成严重后果或者重大安全事故的情形。[1]

3. 本罪的主体是特殊主体，包括对生产、作业负有组织、指挥或者管理职

---

[1]《刑法》第134条第2款（强令违章冒险作业罪）、第135条（重大劳动安全事故罪）和第135条之一（大型群众性活动重大安全事故罪）中的"发生重大伤亡事故或者造成其他严重后果"，第132条（铁路运营安全事故罪）、第136条（危险物品肇事罪）和第139条（消防责任事故罪）中的"造成严重后果"，第137条（工程重大安全事故罪）中的"造成重大安全事故"，均适用此标准认定。

责的负责人、管理人员、实际控制人、投资人等人员，以及直接从事生产、作业的人员。至于生产、作业单位的性质如何以及有无证照，则不影响本罪的处理。

4. 本罪的主观方面是过失。

【案例 6 分析】被告人牛某某的行为构成重大责任事故罪。首先，牛某某是枫叶新都市会所游泳馆的实际管理者，符合重大责任事故罪的主体要件。其次，牛某某违反规章制度，在违章经营期间，管理责任不落实，救生、安全措施不到位，危害着不特定的多数人的生命与财产安全，并且发生两名儿童溺水死亡的重大事故，行为与结果之间存在因果关系，符合重大责任事故罪的客观方面要件；再次，牛某某作为游泳馆的实际管理者，违章经营，对游泳馆的安全疏于管理，以致发生严重后果，主观上存在着过失，符合重大责任事故罪的主观方面要件。因此，对牛某某应当以重大责任事故罪定罪处罚。

（二）重大责任事故罪的司法认定

1. 本罪与非罪的界限。区分的关键在于确定行为人是否违反了有关安全管理的规定、主观上是否有过失，以及是否造成了严重后果。

2. 本罪与失火罪、过失爆炸罪、过失投放危险物质罪的界限。这些犯罪在主观上都出自过失，客观上都造成了严重后果。主要区别是：①犯罪主体不同。本罪的主体为特殊主体；后三罪为一般主体。②过失内容不同：本罪为业务过失；后三罪为普通过失。③客观方面不同。本罪是发生在生产、作业中，与生产、作业有直接联系；后三罪则一般发生在日常生活中，即使发生在生产、作业中，其行为也与生产、作业活动没有直接联系。因此，如果是在生产、作业过程中，由于违反相关操作规定导致火灾、爆炸或中毒事故，应以重大责任事故罪论处。

3. 本罪与本章中的其他责任事故犯罪的界限。本章的其他责任事故犯罪，具有与重大责任事故罪相同的犯罪本质，实质上是重大责任事故罪的特殊形式。根据特别法优于普通法的原则，在重大责任事故罪与其他责任事故犯罪发生竞合的情况下，应当以特定领域的责任事故犯罪论处。

（三）重大责任事故罪的刑事责任

根据《刑法》第 134 条第 1 款的规定，犯本罪的，处 3 年以下有期徒刑或者拘役；情节特别恶劣的，处 3 年以上 7 年以下有期徒刑。《危害生产安全解释》第 7 条对属于"情节特别恶劣"的情形作了列举。

四十五、强令违章冒险作业罪

强令违章冒险作业罪，是指强令他人违章冒险作业，因而发生重大伤亡事故或者造成其他严重后果的行为。根据《危害生产安全解释》第 5 条的规定，明知存在事故隐患、继续作业存在危险，仍然违反有关安全管理的规定，实施下列行为之一的，应当认定为"强令他人违章冒险作业"：①利用组织、指挥、管理职权，强制他人违章作业的；②采取威逼、胁迫、恐吓等手段，强制他人违章作业的；③故意掩盖事故隐患，组织他人违章作业的；④其他强令他人违章作业的行为。这里的"发生重大伤亡事故或者造成其他严重后果"的认定标准与重大责任事故罪相同。本罪的主体是特殊主体，包括对生产、作业负有组织、指挥或者管理职责的负责人、管理人员、实际控制人、投资人等人员。根据《刑法》第134条第2款的规定，犯本罪的，处5年以下有期徒刑或者拘役；情节特别恶劣的，处5年以上有期徒刑。

四十六、重大劳动安全事故罪

重大劳动安全事故罪，是指安全生产设施或者安全生产条件不符合国家规定，因而发生重大伤亡事故或者造成其他严重后果的行为。这里的"发生重大伤亡事故或者造成其他严重后果"的认定标准与重大责任事故罪相同。本罪的主体是直接负责的主管人员和其他直接责任人员，根据《危害生产安全解释》的规定，是指对安全生产设施或者安全生产条件不符合国家规定负有直接责任的生产经营单位负责人、管理人员、实际控制人、投资人，以及其他对安全生产设施或者安全生产条件负有管理、维护职责的人员。根据《刑法》第135条的规定，犯本罪的，对直接负责的主管人员和其他直接责任人员，处3年以下有期徒刑或者拘役；情节特别恶劣的，处3年以上7年以下有期徒刑。

四十七、大型群众性活动重大安全事故罪

大型群众性活动重大安全事故罪，是指举办大型群众性活动违反安全管理规定，因而发生重大伤亡事故或者造成其他严重后果的行为。[1]这里的"发生重大伤亡事故或者造成其他严重后果"的认定标准与重大责任事故罪相同。本罪的主体是对举办大型群众性活动直接负责的主管人员和其他直接责任人员。根据《刑法》第135条之一的规定，犯本罪的，处3年以下有期徒刑或者拘役；情节特别恶劣的，处3年以上7年以下有期徒刑。

四十八、危险物品肇事罪

危险物品肇事罪，是指违反爆炸性、易燃性、放射性、毒害性、腐蚀性物品的管理规定，在生产、储存、运输、使用中发生重大事故，造成严重后果的行为。这里的"造成严重后果"的认定标准与重大责任事故罪相同。在认定本

---

〔1〕 根据2007年10月1日国务院《大型群众性活动安全管理条例》的规定，"大型群众性活动"是指法人或者其他组织面向社会公众举办的每场次预计参加人数达到1000人以上的下列活动：①体育比赛活动；②演唱会、音乐会等文艺演出活动；③展览、展销等活动；④游园、灯会、庙会、花会、焰火晚会等活动；⑤人才招聘会、现场开奖的彩票销售等活动。影剧院、音乐厅、公园、娱乐场所等在其日常业务范围内举办的活动，不适用本条例的规定。

罪时，应划清它与投放危险物质罪的界限。根据《刑法》第 136 条的规定，犯本罪的，处 3 年以下有期徒刑或者拘役；后果特别严重的，处 3 年以上 7 年以下有期徒刑。

四十九、工程重大安全事故罪

工程重大安全事故罪，是指建设单位、设计单位、施工单位、工程监理单位违反国家规定，降低工程质量标准，造成重大安全事故的行为。这里的"重大安全事故"的认定标准与重大责任事故罪相同。本罪的主体仅限于建设单位、设计单位、施工单位、工程监理单位，而且只追究其直接责任人员的刑事责任。根据《刑法》第 137 条的规定，犯本罪的，对直接责任人员，处 5 年以下有期徒刑或者拘役，并处罚金；后果特别严重的，处 5 年以上 10 年以下有期徒刑，并处罚金。

五十、教育设施重大安全事故罪

教育设施重大安全事故罪，是指明知校舍或者教育教学设施有危险，而不采取措施或者不及时报告，致使发生重大伤亡事故的行为。这里的"发生重大伤亡事故"，是指造成死亡 1 人以上，或者重伤 3 人以上。本罪的主体是学校或者其他教育机构中对校舍、教育教学设施的安全负有直接责任的人员。根据《刑法》第 138 条的规定，犯本罪的，对直接责任人员，处 3 年以下有期徒刑或者拘役；后果特别严重的，处 3 年以上 7 年以下有期徒刑。

五十一、消防责任事故罪

消防责任事故罪，是指违反消防管理法规，经消防监督机构通知采取改正措施而拒绝执行，造成严重后果的行为。这里的"造成严重后果"的认定标准与重大责任事故罪相同。本罪的主体是对消防负有直接管理责任的人员。根据《刑法》第 139 条的规定，犯本罪的，对直接责任人员，处 3 年以下有期徒刑或者拘役；后果特别严重的，处 3 年以上 7 年以下有期徒刑。

五十二、不报、谎报安全事故罪

不报、谎报安全事故罪，是指在安全事故发生后，负有报告职责的人员不报或者谎报事故情况，贻误事故抢救，情节严重的行为。这里的"情节严重"，根据《危害生产安全解释》第 8 条的规定，是指具有下列情形之一：①导致事故后果扩大，增加死亡 1 人以上，或者增加重伤 3 人以上，或者增加直接经济损失 100 万元以上的；②实施下列行为之一，致使不能及时有效开展事故抢救的：决定不报、迟报、谎报事故情况或者指使、串通有关人员不报、迟报、谎报事故情况的；在事故抢救期间擅离职守或者逃匿的；伪造、破坏事故现场，或者转移、藏匿、毁灭遇难人员尸体，或者转移、藏匿受伤人员的；毁灭、伪造、隐匿与事故有关的图纸、记录、计算机数据等资料以及其他证据的；③其他情节严重的情形。本罪的主体是对所发生的安全事故负有报告职责的人员。"负有报告职责的人员"是指负有组织、指挥或者管理职责的负责人、管理人员、实际控制人、投资人，以及其他负有报告职责的人员。本罪的主观方面是故意。在安全事故发生后，与负有报告职责的人员串通，不报或者谎报事故情况，贻误事故抢救，情节严重的，以本罪的共犯论处。根据《刑法》第139条之一的规定，犯本罪的，处3年以下有期徒刑或者拘役；情节特别严重的，处3年以上7年以下有期徒刑。

本章小结

本类罪共52个罪名。本章对其中的部分重点、常见罪名，包括放火罪，投放危险物质罪，以危险方法危害公共安全罪，破坏交通工具罪，组织、领导、参加恐怖组织罪，非法制造、买卖、运输、邮寄、储存枪支、弹药、爆炸物罪，交通肇事罪，危险驾驶罪、重大责任事故罪等，从犯罪构成要件和认定时应注意的问题等方面作了重点阐析。司法类开设刑法课程的各个专业，可根据本专业特点和岗位需要，选取若干个罪名进行讲授，要求学生重点掌握和理解，并能够运用。

思考练习

1. 什么是公共安全？如何理解其中的"不特定"和"多数"？
2. 是否以危险方法实施的犯罪都属于危害公共安全罪？
3. 如何理解和认定投放危险物质罪？
4. 什么是以危险方法危害公共安全罪？
5. 如何理解和认定破坏交通工具罪？
6. 如何理解组织、领导、参加恐怖组织罪的犯罪构成？
7. 如何区分非法制造、买卖枪支罪与违规制造、销售枪支罪？
8. 如何理解和认定交通肇事罪？
9. 如何理解危险驾驶罪的犯罪构成？它与交通肇事罪之间有何关系？
10. 如何理解和认定重大责任事故罪？

实务训练

1. 下列哪些情形构成以危险方法危害公共安全罪？
A. 投放虚假的爆炸性、毒害性、放射性、传染病病原体等物质，严重扰乱

社会秩序的

　　B. 破坏正在使用的矿井下的通风设备的

　　C. 故意传播突发传染病病原体，危害公共安全的

　　D. 醉酒驾车肇事后继续驾车冲撞的

　　2. 魏某参加恐怖活动组织后受恐怖活动组织的指派，潜入大陆进行恐怖活动，先后杀害 3 人，绑架 1 人。魏某的行为构成下列哪些犯罪？

　　A. 参加恐怖活动组织罪

　　B. 故意杀人罪

　　C. 绑架罪

　　D. 以危险方法危害公共安全罪

　　3. 下列构成以危险方法危害公共安全罪、交通肇事罪和危险驾驶罪的分别是哪些选项？

　　A. 甲驾车在公路转弯处高速行驶，撞翻相向行驶的车辆，致 2 人死亡

　　B. 乙驾驶越野车在道路上横冲直撞，撞翻数辆他人所驾汽车，致 2 人死亡

　　C. 丙醉酒后驾驶机动车，在半途中被交警拦下，没有发生事故

　　D. 丁在繁华路段飙车，2 名老妇受惊吓致心脏病发作死亡

　　E. 马某失恋后情绪失控，醉酒驾车在道路上故意冲撞

　　F. 王某醉酒后驾车，刚开出 10 米就撞死 2 人

　　4. 吴某（23 岁）酒后驾车行驶，在市区内闯红灯时将过街的妇女郑某撞倒，吴某为了逃避法律追究，将郑某带至郊外遗弃，导致其死亡。下列哪些选项是正确的？

　　A. 吴某构成交通肇事罪，致郑某死亡的行为属于"因逃逸致人死亡"的加重结果

　　B. 吴某构成交通肇事罪与故意杀人罪，应实行数罪并罚

　　C. 吴某对郑某死亡的心理态度是间接故意

　　D. 吴某构成交通肇事罪与故意杀人罪的想象竞合犯，应当按故意杀人罪论处

　　5. 宋某有房三间，位于一排砖木结构房屋的东端，依次向西有七户人家。2008 年 7 月 8 日，宋及其妻因家事与其母、兄发生争执，遭其兄殴打。宋怒从心起，感到此屈辱无法忍受，决心自焚房屋移居他处。宋用火柴点燃屋内麦草堆后，携妻带子离家出走。火势很快蔓延，将房屋烧着。当时风向东南，西邻七户为避免殃及，纷纷将财物向外转移。由于众村民奋力扑火，才避免七户人家的财物化为灰烬。

　　问：宋某烧毁自家房屋的行为是否构成放火罪？为什么？

6. 张某，男，41岁，系瓜农。张某因其所种的西瓜被盗严重，遂在瓜地周围拉上铁丝，并接通电源。其妻子见状便阻止道："这样会电死人的，赶快拆掉。"张某说："我又不是要电死好人，是防盗，偷西瓜的人死了活该。"第二天下午，3个小学生放学后追逐蝴蝶而进入西瓜地，误触到通电的电线，均抢救无效死亡。张某得知情况后，即到当地派出所投案，并如实供述了自己为防盗私拉电线的情况。

问：张某的行为是否构成以危险方法危害公共安全罪？并说明理由。

7. 卢某是某公司的员工，由于与本公司汽车驾驶员荀某素有矛盾，为报复荀某，伺机破坏荀某驾驶的汽车。某日，卢某得知荀某"明天出车"，当晚8时许，卢某约好友吕某携带白砂糖到其家，然后将自己的"破坏计划"告诉吕某，并希望吕与其"合作"，吕某表示同意。当晚10时许，卢某带着吕某来到自己的公司，由卢某将停放在公司院内的厢式货车（荀某驾驶）的发动机盖打开，吕某随后把白砂糖倒入发动机气门弹簧内。接着，卢某弯腰找刹车油管，并向吕某索取钢丝钳，吕某从车中工具箱内取出钢丝钳递给卢某，卢某剪断刹车油管后二人逃离现场。次日，荀某在出车前检查时发现汽车已遭破坏，幸免遇险。后经技术鉴定，该车制动系统完全失效。

问：卢某和吕某的行为构成何罪？为什么？（提示：关键在于认定两人的行为侵犯的客体是否属于公共交通运输安全？）

8. 郭某是某国有企业机修车间技术工人。一天，郭某结识小贩周某。周某说："现在火药手枪价钱很高，你如果能做，我负责出售，赚的钱我们俩平分。"郭某表示同意。后来郭某先后制造火药手枪22支，交给周某出售，获赃款3万余元，两人平分。

问：郭某与周某的行为构成什么罪？为什么？

9. 甲系某公司经理，乙是其司机。某日，乙开车送甲去洽谈业务，途中因违章超速行驶当场将行人丙撞死，并致行人丁重伤。乙欲送丁去医院救治，被甲阻止。甲催乙送其前去洽谈商务，并称否则会造成重大经济损失。于是，乙打电话给120急救站后离开肇事现场。但因时间延误，丁不治身亡。

问：甲的行为是否构成交通肇事罪？甲、乙是否构成共犯？

10. 某施工工地升降机操作工罗某未注意下方有人即按启动按钮，造成维修工谢某当场被挤压身亡。罗某在报告事故时隐瞒了自己按下启动按钮的事实。

问：（1）罗某的行为是否构成重大责任事故罪？并说明理由。

（2）罗某在报告事故时隐瞒了自己按下启动按钮的事实，该行为是否构成谎报安全事故罪？为什么？（提示：关键在于把握罗某的谎报行为是否贻误了事故抢救，该隐瞒行为与张某的死亡之间是否存在因果关系？）

第十八章　拓展学习

第十九章　破坏社会主义市场经济秩序罪

目标任务

　　了解破坏社会主义市场经济秩序罪的概念、构成特征，以及各个非重点罪名的概念、相关处罚的特别规定；掌握重点罪名的概念、犯罪构成及相关处罚的特别规定；把握认定有关犯罪应当区分的界限和应注意的问题。能够根据刑法的相关规定与犯罪构成，进行案例分析，处理实务问题。

第一节　破坏社会主义市场经济秩序罪概述

　　破坏社会主义市场经济秩序罪，是指违反国家市场经济管理法律法规，破坏社会主义市场经济秩序，严重危害市场经济发展的行为。这类犯罪的构成特征是：

　　1. 犯罪的同类客体是社会主义市场经济秩序。社会主义市场经济秩序，是国家通过法律对由市场资源配置的经济运行过程进行调节和实行管理所形成的正常、有序的状态。经济秩序对一个国家的经济发展起着举足轻重的作用，因此刑法必须予以保护。目前，我国刑法所保护的市场经济秩序包括正当的市场竞争秩序，对外贸易秩序，对公司、企业的管理秩序，金融管理秩序、税收管理秩序，等等。

　　2. 在客观方面表现为违反国家市场经济管理法律、法规，破坏社会主义市场经济秩序，严重危害市场经济发展的行为。违反市场经济管理的法律、法规，并以此为前提，是本类犯罪的突出特点，如生产、销售伪劣商品罪以违反产品质量法规为前提，走私罪以违反海关法规为前提，如此等等。但是，并非违反市场经济管理法律法规的行为都是犯罪，只有严重危害市场经济发展的破坏市场经济秩序行为，才被刑法规定为犯罪。所以，本章许多犯罪以情节严重、后果严重、数额较大、造成重大损失为构成要件要素。

　　3. 犯罪的主体包括自然人和单位。其中大多数犯罪的主体既可以是自然人也可以是单位，少数犯罪的主体只能是自然人，如信用卡诈骗罪、抗税罪等。

4. 犯罪的主观方面，绝大多数犯罪是出于故意，而且部分犯罪还具有牟利的目的、非法占有的目的或者其他目的。极少数犯罪的主观方面是过失，包括签订、履行合同失职被骗罪，国有公司、企业、事业单位人员失职罪和出具证明文件重大失实罪。

本类罪共包括 108 个罪名，具体分为以下八小类犯罪：生产、销售伪劣商品罪；走私罪；妨害对公司、企业的管理秩序罪；破坏金融管理秩序罪；金融诈骗罪；危害税收征管罪；侵犯知识产权罪；扰乱市场秩序罪。

为正确处理这类刑事案件，"两高"分别或者联合发布了大量的司法解释。尤其是最高人民检察院、公安部先后印发了《关于公安机关管辖的刑事案件立案追诉标准的规定（一）》《关于公安机关管辖的刑事案件立案追诉标准的规定（二）》（以下分别简称《公安立案标准一》《公安立案标准二》），以及《关于公安机关管辖的刑事案件立案追诉标准的规定（一）的补充规定》《关于公安机关管辖的刑事案件立案追诉标准的规定（二）的补充规定》（以下分别简称《公安立案标准（一）补充规定》《公安立案标准（二）补充规定》），对本章除走私罪以外的七小类犯罪所包括的各种具体犯罪的立案追诉标准作了全面的规定。

 第二节　　生产、销售伪劣商品罪[1]

【案例】

1996 年上半年，郭某在无实际生产能力并未经工商登记许可的情况下，租用玉带村的部分房屋开办工厂，声称要制造生产电池的设备。7 月 15 日，郭某以玉带村开办的光明蓄电池厂的名义，与大禾电池公司签订了标的额为 20.6 万元的 R6 型 5 号电池生产设备购销合同，并通过玉带村党支部书记兼光明蓄电池厂厂长王某，盖了光明蓄电池厂公章。此后，大禾电池公司汇入光明蓄电池厂账面的 12.6 万元预付货款，被郭某冒充王某的签名取走。郭某用其中的 5 万余元，先后购得废旧的 R6 型 5 号电池生产设备，自己也生产了部分零配件，经刷新、拼装后，冒充合格产品销售给大禾电池公司 14 套。经技术监督部门鉴

---

〔1〕 本小类罪包括 9 个罪名，犯罪主体均包括自然人和单位，主观方面均为故意。

定，该设备不具备应有的使用性能，是不合格产品。[1]问：对本案应如何定性？

一、生产、销售伪劣产品罪

（一）生产、销售伪劣产品罪的概念和构成要件

生产、销售伪劣产品罪，是指生产者、销售者在产品中掺杂、掺假，以假充真，以次充好或者以不合格产品冒充合格产品，销售金额在5万元以上的行为。其构成要件是：

1. 本罪的客体是复杂客体，即国家对产品质量的监督管理制度以及广大用户和消费者的合法权益。这里的"产品"，是指经过加工、制作、用于销售的各种物品，但不包括建筑工程。本罪的对象是普通伪劣产品，即《刑法》第141～148条规定的药品、食品、医用器材、化妆品等特种伪劣产品以外的伪劣产品。伪产品，即假产品，指种类、名称与内容不符的产品；劣产品，即不合格产品，指不符合国家标准、行业标准的产品。

2. 本罪在客观方面表现为生产、销售伪劣产品，销售金额在5万元以上的行为。具体包括以下要素：

（1）必须实施了生产、销售伪劣产品的行为，其表现为四种形式：①在产品中掺杂、掺假。指在产品中掺入杂质或者异物，致使产品质量不符合法律、法规或者产品明示质量标准规定的质量要求，降低、失去应有使用性能的行为，如在牛奶中兑水等。②以假充真。指以不具有某种使用性能的产品冒充具有该种使用性能的产品的行为，如以自来水冒充矿泉水等。③以次充好。指以低等级、低档次产品冒充高等级、高档次产品，或者以残次、废旧零配件组合、拼装后冒充正品或者新产品的行为，如以人工种植的人参冒充天然人参等。④以不合格产品冒充合格产品。不合格产品，是指不符合《产品质量法》第26条第2款规定的质量要求的产品。

（2）必须销售金额达到5万元以上。"销售金额"是指生产者、销售者出售伪劣产品后所得和应得的全部违法收入。多次实施生产、销售伪劣产品的行为，未经处理的，伪劣产品的销售金额累计计算。另外，本罪属于选择性罪名，既实施生产行为又实施销售行为的，也只构成一罪。

3. 本罪的主体是一般主体，包括伪劣产品的生产者和销售者，既可以是自然人也可以是单位。行为人是否有生产许可证或者营业执照，不影响犯罪的

---

[1] "郭某产生销售伪劣产品被判一年"，载找法网，http://china.findlaw.cn/zuiming/3_49/anli.html，最后访问时间：2017年11月9日。

成立。

4. 本罪的主观方面是故意，并且通常具有非法牟利的目的。如果生产者不知道其使用的原材料被掺杂、掺假或者不符合标准，销售者不知道其销售的产品是伪劣产品，则不构成本罪。

【案例分析】郭某在无能力生产成套电池设备的情况下，用 5 万余元购买废旧产品进行刷新、拼装，冒充合格产品销售给用户后实际得款 12.6 万元，其行为已触犯了《刑法》第 140 之规定，构成生产、销售伪劣产品罪。

（二）生产、销售伪劣产品罪的司法认定

1. 既遂与未遂的认定。行为人生产、销售伪劣产品，实际销售金额达到 5 万元以上的，成立本罪的既遂。根据 2001 年 4 月 10 日"两高"《关于办理生产销售伪劣商品刑事案件具体应用法律若干问题的解释》（以下简称《伪劣商品刑案解释》）的规定，伪劣产品尚未销售，货值金额达到《刑法》第 140 条规定的销售金额 3 倍以上即 15 万元以上的，以生产、销售伪劣产品罪（未遂）定罪处罚。

2. 共同犯罪的认定。知道或者应当知道他人实施生产、销售伪劣商品犯罪，而为其提供贷款、资金、帐号、发票、证明、许可证件，或者提供生产、经营场所或者运输、仓储、保管、邮寄等便利条件，或者提供制假生产技术的，以生产、销售伪劣商品犯罪的共犯论处。[1]

3. 罪数的认定。实施生产、销售伪劣商品犯罪，同时构成侵犯知识产权、非法经营等其他犯罪的，依照处罚较重的规定定罪处罚。行为人实施《刑法》第 140～148 条规定的生产、销售伪劣商品犯罪，又以暴力、威胁方法抗拒查处，构成其他犯罪的，依照数罪并罚的规定处罚。[2]

4. 本罪与生产、销售特定种类伪劣产品犯罪的关系。《刑法》第 140 条是关于生产、销售伪劣产品犯罪的普通法条，《刑法》第 141～148 条规定了生产、销售假药，劣药，不符合卫生标准的食品，有毒、有害食品，不符合标准的医用器材，不符合安全标准的产品，伪劣农药、兽药、化肥、种子，不符合卫生标准的化妆品等八种特定种类的伪劣产品犯罪，这 8 个法条属于特别法条。生产、销售特定种类的伪劣产品，在构成生产、销售特定种类伪劣产品犯罪的同时，也可能会触犯生产、销售伪劣产品罪，这属于法条竞合关系。对这种情形的处理，《刑法》第 149 条第 1 款规定："生产、销售本节第 141～148 条所列产品，不构成各该条规定的犯罪，但是销售金额在 5 万元以上的，依照本节第 140

―――――――――――――

〔1〕 根据《伪劣商品刑案解释》第 9 条的规定，此项还适用于本节其他犯罪的共犯认定。

〔2〕 根据《伪劣商品刑案解释》第 10 条、第 11 条规定，此项亦适用于本节其他犯罪的罪数认定。

条的规定定罪处罚。"第2款规定:"生产、销售本节第141～148条所列产品,构成各该条规定的犯罪,同时又构成本节第140条规定之罪的,依照处罚较重的规定定罪处罚。"据此,生产、销售《刑法》第141～148条所列特定种类的伪劣产品,应分不同情况处理:①符合《刑法》第141～148条规定的犯罪构成,又符合《刑法》第140条规定的犯罪构成的,按照特别法条优于普通法条的原则处理。但是,如果普通法条所规定的法定刑重于特别法条的法定刑,则应当按照重法优于轻法的原则处理,即按照《刑法》第140条的生产、销售伪劣产品罪定罪处罚。②不构成《刑法》第141～148条所规定的犯罪,但是销售金额在5万元以上的,按照生产、销售伪劣产品罪定罪处罚。

(三)生产、销售伪劣产品罪的刑事责任

根据《刑法》第140条、第150条的规定,犯本罪,销售金额在5万元以上不满20万元的,处2年以下有期徒刑或者拘役,并处或者单处销售金额50%以上2倍以下罚金;销售金额20万元以上不满50万元的,处2年以上7年以下有期徒刑,并处销售金额50%以上2倍以下罚金;销售金额50万元以上不满200万元的,处7年以上有期徒刑,并处销售金额50%以上2倍以下罚金;销售金额200万元以上的,处15年有期徒刑或者无期徒刑,并处销售金额50%以上2倍以下罚金或者没收财产。单位犯本罪的,实行两罚制,即对单位判处罚金,并对单位直接负责的主管人员和其他直接责任人员,依照上述规定处罚。

二、生产、销售假药罪

生产、销售假药罪,是指违反国家药品管理法律法规,生产、销售假药的行为。药品,是指用于预防、治疗、诊断人的疾病,有目的地调节人的生理机能并规定有适应症或者功能主治、用法和用量的物质,包括中药材、中药饮片、中成药、化学原料药及其制剂、抗生素、生化药品、放射性药品、血清、疫苗、血液制品和诊断药品等。本罪的犯罪对象是指依照《药品管理法》的规定属于假药和按假药处理的药品、非药品,且限定为人用药。其中,假药,是指药品所含成分与国家药品标准规定的成分不符,以及以非药品冒充药品或者以他种药品冒充此种药品。根据2014年12月1日"两高"《关于办理危害药品安全刑事案件适用法律若干问题的解释》(以下简称《药品安全刑案解释》)的规定,医疗机构、医疗机构工作人员明知是假药、劣药而有偿提供给他人使用,或者为出售而购买、储存的行为,应当认定为"销售"。本罪是行为犯,即只要实施了生产、销售假药的行为,就应立案追诉。但根据《药品安全刑案解释》的规定,销售少量根据民间传统配方私自加工的药品,或者销售少量未经批准进口的国外、境外药品,没有造成他人伤害后果或者延误诊治,情节显著轻微危害不大的,不认为是犯罪。实施生产、销售假药、劣药犯罪,同时构成生产、销售伪劣产品、侵犯知识产权、非法经营、非法行医、非法采供血等犯罪的，依照处罚较重的规定定罪处罚。根据《刑法》第 141 条、第 150 条的规定，犯本罪的，处 3 年以下有期徒刑或者拘役，并处罚金；对人体健康造成严重危害或者有其他严重情节的，处 3 年以上 10 年以下有期徒刑，并处罚金；致人死亡或者有其他特别严重情节的，处 10 年以上有期徒刑、无期徒刑或者死刑，并处罚金或者没收财产。单位犯本罪的，实行两罚制。

三、生产、销售劣药罪

生产、销售劣药罪，是指违反国家药品管理法律法规，生产、销售劣药，对人体健康造成严重危害的行为。药品成分的含量不符合国家药品标准的，为劣药。"对人体健康造成严重危害"，根据《药品安全刑案解释》的规定，包括：造成轻伤或者重伤的；造成轻度残疾或者中度残疾的；造成器官组织损伤导致一般功能障碍或者严重功能障碍的；其他对人体健康造成严重危害的情形。根据《刑法》第 142 条、第 150 条的规定，犯本罪的，处 3 年以上 10 年以下有期徒刑，并处销售金额 50% 以上 2 倍以下罚金；后果特别严重的，处 10 年以上有期徒刑或者无期徒刑，并处销售金额 50% 以上 2 倍以下罚金或者没收财产。单位犯本罪的，实行两罚制。

四、生产、销售不符合安全标准的食品罪

生产、销售不符合安全标准的食品罪，是指违反国家食品卫生管理法律法规，生产、销售不符合卫生标准的食品，足以造成严重食物中毒事故或者其他严重食源性疾病的行为。本罪是危险犯，只要行为造成特定的具体危险，即构成犯罪既遂。这里的"足以造成严重食物中毒事故或者其他严重食源性疾病"，根据 2013 年 5 月 4 日"两高"《关于办理危害食品安全刑事案件适用法律若干问题的解释》（以下简称《食品安全刑案解释》）的规定，是指具有下列情形之一：①含有严重超出标准限量的致病性微生物、农药残留、兽药残留、重金属、污染物质以及其他危害人体健康的物质的；②属于病死、死因不明或者检验检疫不合格的畜、禽、兽、水产动物及其肉类、肉类制品的；③属于国家为防控疾病等特殊需要明令禁止生产、销售的；④婴幼儿食品中生长发育所需营养成分严重不符合食品安全标准的；⑤其他足以造成严重食物中毒事故或者严重食源性疾病的情形。根据《刑法》第 143 条、第 150 条的规定，犯本罪的，处 3 年以下有期徒刑或者拘役，并处罚金；对人体健康造成严重危害或者有其他严重情节的，处 3 年以上 7 年以下有期徒刑，并处罚金；后果特别严重的，处 7 年以上有期徒刑或者无期徒刑，并处罚金或者没收财产。单位犯本罪的，实行两罚制。

五、生产、销售有毒、有害食品罪

（一）生产、销售有毒、有害食品罪的概念和构成要件

生产、销售有毒、有害食品罪，是指违反国家食品卫生管理法律法规，在

生产、销售的食品中掺入有毒、有害的非食品原料，或者销售明知掺有有毒、有害的非食品原料的食品的行为。其构成要件是：

1. 本罪的客体是复杂客体，即国家对食品安全的监督管理制度和不特定多人的身体健康权利。

2. 本罪在客观方面表现为，在生产、销售的食品中掺入有毒、有害的非食品原料，或者销售明知是掺入有毒有害的非食品原料的食品的行为。有毒、有害的非食品原料，是指对人体具有生理毒性，食用后会引起不良反应，损害肌体健康的不能食用的原料，如工业酒精、工业染料、对人体有害的添加剂、色素，禁止使用的农药、兽药等。《食品安全刑案解释》对属于"有毒、有害的非食品原料"的情形作了列举。本罪的具体行为包括：①生产者在生产、加工食品时掺入有毒、有害的非食品原料，或者使用有毒、有害的非食品原料加工食品的行为。②销售者在食品销售、运输、贮存等过程中，掺入有毒、有害的非食品原料的行为。③销售者明知是掺入有毒、有害的非食品原料的食品而予以销售的行为。本罪是行为犯，即只要实施上述行为之一，就构成本罪的既遂。

《食品安全刑案解释》第9条第2款、第3款特别规定，在食用农产品种植、养殖、销售、运输、贮存等过程中，使用禁用农药、兽药等禁用物质或者其他有毒、有害物质的，依照本罪定罪处罚；在保健食品或者其他食品中非法添加国家禁用药物等有毒、有害物质的，依照本罪定罪处罚。

3. 本罪的主体是一般主体，包括自然人和单位。

4. 本罪的主观方面是故意，即明知是有毒、有害食品而仍然生产或销售。如果行为人误以为有毒、有害的非食品原料是食品原料而掺入食品中，或者根本不知道是掺有有毒、有害的非食品原料的食品而予以生产、销售，且未对人体健康造成严重危害，则不构成犯罪。

（二）生产、销售有毒、有害食品罪的司法认定

主要是划清本罪与生产、销售不符合安全标准的食品罪的界限。两罪的主要区别包括：①食品的特点不同。本罪的食品被掺入了有毒、有害的非食品原料；而后罪的食品可能使用了有毒、有害原料，但仍然是食品原料。②犯罪的形态不同。本罪是行为犯，而后罪是危险犯，必须出现"足以造成严重食物中毒事故或者其他严重食源性疾病"的危险结果，才能成立犯罪。根据《食品安全刑案解释》第8条的规定，在食品加工、销售、运输、贮存等过程中，违反食品安全标准，超限量或者超范围滥用食品添加剂，足以造成严重食物中毒事故或者其他严重食源性疾病的，以生产、销售不符合安全标准的食品罪定罪处罚；在食用农产品种植、养殖、销售、运输、贮存等过程中，违反食品安全标准，超限量或者超范围滥用添加剂、农药、兽药等，足以造成严重食物中毒事故或者其他严

重食源性疾病的，以生产、销售不符合安全标准的食品罪定罪处罚。

（三）生产、销售有毒、有害食品罪的刑事责任

根据《刑法》第 144 条、第 150 条的规定，犯本罪的，处 5 年以下有期徒刑，并处罚金；对人体健康造成严重危害或者有其他严重情节的，处 5 年以上 10 年以下有期徒刑，并处罚金；致人死亡或者有其他特别严重情节的，依照本法第 141 条的规定处罚，即处 10 年以上有期徒刑、无期徒刑或者死刑，并处罚金或者没收财产。单位犯本罪的，实行两罚制。《食品安全刑案解释》就"对人体健康造成严重危害""其他严重情节""致人死亡或者有其他特别严重情节"的情形作了列举。

六、生产、销售不符合标准的医用器材罪

生产、销售不符合标准的医用器材罪，是指生产不符合保障人体健康的国家标准、行业标准的医疗器械、医用卫生材料，或者销售明知是不符合保障人体健康的国家标准、行业标准的医疗器械、医用卫生材料，足以严重危害人体健康的行为。根据《刑法》第 145 条、第 150 条的规定，犯本罪的，处 3 年以下有期徒刑或者拘役，并处销售金额 50% 以上 2 倍以下罚金；对人体健康造成严重危害的，处 3 年以上 10 年以下有期徒刑，并处销售金额 50% 以上 2 倍以下罚金；后果特别严重的，处 10 年以上有期徒刑或者无期徒刑，并处销售金额 50% 以上 2 倍以下罚金或者没收财产。单位犯本罪的，实行两罚制。

七、生产、销售不符合安全标准的产品罪

生产、销售不符合安全标准的产品罪，是指生产不符合保障人身、财产安全的国家标准、行业标准的电器、压力容器、易燃易爆产品或者其他不符合保障人身、财产安全的国家标准、行业标准的产品，或者销售明知是以上不符合保障人身、财产安全的国家标准、行业标准的产品，造成严重后果的行为。根据《刑法》第 146 条、第 150 条的规定，犯本罪的，处 5 年以下有期徒刑，并处销售金额 50% 以上 2 倍以下罚金；后果特别严重的，处 5 年以上有期徒刑，并处销售金额 50% 以上 2 倍以下罚金。单位犯本罪的，实行两罚制。

八、生产、销售伪劣农药、兽药、化肥、种子罪

生产、销售伪劣农药、兽药、化肥、种子罪，是指生产假农药、假兽药、假化肥，销售明知是假的或者失去使用效能的农药、兽药、化肥、种子，或者生产者、销售者以不合格的农药、兽药、化肥、种子冒充合格的农药、兽药、化肥、种子，使生产遭受较大损失的行为。根据《刑法》第 147 条、第 150 条的规定，犯本罪的，处 3 年以下有期徒刑或者拘役，并处或者单处销售金额 50% 以上 2 倍以下罚金；使生产遭受重大损失的，处 3 年以上 7 年以下有期徒刑，并处销售金额 50% 以上 2 倍以下罚金；使生产遭受特别重大损失的，处 7

年以上有期徒刑或者无期徒刑，并处销售金额 50% 以上 2 倍以下罚金或者没收财产。单位犯本罪的，实行两罚制。

九、生产、销售不符合卫生标准的化妆品罪

生产、销售不符合卫生标准的化妆品罪，是指生产不符合卫生标准的化妆品，或者销售明知是不符合卫生标准的化妆品，造成严重后果的行为。根据《刑法》第 148 条、第 150 条的规定，犯本罪的，处 3 年以下有期徒刑或者拘役，并处或者单处销售金额 50% 以上 2 倍以下罚金。单位犯本罪的，实行两罚制。

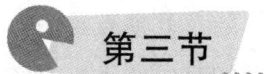 **第三节　走私罪**

【案例】

2013 年 9 月，邱清芳受"黄总"（另案处理）雇佣，租赁"鸿盈顺 1"号船并召集雇佣王某甲、王某乙、侯某某等 6 人为船员，准备走私成品油。9 月 29 日 6 时许，邱清芳任船长，负责驾驶船舶、确定航向、指挥船员、与境外油船联系，王某乙等其他 6 人负责接油管、抛缆绳，共同驾驶"鸿盈顺 1"号船从石狮出发，于中午抵达台湾海峡海域，用对讲机联系并按照事先约定以一张人民币 1 元的纸币号码作为接头暗号，从一艘台湾大油船接驳无合法手续成品柴油后返航，到达石狮沿海海域，将柴油过驳给小渔船。20 时 45 分许，该船被泉州市公安边防支队当场查获走私柴油 289.48 吨，邱清芳等人跳船逃离。经泉州市价格认定局认证，该批柴油价值人民币 2 359 262 元；经泉州海关核定，上述柴油涉嫌偷逃应缴税款共计人民币 611 396.20 元。邱清芳经动员于 2013 年 10 月 24 日主动到石狮海关缉私分局投案，并如实供述犯罪事实。邱清芳归案后协助石狮市公安局刑侦大队于 2014 年 4 月 3 日抓获涉嫌妨害公务的网上在逃犯罪嫌疑人蔡某某。[1] 问：对邱清芳的行为应如何定罪处罚？

一、走私罪的共性问题

（一）走私罪的概念和构成

走私罪，是指违反海关法规，逃避海关监管，非法运输、携带、邮寄国家

〔1〕"邱清芳走私普通货物罪一审刑事判决书"，载中国裁判文书网，http://wenshu.court.gov.cn/content/content? DocID = 36920dd7 - c9c8 - 49ae - 988b - 586b8baf0cba，最后访问时间：2017 年 11 月 13 日。

禁止进出境或者限制进出境的货物、物品以及其他货物、物品进出国（边）境，情节严重的行为。根据犯罪对象不同，走私罪分为 10 个罪名，其客体是国家对外贸易管理制度。所谓对外贸易管制，是指国家根据自身建设发展的需要，对进出口货物及其他物品的种类、数量实行控制和监督的制度，具体包括：①对进出口货物、物品实行准许、限制或者禁止的制度；②对非贸易物品实行限进、限出、限量、限值的制度；③对金融、外汇实行统一管理和控制的制度；④对进出口货物及其他物品征收关税的制度等。[1]犯罪主体都是一般主体，包括自然人和单位。主观方面都是故意。

违反海关法规，是指违反《海关法》《进出口关税条例》及其他有关的法律、法规。海关监管主要包括经不设关地点进出境制度、现场管理制度、后续管理制度和保税制度。逃避海关监管的走私方式有以下几种：

1. 直接走私。包括通关走私和绕关走私，即采用藏匿、伪装、瞒报等手段蒙混过关，或者从不设立关的国（边）境线上运输、携带、邮寄货物、物品进出，躲避海关监督、管理和检查。

2. 间接走私，亦称准走私。《刑法》第 155 条规定，下列行为，以走私罪论处，依照本节的有关规定处罚：

（1）直接向走私人非法收购国家禁止进口物品的，或者直接向走私人非法收购走私进口的其他货物、物品，数额较大的。这种情况属于第一手购买走私物品的行为，从二道贩子手中收购私货，不能以走私罪论处。

（2）在内海、领海、界河、界湖运输、收购、贩卖国家禁止进出口的物品，或者运输、收购、贩卖国家限制进出口货物、物品，数额较大，没有合法证明的。这种规定属于推定走私。

根据 2014 年 9 月 10 日"两高"《关于办理走私刑事案件适用法律若干问题的解释》（以下简称《走私刑案解释》）的规定，直接向走私人非法收购走私进口的货物、物品，在内海、领海、界河、界湖运输、收购、贩卖国家禁止进出口的物品，或者没有合法证明，在内海、领海、界河、界湖运输、收购、贩卖国家限制进出口的货物、物品，构成犯罪的，应当按照走私货物、物品的种类，分别依照刑法第 151 条、第 152 条、第 153 条、第 347 条（走私毒品罪）、第 350 条（走私制毒物品罪）的规定定罪处罚。

另外，《刑法》第 154 条还规定了后续走私这种方式，这种走私方式只存在于走私普通货物、物品罪之中。

---

〔1〕 赵秉志主编：《中国〈刑法〉案例与学理研究分则篇（二）》，法律出版社 2001 年版，第 55 页。

（二）走私共犯

《刑法》第156条规定："与走私罪犯通谋，为其提供贷款、资金、帐号、发票、证明，或者为其提供运输、保管、邮寄或者其他方便的，以走私罪的共犯论处。"

（三）武装走私

《刑法》第157条第1款规定："武装掩护走私的，依照本法第151条第1款的规定从重处罚。"具体罪名应根据行为人走私物品的种类和性质来确定。武装掩护走私，是指走私分子或其雇佣人员携带武器以保护走私活动的行为。是否使用了武器，不影响武装掩护走私的认定。

（四）抗拒缉私

《刑法》第157条第2款规定："以暴力、威胁方法抗拒缉私的，以走私罪和本法第277条规定的阻碍国家机关工作人员依法执行职务罪，依照数罪并罚的规定处罚。"就是说，行为人的走私行为已经构成相关走私罪，又以暴力、威胁方法抗拒缉私的，应当以相关走私罪和妨害公务罪实行数罪并罚。

（五）单位走私罪的处罚

除走私普通货物、物品罪外，单位犯本节其他走私罪的，对单位判处罚金，并对其直接负责的主管人员和其他直接责任人员，依照自然人犯该罪的规定处罚，即实行两罚制。

以上有关走私罪的共性问题，后面在介绍各罪时不再重复。

二、走私罪的具体罪名

（一）走私武器、弹药罪

1. 走私武器、弹药罪的概念和构成要件。走私武器、弹药罪，是指违反海关法规，逃避海关监管，运输、携带、邮寄武器、弹药进出国（边）境的行为。其构成要件是：

（1）本罪的客体是国家对外贸易管制中关于武器、弹药禁止进出口的监管制度。本罪的对象是武器、弹药，包括各种弹药的弹头、弹壳。仿真枪、管制刀具，不能成为本罪的对象。根据《走私刑案解释》的规定，走私各种弹药的弹头、弹壳，构成犯罪的，以走私弹药罪定罪处罚。走私报废或者无法组装并使用的各种弹药的弹头、弹壳，构成犯罪的，以走私普通货物、物品罪定罪处罚；走私国家禁止或者限制进出口的仿真枪、管制刀具，构成犯罪的，以走私国家禁止进出口的货物、物品罪定罪处罚。

（2）本罪在客观方面表现为违反海关法规，逃避海关监管，运输、携带、邮寄武器、弹药进出国（边）境的行为。

（3）本罪的主体是一般主体，包括自然人和单位。

（4）本罪的主观方面是故意。至于行为人是否具有牟利目的，在所不问。

2. 走私武器、弹药罪的刑事责任。根据《刑法》第 151 条第 1 款、第 4 款的规定，犯本罪的，处 7 年以上有期徒刑，并处罚金或者没收财产；情节特别严重的，处无期徒刑，并处没收财产；情节较轻的，处 3 年以上 7 年以下有期徒刑，并处罚金。单位犯本罪的，实行两罚制。

（二）走私核材料罪

走私核材料罪，是指违反海关法规，逃避海关监管，运输、携带、邮寄核材料进出国（边）境的行为。作为本罪对象的核材料，是指可以发生原子核裂变和聚变反应的放射性物质。犯本罪的，依照《刑法》第 151 条第 1 款、第 4 款的规定处罚，即本罪的处罚与走私武器、弹药罪相同。

（三）走私假币罪

走私假币罪，是指违反海关法规，逃避海关监管，运输、携带、邮寄伪造的货币进出国（边）境的行为。这里的"货币"包括正在流通的人民币和境外货币。犯本罪的，依照《刑法》第 151 条第 1 款、第 4 款的规定处罚，即本罪的处罚走私武器、弹药罪相同。

（四）走私文物罪

走私文物罪，是指违反海关法规，逃避海关监管，运输、携带、邮寄国家禁止出口的文物出国（边）境的行为。构成本罪限于走私文物"出境"，走私文物"入境"的，以走私普通货物、物品罪论处。根据《刑法》第 151 条第 2 款、第 4 款的规定，犯本罪的，处 5 年以上 10 年以下有期徒刑，并处罚金；情节特别严重的，处 10 年以上有期徒刑或者无期徒刑，并处没收财产；情节较轻的，处 5 年以下有期徒刑，并处罚金。单位犯本罪的，实行两罚制。

（五）走私贵重金属罪

走私贵重金属罪，是指违反海关法规，逃避海关监管，非法运输、携带、邮寄国家禁止出口的黄金、白银和其他贵重金属出国（边）境的行为。如果是将贵重金属走私"入境"的，则以走私普通货物、物品罪论处。犯本罪的，依照《刑法》第 151 条第 2 款、第 4 款的规定处罚，即本罪的处罚与走私文物罪相同。

（六）走私珍贵动物、珍贵动物制品罪

走私珍贵动物、珍贵动物制品罪，是指违反海关法规，逃避海关监管，运输、携带、邮寄国家禁止进出口的珍贵动物、珍贵动物制品进出国（边）境的行为。根据《走私刑案解释》的规定，不以牟利为目的，为留作纪念而走私珍贵动物制品进境，数额不满 10 万元的，可以免予刑事处罚；情节显著轻微的，不作为犯罪处理。犯本罪的，依照《刑法》第 151 条第 2 款、第 4 款的规定处罚，即本罪的处罚与走私文物罪相同。

（七）走私国家禁止进出口的货物、物品罪

走私国家禁止进出口的货物、物品罪，是指违反海关法规，逃避海关监管，运输、携带、邮寄珍稀植物及其制品等国家禁止进出口的货物、物品进出国（边）境的行为。根据《刑法》第151条第3款、第4款的规定，犯本罪的，处5年以下有期徒刑或者拘役，并处或者单处罚金；情节严重的，处5年以上有期徒刑，并处罚金。单位犯本罪的，实行两罚制。

（八）走私淫秽物品罪

走私淫秽物品罪，是指以牟利或者传播为目的，违反海关法规，逃避海关监管，运输、携带、邮寄淫秽的影片、录像带、录音带、图片、书刊或者其他淫秽物品进出国（边）境的行为。本罪的主观方面是故意，并且以牟利或者传播为目的。行为人误将淫秽物品当成普通物品走私的，虽然不构成本罪，但可以构成走私普通货物、物品罪。根据《刑法》第152条第1款、第3款的规定，犯本罪的，处3年以上10年以下有期徒刑，并处罚金；情节严重的，处10年以上有期徒刑或者无期徒刑，并处罚金或者没收财产；情节较轻的，处3年以下有期徒刑、拘役或者管制，并处罚金。单位犯本罪的，实行两罚制。

（九）走私废物罪

走私废物罪，是指违反海关法规，逃避海关监管，将境外固体废物、液态废物和气态废物运输进境，情节严重的行为。根据《刑法》第152条第2款、第3款的规定，犯本罪的，处5年以下有期徒刑，并处或者单处罚金；情节特别严重的，处5年以上有期徒刑，并处罚金。单位犯本罪的，实行两罚制。

（十）走私普通货物、物品罪

1. 走私普通货物、物品罪的概念和构成要件。走私普通货物、物品罪，是指违反海关法规，逃避海关监管，运输、携带、邮寄普通货物、物品进出国（边）境，偷逃应缴税额较大或者1年内曾因走私被给予2次行政处罚又走私的行为。其构成要件是：

（1）本罪的客体是国家对外贸易管制和征收关税制度。海关法规定，进出口货物应当接受海关查验；个人携带进出境的行李物品、邮寄应当以自用、合理数量为限，并接受海关监管；准许进出口的货物、进出境物品，由海关依法征收关税。本罪的犯罪对象是普通货物、物品，即除本节前述九种走私犯罪所涉对象以及《刑法》第347条规定的毒品、第350条规定的制毒物品以外的货物、物品。不构成其他走私犯罪的走私行为，都有可能构成本罪。

（2）本罪在客观方面表现为违反海关法规，逃避海关监管，运输、携带、邮寄普通货物、物品进出国（边）境，偷逃应缴税额较大或者1年内曾因走私被给予2次行政处罚又走私的行为。本罪中的逃避海关监管，除包括直接走私和间接走私两种方式外，还包括《刑法》第154条规定的"后续走私"。

"后续走私"的情形包括：①走私保税货物，即未经海关许可并且未补缴应缴税款，擅自将批准进口的来料加工、来件装配、补偿贸易的原材料、零件、制成品、设备等保税货物，在境内销售牟利的。所谓保税货物，根据《海关法》和《走私刑案解释》的规定，是指经海关批准，未办理纳税手续进境，在境内储存、加工、装配后应予复运出境的货物，包括通过加工贸易、补偿贸易等方式进口的货物，以及在保税仓库、保税工厂、保税区或者免税商店内等储存、加工、寄售的货物。保税货物如果不能复运出境而需要转入国内市场的，必须事先经海关批准并补缴关税，否则就是偷逃了关税，属于走私行为。②走私特定减免税货物，即未经海关许可并且未补交应缴税款，擅自将特定减税、免税进口的货物、物品，在境内销售牟利的。

走私普通货物、物品必须是"偷逃应缴税额较大"或者"1年内曾因走私被给予2次行政处罚后又走私的"，才构成本罪。根据《走私刑案解释》的规定，"应缴税额"包括进出口货物、物品应当缴纳的进出口关税和进口环节海关代征税的税额。"偷逃应缴税额较大"是指个人偷逃应缴税额在10万元以上不满50万元；单位偷逃应缴税额在20万元以上不满100万元。"1年内"，以因走私第一次受到行政处罚的生效之日与"又走私"行为实施之日的时间间隔计算确定。"被给予2次行政处罚"的走私行为，包括走私普通货物、物品以及其他货物、物品；"又走私"行为仅指走私普通货物、物品。

（3）本罪的主体是一般主体，包括自然人和单位。

（4）本罪的主观方面是故意。因过失未缴纳应缴税额的，不构成本罪。

【案例分析】邱清芳违反海关法规、逃避海关监管，在无合法证明的情况下，驾船擅自在内海运输、收购国家限制进出口的柴油289.48吨，偷逃应缴税额人民币611 396.20元，其行为已构成走私普通货物罪，且数额特别巨大。邱清芳犯罪后能主动向海关缉私局投案，归案后如实供述自己的罪行，是自首，可以减轻处罚。邱清芳在归案后协助公安机关抓捕其他犯罪嫌疑人，具有立功表现，可以减轻处罚。

2. 走私普通货物、物品罪的司法认定。

（1）走私行为与一般违反海关监管行为的界限。除了应当从是否"偷逃应缴税额较大"、是否"1年内曾因走私被给予2次行政处罚后又走私"等方面来区分本罪与非罪的界限外，还要特别注意，违反海关法规的行为并非都被视为走私行为。例如，根据《海关法》第85条的规定，个人携带、邮寄超过合理数量的自用物品进出境，未依法向海关申报的，责令补缴关税，可以处以罚款，但不构成走私罪。再如，《海关法》第86列举了"运输工具不经设立海关的地点进出境的""进出口货物、物品或者过境、转运、通运货物向海关申报不实的"等 12 项违反海关监管的行为，但这些行为并不属于走私行为。

（2）罪数的认定。根据《刑法》第 157 条第 2 款规定，走私过程中，以暴力、威胁方法抗拒缉私的，以走私罪和妨害公务罪数罪并罚。根据《走私刑案解释》的规定，对在走私的货物、物品中藏匿本节前述九种走私犯罪所涉对象以及毒品、制毒物品，构成犯罪的，以实际走私的货物、物品定罪处罚；构成数罪的，实行数罪并罚。未经许可进出口国家限制进出口的货物、物品，构成犯罪的，应当依照《刑法》第 151 条、第 152 条的规定，以走私国家禁止进出口的货物、物品罪等罪名定罪处罚；偷逃应缴税额，同时又构成走私普通货物、物品罪的，依照处罚较重的规定定罪处罚。

3. 走私普通货物、物品罪的刑事责任。根据《刑法》第 153 条的规定，犯本罪的，根据情节轻重分别处罚：①走私货物、物品偷逃应缴税额较大或者 1 年内曾因走私被给予 2 次行政处罚后又走私的，处 3 年以下有期徒刑或者拘役，并处偷逃应缴税额 1 倍以上 5 倍以下罚金。②走私货物、物品偷逃应缴税额巨大或者有其他严重情节的，处 3 年以上 10 年以下有期徒刑，并处偷逃应缴税额 1 倍以上 5 倍以下罚金。③走私货物、物品偷逃应缴税额特别巨大或者有其他特别严重情节的，处 10 年以上有期徒刑或者无期徒刑，并处偷逃应缴税额 1 倍以上 5 倍以下罚金或者没收财产。

单位犯本罪的，对单位判处罚金，并对其直接负责的主管人员和其他直接责任人员，处 3 年以下有期徒刑或者拘役；情节严重的，处 3 年以上 10 年以下有期徒刑；情节特别严重的，处 10 年以上有期徒刑。

对多次走私未经处理的（包括未经行政处理和刑事处理），按照累计走私货物、物品的偷逃应缴税额处罚。

第四节　妨害对公司、企业的管理秩序罪

【案例】

X 公司系甲、乙两人合伙依法注册成立的公司，以钢材批发零售为营业范围。丙因自己的公司急需资金，便找甲、乙借款，承诺向 X 公司支付高于银行利息 5 个百分点的利息，并另给甲、乙个人好处费。甲、乙见有利可图，即以购买钢材为由，以 X 公司的名义向银行贷款 800 万元，贷期半年。甲、乙将贷款按照约定的利息标准借给丙，丙给甲、乙各 40 万元的好处费。半年后，丙将借款及利息还给 X 公司，

甲、乙向银行归还了本息。问：对甲、乙的行为如何定性？

一、虚报注册资本罪

虚报注册资本罪，是指申请公司登记使用虚假证明文件或者采取其他欺诈手段虚报注册资本，欺骗公司登记主管部门，取得公司登记，虚报注册资本数额巨大、后果严重或者有其他严重情节的行为。欺诈行为被登记机关发觉而未予以登记的，不构成本罪。本罪的主体是申请公司登记的自然人和单位。根据《刑法》第 158 条的规定，犯本罪的，处 3 年以下有期徒刑或者拘役，并处或者单处虚报注册资本金额 1% 以上 5% 以下罚金。单位犯本罪的，对单位判处罚金，并对其直接负责的主管人员和其他直接责任人员，处 3 年以下有期徒刑或者拘役。

二、虚假出资、抽逃出资罪

虚假出资、抽逃出资罪，是指公司发起人、股东违反公司法的规定未交付货币、实物或者未转移财产权，虚假出资，或者在公司成立后又抽逃其出资，数额巨大、后果严重或者有其他严重情节的行为。根据《刑法》第 159 条的规定，犯本罪的，处 5 年以下有期徒刑或者拘役，并处或者单处虚假出资金额或者抽逃出资金额 2% 以上 10% 以下罚金。单位犯本罪的，对单位判处罚金，并对其直接负责的主管人员和其他直接责任人员，处 5 年以下有期徒刑或者拘役。

三、欺诈发行股票、债券罪

欺诈发行股票、债券罪，是指在招股说明书、认股书、公司、企业债券募集办法中隐瞒重要事实或者编造重大虚假内容，发行股票或者公司、企业债券，数额巨大、后果严重或者有其他严重情节的行为。本罪的主体是股票或者公司、企业债券的发行人，包括自然人和单位。根据《刑法》第 160 条的规定，犯本罪的，处 5 年以下有期徒刑或者拘役，并处或者单处非法募集资金金额 1% 以上 5% 以下罚金。单位犯本罪的，对单位判处罚金，并对其直接负责的主管人员和其他直接责任人员，处 5 年以下有期徒刑或者拘役。

四、违规披露、不披露重要信息罪

违规披露、不披露重要信息罪，是指依法负有信息披露义务的公司、企业，向股东和社会公众提供虚假的或者隐瞒重要事实的财务会计报告，或者对依法应当披露的其他重要信息不按照规定披露，严重损害股东或者其他人利益，或者有其他严重情节的行为。本罪是纯正的单位犯罪，但只处罚直接负责的主管人员和其他直接责任人员。根据《刑法》第 161 条的规定，犯本罪的，处 3 年以下有期徒刑或者拘役，并处或者单处 2 万元以上 20 万元以下罚金。

五、妨害清算罪

妨害清算罪，是指公司、企业进行清算时，隐匿财产，对资产负债表或者财产清单作虚伪记载或者在未清偿债务前分配公司、企业财产，严重损害债权人或者其他人利益的行为。本罪是纯正的单位犯罪，但只处罚直接负责的主管人员和其他直接责任人员。根据《刑法》第162条的规定，犯本罪的，处5年以下有期徒刑或者拘役，并处或者单处2万元以上20万元以下罚金。

六、隐匿、故意销毁会计凭证、会计账簿、财务会计报告罪

隐匿、故意销毁会计凭证、会计账簿、财务会计报告罪，是指隐匿或者故意销毁依法应当保存的会计凭证、会计账簿、财务会计报告，情节严重的行为。根据《刑法》第162条之一的规定，犯本罪的，处5年以下有期徒刑或者拘役，并处或者单处2万元以上20万元以下罚金；单位犯本罪的，实行两罚制。

七、虚假破产罪

虚假破产罪，是指公司、企业通过隐匿财产、承担虚构的债务或者以其他方法转移、处分财产，实施虚假破产，严重损害债权人或者其他人利益的行为。本罪与妨害清算罪的根本区别在于行为发生的时空范围不同，即是否进入清算程序不同。本罪是纯正的单位犯罪，但只处罚直接负责的主管人员和其他直接责任人员。根据《刑法》第162条之二的规定，犯本罪的，处5年以下有期徒刑或者拘役，并处或者单处2万元以上20万元以下罚金。

八、非国家工作人员受贿罪

（一）非国家工作人员受贿罪的概念和构成要件

非国家工作人员受贿罪，是指公司、企业或者其他单位的工作人员利用职务上的便利，索取他人财物或者非法收受他人财物，为他人谋取利益，数额较大的行为。其构成要件是：

1. 本罪的客体是复杂客体，包括公司、企业、其他单位的正常管理秩序及其工作人员职务行为的廉洁性。

2. 本罪在客观方面表现为行为人利用职务上的便利，索取他人财物或者非法收受他人财物，为他人谋取利益，数额较大的行为。具体包括以下四个要素：

（1）必须利用本人职务上的便利，这是构成本罪的必要条件。所谓利用职务上的便利，是指行为人利用本人在职务上的主管、经手或者参与办理本单位某项事务的权力所产生的方便条件。如医务人员利用开处方的职务便利，以各种名义非法收受医药产品销售方的财物，为医药产品销售方谋取利益。如果行为人不是利用职务上的便利而收受他人财物的，不能构成犯罪。

（2）必须实施了受贿行为，包括索取他人财物和非法收受他人财物两种方式。此外，根据《刑法》第163条第2款的规定，公司、企业或者其他单位的工作人员在经济往来中，利用职务上的便利，违反国家规定，收受各种名义的回扣、手续费，归个人所有的，属于受贿性质。

（3）必须为他人谋取利益。这里的"利益"包括合法利益和非法利益。只要行为人承诺、着手为他人谋利益，即可构成本罪。

（4）必须达到"数额较大"。根据 2016 年 4 月 18 日"两高"《关于办理贪污贿赂刑事案件适用法律若干问题的解释》（以下简称《贪污贿赂刑案解释》）第 11 条的规定，本罪中的"数额较大"为受贿罪中"数额较大"的 2 倍，即受贿数额 6 万元以上不满 40 万元的，应当认定为"数额较大"。

3. 本罪的主体是公司、企业或者其他单位的工作人员，而且只限于非国家工作人员，包括国有公司、企业以及其他国有单位中的非国家工作人员。根据《刑法》第 163 条第 3 款规定，国有公司、企业或者其他国有单位中从事公务的人员和国有公司、企业或者其他国有单位委派到非国有公司、企业以及其他单位从事公务的人员实施受贿行为的，依照《刑法》第 385 条、第 386 条（受贿罪）的规定定罪处罚。非国家工作人员与国家工作人员通谋，共同收受他人财物，构成共同犯罪的，根据双方利用职务便利的具体情形分别定罪追究刑事责任。

4. 本罪的主观方面是故意。

【案例分析】甲、乙是 X 公司的合伙人，二人为了给丙谋取利益，利用 X 公司的名义和各自职务上的便利，虚构贷款理由从银行贷款 800 万元，然后出借给丙，并各自收受丙 40 万元的贿赂，数额较大，符合非国家工作人员受贿罪的构成要件，应当以非国家工作人员受贿罪定罪处罚。另外，甲、乙以转贷牟利为目的，套取银行信贷资金，构成高利转贷罪。丙为谋取不正当利益，给予甲乙两人好处费，构成对非国家工作人员行贿罪。

（二）非国家工作人员受贿罪的司法认定

主要是应当划清本罪与非罪的界限。重点应从以下方面来把握：

1. 行为人收受贿赂是否达到数额较大的标准。

2. 要注意把本罪与接受合理报酬区别开来。对于在法律和政策允许的范围内，利用自己的知识、技能为他人服务，换取合理报酬的行为，不得认定为受贿。

3. 要划清贿赂与馈赠的界限。根据 2008 年 11 月 20 日"两高"《关于办理商业贿赂刑事案件适用法律若干问题的意见》第 10 条的规定，主要应结合以下因素全面分析、综合判断：①发生财物往来的背景，如双方是否存在亲友关系及历史上交往的情形和程度；②往来财物的价值；③财物往来的缘由、时机和方式，提供财物方对于接受方有无职务上的请托；④接受方是否利用职务上的便利为提供方谋取利益。

（三）非国家工作人员受贿罪的刑事责任

根据《刑法》第 163 条第 1 款的规定，犯本罪的，处 5 年以下有期徒刑或者拘役；数额巨大的，处 5 年以上有期徒刑，可以并处没收财产。

九、对非国家工作人员行贿罪

对非国家工作人员行贿罪，是指为谋取不正当利益，给予公司、企业或者其他单位的工作人员以财物，数额较大的行为。理解本罪时应注意以下几点：①行贿对象是公司、企业或者其他单位的非国家工作人员。②必须是"数额较大"。根据《贪污贿赂刑案解释》第 11 条的规定，本罪中的"数额较大"是指行贿数额在 6 万元以上。行贿数额在 1 万元以上不满 3 万元，具有规定情形的，应当以本罪追究刑事责任。③行为人具有谋取不正当利益的目的。④行贿人在被追诉前主动交待行贿行为的，可以减轻处罚或者免除处罚。根据《刑法》第164 条第 1 款、第 3 款的规定，犯本罪的，处 3 年以下有期徒刑或者拘役，并处罚金；数额巨大的，处 3 年以上 10 年以下有期徒刑，并处罚金。单位犯本罪的，实行两罚制。

十、对外国公职人员、国际公共组织官员行贿罪

对外国公职人员、国际公共组织官员行贿罪，是指为谋取不正当商业利益，给予外国公职人员或者国际公共组织官员以财物的行为。本罪与对非国家工作人员行贿罪的区别在于行贿对象和主观目的不同。犯本罪的，依照《刑法》第164 条第 1 款、第 3 款的规定处罚，即本罪的处罚与对非国家工作人员行贿罪相同。

十一、非法经营同类营业罪

非法经营同类营业罪，是指国有公司、企业的董事、经理利用职务便利，自己经营或者为他人经营与其所任职公司、企业同类的营业，获取非法利益，数额巨大的行为。根据《刑法》第 165 条的规定，犯本罪的，处 3 年以下有期徒刑或者拘役，并处或者单处罚金；数额特别巨大的，处 3 年以上 7 年以下有期徒刑，并处罚金。

十二、为亲友非法牟利罪

为亲友非法牟利罪，是指国有公司、企业、事业单位的工作人员，利用职务便利，实施下列行为之一，致使国家利益遭受重大损失的行为：①将本单位的盈利业务交由自己的亲友进行经营的；②以明显高于市场的价格向自己的亲友经营管理的单位采购商品，或者以明显低于市场的价格向自己的亲友经营管理的单位销售商品的；③向自己的亲友经营管理的单位采购不合格商品的。根据《刑法》第 166 条的规定，犯本罪的，处 3 年以下有期徒刑或者拘役，并处或者单处罚金；致使国家利益遭受特别重大损失的，处 3 年以上 7 年以下有期徒刑，并处罚金。

十三、签订、履行合同失职被骗罪

签订、履行合同失职被骗罪，是指国有公司、企业、事业单位直接负责的

主管人员，在签订、履行合同过程中，因严重不负责任被诈骗，致使国家利益遭受重大损失的行为。这里的"诈骗"，是指对方当事人的行为已经涉嫌诈骗犯罪，不以对方当事人已经被人民法院判决构成诈骗犯罪作为立案追诉的前提。本罪的主观方面只能是过失，即行为人在应当并且能够识破对方骗局的情况下，因严重不负责任而未能识破，或者已经预见但采取措施不得力，盲目轻信能够避免，以致造成被骗结果发生。如果行为人在签订、履行合同过程中，与对方当事人恶意串通，合伙诈骗国有公司、企业、事业单位或者金融机构、从事对外贸易经营活动的公司、企业的财产，则是诈骗犯罪的共犯。根据《公安立案标准二》第 14 条的规定，涉嫌下列情形之一的，应予立案追诉：①造成国家直接经济损失数额在 50 万元以上的；②造成有关单位破产，停业、停产 6 个月以上，或者被吊销许可证和营业执照、责令关闭、撤销、解散的；③其他致使国家利益遭受重大损失的情形。金融机构、从事对外贸易经营活动的公司、企业的工作人员严重不负责任，造成 100 万美元以上外汇被骗购或者逃汇 1 千万美元以上的，应予立案追诉。根据《刑法》第 167 条的规定，犯本罪的，处 3 年以下有期徒刑或者拘役；致使国家利益遭受特别重大损失的，处 3 年以上 7 年以下有期徒刑。

十四、国有公司、企业、事业单位人员失职罪

国有公司、企业、事业单位人员失职罪，是指国有公司、企业、事业单位的工作人员，由于严重不负责任，造成国有公司、企业破产或者国有公司、企业、事业单位严重损失，致使国家利益遭受重大损失的行为。本罪是过失犯罪。根据《刑法》第 168 条的规定，犯本罪的，处 3 年以下有期徒刑或者拘役；致使国家利益遭受特别重大损失的，处 3 年以上 7 年以下有期徒刑。国有公司、企业、事业单位人员徇私舞弊犯本罪的，从重处罚。

十五、国有公司、企业、事业单位人员滥用职权罪

国有公司、企业、事业单位人员滥用职权罪，是指国有公司、企业、事业单位的工作人员滥用职权，造成国有公司、企业破产或者国有公司、企业、事业单位严重损失，致使国家利益遭受重大损失的行为。犯本罪的，依照《刑法》第 168 条的规定处罚，即本罪的处罚与上一个罪名相同。

十六、徇私舞弊低价折股、出售国有资产罪

徇私舞弊低价折股、出售国有资产罪，是指国有公司、企业或者其上级主管部门直接负责的主管人员，徇私舞弊，将国有资产低价折股或者低价出售，致使国家利益遭受重大损失的行为。根据《刑法》第 169 条的规定，犯本罪的，处 3 年以下有期徒刑或者拘役；致使国家利益遭受特别重大损失的，处 3 年以上 7 年以下有期徒刑。

十七、背信损害上市公司利益罪

背信损害上市公司利益罪，是指上市公司的董事、监事、高级管理人员违背对公司的忠实义务，利用职务便利，操纵上市公司从事损害上市公司利益，致使上市公司利益遭受重大损失的行为。从事损害上市公司利益的行为是指从事下列行为之一：①无偿向其他单位或者个人提供资金、商品、服务或者其他资产的；②以明显不公平的条件，提供或者接受资金、商品、服务或者其他资产的；③向明显不具有清偿能力的单位或者个人提供资金、商品、服务或者其他资产的；④为明显不具有清偿能力的单位或者个人提供担保，或者无正当理由为其他单位或者个人提供担保的；⑤无正当理由放弃债权、承担债务的；⑥采用其他方式损害上市公司利益的。本罪是上市公司的董事、监事、高级管理人员。上市公司的控股股东或者实际控制人，指使上市公司董事、监事、高级管理人员实施前述行为的，也以本罪定罪处罚。根据《刑法》第 169 条之一的规定，犯本罪的，处 3 年以下有期徒刑或者拘役，并处或者单处罚金；致使上市公司利益遭受特别重大损失的，处 3 年以上 7 年以下有期徒刑，并处罚金。上市公司的控股股东或者实际控制人是单位的，实行两罚制。

第五节　破坏金融管理秩序罪

【案例】

1. 2007 年春节前后，被告人马某某伙同郭某某以每月 100 元的价格租用民房两间，制造货币版样，采用机械印刷方法伪造货币。2008 年 4 月 28 日，临颍县公安局在其制假现场将郭某某抓获，查获 100 元面值假人民币 8 张，5 元面值假人民币 2 张，100 元面值假人民币半成品 14 400 张，共计面额 1 440 810 元，马某某乘机逃脱。2008 年 6 月，马某某窜至河南省卢氏县东明镇张麻村周某某家中，重新伪造货币版样，购置印刷机等工具及原材料进行伪造货币活动。周某某在明知马某某系伪造货币的情况下，帮助其给印刷假币的纸张刷浆。2009 年 9 月 17 日，临颍县公安局在其制假窝点将两人抓获，并当场查获印刷机一台，5 元面值假人民币半成品共计 64 632 张，面额共计 323 160 元。[1]问：马某某、周某某的行为是否构成犯罪？应当如何处罚？

---

〔1〕 "被告人马某某、周某某伪造货币一案一审判决书"，载 110 裁判案例，http://www.110.com/panli/panli_ 16895227. html，最后访问时间：2017 年 11 月 12 日。

2. 2002 年 8 月至 2004 年 4 月，蔡某将在菲律宾制造和贩卖毒品所得的赃款陆续通过菲律宾的地下钱庄汇入我国境内地下钱庄。在蔡某的指使下，其叔蔡甲、其堂弟蔡乙分别以各自名义在银行开设个人账户，并将明知是毒品犯罪所得的赃款存入上述账户。事后，蔡甲和蔡乙将大部分赃款转出，用于买汽车等。[1]问：如何认定蔡甲和蔡乙行为的性质？

一、伪造货币罪

（一）伪造货币罪的概念和构成要件

伪造货币罪，是指违反货币管理法规，仿照真货币的图案、形状、色彩等特征非法制造假币，冒充真币的行为。其构成要件是：

1. 本罪的客体是国家的货币管理制度。本罪的对象是货币，即可在国内市场流通或者兑换的人民币和境外货币，根据《公安立案标准二》的规定，包括人民币（含普通纪念币、贵金属纪念币）、港元、澳门元、新台币，以及其他国家及地区的法定货币。

2. 本罪在客观方面表现为违反货币管理法规，仿照真货币的图案、形状、色彩等特征非法制造假币，冒充真币的行为。伪造的方法可以多种多样，如机器印刷、石印、影印、手工描绘等。不管行为人采用什么方法，只要非法制造了具有真实货币外观的假币，足以使人误以为是真货币，即可认定为伪造货币。

3. 本罪的主体是一般主体。

4. 本罪的主观方面是直接故意，即明知自己无权制造货币，而故意制造假货币，而且一般具有意图流通或者牟利的目的。

（二）伪造货币罪的司法认定

1. 本罪与非罪的界限。从《刑法》规定看，伪造货币罪属于行为犯，行为人只要有伪造货币的行为，不论是否完成全部印制工序，就构成犯罪。根据《公安立案标准二》的规定，伪造货币，涉嫌下列情形之一的，应予立案追诉：①伪造货币，总面额在 2000 元以上或者币量在 200 张（枚）以上的；②制造货币版样或者为他人伪造货币提供版样的；③其他伪造货币应予追究刑事责任的情形。

【案例 1 分析】其一，马某某明知自己无权制造货币，仍然伪造货币版样，并以机械印刷方法伪造假币，两次伪造人民币合计面额 1 763 970 元，伪造货币数额特别巨大，其行为符合伪造货币罪的犯罪构成。其二，周某某明知他人伪

---

〔1〕　初炳东主编：《刑法学各论案例教程》，北京大学出版社 2010 年版，第 128 页。

造国家货币而为其提供场所，为伪造货币行为提供帮助，参与伪造货币面额共计323 160元，其行为已构成伪造货币罪。其三，马某某和周某某属共同犯罪。周某某在共同犯罪中起次要作用，系从犯，应从轻或减轻处罚。其四，两人印制假币的工序尚未最终完成，查获的假币属半成品，其行为属犯罪未遂，可以比照既遂犯从轻或减轻处罚。

2. 本罪与诈骗罪的界限。构成伪造货币罪，要求行为人仿照真货币而制造假货币。如果行为人没有实施仿照的行为，而是以现成的东西骗人，如把纸张夹在一叠货币之间冒充货币，或者从画册上剪下货币的图案冒充货币使用等，属于诈骗性质，不构成本罪。以使用为目的，伪造停止流通的货币，或者使用伪造的停止流通的货币的，以诈骗罪定罪处罚。

3. 罪数的认定。根据《刑法》第171条第3款的规定，行为人伪造货币并出售或者运输伪造货币的，依照伪造货币罪定罪从重处罚。同样，如果行为人伪造货币后又有持有、使用伪造货币的，应以伪造货币罪一罪论处，且从重处罚。行为人同时采用伪造和变造手段，制造真伪拼凑货币的行为，以伪造货币罪定罪处罚。

（三）伪造货币罪的刑事责任

根据《刑法》第170条的规定，犯本罪的，处3年以上10年以下有期徒刑，并处罚金；有下列情形之一的，处10年以上有期徒刑或者无期徒刑，并处罚金或者没收财产：①伪造货币集团的首要分子；②伪造货币数额特别巨大的；③有其他特别严重情节的。

二、出售、购买、运输假币罪

出售、购买、运输假币罪，是指出售、购买伪造的货币，或者明知是伪造的货币而运输，数额较大的行为。根据《公安立案标准二》的规定，出售、购买、运输假币，总面额在4000元以上或者币量在400张（枚）以上的，应予立案追诉。根据《刑法》第171条第1款、第3款的规定，犯本罪的，处3年以下有期徒刑或者拘役，并处2万元以上20万元以下罚金；数额巨大的，处3年以上10年以下有期徒刑，并处5万元以上50万元以下罚金；数额特别巨大的，处10年以上有期徒刑或者无期徒刑，并处5万元以上50万元以下罚金或者没收财产。伪造货币并出售或者运输伪造的货币的，依照《刑法》第170的规定定罪从重处罚。

三、金融工作人员购买假币、以假币换取货币罪

金融工作人员购买假币、以假币换取货币罪，是指银行或者其他金融机构的工作人员购买伪造的货币或者利用职务上的便利，以伪造的货币换取货币的行为。根据《刑法》第171条第2款的规定，犯本罪的，处3年以上10年以下有期徒刑，并处2万元以上20万元以下罚金；数额巨大或者有其他严重情节的，处10年以上有期徒刑或者无期徒刑，并处2万元以上20万元以下罚金或者没收财产；情节较轻的，处3年以下有期徒刑或者拘役，并处或者单处1万元以上10万元以下罚金。

四、持有、使用假币罪

持有、使用假币罪，是指违反货币管理法规，明知是伪造的货币而持有、使用，数额较大的行为。认定本罪时应注意：①必须达到"数额较大"，即持有、使用的假币总面额必须在4000元以上或者币量在400张（枚）以上的，才立案追诉。②如果有证据证明行为人持有的假币已构成其他假币犯罪，应当以其他假币犯罪（如伪造货币罪）定罪处罚。③行为人购买假币后使用，构成犯罪的，以购买假币罪定罪，从重处罚。④行为人出售、运输假币构成犯罪，同时有使用假币行为的，实行数罪并罚。根据《刑法》第172条的规定，犯本罪的，处3年以下有期徒刑或者拘役，并处或者单处1万元以上10万元以下罚金；数额巨大的，处3年以上10年以下有期徒刑，并处2万元以上20万元以下罚金；数额特别巨大的，处10年以上有期徒刑，并处5万元以上50万元以下罚金或者没收财产。

五、变造货币罪

变造货币罪，是指对真货币采用剪贴、挖补、接层、涂改、移位、重印等方法加工处理，改变真币形态、价值，数额较大的行为。根据《公安立案标准二》的规定，变造货币总面额在2000元以上或者币量在200张（枚）以上的，应予立案追诉。根据《刑法》第173条的规定，犯本罪的，处3年以下有期徒刑或者拘役，并处或者单处1万元以上10万元以下罚金；数额巨大的，处3年以上10年以下有期徒刑，并处2万元以上20万元以下罚金。

六、擅自设立金融机构罪

擅自设立金融机构罪，是指未经国家有关主管部门批准，擅自设立商业银行、证券交易所、期货交易所、证券公司、期货经纪公司、保险公司或者其他金融机构的行为。"其他金融机构"是指信托投资公司、农村信用合作社、企业财务公司等。根据《刑法》第174条第1款、第3款的规定，犯本罪的，处3年以下有期徒刑或者拘役，并处或者单处2万元以上20万元以下罚金；情节严重的，处3年以上10年以下有期徒刑，并处5万元以上50万元以下罚金。单位犯本犯罪的，实行两罚制。

七、伪造、变造、转让金融机构经营许可证、批准文件罪

伪造、变造、转让金融机构经营许可证、批准文件罪，是指伪造、变造、转让商业银行、证券交易所、期货交易所、证券公司、期货经纪公司、保险公

司或者其他金融机构的经营许可证或者批准文件的行为。犯本罪的，依照《刑法》第 174 条第 1 款、第 3 款的规定处罚，本罪的处罚与上一个罪名相同。

八、高利转贷罪

高利转贷罪，是指以转贷牟利为目的，套取金融机构信贷资金高利转贷他人，违法所得数额较大的行为。根据《公安立案标准二》的规定，高利转贷涉嫌下列情形之一的，应予立案追诉：高利转贷，违法所得数额在 10 万元以上的；虽未达到上述数额标准，但 2 年内因高利转贷受过行政处罚 2 次以上，又高利转贷的。根据《刑法》第 175 条的规定，犯本罪的，处 3 年以下有期徒刑或者拘役，并处违法所得 1 倍以上 5 倍以下罚金；数额巨大的，处 3 年以上 7 年以下有期徒刑，并处违法所得 1 倍以上 5 倍以下罚金。单位犯本罪的，对单位判处罚金，并对其直接负责的主管人员和其他直接责任人员，处 3 年以下有期徒刑或者拘役。

九、骗取贷款、票据承兑、金融票证罪

骗取贷款、票据承兑、金融票证罪，是指以欺骗手段取得银行或者其他金融机构贷款、票据承兑、信用证、保函等，给银行或者其他金融机构造成重大损失或者有其他严重情节的行为。根据《刑法》第 175 条之一的规定，犯本罪的，处 3 年以下有期徒刑或者拘役，并处或者单处罚金；给银行或者其他金融机构造成特别重大损失或者有其他特别严重情节的，处 3 年以上 7 年以下有期徒刑，并处罚金。单位犯本罪的，实行两罚制。

十、非法吸收公众存款罪

非法吸收公众存款罪，是指违反金融管理法律法规，非法吸收公众存款或者变相吸收公众存款，扰乱金融秩序的行为。[1]根据《刑法》第 176 条的规定，犯本罪的，处 3 年以下有期徒刑或者拘役，并处或者单处 2 万元以上 20 万元以下罚金；数额巨大或者有其他严重情节的，处 3 年以上 10 年以下有期徒刑，并处 5 万元以上 50 万元以下罚金。单位犯本罪的，实行两罚制。

十一、伪造、变造金融票证罪

伪造、变造金融票证罪，是指仿照真金融票证制造假金融票证，或者对真金融票证进行加工处理的行为。本罪在客观方面表现为实施了下列情形之一的行为：①伪造、变造汇票、本票、支票的；②伪造、变造委托收款凭证、汇款凭证、银行存单等其他银行结算凭证的；③伪造、变造信用证或者附随的单据、文件的；④伪造信用卡的。行为人在伪造、变造金融票证后又利用这些伪造、

---

〔1〕　具体行为认定，参见 2011 年 1 月 4 日《最高人民法院关于审理非法集资刑事案件具体应用法律若干问题的解释》第 1 条、第 2 条、第 3 条。

变造的金融票证实施诈骗行为的，依照牵连犯的原则从一重罪处断。根据《刑法》第 177 条的规定，犯本罪的，处 5 年以下有期徒刑或者拘役，并处或者单处 2 万元以上 20 万元以下罚金；情节严重的，处 5 年以上 10 年以下有期徒刑，并处 5 万元以上 50 万元以下罚金；情节特别严重的，处 10 年以上有期徒刑或者无期徒刑，并处 5 万元以上 50 万元以下罚金或者没收财产。单位犯本罪的，实行两罚制。

十二、妨害信用卡管理罪

妨害信用卡管理罪，是指违反信用卡管理规定，在信用卡的发行、使用等过程中，妨害国家对信用卡的管理活动，破坏信用卡管理秩序的行为。本罪在客观方面表现为实施了下列情形之一的行为：①明知是伪造的信用卡而持有、运输的，或者明知是伪造的空白信用卡而持有、运输，数量较大的；②非法持有他人信用卡，数量较大的；③使用虚假的身份证明骗领信用卡的；④出售、购买、为他人提供伪造的信用卡或者以虚假的身份证明骗领的信用卡的。如果行为人伪造信用卡并出售、提供给他人，或者持有、运输伪造的信用卡，应按照牵连犯"从一重处断"原则论处，即应当以伪造金融票证罪定罪处罚。[1] 根据《刑法》第 177 条之一第 1 款的规定，犯本罪的，处 3 年以下有期徒刑或者拘役，并处或者单处 1 万元以上 10 万元以下罚金；数额巨大或者有其他严重情节的，处 3 年以上 10 年以下有期徒刑，并处 2 万元以上 20 万元以下罚金。

十三、窃取、收买、非法提供信用卡信息罪

窃取、收买、非法提供信用卡信息罪，是指违反信用卡管理规定，窃取、收买或者非法提供他人信用卡信息资料的行为。根据《公安立案标准二》的规定，窃取、收买或者非法提供他人信用卡信息资料，足以伪造可进行交易的信用卡，或者足以使他人以信用卡持卡人名义进行交易，涉及信用卡 1 张以上的，应予立案追诉。犯本罪的，依照《刑法》第 177 条之一第 1 款的规定处罚，即本罪的处罚与上一个罪名相同。银行或者其他金融机构的工作人员利用职务上的便利，犯本罪的，从重处罚。

十四、伪造、变造国家有价证券罪

伪造、变造国家有价证券罪，是指伪造、变造国库券或者国家发行的其他有价证券，数额较大的行为。根据《公安立案标准二》的规定，总面额在 2000 元以上的，应予立案追诉。根据《刑法》第 178 条第 1 款、第 3 款的规定，犯本罪的，处 3 年以下有期徒刑或者拘役，并处或者单处 2 万元以上 20 万元以下罚金；数额巨大的，处 3 年以上 10 年以下有期徒刑，并处 5 万元以上 50 万元以

---

〔1〕　刘宪权：《金融犯罪刑法理论与实践》，北京大学出版社 2008 年版，第 293 页。

下罚金；数额特别巨大的，处 10 年以上有期徒刑或者无期徒刑，并处 5 万元以上 50 万元以下罚金或者没收财产。单位犯本罪的，实行两罚制。

十五、伪造、变造股票、公司、企业债券罪

伪造、变造股票、公司、企业债券罪，是指伪造、变造股票或者公司、企业债券，数额较大的行为。根据《刑法》第 178 条第 2 款、第 3 款的规定，犯本罪的，处 3 年以下有期徒刑或者拘役，并处或者单处 1 万元以上 10 万元以下罚金；数额巨大的，处 3 年以上 10 年以下有期徒刑，并处 2 万元以上 20 万元以下罚金。单位犯本罪的，实行两罚制。

十六、擅自发行股票、公司、企业债券罪

擅自发行股票、公司、企业债券罪，是指未经国家有关主管部门批准，擅自发行股票或者公司、企业债券，数额巨大、后果严重或者有其他严重情节的行为。根据《刑法》第 179 条的规定，犯本罪的，处 5 年以下有期徒刑或者拘役，并处或者单处非法募集资金金额 1% 以上 5% 以下罚金。单位犯本罪的，对单位判处罚金，并对其直接负责的主管人员和其他直接责任人员，处 5 年以下有期徒刑或者拘役。

十七、内幕交易、泄露内幕信息罪

内幕交易、泄露内幕信息罪，是指证券、期货交易内幕信息的知情人员或者非法获取证券、期货交易内幕信息的人员，在涉及证券的发行，证券、期货交易或者其他对证券、期货交易价格有重大影响的信息尚未公开前，买入或者卖出该证券，或者从事与该内幕信息有关的期货交易，或者泄露该信息，或者明示、暗示他人从事上述交易活动，情节严重的行为。根据《刑法》第 180 条第 1 款、第 2 款的规定，犯本罪的，处 5 年以下有期徒刑或者拘役，并处或者单处违法所得 1 倍以上 5 倍以下罚金；情节特别严重的，处 5 年以上 10 年以下有期徒刑，并处违法所得 1 倍以上 5 倍以下罚金。单位犯本罪的，对单位判处罚金，并对其直接负责的主管人员和其他直接责任人员，处 5 年以下有期徒刑或者拘役。

十八、利用未公开信息交易罪

利用未公开信息交易罪，是指证券交易所、期货交易所、证券公司、期货经纪公司、基金管理公司、商业银行、保险公司等金融机构的从业人员以及有关监管部门或者行业协会的工作人员，利用因职务便利获取的内幕信息以外的其他未公开的信息，违反规定，从事与该信息相关的证券、期货交易活动，或者明示、暗示他人从事相关交易活动，情节严重的行为。犯本罪的，依照《刑法》第 180 条第 1 款的规定处罚，即自然人犯本罪的处罚与上一个罪名相同。2019 年 7 月 1 日"两高"《关于办理利用未公开信息交易刑事案件适用法律若干

问题的解释》对认定本罪中的相关问题作了规定。

十九、编造并传播证券、期货交易虚假信息罪

编造并传播证券、期货交易虚假信息罪，是指编造并且传播影响证券、期货交易的虚假信息，扰乱证券、期货交易市场，造成严重后果的行为。根据《刑法》第181条第1款、第3款的规定，犯本罪的，处5年以下有期徒刑或者拘役，并处或者单处1万元以上10万元以下罚金。单位犯本罪的，对单位判处罚金，并对其直接负责的主管人员和其他直接责任人员，处5年以下有期徒刑或者拘役。

二十、诱骗投资者买卖证券、期货合约罪

诱骗投资者买卖证券、期货合约罪，是指证券交易所、期货交易所、证券公司、期货经纪公司的从业人员，证券业协会、期货业协会或者证券、期货监督管理部门的工作人员，故意提供虚假信息或者伪造、变造、销毁交易记录，诱骗投资者买卖证券、期货合约，造成严重后果的行为。根据《刑法》第181条第2款、第3款的规定，犯本罪的，处5年以下有期徒刑或者拘役，并处或者单处1万元以上10万元以下罚金；情节特别恶劣的，处5年以上10年以下有期徒刑，并处2万元以上20万元以下罚金。单位犯本罪的，对单位判处罚金，并对其直接负责的主管人员和其他直接责任人员，处5年以下有期徒刑或者拘役。

二十一、操纵证券、期货市场罪

操纵证券、期货市场罪，是指违法操纵证券、期货市场，情节严重的行为。本罪的客观方面表现为实施了下列情形之一的行为：①单独或者合谋，集中资金优势、持股或者持仓优势或者利用信息优势联合或者连续买卖，操纵证券、期货交易价格或者证券、期货交易量的；②与他人串通，以事先约定的时间、价格和方式相互进行证券、期货交易，影响证券、期货交易价格或者证券、期货交易量的；③在自己实际控制的帐户之间进行证券交易，或者以自己为交易对象，自买自卖期货合约，影响证券、期货交易价格或者证券、期货交易量的；④以其他方法操纵证券、期货市场的。根据《刑法》第182条的规定，犯本罪的，处5年以下有期徒刑或者拘役，并处或者单处罚金；情节特别严重的，处5年以上10年以下有期徒刑，并处罚金。单位犯本罪的，实行两罚制。2019年7月1日"两高"《关于办理操纵证券、期货市场刑事案件适用法律若干问题的解释》对本罪认定中的相关问题作了规定。

二十二、背信运用受托财产罪

背信运用受托财产罪，是指商业银行、证券交易所、期货交易所、证券公司、期货经纪公司、保险公司或者其他金融机构，违背受托义务，擅自运用客户资金或者其他委托、信托的财产，情节严重的行为。根据《刑法》第185条

之一第 1 款的规定，犯本罪的，对单位判处罚金，并对其直接负责的主管人员和其他直接责任人员，处 3 年以下有期徒刑或者拘役，并处 3 万元以上 30 万元以下罚金；情节特别严重的，处 3 年以上 10 年以下有期徒刑，并处 5 万元以上 50 万元以下罚金。

二十三、违法运用资金罪

违法运用资金罪，是指社会保障基金管理机构、住房公积金管理机构等公众资金管理机构，以及保险公司、保险资产管理公司、证券投资基金管理公司，违反国家规定运用资金的行为。本罪是单位犯罪。根据《刑法》第 185 条之一第 2 款的规定，犯本罪的，对其直接负责的主管人员和其他直接责任人员，依照《刑法》第 185 条之一第 1 款的规定处罚。

二十四、违法发放贷款罪

违法发放贷款罪，是指银行或者其他金融机构的工作人员违反国家规定发放贷款，数额巨大或者造成重大损失的行为。根据《刑法》第 186 条的规定，犯本罪的，处 5 年以下有期徒刑或者拘役，并处 1 万元以上 10 万元以下罚金；数额特别巨大或者造成特别重大损失的，处 5 年以上有期徒刑，并处 2 万元以上 20 万元以下罚金。银行或者其他金融机构的工作人员违反国家规定，向关系人发放贷款的，依照上述的规定从重处罚。单位犯本罪的，实行两罚制。

二十五、吸收客户资金不入账罪

吸收客户资金不入账罪，是指银行或者其他金融机构的工作人员吸收客户资金不入账，数额巨大或者造成重大损失的行为。根据《刑法》第 187 条的规定，犯本罪的，处 5 年以下有期徒刑或者拘役，并处 2 万元以上 20 万元以下罚金；数额特别巨大或者造成特别重大损失的，处 5 年以上有期徒刑，并处 5 万元以上 50 万元以下罚金。单位犯本罪的，实行两罚制。

二十六、违规出具金融票证罪

违规出具金融票证罪，是指银行或者其他金融机构的工作人员违反规定，为他人出具信用证或者其他保函、票据、存单、资信证明，情节严重的行为。根据《刑法》第 188 条的规定，犯本罪的，处 5 年以下有期徒刑或者拘役；情节特别严重的，处 5 年以上有期徒刑。单位犯本罪的，实行两罚制。

二十七、对违法票据承兑、付款、保证罪

对违法票据承兑、付款、保证罪，是指银行或者其他金融机构的工作人员在票据业务中，对违反票据法规定的票据予以承兑、付款或者保证，造成重大损失的行为。根据《刑法》第 189 条的规定，犯本罪的，处 5 年以下有期徒刑或者拘役；造成特别重大损失的，处 5 年以上有期徒刑。单位犯本罪的，实行两罚制。

二十八、逃汇罪

逃汇罪，是指公司、企业或者其他单位，违反国家规定，擅自将外汇存放境外，或者将境内的外汇非法转移到境外，数额较大的行为。根据《刑法》第190条的规定，对犯本罪的单位判处逃汇数额5%以上30%以下罚金，并对其直接负责的主管人员和其他直接责任人员，处5年以下有期徒刑或者拘役；数额巨大或者有其他严重情节的，对单位判处逃汇数额5%以上30%以下罚金，并对其直接负责的主管人员和其他直接责任人员处5年以上有期徒刑。

二十九、骗购外汇罪

骗购外汇罪，是指采用欺骗的手段，从国家外汇机关购买外汇，数额较大的行为。本罪的客观方面表现为实施了下列情形之一的行为：①使用伪造、变造的海关签发的报关单、进口证明、外汇管理部门核准件等凭证和单据，骗购外汇；②重复使用海关签发的报关单、进口证明、外汇管理部门核准件等凭证和单据，骗购外汇；③以其他方式骗购外汇。根据1998年12月29日《全国人民代表大会常务委员会关于惩治骗购外汇、逃汇和非法买卖外汇犯罪的决定》第1条的规定，犯本罪的，处5年以下有期徒刑或者拘役，并处骗购外汇数额5%以上30%以下罚金；数额巨大或者有其他严重情节的，处5年以上10年以下有期徒刑，并处骗购外汇数额5%以上30%以下罚金；数额特别巨大或者有其他特别严重情节的，处10年以上有期徒刑或者无期徒刑，并处骗购外汇数额5%以上30%以下罚金或者没收财产。伪造、变造海关签发的报关单、进口证明、外汇管理部门核准件等凭证和单据，并用于骗购外汇的，依照上述规定从重处罚。明知用于骗购外汇而提供人民币资金的，以共犯论处。单位犯本罪的，对单位依照上述规定判处罚金，并对其直接负责的主管人员和其他直接责任人员，处5年以下有期徒刑或者拘役；数额巨大或者有其他严重情节的，处5年以上10年以下有期徒刑；数额特别巨大或者有其他特别严重情节的，处10年以上有期徒刑或者无期徒刑。

三十、洗钱罪

（一）洗钱罪的概念和构成要件

洗钱罪，是指明知是毒品犯罪、黑社会性质的组织犯罪、恐怖活动犯罪、走私犯罪、贪污贿赂犯罪、破坏金融管理秩序犯罪、金融诈骗犯罪的所得及其产生的收益，而采用各种方法掩饰、隐瞒其来源和性质的行为。其构成要件是：

1. 本罪的客体是复杂客体，包括国家的正常金融管理秩序和司法机关的正常活动。本罪的对象是毒品犯罪、黑社会性质的组织犯罪、恐怖活动犯罪、走私犯罪、贪污贿赂犯罪、破坏金融管理秩序犯罪、金融诈骗犯罪（通称为"上游犯罪"）的所得及其产生的收益。须特别指出的是，这里的"黑社会性质的组织犯罪",是指以黑社会性质的组织为主体而实施的各种犯罪,如绑架罪、抢劫罪等;"恐怖犯罪"是指恐怖组织实施的各种犯罪。"犯罪的所得及其产生的收益",是指实施上述七类犯罪行为所直接获取的非法利益以及利用该非法利益所产生的其他经济利益。

2. 本罪在客观方面表现为对上述七种上游犯罪的所得及其产生的收益,实施了掩饰、隐瞒其来源和性质的行为,即"洗钱"行为。洗钱,是指通过交易、转移、转换等方式,截断犯罪所得及其产生的收益与先前犯罪行为之间的联系,以逃避法律追查,将"黑钱"清洗为"白钱",使其表面合法化。

本罪的具体行为方式有以下五种:

(1)提供资金帐户。是指将自己的银行资金账户提供给实施上述七类犯罪的犯罪人使用,或者为其开设银行资金帐户,让其将犯罪所得及其产生的收益存入金融机构。

(2)协助将财产转换为现金、金融票据、有价证券。是指协助上游犯罪人将犯罪所得及其收益通过交易等方式,转换为现金或者汇票、本票、支票等金融票据或者国库券、财政债券等有价证券。

(3)通过转帐或者其他结算方式协助转移资金。是指通过银行等金融机构的转帐或者委托付款等结算方式,将犯罪所得及其收益从一个帐户转往另一个帐户,使其混入合法收入之中。

(4)协助将资金汇往境外。是指享有资金调往境外权利的个人和企业,通过自己在金融机构所开设的账户,将上述七类犯罪所得的资金汇往境外。

(5)以其他方法掩饰、隐瞒犯罪所得及其收益的来源和性质。这里的"以其他方法",根据2009年11月11日《最高人民法院关于审理洗钱等刑事案件具体应用法律若干问题的解释》(以下简称《洗钱等刑案解释》)的规定,包括:①通过典当、租赁、买卖、投资等方式,协助转移、转换犯罪所得及其收益的;②通过与商场、饭店、娱乐场所等现金密集型场所的经营收入相混合的方式,协助转移、转换犯罪所得及其收益的;③通过虚构交易、虚设债权债务、虚假担保、虚报收入等方式,协助将犯罪所得及其收益转换为"合法"财物的;④通过买卖彩票、奖券等方式,协助转换犯罪所得及其收益的;⑤通过赌博方式,协助将犯罪所得及其收益转换为赌博收益的;⑥协助将犯罪所得及其收益携带、运输或者邮寄出入境的;⑦通过前述规定以外的方式协助转移、转换犯罪所得及其收益的。

本罪是行为犯,行为人只要实施了上述洗钱行为之一,无论是否已经达到了掩饰、隐瞒犯罪收益的来源和性质的目的,均构成本罪。

3. 本罪的主体是一般主体,包括自然人和单位。

4. 本罪的主观方面是故意，即明知是七种上游犯罪的所得及其产生的收益，并具有掩饰、隐瞒其来源和性质的目的。

【案例2分析】蔡甲、蔡乙的行为构成洗钱罪。贩毒分子蔡某将在菲律宾制贩卖毒所得通过地下钱庄转入我国境内，实现了洗钱的第一步。蔡甲、蔡乙明知是毒品犯罪所得，却以各自名义在多家银行开设个人账户，存入犯罪所得，实施了为毒品犯罪分子蔡某提供资金帐户的洗钱行为，符合洗钱罪的构成要件。

（二）洗钱罪的司法认定

1. 关于本罪主观方面"明知"的认定。根据《洗钱等刑案解释》的规定，对于本罪中的"明知"，应当结合被告人的认知能力，接触他人犯罪所得及其收益的情况，犯罪所得及其收益的种类、数额，犯罪所得及其收益的转换、转移方式以及被告人的供述等主、客观因素进行认定。具有下列情形之一的，可以认定被告人明知系犯罪所得及其收益，但有证据证明确实不知道的除外：①知道他人从事犯罪活动，协助转换或者转移财物的；②没有正当理由，通过非法途径协助转换或者转移财物的；③没有正当理由，以明显低于市场的价格收购财物的；④没有正当理由，协助转换或者转移财物，收取明显高于市场的"手续费"的；⑤没有正当理由，协助他人将巨额现金散存于多个银行账户或者在不同银行账户之间频繁划转的；⑥协助近亲属或者其他关系密切的人转换或者转移与其职业或者财产状况明显不符的财物的；⑦其他可以认定行为人明知的情形。行为人将某一上游犯罪的犯罪所得及其收益误认为上游犯罪范围内的其他犯罪所得及其收益的，不影响"明知"的认定。

2. 本罪与窝藏、转移、隐瞒毒品、毒赃罪的界限。《刑法》第349条规定的窝藏、转移、隐瞒毒品、毒赃罪，是指为走私、贩卖、运输、制造毒品的犯罪分子窝藏、转移、隐瞒毒品或者犯罪所得的财物的行为。其犯罪客体是司法机关的正常活动，犯罪对象仅限于毒品和毒赃，犯罪主体是自然人。洗钱罪与窝藏、转移、隐瞒毒品、毒赃罪的区别，除犯罪客体、犯罪对象和犯罪主体不同外，二者的最大区别在于：本罪是通过金融机构等方式使赃款表面合法化；而后罪一般不具有使赃款表面合法化的特征，它只是通过改变赃款的空间位置或者存在状态对其进行隐藏、转移，以逃避司法机关的追查。

3. 本罪与掩饰、隐瞒犯罪所得、犯罪所得收益罪的界限。掩饰、隐瞒犯罪所得、犯罪所得收益罪，是指明知是犯罪所得及其产生的收益而予以窝藏、转移、收购、代为销售或者以其他方法掩饰、隐瞒的行为。两罪均属于行为人明知是犯罪分子的违法所得，仍事后给予某种帮助的行为。主要区别有：①行为对象不同。本罪的对象限定七种特定上游犯罪的违法所得及其产生的收益；而后罪的对象是一切犯罪的所得及其收益。②行为方式不同。本罪是通过某类中介机构来掩饰、隐瞒犯罪的所得及其收益的性质和来源；而后罪是对犯罪的所得及其收益本身的掩饰、隐瞒，包括窝藏、转移、收购或代为销售赃物等行为。根据《洗钱等刑案解释》的规定，明知是犯罪所得及其产生的收益而予以掩饰、隐瞒，构成《刑法》第312条规定的掩饰、隐瞒犯罪所得、犯罪所得收益罪，同时又构成洗钱罪的，依照处罚较重的规定定罪处罚。

4. 罪数的认定。本罪的主体不包括实施上游犯罪的行为人。行为人实施上游犯罪后又实施洗钱行为的，洗钱行为属于不可罚之后行为，不构成本罪。如果行为人实施了上游犯罪后又为他人洗钱的，则实行数罪并罚。

5. 共犯的认定。行为人与实施上游犯罪的行为人事前通谋，分工协作，帮助其实施洗钱行为的，应当以上游犯罪的共犯论处。

6. 其他相关问题。上游犯罪尚未依法裁判，但查证属实的，不影响对洗钱罪的审判。上游犯罪事实可以确认，因行为人死亡等原因依法不予追究刑事责任或者依法以其他罪名定罪处罚的，不影响洗钱罪的认定。

（三）洗钱罪的刑事责任

根据《刑法》第191条的规定，犯本罪的，没收实施上游犯罪的所得及其产生的收益，处5年以下有期徒刑或者拘役，并处或者单处洗钱数额5%以上20%以下罚金；情节严重的，处5年以上10年以下有期徒刑，并处洗钱数额5%以上20%以下罚金。单位犯本罪的，对单位判处罚金，并对其直接负责的主管人员和其他直接责任人员，处5年以下有期徒刑或者拘役；情节严重的，处5年以上10年以下有期徒刑。

第六节　金融诈骗罪[1]

【案例】

张某窃取同事一张银行借记卡及身份证，向丈夫何某谎称是路上拾得的。张某和何某根据身份证号码试出了借记卡密码，持卡消费8000元。问：对张某和何某的行为应如何定性？二人是否成立共同犯罪？

一、集资诈骗罪

集资诈骗罪，是指以非法占有为目的，使用诈骗方法非法集资，数额较大

---

〔1〕　金融诈骗罪是一类特殊形式的诈骗罪，共包括8个罪名，犯罪主体均为一般主体，犯罪主观方面均以非法占有公私财产为目的。除信用证诈骗罪外，其他7种犯罪的构成一律要求数额较大。

的行为。所谓非法集资，是指法人、其他组织或者个人未经有关部门批准，擅自向社会公众募集资金的行为。认定时应注意：①本罪的对象是社会不特定的公众而非某一特定人员的钱财。②非法集资必须数额较大。这里的"数额较大"是指个人集资诈骗数额在 10 万元以上，单位集资诈骗数额在 50 万元以上。③划清本罪与集资借贷纠纷的界限。集资借贷纠纷，是指集资方夸大集资回报条件，后因客观原因，无力按照约定条件返还集资款及红利而引起的纠纷。二者的根本区别在于行为人是否具有非法占有他人财物的目的。2011 年 1 月 4 日《最高人民法院关于审理非法集资刑事案件具体应用法律若干问题的解释》对属于集资诈骗的情形和"以非法占有为目的"的情形作了列举。根据《刑法》第 192 条的规定，犯本罪的，处 5 年以下有期徒刑或者拘役，并处 2 万元以上 20 万元以下罚金；数额巨大或者有其他严重情节的，处 5 年以上 10 年以下有期徒刑，并处 5 万元以上 50 万元以下罚金；数额特别巨大或者有其他特别严重情节的，处 10 年以上有期徒刑或者无期徒刑，并处 5 万元以上 50 万元以下罚金或者没收财产。

根据《刑法》第 200 条的规定，[1]单位犯本罪的，对单位判处罚金，并对其直接负责的主管人员和其他直接责任人员，处 5 年以下有期徒刑或者拘役，可以并处罚金；数额巨大或者有其他严重情节的，处 5 年以上 10 年以下有期徒刑，并处罚金；数额特别巨大或者有其他特别严重情节的，处 10 年以上有期徒刑或者无期徒刑，并处罚金。

二、贷款诈骗罪

贷款诈骗罪，是指以非法占有为目的，诈骗银行或者其他金融机构的贷款，数额较大的行为。其诈骗的方法包括：①编造引进资金、项目等虚假理由；②使用虚假的经济合同；③使用虚假的证明文件；④使用虚假的产权证明作担保或者超出抵押物价值重复担保；⑤以其他方法诈骗贷款的。由于本罪的主体只限于自然人，所以 2001 年 1 月 21 日《全国法院审理金融犯罪案件工作座谈会纪要》指出，对于单位十分明显地以非法占有为目的，利用签订、履行借款合同诈骗银行或者其他金融机构贷款，符合《刑法》第 224 条规定的合同诈骗罪构成要件的，应当以合同诈骗罪定罪处罚。根据《刑法》第 193 条的规定，犯本罪的，处 5 年以下有期徒刑或者拘役，并处 2 万元以上 20 万元以下罚金；数额巨大或者有其他严重情节的，处 5 年以上 10 年以下有期徒刑，并处 5 万元以上 50 万元以下罚金；数额特别巨大或者有其他特别严重情节的，处 10 年以上有

---

〔1〕　单位犯集资诈骗罪、票据诈骗罪、金融凭证诈骗罪和信用证诈骗罪，均依照《刑法》第 200 条的规定处罚，后面不再重复。

期徒刑或者无期徒刑，并处5万元以上50万元以下罚金或者没收财产。

三、票据诈骗罪

票据诈骗罪，是指以非法占有为目的，利用金融票据进行诈骗活动，数额较大的行为。包括以下五种具体行为：①明知是伪造、变造的汇票、本票、支票而使用的；②明知是作废的汇票、本票、支票而使用的；③冒用他人的汇票、本票、支票的；④签发空头支票或者与其预留印鉴不符的支票，骗取财物的；⑤汇票、本票的出票人签发无资金保证的汇票、本票或者在出票时作虚假记载，骗取财物的。如果行为人先伪造、变造汇票、本票或者支票，然后使用这些伪造、变造的票证骗取财物的，属于牵连犯，应从一重罪处断。根据《刑法》第194条的规定，犯本罪的，处5年以下有期徒刑或者拘役，并处2万元以上20万元以下罚金；数额巨大或者有其他严重情节的，处5年以上10年以下有期徒刑，并处5万元以上50万元以下罚金；数额特别巨大或者有其他特别严重情节的，处10年以上有期徒刑或者无期徒刑，并处5万元以上50万元以下罚金或者没收财产。单位犯本罪的，依照《刑法》第200条的规定处罚。

四、金融凭证诈骗罪

金融凭证诈骗罪，是指以非法占有为目的，使用伪造、变造的委托收款凭证、汇款凭证、银行存单等其他结算凭证骗取财物，数额较大的行为。如果行为人冒用他人的银行存单取钱的，应以诈骗罪论处。犯本罪的，依照《刑法》第194条、第200条的规定处罚。

五、信用证诈骗罪

信用证诈骗罪，是指以非法占有为目的，利用信用证进行诈骗活动的行为。其诈骗的方法包括：①使用伪造、变造的信用证或者附随的单据、文件；②使用作废的信用证；③骗取信用证；④其他方法。本罪是金融诈骗罪中唯一的一个行为犯。犯本罪的，依照《刑法》第195条、第200条的规定处罚，本罪的处罚与上述的票据诈骗罪相同。

六、信用卡诈骗罪

（一）信用卡诈骗罪的概念和构成要件

信用卡诈骗罪，是指以非法占有为目的，利用信用卡进行诈骗，数额较大的行为。其构成要件是：

1. 本罪的客体是信用卡管理制度和公私财产所有权。根据《全国人大常委会关于〈中华人民共和国刑法〉有关信用卡规定的解释》的规定，刑法规定的"信用卡"，是指由商业银行或者其他金融机构发行的具有消费支付、信用贷款、转账结算、存取现金等全部功能或者部分功能的电子支付卡。

2. 本罪在客观方面表现为利用信用卡进行诈骗，数额较大的行为。具体包

括以下要素:

（1）行为人实施了利用信用卡诈骗的行为。具体包括:

一是使用伪造的信用卡，或者使用以虚假的身份证明骗领的信用卡。使用伪造的信用卡，既包括使用自己伪造的信用卡，也包括使用明知是他人伪造的信用卡。

二是使用作废的信用卡。"作废的信用卡"又称黑卡，是指因出现法定事由而失去效用的信用卡。

三是冒用他人的信用卡。2018年12月1日"两高"《关于办理妨害信用卡管理刑事案件具体应用法律若干问题的解释》（以下简称《妨害信用卡刑案解释》）规定，"冒用他人信用卡"包括以下情形:①拾得他人信用卡并使用的;②骗取他人信用卡并使用的;③窃取、收买、骗取或者以其他非法方式获取他人信用卡信息资料，并通过互联网、通讯终端等使用的;④其他冒用他人信用卡的情形，如未经持卡人同意，用他人委托保管的信用卡进行消费等。

四是恶意透支。信用卡透支主要分为善意透支和恶意透支两种，区分二者的关键是看行为人是否具有非法占有的目的。根据《刑法》第196条第2款规定，恶意透支，是指持卡人以非法占有为目的，超过规定限额或者规定期限透支，并且经发卡银行催收后仍不归还的行为。根据《妨害信用卡刑案解释》的规定，持卡人以非法占有为目的，超过规定限额或者规定期限透支，经发卡银行两次有效催收后超过3个月仍不归还的，应当认定为"恶意透支"。

（2）必须数额较大。根据《妨害信用卡刑案解释》和《公安立案标准二》的规定，使用伪造的信用卡、以虚假的身份证明骗领的信用卡、作废的信用卡或者冒用他人信用卡，进行信用卡诈骗活动，数额在5000元以上不满5万元的;恶意透支，数额在1万元以上不满10万元的，应当认定为"数额较大"。

3. 本罪的主体是一般主体，仅限于自然人。

4. 本罪的主观方面是故意，并且以非法占有为目的。根据《妨害信用卡刑案解释》的规定，对于是否以非法占有为目的，应当综合持卡人信用记录、还款能力和意愿、申领和透支信用卡的状况、透支资金的用途、透支后的表现、未按规定还款的原因等情况作出判断。不得单纯依据持卡人未按规定还款的事实认定非法占有目的。具有以下情形之一的，应当认定为"以非法占有为目的"，但有证据证明持卡人确实不具有非法占有目的的除外:①明知没有还款能力而大量透支，无法归还的;②使用虚假资信证明申领信用卡后透支，无法归还的;③透支后通过逃匿、改变联系方式等手段，逃避银行催收的;④抽逃、转移资金，隐匿财产，逃避还款的;⑤使用透支的资金进行犯罪活动的;⑥其他非法占有资金，拒不归还的情况。

（二）信用卡诈骗罪的认定

1. 盗窃信用卡并使用的认定。《刑法》第 196 条第 3 款规定，盗窃信用卡并使用的，依照《刑法》第 264 条（盗窃罪）的规定处罚。盗窃信用卡并使用的，包括实施盗窃的行为人本人使用该卡，也包括他人明知是盗窃来的信用卡而使用的情况。

【案例分析】 张某盗窃信用卡并使用，消费金额达 8000 元，构成盗窃罪，这是法律明确规定的。何某不知道张某盗窃借记卡的事实，以为该卡是捡来的，其主观上只有与张某一起冒用他人信用卡骗取财物的故意，因此何某的行为构成信用卡诈骗罪。由于二人没有盗窃的共同故意，所以不构成共同犯罪。

2. 本罪与伪造金融票证罪的界限。伪造信用卡是伪造金融票证罪的行为方式之一，如果行为人伪造信用卡并加以使用，且诈骗资金数额较大的，则同时触犯伪造金融票证罪和信用卡诈骗罪两个罪名，属于牵连犯，应当从一重罪从重处罚。如果诈骗未达到"数额较大"，仅构成伪造金融票证罪。另外，信用卡诈骗罪的主体限于自然人，伪造金融票证罪的主体包括自然人和单位。

（三）信用卡诈骗罪的刑事责任

根据《刑法》第 196 条的规定，犯本罪的，处 5 年以下有期徒刑或者拘役，并处 2 万元以上 20 万元以下罚金；数额巨大或者有其他严重情节的，处 5 年以上 10 年以下有期徒刑，并处 5 万元以上 50 万元以下罚金；数额特别巨大或者有其他特别严重情节的，处 10 年以上有期徒刑或者无期徒刑，并处 5 万元以上 50 万元以下罚金或者没收财产。

七、有价证券诈骗罪

有价证券诈骗罪，是指以非法占有为目的，使用伪造、变造的国库券或者国家发行的其他有价证券，进行诈骗活动，数额较大的行为。这里的"数额较大"是指数额在 1 万元以上。本罪的主体限于自然人。犯本罪的，依照《刑法》第 197 条的规定处罚，本罪的处罚与上述信用卡诈骗罪相同。

八、保险诈骗罪

保险诈骗罪，是指以非法占有为目的，用虚构事实或者隐瞒真相的方法，骗取保险金，数额较大的行为。保险诈骗的行为方式包括：①投保人故意虚构保险标的，骗取保险金的；②投保人、被保险人或者受益人对发生的保险事故编造虚假的原因或者夸大损失的程度，骗取保险金的；③投保人、被保险人或者受益人编造未曾发生的保险事故，骗取保险金的；④投保人、被保险人故意造成财产损失的保险事故，骗取保险金的；⑤投保人、受益人故意造成被保险人死亡、伤残或者疾病，骗取保险金的。应当注意，如果行为人为了诈骗保险金而实施上述第④项或第⑤项行为，同时构成其他犯罪的，应当数罪并罚。根据《公安立案标准二》第 56 条的规定，个人进行保险诈骗数额在 1 万元以上，单位进行保险诈骗数额在 5 万元以上的，属于数额较大。本罪的主体是投保人、被保险人、受益人。

根据《刑法》第 198 条的规定，犯本罪的，处 5 年以下有期徒刑或者拘役，并处 1 万元以上 10 万元以下罚金；数额巨大或者有其他严重情节的，处 5 年以上 10 年以下有期徒刑，并处 2 万元以上 20 万元以下罚金；数额特别巨大或者有其他特别严重情节的，处 10 年以上有期徒刑，并处 2 万元以上 20 万元以下罚金或者没收财产。单位犯本罪的，对单位判处罚金，并对其直接负责的主管人员和其他直接责任人员依照上述规定处罚，但不包括罚金。保险事故的鉴定人、证明人、财产评估人故意提供虚假的证明文件，为他人诈骗提供条件的，以保险诈骗罪的共犯论处。

第七节　危害税收征管罪[1]

【案例】

李某、柴某某，系上海某有限公司股东、经营负责人。自 2006 年 1 月至 2008 年 6 月，李某、柴某某在共同负责经营上海某有限公司期间，采用账外经营不入账隐匿销售收入的手法，隐匿销售收入人民币 310 余万元，逃避缴纳税款共计人民币 15 万余元，占应纳税额的 90% 以上。后经税务机关依法下达追缴通知，该公司仍拒不缴纳，李某、柴某某逃匿。2009 年 10 月 14 日、15 日，被告人李某、柴某某先后被公安机关抓获。[2]
问：如何认定上海某有限公司和李某、柴某某的行为性质？

一、逃税罪

（一）逃税罪的概念和构成要件

逃税罪原来称为偷税罪，是指纳税人采取欺骗、隐瞒手段进行虚假纳税申报或者不申报，逃避缴纳税款数额较大并且占应纳税额 10% 以上，或者扣缴义务人采取上述手段，不缴或少缴已扣、已收税款数额较大的行为。其构成要

---

〔1〕 本小类罪包括 14 个罪名，除抗税罪是自然人主体外，其他犯罪的主体均包括自然人和单位。在主观方面均是故意。

〔2〕 "上海首颉商贸有限公司等逃税案"，载 110 裁判案例，http://www.110.com/panli/panli_10578585.html，最后访问时间：2017 年 11 月 14 日。

件是：

1. 本罪的客体是国家的税收征管制度。

2. 本罪在客观方面表现为采取欺骗、隐瞒手段进行虚假纳税申报或者不申报，或者不缴、少缴已扣、已收税款，逃避缴纳税款数额达到法定标准的行为。具体包括以下要素：

（1）采取欺骗、隐瞒手段逃避缴纳税款，即实施了逃税行为。首先，本罪的手段行为是欺骗、隐瞒。例如，行为人采用伪造、变造、隐匿、擅自销毁账簿、记账凭证的手段，以此蒙蔽税务机关；行为人在账簿上多列支出或者不列、少列收入，以此减少应纳税额；使用伪造、变造、盗窃的武装部队车辆号牌，逃避缴纳车辆购置税、车辆使用税等税款；以假报出口的手段骗取所缴纳的税款；等等。其次，本罪的目的行为是逃避缴纳税款，表现为进行虚假纳税申报或者不申报，或者不缴、少缴税款。"进行虚假纳税申报"，根据2002年11月7日《最高人民法院关于审理偷税抗税刑事案件具体应用法律若干问题的解释》（以下简称为《涉税刑案解释》）的规定，是指纳税人或者扣缴义务人向税务机关报送虚假的纳税申报表、财务报表、代扣代缴、代收代缴税款报告表或者其他纳税申报资料，如提供虚假申请，编造减税、免税、抵税、先征收后退还税款等虚假资料等。

（2）逃税数额必须达到法定标准，才构成犯罪。本罪的成罪标准因犯罪主体的不同而有不同的要求：①对于纳税人而言，构成逃税罪的法定标准是逃避缴纳税款数额较大并且占应纳税额10%以上。②对于扣缴义务人而言，法定标准是不缴或者少缴已扣、已收税款，数额较大。

3. 本罪的主体是纳税人和扣缴义务人，包括自然人和单位。

4. 本罪的主观方面是直接故意，且具有逃避缴纳税款的目的。

（二）逃税罪的司法认定

主要应注意划清本罪与非罪的界限。

1. 本罪与一般逃税行为的界限。区别的关键在于逃税数额是否达到了法定标准。根据《刑法》第201条第4款的规定，纳税人采取隐瞒、欺骗手段逃税，经税务机关依法下达追缴通知后，补缴应纳税款，缴纳滞纳金，已受行政处罚的，不予追究刑事责任；但是，5年内曾因逃避缴纳税款受过刑事处罚或者被税务机关给予2次以上行政处罚的除外。根据《公安立案标准二》第57条的规定，逃避缴纳税款，涉嫌下列情形之一的，应予立案追诉：①纳税人采取欺骗、隐瞒手段进行虚假纳税申报或者不申报，逃避缴纳税款，数额在5万元以上并且占各税种应纳税总额10%，经税务机关依法下达追缴通知后，不补缴应纳税款、不缴纳滞纳金或者不接受行政处罚的；②纳税人5年内因逃避缴纳税款受过刑事处罚或者被税务机关给予 2 次以上行政处罚，又逃避缴纳税款，数额在 5 万元以上并且占各税种应纳税总额 10% 以上的；③扣缴义务人采取欺骗、隐瞒手段，不缴或者少缴已扣、已收税款，数额在 5 万元以上的。纳税人在公安机关立案后再补缴应纳税款、缴纳滞纳金或者接受行政处罚的，不影响刑事责任的追究。

2. 本罪与漏税的界限。漏税，是指纳税单位或者个人由于工作疏忽或者业务不熟，导致管理混乱、帐目不清、错记、漏记帐目、计算失误、漏报税目等，以致未缴或者少缴应缴税款。二者的区别在于：①主观故意不同。本罪是直接故意，行为人具有逃避缴纳税款的目的；漏税则不具有上述故意和目的，通常是疏忽大意的过失。②客观方面不同。本罪是使用弄虚作假的手段，后者则没有，漏税行为不具有隐蔽性和欺骗性。对于漏税的，由税务机关限期缴纳，逾期交纳的，加收滞纳金。

【案例分析】逃税罪的主体包括自然人和单位。上海某有限公司作为纳税义务单位，为谋取非法利益，故意违反税收法律法规，采取隐瞒手段进行虚假纳税申报，逃避缴纳税款 15 万余元，属于数额较大并且已占应纳税额的 10% 以上，已构成逃税罪。李某、柴某某作为该公司的股东，在直接负责经营期间实施逃税行为，应当以逃税罪追究二人的刑事责任。

（三）逃税罪的刑事责任

根据《刑法》第 201 条、第 204 条第 2 款、第 211 条和第 212 条的规定，纳税人犯本罪的，处 3 年以下有期徒刑或者拘役，并处罚金；数额巨大并且占应纳税额 30% 以上的，处 3 年以上 7 年以下有期徒刑，并处罚金。扣缴义务人犯本罪的，处 3 年以下有期徒刑或者拘役，并处罚金；数额巨大的，处 3 年以上 7 年以下有期徒刑，并处罚金。单位犯本罪的，实行两罚制。被判处罚金的，在执行前，应当先由税务机关追缴税款。

二、抗税罪

抗税罪，是指纳税人、扣缴义务人以暴力、威胁方法拒不缴纳税款的行为。本罪的客体是国家的税收征管制度和税务工作人员的人身权利。本罪的主体是纳税人、扣缴义务人且限于自然人。根据《公安立案标准二》第 58 条的规定，实施抗税行为，造成税务工作人员轻微伤以上的；以给税务工作人员及其亲友的生命、健康、财产等造成损害为威胁，抗拒缴纳税款的；聚众抗拒缴纳税款的，应予立案追诉。根据《涉税刑案解释》的规定，实施抗税行为造成税务人员重伤、死亡，构成故意伤害罪、故意杀人罪的，分别依照《刑法》第 234 条第 2 款、第 232 条的规定定罪处罚。根据《刑法》第 202 条、第 212 条的规定，犯本罪的，处 3 年以下有期徒刑或者拘役，并处拒缴税款 1 倍以上 5 倍以下罚金；情节严重的，处 3 年以上 7 年以下有期徒刑，并处拒缴税款 1 倍以上 5 倍以下罚金。被判处罚金的，在执行前，应当先由税务机关追缴税款。

三、逃避追缴欠税罪

逃避追缴欠税罪，是指纳税人欠缴应纳税款，采取转移或者隐匿财产的手段，致使税务机关无法追缴欠缴的税款，数额较大的行为。根据《刑法》第203条、第211条、第212条的规定，犯本罪，欠缴税款数额在1万元以上不满10万元的，处3年以下有期徒刑或者拘役，并处或者单处欠缴税款1倍以上5倍以下罚金；数额在10万元以上的，处3年以上7年以下有期徒刑，并处欠缴税款1倍以上5倍以下罚金。单位犯本罪的，实行两罚制。被判处罚金的，在执行前，应当先由税务机关追缴税款。

四、骗取出口退税罪

骗取出口退税罪，是指以假报出口或者其他欺骗手段，骗取国家出口退税款，数额较大的行为。根据2002年9月23日《最高人民法院关于审理骗取出口退税刑事案件具体应用法律若干问题的解释》的规定，"假报出口"是指以虚构已税货物出口事实为目的，具有下列情形之一的行为：①伪造或者签订虚假的买卖合同；②以伪造、变造或者其他非法手段取得出口货物报关单、出口收汇核销单、出口货物专用缴款书等有关出口退税单据、凭证；③虚开、伪造、非法购买增值税专用发票或者其他可以用于出口退税的发票；④其他虚构已税货物出口事实的行为。"其他欺骗手段"的具体情形主要包括：骗取出口货物退税资格的；将未纳税或者免税货物作为已税货物出口的；虽有货物出口，但虚构该出口货物的品名、数量、单价等要素，骗取未实际纳税部分出口退税款的。"数额较大"是指骗取国家出口退税款5万元以上。应当注意的是：纳税人缴纳税款后，以假报出口或者其他欺骗方法骗取所缴纳的税款的，以逃税罪定罪处罚；骗取税款超过所缴纳的税款部分，以骗取出口退税罪定罪处罚。

根据《刑法》第204条、第211条、第212条的规定，犯本罪的，处5年以下有期徒刑或者拘役，并处骗取税款1倍以上5倍以下罚金；数额巨大或者有其他严重情节的，处5年以上10年以下有期徒刑，并处骗取税款1倍以上5倍以下罚金；数额特别巨大或者有其他特别严重情节的，处10年以上有期徒刑或者无期徒刑，并处骗取税款1倍以上5倍以下罚金或者没收财产。单位犯本罪的，实行两罚制。被判处罚金、没收财产的，在执行前，应当先由税务机关追缴所骗取的出口退税款。

五、虚开增值税专用发票、用于骗取出口退税、抵扣税款发票罪

虚开增值税专用发票、用于骗取出口退税、抵扣税款发票罪，是指为他人虚开、为自己虚开、让他人为自己虚开、介绍他人虚开增值税专用发票或者虚开用于骗取出口退税、抵扣税款的其他发票的行为。根据《公安立案标准二》

第 61 条的规定，虚开的税款数额在 1 万元以上或者致使国家税款被骗数额在 5000 元以上的，应予立案追诉。根据《刑法》第 210 条规定，盗窃增值税专用发票或者可以用于骗取出口退税、抵扣税款的其他发票的，以盗窃罪定罪处罚；使用欺骗手段骗取增值税专用发票或者可以用于骗取出口退税、抵扣税款的其他发票的，以诈骗罪定罪处罚。根据《刑法》第 205 条、第 211 条、第 212 条的规定，犯本罪的，处 3 年以下有期徒刑或者拘役，并处 2 万元以上 20 万元以下罚金；虚开的税款数额较大或者有其他严重情节的，处 3 年以上 10 年以下有期徒刑，并处 5 万元以上 50 万元以下罚金；虚开的税款数额巨大或者有其他特别严重情节的，处 10 年以上有期徒刑或者无期徒刑，并处 5 万元以上 50 万元以下罚金或者没收财产。单位犯本罪的，对单位判处罚金，并对其直接负责的主管人员和其他直接责任人员依照上述规定处罚，但不包括罚金和没收财产。被判处罚金、没收财产的，在执行前，应当先由税务机关追缴税款和所骗取的出口退税款。

六、虚开发票罪

虚开发票罪，是指虚开增值税专用发票和用于骗取出口退税、抵扣税款发票以外的其他发票，情节严重的行为。根据《刑法》第 205 条之一的规定，犯本罪的，处 2 年以下有期徒刑、拘役或者管制，并处罚金；情节特别严重的，处 2 年以上 7 年以下有期徒刑，并处罚金；单位犯本罪的，实行两罚制。

七、伪造、出售伪造的增值税专用发票罪

伪造、出售伪造的增值税专用发票罪，是指仿照真增值税专用发票的形状、色彩等特征非法制造假增值税专用发票，或者出售假增值税专用发票的行为。根据《刑法》第 206 条的规定，犯本罪的，处 3 年以下有期徒刑、拘役或者管制，并处 2 万元以上 20 万元以下罚金；数量较大或者有其他严重情节的，处 3 年以上 10 年以下有期徒刑，并处 5 万元以上 50 万元以下罚金；数量巨大或者有其他特别严重情节的，处 10 年以上有期徒刑或者无期徒刑，并处 5 万元以上 50 万元以下罚金或者没收财产。单位犯本罪的，对单位判处罚金，并对其直接负责的主管人员和其他直接责任人员，依照上述规定处罚，但不包括罚金和没收财产。

八、非法出售增值税专用发票罪

非法出售增值税专用发票罪，是指违反国家增值税专用发票管理法规，非法出售增值税专用发票的行为。根据《刑法》第 207 条、第 211 条的规定，犯本罪的，处 3 年以下有期徒刑、拘役或者管制，并处 2 万元以上 20 万元以下罚金；数量较大的，处 3 年以上 10 年以下有期徒刑，并处 5 万元以上 50 万元以下罚金；数量巨大的，处 10 年以上有期徒刑或者无期徒刑，并处 5 万元以上 50 万元以下罚金或者没收财产。单位犯本罪的，实行两罚制。

九、非法购买增值税专用发票、购买伪造的增值税专用发票罪

非法购买增值税专用发票、购买伪造的增值税专用发票罪，是指违反国家增值税专用发票管理法规，非法购买增值税专用发票或者购买伪造的增值税专用发票的行为。根据《刑法》第 208 条第 2 款的规定，行为人非法购买增值税专用发票或者购买伪造的增值税专用发票又虚开或者出售的，应当分别以虚开增值税专用发票罪、出售伪造的增值税专用发票罪、非法出售增值税专用发票罪定罪处罚。根据《刑法》第 208 条第 1 款、第 211 条的规定，犯本罪的，处 5 年以下有期徒刑或者拘役，并处或者单处 2 万元以上 20 万元以下罚金。单位犯本罪的，实行两罚制。

十、非法制造、出售非法制造的用于骗取出口退税、抵扣税款发票罪

非法制造、出售非法制造的用于骗取出口退税、抵扣税款发票罪，是指违反国家发票管理法规，伪造、擅自制造或者出售伪造、擅自制造的可以用于骗取出口退税、抵扣税款的非增值税专用发票的行为。根据《刑法》第 209 条第 1 款、第 211 条的规定，犯本罪的，处 3 年以下有期徒刑、拘役或者管制，并处 2 万元以上 20 万元以下罚金；数量巨大的，处 3 年以上 7 年以下有期徒刑，并处 5 万元以上 50 万元以下罚金；数量特别巨大的，处 7 年以上有期徒刑，并处 5 万元以上 50 万元以下罚金或者没收财产。单位犯本罪的，实行两罚制。

十一、非法制造、出售非法制造的发票罪

非法制造、出售非法制造的发票罪，是指违反国家发票管理法规，伪造、擅自制造或者出售伪造、擅自制造的不具有骗取出口退税、抵扣税款功能的普通发票的行为。根据《刑法》第 209 条第 2 款、第 211 条的规定，犯本罪的，处 2 年以下有期徒刑、拘役或者管制，并处或者单处 1 万元以上 5 万元以下罚金；情节严重的，处 2 年以上 7 年以下有期徒刑，并处 5 万元以上 50 万元以下罚金。单位犯本罪的，实行两罚制。

十二、非法出售用于骗取出口退税、抵扣税款发票罪

非法出售用于骗取出口退税、抵扣税款发票罪，是指违反国家发票管理法规，非法出售可以用于骗取出口退税、抵扣税款的非增值税专用发票的行为。犯本罪的，依照《刑法》第 209 条第 1 款、第 211 条的规定处罚。

十三、非法出售发票罪

非法出售发票罪，是指违反国家发票管理法规，非法出售普通发票的行为。普通发票，是指增值税专用发票、可以用于骗取出口退税、抵扣税款的发票以外的其他发票。犯本罪的，依照《刑法》第 209 条第 2 款、第 211 条的规定处罚。单位犯本罪的，实行两罚制。

十四、持有伪造的发票罪

持有伪造的发票罪，是指明知是伪造的发票而持有，数量较大的行为。根

据《刑法》第 210 条之一的规定，犯本罪的，处 2 年以下有期徒刑、拘役或者管制，并处罚金；数量巨大的，处 2 年以上 7 年以下有期徒刑，并处罚金。单位犯本罪的，实行两罚制。

 **第八节　侵犯知识产权罪**[1]

【案例】

黄某开设了一家酒类批发部。2002 年 5 月，黄某与常某口头约定由黄某提供原酒，常某组织包装材料及商标，为黄某生产假冒名牌酒。此后，常某雇佣他人从黄某批发部将绵竹大曲、"泸州"老窖二曲等酒运至常某所租的房屋内，雇佣邱某等人洗瓶、翻装酒，并贴上"剑南春"商标 648 份，"全兴"商标 300 份、"泸州"老窖特曲商标 88 份、"五粮液"商标 96 份。除"五粮液"外，均被运至黄某的批发部进行销售。2002 年 12 月 30 日，公安机关捕获常某等人，并提取大量假冒名酒及包装。[2] 问：如何认定黄某与常某行为的性质？

一、假冒注册商标罪

（一）假冒注册商标罪的概念和构成要件

假冒注册商标罪，是指未经注册商标所有人许可，在同一种商品上使用与其注册商标相同的商标，情节严重的行为。其构成要件是：

1. 本罪的客体是复杂客体，包括国家商标管理制度和注册商标所有人享有的商标专用权。注册商标，是指经商标局核准注册的商标，包括商品商标、服务商标和集体商标、证明商标。本罪的对象仅限于他人的注册商品商标，且必须是在有效期内的注册商品商标，不包括其他种类的商标。

2. 本罪在客观方面表现为未经注册商标所有人许可，在同一种商品上使用与其注册商标相同的商标，情节严重的行为。具体包括以下要素：

（1）未经注册商标所有人许可。注册商标所有人的权利包括注册商标的专有使用权、禁用权、续展权、许可使用权等。《商标法》规定，商标注册人可以

---

〔1〕　本小类罪共 7 个罪名，均是结果犯，即要求违法所得数额较大或者有其他严重情节的，从构成各罪。犯罪主体均包括自然人和单位，主观方面均为故意。

〔2〕　"假冒注册商标还是生产伪劣产品"，载法律快车，http://www.lawtime.cn/info/xingfa/jiamaozhuceshangbiaozui/20110115/103798.html，最后访问时间：2017 年 11 月 10 日。

通过签订商标使用许可合同，许可他人使用其注册商标；未经许可，不得在相同或相似的商品上使用与他人注册商标相同或类似的商标。因此，如果得到商标注册人同意后使用的，不能成立本罪。

（2）在同一种商品上使用与他人注册商标相同的商标。所谓"同一种商品"，根据2011年1月10日《最高人民法院、最高人民检察院、公安部关于办理侵犯知识产权刑事案件适用法律若干问题的意见》（以下简称《知识产权刑案意见》），是指名称相同的商品以及名称不同但指同一事物的商品。"名称"是指国家商标局在商标注册工作中对商品使用的名称，通常即《商标注册用商品和服务国际分类》中规定的商品名称。"名称不同但指同一事物的商品"是指在功能、用途、主要原料、消费对象、销售渠道等方面相同或者基本相同，相关公众一般认为是同一种事物的商品。认定"同一种商品"，应当在权利人注册商标核定使用的商品和行为人实际生产销售的商品之间进行比较。

"与其注册商标相同的商标"是指下列情形之一：①改变注册商标的字体、字母大小写或者文字横竖排列，与注册商标之间仅有细微差别的；②改变注册商标的文字、字母、数字等之间的间距，不影响体现注册商标显著特征的；③改变注册商标颜色的；④其他与注册商标在视觉上基本无差别、足以对公众产生误导的商标。

所谓"使用"，是指将注册商标或者假冒的注册商标用于商品、商品包装或者容器以及产品说明书、商品交易文书，或者将注册商标或者假冒的注册商标用于广告宣传、展览以及其他商业活动等行为。

（3）必须情节严重。这里的"情节严重"，根据2004年12月22日"两高"《关于办理侵犯知识产权刑事案件具体应用法律若干问题的解释》（以下简称《知识产权刑案解释》）和《公安立案标准二》的规定，是指有下列情形之一：①非法经营数额在5万元以上或者违法所得数额在3万元以上的；②假冒两种以上注册商标，非法经营数额在3万元以上或者违法所得数额在2万元以上的；③其他情节严重的情形。此外，单位实施假冒注册商标等侵犯知识产权的行为，按照相应个人犯罪的定罪量刑标准的3倍定罪量刑。

3. 本罪的主体是一般主体，包括自然人和单位。

4. 本罪的主观方面是故意，即行为人明知是注册商标，在未征得注册商标所有人同意的情况下，故意在同一种商品上使用。行为人通常具有营利或者谋取非法利益的目的。

【案例分析】黄某、常某未经注册商标所有人许可，共同商议达成了假冒他人注册商标的口头协议。此后，由黄某提供"绵竹大曲"等原酒，由常某等人组织"剑南春""全兴""五粮液""泸州"老窖特曲的商标及包装物，并安排他人将黄某提供的原酒翻装进"剑南春""全兴""五粮液""泸州"老窖特曲的瓶内,贴上以上酒类的商标,由黄某销售。共计假冒驰名商标"剑南春"648份,"全兴"300份及其他商标"五粮液"96份、"泸州"88份。黄某、常某的行为均已构成假冒注册商标罪,且是共同犯罪。

(二)假冒注册商标罪的司法认定

1. 划清本罪与非罪的界限。只有在同一种商品上使用与他人注册商标相同的商标,才可能构成本罪。对于未经注册商标所有人许可,在同一种商品上使用与其注册商标近似的商标,或者在类似商品上使用与其注册商标相同的商标,以及在类似商品上使用与其注册商标近似的商标的行为,均属于一般商标侵权行为,不能以本罪论处。另外,要看假冒注册商标的行为是否属于情节严重。

2. 本罪与生产、销售伪劣商品犯罪的界限。在司法实践中,经常会发生一些既生产、销售伪劣产品,又在伪劣产品上使用他人注册商标的案件,因此应当注意区分。本罪强调的是商标的形式,商品质量是真,而商标形式是非法假冒的,构成本罪;生产、销售伪劣产品罪则强调商品的质量,商品质量是伪劣的,即使商标使用是合法的,依然构成生产、销售伪劣产品罪。根据《伪劣商品刑案解释》第10条的规定,如果行为人在生产、销售的伪劣商品上假冒他人的注册商标,均构成犯罪的,则属于牵连犯,应当依照处罚较重的规定定罪处罚。

3. 罪数的认定。根据《知识产权刑案解释》的规定,实施假冒注册商标犯罪,又销售该假冒注册商标的商品,构成犯罪的,以假冒注册商标罪定罪处罚。实施假冒注册商标犯罪,又销售明知是他人的假冒注册商标的商品,构成犯罪的,应当实行数罪并罚。

(三)假冒注册商标罪的刑事责任

根据《刑法》第213条、第220条的规定,犯本罪的,处3年以下有期徒刑或者拘役,并处或者单处罚金;情节特别严重的,处3年以上7年以下有期徒刑,并处罚金。单位犯本罪的,实行双罚制。

二、销售假冒注册商标的商品罪

销售假冒注册商标的商品罪,是指违反国家商标管理法规,销售明知是假冒注册商标的商品,销售金额数额较大的行为。"销售金额"是指销售假冒注册商标的商品后所得和应得的全部违法收入。销售金额在5万元以上的,属于数额较大。这里的"明知",根据《知识产权刑案解释》的规定,是指具有下列情形之一:①知道自己销售的商品上的注册商标被涂改、调换或者覆盖的;②因销售假冒注册商标的商品受到过行政处罚或者承担过民事责任、又销售同一种假冒注册商标的商品的;③伪造、涂改商标注册人授权文件或者知道该文件被伪造、涂改的；④其他知道或者应当知道是假冒注册商标的商品的情形。《公安立案标准二》第 70 条对应予立案追诉的情形作了列举。根据《刑法》第 214 条、第 220 条的规定，犯本罪的，处 3 年以下有期徒刑或者拘役，并处或者单处罚金；销售金额数额巨大的，处 3 年以上 7 年以下有期徒刑，并处罚金。单位犯本罪的，实行两罚制。

三、非法制造、销售非法制造的注册商标标识罪

非法制造、销售非法制造的注册商标标识罪，是指违反国家商标管理法规，伪造、擅自制造他人注册商标标识或者销售伪造、擅自制造的注册商标标识，情节严重的行为。根据《刑法》第 215 条、第 220 条的规定，犯本罪的，处 3 年以下有期徒刑、拘役或者管制，并处或者单处罚金；情节特别严重的，处 3 年以上 7 年以下有期徒刑，并处罚金。单位犯本罪的，实行两罚制。

四、假冒专利罪

假冒专利罪，是指违反国家专利管理法规，假冒他人专利，情节严重的行为。《知识产权刑案解释》第 10 条对属于"假冒他人专利"的具体情形作了列举。《公安立案标准二》第 72 条对这里的"情节严重"即应予立案追诉的情形作了列举。根据《刑法》第 216 条、第 220 条的规定，犯本罪的，处 3 年以下有期徒刑或者拘役，并处或者单处罚金。单位犯本罪的，实行两罚制。

五、侵犯著作权罪

侵犯著作权罪，是指以营利为目的，侵犯他人著作权，违法所得数额较大或者有其他严重情节的行为。本罪中的侵犯他人著作权行为包括以下四种情形：①未经著作权人许可，复制发行其文字作品、音乐、电影、电视、录像作品、计算机软件及其他作品的行为。"未经著作权人许可"是指没有得到著作权人授权或者伪造、涂改著作权人授权许可文件或者超出授权许可范围的情形。"复制发行"包括复制、发行或者既复制又发行的行为。"复制"是指以印刷、录音等方式将作品制作多份的行为。"发行"是指以出售、出租等方式向公众提供上述复制品的行为，包括总发行、批发、零售、通过信息网络传播以及出租、展销等活动。通过信息网络向公众传播他人文字作品、音乐、电影、电视、录像作品、计算机软件及其他作品的行为，应视为"复制发行"。侵权产品的持有人通过广告、征订等方式推销侵权产品的，属于"发行"。②出版他人享有专有出版权的图书的行为。③未经录音录像制作者的许可，复制发行其制作的录音录像的行为。④制作、出售假冒他人署名的美术作品的行为。构成本罪必须具备"违法所得数额较大或者有其他严重情节"的条件，《公安立案标准一》对属于"违法所得数额较大或者有其他严重情节"的情形作了列举。本罪的主观方面是故意，并具有营利的目的。《知识产权刑案意见》第 10 条对属于"以营利为目

的"的情形作了规定。实施侵犯著作权犯罪，又销售该侵权复制品，构成犯罪的，以侵犯著作权罪定罪处罚。实施侵犯著作权犯罪，又销售明知是他人的侵权复制品，构成犯罪的，实行数罪并罚。根据《刑法》第217条、第220条的规定，犯本罪的，处3年以下有期徒刑或者拘役，并处或者单处罚金；违法所得数额巨大或者有其他特别严重情节的，处3年以上7年以下有期徒刑，并处罚金。单位犯本罪的，实行两罚制。

六、销售侵权复制品罪

销售侵权复制品罪，是指以营利为目的，销售明知是侵犯他人著作权的复制品，违法所得数额巨大的行为。根据《公安立案标准一》的规定，涉嫌下列情形之一的，应予立案追诉：①违法所得数额10万元以上的；②违法所得数额虽未达到上述数额标准，但尚未销售的侵权复制品货值金额达到30万元以上的。根据《刑法》第218条、第220条的规定，犯本罪的，处3年以下有期徒刑或者拘役，并处或者单处罚金。单位犯本罪的，实行两罚制。

七、侵犯商业秘密罪

侵犯商业秘密罪，是指以盗窃、利诱、胁迫、披露、擅自使用等不正当手段，侵犯他人的商业秘密，给商业秘密的权利人造成重大损失的行为。所谓"商业秘密"，是指不为公众所知悉，能为权利人带来经济利益，具有实用性并经权利人采取保密措施的技术信息和经营信息。本罪中的侵犯商业秘密行为包括：①以盗窃、利诱、胁迫或者其他不正当手段获取权利人的商业秘密；②披露、使用或者允许他人使用以前项手段获取的权利人的商业秘密；③违反约定或者违反权利人有关保守商业秘密的要求，披露、使用或者允许他人使用其所掌握的商业秘密；④明知或者应知前述三种行为，而获取、使用或者披露他人的商业秘密。根据《刑法》第219条、第220条的规定，犯本罪的，处3年以下有期徒刑或者拘役，并处或者单处罚金；造成特别严重后果的，处3年以上7年以下有期徒刑，并处罚金。单位犯本罪的，实行两罚制。

第九节　扰乱市场秩序罪

【案例】

1.2006年7月3日，被告人向某才驾驶一货车在海南经浙江台州货运部驻海口办事处徐某恩介绍，与海南省东方黎族自治县板桥镇供销社的王松林签订了西瓜货运协议，约定卸货地点为上海。运输途中，被告人向某才为了偿还个人欠款，改道将西瓜运至河南郑州。次日，又租车将西瓜拉到浙江嘉兴水果市场销售，售价 69 000 元，后携款逃匿。[1] 问：如何认定向某才行为的性质？

2. 2015 年 4 月至 5 月份期间，张某伙同唐某等 5 人采取在某小区大门或路口拦截住户的装修拉料车辆进入小区及收取进门费的手段，强迫小区居民王某某等住户购买被告人提供的水泥、沙子，并强迫提供搬运服务，非法控制居民小区住户装修进料。张某等人先后强迫该小区王某某等 5 家住户接受其商品和服务，强迫交易涉案金额达 8920 元。问：对张某的行为应当如何定性？

一、损害商业信誉、商品声誉罪

损害商业信誉、商品声誉罪，是指捏造并散布虚假事实，损害他人商业信誉、商品声誉，给他人造成重大损失或者有其他严重情节的行为。根据《公安立案标准二》的规定，涉嫌下列情形之一的，应予立案追诉：①给他人造成直接经济损失数额在 50 万元以上的；②虽未达到上述数额标准，但利用互联网或者其他媒体公开损害他人商业信誉、商品声誉的，或者造成公司、企业等单位停业、停产 6 个月以上或破产的；③其他给他人造成重大损失或者有其他严重情节的情形。根据《刑法》第 221 条、第 231 条的规定，犯本罪的，处 2 年以下有期徒刑或者拘役，并处或者单处罚金。单位犯本罪的，实行两罚制。

二、虚假广告罪

虚假广告罪，是指广告主、广告经营者、广告发布者违反国家规定，利用广告对商品或者服务作虚假宣传，情节严重的行为。根据《刑法》第 222 条、第 231 条的规定，犯本罪的，处 2 年以下有期徒刑或者拘役，并处或者单处罚金。单位犯本罪的，实行两罚制。

三、串通投标罪

串通投标罪，是指投标人相互串通投标报价，损害招标人或者其他投标人利益，或者投标人与招标人串通投标，损害国家、集体、公民的合法权益，情节严重的行为。根据《刑法》第 223 条、第 231 条的规定，犯本罪的，处 3 年以下有期徒刑或者拘役，并处或者单处罚金。单位犯本罪的，实行两罚制。

四、合同诈骗罪

（一）合同诈骗罪的概念和构成要件

合同诈骗罪，是指以非法占有为目的，在签订、履行合同过程中，骗取对方当事人财物，数额较大的行为。其构成要件是：

---

[1] 阮齐林：《刑法学》，中国政法大学出版社 2011 年版，第 460 页。

1. 本罪的客体是国家对合同活动的管理秩序和公私财产所有权。本罪的对象是特定当事人的钱财，这是本罪与集资诈骗罪的区别之一。

2. 本罪在客观方面表现为在签订、履行合同过程中，采用虚构事实、隐瞒真相的方式，骗取对方当事人财物，数额较大的行为。本罪中的"合同"应界定为反映市场交易内容的债权和物权合同，如抵押、质押、合伙、承包、租赁、联营、买卖、加工承揽、保管等合同，而不包括行政合同、劳动合同、赠与合同等。诈骗手段是指以下情形：①以虚构的单位或冒用他人名义签订合同的。②以伪造、变造、作废的票据或其他虚假的产权证明作担保的。这里的"票据"是指能够作为担保凭证的汇票、支票和本票等。其他产权证明，是指能够起担保作用的土地使用权证、房屋所有权证以及其他证明动产、不动产所有权的各种有效证明文件。③没有实际履行能力，以先履行小额合同或部分履行合同的方法，诱骗对方当事人继续签订或者履行合同的。这是一种设置陷阱的方式。④收受对方当事人给付的财物、货款、预付款或者担保财产后逃匿的。⑤以其他方法骗取当事人财物的。这主要是指收取对方当事人给付的财物、货款、预付款或者担保财产后，无正当理由不履行合同又不退还，或者肆意挥霍致使无法返还的，或者用于抵偿债务，以致无法履行合同的，等等。

必须是骗取对方当事人数额较大的财物，才构成犯罪。根据《公安立案标准二》第 77 条的规定，骗取对方当事人财物，数额在 2 万元以上的，应予立案追诉。

3. 本罪的主体是一般主体，包括自然人和单位。

4. 本罪的主观方面是故意，并且以非法占有为目的。

【案例 1 分析】被告人向某才以非法占有为目的，在合同履行过程中，擅自改变卸货地点，将对方当事人的货物擅自销售，得款后逃匿，骗取对方当事人的财物，且数额较大，其行为符合合同诈骗罪的构成要件，应当以合同诈骗罪追究向某才的刑事责任。

（二）合同诈骗罪的司法认定

主要应划清本罪与合同纠纷的界限。二者之间是罪与非罪的问题，但容易混淆，尤其是行为人在签订、履行合同中使用了一定欺诈手段时，往往难以区分。区分二者的关键，在于行为人是否具有非法占有对方当事人财物的目的。对此，应当在综合考察以下客观情况的基础上予以判定：首先，应考察行为人是否采用了上述法定的欺骗手段以及欺骗的程度。一般来说，只要使用上述法定的欺骗手段，如使用虚假的身份、虚假的产权证明等，就可认定为具有非法占有的目的。当然，也不能绝对化。例如，以虚假的产权证明作担保，骗取对方与自己签订了合同，但行为人具有一定的履约能力，并且经过努力履行了合同，就不能认定其具有非法占有的目的。其次，要综合考察其他情节，如行为人签订合同的依据，有无实际履行合同的能力，有无履行合同的实际行动，没有履约的原因，违约后的态度，有无承担违约责任的表现等。合同诈骗的行为人在主观上根本没有履行合同的诚意，在客观上根本没有履行合同的任何准备，且对对方当事人的财物或者其他利益的损失根本不关心。而合同纠纷中，有关当事人都会积极进行履行合同的准备，当履行合同不能时，常常会积极采取措施以避免给对方当事人造成更大的损失。

（三）合同诈骗罪的刑事责任

根据《刑法》第 224 条、第 231 条的规定，犯本罪的，处 3 年以下有期徒刑或者拘役，并处或者单处罚金；数额巨大或者有其他严重情节的，处 3 年以上 10 年以下有期徒刑，并处罚金；数额特别巨大或者有其他特别严重情节的，处 10 年以上有期徒刑或者无期徒刑，并处罚金或者没收财产。单位犯本罪的，实行两罚制。

五、组织、领导传销活动罪

组织、领导传销罪，是指组织、领导以推销商品、提供服务等经营活动为名，要求参加者以缴纳费用或者购买商品、服务等方式获得加入资格，并按照一定顺序组成层级，直接或者间接以发展人员的数量作为计酬或者返利依据，引诱、胁迫参加者继续发展他人参加，骗取财物，扰乱经济社会秩序的传销活动的行为。本罪的主体是传销活动的组织者、领导者。组织者、领导者，是指在传销活动中起组织、领导作用的发起人、决策人、操纵人，以及在传销活动中担负策划、指挥、布置、协调等重要职责，或者在传销活动实施中起到关键作用的人员。本罪的主观方面是故意，且具有骗取财物的目的。根据《公安立案标准二》第 78 条的规定，涉嫌组织、领导的传销活动人员在 30 人以上且层级在三级以上的，应予立案追诉。根据《刑法》第 224 条之一的规定，犯本罪的，处 5 年以下有期徒刑或者拘役，并处罚金；情节严重的，处 5 年以上有期徒刑，并处罚金。单位犯本罪的，实行两罚制。

六、非法经营罪

（一）非法经营罪的概念和构成要件

非法经营罪，指违反国家规定，从事非法经营活动，扰乱市场秩序，情节严重的行为。其构成要件是：

1. 本罪的客体是市场管理秩序。

2. 本罪在客观方面表现为违反国家规定，从事非法经营活动，扰乱市场秩序，情节严重的行为。根据《刑法》第 225 条和《全国人民代表大会常务委员会关于惩治骗购外汇、逃汇和非法买卖外汇的犯罪的决定》第 4 条的规定，非

法经营行为包括以下几种：

（1）未经许可，经营法律、行政法规规定的专营、专卖物品或者其他限制买卖的物品的行为。"专营、专卖物品"是指法律、法规规定的由特定部门或者专门机构经营的物品，如烟草、食盐、金银等。"其他限制买卖的物品"是指法律法规规定在某一特定时期或者特定地域内实行限制性经营的物品，如农药、化肥等。因此，非法经营食盐、烟草专卖品、农药、化肥等，均可构成本罪。

（2）买卖进出口许可证、进出口原产地证明以及其他法律、行政法规规定的经营许可证或者批准文件的行为。进出口许可证，是指国家许可对外贸易经营者进出口某种货物和技术的证明；进出口原产地证明，是指在国家贸易中，对某一特定产品的原产地进行确认的证明文件。经营许可证或者有关批准文件，是持有人进行该项经济活动合法性的有效凭证，如烟草专卖许可证。

（3）未经国家有关主管部门批准非法经营证券、期货或者保险业务的，或者非法从事资金支付结算业务的行为。"非法经营证券业务"是指未经批准的机构和个人从事的证券承销、经纪（代理买卖）、证券投资咨询等证券业务。"非法经营期货业务"是指非法设立期货交易所进行期货交易的行为、非法进行期货经纪、期货结算的行为。"非法经营保险业务"是指非法从事商业保险、保险代理、保险经纪业务等。根据2019年2月1日"两高"《关于办理非法从事资金支付结算业务、非法买卖外汇刑事案件适用法律若干问题的解释》第1条的规定，违反国家规定，具有下列情形之一的，属于这里的"非法从事资金支付结算业务"：①使用受理终端或者网络支付接口等方法，以虚构交易、虚开价格、交易退款等非法方式向指定付款方支付货币资金的；②非法为他人提供单位银行结算账户套现或者单位银行结算账户转个人账户服务的；③非法为他人提供支票套现服务的；④其他非法从事资金支付结算业务的情形。

（4）在国家规定的交易场所以外非法买卖外汇，扰乱市场秩序的行为。

（5）其他严重扰乱市场秩序的非法经营行为，这是一个兜底条款。

其他严重扰乱市场秩序的非法经营行为，根据有关司法解释和司法文件等的规定，主要包括：①出版、印刷、复制、发行严重危害社会秩序和扰乱市场秩序的非法出版物，以及非法从事出版物的出版、印刷、复制、发行业务，严重扰乱市场秩序的；②非法经营电信业务的，即采取租用国际专线、私设转接设备或者其他方法，擅自经营国际电信业务或者涉港澳台电信业务进行营利活动，扰乱电信市场管理秩序的；③违反国家药品管理法律法规，未取得或者使用伪造、变造的药品经营许可证，非法经营药品，情节严重的；以提供给他人生产、销售药品为目的，违反国家规定，生产、销售不符合药用要求的非药品

原料、辅料，情节严重的；④违反国家规定，未经依法核准擅自发行基金份额募集基金的；⑤未经国家批准擅自发行、销售彩票的；⑥违反国家规定，以营利为目的，通过信息网络有偿提供删除信息服务，或者明知是虚假信息，通过信息网络有偿提供发布信息等服务，扰乱市场秩序的；⑦在生产、销售的饲料中添加盐酸克仑特罗等禁止在饲料和动物饮水中使用的药品，或者销售明知是添加有该类药品的饲料的；⑧违反国家在预防、控制突发传染病疫情等灾害期间有关市场经营、价格管理等规定，哄抬物价、谋取暴利，严重扰乱市场秩序的；⑨擅自设立互联网上网服务营业场所，或者擅自从事互联网上网服务经营活动的；⑩违反国家规定，使用销售点终端机具（POS 机）等方法，以虚构交易、虚开价格、现金退货等方式向信用卡持卡人直接支付现金的；⑪违反国家规定，实施倒买倒卖外汇或者变相买卖外汇等非法买卖外汇行为，扰乱金融市场秩序的；等等。[1]

上述非法经营的行为必须情节严重的，才构成犯罪。关于情节严重的具体标准，《公安立案标准二》第 79 条和有关司法解释作了比较全面的规定。

3. 本罪的主体是一般主体，包括自然人和单位。

4. 本罪的主观方面是故意。

（二）非法经营罪的司法认定

主要应划清本罪与生产、销售伪劣商品犯罪的界限。二者的客体、客观方面的表现形式以及犯罪对象均不相同。本罪的行为手段更为多样化，犯罪对象范围更广泛。根据《伪劣商品刑案解释》第 10 条的规定，实施生产、销售伪劣商品犯罪，同时构成非法经营罪的，依照处罚较重的规定定罪处罚。

（三）非法经营罪的刑事责任

根据《刑法》第 225 条、第 231 条的规定，犯本罪的，处 5 年以下有期徒刑或者拘役，并处或者单处违法所得 1 倍以上 5 倍以下的罚金；情节特别严重

footnote
〔1〕 分别参见：《公安立案标准二》第 79 条；2014 年 12 月 1 日"两高"《关于办理危害药品安全刑事案件适用法律若干问题的解释》第 7 条；2011 年 1 月 4 日最高人民法院《关于审理非法集资刑事案件具体应用法律若干问题的解释》第 7 条；2005 年 5 月 13 日"两高"《关于办理赌博刑事案件具体应用法律若干问题的解释》第 6 条；2013 年 9 月 10 日"两高"《关于办理利用信息网络实施诽谤等刑事案件适用法律若干问题的解释》第 7 条；2002 年 8 月 23 日"两高"《关于办理非法生产、销售、使用禁止在饲料和动物饮水中使用的药品等刑事案件具体应用法律若干问题的解释》第 2 条；2003 年 5 月 15 日"两高"《关于办理妨害预防、控制突发传染病疫情等灾害的刑事案件具体应用法律若干问题的解释》第 6 条；2004 年 7 月 16 日《最高人民法院、最高人民检察院、公安部关于依法开展打击淫秽色情网站专项行动有关工作的通知》；2009 年 12 月 16 日"两高"《关于办理妨害信用卡管理刑事案件具体应用法律若干问题的解释》第 7 条；2019 年 2 月 1 日"两高"《关于办理非法从事资金支付结算业务、非法买卖外汇刑事案件适用法律若干问题的解释》第 2 条。另外，《食品安全刑案解释》第 11 条、第 12 条也有相关的规定。

的，处 5 年以上有期徒刑，并处违法所得 1 倍以上 5 倍以下的罚金或者没收财产。单位犯本罪的，实行两罚制。

七、强迫交易罪

（一）强迫交易罪的概念和构成要件

强迫交易罪，是指以暴力、威胁手段强迫他人交易，情节严重的行为。其构成要件是：

1. 本罪的客体是自愿、平等、公正的市场交易秩序。

2. 本罪在客观方面表现为以暴力、威胁手段实施强迫交易，情节严重的行为。具体包括以下要素：

（1）实施了刑法规定的强迫交易行为。强迫交易，既包括他人本无交易意愿，强迫他人接受；也包括他人虽然有交易意愿，但强要他人接受不公平价格、不合理方式等情形。刑法规定的强迫交易行为包括：①强买强卖商品的；②强迫他人提供或者接受服务的；③强迫他人参与或者退出投标、拍卖的；④强迫他人转让或者收购公司、企业的股份、债券或者其他资产的；⑤强迫他人参与或者退出特定的经营活动的。

（2）必须情节严重，才构成犯罪。根据《公安立案标准（一）补充规定》，以暴力、威胁手段强买强卖商品，强迫他人提供服务或者接受服务，涉嫌下列情形之一的，应予立案追诉：①造成被害人轻微伤的；②造成直接经济损失2000 元以上的；③强迫交易 3 次以上或者强迫 3 人以上交易的；④强迫交易数额 1 万元以上，或者违法所得数额 2000 元以上的；⑤强迫他人购买伪劣商品数额 5000 元以上，或者违法所得数额 1000 元以上的；⑥其他情节严重的情形。以暴力、威胁手段强迫他人参与或者退出投标、拍卖，强迫他人转让或者收购公司、企业的股份、债券或者其他资产，强迫他人参与或者退出特定的经营活动，具有多次实施、手段恶劣、造成严重后果或者恶劣社会影响等情形之一的，应予立案追诉。

3. 本罪的主体是一般主体，包括自然人和单位。

4. 本罪的主观方面是故意，一般是以获取不法经济利益为目的。

【案例 2 分析】张某伙同他人以威胁手段，强迫他人购买其提供的水泥、沙子，并强迫他人接受搬运服务，其行为性质属于强迫交易。由于先后强迫该小区王某某等 5 家住户接受其商品和服务，根据《公安立案标准（一）补充规定》的规定，属于情节严重，对张某应当以强迫交易罪定罪处罚。

（二）强迫交易罪的司法认定

1. 本罪与非罪的界限。在认定本罪时，除应当从上述构成要件方面加以把握外，还要特别抓住本罪的实质。本罪的实质是暴力、威胁手段与市场交易行为的结合，是对市场交易秩序的侵犯，因此这里的交易行为都必须与市场行为有关。如果是与市场交易无关的"交易"，即便有强迫行为，也不构成本罪，比如强迫他人放弃继承权或诉权等行为都不构成本罪。

2. 以暴力、胁迫手段索取超出正常交易价钱、费用的钱财的行为定性。根据 2005 年 6 月 8 日《最高人民法院关于审理抢劫、抢夺刑事案件适用法律若干问题的意见》的规定，从事正常商品买卖、交易或者劳动服务的人，以暴力、胁迫手段迫使他人交出与合理价钱、费用相差不大钱物，情节严重的，以强迫交易罪定罪处罚；以非法占有为目的，以买卖、交易、服务为幌子采用暴力、胁迫手段迫使他人交出与合理价钱、费用相差悬殊的钱物的，以抢劫罪定罪处刑。在具体认定时，既要考虑超出合理价钱、费用的绝对数额，还要考虑超出合理价钱、费用的比例，加以综合判断。

3. 本罪与敲诈勒索罪的界限。区别的关键在于索取的财物与交易的商品或提供的服务是否大体相当。如果行为人根本不从事有关交易、无交易的内容，借口敲诈财物数额较大的，是敲诈勒索罪。[1]

（三）强迫交易罪的刑事责任

根据《刑法》第 226 条、第 231 条的规定，犯本罪的，处 3 年以下有期徒刑或者拘役，并处或者单处罚金；情节特别严重的，处 3 年以上 7 年以下有期徒刑，并处罚金。单位犯本罪的，实行两罚制。

八、伪造、倒卖伪造的有价票证罪

伪造、倒卖伪造的有价票证罪，是指伪造或者倒卖伪造的车票、船票、邮票或者其他有价票证，数额较大的行为。如果变造或者倒卖变造邮票，数额较大的，也构成本罪。根据《刑法》第 227 条第 1 款、第 231 条的规定，犯本罪的，处 2 年以下有期徒刑、拘役或者管制，并处或者单处票证价额 1 倍以上 5 倍以下罚金；数额巨大的，处 2 年以上 7 年以下有期徒刑，并处票证价额 1 倍以上 5 倍以下罚金。单位犯本罪的，实行两罚制。

九、倒卖车票、船票罪

倒卖车票、船票罪，是指倒卖车票、船票，情节严重的行为。根据《公安立案标准一》第 30 条的规定，倒卖车票、船票或者倒卖车票座席、卧铺签字号以及订购车票、船票凭证，涉嫌下列情形之一的，应予立案追诉：①票面数额累计 5000 元以上的；②非法获利累计 2000 元以上的；③其他情节严重的情形。根据《刑法》第 227 条第 2 款、第 231 条的规定，犯本罪的，处 3 年以下有期徒刑、拘役或者管制，并处或者单处票证价额 1 倍以上 5 倍以下罚金。单位犯本罪

---

〔1〕 阮齐林：《刑法学》，中国政法大学出版社 2011 年版，第 466 页。

的，实行两罚制。

十、非法转让、倒卖土地使用权罪

非法转让、倒卖土地使用权罪，是指以牟利为目的，违反土地管理法规，非法转让、倒卖土地使用权，情节严重的行为。根据《刑法》第 228 条、第 231 条规定，犯本罪的，处 3 年以下有期徒刑或者拘役，并处或者单处非法转让、倒卖土地使用权价额 5% 以上 20% 以下罚金；情节特别严重的，处 3 年以上 7 年以下有期徒刑，并处非法转让、倒卖土地使用权价额 5% 以上 20% 以下罚金。单位犯本罪的，实行两罚制。

十一、提供虚假证明文件罪

提供虚假证明文件罪，是指承担资产评估、验资、验证、会计、审计、法律服务等职责的中介组织的人员故意提供虚假的证明文件，情节严重的行为。根据《刑法》第 229 条第 1 款、第 2 款、第 231 条的规定，犯本罪的，处 5 年以下有期徒刑或者拘役，并处罚金。上述规定的人员索取他人财物或者非法收受他人财物，犯本罪的，处 5 年以上 10 年以下有期徒刑，并处罚金。单位犯本罪的，实行两罚制。

十二、出具证明文件重大失实罪

出具证明文件重大失实罪，是指承担资产评估、验资、验证、会计、审计、法律服务等职责的中介组织的人员，严重不负责任，出具的证明文件有重大失实，造成严重后果的行为。根据《刑法》第 229 条第 3 款、第 231 条的规定，犯本罪的，处 3 年以下有期徒刑或者拘役，并处或者单处罚金。单位犯本罪的，实行两罚制。

十三、逃避商检罪

逃避商检罪，是指违反进出口商品检验法的规定，逃避商品检验，将必须经商检机构检验的进口商品未报经检验而擅自销售、使用，或者将必须经商检机构检验的出口商品未报经检验合格而擅自出口，情节严重的行为。根据《刑法》第 230 条、第 231 条的规定，犯本罪的，处 3 年以下有期徒刑或者拘役，并处或者单处罚金。单位犯本罪的，实行两罚制。

本章小结

本类罪分为八小类犯罪，共计 108 个罪名。本章对其中的部分重点、常见罪名，包括生产、销售伪劣产品罪，生产、销售有毒、有害食品罪，走私普通货物、物品罪，非国家工作人员受贿罪，伪造货币罪，洗钱罪，信用卡诈骗罪，逃税罪，假冒注册商标罪，合同诈骗罪，非法经营罪，强迫交易罪等，从犯罪构成要件和认定时应注意的问题等方面作了重点阐析。司法类开设刑法课程的各个专业，可根据本专业特点和岗位需要，选取若干个罪名进行讲授，要求学生重点掌握和理解，并能够实际运用。

 思考练习

1. 如何理解《刑法》第 140 条生产、销售伪劣产品罪和第 141～148 条生产、销售特殊伪劣产品犯罪之间的关系？

2. 如何理解走私普通货物、物品罪的客观方面？

3. 如何理解非国家工作人员受贿罪的主体范围和客观方面的特征？

4. 洗钱罪的具体行为方式有哪些？

5. 如何认定信用卡诈骗罪？

6. 如何理解逃税罪的构成要件？

7. 如何理解假冒注册商标罪与生产、销售伪劣商品犯罪之间的关系？

8. 如何划清合同诈骗罪与合同纠纷的界限？

9. 如何认定强迫交易罪？

实务训练

1. 杨某生产假冒避孕药品，其成分为面粉和白糖的混合物，货值金额达 20 万元，尚未销售即被查获。

问：杨某的行为是否同时构成生产、销售伪劣产品罪和生产假药罪？是按一罪处罚还是实行数罪并罚？并说明理由。

2. 刘某专营散酒收售，农村小卖部为其供应对象。刘某从他人处得知某村办酒厂生产的散酒价格低廉，虽掺有少量有毒物质，但不会致命，遂大量购进并转销给多家小卖部出售，结果致许多饮者中毒甚至双眼失明。

问：对刘某的行为应如何定罪？村办酒厂和刘某是否构成共同犯罪？（提示：注意把握村办酒厂和刘某之间是否具有共同生产或销售有毒食品的故意？）

3. 关于走私犯罪，下列哪一说法是正确的？

A. 甲误将淫秽光盘当作普通光盘走私入境，虽不构成走私淫秽物品罪，但如按照普通光盘计算，其偷逃应缴税额较大时，应认定为走私普通货物、物品罪

B. 乙走私大量弹头、弹壳。由于弹头、弹壳不等于弹药，故乙不构成走私弹药罪

C. 丙将大量黄金走私入境，且偷逃应缴税额达 20 万元，其行为构成走私贵重金属罪

D. 丁走私武器时以暴力抗拒缉私，此情形属于牵连犯，从一重论处

4. 关于洗钱罪的认定，下列哪些说法是正确的？

A. 《刑法》第 191 条虽未明文规定侵犯财产罪是洗钱罪的上游犯罪，但是，黑社会性质组织实施的侵犯财产罪，仍然是洗钱罪的上游犯罪

B. 将上游的毒品犯罪所得误认为是贪污犯罪所得而实施洗钱行为的，不影响洗钱罪的成立

C. 上游犯罪事实可以确认，因上游犯罪人死亡依法不能追究刑事责任的，不影响洗钱罪的认定

D. 单位贷款诈骗应以合同诈骗罪论处，而合同诈骗罪不是洗钱罪的上游犯罪。因此，为单位贷款诈骗所得实施洗钱行为的，不成立洗钱罪

5. 甲发现某银行的 ATM 机能够存入编号以 "HD" 开头的假币，于是窃取了 3 张借记卡，先后两次采取存入假币取出真币的方法，共从 ATM 机内获取 6000 元人民币。

问：甲的行为构成使用假币罪、信用卡诈骗罪、盗窃罪、以假币换取货币罪中的哪些罪？并说明理由。

6. 朱某是私营企业主，一年之内，朱某采取伪造账簿等手段共逃避应缴税额达 30 万元，占其应缴税额的 15%。税务机关发现后，依法下达追缴通知，但朱某拒绝缴纳。在税务机关工作人员上门征缴时，朱某纠集数名职工殴打税务人员，将其中一人打成重伤、一人打成轻伤。

问：对朱某的行为应当如何定罪？

7. 某矿泉水厂用自来水装入瓶中，并贴上 "农夫山泉" 的注册商标进行销售，销售假矿泉水 200 万瓶，销售金额达 70 万元。

问：对该矿泉水厂的行为应如何定罪？并说明理由。

8. 甲公司为了解决资金不足，以与虚构的单位签订供货合同的方法，向银行申请获得贷款 200 万元，并将该款用于购置造酒设备和原料，后因生产、销售假冒注册商标的红酒被查处，导致银行贷款不能归还。

问：甲公司获取贷款的行为是构成贷款诈骗罪还是合同诈骗罪？并说明理由。

9. 张某与钱某签订一份供销合同，之后，钱某将 80 万元货款汇出，张某收到货款后交付了约 20 万元的货物，其余货物一直未能履行。经查，张某并无货源，货款收到后，张某把该款项用于归还以前所欠王某的货款，并与钱某断绝了联系。

问：对张某的行为该如何定性？并说明理由。

10. 2005 年初，在湖南省常德市桥南市场做生意的杨某、刘某通过电话与余某联系销售假烟，余某经实地考察后同意给其批发假烟。此后，杨、刘二人

先后邀约同在桥南市场做生意的蔡某等 5 人合伙，每人出资 25 000 元，共同向余某购销假烟，各人销售利润归各自所有。杨某负责与余某联系货源、组织资金与销售，刘某负责假烟质量，蔡某则专门负责汇款。2005 年 3 月至 10 月，余某给杨某、刘某、蔡某等人发出假冒的"长沙""芙蓉"等品牌卷烟 4321 件，货值 300 余万元。杨某等人将所购假烟全部用于加价销售牟利。

问：对杨某、余某等人的行为应如何定罪处罚？

11. 2001 年 12 月 15 日下午，王某酒后乘张某驾驶的出租车回家，因路线与价格问题发生争执。王某遂掏出随身携带的匕首对张某进行威胁，令其交出车钥匙和随车证件，并对张某进行殴打，致使张某弃车而去。王某自己想开车回家，但由于酒醉而将车开到了路基下。自己重新打车回家，酒醒后向 110 打电话投案。张某的损失达 3000 元。

问：王某的行为是否构成强迫交易罪？并说明理由。（提示：关键在于认定王某的行为是否属于强迫交易性质以及是否情节严重？）

第十九章 拓展学习

第二十章　侵犯公民人身权利、
民主权利罪

目标任务

　　理解侵犯公民人身权利、民主权利罪的特征，了解本类犯罪中各个非重点罪名的概念和有关特别规定，掌握和理解各个重点罪名的概念、犯罪构成以及认定时应注意的问题。能够运用刑法的相关规定与犯罪构成，进行案例分析，处理实务问题。

 **第一节　侵犯公民人身权利、民主权利罪概述**

　　侵犯公民人身权利、民主权利罪包括侵犯公民人身权利罪和侵犯公民民主权利罪两小类罪名。前者是指故意或过失地侵犯公民人身权利及其他与公民人身直接有关的权利的行为；后者是指非法剥夺或妨害公民行使依法享有的管理国家和参加社会政治活动的权利及其他民主权利的行为。这类犯罪的构成特征是：

　　1. 犯罪的同类客体是公民的人身权利、民主权利及其他权利。公民人身权利是指公民依法享有的与其人身不可分离的权利，主要包括生命权、身体健康权、性自由权、人身自由权、名誉权、人格权等。公民民主权利是指公民依法享有的参加管理国家和社会政治活动的权利，包括选举权与被选举权、控告权、宗教信仰自由权、通信自由权等。公民其他权利指的是与人身有关的其他权利，包括住宅不受侵犯权、劳动权、婚姻家庭权等。

　　2. 在客观方面表现为非法侵犯公民的人身权利、民主权利以及其他与人身直接有关的权利的行为。这里的"侵犯"表现为剥夺、破坏、妨害、损害、限制等行为。这类犯罪从表现形式上看，多数犯罪既可以是作为，也可以是不作为，但某些犯罪只能以作为方式实施，如强奸罪、绑架罪等；从结果上看，有的要求发生危害结果才构成犯罪，如过失致人死亡罪等，有的不要求发生危害结果就能构成犯罪，如故意杀人罪等。

3. 犯罪的主体绝大多数为一般主体，少数是特殊主体。例如，刑讯逼供罪、暴力取证罪等，只能由具有特定身份的人构成。

4. 犯罪的主观方面，除过失致人死亡罪和过失致人重伤罪外，其他犯罪均只能由故意构成。少数犯罪的构成还要求行为人具有特定的犯罪目的，如诬告陷害罪，拐卖妇女、儿童罪等。

本类罪共包括 42 个罪名。为正确处理这类刑事案件，"两高"分别或者联合发布了一些司法解释。其中，2006 年 7 月 26 日《最高人民检察院关于渎职侵权犯罪案件立案标准的规定》（本章以下简称《渎职侵权立案标准》）对国家机关工作人员利用职权实施的本类犯罪中的非法拘禁罪、非法搜查罪、刑讯逼供罪、暴力取证罪、虐待被监管人罪、报复陷害罪、破坏选举罪的立案标准作出了规定。另外，最高人民检察院、公安部印发的《关于公安机关管辖的刑事案件立案追诉标准的规定（一）》对强迫劳动罪、雇用童工从事危重劳动罪的立案标准作了规定。

 **第二节　侵犯公民人身权利、民主权利罪分述**

【案例】

1. 邓母年过七旬，中风 20 多年，行动不便，一直由儿子邓某建照顾服侍，一年前跟随邓某建夫妇来到广州生活，靠邓某建夫妇进厂打工维持生计。在亲朋好友、工友们的眼里，邓某建是个孝顺的儿子，多年来悉心照料病痛缠身的母亲。邓母不堪忍受长期的病痛折磨，也不想因为自己拖累了儿子，产生了轻生的念头。2011 年 5 月 16 日上午，邓母请求儿子为她买来农药服食，以求解脱。邓某建听从母亲的请求，前往某农药店购得 2 瓶农药。返回出租屋，邓某建将农药勾兑后拧开瓶盖递给母亲服食，邓母喝下农药后中毒身亡，后案发。[1] 问：邓某建的行为是否构成故意杀人罪？

2. 甲与乙的妻子丙有不正当的男女关系，致使乙与妻子丙离婚，乙因此对甲怀恨在心。某日，乙携带匕首守候在甲下班必经之路的转角处，待甲过来时上前对他胸部猛刺数下，甲挣扎呼救，5 位路人赶来制止住乙，并及时拨打 120 将甲送往医院抢救，经治疗脱离生命危险。

<hr />

[1] "男子帮助患病母亲服毒自杀　犯故意杀人罪获判缓刑"，载凤凰网，http://news.ifeng.com/society/1/detail_2012_05/30/14923242_0.shtml，最后访问时间：2018 年 4 月 2 日。

经诊断，甲胸部被刺 16 刀，脾脏破裂，肺部多处扎伤，其中一刀紧贴心脏瓣膜而过。问：乙的行为是构成故意伤害罪还是故意杀人罪？

3. 魏某和卢某是恋人关系，魏某多次提出要和卢某发生性关系，卢某坚决不从。一日，魏某和卢某在酒吧喝酒，魏某乘卢某上洗手间之际，在卢某的酒杯里放了安眠药。毫无戒心的卢某回来后，继续同魏某喝酒，很快就神志不清。随后，魏某将卢某带到家中，与卢某发生了性关系。事后，魏某主动提出要和卢某结婚，卢某信以为真，即不再追究，并且又多次自愿和魏某发生性关系，并资助 5 万元给魏某做生意。然而半年后，魏某另寻新欢，卢某即到公安机关告发，要求对魏某以强奸罪立案追诉。问：魏某的行为是否构成强奸罪？

4. 王某（女）和鞠某同居 3 年，后由于王某和别人恋爱，鞠某提出分手。王某遂提出要鞠某赔偿其青春损失费，鞠某答应给她 2000元，后来未给，王某非常气愤，找到她表姐崔某帮她出气。2013 年 1月 14 日晚，王某伙同崔某、翟某等人以租车为名将鞠某及其妻子杨某骗至一饭店内，采用强拉硬拽、拳打脚踢等暴力手段将鞠某和杨某（经法医鉴定构成轻微伤）扣留。期间要鞠某赔偿其青春损失费 3 万元，后又于次日凌晨将二人带至王某家逼鞠某写下 3 万元的欠条，并扣留其桑塔纳轿车和其妻杨某后，让鞠某回家拿钱，因鞠某报案，遂案发。[1] 问：王某等人的行为是构成非法拘禁罪还是构成绑架罪？

5. 2010 年和 2013 年，王某某以收养为名先后通过互联网联系 3 名未婚先孕且不想抚养孩子的妇女到山东待产，后单独或伙同其他人将 3名男婴分别以 3 万余元至 4 万余元的价格出卖。问：王某某的行为构成何罪？

6. 2014 年至 2017 年 5 月间，邱某利用公司专做新生儿摄影的便利，下载了不少公司客户的个人信息，并不时前往医院产房，通过给产妇家属提供小礼品的方式，换取家属的个人信息。此外，邱某还从朋友处接手了一个"母婴服务"QQ 号，通过 QQ 从他人处购买新生儿及其父母亲的个人信息。邱某将所获取的上述信息以每条 0.5 元的价格出售给在本市某保险公司任职的滕某，滕某将上述信息用于推销保险业务，获利 6万余元。直至案发，邱某出售公民个人信息 45 万余条。2017 年 6 月 23日，邱某被公安人员抓获归案。问：邱某的行为构成何罪？

---

〔1〕 "非法拘禁罪案例分析"，载华律网，http://www.66law.cn/laws/449181.aspx，最后访问时间：2018 年 3 月 6 日。

一、故意杀人罪

（一）故意杀人罪的概念和构成要件

故意杀人罪，是指故意非法剥夺他人生命的行为。其构成要件是：

1. 本罪的客体是公民的生命权，犯罪对象是有生命的自然人。人的生命始于出生，终于死亡。按照刑法通说，人的生命始于胎儿脱离母体并能够独立呼吸，终结于心脏停止跳动。因此，胎儿和尸体都不属于本罪的对象，而杀害或溺弃已出生并能独立呼吸的婴儿、杀死植物人的，均可构成本罪。

2. 本罪在客观方面表现为非法剥夺他人生命的行为。这包括以下几层含义：

首先，必须有剥夺他人生命的行为。如果是剥夺自己的生命，属于自杀行为，一般不构成本罪。剥夺他人生命的行为方式可以是作为，如刀砍、枪击等；也可以是不作为，如母亲故意不给婴儿哺乳致其死亡等。至于杀人的手段、方法则可以是多种多样的，包括物理的手段和心理的手段等，但如果是以放火、爆炸等危险方法杀人，并足以危及多人的生命、健康和重大公私财产安全的，则应当依照危害公共安全罪中的有关条款定罪处刑。

其次，剥夺他人生命的行为必须是非法的。合法剥夺他人生命的行为，不构成本罪，如对经最高人民法院核准的死刑罪犯执行死刑、符合正当防卫成立条件的杀人等。

最后，本罪是结果犯，即必须有死亡结果的发生，才成立犯罪既遂。

3. 本罪的主体是一般主体，即已满 14 周岁具有刑事责任能力的人。

4. 本罪的主观方面是故意，故意的内容是剥夺他人的生命。

（二）故意杀人罪的司法认定

1. "安乐死"行为的认定。所谓"安乐死"，是指为免除患有不治之症、濒临死亡的病人的痛苦，受病人嘱托而实施促使其提前无痛苦死亡的行为。"安乐死"实际上也是一种受人嘱托杀人的行为。各国刑法对"安乐死"的态度不一，有少数国家已经将"安乐死"合法化，如荷兰、比利时分别在 2002 年 4 月 1 日和 5 月 16 日通过允许实施安乐死法案。我国目前立法尚未确定"安乐死"合法化，因此对实施"安乐死"行为的，应当以故意杀人罪论处，但在量刑上一般应予以从宽处罚。

2. 正确处理与自杀有关的案件。自杀是指个体在复杂心理活动作用下，蓄意或自愿采取各种手段结束自己生命的行为。某些国家，自杀未遂也是一种犯罪，如英国。在我国，对自杀者本人来说，这种行为不构成犯罪。但在司法实践中，引起自杀的原因是非常复杂的，因此应针对不同情况进行分别认定：

（1）致人自杀的行为定性。致人自杀是指由于行为人的行为引起他人自杀的情形。这主要有两种情形：一种是行为人没有实施违法行为，或者虽有错误

行为，如争吵、轻微殴打、不当批评等，且与死者的自杀有某种联系，但死者的自杀主要是由于其心胸过于狭窄所致，对此，不应追究行为人的刑事责任。另一种是行为人的违法犯罪行为引起他人自杀的情形，如暴力干涉婚姻自由、强奸、侮辱等，对此应当分别以前列行为确定罪名，引起他人自杀的后果只是量刑的一个重要情节。

（2）逼迫他人自杀的行为定性。这主要是指行为人利用自己的权势、地位、影响力和优势，故意用逼迫手段使他人自杀的行为。此种情形下，自杀并非死者真实意愿，实为借刀杀人。在查明逼迫程度与自杀之间存在因果关系以及逼迫者主观上有杀人故意的基础上，应当以故意杀人罪处理。

（3）教唆自杀的行为定性。教唆自杀是指故意采取怂恿、诱惑、刺激等行为使没有自杀意图的人产生自杀意图并实施自杀的行为。虽然教唆者主观上具有致他人死亡的故意，但是客观上死亡结果毕竟是本人自杀所致，何况自杀者本人在受到教唆后仍具有一定的选择自由。因此，教唆自杀不能直接等同于故意杀人。在刑法没有明文规定的情况下，实践中一般不认定教唆自杀为故意杀人罪。[1]但是，如果教唆无民事行为能力人自杀的，则教唆者属于故意杀人罪的间接正犯。

（4）帮助自杀的行为定性。帮助自杀是指在他人已经有自杀意图的情况下，为他人自杀提供帮助的行为，实为帮助他人实现自杀意图。这包括两种情况：一是对已有自杀意图的人提供自杀的便利，如提供农药等。虽然提供帮助行为与他人自杀行为有一定因果关系，但由于客观上自杀行为是他本人实施的，故提供帮助的行为人不应构成故意杀人罪。二是行为人基于自杀者的请求，为已有自杀意图的人提供物质上的帮助并且帮助其自杀的行为，这是一种受托杀人。在这种情况下，由于帮助者客观上实施了非法剥夺他人生命的行为，虽然是自杀者承诺的，但这种承诺超出了"被害人承诺可处分的权利范围"，因此不能成为免责理由，对帮助者应以故意杀人罪论处，当然处罚时应予以从宽。

【案例1分析】邓某建明知母亲希望服毒死亡，而积极购买农药并进行勾兑增加毒性后提供给母亲服食，其对母亲服下农药后死亡的危害结果是明知的。邓某建实施了买药、勾兑、拧盖递药等一系行为，与邓母死亡结果之间具有刑法上的因果关系。该行为界定为"帮助自杀"行为，是一种受托杀人行为。帮助自杀行为即使得到了被害人的承诺，由于超过了"被害人承诺可处分的权利范围"，不符合刑法规定的正当化事由"被害人承诺"的要件，不能排除犯罪性，仍然成立故意杀人罪。本案不同于一般恶性故意杀人案，属于《刑法》第

〔1〕 陈兴良：《规范刑法学》，中国人民大学出版社2017年版，第787页。

232 条规定的"情节较轻"情形，对邓某建可以酌情从轻处罚。法院最后判决的结果是被告人邓某建构成故意杀人罪，判处 3 年有期徒刑，缓刑 5 年。

（5）相约自杀的行为定性。相约自杀，即二人以上相互约定自愿共同自杀。在此类案件中，如果相约的各方各自实施自杀行为，未死一方不负刑事责任；如果甲、乙相约自杀，甲受乙委托先将乙杀死，而后甲因各种原因没有自杀或自杀未遂的，对甲应以故意杀人罪论处，但量刑时应考虑从宽。

另外，根据 2017 年 2 月 1 日"两高"《关于办理组织、利用邪教组织破坏法律实施等刑事案件适用法律若干问题的解释》的规定，组织、利用邪教组织，制造、散布迷信邪说，组织、策划、煽动、胁迫、教唆、帮助其成员或者他人实施自杀、自伤的，以故意杀人罪或者故意伤害罪定罪处罚。

3. 刑法中与故意杀人罪相关的特别规定。根据《刑法》第 238 条、第 289 条和第 292 条的规定，对非法拘禁使用暴力致人死亡的，聚众"打砸抢"致人死亡的，聚众斗殴致人死亡的，应当以故意杀人罪定罪处罚。根据《刑法》第 247 条、第 248 条的规定，刑讯逼供或暴力取证致人死亡的，虐待被监管人致人死亡的，应当以故意杀人罪定罪从重处罚。根据《刑法》第 239 条、第 300 条的规定，绑架人质后杀害被绑架人的，或者故意伤害被绑架人，致人重伤、死亡的，应当定绑架罪，处无期徒刑或者死刑，并处没收财产；组织、利用会道门、邪教组织或者利用迷信蒙骗他人，致人死亡的，应当以组织、利用会道门、邪教组织、利用迷信致人死亡罪论处。

（三）故意杀人罪的刑事责任

根据《刑法》第 232 条的规定，犯本罪的，处死刑、无期徒刑或者 10 年以上有期徒刑；情节较轻的，处 3 年以上 10 年以下有期徒刑。故意杀人罪的法定刑是采取由重到轻的排列方法，并且法定最低刑为 3 年有期徒刑，这充分说明了故意杀人罪的严重社会危害性。根据司法实践，情节较轻的故意杀人主要有基于义愤的杀人、防卫过当的杀人、因受被害人长期迫害的杀人、受嘱托杀人、"大义灭亲"杀人等。

二、过失致人死亡罪

过失致人死亡罪，是指因过失致使他人死亡的行为。根据《刑法》第 233 条的规定，犯本罪的，处 3 年以上 7 年以下有期徒刑；情节较轻的，处 3 年以下有期徒刑。本法另有规定的，依照规定。"本法另有规定的，依照规定"是指行为人实施其他犯罪行为，虽然也由于过失致人死亡，如因失火、交通肇事致人死亡等，但应当按照特别法优于普通法的处理原则，以失火罪、交通肇事罪等定罪处罚。

三、故意伤害罪

（一）故意伤害罪的概念和构成要件

故意伤害罪，是指故意非法损害他人身体健康的行为。其构成要件是：

1. 本罪的客体是他人的身体健康权，即他人对保持自身肢体、器官、组织的完整性和正常机能的权利。犯罪对象为本人以外的自然人，损害自己身体的行为，一般不构成犯罪。只有当自伤行为侵犯了其他社会利益而触犯刑律的，才会构成犯罪。例如，军人在战时为了逃避军事义务而自伤身体的，构成《刑法》434 条规定的战时自伤罪。

2. 本罪在客观方面表现为非法损害他人身体健康的行为。首先，必须有损害他人身体健康的行为。损害他人身体健康，是指破坏他人人体的肢体、组织的完整性，或者损坏他人人体肢体、组织、器官的正常机能。非法损害他人身体健康的行为，一般表现为作为，少数情况下也可以是不作为。其次，伤害行为必须是非法的。因正当防卫、正当的医疗行为等造成他人身体伤害的，是合法行为。另外，竞技比赛中的伤害，也不具有非法性。最后，本罪是结果犯，必须造成他人轻伤以上的结果，才能构成本罪。

3. 本罪的主体是一般主体。至于负刑事责任的年龄，因伤害结果不同而有不同要求。

4. 本罪的主观方面为故意，故意的内容是伤害他人的身体健康。在故意伤害致人死亡的情况下，行为人心理态度为双重心理混合态度，即行为人对伤害是故意的，对死亡结果却是过失的。

（二）故意伤害罪的司法认定

1. 本罪与非罪的界限。故意伤害罪是实害犯，根据《刑法》第 234 条的规定，故意伤害行为只有实际造成轻伤、重伤或者致人死亡结果的，才构成犯罪。只是造成他人轻微伤的，不构成本罪。根据 2014 年 1 月 1 日最高人民法院、最高人民检察院、公安部、国家安全部、司法部《人体损伤程度鉴定标准》的规定，轻微伤，是指各种致伤因素所致的原发性损伤，造成组织器官结构轻微损害或者轻微功能障碍。

2. 重伤和轻伤的界限。重伤和轻伤涉及适用不同的法定刑幅度问题，因此应准确区分。《刑法》第 95 条对属于重伤的情形作了规定。根据《人体损伤程度鉴定标准》的规定，重伤，是指使人肢体残废、毁人容貌、丧失听觉、丧失视觉、丧失其他器官功能或者其他对于人身健康有重大伤害的损伤，包括重伤一级和重伤二级。轻伤，是指使人肢体或者容貌损害，听觉、视觉或者其他器官功能部分障碍或者其他对于人身健康有中度伤害的损伤，包括轻伤一级和轻伤二级。是否达到轻伤、重伤程度，需要专业鉴定机构依据《人体损伤程度鉴定标准》进行评定。

3. 本罪与故意杀人罪的界限。故意伤害致人死亡与故意杀人既遂、故意伤害与故意杀人未遂之间会存在模糊地带。一般来说，区别的关键在于主观故意

的内容不同。凡出于非法剥夺他人生命权利的故意，无论是否造成死亡结果，均认定为故意杀人罪；凡出于非法损害他人身体健康的故意，即使发生了死亡结果，依然定故意伤害罪。由于行为人的故意内容往往是通过一定的客观行为表现出来的，因此应综合考虑案件的各种情况，如发案原因、行为人与被害人的关系、作案的时间、地点与环境、犯罪工具、打击部位与强度、犯罪行为有无节制、犯罪有无预谋及如何预谋，对被害人是否抢救等，进行主观和客观的综合判断。比如，甲、乙二人并无宿怨，只是因言语不和而动起手来，甲用随身携带的小水果刀朝乙臀部扎一刀后离去，但却把股动脉给扎破了，导致乙因失血过多而死亡。从案件的全过程看，甲明显仅有伤害的故意，缺乏杀人的故意。因此尽管发生了死亡结果，也只能定故意伤害罪。

【案例2分析】本案中，乙因甲破坏其家庭，对甲怀恨在心，有犯罪动机；从乙行刺甲的部位来看，是致命之处；乙用匕首刺甲16刀，从次数来看，应该是仇恨较深；从乙行刺16刀时被路人制止来看，不是自动停止。综合这些因素分析，可以认定乙主观上具有杀人的故意而不是出于伤害的故意，所以，乙的行为构成故意杀人罪（未遂）。

4. 故意伤害罪与包含伤害内容的其他犯罪的界限。《刑法》第234条规定，"本法另有规定的，依照规定"。就是说，行为人在实施其他犯罪的过程中伤害他人的，如在实施放火、强奸、抢劫行为时致人伤害的，应当以放火罪、强奸罪、抢劫罪定罪处罚，不再适用故意伤害罪的规定。

5. 刑法中与故意伤害罪相关的特别规定。根据《刑法》第238、289、292、333条的规定，对非法剥夺人身自由使用暴力致人伤残的，聚众"打砸抢"致人伤残的，聚众斗殴致人伤残的，非法组织或者强迫他人出卖血液造成伤害的，应以故意伤害罪论处；根据《刑法》第247、248条的规定，刑讯逼供或暴力取证致人伤残的，虐待被监管人致人伤残的，以故意伤害罪定罪从重处罚。

（三）故意伤害罪的刑事责任

根据《刑法》第234的条规定，犯本罪的，处3年以下有期徒刑、拘役或者管制；致人重伤的，处3年以上10年以下有期徒刑；致人死亡或者以特别残忍手段致人重伤造成严重残疾的，处10年以上有期徒刑、无期徒刑或者死刑。本法另有规定的，依照规定。这里的"致人重伤"应按《人体损伤程度鉴定标准》来确定。"特别残忍手段"主要是指采取朝人面部泼硫酸、用刀划伤面部等方法毁人容貌，挖人眼睛，砍掉双脚等手段。"严重残疾"是指有下列情形之一：被害人身体器官大部缺损；器官明显畸形；身体器官有中等功能障碍；造成严重并发症等。[1]

四、组织出卖人体器官罪

组织出卖人体器官罪，是指违反国家规定，组织他人出卖人体器官的行为。所谓"组织"，是指行为人实施领导、策划、控制他人出卖人体器官的行为，如招募、供养器官提供者，撮合人体器官供需双方等。组织者往往以给器官捐献者支付报酬为诱饵，拉拢他人进行器官出卖，一般是得到了受害人的同意。根据《刑法》第 234 条之一的规定，犯本罪的，处 5 年以下有期徒刑，并处罚金；情节严重的，处 5 年以上有期徒刑，并处罚金或者没收财产。

未经本人同意摘取其器官，或者摘取不满 18 周岁的人的器官，或者强迫、欺骗他人捐献器官的，依照《刑法》第 234 条故意伤害罪、第 232 条故意杀人罪的规定定罪处罚。违背本人生前意愿摘取其尸体器官，或者本人生前未表示同意，违反国家规定，违背其近亲属意愿摘取其尸体器官的，依照《刑法》第302 条的盗窃、侮辱、故意毁坏尸体罪定罪处罚。

五、过失致人重伤罪

过失致人重伤罪，是指过失伤害他人身体，致人重伤的行为。根据《刑法》第 235 条的规定，犯本罪的，处 3 年以下有期徒刑或者拘役。本法另有规定的，依照规定。

六、强奸罪

（一）强奸罪的概念和构成要件

强奸罪，是指违背妇女意志，以暴力、胁迫或者其他手段强行与妇女发生性交，或者奸淫幼女的行为。其构成要件是：

1. 本罪的客体是女性的性自由权利和幼女的身心健康权利，犯罪对象是妇女和幼女。其中，强奸妇女犯罪侵犯的客体是女性的性自由权利。女性的性自由权利即妇女的性的不可侵犯的权利，是指女性按照自己的意志决定性行为的权利。强奸妇女犯罪的对象是已满 14 周岁的妇女，至于妇女的道德品质、生活作风如何，均不影响本罪的构成。奸淫幼女犯罪侵犯的客体是幼女的身心健康，犯罪对象是不满 14 周岁的幼女。奸淫幼女是一种极为野蛮、残酷的犯罪，所以我国刑法规定，奸淫幼女的，以强奸论，从重处罚。

2. 本罪在客观方面表现为违背妇女意志，以暴力、胁迫或者其他手段强行与妇女性交，或者奸淫幼女的行为，具体包括强奸妇女和奸淫幼女两种形式。

（1）强奸妇女的行为。强奸妇女，首先表现为违背妇女意志而强行与之性交。违背妇女意志，即违背妇女不愿意与行为人发生性交的真实意思，这是强

---

〔1〕 参见 1999 年 10 月 27 日《全国法院维护农村稳定刑事审判工作座谈会纪要》。

奸妇女犯罪的本质特征。而且，"违背妇女意志"应是指违背正常妇女的意志。行为人明知妇女是无责任能力者，如精神病人或者痴呆者（程度严重的），而与其发生性行为的，不论使用什么手段，也无论妇女是否"同意"，均应以强奸罪论处。如果行为人确实不知道该妇女是无性表示能力的精神病人或痴呆者，在征得其同意，甚至受到其挑逗，与之发生性行为的，由于行为人主观上缺乏违背妇女意志强行与之性交的目的，所以不应认定为强奸罪。另外，违背妇女意志，在我国目前，一般应当排除丈夫违背妻子意志强行与妻子性交的情形，这是对违背妇女意志的必要限制。

要达到在违背妇女意志的情况下性交，行为人必然要使用一些使妇女不能反抗、不知反抗或者不敢反抗的手段，鉴于此，刑法规定了暴力手段、胁迫手段和其他手段，而且这些手段与违背妇女意志共同组成强奸妇女犯罪的行为特征。

暴力手段，是指行为人直接对被害妇女采取殴打、捆绑、按倒、堵嘴、卡脖子等危害人身安全或人身自由，使妇女不能反抗的手段。

胁迫手段，是指行为人对被害妇女进行威胁、恫吓，达到精神上的强制，使妇女不敢反抗的手段。胁迫的手段是多种多样的，既可以直接对妇女进行威胁，也可以通过第三者进行威胁；既可以是以暴力进行威胁，如持刀以杀害或伤害相胁迫，也可以是以非暴力进行威胁，如以揭发隐私、毁坏名誉相胁迫；还可以是利用教养关系、从属关系、职权以及孤立无援助的环境条件，进行挟制、迫害等，迫使妇女忍辱屈从，不敢抗拒。值得注意的是，行为人以加害自己相威胁的，不属于胁迫。例如，行为人对妇女说："你不答应和我发生性关系我就自杀"，此种情形不能认定为胁迫。

其他手段，是指暴力、胁迫以外的使被害妇女不知抗拒或者不能抗拒的手段，它具有与暴力、胁迫手段相同的强制性。实践中常见的其他手段有：用酒灌醉或者药物麻醉的方法强奸妇女，利用妇女熟睡、患重病之机进行强奸，冒充丈夫或情夫使妇女受蒙蔽而奸淫，假冒治病强奸妇女，组织、利用会道门、邪教组织或者利用迷信奸淫妇女等。如果是采用利诱、乞求、挑逗、腐蚀等手段，使妇女同意发生性行为的，不能视为强奸。

应当指出，认定是否违背妇女意志，不能仅以妇女有无反抗表示作为必要条件，还应考虑妇女当时是否能够反抗、是否知道反抗、是否敢于反抗等情况。由于犯罪分子在实施强奸时所采用的手段和所造成的客观条件不同，对被害妇女的强制程度也相应的有所不同，因而被害妇女的反抗形式和其他表现形式也是不一样的。有的不顾一切进行剧烈的反抗；有的胆战心惊地进行挣扎或者哀求，反抗不明显；有的则瞻前顾后，没有进行反抗；等等。所以，不能简单地以被害妇女当时有无反抗表示作为认定强奸罪的必要条件。对妇女未作反抗或者反抗表示不明显的，要通观全案，具体分析。

（2）奸淫幼女的行为。"幼女"是指不满 14 周岁的女性。由于幼女不具备性意识或者性决定能力，因此，无论行为人是否采用了暴力、胁迫或其他手段，也不论幼女是否表示同意，只要与幼女发生了性的行为，就构成强奸罪，并从重处罚。这体现了法律对幼女的特殊保护。

3. 本罪的主体是已满 14 周岁具有刑事责任能力的男子。妇女不可能成为强奸罪的正犯，但可以成为强奸罪的共犯，如教唆、帮助男子实施强奸行为。2013 年 10 月 23 日最高人民法院、最高人民检察院、公安部、司法部《关于依法惩治性侵害未成年人犯罪的意见》（以下简称《惩治性侵害意见》）第 24 条规定："介绍、帮助他人奸淫幼女、猥亵儿童的，以强奸罪、猥亵儿童罪的共犯论处。"

4. 本罪的主观方面是直接故意，且行为人具有奸淫的目的。在强奸妇女时，表现为明知自己的行为违背妇女意志，而决意强行与之性交；在奸淫幼女时，表现为行为人明知被害人是幼女而予以奸淫。

"明知"被害人是幼女，既包括认识到被害人必然是幼女，也包括认识到其可能是幼女。因为"明知"并不要求"确知"。对此，《惩治性侵害意见》第 19 条规定，知道或者应当知道对方是不满 14 周岁的幼女，而实施奸淫等性侵害行为的，应当认定行为人"明知"对方是幼女；对于不满 12 周岁的被害人实施奸淫等性侵害行为的，应当认定行为人"明知"对方是幼女；对于已满 12 周岁不满 14 周岁的被害人，从其身体发育状况、言谈举止、衣着特征、生活作息规律等观察可能是幼女，而实施奸淫等性侵害行为的，应当认定行为人"明知"对方是幼女。例如，某幼女身材高大、早熟特征明显且幼女本人谎报年龄，行为人确实不知其为幼女，在双方自愿的情况下发生性关系，不能认定为强奸罪。

（二）强奸罪的司法认定

1. 本罪与通奸行为的界限。通奸是双方或一方有配偶的男女自愿发生性关系的行为。通奸仅属于不道德的行为，不构成犯罪。强奸与通奸的本质区别在于是否违背妇女意志。但是，在实践中有些情况比较复杂，认定时比较困难。例如，有的妇女本来是与人通奸，一旦翻脸，关系恶化，或者事情暴露后，怕丢面子，怕导致夫妻关系破裂，或者为推卸责任、嫁祸于人等情况，把通奸说成强奸；也有的犯罪分子在案发后，为了逃脱罪责，把强奸说成是通奸。这虽然不能改变行为的性质，但给司法机关认定带来了困难。对于这类疑难案件在认定时，必须对双方平时的关系如何，性行为是在什么环境和情况下发生的，女方事后的态度怎样，是在什么情况下告发的，告发的原因是什么等事实和情

节，进行综合分析，实事求是地认定。

2. 强奸与通奸的转化问题。第一次性行为违背妇女的意志，但事后并未告发，后来女方又多次自愿与该男子发生性行为的，一般不宜以强奸罪论处。男女双方先是通奸，后来女方不愿继续通奸，而男方纠缠不休，并以暴力或以败坏名誉等进行胁迫，强行与女方发生性行为的，以强奸罪论处。

【案例 3 分析】 本案中，魏某出于奸淫的意图和目的，采取偷放安眠药致人昏迷的手段，在被害人卢某不知反抗的情况下，与其发生性关系，这显然违背了卢某的意志，其行为属于强奸性质。但是，卢某并没有告发魏某，又多次自愿和魏某发生性关系。因此，公安机关对魏某不宜再以强奸罪立案追诉。

3. 利用职权与妇女发生性行为的性质的认定。行为人利用职权，对被害妇女进行要挟、刁难、迫害等，逼迫从奸的，或者乘人之危，奸淫妇女的，都构成强奸罪。行为人利用职权上的优越条件，以某种精神或物质利益引诱女方，女方为了谋取私利，不惜以身相许，与其发生性行为的，这实质是互相利用，各有所图，即使男方在此欺骗了女方，也不能定强奸罪。

4. "半推半就"案件的认定。"半推半就"是就妇女的意志而言的，即妇女对男方要求性交的行为，既有不同意的表示——推，也有同意的表示——就，这是个犹豫不决的心理。"推"有时是妇女羞愧的表示；"就"也可能表现为违心的许诺、无奈的顺从、被迫的同意。对这种案件，要根据双方平时的关系如何，性行为是在什么环境和情况下发生的，事后女方的态度如何，又在什么情况下告发等有关事实和情节，作全面的分析，不是确系违背妇女意志的，一般不宜按强奸罪论处。如果确系违背妇女意志的，应认定为强奸罪。

5. 行为人与幼女、已满 14 周岁的未成年女性发生性行为的认定。根据《惩治性侵害意见》第 20 条、第 21 条和第 27 条的规定，在认定时应注意以下方面：

（1）以金钱财物等方式引诱幼女与自己发生性关系的；知道或者应当知道幼女被他人强迫卖淫而仍与其发生性关系的，均以强奸罪论处。

（2）对幼女负有特殊职责的人员与幼女发生性关系的，以强奸罪论处。

（3）对已满 14 周岁的未成年女性负有特殊职责的人员，利用其优势地位或者被害人孤立无援的境地，迫使未成年被害人就范，而与其发生性关系的，以强奸罪定罪处罚。

（4）已满 14 周岁不满 16 周岁的人偶尔与幼女发生性关系，情节轻微、未造成严重后果的，不认为是犯罪。这里的"情节轻微、尚未造成严重后果"，应当从行为人采取的手段、被害幼女是否自愿、对被害幼女的身心伤害等方面把握。

6. 强奸罪既遂和未遂的认定标准。强奸妇女的，我国司法实践中是以"插

入"为认定标准的，即男子的生殖器插入到女子的生殖器内为犯罪既遂，至于是否射精与既遂、未遂无关。奸淫幼女的，只要行为人的生殖器与幼女生殖器接触，即视为强奸既遂，故奸淫幼女既遂采取的是接触说。

7. 罪数的认定。对于行为人既实施了强奸妇女行为又实施了奸淫幼女行为的，以强奸罪从重处罚。

（三）强奸罪的刑事责任

根据《刑法》第236条的规定，犯本罪的，处3年以上10年以下有期徒刑。奸淫不满14周岁的幼女的，以强奸论，从重处罚。强奸妇女、奸淫幼女，有下列情形之一的，处10年以上有期徒刑、无期徒刑或者死刑：①强奸妇女、奸淫幼女情节恶劣的；②强奸妇女、奸淫幼女多人的；③在公共场所当众强奸妇女的；④二人以上轮奸的；⑤致使被害人重伤、死亡或者造成其他严重后果的。

七、强制猥亵、侮辱罪

强制猥亵、侮辱罪，是指以暴力、胁迫或者其他方法强制猥亵他人或者侮辱妇女的行为。本罪是经《刑法修正案（九）》修改的罪种，修改的内容是将强制猥亵的对象由妇女扩大到他人。本罪的客体是他人的人格尊严和人身自由权利，强制猥亵的对象是已满14周岁的男性和女性，强制侮辱的对象只能是妇女。本罪在客观方面表现为以暴力、胁迫或者其他方法强制猥亵他人或者侮辱妇女的行为。成立本罪的前提是行为人的行为必须具有强制性，即行为人必须使用暴力、胁迫或者其他强制方法，强制的本质特征是违背对方的意志。所谓"猥亵"，是指以刺激或满足性欲为目的，用性交以外的方法实施的淫秽行为，如强制或互相自愿在对方性感区进行抠摸、搂抱、吸吮、舌舔等。当女性强制猥亵男性时，猥亵行为可以包括性交行为。至于女性猥亵女性、男性猥亵男性的情况，由于我国对于性交行为的概念采取了最狭隘的定义，因而他（她）们的行为都不会被视为性交行为而只可能被归类为传统的猥亵行为。[1] 所谓"侮辱妇女"，是指以各种淫秽下流的动作伤害妇女性羞耻心，损害妇女人格的行为，如公开追逐、堵截妇女、强行亲吻、向妇女涂抹污物、扒光妇女衣服进行拍照等。本罪的主体为一般主体，男女不限。本罪的主观方面是直接故意，行为人是否出于奸淫的目的，是本罪与强奸罪相区别的一个重要标志。根据《刑法》第237条第1款、第2款的规定，犯本罪的，处5年以下有期徒刑或者拘役。聚众或者在公共场所当众犯本罪的，或者有其他恶劣情节的，处5年以上

―――――――――

〔1〕 陈家林："《刑法修正案（九）》修正后的强制猥亵、侮辱罪解析"，载《苏州大学学报（哲学社会科学版）》2016年第3期。

有期徒刑。

八、猥亵儿童罪

猥亵儿童罪，是指猥亵不满 14 周岁的儿童的行为。从司法实践看，猥亵儿童主要表现为对儿童鸡奸、让儿童为其手淫或者直接和儿童发生其他色情行为。这里的"猥亵"可以是强制性的，也可以是非强制性的。根据《刑法》第 237 条第 3 款的规定，犯本罪的，依照强制猥亵、侮辱罪的法定刑从重处罚。

九、非法拘禁罪

（一）非法拘禁罪的概念和构成要件

非法拘禁罪，是指以拘禁或者其他方法非法剥夺他人人身自由的行为。其构成要件是：

1. 本罪的客体是他人的人身自由权利。犯罪对象是依法享有人身自由的"他人"，既可以是守法公民，也可以是犯有错误或有一般违法行为的人，还可以是犯罪嫌疑人。

2. 本罪在客观方面表现为以拘禁或者其他方法非法剥夺他人人身自由的行为。首先，拘禁行为必须是非法的，即没有实体法或程序法方面的依据。如一般公民拘禁他人的行为；有权拘禁的司法工作人员滥用职权，违反法律规定剥夺他人人身自由；不依法释放被错拘或已被认定无罪的人，超期羁押等。其次，拘禁行为具有强制性，即违背他人意志，强行将他人限制在一定的空间以内，使其不能自主脱离该空间。至于行为是否具有暴力性，是作为还是不作为，使用何种手段，在所不问。既可以是直接拘束他人的身体，剥夺其身体活动自由，如捆绑；也可以是间接拘束他人的身体，即把他人监禁于一定的场所，使其不能或明显难以离开、逃出。例如，将妇女洗澡时的换洗衣服拿走，使其基于羞耻心无法走出浴室的行为。

3. 本罪的主体是一般主体。国家机关工作人员犯本罪的，从重处罚。

4. 本罪的主观方面是故意，并且具有非法剥夺他人人身自由的目的。

（二）非法拘禁罪的司法认定

1. 本罪与非罪的界限。这包括以下两个方面：

（1）认定本罪时，应综合考虑非法拘禁行为的持续时间、手段、危害后果等多方面因素，对于非法拘禁情节显著轻微危害不大的，不宜认定为本罪。根据《渎职侵权立案标准》的规定，国家机关工作人员利用职权非法拘禁，具有下列情形之一的，应予立案：①非法剥夺他人人身自由 24 小时以上的；②非法剥夺他人人身自由，并使用械具或者捆绑等恶劣手段，或者实施殴打、侮辱、虐待行为的；③非法拘禁，造成被拘禁人轻伤、重伤、死亡的；④非法拘禁，情节严重，导致被拘禁人自杀、自残造成重伤、死亡，或者精神失常的；⑤非

法拘禁3人次以上的；⑥司法工作人员对明知是没有违法犯罪事实的人而非法拘禁的；⑦其他非法拘禁应予追究刑事责任的情形。由于国家机关工作人员利用职权非法拘禁他人，其危害性重于一般公民非法拘禁他人，因此对于一般公民非法拘禁他人的行为，也只有在具有上述情形之一的情况下，才可以立案追诉。

（2）本罪与错拘、错捕的界限。错拘、错捕是指司法机关工作人员依照法定程序对犯罪嫌疑人予以拘留或逮捕，后经查证无罪，立即予以释放的行为。对错拘、错捕行为不能认定为非法拘禁。但是，如果行为人发现错捕、错拘后，借故不予以释放，继续羁押或者故意超期羁押的，应认定为非法拘禁。

2. 罪数的认定。如果非法拘禁的行为或结果又触犯其他罪名的，应依据刑法的有关原理和法律的规定，认定罪名，分清罪数。如在非法拘禁过程中，故意使用暴力致人伤残、死亡的，依法应分别定为故意伤害罪、故意杀人罪；绑架他人勒索财物的，构成绑架罪；收买被拐卖的妇女、儿童并非法拘禁的，应实行数罪并罚。另外，还有其他一些犯罪行为可以是以非法剥夺他人行动自由的方法实施，如强奸罪、刑讯逼供罪、暴力干涉婚姻自由罪、拐骗儿童罪、妨害公务罪等，在此情况下，应分别按照想象竞合犯或牵连犯的处罚原则定罪处罚。

（三）非法拘禁罪的刑事责任

根据《刑法》第238条规定，对非法拘禁罪的处罚包括以下方面：

1. 犯本罪的，处3年以下有期徒刑、拘役、管制或者剥夺政治权利。具有殴打、侮辱情节的，从重处罚。

2. 犯本罪，致人重伤的，处3年以上10年以下有期徒刑；致人死亡的，处10年以上有期徒刑。这里的"致人重伤""致人死亡"，是指非法拘禁行为本身导致被害人重伤、死亡的结果或在非法拘禁期间被害人自杀身亡。也就是说，对于重伤和死亡结果应该限定在过失的范围内。

3. 非法拘禁他人，使用暴力致人伤残、死亡的，分别以故意杀人罪、故意伤害罪定罪处罚。使用暴力致人伤残、死亡，是指行为人在非法拘禁过程中，故意使用暴力导致被害人伤残、死亡的情况。

4. 为索取债务非法扣押、拘禁他人的，以非法拘禁罪论处。这里的债务，既包括合法债务，也包括高利贷、赌债等法律不予保护的债务。

5. 国家机关工作人员利用职权犯本罪的，从重处罚。

十、绑架罪

（一）绑架罪的概念和构成要件

绑架罪，是指以勒索财物或者满足其他不法要求为目的，绑架他人作为人质的行为。其构成要件是：

1. 本罪的客体是他人的人身自由与身体安全。以勒索财物为目的的绑架行为，还侵犯了公私财产所有权。

2. 本罪在客观方面表现为实施了绑架他人作为人质的行为。绑架，是指行为人违背被害人或其监护人的意志，使用暴力、胁迫或者其他手段，劫持被害人并置于其控制之下。暴力，是指对被害人实施殴打、捆绑等使被害人不能反抗、不敢反抗的人身强制手段。胁迫，是指对被害人以杀害、伤害相威胁，使其不敢反抗的精神强制手段。其他手段，是指除暴力、胁迫以外的，其他使被害人不知反抗、不能反抗的人身强制手段，如灌醉酒、药物麻醉、欺骗、偷盗等。劫持，是指将被害人劫离原地和把持控制被害人。

根据《刑法》第239条的规定，绑架行为包括以下三种：①以勒索财物为目的的绑架；②出于其他目的的绑架；③以勒索财物为目的，偷盗婴幼儿，这是一种特殊形式的绑架行为。"偷盗婴幼儿"是指乘婴幼儿的监护人或者受委托监护婴幼儿的单位或个人不备，将婴幼儿秘密抱走、领走的行为。不满1周岁的为婴儿，已满1周岁不满6周岁的为幼儿。

3. 本罪的主体为一般主体，而且只能是已满16周岁并具有刑事责任能力的自然人。因此，对司法实践中出现的已满14周岁不满16周岁的人绑架并杀害、重伤人质的，应当以故意杀人罪或者故意伤害罪论处。

4. 本罪在主观方面表现为直接故意，且具有利用被绑架人的近亲或者其他人对被绑架人安危的忧虑的意思而以勒索财物或满足其他不法要求为目的。具体分为两种情况：一是以勒索财物为目的。勒索财物就是在绑架他人之后，以一定的方式通知被害人的家属、亲友等人，勒令其在一定期限内交付一定数额的钱财，方可换回人质，否则将继续扣押人质或以杀害相要挟。如果是直接向被绑架者本人索取钱财，而非向第三者索取财物，则不构成绑架罪。二是以满足其他不法要求为目的，即除勒索财物、出卖、索取债务为目的以外的，满足其他某种要求的目的，如出于政治目的、要挟司法机关释放罪犯的目的等。应当指出，行为人实际控制被害人后，让被害人隐瞒被控制的事实向亲属打电话索要钱财的，不成立绑架罪，而应考虑定抢劫罪或者非法拘禁罪。因为行为人并没有利用被害人亲属对被害人安慰忧虑的意思和目的。

（二）绑架罪的司法认定

1. 犯罪既遂与未遂的认定。绑架罪是行为犯，应当以行为人是否已经实际控制人质作为区分绑架罪既遂与未遂的标准。具体而言，只要行为人主观上具有勒索财物的目的或者其他不法目的，客观上实施了绑架他人的行为，并已经实际控制人质的，就成立犯罪既遂，至于其目的是否实现，并不影响既遂的成立。如果行为人已经着手实施绑架行为，但由于其意志以外的原因未能将被害人劫走或者未能够实际控制被害人的，则是犯罪未遂。

2. 本罪与非法拘禁罪的界限。二罪的相同之处是都侵犯了他人的人身自由。主要区别包括：①客观方面不完全相同。本罪除了有非法劫持、控制他人，剥夺他人人身自由的行为以外，往往还有勒索财物或者提出其他要求的行为，非法剥夺他人人身自由是犯罪的当然结果；而后罪一般只实施了非法剥夺他人人身自由的行为。②行为方式不同。本罪只能以作为方式实施；而后罪的行为方式包括作为和不作为。③主观方面不同。本罪的行为人在主观上具有勒索财物或者满足其他要求的目的，而后罪的行为人是以非法剥夺他人人身自由为目的。另外，对于以索债为目的的非法拘禁罪与以勒索财物为目的绑架罪，区分时关键看是否存在债权债务关系。索取客观存在的债务，不论该债务是否受法律保护，都应认定为非法拘禁罪。而对于根本不存在的债务，如果行为人以索取"债务"为名，实施绑架、拘禁他人的行为，则应以绑架罪定性。

【案例4分析】本案中，王某等人在扣押被害人前，就有了要鞠某赔偿其青春损失费的想法，而青春损失费并不是债务，属于根本不存在的债务，说明王某主观上具有勒索财物的目的。客观上，王某等人实施了强拉硬拽、拳打脚踢等暴力手段将鞠某和杨某非法扣留，并向鞠某索要青春损失费3万元，逼鞠某写下3万元的欠条后，为达到让鞠某交出3万元的目的，仍将鞠某之妻杨某扣留，这完全符合绑架罪的特征。所以说王某等人的行为不构成非法拘禁罪，而构成绑架罪。

3. 罪数的认定。具体包括：①行为人在实施绑架犯罪过程中杀害被绑架人的，或者在犯罪目的达到后杀害被绑架人的，或者故意伤害被绑架人，致人重伤、死亡的，这从理论上讲，虽然又独立地构成故意杀人罪或故意伤害罪，但根据《刑法》第239条的规定，此种情况属于绑架罪的一个加重处罚情节，因此只以绑架罪定罪处罚，不实行数罪并罚。②行为人在绑架过程中，又以暴力、胁迫等手段当场劫取被害人财物，构成犯罪的，择一重罪处罚。[1] ③除上述情形外，行为人在实施绑架过程中又实施其他危害行为构成犯罪的，如对女被害人实施强奸行为等，应实行数罪并罚。

（三）绑架罪的刑事责任。

根据《刑法》第239条的规定，犯本罪的，处10年以上有期徒刑或者无期徒刑，并处罚金或者没收财产；情节较轻的，处5年以上10年以下有期徒刑，并处罚金；杀害被绑架人的，或者故意伤害被绑架人，致人重伤、死亡的，处

---

〔1〕 参见2001年11月8日《最高人民法院关于对在绑架过程中以暴力、胁迫等手段当场劫取被害人财物的行为如何适用法律问题的答复》。

无期徒刑或者死刑，并处没收财产。

十一、拐卖妇女、儿童罪

（一）拐卖妇女、儿童罪的概念和构成要件

拐卖妇女儿童罪，是指以出卖为目的，拐骗、绑架、收买、贩卖、接送、中转妇女、儿童的行为。其构成要件是：

1. 本罪的客体是妇女、儿童的人身权利，包括被拐卖者的行动自由和身体安全等。犯罪对象是妇女、儿童。这里的"妇女"是指已满 14 周岁的女性，包括具有中国国籍的妇女、具有外国国籍和无国籍的妇女。这里的"儿童"是指不满 14 周岁的男女儿童。由于本罪的对象只限于妇女、儿童，因此对实践中发生的拐卖已满 14 周岁男子的行为，不能以本罪论处，但行为人在拐卖过程中有拘禁、伤害、侮辱等行为的，可以非法拘禁罪、故意伤害罪、侮辱罪等犯罪定罪处罚。

实践中出现过拐卖两性人案件，两性人能否成为本罪的犯罪对象？从罪刑法定的原理来说，如果是明知两性人而予以拐卖的，不构成本罪。如果不知对方为两性人误以为是女性而拐卖的，构成拐卖妇女罪的未遂（属于对象不能犯）。

2. 本罪在客观方面表现为拐骗、绑架、收买、贩卖、接送、中转妇女、儿童的行为。拐骗，是指以欺骗、利诱等非暴力方法将妇女、儿童予以非法控制的行为；绑架，是指使用暴力、胁迫、麻醉等强制方法劫持、控制妇女、儿童的行为；收买，是指以出卖为目的，以钱物买取妇女、儿童的行为；贩卖，是指出卖妇女、儿童获取非法利益的行为；接送、中转，是指在拐卖妇女、儿童的共同犯罪中，进行接应、藏匿、转送、接转被拐卖的妇女、儿童的行为。行为人只要具有上述行为之一，便具备了本罪的客观方面要件。

此外，根据《刑法》第 240 条的规定，以出卖为目的，偷盗婴幼儿的，也构成本罪。根据 2017 年 1 月 1 日《最高人民法院关于审理拐卖妇女儿童犯罪案件具体应用法律若干问题的解释》（以下简称《拐卖刑案解释》）的规定，对婴幼儿采取欺骗、利诱等手段使其脱离监护人或者看护人的，视为"偷盗婴幼儿"。

3. 本罪的主体是一般主体，即已满 16 周岁、具有刑事责任能力的自然人。对于司法实践中出现的已满 14 周岁不满 16 周岁的人拐卖妇女、儿童而故意造成被拐卖妇女、儿童重伤或死亡的行为，应当以故意伤害罪或故意杀人罪追究刑事责任。

4. 本罪在主观方面为直接故意，而且行为人主观上具有出卖的目的。但是，就成立本罪的既遂来说，则不以实际出卖为必要。只要以出卖为目的，实施了上述拐卖行为之一，就成立犯罪既遂。另外，在实践中，有的行为人收买被拐卖的妇女、儿童是为了形成婚姻、家庭关系，并不是为出卖，之后由于被收买的妇女、儿童反抗或者其他原因，行为人又将其卖给他人的，应以本罪论处。

【案例5分析】本案中，王某某以出卖为目的，采取名为收养实为出卖的欺骗手段将3名男婴进行出卖牟利，构成拐卖儿童罪。

（二）拐卖妇女、儿童罪的司法认定

1. 以介绍婚姻为名实施相关行为的定性。根据《拐卖刑案解释》第3条的规定，以介绍婚姻为名，采取非法扣押身份证件、限制人身自由等方式，或者利用妇女人地生疏、语言不通、孤立无援等境况，违背妇女意志，将其出卖给他人的，应当以拐卖妇女罪追究刑事责任。以介绍婚姻为名，与被介绍妇女串通骗取他人钱财，数额较大的，应当以诈骗罪追究刑事责任。

2. 出卖子女行为的定性。主要根据是否以非法获利为目的的区别对待。2010年3月15日《最高人民法院、最高人民检察院、公安部、司法部关于依法惩治拐卖妇女儿童犯罪的意见》（以下简称《惩治拐卖妇女儿童意见》）对这类案件性质的认定作了如下具体规定：

（1）以非法获利为目的，出卖亲生子女的，应当以拐卖妇女、儿童罪论处。

（2）要严格区分借送养之名出卖亲生子女与民间送养行为的界限。区分的关键在于行为人是否具有非法获利的目的。应当通过审查将子女"送"人的背景和原因、有无收取钱财及收取钱财的多少、对方是否具有抚养目的及有无抚养能力等事实，综合判断行为人是否具有非法获利的目的。具有下列情形之一的，可以认定属于出卖亲生子女，应当以拐卖妇女、儿童罪论处：①将生育作为非法获利手段，生育后即出卖子女的；②明知对方不具有抚养目的，或者根本不考虑对方是否具有抚养目的，为收取钱财将子女"送"给他人的；③为收取明显不属于"营养费""感谢费"的巨额钱财将子女"送"给他人的；④其他足以反映行为人具有非法获利目的的"送养"行为的。

（3）不是出于非法获利目的，而是迫于生活困难，或者受重男轻女思想影响，私自将没有独立生活能力的子女送给他人抚养，包括收取少量"营养费""感谢费"的，属于民间送养行为，不能以拐卖妇女、儿童罪论处。对私自送养导致子女身心健康受到严重损害，或者具有其他恶劣情节，符合遗弃罪特征的，可以遗弃罪论处；情节显著轻微危害不大的，可由公安机关依法予以行政处罚。

3. 其他应以本罪论处的情形。《惩治拐卖妇女儿童意见》中规定了以下几点：

（1）以出卖为目的强抢儿童，或者捡拾儿童后予以出卖，符合《刑法》第240条第2款规定的，应当以拐卖儿童罪论处。

（2）以抚养为目的偷盗婴幼儿或者拐骗儿童，之后予以出卖的，以拐卖儿童罪论处。

（3）将妇女拐卖给有关场所，致使被拐卖的妇女被迫卖淫或者从事其他色情服务的，以拐卖妇女罪论处。有关场所的经营管理人员事前与拐卖妇女的犯罪人通谋的，对该经营管理人员以拐卖妇女罪的共犯论处；同时构成拐卖妇女罪和组织卖淫罪的，择一重罪论处。

（4）医疗机构、社会福利机构等单位的工作人员以非法获利为目的，将所诊疗、护理、抚养的儿童贩卖给他人的，以拐卖儿童罪论处。《拐卖刑案解释》第2条也作了相同的规定。

4. 共犯的认定。根据《惩治拐卖妇女儿童意见》的规定，包括以下方面：

（1）明知他人拐卖妇女、儿童，仍然向其提供被拐卖妇女、儿童的健康证明、出生证明或者其他帮助的，以拐卖妇女、儿童罪的共犯论处。认定是否"明知"，应当根据证人证言、犯罪嫌疑人、被告人及其同案人供述和辩解，结合提供帮助的人次，以及是否明显违反相关规章制度、工作流程等，予以综合判断。

（2）明知他人系拐卖儿童的"人贩子"，仍然利用从事诊疗、福利救助等工作的便利或者了解被拐卖方情况的条件，居间介绍的，以拐卖儿童罪的共犯论处。

（三）拐卖妇女、儿童罪的刑事责任

根据《刑法》第240条的规定，犯本罪的，处5年以上10年以下有期徒刑，并处罚金；有下列情形之一的，处10年以上有期徒刑或者无期徒刑，并处罚金或者没收财产；情节特别严重的，处死刑，并处没收财产：①拐卖妇女、儿童集团的首要分子；②拐卖妇女、儿童3人以上的；③奸淫被拐卖的妇女的；④诱骗、强迫被拐卖的妇女卖淫或者将被拐卖的妇女卖给他人迫使其卖淫的；⑤以出卖为目的，使用暴力、胁迫或者麻醉方法绑架妇女、儿童的；⑥以出卖为目的，偷盗婴幼儿的；⑦造成被拐卖的妇女、儿童或者其亲属重伤、死亡或者其他严重后果的；⑧将妇女、儿童卖往境外的。

十二、收买被拐卖的妇女、儿童罪

收买被拐卖的妇女、儿童罪，是指不以出卖为目的，明知是被拐卖的妇女、儿童而予以收买的行为。根据《刑法》第241条的规定，在认定时应注意：①收买被拐卖的妇女，强行与其发生性关系的，以强奸罪与本罪实行数罪并罚。②收买被拐卖的妇女、儿童，非法剥夺、限制其人身自由或者有伤害、侮辱等犯罪行为的，应当分别定为非法拘禁罪、故意伤害罪、侮辱罪等犯罪，并与本罪实行数罪并罚。③收买被拐卖的妇女、儿童又出卖的，以拐卖妇女、儿童罪定罪处罚。另外，《惩治拐卖妇女儿童意见》和《拐卖刑案解释》对本罪及其罪数的认定作出了规定。

根据《刑法》241条的规定，犯本罪的，处3年以下有期徒刑、拘役或者管制。收买被拐卖的妇女、儿童，对被买儿童没有虐待行为，不阻碍对其进行解救的，可以从轻处罚；按照被买妇女的意愿，不阻碍其返回原居住地的，可以从轻或者减轻处罚。《拐卖刑案解释》第8条规定，出于结婚目的收买被拐卖的妇女，或者出于抚养目的收买被拐卖的儿童，涉及多名家庭成员、亲友参与的，对其中起主要作用的人员应当依法追究刑事责任。

十三、聚众阻碍解救被收买的妇女、儿童罪

聚众阻碍解救被收买的妇女、儿童罪，是指纠集多人，阻碍国家机关工作人员解救被收买的妇女、儿童的行为。本罪的主体只能是聚众阻碍解救活动中的首要分子。其他参与者不构成本罪，但是其他参与者使用暴力、威胁方法的，应当以妨害公务罪论处。根据《刑法》第242条第2款的规定，犯本罪的，处5年以下有期徒刑或者拘役。

十四、诬告陷害罪

（一）诬告陷害罪的概念和构成要件

诬告陷害罪，是指捏造犯罪事实，向国家机关或有关单位作虚假告发，意图使他人受刑事追究，情节严重的行为。其构成要件是：

1. 本罪的客体是复杂客体，包括他人的人身权利和司法机关的正常活动。诬告陷害，必须有特定的对象。当然，特定的对象并不要求指名道姓，只要从诬陷的内容中能够推断出是谁，即为对象特定。作为犯罪对象的"他人"，可以是任何人，但一般不包括单位。

2. 本罪在客观方面表现为捏造犯罪事实，向国家机关或有关单位作虚假告发，情节严重的行为。具体包括以下要素：

（1）必须有捏造他人犯罪事实的行为。捏造，是指无中生有，虚构犯罪事实。如果捏造的不是犯罪事实，而是有损他人人格、名誉的事实，则不能构成本罪，情节严重的，可构成诽谤罪。

（2）必须有向国家机关或有关单位告发的行为。"捏造"和"告发"是成立诬告陷害罪的客观必备要件。告发的形式是多种多样的，既可以是书面检举告发，也可以是向有关部门当面告发；既可以是署名告发，也可以是匿名告发；既可以向公安司法机关告发，也可以向其他有关单位或有关人员告发。

（3）必须情节严重。一般来说，只要行为的告发方式与告发的虚假内容足以引起公安、司法等机关的刑事追究活动，就应当认定为情节严重。[1]

---

〔1〕　张明楷：《刑法学》（下），法律出版社2016年版，第903页。

3. 本罪的主体是一般主体。

4. 本罪的主观方面是故意，并且具有意图使他人受到错误的刑事追究的目的。至于被诬陷者是否实际受到了刑事追究，不影响本罪既遂的成立。

（二）诬告陷害罪的司法认定

1. 本罪与错告、检举失实行为的界限。二者在客观上都表现为行为人向国家机关或有关单位进行告发，且告发的事实与客观实际情况不相符合。二者的本质区别在于行为人的主观心理态度不同。诬告陷害是故意捏造犯罪事实，作虚假告发，意图使他人受到刑事追究；而错告、检举失实，主要是由于对情况不了解或思想方法上的片面性而告发他人，行为人主观上没有使他人受到刑事追究的意图。正因如此，《刑法》第243条第3款规定，不是有意诬陷，而是错告、检举失实的，不构成本罪。

2. 本罪与诽谤罪的界限。二者的共同点在于都实施的是捏造事实的行为，而且诽谤罪也可能表现为捏造犯罪事实。其区别包括：①犯罪客体不同。本罪的客体是他人的人身权利和司法机关正常活动；后者的客体则是公民的人格、名誉权。②客观行为表现不同。本罪是捏造他人犯罪事实，并且向国家机关或有关单位进行告发；后者是捏造有损他人人格名誉的事实，并予以散布，但不向国家机关或有关单位告发。如果行为人虽然捏造他人犯罪的事实，但没有告发，只是私下散布，旨在损害他人的人格、名誉，则属于诽谤。③犯罪目的不同。本罪的目的是使他人受刑事追究；后者的目的是损害他人的人格、名誉。

（三）诬告陷害罪的刑事责任

根据《刑法》第243条的规定，犯本罪的，处3年以下有期徒刑、拘役或者管制；造成严重后果的，处3年以上10年以下有期徒刑。国家机关工作人员犯本罪的，从重处罚。

十五、强迫劳动罪

强迫劳动罪，是指以暴力、威胁或限制人身自由方法强迫他人劳动的行为。明知他人实施强迫劳动的行为，为其招募、运送人员或者有其他协助强迫他人劳动行为的，也构成本罪。根据《刑法》第244条的规定，犯本罪的，处3年以下有期徒刑或者拘役，并处罚金；情节严重的，处3年以上10年以下有期徒刑，并处罚金。单位犯本罪的，实行两罚制。

十六、雇用童工从事危重劳动罪

雇用童工从事危重劳动罪，是指违反劳动管理法规，雇佣未满16周岁的未成年人从事超强度体力劳动，或者从事高空、井下作业，或者在爆炸性、易燃性、放射性、毒害性等危险环境下从事劳动，情节严重的行为。根据《刑法》第244条之一的规定，犯本罪的，对直接责任人员处3年以下有期徒刑或者拘役，并处罚金；情节特别严重的，处 3 年以上 7 年以下有期徒刑，并处罚金。行为人实施本罪的行为，造成事故，又构成其他犯罪的，依照数罪并罚的规定处罚。

十七、非法搜查罪

非法搜查罪，是指非法搜查他人身体、住宅的行为。《渎职侵权立案标准》对国家机关工作人员利用职权非法搜查，应予立案追诉的情形作了列举。根据《刑法》245 条的规定，犯本罪的，处 3 年以下有期徒刑或者拘役。司法工作人员滥用职权，犯本罪的，从重处罚。

十八、非法侵入住宅罪

非法侵入住宅罪，是指非法强行闯入他人住宅或者经要求退出而无理拒不退出的行为。本罪的客观方面表现为两种情况：一是强行闯入他人住宅；二是进入住宅时主人并不反对，但主人要求其退出时拒不退出。本罪的主观方面是故意。由于某种原因误入他人住宅的，不构成本罪。但误入他人住宅后，经要求退出而拒不退出的，仍可成立本罪。根据《刑法》245 条的规定，犯本罪的，处 3 年以下有期徒刑或者拘役。司法工作人员滥用职权犯本罪的，从重处罚。

十九、侮辱罪

侮辱罪，是指以暴力或者其他方法，公然贬损他人人格，破坏他人名誉，情节严重的行为。本罪的客体是他人的人格和名誉权，犯罪对象只能是特定的个人，不包括单位。本罪在客观方面包括以下三个要素：①必须有侮辱行为。侮辱方式包括暴力侮辱、言词侮辱和文字侮辱等。②必须是公然侮辱。即当着第三者甚至众人的面，或者利用可以使不特定人或多数人听到、看到的方式，对他人进行侮辱。③必须情节严重。情节严重，主要是指手段恶劣、后果严重，或者造成恶劣社会和政治影响、动机卑劣等。本罪的主观方面是故意，并且具有损害他人人格、名誉的目的。根据《刑法》第 246 条第 1 款的规定，犯本罪的，处 3 年以下有期徒刑、拘役、管制或者剥夺政治权利。

根据《刑法》第 246 条第 2 款、第 3 款的规定，本罪属于告诉才处理的犯罪，但是严重危害社会秩序和国家利益的除外。通过信息网络实施本罪的行为，被害人向人民法院告诉，但提供证据确有困难的，人民法院可以要求公安机关提供协助。2009 年 4 月 3 日《公安部关于严格依法办理侮辱诽谤案件的通知》指出，对于具有下列情形之一的侮辱、诽谤行为，应当认定为"严重危害社会秩序和国家利益"，以侮辱罪、诽谤罪立案侦查，作为公诉案件办理：①因侮辱、诽谤行为导致群体性事件，严重影响社会秩序的；②因侮辱、诽谤外交使节、来访的外国国家元首、政府首脑等人员，造成恶劣国际影响的；③因侮辱、诽谤行为给国家利益造成严重危害的其他情形。

二十、诽谤罪

诽谤罪，是指故意捏造并散布虚构的事实，损害他人人格和名誉，情节严重的行为。本罪与侮辱罪被规定在同一条文中，二者的客体、对象、主观方面、法定刑以及相关处理规定，都是相同的，也都是亲告罪。二者的区别在于犯罪客观方面不同。本罪在客观方面包括以下三个要素：①必须有捏造某种事实的行为。②必须有散布所捏造事实的行为。如果散布的是客观存在的事实，即使损害了他人的人格和名誉，也不是诽谤。③必须情节严重。另外，2013 年 9 月 10 日"两高"《关于办理利用信息网络实施诽谤等刑事案件适用法律若干问题的解释》对利用信息网络实施诽谤行为的认定作出了解释。

二十一、刑讯逼供罪

（一）刑讯逼供罪的概念和构成要件

刑讯逼供罪，是指司法工作人员对犯罪嫌疑人、被告人使用肉刑或者变相肉刑，逼取口供的行为。

1. 本罪的客体是公民的人身权利和司法机关的正常活动。本罪的对象是犯罪嫌疑人或刑事被告人。

2. 本罪在客观方面表现为对犯罪嫌疑人、被告人实施肉刑或者变相肉刑，逼取口供的行为。肉刑，是指对被害人的肉体实施暴力，如吊打、捆绑、殴打以及其他折磨人的肉体的方法。变相肉刑，是指采用非暴力的方式对被害人进行摧残和折磨，如冻、饿、烤、晒等。

3. 本罪的主体是司法工作人员。根据《刑法》第 94 条的规定，司法工作人员是指有侦查、检察、审判、监管职责的工作人员。

4. 本罪的主观方面是直接故意，并且具有逼取口供的目的。

（二）刑讯逼供罪的司法认定

1. 本罪与非罪的界限。从法条的规定来看，只要行为人实施了刑讯逼供行为，就可以构成本罪，但根据《渎职侵权立案标准》的规定，刑讯逼供涉嫌下列情形之一的，才予以立案：①以殴打、捆绑、违法使用械具等恶劣手段逼取口供的；②以较长时间冻、饿、晒、烤等手段逼取口供，严重损害犯罪嫌疑人、被告人身体健康的；③刑讯逼供造成犯罪嫌疑人、被告人轻伤、重伤、死亡的；④刑讯逼供，情节严重，导致犯罪嫌疑人、被告人自杀、自残造成重伤、死亡，或者精神失常的；⑤刑讯逼供，造成错案的；⑥刑讯逼供 3 人次以上的；⑦纵容、授意、指使、强迫他人刑讯逼供，具有上述情形之一的；⑧其他刑讯逼供应予追究刑事责任的情形。

2. 本罪与非法拘禁罪的界限。二者的区别包括：①犯罪对象不同。本罪的对象是犯罪嫌疑人、被告人；后罪的对象不受特别限制。②行为表现不同。本罪表现为对犯罪嫌疑人、被告人使用肉刑或变相肉刑逼取口供的行为；而后罪则是以拘禁或其他方法非法剥夺他人人身自由的行为。③犯罪目的不同。本罪以逼取口供为目的；而后罪则不要求具有这一目的。④犯罪主体不同。本罪的主体为司法工作人员；后罪的主体是一般主体。当然，司法工作人员犯非法拘禁罪的，要从重处罚。

（三）刑讯逼供罪的刑事责任

根据《刑法》第 247 条的规定，犯本罪的，处 3 年以下有期徒刑或者拘役。致人伤残、死亡的，依照《刑法》第 234 条故意伤害罪、第 232 条故意杀人罪的规定定罪，从重处罚。

二十二、暴力取证罪

暴力取证罪，是指司法工作人员使用暴力逼取证人证言的行为。《渎职侵权立案标准》对应予立案的情形作了规定。根据《刑法》第 247 条的规定，犯本罪的，处 3 年以下有期徒刑或者拘役。致人伤残、死亡的，依照《刑法》第 234 条故意伤害罪、第 232 条故意杀人罪的规定定罪，从重处罚。

二十三、虐待被监管人罪

虐待被监管人罪，是指监狱、拘留所、看守所等监管机构的监管人员，对被监管人进行殴打或者体罚虐待，或者指使被监管人殴打或者体罚虐待其他被监管人，情节严重的行为。本罪的主体是特殊主体，即监狱、拘留所、看守所等监管机构的监管人员。《渎职侵权立案标准》对应予立案的情形作了规定。根据《刑法》第 248 条是规定，犯本罪的，处 3 年以下有期徒刑或者拘役；情节特别严重的，处 3 年以上 10 年以下有期徒刑。致人伤残、死亡的，依照本法第 234 条、第 232 条的规定定罪从重处罚。

二十四、煽动民族仇恨、民族歧视罪

煽动民族仇恨、民族歧视罪，是指以各种蛊惑人心的方法，公开煽动民族仇恨、民族歧视，情节严重的行为。根据《刑法》第 249 条的规定，犯本罪的，处 3 年以下有期徒刑、拘役、管制或者剥夺政治权利；情节特别严重的，处 3 年以上 10 年以下有期徒刑。

二十五、出版歧视、侮辱少数民族作品罪

出版歧视、侮辱少数民族作品罪，是指在出版物中刊载歧视、侮辱少数民族的内容，情节恶劣，造成严重后果的行为。根据《刑法》第 250 条的规定，犯本罪的，实行单罚制，即对出版单位的直接责任人员，处 3 年以下有期徒刑、拘役或者管制。

二十六、非法剥夺公民宗教信仰自由罪

非法剥夺宗教信仰自由罪，是指国家机关工作人员非法剥夺公民的宗教信

仰自由，情节严重的行为。根据《刑法》第251条的规定，犯本罪的，处2年以下有期徒刑或者拘役。

二十七、侵犯少数民族风俗习惯罪

侵犯少数民族风俗习惯罪，是指国家机关工作人员以各种手段，侵犯少数民族风俗习惯，情节严重的行为。根据《刑法》第251条的规定，犯本罪的，处2年以下有期徒刑或者拘役。

二十八、侵犯通信自由罪

侵犯通信自由罪，是指隐匿、毁弃或者非法开拆他人信件，侵犯公民通信自由权利，情节严重的行为。根据2000年12月28日《全国人民代表大会常务委员会关于维护互联网安全的决定》的规定，非法截获、篡改、删除他人电子邮件或者其他数据资料，侵犯公民通信自由或者通信秘密构成犯罪的，应定侵犯通信自由罪。根据《刑法》第252条的规定，犯本罪的，处1年以下有期徒刑或者拘役。

二十九、私自开拆、隐匿、毁弃邮件、电报罪

私自开拆、隐匿、毁弃邮件、电报罪，是指邮政工作人员私自开拆或者隐匿、毁弃邮件、电报的行为。本罪行为必须是邮政工作人员利用职务便利而实施的。根据《刑法》第253条第1款的规定，犯本罪的，处2年以下有期徒刑或者拘役。该条第2款规定，犯本罪而窃取财物的，以盗窃罪定罪并从重处罚。

三十、侵犯公民个人信息罪

（一）侵犯公民个人信息罪的概念和构成要件

侵犯公民个人信息罪，违反国家有关规定，向他人出售或者提供公民个人信息，以及窃取或者以其他方法非法获取公民个人信息，情节严重的行为。

1. 本罪的客体是公民个人信息的安全和自由。犯罪对象是公民个人信息。公民个人信息，是指以电子或者其他方式记录的能够单独或者与其他信息结合识别特定自然人身份或者反映特定自然人活动情况的各种信息，包括姓名、身份证件号码、通信通讯联系方式、住址、账号密码、财产状况、行踪轨迹等。

2. 本罪在客观方面表现为违反国家有关规定，向他人出售或者提供公民个人信息，以及窃取或者以其他方法非法获取公民个人信息，情节严重的行为。这里的"违反有关国家规定"，根据2017年6月1日"两高"《关于办理侵犯公民个人信息刑事案件适用法律若干问题的解释》第2条的规定，是指违反法律、行政法规、部门规章有关公民个人信息保护的规定。侵犯公民个人信息，具体包括以下两种行为：

（1）向他人出售或者提供公民个人信息的行为。出售，是指将公民信息出卖给他人从中牟利的行为。提供，是指不以获得对价的商业目的，但违背国家规

定、职业操守而提供公民个人信息的行为。根据上述司法解释的规定，这里的"提供公民个人信息"包括：①向特定人提供公民个人信息，以及通过信息网络或者其他途径发布公民个人信息的；②未经被收集者同意，将合法收集的公民个人信息向他人提供的，但是经过处理无法识别特定个人且不能复原的除外。

（2）非法获取公民个人信息的行为，即窃取或者以其他方法非法获取公民个人信息的行为。窃取，是指以平和手段不法获取公民个人信息的行为。以其他方法非法获取公民个人信息，根据上述司法解释的规定，是指违反国家有关规定，通过购买、收受、交换等方式获取公民个人信息，或者在履行职责、提供服务过程中收集公民个人信息的行为。

从《刑法》第 253 条之一的规定看，向他人出售或者提供公民个人信息，必须是情节严重的，才构成本罪。而窃取或者以其他方法非法获取公民个人信息的行为，构成本罪不要求情节严重。但是，上述司法解释第 5 条第 1 款规定："非法获取、出售或者提供公民个人信息，具有下列情形之一的，应当认定为刑法第 253 条之一规定的'情节严重'"。从该规定不难看出，构成本罪均要求情节严重。

3. 本罪的主体是一般主体，包括自然人和单位。

4. 本罪的主观方面是故意。

（二）侵犯公民个人信息罪的司法认定

主要是应当划清本罪与非罪的界限。如前所述，无论是向他人出售或者提供公民个人信息的行为，还是非法获取公民个人信息的行为，均必须情节严重，才构成本罪。因此，区分本罪与非罪的关键是看是否情节严重。

根据上述司法解释第 5 条第 1 款的规定，具有下列情形之一的，应当认定为情节严重：①出售或者提供行踪轨迹信息，被他人用于犯罪的；②知道或者应当知道他人利用公民个人信息实施犯罪，向其出售或者提供的；③非法获取、出售或者提供行踪轨迹信息、通信内容、征信信息、财产信息 50 条以上的；④非法获取、出售或者提供住宿信息、通信记录、健康生理信息、交易信息等其他可能影响人身、财产安全的公民个人信息 500 条以上的；⑤非法获取、出售或者提供第③项、第④项规定以外的公民个人信息 5000 条以上的；⑥数量未达到第③～⑤项规定标准，但是按相应比例合计达到有关数量标准的；⑦违法所得 5000 元以上的；⑧将在履行职责或者提供服务过程中获得的公民个人信息出售或者提供给他人，数量或者数额达到第③～⑦项规定标准一半以上的；⑨曾因侵犯公民个人信息受过刑事处罚或者 2 年内受过行政处罚，又非法获取、出售或者提供公民个人信息的；⑩其他情节严重的情形。

根据上述司法解释第 6 条的规定，为合法经营活动而非法购买、收受本解释第5条第1款第①项、第④项规定以外的公民个人信息，具有下列情形之一的，应当认定为情节严重：①利用非法购买、收受的公民个人信息获利5万元以上的；②曾因侵犯公民个人信息受过刑事处罚或者2年内受过行政处罚，又非法购买、收受公民个人信息的；③其他情节严重的情形。

【案例6分析】邱某利用公司专做新生儿摄影的便利，收集新生儿及父母的个人信息，并通过"母婴服务"QQ号非法购买新生儿及其父母亲的个人信息，然后以每条0.5元的价格出售，从中牟利。至案发时，邱某出售公民个人信息多达45万余条，属于情节严重，其行为构成了侵犯公民个人信息罪。

（三）侵犯公民个人信息罪的刑事责任

根据《刑法》第253条之一的规定，犯本罪的，处3年以下有期徒刑或者拘役，并处或者单处罚金；情节特别严重的，处3年以上7年以下有期徒刑，并处罚金。违反国家有关规定，将在履行职责或者提供服务过程中获得的公民个人信息，出售或者提供给他人的，从重处罚。单位犯本罪的，实行两罚制。

三十一、报复陷害罪

报复陷害罪，是指国家机关工作人员滥用职权、假公济私，对控告人、申诉人、批评人、检举人实行打击报复、陷害的行为。报复陷害行为是一种渎职行为，必须与滥用职权、假公济私结合在一起。如果实施的报复陷害行为与行为人的职权没有关系，则不构成本罪。本罪的主观方面是故意，并具有报复陷害他人的目的。《渎职侵权立案标准》对应予立案的情形作了列举。根据《刑法》254条的规定，犯本罪的，处2年以下有期徒刑或者拘役；情节严重的，处2年以上7年以下有期徒刑。

三十二、打击报复会计、统计人员罪

打击报复会计、统计人员罪，是指公司、企业、事业单位、机关、团体的领导人员，对依法履行职责，抵制违反会计法、统计法行为的会计、统计人员实行打击报复，情节恶劣的行为。根据《刑法》第255条的规定，犯本罪的，处3年以下有期徒刑或者拘役。

三十三、破坏选举罪

破坏选举罪，是指在选举各级人民代表大会代表和国家机关领导人员时，以暴力、威胁、欺骗、贿赂、伪造选举文件、虚报选举票数或者编造选举结果等手段，破坏选举或者妨害选民和代表自由行使选举权和被选举权，情节严重的行为。《渎职侵权立案标准》对国家机关工作人员利用职权破坏选举应予立案的情形作了列举。根据《刑法》第256条的规定，犯本罪的，处3年以下有期徒刑、拘役或者剥夺政治权利。

三十四、暴力干涉婚姻自由罪

暴力干涉婚姻自由罪，是指以暴力手段干涉他人结婚和离婚自由的行为。

本罪的主体是一般主体，但实践中多为被害人的父母、兄弟姐妹、族人以及奸夫、情妇等。根据《刑法》第257条的规定，犯本罪的，处2年以下有期徒刑或拘役；致使被害人死亡的，处2年以上7年以下有期徒刑。本罪，告诉的才处理，但致使被害人死亡的除外。

三十五、重婚罪

（一）重婚罪的概念和构成要件

重婚罪，是指有配偶而重婚的，或者明知他人有配偶而与之结婚的行为。其构成要件是：

1. 本罪的客体是一夫一妻的婚姻制度。

2. 本罪在客观方面表现为有配偶而重婚，或者明知他人有配偶而与之结婚的行为。重婚行为包括：①有配偶者在婚姻关系存续期间又与他人登记结婚；②无配偶的人明知他人有配偶而与之登记结婚；③有配偶者在婚姻关系存续期间与他人形成事实重婚、无配偶的人明知他人有配偶而与之形成事实重婚，即虽然没有结婚登记，但却公开以夫妻名义长期共同生活在一起，形成事实上的婚姻关系。我国婚姻法虽然不承认和保护事实婚姻，但由于事实重婚破坏了一夫一妻制度，所以对事实重婚行为也应当以重婚罪论处。

3. 本罪的主体是一般主体，包括重婚者和相婚者。

4. 本罪的主观方面是故意。如果无配偶者受到对方的欺骗，误认为对方无配偶而与之结婚的，无配偶者不构成本罪。

（二）重婚罪的司法认定

主要应注意划清本罪与非罪的界限。在司法实践中，对于特殊原因引起的重婚行为，可不以重婚罪论处，主要包括：因配偶长期下落不明，迫于生计与他人结婚的；因被拐卖后而重婚的；因强迫、包办婚姻、婚后受虐待外逃重婚的；因遭受灾害外逃而与他人重婚的；等等。另外，有配偶者与他人同居，如果不是以夫妻名义进行的，则属于一般违法行为，不能以重婚罪论处。

（三）重婚罪的刑事责任

根据《刑法》第258条的规定，犯本罪的，处2年以下有期徒刑或者拘役。

三十六、破坏军婚罪

破坏军婚罪，是指明知是现役军人的配偶而与之同居或者结婚的行为。本罪的主体是一般主体，包括现役军人在内。如果利用职权、从属关系，以胁迫手段奸淫现役军人的妻子，应以强奸罪定罪处罚。根据《刑法》第259条的规定，犯本罪的，处3年以下有期徒刑或者拘役。

三十七、虐待罪

（一）虐待罪的概念和构成要件

虐待罪，是指经常采取殴打、冻饿、强迫过度劳动、限制人身自由、恐吓、侮辱、谩骂等手段，对家庭成员的身体和精神进行摧残、折磨，情节恶劣的行为。其构成要件是：

1. 本罪的客体是复杂客体，既包括家庭成员的平等权，也包括被害人的人身权利。本罪的对象只能是共同生活的家庭成员。

2. 本罪在客观方面表现为行为人对被害人的身体或精神进行摧残、折磨与迫害，情节恶劣的行为。这种行为既可以是作为，如殴打、强迫过度劳动、限制人身自由、恐吓、侮辱、谩骂等，也可以是不作为，如冻饿、有病不给治疗等。虐待行为必须具有经常性、一贯性的特点，如果只是偶尔实施虐待行为，则不构成犯罪。构成本罪，还要求情节恶劣。

3. 本罪的主体是特殊主体，即必须是与被害人共同生活的家庭成员。家庭成员是指基于婚姻、血缘、收养等关系生活在一个家庭中的人，他们之间存在亲属关系或扶养关系，如夫妻、父母子女、兄弟姐妹等。

4. 本罪的主观方面是故意。其特点是行为人基于一个概括的犯罪故意，通过经常性的虐待行为，造成一个总的虐待结果。

（二）虐待罪的司法认定

1. 本罪与非罪的界限。本罪与非罪的界限在于虐待行为是否情节恶劣。2015 年 3 月 2 日《最高人民法院、最高人民检察院、公安部、司法部关于依法办理家庭暴力犯罪案件的意见》（以下简称《意见》）指出：根据司法实践，具有虐待持续时间较长、次数较多；虐待手段残忍；虐待造成被害人轻微伤或者患较严重疾病；对未成年人、老年人、残疾人、孕妇、哺乳期妇女、重病患者实施较为严重的虐待行为等情形，属于虐待"情节恶劣"，应当依法以虐待罪定罪处罚。

2. 虐待致人重伤、死亡与故意伤害、故意杀人犯罪致人重伤、死亡的界限。根据《意见》的规定，应当根据被告人的主观故意、所实施的暴力手段与方式、是否立即或者直接造成被害人伤亡后果等进行综合判断。对于被告人主观上不具有侵害被害人健康或者剥夺被害人生命的故意，而是出于追求被害人肉体和精神上的痛苦，长期或者多次实施虐待行为，逐渐造成被害人身体损害，过失导致被害人重伤或者死亡的；或者因虐待致使被害人不堪忍受而自残、自杀，导致重伤或者死亡的，属于虐待"致使被害人重伤、死亡"，应当以虐待罪定罪处罚。对于被告人虽然实施家庭暴力[1]呈现出经常性、持续性、反复性的特点，但其主观上具有希望或者放任被害人重伤或者死亡的故意，持凶器实施暴

---

〔1〕　根据《中华人民共和国反家庭暴力法》第 2 条的规定，家庭暴力，是指家庭成员之间以殴打、捆绑、残害、限制人身自由以及经常性谩骂、恐吓等方式实施的身体、精神等侵害行为。

力，暴力手段残忍，暴力程度较强，直接或者立即造成被害人重伤或者死亡的，应当以故意伤害罪或者故意杀人罪定罪处罚。

（三）虐待罪的刑事责任

根据《刑法》第260条的规定，犯本罪的，处2年以下有期徒刑、拘役或者管制；致使被害人重伤、死亡的，处2年以上7年以下有期徒刑。除因虐待"致使被害人重伤、死亡"的以外，犯本罪，告诉的才处理，但被害人没有能力告诉，或者因受到强制、威吓无法告诉的除外。

三十八、虐待被监护、看护人罪

虐待被监护、看护人罪，是指对未成年人、老年人、患病的人、残疾人等负有监护、看护职责的人虐待被监护、看护的人，情节恶劣的行为。本罪的行为仅限于虐待，如果行为人的行为同时构成其他犯罪的，依照处罚较重的规定定罪处罚。根据《刑法》第260条之一的规定，犯本罪的，处3年以下有期徒刑或者拘役。单位犯本罪的，实行两罚制。

三十九、遗弃罪

遗弃罪，是指对于年老、年幼、患病或者其他没有独立生活能力的人，负有扶养义务而拒绝抚养，情节恶劣的行为。《意见》对这里的"情节恶劣"以及如何区分遗弃罪与故意杀人罪的界限，作出了规定。根据《刑法》第261条的规定，犯本罪的，处5年以下有期徒刑、拘役或者管制。

四十、拐骗儿童罪

拐骗儿童罪，是指拐骗不满14周岁的未成年人，脱离家庭或者监护人的行为。本罪的主观方面是直接故意，犯罪目的多为收养或使唤、奴役等，而不是以勒索财物或以出卖为目的。根据《刑法》第262条的规定，犯本罪的，处5年以下有期徒刑或者拘役。

四十一、组织残疾人、儿童乞讨罪

组织残疾人、儿童乞讨罪，是指以暴力、胁迫的手段，组织残疾人或者不满14周岁的未成年人乞讨的行为。根据《刑法》第262条之一的规定，犯本罪的，处3年以下有期徒刑或者拘役，并处罚金；情节严重的，处3年以上7年以下有期徒刑，并处罚金。

四十二、组织未成年人进行违反治安管理活动罪

组织未成年人进行违反治安管理活动罪，是指组织未成年人进行盗窃、诈骗、抢夺、敲诈勒索等违反治安管理活动的行为。认定时需要注意本罪与共犯、间接正犯的区别。根据《刑法》第262条之二的规定，犯本罪的，处3年以下有期徒刑或者拘役，并处罚金；情节严重的，处3年以上7年以下有期徒刑，并处罚金。

本章小结

　　本类罪共 42 个罪名。本章对其中的部分重点、常见罪名，包括故意杀人罪，故意伤害罪，强奸罪，非法拘禁罪，绑架罪，拐卖妇女、儿童罪，刑讯逼供罪，诬告陷害罪，侵犯公民个人信息罪，重婚罪，虐待罪等，从犯罪构成要件和认定时应注意的问题等方面作了重点阐析。司法类开设刑法课程的各个专业，可根据本专业特点和岗位需要，选取若干个罪名进行讲授，要求学生重点掌握和理解，并能够运用。

思考练习

　　1. 引起他人自杀的案件应如何处理？

　　2. 如何具体区分故意杀人罪和故意伤害罪？

　　3. 如何理解强奸罪的客观方面要件？

　　4. 如何理解奸淫幼女犯罪中的"明知"？

　　5. 从索取债务绑架他人行为分析绑架罪和非法拘禁罪的区别。

　　6. 如何理解拐卖妇女、儿童罪的八种加重法定刑情节？

　　7. 如何区别诬告陷害罪和诽谤罪？

　　8. 如何理解刑讯逼供罪的构成要件以及行为性质的转化。

　　9. 如何理解和认定侵犯公民个人信息罪。

　　10. 如何认定重婚罪？它与破坏军婚罪有何区别？

　　11. 试比较虐待罪和遗弃罪的区别。

　　12. 如何区别拐卖儿童罪和拐骗儿童罪？

实务训练

　　1. 关于故意杀人罪、故意伤害罪的判断，下列哪一选项正确？

　　A. 甲的父亲乙身患绝症，痛苦不堪。甲根据乙的请求，给乙注射过量镇定剂致乙死亡。乙的同意是真实的，对甲的行为不应以故意杀人罪论处

　　B. 甲因口角，捅乙数刀，乙死亡。如甲不顾乙的死伤，则应按实际造成的死亡结果认定甲构成故意杀人罪，因为死亡与伤害结果都在甲的犯意之内

　　C. 甲谎称乙的女儿丙需要移植肾脏，让乙捐肾给丙。乙同意，但甲将乙的肾脏摘出后移植给丁。因乙同意捐献肾脏，甲的行为不成立故意伤害罪

　　D. 甲征得乙（17 周岁）的同意，将乙的左肾摘出，移植给乙崇拜的歌星。

乙的同意有效，甲的行为不成立故意伤害罪

2. 下列哪一行为不应以故意伤害罪论处？

A. 监狱监管人员吊打被监管人，致其骨折

B. 非法拘禁被害人，大力反扭被害人胳膊，致其胳膊折断

C. 经本人同意，摘取 17 周岁少年的肾脏 1 只，支付少年 5 万元补偿费

D. 黑社会成员因违反帮规，在其同意之下，被截断一截小指头

3. 甲与乙女 2012 年开始同居，生有一子丙。甲、乙虽未办理结婚登记，但以夫妻名义同居，周围群众公认二人是夫妻。对甲的行为，下列哪些分析是正确的？

A. 甲长期虐待乙，构成虐待罪

B. 甲伤害丙（致丙轻伤）时，乙不阻止的，乙构成不作为的故意伤害罪

C. 甲如与丁（女）领取结婚证后，不再与乙同居，也不抚养丙，可能构成遗弃罪

D. 甲如与丁领取结婚证后，不再与乙同居，某日采用暴力强行与乙性交的，构成强奸罪

4. 关于关于刑讯逼供罪的认定，下列哪些选项是错误的？

A. 甲系机关保卫处长，采用多日不让小偷睡觉的方式，迫其承认偷盗事实。甲构成刑讯逼供罪

B. 乙系教师，受聘为法院人民陪审员，因庭审时被告人刘某气焰嚣张，乙气愤不过，一拳致其轻伤。乙不构成刑讯逼供罪

C. 丙系检察官，为逼取口供殴打犯罪嫌疑人郭某，致其重伤。对丙应以刑讯逼供罪论处

D. 丁系警察，讯问时佯装要实施酷刑，犯罪嫌疑人因害怕承认犯罪事实。丁构成刑讯逼供罪

5. 下列哪些选项是错误的？

A. 医生甲征得乙（15 周岁）同意，将其肾脏摘出后移植给乙的叔叔丙。甲的行为不成立故意伤害罪

B. 甲拒绝扶养因吸毒而缺乏生活能力的妻子乙，致乙死亡。因吸毒行为违法，乙的死亡只能由其本人负责，甲的行为不成立遗弃罪

C. 乙盗窃甲价值 4000 余元财物，甲向派出所报案被拒后，向县公安局告发乙抢劫价值 4000 余元财物。公安局立案后查明了乙的盗窃事实。对甲的行为不应以诬告陷害罪论处

D. 成年妇女甲与 13 周岁男孩乙性交，因性交不属于猥亵行为，甲的行为不成立猥亵儿童罪

6. 2008 年 1 月 22 日凌晨 1 时许，被告人田某乘出租车行至滕州市善国中路，遇郑亮欲租乘其乘坐的出租车。被告人田某随口对郑亮进行辱骂，郑亮遂追至滕州市中心人民医院大门西侧、北园宾馆附近，与田某发生争执，继而发生厮打。被告人田某持随身携带的水果刀朝郑亮身上连捅两刀，致郑亮心脏破裂，经抢救无效死亡。经法医鉴定郑亮系因锐器捅刺胸部致心脏破裂死亡。

问：田某的行为是否构成犯罪？构成什么罪？（提示：关键在于认定田某朝郑亮身上连捅两刀，其主观方面是出于杀人故意还是伤害故意？）

7. 甲为要回 30 万元赌债，将乙扣押，但 2 天后乙仍无还款意思，甲等 5 人将乙押到一处山崖上，对乙说："三天内让你家人送钱来，如果今天不答应，就摔死你。"乙勉强说只有能力还 5 万。甲刚说完"1 分都不能少"，乙便跳崖。众人慌忙下山找乙，发现乙已坠亡。

问：甲的行为是否构成犯罪？如果认定为非法拘禁罪，是否属于非法拘禁致人死亡的情形？（提示：甲为索要赌债将乙扣押的行为是否符合《刑法》第 238 条第 3 款之规定？行为人口头威胁的行为和乙跳崖坠亡之间是否存在刑法上的因果关系？）

8. 柳某曾在某市老船长酒吧参与赌博，在得知该酒吧曾安装使用赌博诈骗工具后，欲绑架勒索酒吧老板陈某。柳某纠集王某、叶某和李某，以其被陈某骗取 40 余万元为由，要三人帮忙，扣押陈某讨债。四人合谋后，事先准备了作案工具，并探路。2003 年 3 月 8 日晚 7 时许，柳某通过电话将陈某骗至事先准备的马自达轿车内，并指使王某、叶某用绳子捆绑陈某手脚、灌安眠药水、用胶带纸封嘴，指挥李某驾车将陈某劫持到出租房，关押 7 天之久。期间，柳某以电话方式向陈某家属索要赎金 40 万，并对陈某进行殴打，逼迫其写欠条和骗钱经过。王某、李某受柳某指使，驾车前往老船长酒吧送纸条。公安机关接陈某家属报案后，将柳某、叶某抓获，同时解救陈某。经法医鉴定，陈某受轻微伤。

问：（1）柳某的行为是构成绑架罪还是构成非法拘禁罪？

（2）叶某、李某成立何种犯罪的共犯？（提示：关键在于把握柳某与被害人陈某之间是否存在事实上的债务？叶某、李某与柳某之间的主观故意内容是否相同？）

9. 被害人朱某与王某存在债务关系，王某与被告人李某合租一间屋，朱某多次到被告人李某租住屋寻找王某还款，王某均以各种理由躲避。2014 年 10 月 19 日时许，朱某再次到李某租住屋找王某还款，李某提出为王某担保 3 日再还，并以自己身份证押给朱某。10 月 20 日，李某到派出所报警称，20 日凌晨 5 时 30 分许，在租住房内被朱某强奸。公安机关对李某被强奸案立案调查，并在李

某指认下依法对朱某进行传唤。经查，朱某没有作案时间，遂于 2015 年 1 月 29 日依法撤销案件。

问：（1）对李某的行为如何认定？

（2）如果李某没有向公安局报案，而是向媒体公布自己被朱某强奸的事实，其行为如何认定？

10. 甲绑架女大学生乙欲卖往外地，乙强烈反抗，甲将乙打成重伤，并多次对乙实施强制猥亵行为。甲尚未将乙卖出便被公安人员抓获。

问：（1）甲行为构成什么罪？应如何处罚？

（2）如果甲在绑架过程中还对乙实施了强奸行为，对强奸行为如何处罚？

第二十章　拓展学习

第二十一章 侵犯财产罪

目标任务

　　了解侵犯财产罪的概念和构成特征，掌握本章各个罪名的概念和相关处罚的特别规定，掌握和理解各个重点罪名的概念、犯罪构成以及认定时应当注意的问题。能够根据刑法的相关规定与犯罪构成，进行案例分析，处理实务问题。

 第一节　侵犯财产罪概述

　　侵犯财产罪，是指以非法占有为目的，攫取公私财物，或者故意毁坏公私财物的行为。这类犯罪的构成特征是：

　　1. 犯罪的同类客体是公私财产所有权。公私财产所有权，是指所有人依法对自己的财产享有占有、使用、收益和处分的权利，包括公共财产所有权和公民私人财产所有权。根据《刑法》第 91 条的规定，公共财产是指：①国有财产；②劳动群众集体所有的财产；③用于扶贫和其他公益事业的社会捐助或者专项基金的财产。另外，在国家机关、国有公司、企业、集体企业和人民团体管理、使用或者运输中的私人财产，以公共财产论。根据《刑法》第 92 条的规定，公民私人所有的财产是指：公民的合法收入、储蓄、房屋和其他生活资料；依法归个人、家庭所有的生产资料；个体户和私营企业的合法财产；依法归个人所有的股份、股票、债券和其他财产。

　　犯罪对象是公私财物。公私财物，从范围上看，既包括具有经济价值的财物，也包括货币、有价证券和其他财产凭证；从形态上看，既包括有体物，也包括无体物如电力、天然气等；从种类上看，包括生产资料、生活资料、动产、不动产、资源类财产。依照我国宪法和民法通则等有关规定，属于国家和集体所有的各种自然资源，属于国家所有的地下、地上的文物以及所有人不明的埋藏物、隐藏物，不得任意侵占。当然，占有无主物和被自动放弃了所有权的物品，不属于非法侵犯财产所有权。

我国刑法对于非法占有的财产不予保护，如赌资、赃物等，但它却可能成为本类罪的犯罪对象。例如，盗窃他人犯罪所得的赃款赃物，抢劫赌场上的赌资等，同样可以构成犯罪。因为，他人非法占有的财物，并不是无主财物，可以任人处置。它本来就属于国家、集体或个人合法所有的财物，或者是国家严禁的物品，应当由国家机关依法追缴、返还原主或者没收归公。

2. 在客观方面表现为非法占有、挪用或者毁坏公私财物的行为。根据客观行为方式和主观目的不同，可以将本类罪分为三种类型：一是非法占有型，即行为人通过各种非法手段改变公私财产的占有关系，既可以是非法据为己有，也可以是转归第三人非法占有。二是非法挪用型，即违反财经制度，利用职务上的便利将本单位资金或者某些特定款物挪归个人使用或者改变其用途。三是故意毁坏型。除拒不支付劳动报酬罪属于不作为犯罪外，其他的侵犯财产罪都是作为形式的犯罪。

3. 犯罪主体多数是一般主体，只有职务侵占罪、挪用资金罪和拒不支付劳动报酬罪的主体是特殊主体；多数是自然人主体，但拒不支付劳动报酬罪的主体包括自然人和用人单位。除抢劫罪的刑事责任年龄为已满 14 周岁外，其他罪的刑事责任年龄均为已满 16 周岁。

4. 犯罪主观方面是直接故意，犯罪目的包括非法占有、挪用和毁损财物三种。

本类罪共包括 13 个罪名，可分为三小类：一是占有型犯罪，包括抢劫罪、盗窃罪、诈骗罪、抢夺罪、聚众哄抢罪、侵占罪、职务侵占罪、敲诈勒索罪、拒不支付劳动报酬罪；二是挪用型犯罪，包括挪用资金罪和挪用特定款物罪；三是毁损型犯罪，包括故意毁坏财物罪和破坏生产经营罪。为正确处理这类刑事案件，"两高"分别或者联合发布了一些司法解释。

第二节　侵犯财产罪分述

【案例】

1. 刘某，男，28 岁。某日晚，刘某趁张某（女，23 岁）不备，往其臀部扎了一针麻醉药致张某昏迷，随即拿走张某的手提包（内有现金人民币 2000 余元）离开现场。问：刘某的行为构成什么犯罪？

2. 夏某（男，20 周岁）在一网吧窃取他人现金 2000 元后，即慌忙离开网吧，被管理人员温某发觉，并追赶夏某。夏某为了阻止温某的追赶，随手提起网吧门边的开水壶，将开水泼在温某身上，然后逃离现场。问：对夏某的行为应如何定性？并说明理由。

3. A市唐某与B市姚某通过网上聊天相识。后唐某以邀请姚某到A市做客并陪同其游玩为名，将姚某骗入其租住的房屋内，与同居者杜某对姚某实施封嘴、捆绑，抢得现金3000元和手机一部。为防止姚某报案，两人又将姚某杀害。问：对唐某和杜某的行为应如何定罪处罚？

4. 宣某将刚从4S店购买的新车开到自家楼下，忘记取出车钥匙，匆匆上楼取证件等材料准备给新车办入户手续，被恰好路过的邢某发现。邢某早就想有一辆车，觉得机不可失，遂上车发动了汽车，刚要挂挡开动时，宣某和朋友正好下楼，将邢某抓获。问：邢某的行为属于哪一种犯罪形态？是否应当追究其刑事责任？

5. 甲女听说乙男具有将10元钱变为100元的本事，便将家里的2000元十元票交给乙男，让他当场变为2万元。乙男将2000元放进小红布袋里，"变"来"变"去，趁机调换了红布袋，然后将调换过来的红布袋交给甲女，并嘱咐在2个小时后才能打开看。甲女2个小时后打开，发现红布袋里装的都是与100元钞票大小相等的纸张。问：乙男的行为是构成诈骗罪还是盗窃罪？

6. 2007年5月10日，王某、张某经预谋，由王某驾驶新田125摩托车载张某至万柏林区漪汾街路南自行车道，尾随骑自行车的女青年赵某至千峰北路路口处时，在车速较快的情况下，由张某用力抢夺赵某的右肩挎包，并加速逃离现场，将挎包抢走，致使赵某当场摔倒，送医院抢救无效，因重度颅脑损伤死亡。所抢夺的挎包内有人民币20余元，IC电话卡等物。问：对王某、张某的行为如何定性？为什么？

7. 张某是民营公司仓库保管员，2009年3月1日夜间，张某利用自己作为仓库保管员的便利，约其好友王某一同将仓库内新买进的部分物品（价值10万余元）窃走变卖。为了应付公司查问，张某伪造了现场，并谎称是夜间被盗。问：张某监守自盗的行为构成何罪？王某构成何罪？

一、抢劫罪

（一）抢劫罪的概念和构成要件

抢劫罪，是以非法占有为目的，当场使用暴力、胁迫或其他方法，当场强行劫取公私财物的行为。其构成要件是：

1. 本罪的客体是复杂客体，包括公私财产所有权和公民的人身权利。本罪的犯罪对象是公私财物和他人人身。这里的"公私财物"是指他人所有的、保

管的或占有的财物，包括他人合法所有、占有的财物，也包括他人非法占有的财物和违禁品，就是说，以赌资、赃款赃物为对象，或者以毒品、淫秽物品、假币等违禁品为对象，实施抢劫的，同样构成抢劫罪。这里的"公私财物"一般限于动产，不包括不动产，但如果采用暴力方法对不动产予以分离并抢走的，也应构成抢劫罪。另外，债权等财产性利益也可成为抢劫罪的对象。例如，以暴力手段强制债权人交出借条、出具还款字据等，这种强行消灭债务的行为，实际上是强取他人财物，因此也构成抢劫罪。

2. 本罪在客观方面表现为以暴力、胁迫或其他方法，当场强行劫取公私财物的行为，具体来说，是指行为人对财物的所有人、保管人或守护人当场使用暴力、胁迫或者其他手段，当场抢走财物或者迫使被害人当场交出财物。这两个"当场"必须同时具备。抢劫行为具体包括手段行为和目的行为两个方面：

（1）手段行为。必须对他人实施了强制性行为，即以暴力、胁迫或者其他方法来排除和压制被害人的抗拒。

暴力方法，是指对被害人的身体实行打击或强制，使其处于不能反抗或者不敢反抗状态的方法，较常见的如搂抱、殴打、捆绑等，也包括禁闭、伤害甚至杀害等。在理解时应注意以下几点：①暴力必须是现实存在的，必须是在取得他人财物的当场实施。②暴力必须是针对被害人的人身。如果针对被害人的财物施加外力，而且无伤害他人身体的故意，即使造成了他人伤害，也不属于本罪中的暴力方法，只可能构成抢夺罪。③使用暴力的目的在于使被害人不敢反抗或不能反抗，即排除被害人的反抗，从而实现非法占有财物的根本目的。至于暴力程度，只要能足以抑制对方的反抗即可，并不要求事实上抑制了对方的反抗，更不要求危害他人的身体健康甚至生命安全。

胁迫方法，仅是指以当场实施暴力相威胁，对被害人进行精神强制，使其产生恐惧而不敢抗拒的方法。它具有以下特点：①胁迫的内容是当场对被害人施以暴力，而不包括非暴力内容。被害人如不交付财物或进行反抗，便立即兑现胁迫的内容，转为暴力劫取财物。如果威胁与暴力之间在时空上存在明显间隔，如以将来实施暴力相威胁的，以及以当场立即实施揭发隐私、损害名誉等非暴力内容进行威胁，迫使被害人交出财物的，则不属于抢劫性质。②胁迫必须是向被害人当面发出。如果不是向被害人当面发出，而是通过书信或者他人转告的方式让被害人得知，则不是本罪中的胁迫。③胁迫的方式是多种多样的，可以是语言文字，也可以是动作手势，等等。

其他方法，是指使用暴力、胁迫以外的其他使被害人不知反抗或者无法反抗的强制方法。如用酒灌醉、用药物麻醉、利用催眠术催眠、将清醒的被害人乘其不备锁在屋内致其与财产隔离等方法，劫取他人财物。

（2）目的行为。必须是当场劫取公私财物，包括当场将他人的财物抢走和迫使他人当场交出财物。这一特征表明行为人的强制性行为与取得财物之间在时间上、场合上具有统一性。如果行为人虽然使用了暴力、胁迫或者其他方法，但并不是意图当场取财，则不构成本罪。对"当场"的理解不宜过窄。具体而言，虽然强制性行为与取得财物行为不是在同一场所实施的，但只要在时间上有持续性，从整体上看二者之间并无中断，也属于当场劫取财物。

在理解本罪的客观方面时还应当注意：①被害人不能抗拒、不敢抗拒、无法抗拒的状态必须是由行为人的强制性行为造成的。如果行为人仅仅是借用被害人自己胆小、患病、醉酒、熟睡、昏迷等不敢抗拒、无法抗拒的状态取走其财物的，不以本罪论处。例如，被害人眼见蒙面人入室盗窃而不敢制止，被害人自己喝醉酒后钱包被他人取走等，这都不能认定为抢劫，而只能认定为盗窃。②暴力、胁迫或者其他方法，必须是在非法占有财物时的当场使用。

3. 本罪的主体为一般主体。已满 14 周岁并具有刑事责任能力的自然人，均可构成本罪。

4. 本罪的主观方面是直接故意，并具有非法占有公私财物之目的。如果不是以非法占有为目的，不可能成立本罪。例如，行为人为索取合法债务而使用暴力、暴力威胁等手段的，误以为他人财物为己物而使用暴力抢回的，都因主观上不具有非法占有他人财物的目的而不构成本罪，可以根据情况分别认定为非法拘禁罪、非法侵入住宅罪、故意伤害罪等。

【案例 1 分析】刘某出于非法占有他人财物的目的，采用麻醉的方法使张某昏迷致其不能反抗，随后当场拿走张某的财物，既侵犯了张某的财产权利又侵犯了其人身权利，符合抢劫罪的犯罪构成，应当抢劫罪定罪处罚。

（二）转化型抢劫罪

转化型抢劫罪，又称"准抢劫罪"，是指行为人的行为本不构成抢劫罪，但由于具备了法定的某种事实，而以抢劫罪论处的情形。

1.《刑法》第 269 条规定的准抢劫罪。《刑法》第 269 条规定："犯盗窃、诈骗、抢夺罪，为窝藏赃物、抗拒抓捕或者毁灭罪证而当场使用暴力或者以暴力相威胁的，依照本法第 263 条的规定定罪处罚。"这种情形在刑法理论上称为准抢劫或事后抢劫（罪名仍为抢劫罪）。盗窃、诈骗、抢夺行为转化为抢劫罪，必须具备以下四个条件：

第一，必须实施了盗窃、诈骗或者抢夺行为，这是转化的前提条件。虽然根据《刑法》第 269 条的规定，转化的前提是行为人犯盗窃、诈骗、抢夺罪，但理论界和司法实践一致认为，实施盗窃、诈骗、抢夺行为，也可以转化为抢劫罪。2005 年 6 月 8 日《最高人民法院关于审理抢劫、抢夺刑事案件适用法律若干问题的意见》（以下简称《两抢意见》）对此也持肯定态度。《两抢意见》第5条规定，行为人实施盗窃、诈骗、抢夺行为，未达到"数额较大"，为窝藏赃物、抗拒抓捕或者毁灭罪证当场使用暴力或者以暴力相威胁，情节较轻、危害不大的，一般不以犯罪论处；但具有下列情节之一的，可依照《刑法》第269条的规定，以抢劫罪定罪处罚：①盗窃、诈骗、抢夺接近"数额较大"标准的；②入户或在公共交通工具上盗窃、诈骗、抢夺后在户外或交通工具外实施上述行为的；③使用暴力致人轻微伤以上后果的；④使用凶器或以凶器相威胁的；⑤具有其他严重情节的。根据2016年1月6日《最高人民法院关于审理抢劫刑事案件适用法律若干问题的指导意见》（以下简称《审理抢劫意见》）的规定，"犯盗窃、诈骗、抢夺罪"，主要是指行为人已经着手实施盗窃、诈骗、抢夺行为，一般不考察盗窃、诈骗、抢夺行为是否既遂。但是所涉财物数额明显低于"数额较大"的标准，又不具有《两抢意见》第5条所列五种情节之一的，不构成抢劫罪。应当指出，这里的"犯盗窃、诈骗、抢夺罪"，不包括特殊的盗窃、诈骗、抢夺行为。如盗窃枪支后抗拒抓捕而致人重伤的，不能以转化型抢劫罪论处。

第二，必须是当场使用暴力或者以暴力相威胁，这是转化的手段条件和时间条件。根据《审理抢劫意见》的规定，"当场"是指在盗窃、诈骗、抢夺的现场以及行为人刚离开现场即被他人发现并抓捕的情形。"使用暴力或者以暴力相威胁"是指行为人故意对被害人、抓捕者或阻止其窝藏赃物、毁灭罪证的人的身体实施打击或强制，或者以将要实施打击或身体强制相威胁，并应达到足以抑制一般人抗拒的程度。对于以摆脱的方式逃脱抓捕，暴力强度较小，未造成轻伤以上后果的，可不认定为"使用暴力"，不以抢劫罪论处。例如，在街头卖报纸的甲盗窃了乙的手机，乙发现后紧追不舍。为摆脱乙的追赶，甲将手中剩余的几张报纸卷成一团扔向乙，击中乙脸，乙受惊吓几乎滑倒，随之又追，终于抓住甲。甲的行为就不能转化为抢劫罪。

第三，当场使用暴力或者以暴力相威胁，必须是为了窝藏赃物、抗拒抓捕或者毁灭罪证，这是转化的目的条件。窝藏赃物，是指防护已经到手的赃物不被追回；抗拒抓捕，是指抗拒公安机关或任何公民的抓捕、扭送；毁灭罪证，是指消灭作案现场遗留的痕迹、物品等，防止其成为罪证。如果行为人不是出于上述目的而当场使用暴力或者以暴力相威胁的，则不能转化为抢劫罪。例如，行为人实施盗窃行为，在尚未取得财物时就被他人发现，为了取得财物，便使用暴力或者以暴力相威胁的，应直接认定为抢劫罪，不适用《刑法》第269条之规定。再如，行为人在实施完诈骗行为后杀人灭口的，应以诈骗罪和故意杀人罪并罚。

第四，行为人必须是已满 16 周岁、具有刑事责任能力的人，这是转化的主体条件限制。根据 2006 年 1 月 23 日《最高人民法院关于审理未成年人刑事案件具体应用法律若干问题的解释》（以下简称《未成年人刑案解释》）第 10 条第 1 款的规定，已满 14 周岁不满 16 周岁的人盗窃、诈骗、抢夺他人财物，为窝藏赃物、抗拒抓捕或者毁灭罪证，当场使用暴力，故意伤害致人重伤或者死亡，或者故意杀人的，应当分别以故意伤害罪或者故意杀人罪定罪处罚。这就是说，已满 14 周岁不满 16 周岁的人不成立转化型抢劫。

《审理抢劫意见》还规定了以下两点：①入户或者在公共交通工具上盗窃、诈骗、抢夺后，为了窝藏赃物、抗拒抓捕或者毁灭罪证，在户内或者公共交通工具上当场使用暴力或者以暴力相威胁的，构成"入户抢劫"或者"在公共交通工具上抢劫"。②2 人以上共同实施盗窃、诈骗、抢夺犯罪，其中部分行为人为窝藏赃物、抗拒抓捕或者毁灭罪证而当场使用暴力或者以暴力相威胁的，对于其余行为人是否以抢劫罪共犯论处，主要看其对实施暴力或者以暴力相威胁的行为人是否形成共同犯意、提供帮助。基于一定意思联络，对实施暴力或者以暴力相威胁的行为人提供帮助或实际成为帮凶的，可以抢劫共犯论处。

【案例 2 分析】第一，夏某实施了盗窃犯罪，符合转化的前提条件；第二，夏某的盗窃行为被人发现后，在逃跑时为了阻止温某的抓捕，而将开水泼在温某身上，该行为足以压制一般人的反抗，事实上也阻止了温某的抓捕，符合转化的手段和时间条件；第三，夏某当场使用暴力是为了窝藏赃物、抗拒抓捕，符合转化的目的条件；第四，夏某已满 16 周岁，符合转化的主体条件。因此，夏某的行为符合转化型抢劫罪成立的条件，应当以抢劫罪定罪处罚。

2. 《刑法》第 267 条规定的准抢劫罪。《刑法》第 267 条第 2 款规定，携带凶器抢夺的，以抢劫罪定罪处罚。这就是说，抢夺犯罪由于具备了"携带凶器"这一法定条件，具有对被害人的人身构成潜在威胁的特殊性，便转化为社会危害性更为严重的抢劫罪。这种转化必须具备两个条件：一是行为人必须实施了抢夺犯罪行为；二是必须携带有凶器。

所谓"携带凶器抢夺"，根据 2000 年 11 月 28 日《最高人民法院关于审理抢劫案件具体应用法律若干问题的解释》（以下简称《抢劫解释》）的规定，是指行为人随身携带枪支、爆炸物、管制刀具等国家禁止个人携带的器械进行抢夺或者为了实施犯罪而携带其他器械进行抢夺的行为。《两抢意见》进一步规定："行为人随身携带国家禁止个人携带的器械以外的其他器械抢夺，但有证据证明该器械确实不是为了实施犯罪准备的，不以抢劫罪定罪；行为人将随身携带凶器有意加以显示、能为被害人察觉到的，直接以抢劫罪定罪处罚；行为人携带凶器抢夺后，在逃跑过程中为窝藏赃物、抗拒抓捕或者毁灭罪证而当场使

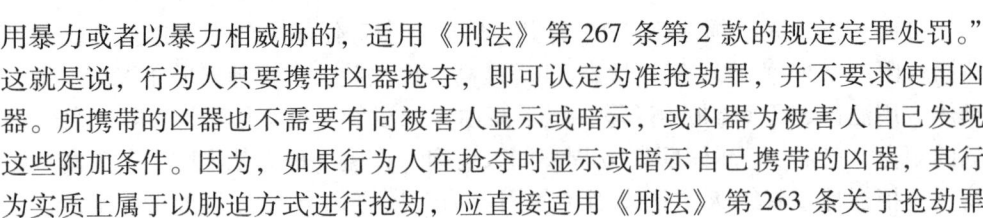
用暴力或者以暴力相威胁的,适用《刑法》第267条第2款的规定定罪处罚。"这就是说,行为人只要携带凶器抢夺,即可认定为准抢劫罪,并不要求使用凶器。所携带的凶器也不需要有向被害人显示或暗示,或凶器为被害人自己发现这些附加条件。因为,如果行为人在抢夺时显示或暗示自己携带的凶器,其行为实质上属于以胁迫方式进行抢劫,应直接适用《刑法》第263条关于抢劫罪的规定。

另外,根据《刑法》第289条的规定,聚众"打砸抢",毁坏或者抢走公私财物的,对首要分子以抢劫罪定罪处罚。

（三）抢劫罪的司法认定

1. 本罪与非罪的界限。刑法对抢劫罪的构成没有数额和情节等方面的限制性规定,但这并不意味着认定抢劫罪就无须考虑数额大小和情节等因素。一般情况下,凡是以非法占有为目的,使用暴力、胁迫或者其他方法,强行夺取公私财物的,就可构成抢劫罪。但是,如果抢劫的数额很小,使用的暴力、胁迫等手段很轻微,就可以根据《刑法》第13条的"但书"规定,认定为情节显著轻微危害不大,不认为是犯罪。例如,偶尔进行恶作剧式的抢劫,行为很有节制、数额极其有限,如强索少量财物,抢吃少量食品等,不宜按抢劫罪论处。

根据《未成年人刑案解释》第7条和第10条第2款的规定,已满14周岁不满16周岁的人使用轻微暴力或者威胁,强行索要其他未成年人随身携带的生活、学习用品或者钱财数量不大,且未造成被害人轻微伤以上或者不敢正常到校学习、生活等危害后果的,不认为是犯罪。已满16周岁不满18周岁的人具有上述情形的,一般也不认为是犯罪。已满16周岁不满18周岁的人犯盗窃、诈骗、抢夺罪,为窝藏赃物、抗拒抓捕或者毁灭罪证而当场使用暴力或者以暴力相威胁的,应当依照《刑法》第269条的规定定罪处罚;情节轻微的,可不以抢劫罪定罪处罚。

另外,因婚姻、家庭纠纷,一方抢回彩礼、陪嫁物,或者强行分割并拿走家庭共有财产的,属于民事、婚姻纠纷中处理方法不当的问题,行为人不具有非法强占他人财物的目的,因此不构成抢劫罪。

2. 关于抢劫特定财物行为的定性。根据《两抢意见》的规定,这包括以下几个方面:

（1）以毒品、假币、淫秽物品等违禁品为对象,实施抢劫的,以抢劫罪定罪;抢劫的违禁品数量作为量刑情节予以考虑。抢劫违禁品后又以违禁品实施其他犯罪的,应以抢劫罪与具体实施的其他犯罪实行数罪并罚。

（2）抢劫赌资、犯罪所得的赃款赃物的,以抢劫罪定罪,但行为人仅以其所输赌资或所赢赌债为抢劫对象,一般不以抢劫罪定罪处罚。构成其他犯罪的,依照刑法的相关规定处罚。

（3）为个人使用，以暴力、胁迫等手段取得家庭成员或近亲属财产的，一般不以抢劫罪定罪处罚，构成其他犯罪的，依照刑法的相关规定处理；教唆或者伙同他人采取暴力、胁迫等手段劫取家庭成员或近亲属财产的，可以抢劫罪定罪处罚。

3. 关于本罪既遂、未遂的认定。抢劫罪侵犯的是复杂客体，既侵犯财产权利又侵犯人身权利，因此，《两抢意见》规定，具备劫取财物或者造成他人轻伤以上后果两者之一的，均属于抢劫既遂；既未劫取财物，又未造成他人人身伤害后果的，属抢劫未遂。《刑法》第263条规定的8种处罚情节中除"抢劫致人重伤、死亡的"这一结果加重情节之外，其余7种处罚情节同样存在既遂、未遂问题，其中属抢劫未遂的，应当根据刑法关于加重情节的法定刑规定，结合未遂犯的处理原则量刑。

4. 关于罪数的认定。行为人如果本无抢劫之意，出于报仇或其他动机而实施伤害、强奸等犯罪行为，在被害人未失去知觉，利用被害人不能反抗、不敢反抗的处境，临时起意劫取他人财物的，应以此前所实施的具体犯罪与抢劫罪实行数罪并罚；在被害人失去知觉或者没有发觉的情形下，以及实施故意杀人犯罪行为之后，临时起意拿走他人财物的，应以此前所实施的具体犯罪与盗窃罪实行数罪并罚。

5. 本罪与故意伤害、故意杀人等犯罪的界限。这包括以下几点：

（1）抢劫致人重伤、死亡案件的定性。抢劫致人重伤、死亡，是指在抢劫过程中，使用暴力或者其他方法所引起的加重结果。此种情况下，即使没有抢劫到财物，也应按抢劫罪的相关法定刑处罚，而不以故意伤害罪或者故意杀人罪论处，也不实行数罪并罚。

（2）采用杀人的手段进行抢劫的定性。根据2001年5月26日《最高人民法院关于抢劫过程中故意杀人案件如何定罪问题的批复》，行为人为劫取财物而预谋故意杀人，或者在劫取财物过程中，为制服被害人反抗而故意杀人的，以抢劫罪定罪处罚。

（3）行为人实施抢劫后，为灭口而故意杀人的，以抢劫罪和故意杀人罪实行数罪并罚。至于抢劫后为了护赃等而当场使用暴力杀人的，应视为抢劫行为的继续，仍只能定为抢劫罪。

（4）行为人为索取债务，使用暴力、暴力威胁等手段的，一般不以抢劫罪定罪处罚。构成故意伤害等其他犯罪的，依照《刑法》第234条等规定处罚。

【案例3分析】唐某和杜某出于非法占有他人财物的目的，共同对姚某实施封嘴、捆绑等暴力行为，当场将姚某的财物抢走，符合抢劫罪的犯罪构成，已经构成抢劫罪。两人在抢劫犯罪实施完毕后，又产生杀害姚某的故意，并实施了杀人的行为，构成了故意杀人罪。对唐某和杜某应当以抢劫罪和故意杀人罪实行数罪并罚。

6. 关于本罪与相似犯罪的界限。这包括以下两个方面：

（1）冒充正在执行公务的人民警察、联防人员，以抓卖淫嫖娼、赌博等违法行为为名非法占有财物的行为定性。①行为人冒充正在执行公务的人民警察"抓赌""抓嫖"，没收赌资或者罚款的行为，构成犯罪的，以招摇撞骗罪从重处罚；在实施上述行为中使用暴力或者暴力威胁的，以抢劫罪定罪处罚。②行为人冒充治安联防队员"抓赌""抓嫖"，没收赌资或者罚款的行为，构成犯罪的，以敲诈勒索罪定罪处罚；在实施上述行为中使用暴力或者暴力威胁的，以抢劫罪定罪处罚。

（2）以暴力、胁迫手段索取超出正常交易价钱、费用的钱财的行为定性。从事正常商品买卖、交易或者劳动服务的人，以暴力、胁迫手段迫使他人交出与合理价钱、费用相差不大钱物，情节严重的，以强迫交易罪定罪处罚；以非法占有为目的，以买卖、交易、服务为幌子采用暴力、胁迫手段迫使他人交出与合理价钱、费用相差悬殊的钱物的，以抢劫罪定罪处刑。在具体认定时，既要考虑超出合理价钱、费用的绝对数额，还要考虑超出合理价钱、费用的比例，加以综合判断。

7. 本罪与绑架罪的界限。绑架罪是侵犯他人人身自由和身体安全的犯罪，其与抢劫罪的区别在于：①主观方面不尽相同。本罪的行为人是出于非法占有他人财物的故意实施抢劫行为；后罪的行为人既可能为勒索他人财物而实施绑架行为，也可能是出于其他非经济目的而实施绑架行为。②客观方面不尽相同。本罪在客观方面的重要特征是强制性行为与劫取财物行为一般应在同一时间、同一地点，而且具有"当场性"；后罪表现为行为人以杀害、伤害等方式向被绑架人的亲属或其他人或单位发出威胁，索取赎金或提出其他非法要求，取得财物或实现其他目的一般不具有"当场性"。③犯罪对象不尽相同。本罪是行为人当场从被害人处劫走财物；后罪则从人质以外的、与人质有特定关系的第三人处取得财物。④主体有所不同。应当注意，绑架过程中又当场劫取被害人随身携带财物的，同时触犯绑架罪和抢劫罪两罪名，应择一重罪定罪处罚。

8. 关于抢劫犯罪数额的计算。这包括：①抢劫信用卡后使用、消费的，以行为人实际使用、消费的数额为抢劫数额。由于行为人意志以外的原因无法实际使用、消费的部分，虽不计入抢劫数额，但应作为量刑情节考虑。②通过银行转账或者电子支付、手机银行等支付平台获取抢劫财物的，以行为人实际获取的财物为抢劫数额。③为抢劫其他财物，劫取机动车辆当作犯罪工具或者逃跑工具使用的，被劫取机动车辆的价值计入抢劫数额；为实施抢劫以外的其他犯罪劫取机动车辆的，以抢劫罪和实施的其他犯罪实行数罪并罚。④抢劫存折、机动车辆的数额计算，参照执行 2013 年 4 月 4 日 "两高"《关于办理盗窃刑事案件适用法律若干问题的解释》的相关规定。

（四）抢劫罪的刑事责任

根据《刑法》第 263 条的规定，犯本罪的，处 3 年以上 10 年以下有期徒刑，并处罚金；有下列情形之一的，处 10 年以上有期徒刑、无期徒刑或者死刑，并处罚金或者没收财产：①入户抢劫的；②在公共交通工具上抢劫的；③抢劫银行或者其他金融机构的；④多次抢劫或者抢劫数额巨大的；⑤抢劫致人重伤、死亡的；⑥冒充军警人员抢劫的；⑦持枪抢劫的；⑧抢劫军用物资或者抢险、救灾、救济物资的。《两抢意见》《抢劫解释》《审理抢劫意见》对上述部分加重处罚情节的认定作出了规定。

1. 入户抢劫的认定。入户抢劫，是指为实施抢劫而进入他人生活的与外界相对隔离的住所，包括封闭的院落、牧民的帐篷、渔民作为家庭生活场所的渔船、为生活租用的房屋等进行抢劫的行为。在认定时应当注意以下问题：

（1）"户"的范围。"户"在这里是指住所，其特征表现为供他人家庭生活和与外界相对隔离两个方面。一般情况下，集体宿舍、旅店宾馆、临时搭建工棚等不应认定为"户"，但在特定情况下，如果确实具有上述两个特征的，也可以认定为"户"。

（2）"入户"目的的非法性，即进入他人住所须以实施抢劫、盗窃等犯罪为目的。认定"入户抢劫"，要注重审查行为人"入户"的目的，将"入户抢劫"与"在户内抢劫"区别开来。以侵害户内人员的人身、财产为目的，入户后实施抢劫，包括入户实施盗窃、诈骗等犯罪而转化为抢劫的，应当认定为"入户抢劫"。因访友办事等原因经户内人员允许入户后，临时起意实施抢劫，或者临时起意实施盗窃、诈骗等犯罪而转化为抢劫的，不应认定为"入户抢劫"。

（3）暴力或者暴力胁迫行为必须发生在户内。入户实施盗窃、诈骗等犯罪被发现，行为人为窝藏赃物、抗拒抓捕或者毁灭罪证而当场使用暴力或者以暴力相威胁的，如果暴力或者暴力胁迫行为发生在户内，可以认定为"入户抢劫"；如果发生在户外，则不能认定为"入户抢劫"。

（4）关于进入兼具经营和生活起居功能场所实施抢劫的认定。对于部分时间从事经营、部分时间用于生活起居的场所，行为人在非营业时间强行入内抢劫或者以购物等为名骗开房门入内抢劫的，应认定为"入户抢劫"。对于部分用于经营、部分用于生活且之间有明确隔离的场所，行为人进入生活场所实施抢劫的，应认定为"入户抢劫"；如场所之间没有明确隔离，行为人在营业时间入内实施抢劫的，不认定为"入户抢劫"，但在非营业时间入内实施抢劫的，应认定为"入户抢劫"。

2. 在公共交通工具上抢劫的认定。公共交通工具承载的旅客具有不特定多数人的特点。这里的"公共交通工具"，包括从事旅客运输的各种公共汽车，大、中型出租车，火车，地铁，轻轨，轮船，飞机等，不含小型出租车。对于虽不具有商业营运执照，但实际从事旅客运输的大、中型交通工具，可认定为"公共交通工具"。接送职工的单位班车、接送师生的校车等大、中型交通工具，视为"公共交通工具"。"在公共交通工具上抢劫"，既包括在处于运营状态的公共交通工具上对旅客及司售、乘务人员实施抢劫，也包括拦截运营途中的公共交通工具对旅客及司售、乘务人员实施抢劫，但不包括在未运营的公共交通工具上针对司售、乘务人员实施抢劫。以暴力、胁迫或者麻醉等手段对公共交通工具上的特定人员实施抢劫的，一般应认定为"在公共交通工具上抢劫"。

3. 抢劫银行或者其他金融机构。这是指抢劫银行或者其他金融机构的经营资金、有价证券和客户的资金等。抢劫正在使用中的银行或者其他金融机构的运钞车的，视为抢劫银行或者其他金融机构。

4. 多次抢劫或者抢劫数额巨大的认定。

（1）多次抢劫。"多次抢劫"是指3次以上抢劫。对于"多次"的认定，应以行为人实施的每一次抢劫行为均已构成犯罪为前提，综合考虑犯罪故意的产生、犯罪行为实施的时间、地点等因素，客观分析、认定。对于行为人基于一个犯意实施犯罪的，如在同一地点同时对在场的多人实施抢劫的；或基于同一犯意在同一地点实施连续抢劫犯罪的，如在同一地点连续地对途经此地的多人进行抢劫的；或在一次犯罪中对一栋居民楼房中的几户居民连续实施入户抢劫的，一般应认定为一次犯罪。

（2）抢劫数额巨大。认定"抢劫数额巨大"，参照各地认定盗窃罪数额巨大的标准执行。抢劫数额以实际抢劫到的财物数额为依据。对以数额巨大的财物为明确目标，由于意志以外的原因，未能抢到财物或实际抢得的财物数额不大的，应同时认定"抢劫数额巨大"和犯罪未遂的情节，根据刑法有关规定，结合未遂犯的处理原则量刑。

5. 抢劫致人重伤、死亡。这包括过失、故意致人重伤、死亡。

6. 冒充军警人员抢劫。这是指冒充现役军人、武装警察和公安司法警察进行抢劫的行为。在认定时，要注重对行为人是否穿着军警制服、携带枪支、是否出示军警证件等情节进行综合审查，判断是否足以使他人误以为是军警人员。对于行为人仅穿着类似军警的服装或仅以言语宣称系军警人员但未携带枪支、也未出示军警证件而实施抢劫的，要结合抢劫地点、时间、暴力或威胁的具体

情形，依照常人判断标准，确定是否认定为"冒充军警人员抢劫"。军警人员利用自身的真实身份实施抢劫的，不认定为"冒充军警人员抢劫"，应依法从重处罚。

7. 持枪抢劫。这是指行为人使用枪支或者向被害人显示持有、佩带的枪支进行抢劫的行为。"枪支"的概念和范围，适用《枪支管理法》的规定。

8. 抢劫军用物资或者抢险、救灾、救济物资。这是指抢劫除军用枪支、弹药、爆炸物外的其他军用物资或者正在用于或将要用于抢险、救灾、救济的物资的行为。

另外，《审理抢劫意见》还就具有上述法定 8 种加重处罚情节的刑罚适用以及抢劫共同犯罪的刑罚适用等问题作了说明。

二、盗窃罪

（一）盗窃罪的概念和构成要件

盗窃罪，是指以非法占有为目的，秘密窃取数额较大的公私财物，或者多次盗窃、入室盗窃、携带凶器盗窃、扒窃公私财物的行为。其构成要件是：

1. 本罪的客体是公私财产所有权。犯罪对象是各种有价值的公私财物，一般指动产，但也包括不动产上之附着物和从不动产中分离出来的物品。从财产形态上看，包括有体物和无体物。从所有权方面看，主要是他人的合法财产，但也包括他人不法占有的财物和违禁品，以及系本人所有但在他人合法占有下的财物。根据 2013 年 4 月 4 日"两高"《关于办理盗窃刑事案件适用法律若干问题的解释》（以下简称《盗窃解释》）的规定，盗窃毒品等违禁品，应当按盗窃罪处理的，根据情节轻重量刑。另外，将电信卡非法充值后使用，造成电信资费损失数额较大的，以及盗用他人公共信息网络上网帐号、密码上网，造成他人电信资费损失数额较大的，根据 2000 年 5 月 24 日《最高人民法院关于审理扰乱电信市场管理秩序案件具体应用法律若干问题的解释》（以下简称《扰乱电信市场刑案解释》）的规定，以盗窃罪定罪。

2. 本罪在客观方面表现为秘密窃取数额较大的公私财物，或者多次盗窃、入室盗窃、携带凶器盗窃、扒窃公私财物的行为。秘密窃取是本罪区别于其他侵犯财产罪的主要标志。

所谓秘密窃取，是指行为人采取自认为不会被财物的所有者、保管者或者经手者发觉的方法，窃取财物的行为。是否属于秘密窃取，应当从行为人主观认识方面来认定，即取决于行为人本人是否认为其行为不被人发现。行为人认为他人没有发觉，实际上也确实无人发觉，这当然是秘密窃取；行为人自认为无人发现但在客观上已被人发现或者注视，仍是秘密窃取。至于是否已被当场发觉、是否因在行窃时留下身份识别标志而事后被发觉，均不影响"秘密窃取"

的认定。如果行为人已明知被他人发觉即使被害人未阻止而仍取走财物的，该行为带有公然性，不属于秘密窃取。

秘密窃取的方式是多种多样的，可以是撬窃、扒窃、顺手牵羊等，也可以是施用骗术转移被害人注意力，然后在其不知不觉的情况下取走财物。不论其形式如何，只要其本质上属于秘密窃取，就属于盗窃行为。

盗窃行为包括以下五种情形：

（1）盗窃公私财物数额较大。根据《盗窃解释》第1条的规定，盗窃公私财物价值1000元~3000元以上的，应当认定为"数额较大"。《盗窃解释》第2条规定，盗窃公私财物，具有下列情形之一的，"数额较大"的标准可以按照本解释第1条规定标准（即正常标准）的50%确定：①曾因盗窃受过刑事处罚的；②1年内曾因盗窃受过行政处罚的；③组织、控制未成年人盗窃的；④自然灾害、事故灾害、社会安全事件等突发事件期间，在事件发生地盗窃的；⑤盗窃残疾人、孤寡老人、丧失劳动能力人的财物的；⑥在医院盗窃病人或者其亲友财物的；⑦盗窃救灾、抢险、防汛、优抚、扶贫、移民、救济款物的；⑧因盗窃造成严重后果的。各省、自治区、直辖市高级人民法院、人民检察院可以根据本地区经济发展状况，并考虑社会治安状况，在上述规定的数额幅度内，确定本地区执行的具体数额标准，报最高人民法院、最高人民检察院批准。

（2）多次盗窃公私财物。"多次盗窃"是指2年内盗窃3次以上。只有在行为人每次盗窃都没有达到"数额较大"的标准时，才考虑适用该定罪标准。

（3）入室盗窃公私财物。"入室盗窃"是指非法进入供他人家庭生活，与外界相对隔离的住所实施盗窃。

（4）携带凶器盗窃公私财物。"携带凶器盗窃"是指携带枪支、爆炸物、管制刀具等国家禁止个人携带的器械盗窃，或者为了实施违法犯罪携带其他足以危害他人人身安全的器械盗窃的。"凶器"应是指使人产生心理恐惧，具有一定杀伤力的器具，既包括国家禁止携带的器械，如枪支、爆炸物、管制刀具等，也包括明显意图用作杀伤后盾的日常器械，如菜刀、铁锤等。这里的"携带凶器盗窃"，是指携带凶器进行盗窃而未使用的情况。

（5）扒窃公私财物。"扒窃"是指在公共场所或者公共交通工具上盗窃他人随身携带的财物。扒窃行为直接接触公民人身，往往发生在大庭广众之下，严重影响群众的安全感，社会危害性很大，因此，只要实施了扒窃行为，就构成犯罪，不论窃得财物多少。

3. 本罪的主体是一般主体，只能由已满16周岁、具有刑事责任能力的自然人构成。根据《盗窃解释》的规定，单位组织、指使盗窃，符合《刑法》第264条及本解释有关规定的，以盗窃罪追究组织者、指使者、直接实施者的刑事责任。

4. 本罪的主观方面是直接故意，且具有非法占有公私财物的目的。至于是非法占为己有还是占为他人所有、为集体非法占有，不影响本罪的成立。如果不具有非法占有的目的，则不构成本罪。

（二）盗窃罪的司法认定

根据刑法和《盗窃解释》等有关规定，在认定本罪时应注意以下方面：

1. 本罪与非罪的界限。上述 5 种盗窃行为中，第一种情形要求达到数额较大的，才能认定为盗窃罪，后 4 种情形无需达到"数额较大"标准即可直接定为盗窃罪。因此，对于盗窃没有达到数额较大标准的，或者 2 年内盗窃没有达到 3 次的等，不能以本罪论处。另外，偷拿自家的或者近亲属的财物，获得原谅的，一般可不认为是犯罪；追究刑事责任的，应当酌情从宽。

2. 关于本罪既遂与未遂的认定和处理。对于盗窃罪的既遂标准，一般采用"失控说"，即盗窃行为只要造成被害人丧失了对财物的控制，不管行为人是否实际控制了该财物，都应当认定为盗窃既遂。例如，行为人以非法占有为目的，从火车上将他人财物扔到偏僻的轨道旁，打算下车后再捡回。在这种情况下，即使行为人后来由于某种原因没有控制该财物，但因为被害人丧失了对财物的控制，也应认定为盗窃既遂。一般来说，如果盗窃的对象如现金、首饰等小件物品，只要装在衣袋里或提包就可以成立既遂。如果是大件物品，通常以搬出户外或院外为既遂。如果是在公共场所扒窃，只要行为人将财物窃到手，就成立既遂。在开架超市盗窃商品，只要走出收银台就成立既遂；在不开架的商店盗窃商品，通常以将商品拿出货柜为既遂。

对于盗窃未遂的，一般不予定罪处罚，但是，盗窃未遂，具有下列情形之一的，应当依法追究刑事责任：①以数额巨大的财物为盗窃目标的；②以珍贵文物为盗窃目标的；③其他情节严重的情形。盗窃既有既遂又有未遂，分别达到不同量刑幅度的，依照处罚较重的规定处罚；达到同一量刑幅度的，以盗窃罪既遂处罚。

【案例 4 分析】宣某将新买汽车停放在楼下，只是忘记拔车钥匙，汽车仍处于宣某合法占有之下。邢某以非法占有为目的，偷开宣某的汽车，属于盗窃行为。盗窃罪的既遂标准是"失控说"，由于宣某及时发现，将邢某抓获，并没有失去对汽车的控制，所以邢某的行为是盗窃未遂。由于邢某是针对数额巨大的财物进行盗窃，因此应按盗窃罪（未遂）追究其刑事责任。

3. 几种特殊的盗窃。刑法明确规定以下几种情形应当以盗窃罪定罪处罚：①盗窃信用卡并使用的；②盗窃增值税专用发票或者可以用于骗取出口退税、抵扣税款的其他发票的；③以牟利为目的，盗接他人通信线路、复制他人电信码号或者明知是盗接、复制的电信设备、设施而使用的；④邮政工作人员私自开拆或者隐匿、毁弃邮件，而窃取财物的。

4. 关于偷开他人机动车的处理。包括：①偷开机动车，导致车辆丢失的，以盗窃罪定罪处罚；②为盗窃其他财物，偷开机动车作为犯罪工具使用后非法占有车辆，或者将车辆遗弃导致丢失的，被盗车辆的价值计入盗窃数额；③为实施其他犯罪，偷开机动车作为犯罪工具使用后非法占有车辆，或者将车辆遗弃导致丢失的，以盗窃罪和其他犯罪数罪并罚；将车辆送回未造成丢失的，按照其所实施的其他犯罪从重处罚。

5. 关于盗窃公私财物并造成财物损毁的处理。包括：①采用破坏性手段盗窃公私财物，造成其他财物损毁的，以盗窃罪从重处罚；同时构成盗窃罪和其他犯罪的，择一重罪从重处罚。例如，在输油管道上打洞盗窃原油，价值5000元，并留下管道火灾隐患多处，就应以破坏易燃易爆设备罪定罪从重处罚。②实施盗窃犯罪后，为掩盖罪行或者报复等，故意毁坏其他财物构成犯罪的，以盗窃罪和构成的其他犯罪数罪并罚。③盗窃行为未构成犯罪，但损毁财物构成其他犯罪的，以其他犯罪定罪处罚。

6. 盗窃支票等金融票证行为性质的认定。盗窃支票、汇票、本票、存单、存折等金融票证，其性质仍然是盗窃，之后又持窃取的金融票证去冒领兑现的，可能使用诈骗的手段，通常认为这是当然的结果行为，而不需要另外再定诈骗罪。如果对窃取的金融票证进行伪造、变造，比如伪造印鉴盖在窃取的空白支票上，那么其非法获取财物的主要手段已经不是盗窃而是金融凭证诈骗了。因为空白支票几无价值，蒙受损失的也不是支票的主人，而是被假支票欺骗的银行，因此应定金融凭证诈骗罪。[1]

7. 关于盗窃数额的认定。盗窃数额，是指行为人窃取的公私财物的实际数额，仅指实际价值和直接损失，不包括间接损失，也不是指低价销赃所得的赃款数额。盗窃行为给失主造成的损失大于盗窃数额的，损失数额可以作为量刑情节考虑。关于盗窃数额的认定方法，《盗窃解释》第4条和第5条区别不同财产类型作了详细的规定。

（三）盗窃罪的刑事责任

根据《刑法》第264条的规定，犯本罪的，处3年以下有期徒刑、拘役或者管制，并处或者单处罚金；数额巨大或者有其他严重情节的，处3年以上10年以下有期徒刑，并处罚金；数额特别巨大或者有其他特别严重情节的，处10年以上有期徒刑或者无期徒刑，并处罚金或者没收财产。《刑法修正案（八）》

---

〔1〕 阮齐林：《刑法学》，中国政法大学出版社2011年版，第540～541页。

删去了"盗窃金融机构，数额特别巨大的；盗窃珍贵文物，情节严重的，处无期徒刑或者死刑，并处没收财产"的规定。

根据《盗窃解释》第1条的规定，盗窃公私财物价值3万~10万元以上的，为"数额巨大"；30万~50万元以上的，为"数额特别巨大"。盗窃公私财物，具有《盗窃解释》第2条第3~8项规定情形之一，或者入户盗窃、携带凶器盗窃，数额达到《盗窃解释》第1条规定的"数额巨大""数额特别巨大"50%的，可以分别认定为"其他严重情节"或者"其他特别严重情节"。

因犯盗窃罪，依法判处罚金刑的，应当在1000元以上盗窃数额的2倍以下判处罚金；没有盗窃数额或者盗窃数额无法计算的，应当在1000元以上10万元以下判处罚金。

《盗窃解释》还规定，盗窃公私财物数额较大，行为人认罪、悔罪，退赃、退赔，且具有下列情形之一，情节轻微的，可以不起诉或者免予刑事处罚；必要时，由有关部门予以行政处罚：①具有法定从宽处罚情节的；②没有参与分赃或者获赃较少且不是主犯的；③被害人谅解的；④其他情节轻微、危害不大的。

三、诈骗罪

（一）诈骗罪的概念和构成要件

诈骗罪，是指以非法占有为目的，用虚构事实或者隐瞒真相的方法，骗取数额较大的公私财物的行为。其构成要件是：

1. 本罪的客体是公私财产所有权。犯罪对象为公私财物，包括各种动产和不动产。如果犯罪的对象不是公私财物，即使有欺骗的行为，如伪造证明骗取结婚登记而重婚的，利用封建迷信谣言骗奸妇女的等，也不构成本罪。另外，用欺骗方法骗取公私财物，如果刑法另有规定的，应依照相应的规定定罪处罚。

2. 本罪在客观方面表现为使用虚构事实或者隐瞒真相的欺诈方法，骗取数额较大的公私财物的行为。欺骗性是诈骗罪的突出特征，也是诈骗罪与其他侵犯财产罪相区别的重要标志。这包括两个要素：一是实施了诈骗公私财物的行为；二是所骗取的公私财物数额较大。

本罪客观方面的具体内容和特征是：

（1）实施了欺骗行为。即行为人使用虚构事实或者隐瞒真相的欺骗方法。虚构事实，即捏造客观上根本不存在的或者不可能发生，足以使被害人受蒙骗的所谓事实，骗取被害人的信任。可以是部分虚构，也可以是全部虚构。隐瞒真相，即对被害人掩盖客观存在的某种事实，以此哄骗被害人。应当指出，这里的"骗"只能是针对对财物具有处分能力的自然人，如果是对机器或和没有处分能力的人实施所谓的"骗"，一般应按盗窃论处。欺骗方法可以是多种多样的，如伪造、涂改单据、证件或者其他领款、领物凭证；假冒身份或以恋爱、结婚为诱饵，骗取钱财；设置骗局，捡钱物共分；伪造军警车辆号牌，骗免过路费；利用转手承包、介绍业务为诱饵骗取财物，等等。

（2）欺骗行为使对方陷入错误认识进而"自愿地"对财产作出处分，即行为人的欺骗行为使对方在认识上产生错觉，信以为真，从而貌似"自愿地"作出财产利益的处分，包括交付财产，免除行为人交还财物的义务，承诺转移财产性利益等。这种"自愿"并非被害人的真实意愿，而是被行为人所设置的骗局迷惑、上当受骗的结果。这种财物的交付行为，可以是当场，也可以是事后，甚至是被害人自己送上门的。如果欺诈内容不是为了使他人作出财产处分，则不是诈骗罪中的欺诈行为。欺诈行为必须达到使一般人能够产生错误认识的程度，如将野辣椒说成具有抗癌功能等。对自己出卖的商品进行夸张，没有超出社会容忍范围的，不是诈骗。另外，对于实践中常见的"调包"案，由于被害人并没有交付占有的意思，不能认定为诈骗，而是盗窃性质。

（3）行为人因此获得了财产，被害人遭受了损失。取得财物的主体可以是行为人本人，也可以是行为人指派的第三人。如果行为人虽然实施了欺骗行为，但并未因此取得对方财产的，则不能成立诈骗既遂。

（4）骗取公私财物必须数额较大。根据 2011 年 4 月 8 日"两高"《关于办理诈骗刑事案件具体应用法律若干问题的解释》（以下简称《诈骗解释》）的规定，这里的"数额较大"是指诈骗公私财物价值 3000 元～10000 元以上的。各省、自治区、直辖市高级人民法院、人民检察院可以结合本地区经济社会发展状况，在上述规定的数额幅度内，共同研究确定本地区执行的具体数额标准，报最高人民法院、最高人民检察院备案。另外，有关司法解释[1]曾规定，单位直接负责的主管人员和其他直接责任人员以单位名义实施诈骗行为，诈骗所得归单位所有的，以 5 万～10 万元以上为"数额较大"。

3. 本罪的主体是一般主体。

4. 本罪的主观方面是直接故意，并以非法占有公私财物为目的。

（二）诈骗罪的司法认定

1. 本罪与非罪的界限。

（1）诈骗没有达到"数额较大"的标准，且危害不大的，不构成犯罪。

（2）诈骗近亲属的财物，近亲属谅解的，一般可不按犯罪处理。诈骗近亲属的财物，确有追究刑事责任必要的，具体处理也应酌情从宽。

（3）要把正常的借贷行为、代人购物拖欠货款的行为与以借贷或代购为名、

---

〔1〕 1996 年 12 月 16 日《最高人民法院关于审理诈骗案件具体应用法律的若干问题的解释》。

行诈骗之实的犯罪区别开来。区分的关键是看行为人是否出于非法占有他人财物的目的。判断是否具有非法占有之目的，应综合考虑双方的关系、事情的起因、行为人的具体行为、不能归还或拖欠的原因、所造成的后果以及行为人的态度等各方面的因素。如果行为人主观上没有非法占有的目的，只是由于经营不善或者其他原因导致经济发生困难，难以偿还债务的，不构成诈骗罪。如果行为人编造虚假的借款用途，拿到借款后逃之夭夭或大肆挥霍，毫无归还的意思表示，则可以认定为诈骗罪。

（4）民事欺诈与诈骗罪的关系。民事欺诈是指在设立、变更、终止民事权利和义务过程中，故意告知对方虚假情况、隐瞒真实情况，诱使对方作出错误表示行为。诈骗罪与民事欺诈是一般与特殊的关系，是可以同时成立的。实务中，判断一行为是否构成诈骗罪不能从证明其是民事欺诈来否定其是诈骗罪，应从行为是否符合诈骗罪的构成要件方面进行判断。[1]

2. 关于欺骗手段与盗窃手段并用的行为性质的认定。在实施侵财犯罪活动中，行为人往往既使用了欺骗的手段又使用了盗窃的手段，对这种案件的定性，应当把握以下两点：其一，看取得财物是否违背财物占有人的意志。违背占有者意志的，是盗窃性质；不违背占有者意志的，是诈骗性质。例如，甲乙素不相识，在公共场合甲谎称有急事"借用"乙手机使用，乙将手机递给甲使用。甲乘机携手机溜走。甲的行为就属于盗窃而非诈骗。其二，看起主要作用的手段是哪一个。例如，行为人盗窃没有加盖公章、签名的空白支票，然后伪造、涂改、冒用他人印章、签名，自填金额，骗领财物的，应定诈骗罪。因为在这种情况下，欺骗手段对犯罪的完成起着主要的作用，盗窃行为只是为其冒领财物创造必要条件。相反，如果盗窃印鉴齐全的空白支票，然后冒称支票单位的职工，骗领财物或骗购货物的，应定盗窃罪。

【案例5分析】乙男出于非法占有的目的，实施了欺骗的行为，使甲女信以为真。但是，甲女没有"自愿地"处分财物的意思，即没有转移对财物占有的意图。在甲女将2000元交给乙男时，乙男不过是单纯的控制了财物，而在社会观念上这2000元仍然归甲女所占有。在此中情况下，乙男偷梁换柱，属于秘密窃取的盗窃性质。因此对乙男应以盗窃罪定罪处罚。

3. 本罪既遂与未遂的认定和处理。行为人取得了财物且数额较大，就成立本罪的既遂。已经着手实行诈骗行为，只是由于行为人意志以外的原因而未获取财物的，是诈骗未遂。对于诈骗未遂的处理，《诈骗解释》中规定了以下几

---

〔1〕 刘岩："民事欺诈行为符合诈骗罪构成要件的应入罪"，载《人民法院报》2017年12月21日，第6版。

点：①诈骗未遂，以数额巨大的财物为诈骗目标的，或者具有其他严重情节的，应当定罪处罚。②利用发送短信、拨打电话、互联网等电信技术手段对不特定多数人实施诈骗，诈骗数额难以查证，但具有下列情形之一的，应当认定为《刑法》第 266 条规定的"其他严重情节"，以诈骗罪（未遂）定罪处罚：发送诈骗信息 5000 条以上的；拨打诈骗电话 500 人次以上的；诈骗手段恶劣、危害严重的。③诈骗既有既遂，又有未遂，分别达到不同量刑幅度的，依照处罚较重的规定处罚；达到同一量刑幅度的，以诈骗罪既遂处罚。

4. 共犯和罪数的认定。明知他人实施诈骗犯罪，为其提供信用卡、手机卡、通讯工具、通讯传输通道、网络技术支持、费用结算等帮助的，以共同犯罪论处。冒充国家机关工作人员进行诈骗，同时构成诈骗罪和招摇撞骗罪的，依照处罚较重的规定定罪处罚。

5. 本罪与特殊诈骗罪的关系。本罪属于普通诈骗罪，刑法中还规定了许多特殊诈骗罪。《刑法》第 266 条规定："……本法另有规定的，依照规定。"该条是指刑法分则中其他条文对采用虚构事实、隐瞒真相骗取财物行为的特别规定，如集资诈骗罪、信用卡诈骗罪、合同诈骗罪等。这些特殊诈骗罪均符合普通诈骗罪的构成特征，属于法条竞合关系，应当按法条竞合的适用原则处理。

6. 注意其他以诈骗罪和不以诈骗罪论处的规定。如《刑法》第 300 条第 3 款规定，组织和利用会道门、邪教组织或者利用迷信诈骗财物的，以诈骗罪定罪处罚；根据《扰乱电信市场刑案解释》的规定，以虚假、冒用身份证件办理入网手续并使用移动电话，造成电信资费损失数额较大的，应以诈骗罪定罪处罚。根据 1995 年 11 月 6 日《最高人民法院关于设置圈套诱骗他人参赌又向索还钱财的受骗者施以暴力或暴力威胁的行为应如何定罪问题的批复》的规定，行为人设置圈套诱骗他人参赌获取钱财，属赌博行为，构成犯罪的，应当以赌博罪定罪处罚。

（三）诈骗罪的刑事责任

根据《刑法》第 266 条的规定，犯本罪的，处 3 年以下有期徒刑、拘役或者管制，并处或者单处罚金；数额巨大或者有其他严重情节的，处 3 年以上 10 年以下有期徒刑，并处罚金；数额特别巨大或者有其他特别严重情节的，处 10 年以上有期徒刑或者无期徒刑，并处罚金或者没收财产。本法另有规定的，依照规定。

根据《诈骗解释》第 1 条的规定，诈骗公私财物价值 3 万 ~ 10 万元以上、50 万元以上的，应当分别认定为"数额巨大""数额特别巨大"。另外，诈骗数额接近本解释第 1 条规定的"数额巨大""数额特别巨大"的标准，并具有本解释第 2 条第 1 款规定的情形之一或者属于诈骗集团首要分子的，应当分别认定为

"其他严重情节""其他特别严重情节"。

根据《诈骗解释》第2条第1款的规定，诈骗公私财物达到规定的"数额较大""数额巨大""数额特别巨大"标准，具有下列情形之一的，可以酌情从严惩处：①通过发送短信、拨打电话或者利用互联网、广播电视、报刊杂志等发布虚假信息，对不特定多数人实施诈骗的；②诈骗救灾、抢险、防汛、优抚、扶贫、移民、救济、医疗款物的；③以赈灾募捐名义实施诈骗的；④诈骗残疾人、老年人或者丧失劳动能力人的财物的；⑤造成被害人自杀、精神失常或者其他严重后果的。

诈骗公私财物虽已达到"数额较大"的标准，但具有下列情形之一，且行为人认罪、悔罪的，可以依法不起诉或者免予刑事处罚：①具有法定从宽处罚情节的；②一审宣判前全部退赃、退赔的；③没有参与分赃或者获赃较少且不是主犯的；④被害人谅解的；⑤其他情节轻微、危害不大的。

四、抢夺罪

（一）抢夺罪的概念和构成要件

抢夺罪，是指以非法占有为目的，抢夺数额较大的公私财物或者多次抢夺的行为。其构成要件是：

1. 本罪的客体是公私财产所有权。犯罪对象是有形的动产，且为一般财物，不包括枪支、弹药、爆炸物、公文、证件、印章、国有档案等特殊物品。

2. 本罪在客观方面表现为抢夺数额较大的公私财物或者多次抢夺的行为。抢夺即"公然夺取"，是指将他人支配下的财物迅速而公然地夺走的行为。主要是指乘人不备夺取财物，但也可以是当面公开夺取财物。也就是说，行为人是否乘人不备夺取财物，不影响本罪的构成。

抢夺犯罪行为包括两种情形：

（1）抢夺公私财物数额较大。根据2013年11月18日"两高"《关于办理抢夺刑事案件适用法律若干问题的解释》（以下简称《抢夺解释》）第1条的规定，抢夺公私财物价值1000元～3000元以上为"数额较大"。各省、自治区、直辖市高级人民法院、人民检察院可以根据本地区经济发展状况，并考虑社会治安状况，在前款规定的数额幅度内，确定本地区执行的具体数额标准，报最高人民法院、最高人民检察院批准。《抢夺解释》第2条规定，抢夺公私财物，具有下列情形之一的，"数额较大"的标准按照前条规定标准（即正常标准）的50%确定：①曾因抢劫、抢夺或者聚众哄抢受过刑事处罚的；②1年内曾因抢夺或者哄抢受过行政处罚的；③1年内抢夺3次以上的；④驾驶机动车、非机动车抢夺的；⑤组织、控制未成年人抢夺的；⑥抢夺老年人、未成年人、孕妇、携带婴幼儿的人、残疾人、丧失劳动能力人的财物的；⑦在医院抢夺病人或者其亲友财物的；⑧抢夺救灾、抢险、防汛、优抚、扶贫、移民、救济款物的；⑨自然灾害、事故灾害、社会安全事件等突发事件期间，在事件发生地抢夺的；⑩导致他人轻伤或者精神失常等严重后果的。

（2）多次抢夺公私财物。参照《盗窃解释》关于"2年内盗窃3次以上的，应当认定为'多次盗窃'"的规定，这里的"多次抢夺"，也应当是指2年内抢夺3次以上。

3. 本罪的主体为一般主体。

4. 本罪的主观方面是直接故意，并具有非法占有公私财物的目的。

（二）抢夺罪的司法认定

1. 本罪与抢劫罪的界限。二者均是以非法占有公私财物为目的，都有抢走他人财物的行为。二者的主要区别是实施犯罪的手段不同。具体包括：①抢夺，是"公然夺取"公私财物，不具有对被害人使用暴力或者以暴力相威胁的特征；而抢劫则是使用"暴力、胁迫或者其他方法"取得财物。②实施抢夺虽然也要使用一定的强力，但它是直接对财物实施强力，而不是针对他人的身体实施暴力。行为人实施抢夺行为时，被害人来不及抗拒，并非是因被暴力压制或受到胁迫所致。而抢劫中的暴力是针对被害人的身体，并以此来排除对方的抵抗。因此，在实施抢夺过程中，即使行为人夺取财物时所施加的有形力致使被害人跌倒摔伤或者死亡，也不成立抢劫罪。由于实施犯罪的手段不同，因此，两罪的客体不完全相同，有无数额要求也不同。

2. 驾驶机动车、非机动车夺取他人财物行为的定性。《抢夺解释》第6条规定，驾驶机动车、非机动车夺取他人财物，具有下列情形之一的，应当以抢劫罪定罪处罚：①夺取他人财物时因被害人不放手而强行夺取的；②驾驶车辆逼挤、撞击或者强行逼倒他人夺取财物的；③明知会致人伤亡仍然强行夺取并放任造成财物持有人轻伤以上后果的。

【案例6分析】王某、张某的行为构成抢劫罪。王某和张某以非法占有他人财物为目的，其行为虽然是将强力作用于赵某的挎包，但使用该强力可能会造成赵某伤亡的结果，二人是明知的，并且放任该危害结果的发生，抢走赵某钱物并致其死亡，既侵犯了赵某的财产权利又侵犯了其人身权利。《抢夺解释》第6条规定，驾驶机动车、非机动车夺取他人财物，"明知会致人伤亡仍然强行夺取并放任造成财物持有人轻伤以上后果的"应当以抢劫罪定罪处罚。

3. 罪数的认定。根据《抢夺解释》第2~4条的规定，实施抢夺公私财物行为，导致他人轻伤或者精神失常等严重后果，导致他人重伤，导致他人自杀，或者导致他人死亡的，仍应以抢夺罪定罪处罚，不构成数罪。其中，导致他人重伤的，适用"数额巨大或者有其他严重情节"一档法定刑处罚；导致他人死亡的，适用"数额特别巨大或者有其他特别严重情节"一档法定刑处罚。

（三）抢夺罪的刑事责任

根据《刑法》第267条的规定，犯本罪的，处3年以下有期徒刑、拘役或者管制，并处或者单处罚金；数额巨大或者有其他严重情节的，处3年以上10年以下有期徒刑，并处罚金；数额特别巨大或者有其他特别严重情节的，处10年以上有期徒刑或者无期徒刑，并处罚金或者没收财产。

携带凶器抢夺的，依照《刑法》第263条关于抢劫罪的规定定罪处罚。

根据《抢夺解释》第1条的规定，抢夺公私财物价值3万元～8万元以上、20万元～40万元以上的，应当分别认定为"数额巨大""数额特别巨大"。

根据《抢夺解释》第3条的规定，本罪中的"其他严重情节"包括：①导致他人重伤的；②导致他人自杀的；③具有本解释第2条第3～10项规定的情形之一，数额达到本解释第1条规定的"数额巨大"50%的。

根据《抢夺解释》第4条的规定，本罪中的"其他特别严重情节"包括：①导致他人死亡的；②具有本解释第2条第3～10项规定的情形之一，数额达到本解释第1条规定的"数额特别巨大"50%的。

根据《抢夺解释》第5条规定，抢夺公私财物数额较大，但未造成他人轻伤以上伤害，行为人系初犯，认罪、悔罪，退赃、退赔，且具有下列情形之一的，可以认定为犯罪情节轻微，不起诉或者免予刑事处罚；必要时，由有关部门依法予以行政处罚：①具有法定从宽处罚情节的；②没有参与分赃或者获赃较少，且不是主犯的；③被害人谅解的；④其他情节轻微、危害不大的。

五、聚众哄抢罪

聚众哄抢罪，是指以非法占有为目的，聚集多人公然抢夺公私财物，数额较大或者情节严重的行为。所谓"聚众哄抢"，是指多人（3人以上）因偶然事件发生而聚集到一起，采用哄闹、滋扰等方法，一哄而起地争相公然夺取公私财物的行为，它具有聚众性、公然性的特征。本罪的主体是一般主体，但必须是首要分子和积极参加者。根据《刑法》第268条的规定，犯本罪的，对首要分子和积极参加者的，处3年以下有期徒刑、拘役或者管制，并处罚金；数额巨大或者有其他特别严重情节的，处3年以上10年以下有期徒刑，并处罚金。

六、侵占罪

（一）侵占罪概念和构成要件

侵占罪，是指以非法占有为目的，将代为保管的他人财物、他人的遗忘物或者埋藏物非法占为己有，数额较大且拒不退还或者拒不交出的行为。其构成要件是：

1. 本罪的客体是公私财产所有权。犯罪对象是他人的财物，即他人脱离占

有之物，具体包括三种：①代为保管的他人财物。这是指接受他人委托或者根据事实上的管理而成立的对他人财物的持有、管理。行为人与他人之间形成了保管关系，是成立这种形式侵占罪的前提条件。②他人的遗忘物。遗忘物，是指由于财物所有人、持有人不慎而失去占有、控制的财物，如顾客丢在出租车里的钱包等。遗忘物不同于遗失物，其特点是，物主一般知道财物脱离自己占有的时间和地点，也往往会知道被某一特定人所拾得和占有。③埋藏物。一般是指埋藏于地下的财物。根据我国《民法通则》第79条的规定，所有人不明的埋藏物，归国家所有。埋藏物的特点是，偶然发现，而非明知。

2. 本罪在客观方面表现为将代为保管的他人财物、他人的遗忘物或者埋藏物非法占为己有，数额较大且拒不退还或者拒不交出的行为，具体包括以下要素：

（1）行为人在实施犯罪之前已经合法持有他人财物，这是成立本罪的前提条件，也是本罪的突出特点。合法持有他人财物，是指以合法的方式取得对他人财物暂时的占有权，但无处分权。

（2）行为人将上述财物非法占为己有，拒不退还或者拒不交出，即"变合法持有为非法所有"。这里的"非法占为己有"，是指行为人将其以合法形式持有的他人财物，予以侵吞、占有或者处分。应当指出，对"他人脱离占有之物"的占有必须是事实上的占有，否则不构成本罪。例如，甲下火车时，雇佣乙拿手提包等行李，而乙趁甲不注意，将手提包等行李拿走。这里，虽然乙占有甲的财物，但在社会观念上该财物仍然是甲所占有，因此不能成立侵占，而属于盗窃性质。"拒不退还或者拒不交出"是指物主或者有关机关要求退还或者交出财物，行为人毫无法律根据地拒绝退还、交出或矢口否认，这表明行为人具有非法占有该财物的目的。

（3）必须数额较大。如果数额较小，即使拒不交还，也不构成本罪。

3. 本罪的主体是一般主体。

4. 本罪的主观方面是直接故意，并具有非法占有的目的。

（二）侵占罪的司法认定

1. 本罪与非罪的界限。构成本罪要求行为人必须具有将他人的财物非法占为己有，拒不交还的行为。如果经权利人要求，甚至经他人说服教育后，行为人最终退还或交出，或者虽然已经处分了该财物，但事后作了赔偿，则不构成本罪。

2. 本罪与盗窃罪、诈骗罪的界限。其区别主要包括：①非法占有目的形成的时间不同，即犯意形成的时间不同。本罪的非法占有意图产生于合法持有、实际控制他人财物之后；而后二罪的非法占有意图产生于持有他人财物之前，并在该犯意的支配下实施了盗窃或诈骗行为。②犯罪对象不同。本罪的对象是行为人事先代为保管的他人财物、脱离他人控制的遗忘物或者埋藏物；而后二罪的对象可以是任何财物。③客观方面不同。本罪的行为人是对占有之物以种种借口或采取各种手段拒不退还或交出；而后二罪的行为人是通过盗窃、诈骗的方法将他人财物转移为自己占有。

（三）侵占罪的刑事责任

根据《刑法》第270条的规定，犯本罪的，处2年以下有期徒刑、拘役或者罚金；数额巨大或者有其他严重情节的，处2年以上5年以下有期徒刑，并处罚金。

本条罪，告诉的才处理。

七、职务侵占罪

（一）职务侵占罪的概念和构成要件

职务侵占罪，是指公司、企业或者其他单位的人员，利用职务上的便利，将本单位财物非法占为己有，数额较大的行为。其构成要件是：

1. 本罪的客体是公司、企业或者其他单位的财产所有权。犯罪对象必须是行为人所在单位的各种财物。既包括动产和不动产，也包括有形物和无形物，如工业产权等，还可以是本单位有权占有而未占有的财物，如单位的债权。

2. 本罪在客观方面表现为利用职务上的便利，将本单位财物非法占为己有，数额较大的行为。具体包括以下要素：

（1）必须是利用职务上的便利，即利用本人职权以及与职务有关的便利条件。"职权"是指本人职务、岗位范围内的权力。"与职务有关的便利条件"是指虽然不是直接利用职务或岗位上的权限，但却利用了本人的职权或地位所形成的便利条件，或通过其他人员利用职务或地位上的便利条件。具体包括：利用自己主管、分管、经手、决定或处理以及经办一定事项等的权力；依靠、凭借自己的权力去指挥、影响下属或利用其他人员的与职务、岗位有关的权限；依靠、凭借权限、地位控制、左右其他人员，或者利用对己有所求人员的权限。利用"纯劳务性"的工作条件便利，如利用在本单位工作熟悉环境、容易混入现场、易接近目标等便利条件，而实施侵占本单位财物的行为，不属于利用职务上的便利，不能构成本罪。构成犯罪的，以其他犯罪论处。

（2）必须实施了非法占有本单位财物的行为。职务侵占的手段，可以是采取侵吞、窃取、骗取等各种手段。

（3）必须达到数额较大。根据2016年4月18日"两高"《关于办理贪污贿赂刑事案件适用法律若干问题的解释》第11条的规定，本罪中的"数额较大"为贪污罪中"数额较大"的2倍，即数额在6万元以上不满40万元的，应当认定为"数额较大"。

3. 本罪的主体是特殊主体，即必须公司、企业或者其他单位的非国家工作人员。根据《刑法》第 183 条的规定，（非国有）保险公司的工作人员利用职务上的便利，故意编造未曾发生的保险事故进行非法理赔，骗取保险金归个人所有的，以本罪定罪处罚。根据《刑法》第 271 条第 2 款的规定，国有公司、企业或者其他国有单位中从事公务的人员和国有公司、企业或者其他国有单位委派到非国有公司、企业以及其他单位从事公务的人员，利用职务上的便利，将本单位财物非法占为己有的，应当以贪污罪定罪处罚。

根据 1999 年 7 月 3 日《最高人民法院关于村民小组组长利用职务便利非法占有公共财物行为如何定性问题的批复》，村民小组组长利用职务上的便利，将村民小组集体财产非法占为己有，数额较大的，应以本罪定罪处罚。根据 2001 年 5 月 26 日《最高人民法院关于在国有资本控股、参股的股份有限公司中从事管理工作的人员利用职务便利非法占有本公司财物如何定罪问题的批复》，在国有资本控股、参股的股份有限公司中从事管理工作的人员，除受国家机关、国有公司、企业、事业单位委派从事公务的以外，不属于国家工作人员。对其利用职务上的便利，将本单位财物非法占为己有，数额较大的，应当以职务侵占罪论处。

4. 本罪的主观方面是直接故意，并具有非法占有本单位财物的目的。

（二）职务侵占罪的司法认定

1. 本罪与侵占罪的界限。二者的客体、主观方面、犯罪目的均相同，也都要求数额较大。二者的主要区别包括：①犯罪对象不同。本罪的对象是行为人所在单位的财物；而后罪的对象是特定的 3 种财物。②客观方面不同。本罪表现为利用职务上的便利将本单位财物非法占为己有；后罪则表现为将代为保管的他人财物、他人的遗忘物或者埋藏物非法占为己有，拒不交还的行为，与职务无关。③犯罪主体不同。另外，本罪属于公诉案件，而后罪属于自诉案件。

2. 共犯的认定。根据 2000 年 7 月 8 日《最高人民法院关于审理贪污、职务侵占案件如何认定共同犯罪几个问题的解释》的规定，行为人与公司、企业或者其他单位的人员勾结，利用公司、企业或者其他单位人员的职务便利，共同将该单位财物非法占为己有，数额较大的，以本罪共犯论处。公司、企业或者其他单位中，不具有国家工作人员身份的人与国家工作人员勾结，分别利用各自的职务便利，共同将本单位财物非法占为己有的，按照主犯的犯罪性质定罪。

【案例 7 分析】 张某、王某的行为构成职务侵占罪，属共犯。张某作为非国有单位的仓库保管员，与王某勾结，将自己管理的仓库里的物品窃走，据为己有，这属于利用职务上的便利，并且非法占有的财物价值高达 10 万余元，符合职务侵占罪的构成要件。根据上述司法解释的规定，对王某应以职务侵占罪的共犯论处。

（三）职务侵占罪的刑事责任

根据《刑法》第271条第1款的规定，犯本罪的，处5年以下有期徒刑或者拘役；数额巨大的，处5年以上有期徒刑，可以并处没收财产。

八、挪用资金罪

挪用资金罪，是指公司、企业或者其他单位的工作人员，利用职务上的便利，挪用本单位资金归个人使用或者借贷给他人，数额较大、超过3个月未还的，或者虽未超过3个月，但数额较大、进行营利活动的，或者进行非法活动的行为。本罪的客体是公司、企业或者其他单位的财产所有权。犯罪对象是本单位的资金，包括货币、有价证券。本罪在客观方面表现为利用职务上的便利，挪用本单位资金归个人使用或者借贷给他人使用的行为。[1]挪用资金行为具体包括三种情形：一是挪用本单位资金，数额较大、超过3个月未还的。这里的"数额较大"，根据2016年4月18日"两高"《关于办理贪污贿赂刑事案件适用法律若干问题的解释》第11条的规定，是指在10万元以上。二是挪用本单位资金数额较大，进行营利活动的。这里的"数额较大"也是指在10万元以上。三是挪用本单位资金进行非法活动的。根据上述司法解释，此种情况下的挪用单位资金，数额在6万元以上的，才应当追究刑事责任。本罪的主体是特殊主体，即公司、企业或者其他单位的工作人员，不包括国家工作人员和本单位以外的人员。根据《刑法》第272条第2款的规定，国有公司、企业或者其他国有单位中从事公务的人员和国有公司、企业或者其他国有单位委派到非国有公司、企业以及其他单位从事公务的人员，利用职务上的便利挪用单位资金的，依照挪用公款罪定罪处罚。本罪的主观方面是直接故意，行为人只具有非法使用本单位资金的目的，而不具有永久占为己有的目的。根据《刑法》第272条第1款的规定，犯本罪的，处3年以下有期徒刑或者拘役；挪用本单位资金数额巨大的，或者数额较大不退还的，处3年以上10年以下有期徒刑。

九、挪用特定款物罪

挪用特定款物罪，是指违反特定款物专用的管理制度，挪用用于救灾、抢险、防汛、优抚、扶贫、移民、救济款物，情节严重，致使国家和人民群众利益遭受重大损害的行为。本罪的客体是国家关于特定款物专用的管理制度，犯罪对象限于上述7种特定款物。本罪在客观方面表现为挪用特定款物，情节严

---

〔1〕 对挪用资金罪客观方面要件的理解，参见本书第二十四章关于挪用公款罪的客观方面要件的介绍。

重，致使国家和人民群众利益遭受重大损害的行为。这里的"挪用"，是指改变特定款物的专用用途，擅自挪作其他公用的行为，不包括挪作个人使用。根据《刑法》第384条第2款的规定，如果国家工作人员利用职务便利将上述7种特定款物挪归个人使用的，则应当以挪用公款罪从重处罚。根据《公安立案标准二》的规定，挪用特定款物涉嫌下列情形之一的，应予立案追诉：①挪用特定款物价值在5000元以上的；②造成国家和人民群众直接经济损失数额在5万元以上的；③虽未达到上述数额标准，但多次挪用特定款物的，或者造成人民群众的生产、生活严重困难的；④严重损害国家声誉，或者造成恶劣社会影响的；⑤其他致使国家和人民群众利益遭受重大损害的情形。本罪的主体是特殊主体，即掌管、经手上述七种特定款物的直接责任人员以及有关领导人员，并不限于具有国家工作人员身份的人。本罪的主观方面是故意。本罪与挪用资金罪的主要区别是犯罪目的不同。根据《刑法》第273条规定，犯本罪的，对直接责任人员处3年以下有期徒刑或者拘役；情节特别严重的，处3年以上7年以下有期徒刑。

十、敲诈勒索罪

（一）敲诈勒索罪的概念和构成要件

敲诈勒索罪，是指以非法占有为目的，使用威胁或者要挟的方法，强行索取公私财物，数额较大或者多次敲诈勒索的行为。其构成要件是：

1. 本罪的客体是复杂客体，既侵犯了公私财物的所有权，也侵犯他人的人身权利或其他权益。犯罪对象是公私财物，可以是动产、不动产、有形财产和无形财产等。

2. 本罪在客观方面表现为以威胁或要挟的方法，向公私财物的占有人强行索取财物，数额较大或者多次敲诈勒索的行为。具体包括以下要素：

（1）必须是对被害人采取威胁或要挟的方法。概括而言，"威胁或要挟"就是对公私财物的所有人、管理人给予精神上的强制，使其产生恐惧，以至于不敢反抗，不得已而交付财物。威胁与要挟，都是能够引起他人心理恐惧的精神强制方法，二者没有本质的区别。

威胁或要挟的方法是多种多样的，通常包括：以对被害人及其亲友的人身实施杀害、伤害等暴力相威胁；以损害人格名誉相威胁；以揭发、张扬被害人的隐私或弱点相威胁、要挟；以毁坏财产相威胁；以披露商业秘密相要挟；凭借或利用某种权势以损害被害人的切身利益相要挟；以告发其违法犯罪相威胁，等等。威胁或要挟的表现形式，可以是当面进行，也可以是间接实施；可以是公开的，也可以是以暗示方式进行；可以是口头的，也可以是书面的，还可以是采取处理网络信息的方式实施。根据2013年9月10日"两高"《关于办理利用信息网络实施诽谤等刑事案件适用法律若干问题的解释》第 6 条的规定，以在信息网络上发布、删除等方式处理网络信息为由，威胁、要挟他人，索取公私财物，数额较大，或者多次实施上述行为的，以敲诈勒索罪定罪处罚。

（2）必须是迫使被害人交付公私财物。行为人既可以是逼迫被害人限期交出财物，也可以是逼迫被害人当场交出财物。

（3）必须是勒索公私财物数额较大或者多次敲诈勒索。根据 2013 年 4 月 27 日"两高"《关于办理敲诈勒索刑事案件适用法律若干问题的解释》（以下简称《敲诈勒索解释》）第 1 条的规定，敲诈勒索公私财物价值 2000 元 ~ 5000 元以上的，为"数额较大"。《敲诈勒索解释》第 2 条规定，敲诈勒索公私财物，具有下列情形之一的，"数额较大"的标准可以按照本解释第 1 条规定标准的 50% 确定：①曾因敲诈勒索受过刑事处罚的；②1 年内曾因敲诈勒索受过行政处罚的；③对未成年人、残疾人、老年人或者丧失劳动能力人敲诈勒索的；④以将要实施放火、爆炸等危害公共安全犯罪或者故意杀人、绑架等严重侵犯公民人身权利犯罪相威胁敲诈勒索的；⑤以黑恶势力名义敲诈勒索的；⑥利用或者冒充国家机关工作人员、军人、新闻工作者等特殊身份敲诈勒索的；⑦造成其他严重后果的。

"多次敲诈勒索"是指 2 年内敲诈勒索 3 次以上的。

3. 本罪的主体为一般主体。对于明知他人实施敲诈勒索犯罪，而为其提供信用卡、手机卡、通讯工具、通讯传输通道、网络技术支持等帮助的，以共犯论处。

4. 本罪的主观方面是直接故意，并具有非法占有公私财物的目的。

（二）敲诈勒索罪的司法认定

1. 本罪与非罪的界限。主要应从行为人主观上是否具有非法占有的目的、客观上勒索的财物是否属于数额较大、是否属于多次敲诈勒索等方面进行区分。行为人如果是以索取债务为目的而实施了带有某种威胁性的举动，属于债务纠纷，不能认定为敲诈勒索。《敲诈勒索解释》中关于本罪与非罪的问题，规定了以下两点：一是敲诈勒索近亲属的财物，获得谅解的，一般不认为是犯罪；认定为犯罪的，应当酌情从宽处理。二是被害人对敲诈勒索的发生存在过错的，根据被害人过错程度和案件其他情况，可以对行为人酌情从宽处理；情节显著轻微危害不大的，不认为是犯罪。

2. 本罪与抢劫罪的界限。敲诈勒索罪的威胁方法与抢劫罪的胁迫方法有类似之处。因此，当行为人采用威胁（胁迫）的方法实现其非法占有公私财物的目的时，必须严格区分二罪。二者的主要区别包括：

（1）威胁（胁迫）的内容不完全相同。抢劫罪的胁迫是指对被害人以当场实施暴力侵害相威胁，且只能是当场可以实施的暴力侵害；而本罪的威胁内容比较广泛，既可以是以暴力相威胁，也可以是以揭发隐私、损害名誉、毁坏财产等相威胁，而且本罪中的威胁内容如果是暴力的话，必须不具有当场的可实施性。

（2）威胁（胁迫）的方式不同。抢劫罪的胁迫是当面直接对被害人进行威胁，不可能通过第三者进行威胁；而本罪的威胁可以当面实施，也可以不当面实施；可以是自己进行威胁，也可以是通过第三人进行威胁。

（3）将威胁（胁迫）的内容转为具体实施的时间不同。抢劫罪的暴力威胁转化为暴力，一般是当场，即如果不满足行为人的要求，暴力威胁内容就当场兑现；而本罪的暴力威胁内容的付诸实施并不发生在当场，从发出暴力威胁到付诸实施有一定的时间间隔，即暴力威胁的内容在将来的某个时间实现。当然，非暴力的威胁内容的付诸实施，既可以是当场，也可以日后。

（4）获得财物的时间不尽相同。抢劫是当场取得财物；而在敲诈勒索中，取得财物的时间，有的是当场，更多的则是在事后取得，即在实施威胁或要挟之后的一定期限内取得。因此，如果采用暴力侵害相威胁，并当场取得财物，则应当认定为抢劫；如果采用非暴力的威胁或要挟，无论是当场取得财物还是日后取得财物，均属于敲诈勒索。

3. 本罪与诈骗罪的界限。二者皆有"诈"字，但其含义与表现形式并不相同。敲诈勒索是使用威胁或要挟的方法，使被害人产生精神恐惧，迫不得已而交付财物；而诈骗则是使用虚构事实或隐瞒真相的欺骗方法，使被害人陷于错误认识，从而似乎"自愿"地交付财物。在两种犯罪中，被害人交付财物的主观感觉是截然不同的。

4. 本罪与绑架罪的界限。二者的根本区别在于：是否利用劫持并控制人质的方法进行敲诈、强索财物。索取财物型的绑架，实际上是采用非法拘禁的方式勒索财物，如果没有采用非法剥夺他人人身自由的方式勒索财物，就属于敲诈勒索。例如，甲、乙两人合伙编造乙被人绑架的骗局，然后向乙的父母勒索赎金，就属于敲诈勒索性质。

5. 本罪的既遂与未遂的界限。行为人对被害人已经使用了威胁或要挟的方法，如果使其产生精神恐惧，从而非法占有了他人的财物，属于本罪既遂。如果被害人并未产生精神恐惧且未交出财物，或者虽产生恐惧但并未交出财物的，应属本罪未遂。

（三）敲诈勒索罪的刑事责任

根据《刑法》第 274 的规定，犯本罪的，处 3 年以下有期徒刑、拘役或者管制，并处或者单处罚金；数额巨大或者有其他严重情节的，处 3 年以上 10 年以下有期徒刑，并处罚金；数额特别巨大或者有其他特别严重情节的，处 10 年以上有期徒刑，并处罚金。根据《敲诈勒索解释》第 8 条的规定，对犯敲诈勒索罪的被告人,应当在 2000 元以上、敲诈勒索数额的 2 倍以下判处罚金;被告人没有获得财物的,应当在 2000 元以上 10 万元以下判处罚金。

《敲诈勒索解释》第 1 条规定,敲诈勒索公私财物价值 3 万元 ~ 10 万元以上、30 万元 ~ 50 万元以上的,应当分别认定为"数额巨大""数额特别巨大"。敲诈勒索公私财物,具有本解释第 2 条第 3 ~ 7 项规定的情形之一,数额达到本解释第 1 条规定的"数额巨大""数额特别巨大"80% 的,可以分别认定为"其他严重情节""其他特别严重情节"。

《敲诈勒索解释》还规定,敲诈勒索数额较大,行为人认罪、悔罪,退赃、退赔,并且具有下列情形之一的,可以认定为情节轻微,不起诉或者免予刑事处罚,由有关部门依法予以行政处罚:①具有法定从宽处罚情节的;②没有参与分赃或者获赃较少且不是主犯的;③被害人谅解的;④其他情节轻微、危害不大的。

十一、故意毁坏财物罪

故意毁坏财物罪,是指故意毁坏公私财物,数额较大或者有其他严重情节的行为。本罪的对象是公私财物,但对于毁坏刑法另有规定的特定财物的行为,应当依照刑法的特别规定处理。本罪在客观方面表现为故意毁灭或者损坏公私财物,数额较大或者情节严重的行为。所谓"毁灭",是指使公私财物完全毁坏,使其价值或使用价值全部丧失。所谓"损坏",是指使公私财物的价值或使用价值部分丧失。毁损公私财物的方法是多种多样的,但对采用放火、爆炸等危险方法破坏公私财物危害公共安全的,应以相关的危害公共安全罪论处。构成本罪还要求"数额较大或者有其他严重情节",根据《公安立案标准一》的规定,包括以下情形:①造成公私财物损失 5000 元以上的;②毁坏公私财物 3 次以上的;③纠集 3 人以上公然毁坏公私财物的;④其他情节严重的情形。本罪的主观方面是故意,犯罪目的是毁坏财物,而没有非法占有公私财物的目的。在认定时还应注意,盗窃公私财物并造成财物毁损的处理,具体内容前面已作了介绍。根据《刑法》第 275 条的规定,犯本罪的,处 3 年以下有期徒刑、拘役或者罚金;数额巨大或者有其他特别严重情节的,处 3 年以上 7 年以下有期徒刑。

十二、破坏生产经营罪

破坏生产经营罪,是指由于泄愤报复或者其他个人目的,毁坏机器设备、残害耕畜或者以其他方法破坏生产经营的行为。这里的"其他方法",是指与毁坏机器设备、残害耕畜性质相似的其他破坏生产经营的方法,如切断电源、偷改设计图纸,毁坏种子等。不论方式如何,采用的手段怎样,破坏的对象都必须是用于生产经营活动以及与生产经营活动直接相联系的生产资料、生产工具、生产工艺、生产对象等。本罪的主观方面是直接故意,并具有泄愤报复或者其他个人目的。本罪是一种特殊的毁损型犯罪,因此破坏生产经营,同时又毁损财物的,应以本罪论处。根据《公安立案标准一》的规定,破坏生产经营涉嫌下列情形之一的,应予立案追诉:①造成公私财物损失 5000 元以上的;②破坏生产经营 3 次以上的;③纠集 3 人以上公然破坏生产经营的;④其他破坏生产经营应予追究刑事责任的情形。根据《刑法》第 276 条的规定,犯本罪的,处 3 年以下有期徒刑、拘役或者管制;情节严重的,处 3 年以上 7 年以下有期徒刑。

十三、拒不支付劳动报酬罪

拒不支付劳动报酬罪,是指以转移财产、逃匿等方法逃避支付劳动者的劳动报酬或者有能力支付而不支付劳动者的劳动报酬,数额较大,经政府有关部门责令支付仍不支付的行为。本罪的客体是劳动者获得劳动报酬的权利和国家劳动管理秩序。本罪的对象是劳动者依法应得的劳动报酬,不包括劳务报酬。本罪客观方面的表现包括以下要素:①以转移财产、逃匿等方法逃避支付劳动者的劳动报酬,或者有能力支付而不支付劳动者的劳动报酬。②逃避支付或者有能力支付而不支付劳动报酬必须达到数额较大。③必须是经政府有关部门责令支付仍不支付。2013 年 1 月 23 日《最高人民法院关于审理拒不支付劳动报酬刑事案件适用法律若干问题的解释》对本罪的认定作出了具体规定。本罪的主体是特殊主体,即负有向劳动者支付劳动报酬的人,包括自然人和用人单位。根据《刑法》第 276 条之一第 1 款、第 2 款的规定,犯本罪的,处 3 年以下有期徒刑或者拘役,并处或者单处罚金;造成严重后果的,处 3 年以上 7 年以下有期徒刑,并处罚金。单位犯本罪的,实行两罚制。《刑法》第 276 条之一第 3 款规定,拒不支付劳动者的劳动报酬,尚未造成严重后果,在提起公诉前支付劳动者的劳动报酬,并依法承担相应赔偿责任的,可以减轻或者免除处罚。

本章小结

本类罪共包括 13 个罪名,本章对其中的重点、常见罪名,包括抢劫罪、盗窃罪、诈骗罪、抢夺罪、侵占罪、职务侵占罪、敲诈勒索罪等,从犯罪构成要件、司法认定和刑事责任等方面作了重点阐析,应当重点掌握和理解,并能够运用。对本章的其他罪名也应当有所掌握。

思考练习

1. 如何理解抢劫罪的客观方面行为表现?
2. 如何正确理解《刑法》第 269 条之规定?

3. 如何理解"携带凶器抢夺"？

4. 如何理解"入户抢劫"？

5. 如何认定抢劫罪的既遂与未遂？

6. 试比较抢劫罪与绑架罪的异同。

7. 盗窃犯罪行为有哪几种表现形式？应如何理解和把握？

8. 盗窃罪既遂的认定标准是什么？对于盗窃未遂的，应否定罪处罚？

9. 如何区分抢夺罪、敲诈勒索罪与抢劫罪？

10. 如何区分诈骗罪与敲诈勒索罪？

11. 侵占罪与盗窃罪、诈骗罪的主要区别有哪些？

实务训练

1. 甲乙丙丁共谋诱骗黄某参赌。四人先约黄某到酒店吃饭，甲借机将安眠药放入黄某酒中，想在打牌时黄某不清醒合伙赢黄某的钱。但因甲投放的药品剂量偏大，饭后刚开牌局黄某就沉沉睡去，四人趁机将黄某的钱包掏空后离去。

问：甲乙丙丁的行为构成何罪？为什么？

2. 甲欠乙5万元久不归还，乙反复讨要未果。某日，甲持凶器闯入乙家，迫使乙交出5万元欠条，乙不从，结果被甲殴打。眼看甲所持凶器将要刺向自己，乙只好答应交出欠条，并在甲已经备好的还款收条上签字。

问：甲的行为是否构成犯罪？

3. 甲乙二人（均已成年）于某晚潜入某工厂行窃，盗得精铜板10块，价值人民币1000元，二人在携带精铜板准备逃离工厂时被工厂保安发现追赶。二人联手将保安打倒后携赃物逃离了工厂。

问：对于甲、乙的行为应如何定罪？并说明理由。

4. 甲使用暴力将乙扣押在某废弃的建筑物内，强行从乙身上搜钱，但只搜到了1张无钱款的信用卡，甲逼迫乙向该信用卡中打入人民币1万元。乙便给其妻子打电话，谎称自己开车撞伤他人，让其立即向自己的信用卡入1万元救治伤员并赔偿。乙妻信以为真，便向乙的信用卡中打入1万元，被甲取走，甲在得款后将乙释放。

问：甲的行为是构成抢劫罪还是绑架罪？并说明理由。（提示：关键在于把握甲是否当场取得财物？财物的实际交付人是谁？）

5. 甲乙二人合谋抢夺财物。一日，甲向一坐在汽车内的妇女假装问路，乙趁该妇女不备，拉开车门，从副驾驶座位上抢过提包（包内有现金200元）就跑，甲随即与乙一同逃跑，后被抓获。警方从甲身上搜出一把匕首，但一直藏在身上没有拿出来，事前乙也不知情。从乙身上搜出一把水果刀，经查，乙携带的水果刀是乙刚买准备送给其女朋友的礼物。

问：对甲、乙的行为如何定性？（提示：对乙的行为定性，关键在于认定其携带水果刀是否为了实施犯罪？）

6. 甲潜入乙家，搬走乙家 1 台价值 3000 元的彩电，走到门口，被乙 5 岁的女儿丙看到。丙问甲为什么搬她家的彩电，乙谎称是其父亲让他来搬的。丙信以为真，让甲将彩电搬走。

问：甲的行为是构成盗窃罪还是诈骗罪？

7. 甲潜入他人住宅盗窃，将他人的皮箱（内有现金 2 万元和其他财物）扔到院墙外，准备一会儿翻墙出去再捡。15 分钟后，甲来到院墙外，发现皮箱已无踪影。

问：甲的盗窃行为是否成立犯罪既遂？

8. 丙在柜台购买 4 条中华香烟，在售货员丁拿给甲 4 条中华香烟后，丙又让丁再拿 1 瓶五粮液酒。趁丁转身时，丙用事先准备好的 4 条假中华香烟与柜台上的中华香烟对调。等丁拿出五粮液酒后，丙将烟酒又看了看，以烟酒有假为由没有买。

问：丙的行为构成盗窃罪还是诈骗罪。

9. 张某见一女子在商场买衣服正在付款，上前一把抓过该女子手中的 2000元钱，说："不像话，不和我商量就来买衣服。"拿钱就走。

问：对张某的行为如何定性？

10. 甲受乙委托将将价值 5 万元的手表送给 10 公路外的何某，甲在路上让杨某捆绑自己，伪造了抢劫现场，将手表据为己有。报案后，甲向警方称自己被抢。

问：甲的行为构成何罪？

11. 职员邱某被公司辞退，要求公司向其支付 5 万元补偿费，否则会将所掌握的公司商业秘密出卖给其他使用。公司只好支付了 5 万元所谓的"补偿费"。

问：邱某的行为是否犯罪？

12. 甲故意杀死仇人乙，之后又产生勒索财物的故意，遂向乙的妻子打电话声称乙被绑架，必须于次日中午将 20 万元现金放在某处，否则乙性命难保。

问：对甲的行为应如何定罪处罚？

13. 下列行为应认定为抢劫罪一罪的是哪些选项？

A. 甲将仇人杀死后，发现其身上有 5000 元现金，遂全部取走

B. 甲持刀拦路抢劫，故意将受害人杀死后取走其财物

C. 甲在抢劫过程中，为压制被害人反抗，故意将被害人杀死，取走其财物

D. 甲实行抢劫罪后，为防止受害人报案，将其杀死

14. 下列哪些行为构成盗窃罪？

A. 王某在商场盗窃他人信用卡之后，随即用该卡在商场购买了价值 1 万元的手表

B. 李某在商场试衣间试穿大衣是否合适的时候，趁售货员与别的顾客聊天的机会，将价值 6000 元的大衣穿走

C. 张某在商店购买首饰时，趁售货员不注意，将自己准备好的假首饰与从售货员那里拿来的价值 8000 元的真首饰调换，并谎称带的钱不够，将假首饰推给售货员

D. 郑某潜入他人家中，将 50 克海洛因拿走

E. 付某在某柜台购买手机，营业员将手机拿给其看时，付某乘其不备拿起手机就跑

15. 关于盗窃罪的认定，下列表述正确的是哪些选项？

A. 甲因饮酒过量醉卧街头。乙向围观群众声称甲系其好友，将甲扶于无人之处，掏走甲身上 1000 余元离去。乙的行为构成盗窃罪

B. 甲与乙在火车上相识，下车后同到一饭馆就餐。乙殷勤劝酒，将甲灌醉，掏走甲身上 1000 余元离去。乙的行为构成盗窃罪

C. 甲去一餐馆吃饭，时值该餐馆打烊，服务员已下班离去，只有老板乙在清理账目。在甲再三要求之下，乙无奈亲自下厨准备饭菜。甲趁机将厨房门反锁，致乙欲出不能，只能从递菜窗口眼看着甲打开柜台抽屉拿走 1000 余元离去。甲的行为构成盗窃罪

D. 甲在街头出售报纸时发现乙与一摊主因买东西发生争执，其携带的箱子（内有贵重物品）放在自己身旁的地上，甲便提起该箱子悄悄溜走。乙发现后紧追不舍。为摆脱乙的追赶，甲将手中剩余的几张报纸卷成一团扔向乙，击中乙脸，乙受惊吓几乎滑倒，随之又追，终于抓住甲。甲的行为构成盗窃罪

16. 下列行为中，如数额较大，构成诈骗罪的有哪些选项？

A. 甲在某商场看中一套西服，便向服务员乙提出试穿。试穿时，甲趁售货员与其他顾客说话之机将西服穿走

B. 甲假装在商场购买西服，售货员乙让其试穿西服，甲穿上西服后，对乙说："我买西服须征得妻子的同意，我将身份证押在这里，如果妻子同意，我明天来交钱；如果妻子不同意，我明天还回西服。"乙同意甲将西服穿回家，但甲使用的是假身份证，次日根本没有送钱或还西服给乙

C. 洗衣店经理甲发现丙家的走廊上晒着西服，便欺骗本店临时工乙说："丙要洗西服，但没有时间送来，你到丙家去将走廊上晒的西服取来。"乙信以

为真，取来西服交给甲，甲将西服据为己有

D. 洗衣店经理甲发现丙家的走廊上晒着西服，便敲开丙家的门，欺骗丙家小保姆乙说："我是洗衣店经理，你家主人丙打电话给我们说要洗西服，但没有时间送来，麻烦你将走廊上晒的西服取来给我。"乙信以为真，取来西服交给甲，甲将西服据为己有

第二十一章　拓展学习

第二十二章 妨害社会管理秩序罪

目标任务

　　了解妨害社会管理秩序罪的概念和构成特征，了解本类犯罪中各非重点罪名的概念、需要特别注意事项及相关处罚的特别规定，掌握本章各重点罪名的概念、犯罪构成、司法认定以及相关处罚的特别规定，能够运用所学知识分析案件，处理实务问题。

第一节 妨害社会管理秩序罪概述

　　妨害社会管理秩序罪，是指故意或过失妨害国家机关对社会的正常管理活动，破坏社会秩序，依法应当受刑罚处罚的行为。这类犯罪的构成特征是：

　　1. 犯罪的同类客体是社会管理秩序，即国家机关依法对社会实行管理所形成的正常社会秩序。当然，作为本类罪同类客体的社会管理秩序，是指刑法分则其他各章规定之罪所侵犯的同类客体以外的社会管理秩序。

　　2. 在客观方面表现为实施妨害国家机关对社会的正常管理活动，破坏社会秩序，依法应当受刑罚处罚的行为。本章犯罪涉及罪名众多，大多数是作为犯罪，极少数是不作为犯罪，而且大多数犯罪的成立以违反我国有关社会秩序管理法规为前提。

　　3. 犯罪主体方面，大多数犯罪是一般主体，少数是特殊主体，如伪证罪、医疗事故罪等。多数犯罪只能由自然人实施，少数犯罪可以由单位实施，如污染环境罪等。某些犯罪只能由单位构成，如非法出售、私赠文物藏品罪。除贩卖毒品罪的刑事责任年龄为已满 14 周岁外，其余各罪均为已满 16 周岁。

　　4. 犯罪的主观方面，绝大多数是故意，有些犯罪的构成还要求行为人具有特定的犯罪目的，如赌博罪的构成要求行为人"以营利为目的"，等等。少数犯罪可以由过失构成。

　　本类罪共包括 137 个罪名，具体分为以下 9 小类犯罪：扰乱公共秩序罪；妨害司法罪；妨害国（边）境管理罪；妨害文物管理罪；危害公共卫生罪；破坏

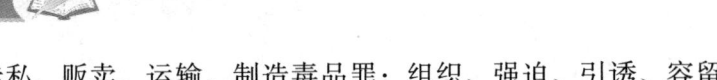

环境资源保护罪；走私、贩卖、运输、制造毒品罪；组织、强迫、引诱、容留、介绍卖淫罪；制作、贩卖、传播淫秽物品罪。

为正确处理这类刑事案件，"两高"分别或联合发布了大量的司法解释。最高人民检察院、公安部印发的《关于公安机关管辖的刑事案件立案追诉标准的规定（一）》（以下简称《公安立案标准一》）、《关于公安机关管辖的刑事案件立案追诉标准的规定（三）》（以下简称《公安立案标准三》）对本章相关犯罪的立案追诉标准作了规定。

 **第二节 扰乱公共秩序罪**

【案例】

1. 姜某因驾车在公共交通道路上逆行受到执勤交警李某等人的依法拦截并给予处罚。姜某不服交警的处罚，与执勤交警发生争执，随后从车中拿出木棍向执勤交警挥打，将李某的鼻骨打成骨折（后经法医鉴定为轻伤），并将另一名交警打成轻微伤。问：对姜某应如何定罪处罚？

2. 万某，某村农民，小学文化。万某嫌在外打工太累且赚不到钱，就谎称自己是国家安全部门的保密人员，在执行秘密任务，以谈恋爱为名，先后骗取10名女性自愿与其发生关系，并分别骗取数额不等的财物，共计60万余元。问：万某的行为构成什么罪？

一、妨害公务罪

（一）妨害公务罪的概念和构成要件

妨害公务罪，是指以暴力、威胁方法阻碍国家机关工作人员依法执行职务，以暴力、威胁方法阻碍人大代表依法执行代表职务，在自然灾害和突发事件中以暴力、威胁方法阻碍红十字会工作人员依法履行职责的行为，以及故意阻碍国家安全机关、公安机关依法执行国家安全工作任务，未使用暴力、威胁方法，造成严重后果的行为。其构成要件是：

1. 本罪的客体是公务活动，即国家机关工作人员、人大代表、红十字会工作人员的正常公务或职务活动。根据2000年4月24日《最高人民检察院关于以暴力、威胁方法阻碍事业编制人员依法执行行政执法职务是否可以对侵害人以妨害公务罪论处的批复》，对于以暴力、威胁方法阻碍国有事业单位人员依照法律、行政法规的规定执行行政执法职务的，或者以暴力、威胁方法阻碍国家机关中受委托从事行政执法职务的事业编制人员执行行政执法职务的，可以对侵害人以妨害公务罪追究刑事责任。

2. 本罪在客观方面表现为阻碍特定人员依法执行职务的行为，具体包括：①以暴力、威胁方法阻碍国家机关工作人员依法执行职务的行为；②以暴力、威胁方法阻碍人民代表大会的代表依法执行代表职务的行为；③在自然灾害和突发事件中，以暴力、威胁方法阻碍红十字会工作人员依法履行职责的行为；④阻碍国家安全机关、公安机关的工作人员依法执行国家安全工作任务，虽未使用暴力、威胁方法，但造成严重后果的行为。就是说，以暴力、威胁方法阻碍国家安全机关、公安机关的工作人员依法执行国家安全工作任务的，当然构成本罪；未使用暴力、威胁方法，但故意实施阻碍行为且造成严重后果的，也构成本罪。

本罪的暴力方法，主要是指行为人对上述正在依法执行职务的人员的身体实行打击或强制，如捆绑、殴打、强行拘禁等，但暴力不限于此，如果对上述工作人员的办公环境使用强暴的方法，如推翻办公桌、砸碎办公用品严重妨害公务的，也可视为暴力手段。本罪的威胁方法，是指对上述工作人员实施精神强制的方法，如以杀害、伤害、毁坏财产、损害名誉、扣押为人质等方法，进行威逼、恐吓，迫使其放弃职守或者使其无法履行职务。应当指出，暴力或威胁方法必须是国家机关工作人员、人大代表、红十字会工作人员依法执行职务期间实施，否则不构成本罪。

3. 本罪的主体是一般主体。

4. 本罪的主观方面是直接故意，即行为人明知上述工作人员正在依法执行职务而有意识地予以阻碍。

（二）妨害公务罪的司法认定

1. 本罪与非罪的界限。其一，群众提出的合理要求没有得到及时解决，尤其是当个别国家机关工作人员执行职务行为时态度生硬、方法简单、举止粗暴而导致群众与其发生顶撞甚至冲突，对于这种情况不宜以犯罪论处。其二，国家机关工作人员、人大代表、红十字会工作人员执行职务时内容不合法或程序不合法，人民群众进行反抗的，不能作为犯罪处理。

2. 本罪与其他犯罪的界限。区别的关键在于行为实施的时间不同。本罪的实施必须是在上述工作人员正在依法执行职务期间。如果行为人在上述工作人员执行职务行为之前或之后对其实施暴力、威胁或进行行凶报复的，只可能构成故意伤害罪、故意毁坏财物罪、侮辱罪等，而不能构成本罪。

3. 罪数的认定。本罪中的暴力不包括重伤和杀害。行为人以暴力方法妨害公务，造成人员重伤或死亡的，属于妨害公务罪和故意伤害罪或故意杀人罪的想象竞合犯，应从一重罪处罚。先前的行为已经构成犯罪，在国家机关工作人员依法查处时，对国家机关工作人员实施暴力、威胁行为构成妨害公务罪的，应当实行数罪并罚。此外，妨害公务的行为，可能成为其他犯罪的手段，如采用暴力、威胁的方法抗税、拒不执行生效裁判等，对此原则上应从一重罪处断。

（三）妨害公务罪的刑事责任

根据《刑法》第277条的规定，犯本罪的，处3年以下有期徒刑、拘役、管制或者罚金。暴力袭击正在依法执行职务的人民警察的，依照上述规定从重处罚。"暴力袭击"是指对人民警察的身体不法行使有形力。

【案例1分析】姜某明知交警李某是国家机关工作人员（警察），且正在依法执行公务，查处其违章行为，仍然使用木棍打击李某等人，造成李某轻伤，妨害了正常公务活动，主观上具有犯罪的故意，符合妨害公务罪的构成要件，应以妨害公务罪追究其刑事责任。姜某暴力袭击正在依法执行职务的人民警察，应当从重处罚。

二、煽动暴力抗拒法律实施罪

煽动暴力抗拒法律实施罪，是指煽动群众暴力抗拒国家法律、行政法规实施的行为。根据《刑法》第278条的规定，犯本罪的，处3年以下有期徒刑、拘役、管制或者剥夺政治权利；造成严重后果的，处3年以上7年以下有期徒刑。

三、招摇撞骗罪

（一）招摇撞骗罪的概念和构成要件

招摇撞骗罪，是指冒充国家机关工作人员招摇撞骗的行为。其构成要件是：

1. 本罪的客体是国家机关的公共信赖和威信以及国家机关的正常活动。犯罪对象是包括财物在内的各种非法利益。

2. 本罪在客观方面表现为冒充国家机关工作人员进行招摇撞骗的行为。本罪冒充的对象是国家机关工作人员。如果冒充的不是国家机关工作人员，如冒充高干子弟、富豪大款、影视明星等招摇撞骗的，则不构成本罪。冒充国家机关工作人员，可以是非国家机关工作人员冒充国家机关工作人员，也可以是国家机关工作人员冒充其他国家机关工作人员，比如行政机关工作人员冒充司法工作人员、职务低的国家机关工作人员冒充职务高的国家机关工作人员。如果冒充军人招摇撞骗的，则构成冒充军人招摇撞骗罪。所谓招摇撞骗，是指利用冒充国家机关工作人员的身份、职位，到处炫耀，实施诈骗行为。

3. 本罪的主体是一般主体。

4. 本罪的主观方面是故意，并具有谋取非法利益的目的。这里的非法利益不限于财物等物质性利益，也可以是骗取职位、荣誉、资格、婚姻或骗取玩弄他人感情等。

（二）招摇撞骗罪的司法认定

主要应划清本罪与诈骗罪的界限。二者的主要区别包括：①客体不同。本罪的客体是国家机关的公共信赖和威信以及国家机关的正常活动，后罪的客体是公私财产所有权。②犯罪目的不同。本罪是以骗取包括财物在内的各种非法利益为目的，后罪是以非法占有公私财物为目的。③行为手段不同。本罪必须是以冒充国家机关工作人员身份或职务的手段实施，诈骗罪的手段则不限于此。④有无犯罪数额的要求不同。本罪的成立没有犯罪数额上的要求，诈骗罪的成立要求骗取财物数额较大。因此，二者之间存在部分重合关系，具体如何处理见后面【案例2分析】

（三）招摇撞骗罪的刑事责任

根据《刑法》第279条的规定，犯本罪的，处3年以下有期徒刑、拘役、管制或者剥夺政治权利；情节严重的，处3年以上10年以下有期徒刑。冒充人民警察招摇撞骗的，从重处罚。

【案例2分析】分析：万某冒充国家机关工作人员的身份，骗取他人感情和财物，其行为构成招摇撞骗罪。由于万某所骗取的财物多达60余万元，属于数额特别巨大（根据规定，诈骗公私财物价值50万元以上的，应认定为"数额特别巨大"），侵犯了被害人的财产权，同时符合诈骗罪的犯罪构成。根据《刑法》第266条的规定，诈骗公私财物数额特别巨大或者有其他特别严重情节的，处10年以上有期徒刑或者无期徒刑，并处罚金或者没收财产。由于招摇撞骗罪的最高法定刑低于诈骗罪"数额特别巨大"的法定刑，因此对万某应以处罚较重的诈骗罪定罪处罚。概言之，如果行为人冒充国家机关工作人员骗取的是财物且数额特别巨大，则应以诈骗罪定罪处罚。

四、伪造、变造、买卖国家机关公文、证件、印章罪

伪造、变造、买卖国家机关公文、证件、印章罪，是指明知是国家机关的公文、证件、印章，而予以伪造、变造、买卖的行为。认定本罪时应注意：①本罪是选择性罪名。②买卖伪造、变造的国家机关证件的，也构成买卖国家机关证件罪。③伪造、变造、买卖国家机关的公文、证件、印章且用于诈骗、招摇撞骗等犯罪活动的，是牵连犯，应从一重罪处断。根据《刑法》第280条第1款的规定，犯本罪的，处3年以下有期徒刑、拘役、管制或者剥夺政治权利，并处罚金；情节严重的，处3年以上10年以下有期徒刑，并处罚金。

五、盗窃、抢夺、毁灭国家机关公文、证件、印章罪

盗窃、抢夺、毁灭国家机关公文、证件、印章罪，是指明知是国家机关的公文、证件、印章，而对其进行盗窃、抢夺、毁灭的行为。根据《刑法》第280

条第 1 款的规定，犯本罪的，处 3 年以下有期徒刑、拘役、管制或者剥夺政治权利，并处罚金；情节严重的，处 3 年以上 10 年以下有期徒刑，并处罚金。

六、伪造公司、企业、事业单位、人民团体印章罪

伪造公司、企业、事业单位、人民团体印章罪，是指明知是公司、企业、事业单位、人民团体的印章而加以伪造的行为。本罪的对象仅限于上述单位的印章，不包括文书和证件。但是，在文书、证件上伪造了印章，可以按本罪定罪处罚。如 2001 年 7 月 5 日 "两高"《关于办理伪造、贩卖伪造的高等院校学历、学位证明刑事案件如何适用法律问题的解释》规定，对于伪造高等院校印章制作学历、学位证明的行为，应当以伪造事业单位印章罪定罪处罚。根据《刑法》第 280 条第 2 款的规定，犯本罪的，处 3 年以下有期徒刑、拘役、管制或者剥夺政治权利，并处罚金。

七、伪造、变造、买卖身份证件罪

伪造、变造、买卖身份证件罪，是指伪造、变造、买卖居民身份证、护照、社会保障卡、驾驶证等依法可以用于证明身份的证件的行为。根据《刑法》第 280 条第 3 款的规定，犯本罪的，处 3 年以下有期徒刑、拘役、管制或者剥夺政治权利，并处罚金；情节严重的，处 3 年以上 7 年以下有期徒刑，并处罚金。

八、使用虚假身份证件、盗用身份证件罪

使用虚假身份证件、盗用身份证件罪，是指在依照国家规定应当提供身份证明的活动中，使用伪造、变造的或者盗用他人的居民身份证、护照、社会保障卡、驾驶证等依法可以用于证明身份的证件，情节严重的行为。根据《刑法》第 280 条之一的规定，犯本罪的，处拘役或者管制，并处或者单处罚金。犯本罪同时构成其他犯罪的，依照处罚较重的规定定罪处罚。

九、非法生产、买卖警用装备罪

非法生产、买卖警用装备罪，是指非法生产、买卖人民警察制式服装、车辆号牌等专用标志、警械，情节严重的行为。本罪的主体包括自然人和单位。有生产资格者不按规定的品种、规格、数量、标号等进行生产，有买卖资格者不按规定购买、销售，情节严重的，也应构成本罪。《公安立案标准一》对应予立案追诉的情形作了列举。根据《刑法》第 281 条的规定，犯本罪的，处 3 年以下有期徒刑、拘役或者管制，并处或者单处罚金。单位犯本罪的，实行两罚制。

十、非法获取国家秘密罪

非法获取国家秘密罪，是指以窃取、刺探、收买方法，非法获取国家秘密的行为。根据《刑法》第 282 条第 1 款的规定，犯本罪的，处 3 年以下有期徒刑、拘役、管制或者剥夺政治权利；情节严重的，处 3 年以上 7 年以下有期

徒刑。

十一、非法持有国家绝密、机密文件、资料、物品罪

非法持有国家绝密、机密文件、资料、物品罪，是指非法持有属于国家绝密、机密的文件、资料或者其他物品，拒不说明来源与用途的行为。根据《刑法》第 282 条第 2 款的规定，犯本罪的，处 3 年以下有期徒刑、拘役或者管制。

十二、非法生产、销售专用间谍器材、窃听、窃照专用器材罪

非法生产、销售专用间谍器材、窃听、窃照专用器材罪，是指非法生产、销售专用间谍器材或者窃听、窃照专用器材的行为。根据《刑法》第 283 条的规定，犯本罪的，处 3 年以下有期徒刑、拘役或者管制，并处或者单处罚金；情节严重的，处 3 年以上 7 年以下有期徒刑，并处罚金。单位犯本罪的，实行两罚制。

十三、非法使用窃听、窃照专用器材罪

非法使用窃听、窃照专用器材罪，是指非法使用窃听、窃照专用器材，造成严重后果的行为。非法使用，是指无权使用或者不按规定使用窃听、窃照专用器材。根据《刑法》第 284 条的规定，犯本罪的，处 2 年以下有期徒刑、拘役或者管制。

十四、组织考试作弊罪

组织考试作弊罪，是指在法律规定的国家考试中，组织作弊，或者为他人组织作弊提供作弊器材或者其他帮助的行为。法律规定的国家考试，是指依照法律的明文规定所组织的考试，如依据公务员法、法官法、执业医师法、道路交通安全法等组织的考试，而且并不限于由国家统一组织的考试。组织作弊，是指组织、策划、指挥多人进行考试作弊，或者从事考试作弊经营的行为。根据《刑法》第 284 条之一第 1 款的规定，犯本罪的，处 3 年以下有期徒刑或者拘役，并处或者单处罚金；情节严重的，处 3 年以上 7 年以下有期徒刑，并处罚金处罚。

十五、非法出售、提供试题、答案罪

非法出售、提供试题、答案罪，是指为实施考试作弊行为，向他人非法出售或者提供法律规定的国家考试的试题、答案的行为。犯本罪的，依照《刑法》第 284 条之一第 1 款的规定处罚。

十六、代替考试罪

代替考试罪，是指代替他人或者让他人代替自己参加法律规定的国家考试的行为。根据《刑法》第 284 条之一第 4 款的规定，犯本罪的，处拘役或者管制，并处或者单处罚金。

十七、非法侵入计算机信息系统罪

非法侵入计算机信息系统罪，是指违反国家规定，侵入国家事务、国防建

设、尖端科学技术领域的计算机信息系统的行为。计算机信息系统，是指具备自动处理数据功能的系统，包括计算机、网络设备、通信设备、自动化控制设备等。根据《刑法》第 285 条第 1 款、第 4 款的规定，犯本罪的，处 3 年以下有期徒刑或者拘役。单位犯本罪的，实行两罚制。

十八、非法获取计算机信息系统数据、非法控制计算机信息系统罪

非法获取计算机信息系统数据、非法控制计算机信息系统罪，是指违反国家规定，侵入国家事务、国防建设、尖端科学技术领域以外的计算机信息系统或者采用其他技术手段，获取该计算机信息系统中存储、处理或者传输的数据，或者对该计算机信息系统实施非法控制，情节严重[1]的行为。根据《刑法》第 285 条第 2 款、第 4 款的规定，犯本罪的，处 3 年以下有期徒刑或者拘役，并处或者单处罚金；情节特别严重的，处 3 年以上 7 年以下有期徒刑，并处罚金。单位犯本罪的，实行两罚制。

十九、提供侵入、非法控制计算机信息系统程序、工具罪

提供侵入、非法控制计算机信息系统程序、工具罪，是指提供专门用于侵入、非法控制计算机信息系统的程序、工具，或者明知他人实施侵入、非法控制计算机信息系统的违法犯罪行为而为其提供程序、工具，情节严重的行为。犯本罪的，依照《刑法》第 285 条第 2 款、第 4 款的规定处罚。

二十、破坏计算机信息系统罪

破坏计算机信息系统罪，是指违反国家规定，对计算机信息系统功能进行删除、修改、增加、干扰，造成计算机信息系统不能正常运行，以及对计算机信息系统中存储、处理或者传输的数据和应用程序进行删除、修改、增加的操作，或者故意制作、传播计算机病毒等破坏性程序，影响计算机系统正常运行，后果严重的行为。根据《刑法》第 286 条的规定，犯本罪的，处 5 年以下有期徒刑或者拘役；后果特别严重的，处 5 年以上有期徒刑。单位犯本罪的，实行两罚制。

二十一、拒不履行信息网络安全管理义务罪

拒不履行信息网络安全管理义务罪，是指网络服务提供者不履行法律、行政法规规定的信息网络安全管理义务，经监管部门责令采取改正措施而拒不改正，情节严重的行为。具体而言，必须具有下列情形之一的，才构成本罪：①致使违法信息大量传播的；②致使用户信息泄露，造成严重后果的；③致使

---

〔1〕 本节中各有关计算机犯罪中的情节严重、情节特别严重、后果严重、后果特别严重的情形，详见 2011 年 9 月 1 日"两高"《关于办理危害计算机信息系统安全刑事案件应用法律若干问题的解释》中规定。

刑事案件证据灭失，情节严重的；④有其他严重情节的。本罪的犯罪主体包括自然人与单位。根据《刑法》第286条之一的规定，犯本罪的，处3年以下有期徒刑、拘役或者管制，并处或者单处罚金。单位犯本罪的，实行两罚制。实施本罪的行为同时构成其他犯罪的，依照处罚较重的规定定罪处罚。

二十二、非法利用信息网络罪

非法利用信息网络罪，是指设立用于实施违法犯罪的网站、通讯群组，或者利用信息网络发布违法犯罪信息，情节严重的行为。本罪在客观方面表现为利用信息网络实施下列之一的行为：①设立用于实施诈骗、传授犯罪方法、制作或者销售违禁物品、管制物品等违法犯罪活动的网站、通讯群组的；②发布有关制作或者销售毒品、枪支、淫秽物品等违禁物品、管制物品或者其他违法犯罪信息的；③为实施诈骗等违法犯罪活动发布信息的。根据《刑法》第287条之一的规定，犯本罪的，处3年以下有期徒刑或者拘役，并处或者单处罚金。单位犯本罪的，实行两罚制。实施本罪的行为同时构成其他犯罪的，依照处罚较重的规定定罪处罚。

二十三、帮助信息网络犯罪活动罪

帮助信息网络犯罪活动罪，是指明知他人利用信息网络实施犯罪，为其犯罪提供互联网接入、服务器托管、网络存储、通讯传输等技术支持，或者提供广告推广、支付结算等帮助，情节严重的行为。根据《刑法》第287条之二的规定，犯本罪的，处3年以下有期徒刑或者拘役，并处或者单处罚金。单位犯本罪的，实行两罚制。实施本罪的行为同时又构成其他犯罪的，依照处罚较重的规定定罪处罚。

二十四、扰乱无线电通讯管理秩序罪

扰乱无线电通讯管理秩序罪，是指违反国家规定，擅自设置、使用无线电台（站），或者擅自使用无线电频率，干扰无线电通讯秩序，情节严重的行为。所谓"擅自设置、使用无线电台（站），或者擅自使用无线电频率，干扰无线电通讯秩序"，根据2017年7月1日"两高"《关于办理扰乱无线电通讯管理秩序等刑事案件适用法律若干问题的解释》的规定，是指下列情形之一：①未经批准设置无线电广播电台，非法使用广播电视专用频段的频率的；②未经批准设置通信基站，强行向不特定用户发送信息，非法使用公众移动通信频率的；③未经批准使用卫星无线电频率的；④非法设置、使用无线电干扰器的；⑤其他擅自设置、使用无线电台（站），或者擅自使用无线电频率，干扰无线电通讯秩序的情形。上述司法解释还对属于"情节严重"的情形作了规定。根据《刑法》第288条的规定，犯本罪的，处3年以下有期徒刑、拘役或者管制，并处或者单处罚金；情节特别严重的，处3年以上7年以下有期徒刑，并处罚金。单位犯本罪的，实行两罚制。

二十五、聚众扰乱社会秩序罪

聚众扰乱社会秩序罪，是指聚众扰乱社会秩序，情节严重，致使工作、生产、营业和教学、科研、医疗无法进行，造成严重损失的行为。本罪的主体是一般主体，但只限于"聚众"的首要分子和积极参加者。聚众扰乱社会秩序的行为往往会造成致人伤亡、毁坏公共财物、破坏生产经营等结果，若触犯其他罪名的，以想象竞合犯从一重罪处理。根据《刑法》第 290 条第 1 款的规定，对犯本罪的首要分子，处 3 年以上 7 年以下有期徒刑；对其他积极参加的，处 3 年以下有期徒刑、拘役、管制或者剥夺政治权利。

二十六、聚众冲击国家机关罪

聚众冲击国家机关罪，是指聚众冲击国家机关，致使国家机关工作无法进行，造成严重损失的行为。根据《刑法》第 290 条第 2 款的规定，对犯本罪的首要分子，处 5 年以上 10 年以下有期徒刑；对其他积极参加的，处 5 年以下有期徒刑、拘役、管制或者剥夺政治权利。

二十七、扰乱国家机关工作秩序罪

扰乱国家机关工作秩序罪，是指多次扰乱国家机关工作秩序，经行政处罚后仍不改正，造成严重后果的行为。根据《刑法》第 290 条第 3 款的规定，犯本罪的，处 3 年以下有期徒刑、拘役或者管制。

二十八、组织、资助非法聚集罪

组织、资助非法聚集罪，是指多次组织、资助他人非法聚集，扰乱社会秩序，情节严重的行为。根据《刑法》第 290 条第 4 款的规定，犯本罪的，处 3 年以下有期徒刑、拘役或者管制。

二十九、聚众扰乱公共场所秩序、交通秩序罪

聚众扰乱公共场所秩序、交通秩序罪，是指聚众扰乱车站、码头、民用航空站、商场、公园、影剧院、展览会、运动场或者其他公共场所秩序，聚众堵塞交通或者破坏交通秩序，抗拒、阻碍国家治安管理工作人员依法执行职务，情节严重的行为。根据《刑法》第 291 条的规定，对犯本罪的首要分子，处 5 年以下有期徒刑、拘役或者管制。

三十、投放虚假危险物质罪

投放虚假危险物质罪，是指投放虚假的爆炸性、毒害性、放射性、传染病病原体等物质，严重扰乱社会秩序的行为。根据《刑法》第 291 条之一第 1 款的规定，犯本罪的，处 5 年以下有期徒刑、拘役或者管制；造成严重后果的，处 5 年以上有期徒刑。

三十一、编造、故意传播虚假恐怖信息罪

编造、故意传播虚假恐怖信息罪，是指故意编造爆炸威胁、生化威胁、放射威胁等恐怖信息，或者明知是编造的恐怖信息而故意传播，严重扰乱社会秩序的行为。虚假恐怖信息，是指以发生爆炸威胁、生化威胁、放射威胁、劫持航空器威胁、重大灾情、重大疫情等严重威胁公共安全的事件为内容，可能引起社会恐慌或者公共安全危机的不真实信息。根据2013年9月30日《最高人民法院关于审理编造、故意传播虚假恐怖信息刑事案件适用法律若干问题的解释》的规定，编造恐怖信息，传播或者放任传播，严重扰乱社会秩序的，应认定为编造虚假恐怖信息罪；明知是他人编造的恐怖信息而故意传播，严重扰乱社会秩序的，应认定为故意传播虚假恐怖信息罪。编造、故意传播虚假恐怖信息，严重扰乱社会秩序，同时又构成其他犯罪的，择一重罪处罚。上述司法解释对"严重扰乱社会秩序"的具体情形作了列举。[1]犯本罪的，依照《刑法》第291条之一第1款的规定处罚。

三十二、编造、故意传播虚假信息罪

编造、故意传播虚假信息罪，是指编造虚假的险情、疫情、灾情、警情，在信息网络或者其他媒体上传播，或者明知是上述虚假信息，故意在信息网络或者其他媒体上传播，严重扰乱社会秩序的行为。根据《刑法》第291条之一第2款的规定，犯本罪的，处3年以下有期徒刑、拘役或者管制；造成严重后果的，处3年以上7年以下有期徒刑。

三十三、聚众斗殴罪

（一）聚众斗殴罪的概念和构成要件

聚众斗殴罪，是指聚集多人进行斗殴的行为。其构成要件是：

1. 本罪的客体是社会公共秩序。

2. 本罪在客观方面表现为行为人实施了聚众斗殴的行为。所谓斗殴，是指多人攻击对方身体或者相互攻击对方身体的行为。至于双方的人数要求，在实践和理论上存在分歧。第一种观点认为，并不要求斗殴双方的人数都在3人以上，一方3人攻击对方1人的，可认定为聚众斗殴。[2]第二种观点认为，如果一方聚众而另一方没有聚众，就形成多人合伙殴打对方1人的局面，此时根据具体案情可能构成寻衅滋事罪或者故意伤害罪，不宜作为聚众斗殴罪处理。[3]第

〔1〕　编造、故意传播虚假恐怖信息，具有下列情形之一的，应当认定为"严重扰乱社会秩序"：①致使机场、车站、码头、商场、影剧院、运动场馆等人员密集场所秩序混乱，或者采取紧急疏散措施的；②影响航空器、列车、船舶等大型客运交通工具正常运行的；③致使国家机关、学校、医院、厂矿企业等单位的工作、生产、经营、教学、科研等活动中断的；④造成行政村或者社区居民生活秩序严重混乱的；⑤致使公安、武警、消防、卫生检疫等职能部门采取紧急应对措施的；⑤其他严重扰乱社会秩序的。

〔2〕　高铭暄、马克昌主编：《刑法学》，北京大学出版社、高等教育出版社2017年版，第543页。

〔3〕　王作富主编：《刑法》，中国人民大学出版社2016年版，第450页。

三种观点认为，只有一方纠集 3 人以上的，对这一方才能以聚众斗殴罪处理；对人数不足 3 人的一方，不能认定为聚众斗殴罪。因为本罪客观方面的"斗殴"是双方的行为，而"聚众"是单方的行为，一方聚众行为的实施就已经符合刑法对"聚众"的规定。[1]本罪属于行为犯，如果聚众斗殴致人重伤、死亡的，则依照故意伤害罪或者故意杀人罪定罪处罚。

3. 本罪的主体是一般主体，但只有聚众斗殴的首要分子和积极参加者才能成为本罪的主体。

4. 本罪的主观方面是故意，并且是出于不正当目的，一般是出于报私仇、争夺霸主地位、显示威风、以逞凶斗狠来寻求精神刺激或者其他不正当目的。

（二）聚众斗殴罪的刑事责任

根据《刑法》第 292 条的规定，犯本罪，对首要分子和其他积极参加的，处 3 年以下有期徒刑、拘役或者管制；有下列情形之一的，处 3 年以上 10 年以下有期徒刑：①多次聚众斗殴的；②聚众斗殴人数多，规模大，社会影响恶劣的；③在公共场所或者交通要道聚众斗殴，造成社会秩序严重混乱的；④持械聚众斗殴的。聚众斗殴，致人重伤、死亡的，依照《刑法》第 234 条、第 232 条的规定定罪处罚。

三十四、寻衅滋事罪

（一）寻衅滋事罪的概念和构成要件

寻衅滋事罪，是指寻衅滋事，破坏社会秩序的行为。其构成要件是：

1. 本罪的客体是社会公共秩序，本罪的某些行为还同时侵犯了他人的人身权利、财产权利等。

2. 本罪在客观方面表现为寻衅滋事，破坏社会秩序的行为。所谓寻衅滋事，根据 2013 年 7 月 22 日"两高"《关于办理寻衅滋事刑事案件适用法律若干问题的解释》的规定，是指以下情形：①行为人为寻求刺激、发泄情绪、逞强耍横等，无事生非，实施《刑法》第 293 条规定的行为的，应当认定为寻衅滋事；②行为人因日常生活中的偶发矛盾纠纷，借故生非，实施《刑法》第 293 条规定的行为的，应当认定为寻衅滋事，但矛盾系由被害人故意引发或者被害人对矛盾激化负有主要责任的除外；③行为人因婚恋、家庭、邻里、债务等纠纷，实施殴打、辱骂、恐吓他人或者损毁、占用他人财物等行为的，一般不认定为寻衅滋事，但经有关部门批评制止或者处理处罚后，继续实施前列行为，破坏社会秩序的除外。

根据《刑法》第 293 条的规定，寻衅滋事的行为包括：

---

〔1〕 谢望原、郝兴旺主编：《刑法分论》，中国人民大学出版社 2016 年版，第 338 页。

（1）随意殴打他人，情节恶劣的。根据上述司法解释，随意殴打他人，破坏社会秩序，具有下列情形之一的，应当认定为情节恶劣：①致1人以上轻伤或者2人以上轻微伤的；②引起他人精神失常、自杀等严重后果的；③多次随意殴打他人的；④持凶器随意殴打他人的；⑤随意殴打精神病人、残疾人、流浪乞讨人员、老年人、孕妇、未成年人，造成恶劣社会影响的；⑥在公共场所随意殴打他人，造成公共场所秩序严重混乱的；⑦其他情节恶劣的情形。

（2）追逐、拦截、辱骂、恐吓他人，情节恶劣的。根据上述司法解释，追逐、拦截、辱骂、恐吓他人，破坏社会秩序，具有下列情形之一的，应当认定为情节恶劣：①多次追逐、拦截、辱骂、恐吓他人，造成恶劣社会影响的；②持凶器追逐、拦截、辱骂、恐吓他人的；③追逐、拦截、辱骂、恐吓精神病人、残疾人、流浪乞讨人员、老年人、孕妇、未成年人，造成恶劣社会影响的；④引起他人精神失常、自杀等严重后果的；⑤严重影响他人的工作、生活、生产、经营的；⑥其他情节恶劣的情形，如利用信息网络辱骂、恐吓他人，情节恶劣，破坏社会秩序的。[1]

（3）强拿硬要或者任意毁损、占用公私财物，情节严重的。根据上述司法解释，强拿硬要或者任意损毁、占用公私财物，破坏社会秩序，具有下列情形之一的，应当认定为情节严重：①强拿硬要公私财物价值1000元以上，或者任意损毁、占用公私财物价值2000元以上的；②多次强拿硬要或者任意损毁、占用公私财物，造成恶劣社会影响的；③强拿硬要或者任意损毁、占用精神病人、残疾人、流浪乞讨人员、老年人、孕妇、未成年人的财物，造成恶劣社会影响的；④引起他人精神失常、自杀等严重后果的；⑤严重影响他人的工作、生活、生产、经营的；⑥其他情节严重的情形。

（4）在公共场所起哄闹事，造成公共场所秩序严重混乱的。在车站、码头、机场、医院、商场、公园、影剧院、展览会、运动场或者其他公共场所起哄闹事，应当根据公共场所的性质、公共活动的重要程度、公共场所的人数、起哄闹事的时间、公共场所受影响的范围与程度等因素，综合判断是否"造成公共场所秩序严重混乱"。编造虚假信息，或者明知是编造的虚假信息，在信息网络上散布，或者组织、指使人员在信息网络上散布，起哄闹事，造成公共秩序严重混乱的，以寻衅滋事罪定罪处罚。[2]

3. 本罪的主体是一般主体。

---

〔1〕　参见2013年9月10日"两高"《关于办理利用信息网络实施诽谤等刑事案件适用法律若干问题的解释》第5条规定。

〔2〕　参见2013年9月10日"两高"《关于办理利用信息网络实施诽谤等刑事案件适用法律若干问题的解释》。

4. 本罪的主观方面是故意。行为人主观上往往具有寻求刺激、填补精神空虚、发泄不良情绪、逞强耍横等流氓动机。

（二）寻衅滋事罪的司法认定

1. 抢劫罪与寻衅滋事罪的界限。寻衅滋事罪是严重扰乱社会秩序的犯罪，行为人实施寻衅滋事的行为时，客观上也可能表现为强拿硬要公私财物的特征。这种强拿硬要的行为与抢劫罪的区别在于：前者行为人主观上还具有逞强好胜和通过强拿硬要来填补其精神空虚等目的，后者行为人一般只具有非法占有他人财物的目的；前者行为人客观上一般不以严重侵犯他人人身权利的方法强拿硬要财物，而后者行为人则以暴力、胁迫等方式作为劫取他人财物的手段。司法实践中，对于未成年人使用或威胁使用轻微暴力强抢少量财物的行为，一般不宜以抢劫罪定罪处罚。其行为符合寻衅滋事罪特征的，可以寻衅滋事罪定罪处罚。[1]

2. 本罪与其他犯罪的界限及其罪数的认定。主要区别是犯罪动机和行为对象不同。本罪一般无端寻衅，打人取乐、发泄或者显示威风，侵犯的对象往往具有不特定性；故意伤害、故意杀人、故意毁坏财物罪、敲诈勒索罪、抢夺等犯罪的实施一般源于一定的事由或恩怨，对象一般是特定事情的关系人。但是，实施寻衅滋事行为也会触犯其他犯罪。因此上述司法解释规定，实施寻衅滋事行为，同时符合寻衅滋事罪和故意杀人罪、故意伤害罪、故意毁坏财物罪、敲诈勒索罪、抢夺罪、抢劫罪等罪的构成要件的，依照处罚较重的犯罪定罪处罚。

（三）寻衅滋事罪的刑事责任

根据《刑法》第 293 条第 1 款的规定，犯本罪的，处 5 年以下有期徒刑、拘役或者管制。《刑法》第 293 条第 2 款规定："纠集他人多次实施前款行为，严重破坏社会秩序的，处 5 年以上 10 年以下有期徒刑，可以并处罚金。"纠集他人 3 次以上实施寻衅滋事犯罪，未经处理的，应当依照该款的规定处罚。

三十五、组织、领导、参加黑社会性质组织罪

组织、领导、参加黑社会性质组织罪，是指组织、领导、参加黑社会性质组织的行为。黑社会性质的组织应当同时具备以下特征：①形成较稳定的犯罪组织，人数较多，有明确的组织者、领导者，骨干成员基本固定；②有组织地通过违法犯罪活动或者其他手段获取经济利益，具有一定的经济实力，以支持该组织的活动；③以暴力、威胁或者其他手段，有组织地多次进行违法犯罪活动，为非作恶，欺压、残害群众；④通过实施违法犯罪活动，或者利用国家工作人员的包庇或者纵容，称霸一方，在一定区域或者行业内，形成非法控制或者重大影响，严重破坏经济、社会生活秩序。本罪的主观方面是故意，即明知

---

〔1〕　参见 2005 年 6 月 8 日《最高人民法院关于审理抢劫、抢夺刑事案件适用法律若干问题的意见》。

是黑社会性质的组织而决意组织、领导或者参加。对于参加黑社会性质的组织，没有实施其他违法犯罪活动的，或者受蒙蔽、胁迫参加黑社会性质的组织，情节轻微的，可以不作为犯罪处理。[1]根据《刑法》第294条第1款、第4款的规定，组织、领导黑社会性质组织的，处7年以上有期徒刑，并处没收财产；积极参加的，处3年以上7年以下有期徒刑，可以并处罚金或者没收财产；其他参加的，处3年以下有期徒刑、拘役、管制或者剥夺政治权利，可以并处罚金。犯本罪又有其他犯罪行为的，依照数罪并罚的规定处罚。

三十六、入境发展黑社会组织罪

入境发展黑社会组织罪，是指境外的黑社会组织的人员到中华人民共和国境内发展组织成员的行为。港、澳、台黑社会组织到内地发展组织成员的，以本罪论处。根据《刑法》第294条第2款、第4款的规定，犯本罪的，处3年以上10年以下有期徒刑。犯本罪又有其他犯罪行为的，依照数罪并罚的规定处罚。

三十七、包庇、纵容黑社会性质组织罪

包庇、纵容黑社会性质组织罪，是指国家机关工作人员包庇黑社会性质的组织，或者纵容黑社会性质的组织进行违法犯罪活动的行为。"包庇"是指国家机关工作人员为使黑社会性质组织及其成员逃避查禁，而通风报信，隐匿、毁灭、伪造证据，阻止他人作证、检举揭发，指使他人作伪证，帮助逃匿，或者阻挠其他国家机关工作人员依法查禁等行为。"纵容"是指国家机关工作人员不依法履行职责，放纵黑社会性质组织进行违法犯罪活动的行为。根据《刑法》第294条第3款、第4款的规定，犯本罪的，处5年以下有期徒刑；情节严重的，处5年以上有期徒刑。犯本罪又有其他犯罪行为的，依照数罪并罚的规定处罚。

三十八、传授犯罪方法罪

传授犯罪方法罪，是指通过口头、书面、动作示范或其他手段，将实施犯罪的技术、步骤、办法等传授给他人的行为。根据《刑法》第295条的规定，犯本罪的，处5年以下有期徒刑、拘役或者管制；情节严重的，处5年以上10年以下有期徒刑；情节特别严重的，处10年以上有期徒刑或者无期徒刑。

三十九、非法集会、游行、示威罪

非法集会、游行、示威罪，是指举行集会、游行、示威，未依照法律规定申请或者申请未经许可，或者未按照主管机关许可的起止时间、地点、路线进行，又拒不服从解散命令，严重破坏社会秩序的行为。本罪的主体是一般主体，但只限于集会、游行、示威的负责人和直接责任人员。根据《刑法》第296条

---

〔1〕 参见2000年12月10日《最高人民法院关于审理黑社会性质组织犯罪的案件具体应用法律若干问题的解释》第3条。

的规定，犯本罪的，处 5 年以下有期徒刑、拘役、管制或者剥夺政治权利。

四十、非法携带武器、管制刀具、爆炸物参加集会、游行、示威罪

非法携带武器、管制刀具、爆炸物参加集会、游行、示威罪，是指违反法律规定，携带武器、管制刀具或者爆炸物参加集会、游行、示威的行为。根据《刑法》第 297 条的规定，犯本罪的，处 3 年以下有期徒刑、拘役、管制或者剥夺政治权利。

四十一、破坏集会、游行、示威罪

破坏集会、游行、示威罪，是指扰乱、冲击或者以其他方法破坏依法举行的集会、游行、示威，造成公共秩序混乱的行为。根据《刑法》第 298 条的规定，犯本罪的，处 5 年以下有期徒刑、拘役、管制或者剥夺政治权利。

四十二、侮辱国旗、国徽罪

侮辱国旗、国徽罪，是指在公共场合，故意以焚烧、毁损、涂划、玷污、践踏等方式侮辱中华人民共和国国旗、国徽的行为。根据《刑法》第 299 条第 1 款的规定，犯本罪的，处 3 年以下有期徒刑、拘役、管制或者剥夺政治权利。

四十三、侮辱国歌罪

侮辱国歌罪，是指在公共场合，故意篡改中华人民共和国国歌歌词、曲谱，以歪曲、贬损方式奏唱国歌，或者以其他方式侮辱国歌，情节严重的行为。根据《刑法》第 299 条第 1 款的规定，犯本罪的，处 3 年以下有期徒刑、拘役、管制或者剥夺政治权利。

四十四、组织、利用会道门、邪教组织、利用迷信破坏法律实施罪

组织、利用会道门、邪教组织、利用迷信破坏法律实施罪，是指组织、利用会道门、邪教组织或者利用迷信破坏国家法律、行政法规实施的行为。所谓"邪教组织"，根据 2017 年 2 月 1 日"两高"《关于办理组织、利用邪教组织破坏法律实施等刑事案件适用法律若干问题的解释》的规定，是指冒用宗教、气功或者以其他名义建立，神化、鼓吹首要分子，利用制造、散布迷信邪说等手段蛊惑、蒙骗他人，发展、控制成员，危害社会的非法组织。根据《刑法》第 300 条第 1 款的规定，犯本罪的，处 3 年以上 7 年以下有期徒刑，并处罚金；情节特别严重的，处 7 年以上有期徒刑或者无期徒刑，并处罚金或者没收财产；情节较轻的，处 3 年以下有期徒刑、拘役、管制或者剥夺政治权利，并处或者单处罚金。上述司法解释对这里的"情节特别严重""情节较轻"的情形作了列举。

根据《刑法》第 300 条第 3 款的规定，犯本罪又有奸淫妇女、诈骗财物等犯罪行为的，依照数罪并罚的规定处罚。根据上述司法解释的规定，组织、利用邪教组织破坏国家法律、行政法规实施过程中，又有煽动分裂国家、煽动颠覆国家政权或者侮辱、诽谤他人等犯罪行为的，依照数罪并罚的规定定罪处罚。

四十五、组织、利用会道门、邪教组织、利用迷信致人重伤、死亡罪

组织、利用会道门、邪教组织、利用迷信致人重伤、死亡罪，是指组织、利用会道门、邪教组织或者利用迷信蒙骗他人，致人重伤、死亡的行为。组织、利用邪教组织"蒙骗他人，致人重伤、死亡"，是指利用邪教组织，制造、散布迷信邪说，蒙骗成员或者他人绝食、自虐等，或者蒙骗病人不接受正常治疗，致人重伤、死亡的情形。本罪的主观方面是过失。犯本罪的，依照《刑法》第300条第1款的规定处罚。

四十六、聚众淫乱罪

聚众淫乱罪，是指聚众进行淫乱活动或者多次参加聚众淫乱活动的行为。根据《公安立案标准一》第41条的规定，组织、策划、指挥3人以上进行淫乱活动或者参加聚众淫乱活动3次以上的，应予立案追诉。根据《刑法》第301条第1款的规定，犯本罪，对首要分子或者多次参加的，处5年以下有期徒刑、拘役或者管制。

四十七、引诱未成年人聚众淫乱罪

引诱未成年人聚众淫乱罪，是指引诱未成年人参加聚众淫乱活动的行为。引诱，可以用语言文字、图片相诱劝，也可以用表演、示范、收听淫秽音像制品等手段挑逗、吸引未成年人。犯本罪的，依照《刑法》第301条第1款的规定从重处罚。

四十八、盗窃、侮辱、故意毁坏尸体、尸骨、骨灰罪

盗窃、侮辱、故意毁坏尸体、尸骨、骨灰罪，是指盗窃、侮辱、故意毁坏尸体、尸骨、骨灰的行为。根据《刑法》第234条之一第3款的规定，违背本人生前意愿摘取其尸体器官，或者本人生前未表示同意，违反国家规定，违背其近亲属意愿摘取其尸体器官的，以本罪定罪处罚。根据《刑法》第302条的规定，犯本罪的，处3年以下有期徒刑、拘役或者管制。

四十九、赌博罪

赌博罪，是指以营利为目的，聚众赌博或者以赌博为业的行为。根据2005年5月13日"两高"《关于办理赌博刑事案件具体应用法律若干问题的解释》的规定，以营利为目的，有下列情形之一的，属于"聚众赌博"：①组织3人以上赌博，抽头渔利数额累计达到5000元以上的；②组织3人以上赌博，赌资数额累计达到5万元以上的；③组织3人以上赌博，参赌人数累计达到20人以上的；④组织中华人民共和国公民10人以上赴境外赌博，从中收取回扣、介绍费的。以赌博为业，是指将赌博作为职业或者兼业，靠赌博所得为其挥霍和生活的主要来源。本罪的主观方面是故意且以营利为目的。对于不以营利为目的，进行带有少量财物输赢的娱乐活动，以及提供棋牌室等娱乐场所只收取正常的场所和服务费用的经营行为等，不以赌博、开设赌场论处。根据《刑法》第303

条第 1 款的规定，犯本罪的，处 3 年以下有期徒刑、拘役或者管制，并处罚金。

五十、开设赌场罪

开设赌场罪，是指以营利为目的，为赌博提供场所和条件的行为。开设赌场，即营业性地为他人赌博提供场所、赌具、筹码、资金，设定赌博方式等，从中渔利。根据上述司法解释的规定，以营利为目的，在计算机网络上建立赌博网站，或者为赌博网站担任代理，接受投注的，属于"开设赌场"。根据依照《刑法》第 303 条第 2 款的规定，犯本罪的，处 3 年以下有期徒刑、拘役或者管制，并处罚金；情节严重的，处 3 年以上 10 年以下有期徒刑，并处罚金。

五十一、故意延误投递邮件罪

故意延误投递邮件罪，是指邮政工作人员严重不负责任，故意延误投递邮件，致使公共财产、国家和人民利益遭受重大损失的行为。根据《刑法》第 304 条的规定，犯本罪的，处 2 年以下有期徒刑或者拘役。

 **第三节　妨害司法罪**

【案例】

1. 赵某因涉嫌受贿罪被羁押，为掩盖赵某受贿的部分事实，赵某的妻子段某找来行贿人李某，让其开出假发票 2 张，试图用赵某曾帮助李某购买大量水泥之款来冲抵受贿款，并唆使李某书写虚假证明，又把此情况串通给赵某，致使赵某翻供。在司法机关向段某、李某调查取证时，二人均做了虚假陈述，并将假发票提供给司法机关。问：段某、李某的行为构成什么罪？

2. 李某、耿某相约，于 2007 年 3 月 2 日和 7 日，在某市火车站分别窃得祝某的惠普牌笔记本电脑 1 台（价值 4080 元）、姬某的 9000 余元现金及惠普牌 4200C 型笔记本电脑 1 台（价值 5738 元），并将这两台电脑分别以 1800 元、2600 元的价格出售给徐某。徐某明知笔记本电脑系犯罪所得的赃物，仍予以收购，后又以 3300 元的价格将后一台电脑出售给他人。问：徐某的行为是否构成犯罪？

一、伪证罪

（一）伪证罪的概念和构成要件

伪证罪，是指在刑事诉讼中，证人、鉴定人、记录人、翻译人对与案件有重要关系的情节，故意作虚假证明、鉴定、记录、翻译，意图陷害他人或者隐匿罪证的行为。其构成要件是：

1. 本罪的客体是复杂客体，既妨害了国家的正常司法秩序，又侵犯了公民的人身权利。

2. 本罪在客观方面表现为，在刑事诉讼中，对与案件有重要关系的情节作虚假的证明、鉴定、记录或翻译的行为。具体包括以下要素：

（1）伪证行为必须发生在刑事诉讼中，即刑事案件的立案、侦查、起诉、审判的过程中。在刑事诉讼开始之前作假证包庇犯罪嫌疑人或者作虚假告发意图使他人受刑事追究的，应构成包庇罪或诬告陷害罪。应当指出，由于立案前的相关鉴定结果决定着是否立案，因此立案前的鉴定工作也应包括在"刑事诉讼中"。

（2）行为人必须实施了作虚假的证明、鉴定、记录、翻译的行为之一。所谓"虚假"，是指无中生有，虚构犯罪事实或者伪造证据，或者掩盖事实真相，将应当提供或者反映的事实不提供、不反映。

（3）必须是对与案件有重要关系的情节作虚假证明、鉴定、记录、翻译。"与案件有重要关系的情节"是指对是否构成犯罪、犯罪的性质、罪行的轻重、量刑的轻重等具有重要影响的情节。伪证行为只要足以影响案件结论即可构成本罪，不要求实际影响了案件结论。

3. 本罪的主体是特殊主体，即刑事诉讼中的证人、鉴定人、记录人、翻译人。

4. 本罪的主观方面是故意，且具有陷害他人或者隐匿罪证的目的。

【案例1分析】段某、李某的行为构成伪证罪，是共同犯罪。二人明知赵某是受贿犯罪嫌疑人，为掩盖赵某受贿的部分事实，串通书写了虚假证明，又把此情况串通给赵某，致使赵某翻供。在司法机关向其调查取证时，二人均做了虚假陈述，并将假发票提供给司法机关，其行为符合伪证罪的构成要件。

（二）伪证罪的司法认定

1. 本罪与非罪的界限。本罪行为人主观上是故意，并有陷害他人或者隐匿罪证的意图。因此，如果证人因记忆不清作了与事实不相符合的证明，鉴定人因业务水平不高作了错误鉴定，记录人因粗心大意而错记、漏记，翻译人因水平较低而错译、漏译的，不构成本罪。犯罪嫌疑人、被告人没有被刑法规定为本罪主体，因此犯罪嫌疑人、被告人作虚假陈述的，不构成本罪。

2. 本罪与诬告陷害罪的界限。二者在犯罪主体、行为对象、行为实施的时间、犯罪方式等方面都是不同的，而且主观故意内容也不完全相同。

（三）伪证罪的刑事责任

根据《刑法》第305条的规定，犯本罪的，处3年以下有期徒刑或者拘役；

情节严重的，处 3 年以上 7 年以下有期徒刑。

二、辩护人、诉讼代理人毁灭证据、伪造证据、妨害作证罪

辩护人、诉讼代理人毁灭证据、伪造证据、妨害作证罪，是指在刑事诉讼中，辩护人、诉讼代理人毁灭、伪造证据，帮助当事人毁灭、伪造证据，威胁、引诱证人违背事实改变证言或者作伪证的行为。辩护人、诉讼代理人提供、出示、引用的证人证言或者其他证据失实，不是有意伪造的，不属于伪造证据。根据《刑法》第 306 条的规定，犯本罪的，处 3 年以下有期徒刑或者拘役；情节严重的，处 3 年以上 7 年以下有期徒刑。

三、妨害作证罪

妨害作证罪，是指以暴力、威胁、贿买等方法，阻止证人作证或者指使他人作伪证的行为。根据《刑法》第 307 条第 1 款的规定，犯本罪的，处 3 年以下有期徒刑或者拘役；情节严重的，处 3 年以上 7 年以下有期徒刑。司法工作人员犯本罪的，从重处罚。

四、帮助毁灭、伪造证据罪

帮助毁灭、伪造证据罪，是指帮助当事人毁灭、伪造证据，情节严重的行为。本罪的主体是一般主体，但不包括当事人、刑事诉讼中的辩护人、诉讼代理人。根据《刑法》第 307 条第 2 款规定，犯本罪的，处 3 年以下有期徒刑或者拘役。司法工作人员犯本罪的，从重处罚。

五、虚假诉讼罪

虚假诉讼罪，是指以捏造的事实提起民事诉讼，妨害司法秩序或者严重侵害他人合法权益的行为。2018 年 10 月 1 日"两高"《关于办理虚假诉讼刑事案件适用法律若干问题的解释》对这里的"以捏造的事实提起民事诉讼""妨害司法秩序或者严重侵害他人合法权益"的情形作了规定。根据《刑法》第 307 条之一的规定，犯本罪的，处 3 年以下有期徒刑、拘役或者管制，并处或者单处罚金；情节严重的，处 3 年以上 7 年以下有期徒刑，并处罚金。单位犯本罪的，实行两罚制。实施本罪行为，非法占有他人财产或者逃避合法债务，又构成其他犯罪的，依照处罚较重的规定定罪从重处罚。司法工作人员利用职权，与他人共同实施上述行为的，从重处罚；同时构成其他犯罪的，依照处罚较重的规定定罪从重处罚。

六、打击报复证人罪

打击报复证人罪，是指故意对证人进行打击报复的行为。根据《刑法》第 308 条的规定，犯本罪的，处 3 年以下有期徒刑或者拘役；情节严重的，处 3 年以上 7 年以下有期徒刑。

七、泄露不应公开的案件信息罪

泄露不应公开的案件信息罪，是指司法工作人员、辩护人、诉讼代理人或者其他诉讼参与人，泄露依法不公开审理的案件中不应当公开的信息，造成信息公开传播或者其他严重后果的行为。根据《刑法》第308条之一第1款、第2款的规定，犯本罪的，处3年以下有期徒刑、拘役或者管制，并处或者单处罚金。实施本罪行为，泄露国家秘密的，依照《刑法》第398条的规定定罪处罚。

八、披露、报道不应公开的案件信息罪

披露、报道不应公开的案件信息罪，是指公开披露、报道依法不公开审理的案件中不应当公开的信息，情节严重的行为。根据《刑法》第308条之一第3款、第4款的规定，犯本罪的，处3年以下有期徒刑、拘役或者管制，并处或者单处罚金。单位犯本罪的，实行两罚制。

九、扰乱法庭秩序罪

扰乱法庭秩序罪，是指以聚众哄闹、冲击、殴打、侮辱、诽谤、威胁等方法扰乱法庭秩序的行为。根据《刑法》第309条的规定，有下列扰乱法庭秩序情形之一的，处3年以下有期徒刑、拘役、管制或者罚金：①聚众哄闹、冲击法庭的；②殴打司法工作人员或者诉讼参与人的；③侮辱、诽谤、威胁司法工作人员或者诉讼参与人，不听法庭制止，严重扰乱法庭秩序的；④有毁坏法庭设施，抢夺、损毁诉讼文书、证据等扰乱法庭秩序行为，情节严重的。

十、窝藏、包庇罪

（一）窝藏、包庇罪的概念和构成要件

窝藏、包庇罪，是指明知是犯罪的人而为其提供隐藏处所、财物，帮助其逃匿或者作假证明包庇的行为。其构成要件是：

1. 本罪的客体是国家的刑事司法秩序。行为对象是"犯罪的人"，包括已决犯和未决犯，但不应包括实际上并未犯罪而被司法机关立案追诉的人。

2. 本罪在客观方面表现为为犯罪的人提供隐藏处所、财物，帮助其逃匿或者作假证明包庇的行为。本罪中的"窝藏"包括：①提供隐藏处所；②提供财物，资助或协助犯罪人逃匿；③提供其他便利条件帮助逃匿，如为犯罪分子带路、指示逃匿的路线、地点，向犯罪的人通报侦查或追捕的动静，提供化妆的用具或虚假的身份证件等。本罪中的"包庇"，是指以非证人身份向司法机关提供虚假证明以掩盖犯罪人。为了使犯罪的人逃匿而予以"替罪"的，也应认定为本罪。

3. 本罪的主体是一般主体。

4. 本罪的主观方面是故意，即行为人明知是犯罪的人而窝藏、包庇。如果不知道对方是犯罪的人而为其提供藏身处所或物质帮助的，不能以犯罪论处。

（二）窝藏、包庇罪的司法认定

1. 窝藏、包庇罪的特殊规定。根据《刑法》第362条的规定，旅馆业、饮食服务业、文化娱乐业、出租汽车业等单位的人员，在公安机关查处卖淫、嫖娟活动时，为违法犯罪分子通风报信，情节严重的，依照窝藏、包庇罪定罪处罚。另外，刑法还将一些包庇犯罪分子的行为规定为独立的犯罪，如包括黑社会性质组织罪，包庇毒品犯罪分子罪等。

2. 本罪与非罪的界限。单纯的知情不举报，或者知道犯罪事实，在公安、司法机关调查取证时，单纯不提供证言的，不成立本罪。但如果拒不提供间谍犯罪、恐怖主义犯罪、极端主义犯罪证据的，则应成立相关犯罪。

3. 本罪与伪证罪的界限。二者的区别包括行为对象、行为手段、行为实施的时间和犯罪主体等方面不同。

4. 共犯的认定。根据《刑法》第 310 条第 2 款的规定，犯窝藏、包庇罪，事前通谋的，以共同犯罪论处。因此，只有事先未与被窝藏、包庇的犯罪分子通谋，而在事后予以窝藏、包庇的，才构成本罪。

（三）窝藏、包庇罪的刑事责任

根据《刑法》第 310 条的规定，犯本罪的，处 3 年以下有期徒刑、拘役或者管制；情节严重的，处 3 年以上 10 年以下有期徒刑。

十一、拒绝提供间谍犯罪、恐怖主义犯罪、极端主义犯罪证据罪

拒绝提供间谍犯罪、恐怖主义犯罪、极端主义犯罪证据罪，是指明知他人有间谍犯罪或者恐怖主义、极端主义犯罪行为，在司法机关向其调查有关情况、收集有关证据时，拒绝提供，情节严重的行为。根据《刑法》第 311 条的规定，犯本罪的，处 3 年以下有期徒刑、拘役或者管制。

十二、掩饰、隐瞒犯罪所得、犯罪所得收益罪

（一）掩饰、隐瞒犯罪所得、犯罪所得收益罪的概念和构成要件

掩饰、隐瞒犯罪所得、犯罪所得收益罪，是指明知是犯罪所得及其产生的收益而予以窝藏、转移、收购、代为销售或者以其他方法掩饰、隐瞒的行为。其构成要件是：

1. 本罪的客体是国家司法机关的正常活动。行为对象是他人犯罪所得及其产生的收益。“犯罪所得”是指他人通过犯罪直接获得的赃款、赃物，但伪造的货币、制造的毒品等不属于本罪的犯罪所得。“犯罪所得产生的收益”是指上游犯罪的行为人对犯罪所得进行处理后获得的孳息、租金等利润。

2. 本罪在客观方面表现为行为人窝藏、转移、收购、代为销售或者以其他方法掩隐瞒犯罪所得及其产生的收益的行为。具体包括以下行为方式：①窝藏，是指对犯罪所得及其收益进行隐藏、保管等；②转移，是指改变犯罪所得及其收益存放的地点；③收购，是指明知是他人的犯罪所得及其收益而予以购买；④代为销售，是指帮助或代理犯罪分子将犯罪所得及其收益卖出的行为；⑤其

他方法，根据 2015 年 6 月 1 日《最高人民法院关于审理掩饰、隐瞒犯罪所得、犯罪所得收益刑事案件适用法律若干问题的解释》的规定，是指明知是犯罪所得及其产生的收益而采取窝藏、转移、收购、代为销售以外的方法，如居间介绍买卖，收受，持有，使用，加工，提供资金账户，协助将财产转换为现金、金融票据、有价证券，协助将资金转移、汇往境外等。另外，有关司法解释还对本罪的行为方式和对象作了规定。[1]

3. 本罪的主体是一般主体，包括自然人和单位，但不包括上游犯罪的行为人。

4. 本罪的主观方面是故意，即明知是犯罪所得及其产生的收益而予以掩饰、隐瞒。关于"明知"的认定，本书在破坏社会主义市场经济秩序罪一章的"洗钱罪"中已作详述。

【案例 2 分析】李某、耿某以非法占有为目的，秘密窃取他人笔记本电脑等财物，数额较大，均已构成盗窃罪。徐某明知电脑是犯罪所得的赃物仍予以收购，无端给司法机关追究李某、耿某盗窃犯罪的正常活动增加了困难，甚至直接或间接地帮助了犯罪人李某、耿某，其行为构成了掩饰、隐瞒犯罪所得罪。

（二）掩饰、隐瞒犯罪所得、犯罪所得收益罪的司法认定

1. 本罪与非罪的界限。上述司法解释第 1 条规定，明知是犯罪所得及其产生的收益而予以窝藏、转移、收购、代为销售或者以其他方法掩饰、隐瞒，具有下列情形之一的，应当以本罪定罪处罚：①掩饰、隐瞒犯罪所得及其产生的收益价值 3000 元至 1 万元以上的；②1 年内曾因掩饰、隐瞒犯罪所得及其产生的收益行为受过行政处罚，又实施掩饰、隐瞒犯罪所得及其产生的收益行为的；③掩饰、隐瞒的犯罪所得系电力设备、交通设施、广播电视设施、公用电信设施、军事设施或者救灾、抢险、防汛、优抚、扶贫、移民、救济款物的；④掩饰、隐瞒行为致使上游犯罪无法及时查处，并造成公私财物损失无法挽回的；⑤实施其他掩饰、隐瞒犯罪所得及其产生的收益行为，妨害司法机关对上游犯

---

〔1〕 2007 年 5 月 11 日"两高"《关于办理与盗窃、抢劫、诈骗、抢夺机动车相关刑事案件具体应用法律若干问题的解释》第 1 条规定，明知是盗窃、抢劫、诈骗、抢夺的机动车，实施下列行为之一的，以掩饰、隐瞒犯罪所得、犯罪所得收益罪定罪：①买卖、介绍买卖、典当、拍卖、抵押或者用其抵债的；②拆解、拼装或者组装的；③修改发动机号、车辆识别代号的；④更改车身颜色或者车辆外形的；⑤提供或者出售机动车来历凭证、整车合格证、号牌以及有关机动车的其他证明和凭证的；⑥提供或者出售伪造、变造的机动车来历凭证、整车合格证、号牌以及有关机动车的其他证明和凭证的。2011 年 9 月 1 日"两高"《关于办理危害计算机信息系统安全刑事案件应用法律若干问题的解释》第 7 条规定，明知是非法获取计算机信息系统数据犯罪所获取的数据、非法控制计算机信息系统犯罪所获取的计算机信息系统控制权，而予以转移、收购、代为销售或者以其他方法掩饰、隐瞒，违法所得 5000 元以上的，应当以掩饰、隐瞒犯罪所得罪定罪处罚。

罪进行追究的。因此，对于情节轻微的买赃自用行为，偶尔窝藏、转移、收购或代为销售少量或金额较小财物的，不应以本罪论处。

2. 本罪的成立以上游犯罪事实成立为前提。上述司法解释第 8 条规定，认定本罪以上游犯罪事实成立为前提。上游犯罪尚未依法裁判，但查证属实的，不影响本罪的认定。上游犯罪事实经查证属实，但因行为人未达到刑事责任年龄等原因依法不予追究刑事责任的，也不影响本罪的认定。

3. 共犯和罪数的认定。事前与盗窃、抢劫、诈骗、抢夺等犯罪分子通谋，掩饰、隐瞒犯罪所得及其产生的收益的，以盗窃、抢劫、诈骗、抢夺等犯罪的共犯论处。明知是犯罪所得及其产生的收益而予以掩饰、隐瞒，构成本罪同时构成其他犯罪的，依照处罚较重的规定定罪处罚。

（三）掩饰、隐瞒犯罪所得、犯罪所得收益罪的刑事责任

根据《刑法》第 312 条的规定，犯本罪的，处 3 年以下有期徒刑、拘役或者管制，并处或者单处罚金；情节严重的，处 3 年以上 7 年以下有期徒刑，并处罚金。单位犯本罪的，实行两罚制。

十三、拒不执行判决、裁定罪

拒不执行判决、裁定罪，是指对人民法院的判决、裁定有能力执行而拒不执行，情节严重的行为。根据《刑法》第 313 条的规定，犯本罪的，处 3 年以下有期徒刑、拘役或者罚金；情节特别严重的，处 3 年以上 7 年以下有期徒刑，并处罚金。单位犯本罪的，实行两罚制。

十四、非法处置查封、扣押、冻结的财产罪

非法处置查封、扣押、冻结的财产罪，是指隐藏、转移、变卖、故意毁损已被司法机关查封、扣押、冻结的财产，情节严重的行为。根据《刑法》第 314 条的规定，犯本罪的，处 3 年以下有期徒刑、拘役或者罚金。

十五、破坏监管秩序罪

破坏监管秩序罪，是指依法被关押的罪犯，破坏监管秩序，情节严重的行为。本罪的客观方面行为包括：①殴打监管人员的；②组织其他被监管人破坏监管秩序的；③聚众闹事，扰乱监狱正常秩序的；④殴打、体罚或者指使他人殴打、体罚其他被监管人的。有上述行为之一且情节严重的，就构成本罪。根据《刑法》第 315 条的规定，犯本罪的，处 3 年以下有期徒刑。

十六、脱逃罪

（一）脱逃罪的概念和构成要件

脱逃罪，是指依法被关押的罪犯、被告人、犯罪嫌疑人脱逃的行为。其构成要件是：

1. 本罪的客体是司法机关的正常监管秩序。

2. 本罪在客观方面表现为行为人实施了脱逃的行为。脱逃，是指逃离看守所、监狱等羁押场所或者在押解途中逃跑的行为。受到监管机构奖励、节假日受准回家的罪犯，故意逾期不回，采取逃往外地、藏匿等方式逃避入狱的，也构成本罪。

3. 本罪的主体特殊主体，即依法被关押的罪犯、被告人、犯罪嫌疑人，包括已被羁押而尚未判决的未决犯和已被判处拘役以上的剥夺自由刑、正在监狱服刑的已决犯。被行政拘留的违法人、被司法机关采取拘传、取保候审、监视居住的犯罪嫌疑人、被告人以及被判处管制、宣告缓刑、裁定假释的罪犯，均不能成为本罪的主体。

4. 本罪的主观方面是故意，且出于逃避监管的目的。

（二）脱逃罪的司法认定

1. 本罪与非罪的界定。对以下情形不能认定为脱逃罪：①行为人并非出于逃避监管的目的而短时间内脱离监管的；②受准回家探视的罪犯，在回监狱途中突遇自然灾害或自身突发疾病而不能按时回到监狱的；③司法工作人员滥用职权而非法关押的人脱逃的。

2. 本罪的既遂与未遂。行为人脱逃且完全脱离监管机关与监管人员的实际监管和控制，而可自由逃逸，即为既遂。相反，行为人虽着手脱逃，但尚未脱离监管机关与监管人员的实际控制的，则为本罪的未遂。因此，不能仅以行为人是否逃出关押场所为本罪既遂与未遂的标准。行为人仍处于关押场所内，则不可能实际摆脱监管。如果行为人刚逃出关押场所即被监管人员发现并紧随其后追捕，此时行为人虽已逃离监管场所但并未完全摆脱监管人员的实际控制，因此，应是本罪未遂。但是，如果行为人逃出监所而摆脱了监管人员的实际控制，虽然监管人员随即发现行为人逃逸，但对逃逸方向毫无所知因而无法对其进行有效追捕，则此时行为人已构成脱逃罪的既遂。

3. 与本罪有关的罪数问题。行为人在脱逃中致人重伤、死亡的，以故意伤害罪、故意杀人罪论处。但若行为人出于报复等动机重伤或杀害监管人员或其他人员后另行起意脱逃的，则应数罪并罚。

（三）脱逃罪的刑事责任

根据《刑法》第316条第1款的规定，犯本罪的，处5年以下有期徒刑或者拘役。

十七、劫夺被押解人员罪

劫夺被押解人员罪，是指劫夺押解途中的罪犯、被告人、犯罪嫌疑人的行为。被劫夺者与劫夺者通谋的，被劫夺者成立脱逃罪。根据《刑法》第316条第2款的规定，犯本罪的，处3年以上7年以下有期徒刑；情节严重的，处7年以上有期徒刑。

十八、组织越狱罪

组织越狱罪，是指依法被关押的罪犯、被告人、犯罪嫌疑人相互组织起来，以非暴力方式集体越狱的行为。根据《刑法》第 317 条第 1 款的规定，犯本罪的，对首要分子和积极参加的，处 5 年以上有期徒刑；其他参加的，处 5 年以下有期徒刑或者拘役。

十九、暴动越狱罪

暴动越狱罪，是指在押的罪犯、被告人、犯罪嫌疑人以有组织或者聚众的形式，使用暴力手段集体强行越狱的行为。根据《刑法》第 317 条第 2 款的规定，犯本罪的，对首要分子和积极参加的，处 10 年以上有期徒刑或者无期徒刑；情节特别严重的，处死刑；其他参加的，处 3 年以上 10 年以下有期徒刑。

二十、聚众持械劫狱罪

聚众持械劫狱罪，是指狱外人员聚众持械劫夺依法在押的罪犯、被告人、犯罪嫌疑人的行为。根据《刑法》第 317 条第 2 款的规定，犯本罪的，对首要分子和积极参加的，处 10 年以上有期徒刑或者无期徒刑；情节特别严重的，处死刑；其他参加的，处 3 年以上 10 年以下有期徒刑。

 **第四节　妨害国（边）境管理罪**

【案例】

李某与张某、林某、王某商议招集想去台湾的人，用船将其运送出边境，所得的钱款均分。根据分工，李某佯装台商，张某在外打广告招工，谎称台湾的工厂需要人手，交上 1 万元交通费、手续费即刻启程。10 名男女青年缴费后，王某、林某用一条渔船将他们秘密运送至台湾登陆。之后，李某等 4 人又先后 3 次运送过偷渡者。问：李某等 4 人的行为构成什么罪？

一、组织他人偷越国（边）境罪

（一）组织他人偷越国（边）境罪的概念和构成要件

组织他人偷越国（边）境罪，是指违反国（边）境管理法规，非法组织他人偷越国（边）境的行为。其构成要件是：

1. 本罪的客体是国家的国（边）境管理秩序。

2. 本罪在客观方面表现为违反国（边）境管理法规，组织他人偷越国

（边）境的行为。根据2012年12月20日"两高"《关于办理妨害国（边）境管理刑事案件应用法律若干问题的解释》的规定，领导、策划、指挥他人偷越国（边）境或者在首要分子指挥下，实施拉拢、引诱、介绍他人偷越国（边）境等行为的，应当认定为"组织他人偷越国（边）境"。被组织者既可以是境内人员也可以是境外人员。

3. 本罪的主体是一般主体，不包括单位。[1]

4. 本罪的主观方面是故意，至于行为人出于何种目的，不影响本罪的构成。

【案例分析】李某与张某、林某、王某等4人出于营利的目的纠合在一起，根据分工，李某伴装台商，张某乙在外打广告招工，王某、林某用一条渔船共4次运送过偷渡者，秘密运送至台湾登陆，严重妨碍了妨害国（边）境管理秩序，符合组织他人偷越国（边）境罪的构成要件，且成立共同犯罪。

（二）组织他人偷越国（边）境罪的司法认定

1. 本罪未遂的认定。根据上述司法解释，以组织他人偷越国（边）境为目的，招募、拉拢、引诱、介绍、培训偷越国（边）境人员，策划、安排偷越国（边）境行为，在他人偷越国（边）境之前或者偷越国（边）境过程中被查获的，应当以本罪（未遂）论处。

2. 罪数的认定。包括：①犯本罪的，对被组织人有杀害、伤害、强奸、拐卖等犯罪行为，或者对检查人员有杀害、伤害等犯罪行为的，依照数罪并罚的规定处罚；②在犯本罪的过程中，造成被组织人重伤、死亡的，构成本罪，适用《刑法》第318条第1款加重处罚的规定；③实施组织他人偷越国（边）境犯罪，同时构成骗取出境证件罪，提供伪造、变造的出入境证件罪，出售出入境证件罪，运送他人偷越国（边）境罪的，依照处罚较重的规定定罪处罚。

（三）组织他人偷越国（边）境罪的刑事责任

根据《刑法》第318条的规定，犯本罪的，处2年以上7年以下有期徒刑，并处罚金；有下列情形之一的，处7年以上有期徒刑或者无期徒刑，并处罚金或者没收财产：①组织他人偷越国（边）境集团的首要分子；②多次组织他人偷越国（边）境或者组织他人偷越国（边）境人数众多的（10人以上）；③造成被组织人重伤、死亡的；④剥夺或者限制被组织人人身自由的；⑤以暴力、威胁方法抗拒检查的；⑥违法所得数额巨大的（20万元以上）；⑦有其他特别严重情节的。

----

〔1〕　根据2012年12月20日"两高"《关于办理妨害国（边）境管理刑事案件应用法律若干问题的解释》第7条的规定，以单位名义或者单位形式组织他人偷越国（边）境、为他人提供伪造、变造的出入境证件或者运送他人偷越国（边）境的，应当以组织他人偷越国（边）境罪，提供伪造、变造的出入境证件罪，运送他人偷越国（边）境罪追究直接负责的主管人员和其他直接责任人员的刑事责任。

二、骗取出境证件罪

骗取出境证件罪，是指以劳务输出、经贸往来或者其他名义，弄虚作假，骗取护照、签证等出境证件，为组织他人偷越国（边）境使用的行为。这里的"出境证件"，包括护照或者代替护照使用的国际旅行证件，中华人民共和国海员证，中华人民共和国出入境通行证，中华人民共和国旅行证，中国公民往来香港、澳门、台湾地区证件，边境地区出入境通行证，签证、签注，出国（境）证明、名单，以及其他出境时需要查验的资料。根据《刑法》第 319 条的规定，犯本罪的，处 3 年以下有期徒刑，并处罚金；情节严重的，处 3 年以上 10 年以下有期徒刑，并处罚金。单位犯本罪的，实行两罚制。

三、提供伪造、变造的出入境证件罪

提供伪造、变造的出入境证件罪，是指为他人提供伪造、变造的护照、签证等出入境证件的行为。根据《刑法》第 320 条的规定，犯本罪的，处 5 年以下有期徒刑，并处罚金；情节严重的，处 5 年以上有期徒刑，并处罚金。

四、出售出入境证件罪

出售出入境证件罪，是指出售护照、签证等出入境证件的行为。根据《刑法》第 320 条的规定，犯本罪的，处 5 年以下有期徒刑，并处罚金；情节严重的，处 5 年以上有期徒刑，并处罚金。

五、运送他人偷越国（边）境罪

运送他人偷越国（边）境罪，是指违反国（边）境管理法规，运送他人偷越国（边）境的行为。根据《刑法》第 321 条的规定，犯本罪的，处 5 年以下有期徒刑、拘役或者管制，并处罚金；有下列情形之一的，处 5 年以上 10 年以下有期徒刑，并处罚金：①多次实施运送行为或者运送人数众多的；②所使用的船只、车辆等交通工具不具备必要的安全条件，足以造成严重后果的；③违法所得数额巨大的；④有其他特别严重情节的。在运送他人偷越国（边）境中造成被运送人重伤、死亡，或者以暴力、威胁方法抗拒检查的，处 7 年以上有期徒刑，并处罚金。犯本罪而对被运送人有杀害、伤害、强奸、拐卖等犯罪行为，或者对检查人员有杀害、伤害等犯罪行为的，依照数罪并罚的规定处罚。

六、偷越国（边）境罪

偷越国（边）境罪，是指违反国（边）境管理法规，偷越国（边）境，情节严重的行为。根据《刑法》第 322 条的规定，犯本罪的，处 1 年以下有期徒刑、拘役或者管制，并处罚金；为参加恐怖活动组织、接受恐怖活动培训或者实施恐怖活动，偷越国（边）境的，处 1 年以上 3 年以下有期徒刑，并处罚金。

七、破坏界碑、界桩罪

破坏界碑、界桩罪，是指故意破坏国家边境的界碑、界桩的行为。根据

《刑法》第 323 条的规定，犯本罪的，处 3 年以下有期徒刑或者拘役。

八、破坏永久性测量标志罪

破坏永久性测量标志罪，是指故意破坏永久性测量标志的行为。根据《刑法》第 323 条的规定，犯本罪的，处 3 年以下有期徒刑或者拘役。

 第五节 妨害文物管理罪

【案例】

S 县是历史文化名城，当地有相当多的古墓葬和具有重要历史考古价值的文物。杭某凭借其文物鉴定知识和经验，自 2016 年起，先后从农民和盗墓者那里收购了数十件文物，其中有国家二级文物 9 件、三级文物多件。杭某高价出售所收购的上述文物，获利丰厚。问：屠某的行为构成什么罪？

一、故意损毁文物罪

故意毁坏文物罪，是指故意损毁国家保护的珍贵文物或者被确定为全国重点文物保护单位、省级文物保护单位的文物的行为。根据《刑法》第 324 条第 1 款的规定，犯本罪的，处 3 年以下有期徒刑或者拘役，并处或者单处罚金；情节严重的，处 3 年以上 10 年以下有期徒刑，并处罚金。

二、故意损毁名胜古迹罪

故意损毁名胜古迹罪，是指故意损毁国家保护的名胜古迹，情节严重的行为。根据《刑法》第 324 条第 2 款的规定，犯本罪的，处 5 年以下有期徒刑或者拘役，并处或者单处罚金。

三、过失损毁文物罪

过失损毁文物罪，是指过失损毁国家保护的珍贵文物或者被确定为全国重点文物保护单位、省级文物保护单位的文物，造成严重后果的行为。根据《刑法》第 324 条第 3 款的规定，犯本罪的，处 3 年以下有期徒刑或者拘役。

四、非法向外国人出售、赠送珍贵文物罪

非法向外国人出售、赠送珍贵文物罪，是指违反文物保护法规，将收藏的国家禁止出口的珍贵文物私自出售或者私自赠送给外国人的行为。根据《刑法》第 325 条的规定，犯本罪的，处 5 年以下有期徒刑或者拘役，可以并处罚金。单位犯本罪的，实行两罚制。

五、倒卖文物罪

（一）倒卖文物罪的概念和构成要件

倒卖文物罪，是指以牟利为目的，倒卖国家禁止经营的文物，情节严重的行为。其构成要件是：

1. 本罪的客体是国家的文物管理制度。

2. 本罪在客观方面表现为倒卖国家禁止经营的文物，情节严重的行为。根据 2016 年 1 月 1 日"两高"《关于办理妨害文物管理等刑事案件适用法律若干问题的解释》的规定，倒卖国家禁止经营的文物，是指出售或者为出售而收购、运输、储存《文物保护法》规定的"国家禁止买卖的文物"。情节严重包括倒卖三级文物、交易数额在 5 万元以上等情形。

3. 本罪的主体是一般主体，包括自然人和单位。

4. 本罪的主观方面是故意，并且具有牟利的目的。

【案例分析】杭某收购国家禁止买卖的二级和三级文物多件，然后转手出售，从中牟利，破坏了国家的文物管理制度，根据《刑法》第 326 条和上述司法解释的规定，其行为已构成倒卖文物罪。

（二）倒卖文物罪的刑事责任

根据《刑法》第 326 条的规定，犯本罪的，处 5 年以下有期徒刑或者拘役，并处罚金；情节特别严重的，处 5 年以上 10 年以下有期徒刑，并处罚金。单位犯本罪的，实行两罚制。

六、非法出售、私赠文物藏品罪

非法出售、私赠文物藏品罪，是指国有博物馆、图书馆等单位，违反文物保护法规，将国家保护的文物藏品出售或者私自送给非国有单位或者个人的行为。本罪是纯正的单位犯罪。根据《刑法》第 327 条的规定，犯本罪的，对单位判处罚金，并对其直接负责的主管人员和其他直接责任人员，处 3 年以下有期徒刑或者拘役。

七、盗掘古文化遗址、古墓葬罪

盗掘古文化遗址、古墓葬罪，是指盗掘具有历史、艺术、科学价值的古文化遗址、古墓葬的行为。采用破坏性手段盗窃古文化遗址、古墓葬以外的古建筑、石窟寺、石刻、壁画、近代现代重要史迹和代表性建筑等其他不可移动文物的，以盗窃罪追究刑事责任。根据《刑法》第 328 条第 1 款的规定，犯本罪的，处 3 年以上 10 年以下有期徒刑，并处罚金；情节较轻的，处 3 年以下有期徒刑、拘役或者管制，并处罚金；有下列情形之一的，处 10 年以上有期徒刑或者无期徒刑，并处罚金或者没收财产：①盗掘确定为全国重点文物保护单位和省级文物保护单位的古文化遗址、古墓葬的；②盗掘古文化遗址、古墓葬集团的首要分子；③多次盗掘古文化遗址、古墓葬的；④盗掘古文化遗址、古墓葬，并盗窃珍贵文物或者造成珍贵文物严重破坏的。

八、盗掘古人类化石、古脊椎动物化石罪

盗掘古人类化石、古脊椎动物化石罪，是指盗掘国家保护的具有科学价值的古人类化石和古脊椎动物化石的行为。犯本罪的，依照《刑法》第 328 条第 1 款的规定处罚。

九、抢夺、窃取国有档案罪

抢夺、窃取国有档案罪，是指抢夺、窃取国家所有的档案的行为。根据《刑法》第 329 条第 1 款、第 3 款的规定，犯本罪的，处 5 年以下有期徒刑或者拘役。有本罪行为，同时又构成其他犯罪的，依照处罚较重的规定定罪处罚。

十、擅自出卖、转让国有档案罪

擅自出卖、转让国有档案罪，是指违反档案法的规定，擅自出卖、转让国家所有的档案，情节严重的行为。根据《刑法》第 329 条第 2 款、第 3 款的规定，犯本罪的，处 3 年以下有期徒刑或者拘役。有本罪行为，同时又构成其他犯罪的，依照处罚较重的规定定罪处罚。

 **第六节 危害公共卫生罪**

【案例】

王某在 20 年前曾自学针灸，乡亲们腰酸腿痛时常让他扎几针，但他始终没有取得医生执业资格。2007 年 5 月份，王某又开始在本乡街上趁逢集时占片空地行起医来。同年 10 月 9 日 12 时许，同乡小邢庄 53 岁的村民邢某因患有气管炎让王某针灸，王某用毫针照邢的颈部、前胸部扎了几针，并拔了火罐。在针灸过程中，邢某感到疼痛、难受、出汗、口渴，王某给邢吃了几片药，仍未见好转，后被他人送往医院，经抢救无效于当日死亡。王某随即到公安派出所自首。经法医鉴定：邢某系被针灸时诱发自发性气胸（张力性气胸）引起呼吸循环衰竭而死亡。问：王某的行为构成何罪？

一、妨害传染病防治罪

妨害传染病防治罪，是指违反传染病防治法的规定，引起甲类或者按甲类管理的传染病传播或者有传播严重危险的行为。违反传染病防治法的行为表现为以下四种情形：①供水单位供应的饮用水不符合国家规定的卫生标准的；②拒绝按

照卫生防疫机构提出的卫生要求，对传染病病原体污染的污水、污物、粪便进行消毒处理的；③准许或者纵容传染病病人、病原携带者和疑似传染病病人从事国务院卫生行政部门规定禁止从事的易使该传染病扩散的工作的；④拒绝执行卫生防疫机构依照传染病防治法提出的预防、控制措施的。"甲类传染病"是指鼠疫、霍乱；"按甲类管理的传染病"，是指乙类传染病中传染性非典型肺炎、炭疽中的肺炭疽、人感染高致病性禽流感以及国务院卫生行政部门根据需要报经国务院批准公布实施的其他需要按甲类管理的乙类传染病和突发原因不明的传染病。根据《刑法》第 330 条的规定，犯本罪的，处 3 年以下有期徒刑或者拘役；后果特别严重的，处 3 年以上 7 年以下有期徒刑。单位犯本罪的，实行两罚制。

二、传染病菌种、毒种扩散罪

传染病菌种、毒种扩散罪，是指从事实验、保藏、携带、运输传染病菌种、毒种的人员，违反国务院卫生行政部门的有关规定，造成传染病菌种、毒种扩散，后果严重的行为。根据《刑法》第 331 条的规定，犯本罪的，处 3 年以下有期徒刑或者拘役；后果特别严重的，处 3 年以上 7 年以下有期徒刑。

三、妨害国境卫生检疫罪

妨害国境卫生检疫罪，是指违反国境卫生检疫规定，引起检疫传染病传播或者有传播严重危险的行为。根据《刑法》第 332 条的规定，犯本罪的，处 3 年以下有期徒刑或者拘役，并处或者单处罚金。单位犯本罪的，实行两罚制。

四、非法组织卖血罪

非法组织卖血罪，是指非法组织他人出卖血液的行为。根据《公安立案标准一》第 52 条的规定，非法组织他人出卖血液，涉嫌下列情形之一的，应予立案追诉：①组织卖血 3 人次以上的；②组织卖血非法获利 2000 元以上的；③组织未成年人卖血的；④被组织卖血的人的血液含有艾滋病病毒、乙型肝炎病毒、丙型肝炎病毒、梅毒螺旋体等病原微生物的；⑤其他非法组织卖血应予追究刑事责任的情形。根据《刑法》第 333 条的规定，犯本罪的，处 5 年以下有期徒刑，并处罚金。有本罪行为，对他人造成伤害的，以故意伤害罪定罪处罚。

五、强迫卖血罪

强迫卖血罪，是指以暴力、威胁方法强迫他人出卖血液的行为。根据《刑法》第 333 条的规定，犯本罪的，处 5 年以上 10 年以下有期徒刑，并处罚金。有本罪行为，对他人造成伤害的，以故意伤害罪定罪处罚。

六、非法采集、供应血液、制作、供应血液制品罪

非法采集、供应血液、制作、供应血液制品罪，是指非法采集、供应血液或者制作、供应血液制品，不符合国家规定的标准，足以危害人体健康的行为。根据《刑法》第 334 条第 1 款的规定，犯本罪的，处 5 年以下有期徒刑或者拘役，并处罚金；对人体健康造成严重危害的，处5年以上10年以下有期徒刑，并处罚金；造成特别严重后果的，处10年以上有期徒刑或者无期徒刑，并处罚金或者没收财产。

七、采集、供应血液、制作、供应血液制品事故罪

采集、供应血液、制作、供应血液制品事故罪，是指经国家主管部门批准采集、供应血液或者制作、供应血液制品的部门，不依照规定进行检测或者违背其他操作规定，造成危害他人身体健康后果的行为。根据《刑法》第334条第2款的规定，犯本罪的，对单位判处罚金，并对其直接负责的主管人员和其他直接责任人员，处5年以下有期徒刑或者拘役。

八、医疗事故罪

（一）医疗事故罪的概念和构成要件

医疗事故罪，是指医务人员由于严重不负责任，造成就诊人死亡或者严重损害就诊人身体健康的行为。其构成要件是：

1. 本罪的客体是国家医务工作管理秩序和就诊人的生命、健康权利。

2. 本罪在客观方面表现为在医务工作中严重不负责任，造成就诊人死亡或者严重损害就诊人身体健康的行为。这包括两个要素：

（1）行为人在医务工作中严重不负责任。根据《公安立案标准一》的规定，"严重不负责任"是指具有下列情形之一的：①擅离职守的；②无正当理由拒绝对危急就诊人实行必要的医疗救治的；③未经批准擅自开展试验性医疗的；④严重违反查对、复核制度的；⑤使用未经批准使用的药品、消毒药剂、医疗器械的；⑥严重违反国家法律法规及有明确规定的诊疗技术规范、常规的；⑦其他严重不负责任的情形。既可以是作为，也可以是不作为。

（2）造成就诊人死亡或严重损害了就诊人身体健康。这里的"严重损害就诊人身体健康"，是指造成就诊人严重残疾、重伤、感染艾滋病、病毒性肝炎等难以治愈的疾病或者其他严重损害就诊人身体健康的后果。在胸腔、腹腔、盆腔、颅内及深部组织遗留纱布、器械等异物的，开错手术部位，造成较大创伤的，或者造成严重毁容以及其他严重后果的，可认定为医疗事故。

3. 本罪的主体是医务人员。医务人员是指从事诊疗、护理事务的人员，包括依法取得行医资格的国家、集体医疗单位的医生、护士、药剂人员，以及经主管部门批准开业的个体行医人员。

4. 本罪的主观方面是过失。

（二）医疗事故罪的司法认定

主要应将本罪与一般医疗事故、医疗技术事故、医疗意外事件区别开来。医疗事故罪中的"事故"仅限于医疗责任事故，主要是指因为违反规章制度、诊疗常规等失职行为所致的事故。在此类事故中，如果没有发生上述法定后果的，就属于一般医疗事故。医疗技术事故是指医务人员因技术过失而致生的事故，专业技术水平不高和经验不足为主要原因。医疗意外事件，是指在诊疗护理工作中由于病情或者病人体质特殊而发生了医务人员难以预料和防范的严重后果，主观上不存在过失，因而不构成犯罪。

（三）医疗事故罪的刑事责任

根据《刑法》第335条的规定，犯本罪的，处3年以下有期徒刑或者拘役。

九、非法行医罪

（一）非法行医罪的概念和构成要件

非法行医罪，是指未取得医生执业资格的人非法行医，情节严重的行为。其构成要件是：

1. 本罪的客体是国家医疗管理制度和就诊人的生命、健康权利。

2. 本罪在客观方面表现为非法行医，情节严重的行为。这包括以下要素：

（1）未取得医生执业资格的人非法行医。根据2016年12月20日《最高人民法院关于审理非法行医刑事案件具体应用法律若干问题的解释》的规定，具有下列情形之一的，应认定为"未取得医生执业资格的人非法行医"：①未取得或者以非法手段取得医师资格从事医疗活动的；②被依法吊销医师执业证书期间从事医疗活动的；③未取得乡村医生执业证书，从事乡村医疗活动的；④家庭接生员实施家庭接生以外的医疗行为的。

（2）必须情节严重。根据上述司法解释，情节严重是指具有下列情形之一的：①造成就诊人轻度残疾、器官组织损伤导致一般功能障碍的；②造成甲类传染病传播、流行或者有传播、流行危险的；③使用假药、劣药或不符合国家规定标准的卫生材料、医疗器械，足以严重危害人体健康的；④非法行医被卫生行政部门行政处罚两次以后，再次非法行医的；⑤其他情节严重的情形。

3. 本罪的主体是一般主体，但只限于未取得医生执业资格的人。

4. 本罪的主观方面是故意，行为人一般具有牟利的目的。

【案例分析】 王某在未取得乡村医生执业证书的情况下，利用自己所掌握的针灸技术在乡村进行医疗活动，属于非法行医行为，并且造成了被害人死亡的严重后果，侵犯了国家医疗工作管理秩序和他人的生命权利，符合非法行医罪的构成要件，对王某应当以非法行医罪定罪处罚。

（二）非法行医罪的司法认定

1. 本罪与医疗事故罪的界限。二者侵犯的客体都是国家医疗管理制度和就诊人的生命、健康权利。二者的主要区别包括：①犯罪主体不同。本罪的主体是未取得医生执业资格的人，后罪的主体是有医生执业资格的医务人员。②犯罪主观方面不同。本罪的主观方面为故意，而后者的主观方面为过失。另外，本罪是以情节严重为构成要素，情节严重包括造成严重后果在内。而后罪以造成就诊人死亡或者严重损害就诊人身体健康为构成要素。

2. 罪数的认定。实施非法行医犯罪，同时构成生产、销售假药罪，生产、销售劣药罪，诈骗罪等其他犯罪的，依照刑法处罚较重的规定定罪处罚。

（三）非法行医罪的刑事责任

根据《刑法》第 336 条第 1 款的规定，犯本罪的，处 3 年以下有期徒刑、拘役或者管制，并处或者单处罚金；严重损害就诊人身体健康的，处 3 年以上10 年以下有期徒刑，并处罚金；造成就诊人死亡的，处 10 年以上有期徒刑，并处罚金。根据上述司法解释，"严重损害就诊人身体健康"是指：造成就诊人中度以上残疾、器官组织损伤导致严重功能障碍的；造成 3 名以上就诊人轻度残疾、器官组织损伤导致一般功能障碍的。非法行医行为系造成就诊人死亡的直接、主要原因的，应认定为"造成就诊人死亡"。非法行医行为并非造成就诊人死亡的直接、主要原因的，可以认定为"情节严重"。

十、非法进行节育手术罪

非法进行节育手术罪，是指未取得医生执业资格的人擅自为他人进行节育复通手术、假节育手术、终止妊娠手术或者摘取宫内节育器，情节严重的行为。根据《刑法》第 336 条第 2 款的规定，犯本罪的，处 3 年以下有期徒刑、拘役或者管制，并处或者单处罚金；严重损害就诊人身体健康的，处 3 年以上 10 年以下有期徒刑，并处罚金；造成就诊人死亡的，处 10 年以上有期徒刑，并处罚金。

十一、妨害动植物防疫、检疫罪

妨害动植物防疫、检疫罪，是指违反有关动植物防疫、检疫的国家规定，引起重大动植物疫情的，或者有引起重大动植物疫情危险，情节严重的行为。根据《刑法》第 337 条的规定，犯本罪的，处 3 年以下有期徒刑或者拘役，并处或者单处罚金。单位犯本罪的，实行两罚制。

第七节　破坏环境资源保护罪[1]

【案例】

2013 年 1 月至 2013 年 8 月 8 日期间，被告人翁某某未经环保部门

----

〔1〕 本小类罪共 15 个罪名，犯罪主体均包括自然人和单位，除污染环境罪为过失犯罪外，其余均为故意犯罪。

审批，未建废水处理设施，在其位于福州市仓山区某村租用的厂房内，雇佣工人非法从事配件镀锌加工，并将生产废水通过暗管直接排放到车间外的暗沟，穿过马路排入对面的雨水沟。2013 年 8 月 1 日，仓山区环保局依法对该厂进行查封，随后被告人翁某某私自撕毁封条恢复生产。2013 年 8 月 8 日，福建省环境保护厅对该厂进行查处，并现场进行采样。经福建省环境监测中心站监测报告认定，该厂车间地面水总铬含量 57.8mg/l（超标 56 倍）；车间外暗管排放口总铬含量 70.8mg/l（超标 69 倍），均不符合废水排放的国家标准即《电镀污染物排放标准》（gb21900 – 2008）。2013 年 8 月 20 日，福建省环境保护厅对该份监测报告予以认可。2013 年 9 月 23 日，被告人翁某某主动到公安机关投案，并如实供述自己的主要罪行。[1] 问：对本案应如何定性处理？

一、污染环境罪

（一）污染环境罪的概念和构成要件

污染环境罪，是指违反国家规定，排放、倾倒或者处置有放射性的废物、含传染病病原体的废物、有毒物质或者其他有害物质，严重污染环境的行为。其构成要件是：

1. 本罪的客体是国家环境保护制度。犯罪对象是放射性的废物、含传染病病原体的废物、有毒物质或者其他有害物质，可概括为"有害物质"。[2]

2. 本罪的客观方面表现包括以下三个要素：

（1）违反国家规定。是指违反《环境保护法》《大气污染防治法》《水污染防治法》《固体废物污染环境防治法》《海洋环境保护法》《海洋倾废管理条例》等法律、行政法规以及有关规章的规定。

（2）实施了排放、倾倒或者处置有放射性的废物、含传染病病原体的废物、有毒物质或者其他有害物质的行为。"排放"是指将上述有害物质向土地、水体、大气等排入的行为。"倾倒"是指通过船舶、航空器等运载工具向土地、水体、大气等弃置有害物质的行为。"处置"是指以焚烧、填埋等方式处理有害物

---

〔1〕 "福建省福州市仓山区人民法院刑事判决书"，载华律网，http://www.66law.cn/laws/290613.aspx，最后访问时间：2018 年 2 月 21 日。

〔2〕 "放射性的废物"是指放射性核素含量超过国家规定限值的固体、液体和气体废弃物。"含传染病病原体的废物"是指含有传染病病菌的污水、粪便等废弃物。"有毒物质"是指危险废物、《关于持久性有机污染物的斯德哥尔摩公约》附件所列物质、含重金属的污染物以及其他具有毒性，可能污染环境的物质。

质的行为。

（3）必须严重污染环境。根据 2017 年 1 月 1 日 "两高"《关于办理环境污染刑事案件适用法律若干问题的解释》（以下简称《环境污染刑案解释》）的规定，具有下列情形之一的应当认定为 "严重污染环境"，应予立案追诉：①在饮用水水源一级保护区、自然保护区核心区排放、倾倒、处置有放射性的废物、含传染病病原体的废物、有毒物质的；②非法排放、倾倒、处置危险废物 3 吨以上的；③排放、倾倒、处置含铅、汞、镉、铬、砷、铊、锑的污染物，超过国家或者地方污染物排放标准 3 倍以上的；④排放、倾倒、处置含镍、铜、锌、银、钒、锰、钴的污染物，超过国家或者地方污染物排放标准 10 倍以上的；⑤通过暗管、渗井、渗坑、裂隙、溶洞、灌注等逃避监管的方式排放、倾倒、处置有放射性的废物、含传染病病原体的废物、有毒物质的；⑥2 年内曾因违反国家规定，排放、倾倒、处置有放射性的废物、含传染病病原体的废物、有毒物质受过 2 次以上行政处罚，又实施前列行为的；⑦重点排污单位篡改、伪造自动监测数据或者干扰自动监测设施，排放化学需氧量、氨氮、二氧化硫、氮氧化物等污染物的；⑧违法减少防治污染设施运行支出 100 万元以上的；⑨违法所得或者致使公私财产损失 30 万元以上的；⑩造成生态环境严重损害的；⑪致使乡镇以上集中式饮用水水源取水中断 12 小时以上的；⑫致使基本农田、防护林地、特种用途林地 5 亩以上，其他农用地 10 亩以上，其他土地 20 亩以上基本功能丧失或者遭受永久性破坏的；⑬致使森林或者其他林木死亡 50 立方米以上，或者幼树死亡 2500 株以上的；⑭致使疏散、转移群众 5 千人以上的；⑮致使 30 人以上中毒的；⑯致使 3 人以上轻伤、轻度残疾或者器官组织损伤导致一般功能障碍的；⑰致使 1 人以上重伤、中度残疾或者器官组织损伤导致严重功能障碍的；⑱其他严重污染环境的情形。上述②中的 "非法处置危险废物"，是指无危险废物经营许可证，以营利为目的，从危险废物中提取物质作为原材料或者燃料，并具有超标排放污染物、非法倾倒污染物或者其他违法造成环境污染的情形的行为。上述⑨中的 "违法所得"，是指实施污染环境的行为所得和可得的全部违法收入；"公私财产损失" 包括直接造成财产损毁、减少的实际价值，为防止污染扩大、消除污染而采取必要合理措施所产生的费用，以及处置突发环境事件的应急监测费用。

3. 本罪的主体是一般主体，包括自然人和单位。

4. 本罪的主观方面是过失。

（二）污染环境罪的司法认定

1. 本罪与危险物品肇事罪的界限。二者的对象虽然都涉及危险性的物品，都可能造成污染环境、财产损失、人身伤亡的后果，但二者有明确的区别，包括：①犯罪客体和对象不同。本罪的客体是国家环境保护制度，犯罪对象是放射性的废物、含传染病病原体的废物、有毒物质或者其他有害物质；后罪的客体是公共安全，犯罪对象是爆炸性、易燃性、放射性、毒害性、腐蚀性物品。②发生的场合和违反的规定不同。本罪是在排放、处理废物过程中发生的，违反的是环境保护法规；后罪是在危险物品的生产、储存、运输、使用过程中发生的，违反的是危险物品管理规定。③犯罪主体不同。本罪的主体包括自然人和单位；而后罪的主体是自然人。

2. 共犯的认定。明知他人无危险废物经营许可证，向其提供或者委托其收集、贮存、利用、处置危险废物，严重污染环境的，以共同犯罪论处。

3. 罪数的认定。这包括：①无危险废物经营许可证从事收集、贮存、利用、处置危险废物经营活动，严重污染环境的，按照污染环境罪定罪处罚；同时构成非法经营罪的，依照处罚较重的规定定罪处罚。②违反国家规定，排放、倾倒、处置含有毒害性、放射性、传染病病原体等物质的污染物，同时构成污染环境罪、非法处置进口的固体废物罪、投放危险物质罪等犯罪的，依照处罚较重的规定定罪处罚。③重点排污单位篡改、伪造自动监测数据或者干扰自动监测设施，排放化学需氧量、氨氮、二氧化硫、氮氧化物等污染物，同时构成污染环境罪和破坏计算机信息系统罪的，依照处罚较重的规定定罪处罚。

【案例分析】被告人翁某某在未经环保部门审批、未建废水处理设施的情况下，非法从事配件镀锌加工，并将生产废水通过暗管直接排放到车间对面的雨水沟，已经违反了国家规定。由于非法排放含铬（"铬"属于重金属）的污染物已超过国家污染物排放标准3倍以上，严重污染环境，其行为触犯了《刑法》第338之规定，并且符合《环境污染刑案解释》的相关规定，已构成污染环境罪。案发后，被告人翁某某主动到公安机关投案，如实供述自己的主要罪行，成立自首。根据《刑法》第67条第1款的规定，对被告人翁某某应当依法从宽处罚。

（三）污染环境罪的刑事责任

根据《刑法》第338条、第346条的规定，犯本罪的，处3年以下有期徒刑或者拘役，并处或者单处罚金；后果特别严重的，处3年以上7年以下有期徒刑，并处罚金。单位犯本罪的，实行两罚制。《环境污染刑案解释》对这里的"后果特别严重"的情形，以及应当从重处罚、从宽处罚的情形作了列举。

二、非法处置进口的固体废物罪

非法处置进口的固体废物罪，是指违反国家规定，将境外的固体废物进境倾倒、堆放、处置的行为。根据《刑法》第339条第1款、第346条的规定，犯本罪的，处5年以下有期徒刑或者拘役，并处罚金；造成重大环境污染事故，致使公私财产遭受重大损失或者严重危害人体健康的，处 5 年以上 10 年以下有期徒刑，并处罚金；后果特别严重的，处 10 年以上有期徒刑，并处罚金。单位犯本罪的，实行两罚制。

三、擅自进口固体废物罪

擅自进口固体废物罪，是指未经国务院有关主管部门许可，擅自进口固体废物用作原料，造成重大环境污染事故，致使公私财产遭受重大损失或者严重危害人体健康的行为。根据《刑法》第 339 条第 3 款的规定，以原料利用为名，进口不能用作原料的固体废物、液态废物和气态废物的，应当以走私废物罪定罪处罚。根据《刑法》第 339 条第 2 款、第 346 条的规定，犯本罪的，处 5 年以下有期徒刑或者拘役，并处罚金；后果特别严重的，处 5 年以上 10 年以下有期徒刑，并处罚金。单位犯本罪的，实行两罚制。

四、非法捕捞水产品罪

非法捕捞水产品罪，是指违反水产资源保护法规，在禁渔区、禁渔期或者使用禁用的工具、方法捕捞水产品，情节严重的行为。《公安立案标准一》对这里的"情节严重"即应予立案追诉的情形作了列举。本罪的主观方面是故意，通常具有营利或者其他目的。根据《刑法》第 340 条、第 346 条的规定，犯本罪的，处 3 年以下有期徒刑、拘役、管制或者罚金。单位犯本罪的，实行两罚制。

五、非法猎捕、杀害珍贵、濒危野生动物罪

非法猎捕、杀害珍贵、濒危野生动物罪，是指非法猎捕、杀害国家重点保护的珍贵、濒危野生动物的行为。本罪的对象是国家重点保护的珍贵、濒危野生动物，包括列入国家重点保护野生动物名录的国家一、二级保护野生动物、列入《濒危野生动植物种国际贸易公约》附录一、附录二的野生动物以及驯养繁殖的上述物种。2000 年 12 月 1 日《最高人民法院关于审理破坏野生动物资源刑事案件具体应用法律若干问题的解释》（以下简称《野生动物刑案解释》）第 6 条规定，行为人使用爆炸、投毒、设置电网等危险方法破坏野生动物资源，构成非法猎捕、杀害珍贵、濒危野生动物罪，同时构成《刑法》第 114 条或者第 115 条规定之罪的，依照处罚较重的规定定罪处罚。实施本罪时，又以暴力、威胁方法抗拒查处，构成其他犯罪的，依照数罪并罚的规定处罚。根据《刑法》第 341 条第 1 款、第 346 条的规定，犯本罪的，处 5 年以下有期徒刑或者拘役，并处罚金；情节严重的，处 5 年以上 10 年以下有期徒刑，并处罚金；情节特别严重的，处 10 年以上有期徒刑，并处罚金或者没收财产。单位犯本罪的，实行两罚制。

六、非法收购、运输、出售珍贵、濒危野生动物、珍贵、濒危野生动物制品罪

非法收购、运输、出售珍贵、濒危野生动物、珍贵、濒危野生动物制品罪，

是指非法收购、运输、出售国家重点保护的珍贵、濒危野生动物及其制品的行为。这里的"收购"包括以营利、自用等为目的的收购行为;"运输"包括采用携带、邮购、利用他人、使用交通工具等方法进行运送的行为;"出售"包括出卖和以营利为目的的加工利用行为。实施本罪时,又以暴力、威胁方法抗拒查处,构成其他犯罪的,依照数罪并罚的规定处罚。犯本罪的,依照《刑法》第341条第1款、第346条的规定处罚,即本罪的处罚与上一个罪名相同。

七、非法狩猎罪

非法狩猎罪,是指违反狩猎法规,在禁猎区、禁猎期或者使用禁用的工具、方法进行狩猎,破坏野生动物资源,情节严重的行为。根据《野生动物刑案解释》的规定,这里的"情节严重"包括:①非法狩猎野生动物20只以上的;②在禁猎区内使用禁用的工具或者禁用的方法狩猎的;③在禁猎期内使用禁用的工具或者禁用的方法狩猎的;④其他情节严重的情形。行为人实施本罪时,又以暴力、威胁方法抗拒查处,构成其他犯罪的,依照数罪并罚的规定处罚。明知是非法狩猎的野生动物而收购,数量达到50只以上的,以掩饰、隐瞒犯罪所得罪定罪处罚。根据《刑法》第341条第2款、第346条的规定,犯本罪的,处3年以下有期徒刑、拘役、管制或者罚金。单位犯本罪的,实行两罚制。

八、非法占用农用地罪

非法占用农用地罪,是指违反土地管理法规,非法占用耕地、林地、草原等农用地,改变被占用土地用途,数量较大,造成耕地、林地等农用地大量毁坏的行为。"农用地"是指直接用于农业生产的土地,包括耕地、林地、草地、农田水利用地、养殖水面等。有关司法解释[1]分别对"数量较大,造成耕地大量毁坏""数量较大,造成林地大量毁坏""数量较大,造成草原大量毁坏"的具体情形作了列举。根据《刑法》第342条、第346条的规定,犯本罪的,处5年以下有期徒刑或者拘役,并处或者单处罚金。单位犯本罪的,实行两罚制。

九、非法采矿罪

非法采矿罪,是指违反矿产资源法的规定,未取得采矿许可证擅自采矿,擅自进入国家规划矿区、对国民经济具有重要价值的矿区和他人矿区范围采矿,或者擅自开采国家规定实行保护性开采的特定矿种,情节严重的行为。根据2016年12月1日"两高"《关于办理非法采矿、破坏性采矿刑事案件适用法律若干法律问题的解释》的规定,违反《中华人民共和国矿产资源法》《中华人民共和国水

---

[1] 包括2000年6月22日《最高人民法院关于审理破坏土地资源刑事案件具体应用法律若干问题的解释》、2005年12月30日《最高人民法院关于审理破坏林地资源刑事案件具体应用法律若干问题的解释》、2012年11月22日《最高人民法院关于审理破坏草原资源刑事案件应用法律若干问题的解释》和《公安立案标准一》。

法》等法律、行政法规有关矿产资源开发、利用、保护和管理的规定的，应当认定为"违反矿产资源法的规定"。在河道管理范围内非法采砂、非法采挖海砂，情节严重的，也按非法采矿罪定罪处罚。该司法解释还对"未取得采矿许可证""情节严重"的具体情形作了规定。根据《刑法》第343条第1款、第346条的规定，犯本罪的，处3年以下有期徒刑、拘役或者管制，并处或者单处罚金；情节特别严重的，处3年以上7年以下有期徒刑，并处罚金。单位犯本罪的，实行两罚制。

十、破坏性采矿罪

破坏性采矿罪，是指违反矿产资源法的规定，采取破坏性的开采方法开采矿产资源，造成矿产资源严重破坏的行为。根据《刑法》第343条第2款、第346条的规定，犯本罪的，处5年以下有期徒刑或者拘役，并处罚金。单位犯本罪的，实行两罚制。

十一、非法采伐、毁坏国家重点保护植物罪

非法采伐、毁坏国家重点保护植物罪，是指违反国家规定，非法采伐、毁坏珍贵树木或者国家重点保护的其他植物的行为。"珍贵树木或者国家重点保护的其他植物"包括由省级以上林业主管部门或者其他部门确定的具有重大历史纪念意义、科学研究价值或者年代久远的古树名木，国家禁止、限制出口的珍贵树木以及列入《国家重点保护野生植物名录》的树木或者其他植物，如巨柏、银杏、银杉、南方红豆杉、水松等。根据《刑法》第344条、第346条的规定，犯本罪的，处3年以下有期徒刑、拘役或者管制，并处罚金；情节严重的，处3年以上7年以下有期徒刑，并处罚金。单位犯本罪的，实行两罚制。

十二、非法收购、运输、加工、出售国家重点保护植物、国家重点保护植物制品罪

非法收购、运输、加工、出售国家重点保护植物、国家重点保护植物制品罪，是指违反国家规定，非法收购、运输、加工、出售珍贵树木或者国家重点保护的其他植物及其制品的行为。犯本罪的，依照《刑法》第344条、第346条的规定处罚。

十三、盗伐林木罪

（一）盗伐林木罪的概念和构成要件

盗伐林木罪，是指以非法占有为目的，盗伐森林或者其他林木，数量较大的行为。其构成要件是：

1. 本罪的客体是国家的森林资源保护制度和国家、集体、公民的林木所有权。

2. 本罪在客观方面表现为盗伐国家、集体或他人所有的森林或者其他林木，数量较大的行为。根据2000年12月11日《最高人民法院关于审理破坏森林资源刑事案件具体应用法律若干问题的解释》的规定，盗伐林木的行为包括：①擅自

砍伐国家、集体、他人所有或者他人承包经营管理的森林或者其他林木的；②擅自砍伐本单位或者本人承包经营管理的森林或者其他林木的；③在林木采伐许可证规定的地点以外采伐国家、集体、他人所有或者他人承包经营管理的森林或者其他林木的。盗伐林木"数量较大"以 2 立方米 ~ 5 立方米或者幼树 100 株 ~ 200 株为起点。

3. 本罪的主体是一般主体，包括自然人和单位。

4. 本罪的主观方面是故意，并且以非法占有为目的。

（二）盗伐林木罪的司法认定

1. 本罪与盗窃罪的界限。将国家、集体、他人所有并已经伐倒的树木秘密占为己有，以及偷砍他人房前屋后、自留地种植的零星树木，数量较大的，应以盗窃罪定罪处罚。非法实施采种、采脂、挖笋、掘根、剥树皮等行为，牟取经济利益数额较大的，以盗窃罪定罪处罚；同时构成其他犯罪的，依照处罚较重的规定定罪处罚。

2. 本罪与非法采伐国家重点保护植物罪的界限。主要区别在于对象不同。本罪的对象是普通林木，后罪的对象是珍贵树木和国家重点保护的其他植物。因此，盗伐珍贵树木，同时构成本罪和非法采伐国家重点保护植物罪的，依照处罚较重的规定定罪处罚。

（三）盗伐林木罪的刑事责任

根据《刑法》第 345 条第 1 款、第 4 款和第 346 条的规定，犯本罪的，处 3 年以下有期徒刑、拘役或者管制，并处或者单处罚金；数量巨大的，处 3 年以上 7 年以下有期徒刑，并处罚金；数量特别巨大的，处 7 年以上有期徒刑，并处罚金。盗伐国家级自然保护区内的森林或者其他林木的，从重处罚。单位犯本罪的，实行双罚制。

十四、滥伐林木罪

滥伐林木罪，是指违反森林法的规定，滥伐森林或者其他林木，数量较大的行为。根据上述司法解释，滥伐林木的行为包括：①未经林业行政主管部门及法律规定的其他主管部门批准并核发采伐许可证，或者虽持有采伐许可证，但违反林木采伐证所规定的时间、数量、树种或者方式，任意采伐本单位所有或者本人所有的森林其他林木的；②超过林木采伐许可证规定的数量采伐他人所有的森林或者其他林木的。另外，林木权属争议一方在林木权属确权之前，擅自砍伐森林或者其他林木，数量较大的，以滥伐林木罪论处。滥伐珍贵树木，同时构成本罪和毁坏国家重点保护植物罪的，依照处罚较重的规定定罪处罚。根据《刑法》第 345 条第 2 款、第 4 款和第 346 条的规定，犯本罪的，处 3 年以下有期徒刑、拘役或者管制，并处或者单处罚金；数量巨大的，处 3 年以上 7 年以下有期徒刑，并处罚金。滥伐国家级自然保护区内的森林或者其他林木的，从重处罚。单位犯本罪的，实行两罚制。

十五、非法收购、运输盗伐、滥伐的林木罪

非法收购、运输盗伐、滥伐的林木罪，是指非法收购、运输明知是盗伐、滥伐的林木，情节严重的行为。本罪的主要方面是故意，即明知是盗伐、滥伐的林木而予以收购或者运输。"明知"包括知道和应当知道。具有下列情形之一的，可以视为应当知道，但是有证据证明确属被蒙骗的除外：①在非法的木材交易场所或者销售单位收购木材的；②收购以明显低于市场价格出售的木材的；③收购违反规定出售的木材的。根据《刑法》第 345 条第 3 款和第 346 条的规定，犯本罪的，处 3 年以下有期徒刑、拘役或者管制，并处或者单处罚金；情节特别严重的，处 3 年以上 7 年以下有期徒刑，并处罚金。单位犯本罪的，实行两罚制。

第八节　走私、贩卖、运输、制造毒品罪[1]

【案例】

钱某从毒品犯罪分子手中购买海洛因 2500 克，准备贩卖牟利。为遮人耳目，钱某从医院太平间偷盗了一具婴儿尸体，将海洛因藏匿于婴儿的尸体内携带到某市。为使海洛因尽快脱手，钱将海洛因掺杂在自己卷制的香烟中，号称"神烟"，包治百病，使不明真相的刘某等十余人吸食成瘾，不得不高价向钱某购买"神烟"。钱某被抓获时，大部分海洛因已卖出。问：钱某的行为构成什么罪？

一、走私、贩卖、运输、制造毒品罪

（一）走私、贩卖、运输、制造毒品罪的概念和构成要件

走私、贩卖、运输、制造毒品罪，是指明知是毒品而故意走私、贩卖、运输、制造的行为。其构成要件是：

1. 本罪的客体是国家毒品管理制度。犯罪对象是毒品。刑法所称的毒品，是指鸦片、海洛因、甲基苯丙胺（冰毒）、吗啡、大麻、可卡因以及国家规定管制的其他能够使人形成瘾癖的麻醉药品和精神药品。具体品种以《麻醉药品品

---

〔1〕 本小类罪共 11 个罪名，主观方面均为故意。除走私、贩卖、运输、制造毒品罪，非法生产、买卖、运输制毒物品、走私制毒物品罪，非法提供麻醉药品、精神药品罪的主体包括自然人和单位外，其余各罪的主体均为自然人。

种目录》《精神药品品种目录》为依据。

2. 本罪在客观方面表现为走私、贩卖、运输、制造的行为，具体包括：

（1）走私毒品的行为。走私毒品，是指明知是毒品而非法将其运输、携带、寄递进出国（边）境的行为。直接向走私人非法收购走私进口的毒品，或者在内海、领海、界河、界湖运输、收购、贩卖毒品的，以走私毒品罪论处。

（2）贩卖毒品的行为。贩卖毒品，是指明知是毒品而非法销售或者以贩卖为目的而非法收买的行为。有证据证明行为人以牟利为目的，为他人代购仅用于吸食、注射的毒品，对代购者以贩卖毒品罪论处。不以牟利为目的，为他人代购仅用于吸食、注射的毒品，毒品数量达到法定数量标准的，对托购者和代购者以非法持有毒品罪论处。

（3）运输毒品的行为。运输毒品，是指明知是毒品而采用携带、寄递、托运、利用他人或者使用交通工具等方法非法运送毒品的行为。这里的"运输"仅限于国内范围内的某地向另一地转移。

（4）制造毒品的行为。制造毒品，是指非法利用毒品原植物直接提炼或者用化学方法加工、配制毒品，或者以改变毒品成分和效用为目的，用混合等物理方法加工、配制毒品的行为，如将甲基苯丙胺或者其他苯丙胺类毒品与其他毒品混合成麻古或者摇头丸。为了便于隐蔽运输、销售、使用、欺骗购买者，或者为了增重，对毒品掺杂使假，添加或者去除其他非毒品物质，不属于制造毒品的行为。

3. 本罪的主体是一般主体，包括自然人和单位。就自然人而言，已满14周岁且具有刑事责任能力的人，可以成为贩卖毒品罪的主体。

4. 本罪的主观方面是故意，即明知走私、贩卖、运输、制造的是毒品而依然实施。如果是在被别人利用、欺骗等不知情的情况下实施了走私、贩卖、运输、制造毒品的行为，不构成本罪。根据《公安立案标准三》等有关规定，这里的"明知"是指行为人知道或者应当知道所实施的是走私、贩卖、运输、制造毒品行为，有证据证明确属被蒙骗的除外。判断行为人对涉案毒品是否明知，不能仅凭行为人供述，而应当依据行为人实施毒品犯罪行为的过程、方式、毒品被查获时的情形等证据，结合行为人的年龄、阅历、智力等情况，进行综合分析判断。《公安立案标准三》等有关规定对可以认定其"应当知道"的具体情形作了列举。

【案例分析】钱某从毒品犯手中购买海洛因并贩卖牟利。为遮人耳目，从医院太平间偷盗了一具婴儿尸体，便于毒品藏匿携带；再将海洛因掺杂在自己卷制的香烟中，号称"神烟"，使不明真相的刘某等人吸食成瘾，不得不高价向其购买"神烟"，是为了使海洛因尽快脱手，是贩卖毒品的方法行为。钱某的行为分别构成贩卖、运输毒品罪和盗窃尸体罪。

（二）走私、贩卖、运输、制造毒品罪的司法认定

根据《刑法》《公安立案标准三》、2008年12月1日最高人民法院《全国部分法院审理毒品犯罪案件工作座谈会纪要》、2015年5月18日最高人民法院《全国法院毒品犯罪审判工作座谈会纪要》和2016年4月11日《最高人民法院关于审理毒品犯罪案件适用法律若干问题的解释》（以下简称《毒品刑案解释》）等的规定，在认定本罪时应注意以下问题：

1. 毒品数量的计算与认定。《刑法》第357条第2款规定："毒品的数量以查证属实的走私、贩卖、运输、制造、非法持有毒品的数量计算，不以纯度折算。"《刑法》第347条第7款规定："对多次走私、贩卖、运输、制造毒品，未经处理的，毒品数量累计计算。"上述有关司法解释规定，走私、贩卖、运输、制造、非法持有两种以上毒品的，可以将不同种类的毒品分别折算为海洛因的数量，以折算后累加的毒品总量作为量刑的根据。对于既未规定定罪量刑数量标准，又不具备折算条件的毒品，综合考虑其致瘾癖性、社会危害性、数量、纯度等因素依法量刑。国家定点生产企业按照标准规格生产的麻醉药品或者精神药品被用于毒品犯罪的，根据药品中毒品成分的含量认定涉案毒品数量。

2. 本罪与非罪的界限。走私、贩卖、运输、制造毒品，无论数量多少，都应当追究刑事责任，予以刑罚处罚。我国只是对毒品实行管制，因此，根据医疗、教学、科研等需要，经政府有关部门特许，从事经营、运输、制造麻醉药品和精神药品的，属于合法行为。

3. 非法贩卖麻醉药品、精神药品行为的定性问题。行为人向走私、贩卖毒品的犯罪分子或者吸食、注射毒品的人员贩卖国家规定管制的能够使人形成瘾癖的麻醉药品或者精神药品的，以贩卖毒品罪定罪处罚。行为人出于医疗目的，违反有关药品管理的国家规定，非法贩卖上述麻醉药品或者精神药品，扰乱市场秩序，情节严重的，以非法经营罪定罪处罚。

4. 制造毒品罪的形态。①为了制造毒品而采用生产、加工、提炼等方法非法制造易制毒化学品的，以制造毒品罪（预备）立案追诉。②购进制造毒品的设备和原材料，开始着手制造毒品，尚未制造出毒品或者半成品的，以制造毒品罪（未遂）立案追诉。③已经制造出粗制毒品或者半成品的，以制造毒品罪的既遂论处。

5. 共犯的认定。①明知他人实施毒品犯罪而为其居间介绍、代购代卖的，无论是否牟利，都应以相关毒品犯罪的共犯论处。②包庇走私、贩卖、运输、制造毒品的犯罪分子，为犯罪分子窝藏、转移、隐瞒毒品、毒赃或者犯罪所得

的财物，事先通谋的，不再以包庇毒品犯罪分子罪和窝藏、转移、隐瞒毒品、毒赃罪定罪处罚，而应当以走私、贩卖、运输、制造毒品罪的共犯论处。③明知他人制造毒品而为其生产、买卖、运输醋酸酐、乙醚、三氯甲烷等制毒物品的，以制造毒品罪的共犯论处。应当注意，没有实施毒品犯罪的共同故意，仅在客观上为相互关联的毒品犯罪上下家，不构成共同犯罪。

6. 罪数的认定。这包括以下几点：

（1）走私、贩卖、运输、制造毒品罪是选择性罪名，因此：①对同一宗毒品实施了两种以上犯罪行为并有相应确凿证据的，应当按照所实施的犯罪行为的性质并列适用罪名，毒品数量不重复计算，不实行数罪并罚。②对同一宗毒品可能实施了两种以上犯罪行为，但相应证据只能认定其中一种或者几种行为，认定其他行为的证据不够确实充分的，只按照依法能够认定的行为的性质定罪。如涉嫌为贩卖而运输毒品，认定贩卖的证据不够确实充分的，则只定运输毒品罪。③对不同宗毒品分别实施了不同种犯罪行为的，应对不同行为并列适用罪名，累计毒品数量，不实行数罪并罚。④对被告人一人走私、贩卖、运输、制造两种以上毒品的，不实行数罪并罚，量刑时可综合考虑毒品的种类、数量及危害，依法处理。

（2）向他人贩卖毒品后又容留其吸食、注射毒品，或者容留他人吸食、注射毒品并向其贩卖毒品，符合容留他人吸毒罪的定罪条件的，应当以贩卖毒品罪和容留他人吸毒罪数罪并罚。

（3）利用信息网络，设立用于实施传授制造毒品、非法生产制毒物品的方法，贩卖毒品，非法买卖制毒物品或者组织他人吸食、注射毒品等违法犯罪活动的网站、通讯群组，或者发布实施前述违法犯罪活动的信息，情节严重的，应当依照《刑法》第287条之一的规定，以非法利用信息网络罪定罪处罚。实施《刑法》第287条之一、之二规定的行为，同时构成贩卖毒品罪、非法买卖制毒物品罪、传授犯罪方法罪等犯罪的，依照处罚较重的规定定罪处罚。

7. 毒品再犯的问题。《刑法》第356条规定："因走私、贩卖、运输、制造、非法持有毒品罪被判过刑，又犯本节规定之罪的，从重处罚。"[1] 这在刑法理论上称"毒品再犯"，它不同于累犯。对于因同一毒品犯罪前科同时构成累犯和毒品再犯的被告人，在裁判文书中应当同时引用刑法关于累犯和毒品再犯的条款，但在量刑时不得重复予以从重处罚。对于因不同犯罪前科同时构成累犯和毒品再犯的被告人，量刑时的从重处罚幅度一般应大于前述情形。

8. 本罪与诈骗罪的界限。对于故意贩卖假毒品骗取财物的，以诈骗罪论处；

---

〔1〕 对该条之规定，在介绍其他毒品犯罪时，不再重述。

把假毒品误为真毒品进行走私、贩卖、运输的，应以本罪（未遂）处罚。

9. 罪名认定问题。主要包括以下两点：

（1）吸毒者购买、存储、运输毒品的性质认定。吸毒者在购买、存储毒品过程中被查获，没有证据证明其是为了实施贩卖毒品等其他犯罪，毒品数量达到《刑法》第 348 条规定的最低数量标准的，以非法持有毒品罪定罪处罚。吸毒者在运输毒品过程中被查获，没有证据证明其是为了实施贩卖毒品等其他犯罪，毒品数量达到较大以上的，以运输毒品罪定罪处罚。

（2）为吸毒者代购毒品的性质认定。行为人为吸毒者代购毒品，在运输过程中被查获，没有证据证明托购者、代购者是为了实施贩卖毒品等其他犯罪，毒品数量达到较大以上的，对托购者、代购者以运输毒品罪的共犯论处。行为人为他人代购仅用于吸食的毒品，在交通、食宿等必要开销之外收取"介绍费""劳务费"，或者以贩卖为目的收取部分毒品作为酬劳的，应视为从中牟利，属于变相加价贩卖毒品，以贩卖毒品罪定罪处罚。

（三）走私、贩卖、运输、制造毒品罪的刑事责任

根据《刑法》第 347 条的规定，本罪的刑事责任包括以下方面：

1. 犯本罪，有下列情形之一的，处 15 年有期徒刑、无期徒刑或者死刑，并处没收财产：①走私、贩卖、运输、制造鸦片 1000 克以上、海洛因或者甲基苯丙胺 50 克以上或者其他毒品数量大的；②走私、贩卖、运输、制造毒品集团的首要分子；③武装掩护走私、贩卖、运输、制造毒品的；④以暴力抗拒检查、拘留、逮捕，情节严重的；⑤参与有组织的国际贩毒活动的。

2. 走私、贩卖、运输、制造鸦片 200 克以上不满 1000 克、海洛因或者甲基苯丙胺 10 克以上不满 50 克或者其他毒品数量较大的，处 7 年以上有期徒刑，并处罚金。

3. 走私、贩卖、运输、制造鸦片不满 200 克、海洛因或者甲基苯丙胺不满 10 克或者其他少量毒品的，处 3 年以下有期徒刑、拘役或者管制，并处罚金；情节严重的，处 3 年以上 7 年以下有期徒刑，并处罚金。

单位犯本罪的，实行双罚制。

利用、教唆未成年人走私、贩卖、运输、制造毒品，或者向未成年人出售毒品的，从重处罚。

《毒品刑案解释》对上述各项中的"其他毒品数量大"和"其他毒品数量较大"的标准，"武装掩护"和"以暴力抗拒检查、拘留、逮捕，情节严重"的含义，以及"情节严重"的情形作了规定。

二、非法持有毒品罪

非法持有毒品罪，是指明知是毒品而非法持有，数量较大的行为。"非法持

有"是指违反国家法律和国家主管部门的规定，占有、携带、藏有或者以其他方式持有毒品。"数量较大"是指非法持有鸦片200克以上、海洛因或者甲基苯丙胺10克以上或者其他毒品数量较大。因实施其他毒品犯罪而持有毒品的，应当按所实施的毒品犯罪定罪处罚。根据《刑法》第348条的规定，犯本罪的，非法持有鸦片1000克以上、海洛因或者甲基苯丙胺50克以上或者其他毒品数量大的，处7年以上有期徒刑或者无期徒刑，并处罚金；非法持有鸦片200克以上不满1000克、海洛因或者甲基苯丙胺10克以上不满50克或者其他毒品数量较大的，处3年以下有期徒刑、拘役或者管制，并处罚金；情节严重的，处3年以上7年以下有期徒刑，并处罚金。《毒品刑案解释》列举了"其他毒品数量大""其他毒品数量较大""情节严重"的情形。

三、包庇毒品犯罪分子罪

包庇毒品犯罪分子罪，是指明知是走私、贩卖、运输、制造毒品的犯罪分子，而予以包庇的行为。根据《公安立案标准三》的规定，作虚假证明帮助掩盖罪行的，帮助隐藏、转移或者毁灭证据的，帮助取得虚假身份或者身份证件的，以及以其他方式包庇的，应予立案追诉。根据《刑法》第349条的规定，犯本罪的，处3年以下有期徒刑、拘役或者管制；情节严重的，处3年以上10年以下有期徒刑；缉毒人员或者其他国家机关工作人员掩护、包庇走私、贩卖、运输、制造毒品的犯罪分子的，从重处罚。犯本罪，事先通谋的，以走私、贩卖、运输、制造毒品罪的共犯论处。

四、窝藏、转移、隐瞒毒品、毒赃罪

窝藏、转移、隐瞒毒品、毒赃罪，是指为犯罪分子窝藏、转移、隐瞒毒品或者犯罪所得的财物的行为。如果利用金融工具、金融手段通过转账、结算、协助将毒赃汇往境外等方式隐瞒、掩饰毒品犯罪所得及收益，则应以洗钱罪论处。根据《刑法》第349条的规定，犯本罪的，处3年以下有期徒刑、拘役或者管制；情节严重的，处3年以上10年以下有期徒刑；缉毒人员或者其他国家机关工作人员掩护、包庇走私、贩卖、运输、制造毒品的犯罪分子的，从重处罚。犯本罪，事先通谋的，以走私、贩卖、运输、制造毒品罪的共犯论处。

五、非法生产、买卖、运输制毒物品、走私制毒物品罪

非法生产、买卖、运输制毒物品、走私制毒物品罪，是指违反国家规定，非法生产、买卖、运输醋酸酐、乙醚、三氯甲烷或者其他用于制造毒品的原料、配剂，或者携带上述物品进出境，情节较重的行为。根据《刑法》第350条的规定，犯本罪的，处3年以下有期徒刑、拘役或者管制，并处罚金；情节严重的，处3年以上7年以下有期徒刑，并处罚金；情节特别严重的，处7年以上有期徒刑，并处罚金或者没收财产处罚。明知他人制造毒品而为其生产、买卖、运输上述物品的，以制造毒品罪的共犯论处。单位犯本罪的，实行两罚制。

六、非法种植毒品原植物罪

非法种植毒品原植物罪，是指非法种植罂粟、大麻等毒品原植物，情节严重的行为。"种植"是指播种、育苗、移栽、插苗、施肥、灌溉、割取津液或者收取种子等行为。具有下列情形之一的，属于"情节严重"：①种植罂粟 500 株以上或者其他毒品原植物数量较大的；[1] ②经公安机关处理后又种植的；③抗拒铲除的。根据《刑法》第 351 条的规定，犯本罪的，处 5 年以下有期徒刑、拘役或者管制，并处罚金；非法种植罂粟 3000 株以上或者其他毒品原植物数量大的，处 5 年以上有期徒刑，并处罚金或者没收财产。非法种植毒品原植物，在收获前自动铲除的，可以免除处罚，即可以不予立案追诉。

七、非法买卖、运输、携带、持有毒品原植物种子、幼苗罪

非法买卖、运输、携带、持有毒品原植物种子、幼苗罪，是指非法买卖、运输、携带、持有未经灭活的罂粟等毒品原植物种子或者幼苗，数量较大的行为。根据《刑法》第 352 条的规定，犯本罪的，处 3 年以下有期徒刑、拘役或者管制，并处或者单处罚金。

八、引诱、教唆、欺骗他人吸毒罪

引诱、教唆、欺骗他人吸毒罪，是指采用引诱、教唆、欺骗的手段，使他人吸食、注射毒品的行为。根据《刑法》第 353 条第 1 款、第 3 款的规定，犯本罪的，处 3 年以下有期徒刑、拘役或者管制，并处罚金；情节严重的，处 3 年以上 7 年以下有期徒刑，并处罚金。引诱、教唆、欺骗未成年人吸食、注射毒品的，从重处罚。

九、强迫他人吸毒罪

强迫他人吸毒罪，是指违背他人意志，以暴力、威胁或者其他强制手段，迫使他人吸食、注射毒品的行为。根据《刑法》第 353 条第 2 款、第 3 款的规定，犯本罪的，处 3 年以上 10 年以下有期徒刑，并处罚金。强迫未成年人吸食、注射毒品的，从重处罚。

十、容留他人吸毒罪

容留他人吸毒罪，是指提供场所，容留他人吸食、注射毒品的行为。根据《毒品刑案解释》的规定，具有下列情形之一的，应当以容留他人吸毒罪定罪处罚：①一次容留多人吸食、注射毒品的；②2 年内多次容留他人吸食、注射毒

---

〔1〕 根据《最高人民法院关于审理毒品犯罪案件适用法律若干问题的解释》第 9 条的规定，非法种植毒品原植物，具有下列情形之一的，应当认定为"数量较大"：①非法种植大麻 5000 株以上不满 3 万株的；②非法种植罂粟 200 平方米以上不满 1200 平方米、大麻 2000 平方米以上不满 1.2 万平方米，尚未出苗的；③非法种植其他毒品原植物数量较大的。

品的；③2年内曾因容留他人吸食、注射毒品受过行政处罚的；④容留未成年人吸食、注射毒品的；⑤以牟利为目的容留他人吸食、注射毒品的；⑥容留他人吸食、注射毒品造成严重后果的；⑦其他应当追究刑事责任的情形。容留近亲属吸食、注射毒品，情节显著轻微危害不大的，不作为犯罪处理；需要追究刑事责任的，可以酌情从宽处罚。根据《刑法》第354条的规定，犯本罪的，处3年以下有期徒刑、拘役或者管制，并处罚金。

十一、非法提供麻醉药品、精神药品罪

非法提供麻醉药品、精神药品罪，是指依法从事生产、运输、管理、使用国家管制的麻醉药品、精神药品的个人或者单位，违反国家规定，向吸食、注射毒品的人提供国家规定管制的能够使人形成瘾癖的麻醉药品、精神药品的行为。本罪的主观方面是故意，即明知他人是吸毒者而向其提供麻醉药品、精神药品。成立本罪不需要行为人具有特定目的。如果向走私、贩卖毒品的犯罪分子或者以牟利为目的，向吸食、注射毒品的人提供国家规定管制的能够使人形成瘾癖的麻醉药品、精神药品的，以走私、贩卖毒品罪定罪处罚。根据《刑法》第355条的规定，犯本罪的，处3年以下有期徒刑或者拘役，并处罚金；情节严重的，处3年以上7年以下有期徒刑，并处罚金。单位犯本罪的，实行两罚制。

第九节　组织、强迫、引诱、容留、介绍卖淫罪[1]

【案例】

2003年1月至同年8月，被告人李宁以营利为目的，先后伙同刘超、冷成宝等人经预谋后，采取张贴广告、登报的方式招聘男青年做"公关先生"，并制定公关人员管理制度。李宁指使刘超、冷成宝对"公关先生"进行管理，并在其经营的"金麒麟""廊桥"及"正麟"酒吧内将多名"公关先生"介绍给男性顾客，然后由男性顾客带至本市"新富城"大酒店等处从事同性卖淫活动，从中收取出台费。[2]问：李宁的行为构成什么罪？

---

〔1〕　本小类罪包括6个罪名，各罪的主体均为自然人，主观方面均为故意。

〔2〕　"李宁组织卖淫案——组织男性从事同性性交易，是否构成组织卖淫罪"，载《刑事审判参考》（总第38期），法律出版社2004年版，第137～142页。

一、组织卖淫罪

（一）组织卖淫罪的概念和构成要件

组织卖淫罪，是指组织他人卖淫的行为。其构成要件是：

1. 本罪的客体是社会主义道德风尚。

2. 本罪在客观方面表现为组织他人卖淫的行为。"组织他人卖淫"，根据2017年7月25日"两高"《关于办理组织、强迫、引诱、容留、介绍卖淫刑事案件适用法律若干问题的解释》（以下简称《组织卖淫等刑案解释》）的规定，是指以招募、雇佣、纠集等手段，管理或者控制他人卖淫，卖淫人员在3人以上。组织卖淫者是否设置固定的卖淫场所、组织卖淫者人数多少、规模大小，不影响组织卖淫行为的认定。"他人"既包括女性，也包括男性在内。所谓卖淫，是指以营利为目的，满足不特定对方的性欲的行为，包括与不特定的对方发生性交和实施类似性交行为。既包括向异性卖淫，也包括向同性卖淫。

3. 本罪的主体是一般主体，仅限于自然人。但是，如果旅馆业、饮食服务业、文化娱乐业、出租汽车业等单位的人员，利用本单位的条件，组织他人卖淫的，按照自然人犯组织卖淫罪的规定处罚。

4. 本罪的主观方面是故意，行为人通常是以营利为目的。

【案例分析】李宁以营利为目的，通过招募手段，管理和控制多名"公关先生"，安排他们"出台"，从事卖淫活动，其行为已构成组织卖淫罪，依法应予惩处。

（二）组织卖淫罪的司法认定

1. 本罪与非罪的界限。①本罪与卖淫的界限。对于本罪来说，只处罚组织者，被组织者即一般卖淫者，则不构成犯罪。②本罪与卖淫者自动结伙卖淫的界限。自动结伙卖淫，是指卖淫者相互传递信息、互相提供方便、互为掩护，共同从事卖淫的行为。此种情况下，结伙人都是卖淫者，没有较为固定的组织策划者，没有主从之分，对此一般应按《治安管理处罚法》的有关规定处理，不宜以犯罪论处。

2. 罪数的认定。在组织卖淫犯罪活动中，对被组织卖淫的人有引诱、容留、介绍卖淫行为的，依照处罚较重的规定定罪处罚。但是，对被组织卖淫的人以外的其他人有引诱、容留、介绍卖淫行为的，应当分别定罪，实行数罪并罚。犯组织卖淫罪，并有杀害、伤害、强奸、绑架等犯罪行为的，依照数罪并罚的规定处罚。

（三）组织卖淫罪的刑事责任

根据《刑法》第358条第1~2款的规定，犯本罪的，处5年以上10年以下有期徒刑，并处罚金；情节严重的，处10年以上有期徒刑或者无期徒刑，并处罚金或者没收财产。组织未成年人卖淫的，依照上述的规定从重处罚。《组织卖淫等刑案解释》对这里"情节严重"的情形作了列举。根据《刑法》第361条的规定，旅馆业、饮食服务业、文化娱乐业、出租汽车业等单位的人员，利用本单位的条件，组织、强迫或者引诱、容留、介绍他人卖淫的，按照自然人犯组织卖淫罪、强迫卖淫罪或者引诱、容留、介绍卖淫罪的规定处罚；前述所列单位的主要负责人犯上述各罪的，从重处罚。[1]

二、强迫卖淫罪

强迫卖淫罪，是指以暴力、胁迫等手段，强迫他人卖淫的行为。认定本罪及其处罚时应注意：①强迫不满14周岁的幼女卖淫，以及强迫卖淫造成被强迫卖淫的人自残、自杀或者其他严重后果的，不另外构成其他罪，而属于本罪的"情节严重"。②犯强迫卖淫罪，并有杀害、伤害、强奸、绑架等犯罪行为的，依照数罪并罚的规定处罚。③强迫未成年人卖淫的，从重处罚。本罪的刑事责任与组织卖淫罪相同。

三、协助组织卖淫罪

协助组织卖淫罪，是指为组织卖淫的人招募、运送人员或者其他协助组织他人卖淫的行为。根据《组织卖淫等刑案解释》的规定，明知他人实施组织卖淫犯罪活动而为其招募、运送人员或者充当保镖、打手、管账人等的，以协助组织卖淫罪定罪处罚，不以组织卖淫罪的从犯论处。在具有营业执照的会所、洗浴中心等经营场所担任保洁员、收银员、保安员等，从事一般服务性、劳务性工作，仅领取正常薪酬，且无上述所列协助组织卖淫行为的，不认定为协助组织卖淫。根据《刑法》第358条第4款的规定，犯本罪的，处5年以下有期徒刑，并处罚金；情节严重的，处5年以上10年以下有期徒刑，并处罚金。

四、引诱、容留、介绍卖淫罪

引诱、容留、介绍卖淫罪，是指引诱、容留、介绍卖淫的行为，即以金钱、物质或者其他利益诱使他人卖淫，或者提供场所给他人卖淫使用，或者使卖淫人员与嫖客发生联系，得以实现卖淫嫖娼的行为。《组织卖淫等刑案解释》，第8条规定，引诱、容留、介绍他人卖淫，具有下列情形之一的，应当定罪处罚：①引诱他人卖淫的；②容留、介绍2人以上卖淫的；③容留、介绍未成年人、孕妇、智障人员、患有严重性病的人卖淫的；④1年内曾因引诱、容留、介绍卖淫行为被行政处罚，又实施容留、介绍卖淫行为的；⑤非法获利人民币1万元以上的。根据《刑法》第359条第1款、第361条的规定，犯本罪的，处5年以下有期徒刑、拘役或者管制，并处罚金；情节严重的，处5年以上有期徒刑，

---

〔1〕　为避免后面重复叙述，故将《刑法》第361条规定的全部内容在这里一并写明。

并处罚金。《刑法》第361条的规定如前所述。

五、引诱幼女卖淫罪

引诱幼女卖淫罪，是指引诱不满14周岁的幼女进行卖淫的行为。本罪的对象限于不满14周岁的幼女。被引诱卖淫的人员中既有不满14周岁的幼女，又有其他人员的，分别以引诱幼女卖淫罪和引诱卖淫罪定罪，实行并罚。根据《刑法》第359条第2款、第361条的规定，犯本罪的，处5年以上有期徒刑，并处罚金。《刑法》第361条的规定如前所述。

六、传播性病罪

传播性病罪，是指明知自己患有梅毒、淋病等严重性病而卖淫、嫖娼的行为。传播性病行为是否实际造成他人患上严重性病的后果，不影响本罪的成立。本罪的主观方面是故意，即明知自己患有梅毒、淋病等严重性病而卖淫或嫖娼。对这里的"严重性病"和"明知"的认定，《组织卖淫等刑案解释》作了规定。具有以下情形之一的，应当认定为明知：①有证据证明曾到医院或者其他医疗机构就医或者检查，被诊断为患有严重性病的；②根据本人的知识和经验，能够知道自己患有严重性病的；③通过其他方法能够证明行为人是"明知"的。根据《刑法》第360条的规定，犯本罪的，处5年以下有期徒刑、拘役或者管制，并处罚金。明知自己患有艾滋病或者感染艾滋病病毒而卖淫、嫖娼的，以传播性病罪定罪，从重处罚。明知自己感染艾滋病病毒而卖淫、嫖娼，或者明知自己感染艾滋病病毒，故意不采取防范措施而与他人发生性关系，致使他人感染艾滋病病毒的，应认定为致人重伤，以故意伤害罪定罪处罚。

另外，《刑法》第362条还特别规定，"旅馆业、饮食服务业、文化娱乐业、出租汽车业等单位的人员，在公安机关查处卖淫、嫖娼活动时，为违法犯罪分子通风报信，情节严重的"，以包庇罪定罪处罚。如果事前与犯罪分子通谋，则以共同犯罪论处。

 **第十节　制作、贩卖、传播淫秽物品罪**[1]

【案例】

2017年2月，方某、戚某等人组织段某某等人开发"老虎"直播平台，赴境外运营该平台，并通过中介在境内招募主播，利用该平台

---

〔1〕　本小类罪共5个罪名，各罪的主体均包括自然人和单位。除为他人提供书号出版淫秽书刊罪只能由过失构成外，其余各罪的主观方面均为故意。

进行淫秽直播。截至案发，该平台累计充值金额 780 余万元，注册用户 108 万余人。公安机关共抓获戚某、段某某等运营人员、中介及主播 36 名，其中包括"黄鳝门"女主播。[1] 问：方某、戚某、段某某的行为构成什么罪？

一、制作、复制、出版、贩卖、传播淫秽物品牟利罪

（一）制作、复制、出版、贩卖、传播淫秽物品牟利罪的概念和构成要件

制作、复制、出版、贩卖、传播淫秽物品牟利罪，是指以牟利为目的，制作、复制、出版、贩卖、传播淫秽物品的行为。其构成要件是：

1. 本罪的客体是社会主义道德风尚和国家文化市场管理秩序。本罪的对象是淫秽物品。所谓"淫秽物品"，根据《刑法》第 367 条的规定，是指具体描绘性行为或者露骨宣扬色情的诲淫性的书刊、影片、录像带、录音带、图片及其他淫秽物品。有关人体生理、医学知识的科学著作不是淫秽物品。包含有色情内容的有艺术价值的文学、艺术作品不视为淫秽物品。根据 2004 年 9 月 6 日"两高"《关于办理利用互联网、移动通讯终端、声讯台制作、复制、出版、贩卖、传播淫秽电子信息刑事案件具体应用法律若干问题的解释》（以下简称《淫秽电子信息刑案解释》）第 9 条的规定，《刑法》第 367 条规定的"其他淫秽物品"，包括具体描绘性行为或者露骨宣扬色情的诲淫性的视频文件、音频文件、电子刊物、图片、文章、短信息等互联网、移动通讯终端电子信息和声讯台语音信息。有关人体生理、医学知识的电子信息和声讯台语音信息不是淫秽物品。包含色情内容的有艺术价值的电子文学、艺术作品不视为淫秽物品。

2. 本罪在客观方面表现为制作、复制、出版、贩卖、传播淫秽物品的行为。制作，是指采用生产、录制、摄制、编写、绘画、印制等方法创造淫秽物品的行为。复制，是指采用复印、翻印、翻拍、拷贝等方式对已有的淫秽物品进行重复制作的行为。出版，是指将淫秽物品编辑、印刷后，公开发行的行为。贩卖，是指以各种销售方式有偿转让淫秽物品的行为。传播，是指通过散发、张贴、邮寄、上载、出租、播放以及发送电子信息等方式致使淫秽物品流传的行为。行为人只有实施上述 5 种行为之一，并且是以牟利为目的，就可以构成本罪。根据《淫秽电子信息刑案解释》等司法解释的规定，以牟利为目的，利用互联网、移动通讯终端、网络云盘制作、复制、出版、贩卖、传播淫秽电子信息，以及利用聊天室、论坛、即时通信软件、电子邮件等方式实施前述行为的，

---

〔1〕 张红兵："犯罪团伙利用直播平台猖狂传'黄'"，载法制网，http://www.legaldaily.com.cn/index/content/2018－01/08/content_7442002.htm，最后访问时间：2018 年 2 月 19 日。

均成立本罪。

3. 本罪的主体是一般主体，包括自然人和单位。

4. 本罪的主观方面是故意，并且具有牟利的目的。

【案例分析】方某、戚某、段某某以牟利为目的，开发"老虎"直播平台，利用该平台进行淫秽直播。该平台累计充值金额780余万元，注册用户108万余人。涉案人员众多，规模之大手段之恶劣令人震惊。方某、戚某、段某某的行为显然构成传播淫秽物品牟利罪。

（二）制作、复制、出版、贩卖、传播淫秽物品牟利罪的司法认定

1. 本罪与非罪的界限。《公安立案标准一》对本罪的立案追诉标准作了规定，同时，1998年12月13日《最高人民法院关于审理非法出版物刑事案件具体应用法律若干问题的解释》《淫秽电子信息刑案解释》和2010年2月4日"两高"《关于办理利用互联网、移动通讯终端、声讯台制作、复制、出版、贩卖、传播淫秽电子信息刑事案件具体应用法律若干问题的解释（二）》（以下简称《淫秽电子信息刑案解释二》）对本罪的定罪标准、情节严重和情节特别严重的情形、"明知"的认定等作了规定。

2. 共犯的认定。根据《淫秽电子信息刑案解释》第7条的规定，明知他人实施制作、复制、出版、贩卖、传播淫秽电子信息犯罪，为其提供互联网接入、服务器托管、网络存储空间、通讯传输通道、费用结算等帮助的，对直接负责的主管人员和其他直接责任人员，以共同犯罪论处。根据《淫秽电子信息刑案解释二》第7条的规定，明知是淫秽网站，以牟利为目的，通过投放广告等方式向其直接或者间接提供资金，或者提供费用结算服务，具有相应情形的，对直接负责的主管人员和其他直接责任人员，以制作、复制、出版、贩卖、传播淫秽物品牟利罪的共同犯罪处罚。

（三）制作、复制、出版、贩卖、传播淫秽物品牟利罪的刑事责任

根据《刑法》第363第1款、第366条的规定，犯本罪的，处3年以下有期徒刑、拘役或者管制，并处罚金；情节严重的，处3年以上10以下有期徒刑，并处罚金；情节特别严重的，处10年以上有期徒刑或者无期徒刑，并处罚金或者没收财产。单位犯本罪的，实行双罚制。另外，《淫秽电子信息刑案解释》第6条还规定了应当从重处罚的情形。

二、为他人提供书号出版淫秽书刊罪

为他人提供书号出版淫秽书刊罪，是指违反国家书刊出版管理规定，向他人提供书号，出版淫秽书刊的行为。这里的"书号"和"淫秽书刊"应当作广义理解，就是说，为他人提供书号、刊号、版号，出版淫秽书刊、淫秽音像制品的，均构成本罪。本罪的主观方面是过失。如果行为人明知他人用于出版淫秽书刊、

音像制品而提供书号、刊号、版号的，应当以出版淫秽物品牟利罪的共犯论处。根据《刑法》第 363 条第 2 款、第 366 条的规定，犯本罪的，处 3 年以下有期徒刑、拘役或者管制，并处或者单处罚金。单位犯本罪的，实行两罚制。

三、传播淫秽物品罪

传播淫秽物品罪，是指传播淫秽的书刊、影片、音像、图片或者其他淫秽物品，情节严重的行为。对这里"传播淫秽物品"行为的理解，与上述传播淫秽物品牟利罪相同。本罪与以传播淫秽物品牟利罪的根本区别在于是否"以牟利为目的"。不以牟利为目的，传播淫秽物品，情节严重的，构成本罪。如果是以牟利为目的，不论是否情节严重，均应以传播淫秽物品牟利罪定罪处罚。根据《刑法》第 364 条第 1 款、第 4 款和第 366 条的规定，犯本罪的，处 2 年以下有期徒刑、拘役或者管制。向不满 18 周岁的未成年人传播淫秽物品的，从重处罚。单位犯本罪的，实行两罚制。

四、组织播放淫秽音像制品罪

组织播放淫秽音像制品罪，是指非营利性地组织播放淫秽的电影、录像等音像制品的行为。组织播放，是指通过筹划、安排、聚集多人收听、观看淫秽音像制品。本罪的主观方面是故意，且行为人不具有牟利的目的。根据《刑法》第 364 条第 2~4 款和第 366 条的规定，犯本罪的，处 3 年以下有期徒刑、拘役或者管制，并处罚金；情节严重的，处 3 年以上 10 年以下有期徒刑，并处罚金。制作、复制淫秽音像制品组织播放的，从重处罚。向不满 18 周岁的未成年人传播淫秽物品的，从重处罚。单位犯本罪的，实行两罚制。

五、组织淫秽表演罪

组织淫秽表演罪，是指以策划、招募、强迫、雇佣、引诱、提供场地、提供资金等手段，组织进行淫秽表演的行为。如组织表演者进行裸体表演，组织表演者利用性器官进行诲淫性表演，组织表演者半裸体或者变相裸体表演并通过语言、动作具体描绘性行为。根据《刑法》第 365 条、366 条的规定，犯本罪的，处 3 年以下有期徒刑、拘役或者管制，并处罚金；情节严重的，处 3 年以上 10 年以下有期徒刑，并处罚金。单位犯本罪的，实行两罚制。

本章小结

本类罪分为九小类犯罪，共计 137 个罪名。本章对其中的部分重点、常见罪名，包括妨害公务罪，招摇撞骗罪，寻衅滋事罪，伪证罪，窝藏、包庇罪，掩饰、隐瞒犯罪所得、犯罪所得收益罪，脱逃罪，非法行医罪，盗伐林木罪，走私、贩卖、运输、制造毒品罪，组织卖淫罪等，从犯罪构成要件和认定时应注意的问题等方面作了重点阐析。司法类开设刑法课程的各个专业，可根据本专业特点和岗位需要，选取若干个罪名进行讲授，要求学生重点掌握和理解，并能够运用。

 思考练习

1. 如何理解妨害公务罪的客观方面以及罪数的认定？

2. 如何理解招摇撞骗罪的犯罪构成及其与诈骗罪的关系？

3. 如何理解寻衅滋事罪的犯罪构成？

4. 试比较伪证罪与诬告陷害罪的异同。

5. 如何理解和认定窝藏、包庇罪？

6. 如何理解掩饰、隐瞒犯罪所得、犯罪所得收益罪？

7. 试比较非法行医罪与医疗事故罪的异同。

8. 如何划清盗伐林木罪与滥伐林木罪的界限？

9. 吸毒者是否会构成相关毒品犯罪？

10 如何理解组织卖淫罪的犯罪构成？认定该罪时应注意哪些问题？

11. 制作、复制、出版、贩卖、传播淫秽物品牟利罪与其他相关淫秽物品犯罪的主要区别是什么？

实务训练

1. 沈某，男，44 岁，农民。某年 8 月 11 日上午，沈某雇佣司机杨某为其运货，行至某立交桥时，因违章被正在值勤的交警王某拦住并进行违章处罚。随车同行的沈某甚为不满，当即将汽车的挂车摘掉，驾着车向交警王某撞去，王某及时闪身躲过。沈某又从驾驶室内拿出一根 80 厘米长的螺纹钢撬棍追打王某，致王某多处受伤，法医鉴定为轻伤。

问：沈某的行为构成何罪？说明理由。

2. 下列案件中哪些行为人的行为构成了寻衅滋事罪？

A. 马某在饭馆喝醉了酒，在大街上任意殴打他人，并将三个老人推倒致其骨折

B. 甲女和乙女素不相识，该两人在大街上相遇，甲女看了乙女一眼，乙女即上前辱骂并殴打甲女，致其轻伤

C. 周某在某个体商店中连喝带抽，临走还要拿一条香烟，老板稍表示不满，周某便将其货柜砸烂了

D. 张某编造某市政府即将限制本地机动车号牌的虚假信息，在互联网上散

布，造成市民在多处哄抢机动车，并发生打斗，严重扰乱公共秩序

3. 张某谎报商场有炸弹，导致商场秩序混乱。张某趁乱盗走商场柜台里的手机一部，价值5000余元。

问：对张某应当如何定罪？（提示：主要分析张某是构成一罪还是二罪？若构成二罪，是否实行并罚？）

4. 在押犯宋某，因其服刑期间表现良好，被安排临时帮厨。某日上午，宋与另一在押犯奉命上街买菜，归来途中，宋犯乘上厕所方便之机遛走，到汽车站坐车回家探望病重的父亲。此前，家人曾写信说其父病重，宋犯请假回家探望未获批准。次日上午，宋犯正告别家人准备回监狱时，监管人员赶到，将其押解回监狱。

问：宋某的行为是否构成脱逃罪？并说明理由。（提示：主要从宋某是否具有逃避监管的目的方面进行分析。）

5. 4周岁的刘某因感冒发烧，被家人送到同村黄某非法设立的村卫生室治病。黄某检查后，在刘某的左臀部注射了青霉素和苯甲醇一针。当天刘某回家后喊脚麻、痛，且行走不便。黄某与刘某的亲属共同将刘某送往某市中心医院检查，查明刘某左侧腓总神经传导障碍，诊断为外伤性神经炎。经治疗后，刘某行走呈"跨阈步态"，左足呈"尖足"状。经鉴定，刘某的损伤程度为重伤，伤残等级为八级。公安机关查明黄某未取得医生执业资格。

问：黄某的行为构成何罪？说明理由。

6. 对刑法关于组织、强迫、引诱、容留、介绍卖淫罪的规定，下列哪些说法是正确的？

A. 在组织卖淫犯罪活动中，对被组织卖淫的人有引诱、容留、介绍卖淫行为的，依照处罚较重的规定定罪处罚

B. 犯强迫卖淫罪，并有强奸等犯罪行为的，依照数罪并罚的规定处罚

C. 引诱、容留、介绍卖淫罪，包括引诱、容留、介绍男性向同性恋者卖淫

D. 引诱成年人甲卖淫、容留成年人乙卖淫的，成立引诱、容留卖淫罪，不实行并罚

E. 引诱幼女甲卖淫、容留幼女乙卖淫的，成立引诱幼女卖淫罪和容留卖淫罪，实行并罚

7. 某晚，甲从公安部门偷到一套警服、3000元人民币和一包可卡因（约50克）。此后，甲的好友乙提出和甲一起去弄点钱花，甲便拿出偷来的可卡因，让乙去卖钱，乙照办。此后不久，甲又让乙穿上自己偷来的警服扮成警察到洗浴中心、发廊等场所以进行治安检查为名收取罚款，乙又照办，并向有关场所收取了5000多元罚款。

问：如何认定甲、乙的行为性质？并说明理由。

8. 魏某为购买正式书号用于出版淫秽光盘，找某音像出版社负责人张某帮忙。魏向张谎称自己想制作商业宣传片，需要一个书号，并提出付给出版社 1 万元"书号费"。张同意，但要求魏给 2 万元好处费，魏答应。张即指示有关部门办理。魏某拿到该书号出版了淫秽光盘，发行数量极大、影响很坏。

问：魏某、张某的行为构成何罪？说明理由。

第二十二章　拓展学习

第二十三章　危害国防利益罪

目标任务

　　了解危害国防利益罪的概念和构成特征，掌握重点罪名的概念、构成要件，对其他罪名应掌握相关处罚方面的特别规定，能够分析具体案件是否成立相关犯罪，解决相关实务问题。

 **第一节　危害国防利益罪概述**

　　危害国防利益罪，是指违反国防法律、法规，故意或者过失危害国防利益，依照法律应受刑罚处罚的行为。这类犯罪的构成特征是：

　　1. 犯罪的同类客体是国家的国防利益。国防是国家生存与发展的安全保障，是国家为了保卫国家主权、领土完整与安全而采取的一切防务。国防利益，是指满足国防需要的保障条件与利益，包括国防物质基础、作战与军事行动秩序、国防自身安全、武装力量建设、国防管理秩序等。

　　2. 在客观方面表现为违反国防法律、法规，危害国防利益的行为，具体包括《刑法》第368~381条规定的各种行为。从表现形式上看，有的犯罪只能是作为，有的犯罪则只能是不作为，有的犯罪既可以是作为也可以是不作为。从犯罪时间上说，有的行为只有在战时实施才成立犯罪，有的行为不论是战时实施还是平时实施都成立犯罪。另外，本章所规定的绝大多数犯罪是情节犯，只有"情节严重"的才构成犯罪。

　　3. 犯罪主体多数为一般主体，少数为特殊主体，如战时拒绝、逃避征召、军事训练罪的主体仅限于预备役人员。多数犯罪只能由自然人实施，少数犯罪既可由自然人构成也可以由单位构成，如故意提供不合格武器装备、军事设施罪，非法生产、买卖武装部队制式服装罪等。个别犯罪即战时拒绝、故意延误军事订货罪只能由单位构成。

　　4. 犯罪主观方面绝大多数犯罪是出于故意，只有少数犯罪由过失构成，包括过失损坏武器装备、军事设施、军事通信罪和过失提供不合格武器装备、军事设施罪。

本类罪共包括 23 个罪名。为正确处理这类刑事案件，最高人民检察院、公安部先后印发了《关于公安机关管辖的刑事案件立案追诉标准的规定（一）》和《关于公安机关管辖的刑事案件立案追诉标准的规定（一）的补充规定》，对本章相关犯罪的立案追诉标准作了规定。

 第二节　　危害国防利益罪分述

【案例】

　　2003 年 11 月 6 日 10 时许，一群不明身份的人擅自打开上海火车站 8 号候车室检票口的门，进入站台。工作人员发现后，怀疑被告人李某持有该门钥匙，要求其交出，李某拒绝。工作人员遂将其交给正在执行巡逻任务的周某等 3 名武警战士处理。不料，李某向武警周某的左脸部击打一拳后逃跑，后在 1 号站台被追获。武警带着李某回值班室途中，遭到樊某、方某等人阻拦，后者还抢夺了武警的武装带并击打周某等武警，致使周某等人头部流血。问：樊某、方某、李某的行为构成什么罪？

一、阻碍军人执行职务罪

（一）阻碍军人执行职务罪的概念和构成要件

阻碍军人执行职务罪，是指以暴力、威胁方法阻碍军人依法执行职务的行为。其构成要件是：

1. 本罪的客体是军人依法执行职务的正常秩序。犯罪对象必须是正在依法执行职务的军人。所谓军人，是指中国人民解放军和中国人民武装警察部队的现役军官、警官、文职干部、士兵及具有军籍或武警籍的学员。执行军事任务的预备役人员和其他人员以军人论。

2. 本罪在客观方面表现为行为人以暴力、威胁方法阻碍军人依法执行职务的行为。首先，行为人必须使用了暴力、威胁的方法。其次，必须是阻碍军人依法执行职务。阻碍军人依法执行职务，是指对军人依法执行职务的活动进行妨碍、阻挠，使其不能顺利执行职务，如对军人进行殴打或捆绑、推翻或者烧毁军车等。既可以表现为军人被迫停止、放弃自己正在或需要执行的职务，亦可以表现为其被迫变更依法应当执行职务的内容。依法执行职务，是指军人依照上级合法命令而执行职务。军人职务行为的"合法"是行为人的行为构成本罪的重要前提。如果军人的行为本身具有非法性，行为人以暴力、威胁方法加以阻碍的，则不构成本罪。再次，侵害行为必须发生在军人正在依法执行职务活动期间，如果军人尚未开始执行职务或者职务已经执行完毕，则不属于本罪的范围。

3. 本罪的主体是一般主体。

4. 本罪的主观方面是故意，即明知军人正在依法执行职务而故意以暴力、威胁方法进行阻碍。过失不构成本罪。

【案例分析】本案中，在武警战士执行合法职务过程中，李某向武警周某的左脸部击打一拳，樊某、方某等人不仅阻拦武警带李某回值班室，而且还抢夺武警的武装带并击打周某等武警，致周某等人头部流血，造成人身伤害。这是典型的使用暴力阻碍军人执行职务的行为，导致军人无法正常执行职务，樊某、方某、李某的行为显然构成了阻碍军人执行职务罪。

（二）阻碍军人执行职务罪的司法认定

1. 本罪与非罪的界限。从阻碍军人执行职务罪的构成特征可以看出，以下情形不构成本罪：①以非暴力、威胁方法阻碍军人依法执行职务行为的；②阻碍军人的非职务行为或者非法职务行为的；③阻碍退役、退伍军人执行某种职务行为的；④以暴力、威胁方法阻碍军人依法执行职务，情节显著轻微危害不大的。

2. 本罪与妨害公务罪的界限。二者的关键区别在于行为对象不同：本罪是阻碍军人依法执行职务，行为对象是正在依法执行职务的军人；而后罪是阻碍除军人以外的国家机关工作人员、各级人大代表、红十字会工作人员依法执行职务或履行职责，行为对象是军人以外的、正在依法执行职务的国家机关工作人员、各级人大代表、红十字会工作人员。规定本罪的刑法条文与规定妨害公务罪的刑法条文二者之间属于法条竞合关系，应当按照特别法优于普通法的原则处理，即对阻碍军人依法执行职务的，应认定为本罪。

3. 本罪与阻碍执行军事职务罪的界限。阻碍执行军事职务罪，是指以暴力、威胁方法阻碍指挥人员或者值班、执勤人员执行职务的行为，是刑法分则第十章规定的罪名。二者的区别包括：①直接客体不同。本罪的直接客体是军人依法执行职务的正常秩序，而后罪的直接客体是军事指挥和值班、执勤的正常秩序。②犯罪对象不同。本罪的犯罪对象是正在依法执行职务的军人，包括指挥人员和普通士兵；而后罪的犯罪对象仅限于正在依法执行职务的军事指挥人员或者值班、执勤人员。③犯罪主体不同。本罪的主体为一般主体，包括军人；而后罪的主体为军人。

（三）阻碍军人执行职务罪的刑事责任

根据《刑法》第368条第1款的规定，犯本罪的，处3年以下有期徒刑、拘役、管制或者罚金。

二、阻碍军事行动罪

阻碍军事行动罪，是指故意阻碍武装部队军事行动，造成严重后果的行为。本罪的阻碍方法不限于暴力、威胁，采取其他任何方法阻碍武装部队军事行动的，如堵塞道路使从事军事行动的武装部队无法通行，在军事行动地区静坐以阻碍军事行动等，也可构成本罪。另外，本罪属于结果犯，即必须是造成了严重后果，才能构成本罪，这与前面的阻碍军人执行职务罪是不同的。根据《刑法》第 368 条第 2 款的规定，犯本罪的，处 5 年以下有期徒刑或者拘役。

三、破坏武器装备、军事设施、军事通信罪

破坏武器装备、军事设施、军事通信罪，是指故意破坏武器装备、军事设施、军事通信，危害国防利益的行为。本罪的客体是部队战斗力的物质保障秩序。犯罪对象是武器装备、军事设施、军事通信。武器装备，是指实施和保障军事行动的武器、武器系统和军事技术器材的统称。军事设施，是指直接用于军事目的的建筑、场地和设施。军事通信，是指军队运用各种通信手段实施指挥、控制、协同等而进行的信息传递。本罪在客观方面表现为破坏武器装备、军事设施、军事通信的行为。本罪的主体是一般主体。本罪的主观方面是故意，并且通常具有泄愤报复或者其他个人目的。2007 年 6 月 29 日《最高人民法院关于审理危害军事通信刑事案件具体应用法律若干问题的解释》第 6 条对如何把握破坏军事通信罪与相关犯罪的关系作了规定。根据《刑法》第 369 条第 1 款的规定，犯本罪的，处 3 年以下有期徒刑、拘役或者管制；破坏重要武器装备、军事设施、军事通信的，处 3 年以上 10 年以下有期徒刑；情节特别严重的，处 10 年以上有期徒刑、无期徒刑或者死刑。战时犯本罪的，从重处罚。

四、过失损坏武器装备、军事设施、军事通信罪

过失损坏武器装备、军事设施、军事通讯罪，是指过失损坏武器装备、军事设施、军事通信，造成严重后果的行为。根据《刑法》第 369 条第 2 款的规定，犯本罪的，处 3 年以下有期徒刑或者拘役；造成特别严重后果的，处 3 年以上 7 年以下有期徒刑。战时犯本罪的，从重处罚。

五、故意提供不合格武器装备、军事设施罪

故意提供不合格武器装备、军事设施罪，是指明知是不合格的武器装备、军事设施而提供给武装部队的行为。根据《刑法》第 370 条第 1 款、第 3 款的规定，犯本罪的，处 5 年以下有期徒刑或者拘役；情节严重的，处 5 年以上 10 年以下有期徒刑；情节特别严重的，处 10 年以上有期徒刑、无期徒刑或者死刑。单位犯本罪的，实行两罚制。

六、过失提供不合格武器装备、军事设施罪

过失提供不合格武器装备、军事设施罪，是指违反武器装备、军事设施的

质量管理规定，不严格履行武器装备、军事设施的检验职责，过失将不合格的武器装备、军事设施提供给武装部队，造成严重后果的行为。根据《刑法》第370条第2款的规定，犯本罪的，处3年以下有期徒刑或者拘役；造成特别严重后果的，处3年以上7年以下有期徒刑。

七、聚众冲击军事禁区罪

聚众冲击军事禁区罪，是指组织、策划、指挥聚众冲击军事禁区或者积极参加聚众冲击军事禁区，严重扰乱军事禁区秩序的行为。本罪主体为一般主体，但只追究首要分子和其他积极参加者的刑事责任。根据《刑法》第371条第1款的规定，犯本罪的，对首要分子处5年以上10年以下有期徒刑；对其他积极参加的，处5年以下有期徒刑、拘役、管制或者剥夺政治权利。

八、聚众扰乱军事管理区秩序罪

聚众扰乱军事管理区秩序罪，是指组织、策划、指挥聚众扰乱军事管理区秩序或者积极参加聚众扰乱军事管理区秩序，情节严重，致使军事管理区工作无法进行，造成严重损失的行为。本罪的主体为一般主体，但只追究首要分子和其他积极参加者的刑事责任。根据《刑法》第371条第2款的规定，犯本罪的，对首要分子处3年以上7年以下有期徒刑；对其他积极参加的，处3年以下有期徒刑、拘役、管制或者剥夺政治权利处罚。

九、冒充军人招摇撞骗罪

（一）冒充军人招摇撞骗罪的概念和构成要件

冒充军人招摇撞骗罪，是指以谋取非法利益为目的，冒充军人招摇撞骗的行为。其构成要件是：

1. 本罪的客体是军队的声誉、威信及其正常活动。

2. 本罪在客观方面表现为冒充军人招摇撞骗的行为。所谓冒充军人，一般是指非军人冒充军人的身份，但也包括军衔、职务级别较低的军人冒充军衔、职务级别较高的军人，或者一般部门的军人冒充要害部门的军人。冒充军人招摇撞骗，就是假借军人的身份、地位、名义，蒙蔽不知情者，进行欺诈活动。例如，公然穿戴军人制式服装、衔牌进行欺骗活动，使用伪造、变造的军人身份证件进行欺骗活动等。

3. 本罪的主体是一般主体。

4. 本罪的主观方面是故意，并具有谋取非法利益的目的。非法利益，不限于物质利益，也包括各种非物质利益。

（二）冒充军人招摇撞骗罪的司法认定

认定本罪时，应注意划清它与诈骗罪、招摇撞骗罪的界限。实务中，有时会发生行为人以非法占有为目的，冒充军人骗取公私财物的行为，此时该行为既触犯了冒充军人招摇撞骗罪，又触犯了诈骗罪，形成法条竞合关系。对此，应根据特别条款优先的原则，以冒充军人招摇撞骗罪论处，如果诈骗的数额特别巨大，则应以诈骗罪定罪处罚。

（三）冒充军人招摇撞骗罪的刑事责任

根据《刑法》第372条的规定，犯本罪的，处3年以下有期徒刑、拘役、管制或者剥夺政治权利；情节严重的，处3年以上10年以下有期徒刑。

十、煽动军人逃离部队罪

煽动军人逃离部队罪，是指以口头、书面等形式鼓动、怂恿、唆使军人逃离部队，情节严重的行为。根据《刑法》第373条的规定，犯本罪的，处3年以下有期徒刑、拘役或者管制。

十一、雇用逃离部队军人罪

雇用逃离部队军人罪，是指明知是逃离部队的军人而雇用，情节严重的行为。阻碍部队将被雇用军人带回的行为，也构成本罪。根据《刑法》第373条的规定，犯本罪的，处3年以下有期徒刑、拘役或者管制。

十二、接送不合格兵员罪

接送不合格兵员罪，是指在征兵工作中徇私舞弊，接收或者向部队输送不合格兵员，情节严重的行为。根据《刑法》第374条的规定，犯本罪的，处3年以下有期徒刑或者拘役；造成特别严重后果的，处3年以上7年以下有期徒刑。

十三、伪造、变造、买卖武装部队公文、证件、印章罪

伪造、变造、买卖武装部队公文、证件、印章罪，是指伪造、变造、买卖武装部队的公文、证件、印章的行为。2011年8月1日"两高"《关于办理妨害武装部队制式服装、车辆号牌管理秩序等刑事案件具体应用法律若干问题的解释》（以下简称《办理武装部队制式服装、车辆号牌刑案解释》）第1条的规定，具有下列情形之一的，应当依照《刑法》第375条第1款的规定，以伪造、变造、买卖武装部队公文、证件、印章罪或者盗窃、抢夺武装部队公文、证件、印章罪定罪处罚：①伪造、变造、买卖或者盗窃、抢夺武装部队公文1件以上的；②伪造、变造、买卖或者盗窃、抢夺武装部队军官证、士兵证、车辆行驶证、车辆驾驶证或者其他证件2本以上的；③伪造、变造、买卖或者盗窃、抢夺武装部队机关印章、车辆牌证印章或者其他印章1枚以上的。买卖伪造、变造的武装部队公文、证件、印章的，也构成本罪。根据《刑法》第375条第1款的规定，犯本罪的，处3年以下有期徒刑、拘役、管制或者剥夺政治权利；情节严重的，处3年以上10年以下有期徒刑。

十四、盗窃、抢夺武装部队公文、证件、印章罪

盗窃、抢夺武装部队公文、证件、印章罪，是指盗窃、抢夺武装部队公文、证件、印章的行为。行为人实施盗窃、抢夺武装部队公文、证件、印章的行为，应予定罪处罚的情形如前所述。盗窃、抢夺伪造、变造的武装部队公文、证件、印章的，也构成本罪。犯本罪的，依照《刑法》第375条第1款的规定处罚。

十五、非法生产、买卖武装部队制式服装罪

非法生产、买卖武装部队制式服装罪，是指非法生产、买卖武装部队制式服装，情节严重的行为。买卖仿制的现行装备的武装部队制式服装，情节严重的，也构成本罪。根据《刑法》第375条第2款、第4款的规定，犯本罪的，处3年以下有期徒刑、拘役或者管制，并处或者单处罚金。单位犯本罪的，实行两罚制。

十六、伪造、盗窃、买卖、非法提供、非法使用武装部队专用标志罪

伪造、盗窃、买卖、非法提供、非法使用武装部队专用标志罪，是指伪造、盗窃、买卖或者非法提供、使用武装部队车辆号牌等专用标志，情节严重的行为。盗窃、买卖、提供、使用伪造、变造的武装部队车辆号牌等专用标志情节严重的，也应当追究刑事责任。根据《办理武装部队制式服装、车辆号牌刑案解释》第6条的规定，实施伪造、盗窃、买卖、非法提供、非法使用武装部队专用标志的犯罪行为，同时又构成逃税、诈骗、冒充军人招摇撞骗等犯罪的，依照处罚较重的规定定罪处罚。[1] 根据《刑法》第375条第3款、第4款的规定，犯本罪的，处3年以下有期徒刑、拘役或者管制，并处或者单处罚金；情节特别严重的，处3年以上7年以下有期徒刑，并处罚金。单位犯本罪的，实行两罚制。

十七、战时拒绝、逃避征召、军事训练罪

战时拒绝、逃避征召、军事训练罪，是指预备役人员在战时拒绝、逃避征召或者军事训练，情节严重的行为。这里的"情节严重"，包括无正当理由经教育仍拒绝、逃避征召或者军事训练；以暴力、威胁、欺骗等手段，或者采取自伤、自残等方式拒绝、逃避征召或者军事训练；联络、煽动他人共同拒绝、逃避征召或者军事训练等情形。本罪的主体是特殊主体，即只能是预备役人员。根据《刑法》第376条第1款的规定，犯本罪的，处3年以下有期徒刑或者拘役。

十八、战时拒绝、逃避服役罪

战时拒绝、逃避服役罪，是指公民战时拒绝、逃避服役，情节严重的行为。构成本罪要求"情节严重"，如无正当理由经教育仍拒绝、逃避服役；以暴力、

---

〔1〕 该规定也适用于盗窃、抢夺武装部队公文、证件、印章罪和非法生产、买卖武装部队制式服装罪。

威胁、欺骗等手段，或者采取自伤、自残等方式拒绝、逃避服役；联络、煽动他人共同拒绝、逃避服役等。本罪的主体是在战时依法应服兵役的公民。根据《刑法》第 376 条第 2 款的规定，犯本罪的，处 2 年以下有期徒刑或者拘役。

十九、战时故意提供虚假敌情罪

战时故意提供虚假敌情罪，是指战时故意向武装部队提供虚假敌情，造成严重后果的行为。根据《刑法》第 377 条的规定，犯本罪的，处 3 年以上 10 年以下有期徒刑；造成特别严重后果的，处 10 年以上有期徒刑或者无期徒刑。

二十、战时造谣扰乱军心罪

战时造谣扰乱军心罪，是指战时造谣惑众，扰乱军心的行为。根据《刑法》第 378 条的规定，犯本罪的，处 3 年以下有期徒刑、拘役或者管制；情节严重的，处 3 年以上 10 年以下有期徒刑。

二十一、战时窝藏逃离部队军人罪

战时窝藏逃离部队军人罪，是指战时明知是逃离部队的军人而为其提供隐蔽处所、财物，情节严重的行为。构成本罪要求"情节严重"，如窝藏逃离部队的军人 3 人次以上，明知是指挥人员、值班执勤人员或者其他负有重要职责人员而窝藏，有关部门查找时拒不交出等。根据《刑法》第 379 条的规定，犯本罪的，处 3 年以下有期徒刑或者拘役。

二十二、战时拒绝、故意延误军事订货罪

战时拒绝、故意延误军事订货罪，是指战时拒绝或者故意延误军事订货，情节严重的行为。构成本罪要求"情节严重"，如拒绝或者故意延误军事订货 3 次以上，联络、煽动他人共同拒绝或者故意延误军事订货，拒绝或者故意延误重要军事订货而影响重要军事任务完成的，等等。本罪的主体仅限于单位，即生产、销售单位。根据《刑法》第 380 条的规定，犯本罪的，对单位判处罚金，并对其直接负责的主管人员和其他直接责任人员，处 5 年以下有期徒刑或者拘役；造成严重后果的，处 5 年以上有期徒刑。

二十三、战时拒绝军事征收、征用罪

战时拒绝军事征收、征用罪，是指战时拒绝军事征收、征用，情节严重的行为。这里的"情节严重"，包括无正当理由拒绝军事征收、征用 3 次以上；采取暴力、威胁、欺骗等手段拒绝军事征收、征用；联络、煽动他人共同拒绝军事征收、征用；拒绝重要军事征收、征用，影响重要军事任务完成等情形。根据《刑法》第 381 条规定，犯本罪的，处 3 年以下有期徒刑或者拘役。

 本章小结

危害国防利益罪是指违反国防法律、法规，故意或者过失危害国防利益，

依照法律应受刑罚处罚的行为。本类罪包括 23 个罪名，重点掌握阻碍军人执行职务罪和冒充军人招摇撞骗罪的构成要件和认定时应注意的问题，对其他内容只作一般性了解即可。

思考练习

1. 如何理解危害国防利益罪的概念和构成特征？
2. 如何认定阻碍军人执行职务罪？

实务训练

被告人刘呈成于 2004 年 5 月至 7 月间，冒充中国人民解放军总参谋部财务处长，谎称能为江苏省连云港市港建路桥工程服务有限公司办理北海舰队北拖 699 拖轮跨海区参与杭州湾大桥施工审批手续，在北京市朝阳区江苏饭店内，先后两次向事主杜某某索要好处费共计人民币 39 000 元，后被查获，赃款已挥霍。

问：被告人刘呈成的行为构成什么罪？（提示：主要从冒充军人招摇撞骗罪与招摇撞骗罪、诈骗罪之间的区别上把握。）

拓展学习

第二十三章　拓展学习

第二十四章 贪污贿赂罪

目标任务

　　了解贪污贿赂罪的概念和特征，掌握本章各个罪名的概念和相关处罚的特别规定，掌握和理解各个重点罪名的概念、犯罪构成以及认定时应当注意的问题。能够根据刑法的相关规定与犯罪构成，进行案例分析，处理实务问题。

 第一节　贪污贿赂罪概述

　　大体而言，贪污贿赂罪，是指国家工作人员利用职务之便，贪污公共财物、挪用公款、受贿，或者以国家工作人员、国有单位为对象进行贿赂，收买公务行为，侵犯公务行为的廉洁性的行为。这类犯罪的构成特征是：

　　1. 犯罪的同类客体，主要是国家工作人员公务行为的廉洁性，部分犯罪也同时侵犯了公共财产所有权。贪污贿赂罪主要是国家工作人员实施的一种贪利型的渎职犯罪，其本质特征是以权谋私、权钱交易。

　　2. 在客观方面，多数表现为国家工作人员利用职务上的便利，贪污、挪用、受贿，亵渎公务行为廉洁性的行为，少数犯罪如行贿罪、介绍贿赂罪，虽然是一般主体，但是其以国家工作人员的公务行为为收买对象。

　　3. 犯罪的主体，多数是特殊主体即必须是国家工作人员，少数是一般主体。大多数犯罪只能由自然人实施，少数犯罪则只能由单位实施，包括单位受贿罪、单位行贿罪、私分国有资产罪、私分罚没财物罪。因此，从犯罪主体角度看，贪污贿赂罪分为三类，即国家工作人员实施的犯罪、一般主体实施的犯罪和以单位为主体的犯罪。

　　4. 犯罪的主观方面只能是故意，行为人一般具有明确的目的。例如，贪污罪的目的是非法占有公共财物，行贿罪的目的是谋取不正当利益。

　　本类罪共包括 14 个罪名。为正确处理这类刑事案件，"两高"分别或者联合发布了一些的司法解释。

 **第二节　贪污贿赂罪分述**

【案例】

1. 姜某，某国有公司的业务员。2010 年底，姜某代表公司按合同接受进口货物时，发现溢货现象，即外商多发了货物 200 件。几天后，姜某将此溢货以每件 400 元的价格私自卖给个体经营户杨某，并要杨某将 8 万元货款汇至其原来工作过的某外贸公司的账上。该外贸公司的财务人员按照公司总经理的指示，从银行提取现金 3 万元交给了姜某。姜某则以个体经营者杨某的名义，以借款为名填写了借支单。案发后姜某供称，外贸公司给他的 3 万元，是他为自己原来工作过的单位做了 8 万元"贡献"后所得到的奖金。问：姜某的行为是否构成贪污罪？

2. 赵某原系中国农业银行某县支行信贷股副股长。1993 年 3 月 20 日，赵某受中国农业银行某县支行委派到某村合作基金会任主任。1998 年 6 月，赵某将基金会拆借的 50 万元未入基金会账户，以基金会的名义将该款违规贷给个体工商户连某用于农副产品收购、加工等。因连某经营亏损，造成贷款 30 万元未能收回。问：赵某的行为是否构成挪用公款罪？

3. 甲是某市公路管理局局长，某建筑承包商丙找到甲的情妇乙，请乙某在承包某路段的工程上帮忙，并表示可以按照工程款的 5% 共 100 万元提成给乙，乙满口答应。乙将此事告诉甲，甲利用职务便利帮助丙承揽到了该路段工程。丙如约付给乙 100 万元提成款，甲、乙各分得 50 万元。问：甲、乙的行为构成何罪？

一、贪污罪

（一）贪污罪的概念和构成要件

贪污罪，是指国家工作人员利用职务上的便利，侵吞、窃取、骗取或者以其他手段非法占有公共财物，数额较大或者有其他较重情节的行为。其构成要件是：

1. 本罪的客体是复杂客体，即同时侵犯了国家工作人员的职务廉洁性和公共财产所有权。本罪的犯罪对象是公共财物，包括：①公共财产，即《刑法》第 91 条规定的 4 种财产。②公务活动或者对外交往中接受的礼物。根据《刑法》第 394 条的规定，国家工作人员在国内公务活动或者对外交往中接受礼物，依照国家规定应当交公而不交公，数额较大的，以贪污罪论处。③特定的保险金。根据《刑法》第 183 条第 2 款的规定，国有保险公司工作人员和国有保险公司委派到非国有保险公司从事公务的人员利用职务上的便利，故意编造未曾发生的保险事故进行虚假理赔，骗取保险金归自己所有的，以贪污罪论处。

2. 本罪在客观方面表现为利用职务上的便利，侵吞、窃取、骗取或者以其他手段非法占有公共财物，数额较大或者有其他较重情节的行为。这包括以下要素：

（1）必须是利用职务上的便利。所谓利用职务上的便利，是指利用职务上主管、管理、经营、经手公共财物的权力及方便条件，或者受委托经营、管理国有财产所形成的便利条件。"主管"主要是指负责调拨、处理及其他支配公共财物的职务活动；"管理"是指负责保管、处理公共财物的职务活动；"经营"是指将公共财产作为生产、流通手段使公共财产增值的职务活动。"经手"是指领取、支出等经办公共财物的职务活动。职务上的便利，来源于两种：其一是法定职务，即行为人的法定职务就是主管、管理、经营、经手公共财物；其二是临时性职务，即从事某种临时性事务而具备了主管、管理、经手公共财物的职务。

如果是利用与其职务无关的仅因工作关系对作案环境比较熟悉、凭其身份便于进出本单位、易于接近作案目标的方便条件等，不构成本罪。例如，某国有银行的出纳员利用其保管现金的便利条件，窃取其本人保管的公款的，就构成贪污。相反，某国有银行的记账会计甲上班期间发现同一办公室的出纳会计乙将当天营业款 2 万元放在抽屉里，下班时未锁抽屉。甲下班后又返回办公室将乙保管的 2 万营业款窃取，其行为只构成盗窃罪。

（2）必须侵吞、窃取、骗取或者以其他手段非法占有公共财物。

侵吞，即先占后吞，是指将自己因为职务而主管、管理、经手的公共财物，非法据为己有或者使第三人所有。例如，管理人员将自己管理、经手的财物加以隐匿、扣留，应上交而不上交，应下拨而不下拨，应入帐而不入帐，从而据为己有；执法人员将罚没款物非法占为己有或者私自用掉，等等。

这里的"窃取"，刑法理论一般认为就是指"监守自盗"，即行为人利用职务上的便利，采取秘密方式将自己合法管理的公共财物占为己有。例如，国有企业的仓库保管员将自己管理的物资秘密拿回家予以占有。这实际上也属于"侵吞"形式的贪污。因此，窃取与侵吞之间的界限并不明确。鉴于此，有一种观点认为，这里的"窃取"，是指违反占有者的意思，利用职务上的便利，将他人占有的公共财物转移给自己或者第三者占有。而且，只有当行为人与他人共同占有公共财物时，行为人利用职务上的便利窃取该财物的，才属于贪污罪中的"窃取"。[1]例如，某国有公司出纳会计甲意图占有本人保管的公款，但不使用自己手中的钥匙和所知道的密码，而是用铁棍将自己保管的保险柜打开并取走现金3万元，之后伪造现场，声称失窃。甲将自己基于职务保管的公款据为自有，显然成立贪污罪，但这属于侵吞形式的贪污。

骗取，是指利用职务上的便利，以虚构事实或者隐瞒真相的欺骗手段，非法占有公共财物，即"先骗后占"。例如，财会人员伪造单据、涂改帐目，骗取公款；出差人员多报差旅费骗取公款等。

其他手段，是指除侵吞、窃取、骗取以外的其他利用职务之便的手段。例如，利用职权巧立名目，在几个领导人中私分公款；冒名借出公款，存入银行吃利息等。

（3）必须是贪污数额较大或者有其他较重情节的，才构成本罪。2016年4月18日"两高"《关于办理贪污贿赂刑事案件适用法律若干问题的解释》（以下简称《贪污贿赂刑案解释》）第1条第1款规定，贪污数额在3万元以上不满20万元的，应当认定为"数额较大"。第1条第2款规定，贪污数额在1万元以上不满3万元，具有下列情形之一的，应当认定为"其他较重情节"：①贪污救灾、抢险、防汛、优抚、扶贫、移民、救济、防疫、社会捐助等特定款物的；②曾因贪污、受贿、挪用公款受过党纪、行政处分的；③曾因故意犯罪受过刑事追究的；④赃款赃物用于非法活动的；⑤拒不交待赃款赃物去向或者拒不配合追缴工作，致使无法追缴的；⑥造成恶劣影响或者其他严重后果的。

3. 本罪的主体是特殊主体，具体包括两类人员。其中，国家工作人员是贪污罪主体的基本类型。根据《刑法》第93条和有关立法规定，国家工作人员包括以下四种人员：

（1）国家机关中从事公务的人员，即国家机关工作人员，包括在各级国家权力机关、行政机关、司法机关和军事机关中从事公务的人员。根据2002年12月28日《全国人大常委会关于〈中华人民共和国刑法〉第九章渎职罪主体适用问题的解释》的规定，在依照法律、法规规定行使国家行政管理职权的组织中从事公务的人员，或者在受国家机关委托代表国家行使职权的组织中从事公务的人员，或者虽未列入国家机关人员编制但在国家机关中从事公务的人员，视为国家机关工作人员。根据2003年11月13日最高人民法院《全国法院审理经济犯罪案件工作座谈会纪要》（以下简称《座谈纪要》）规定，在乡（镇）以上中国共产党机关、人民政协机关中从事公务的人员，司法实践中也应当视为国

---

〔1〕 参见张明楷：《刑法学》（下），法律出版社2016年版，第1184页。

家机关工作人员。

（2）国有公司、企业、事业单位、人民团体中从事公务的人员。国有公司、企业是指国家独资的公司、企业。国有资本控股或者参股的股份有限公司中从事管理工作的人员，不能一律认定为国家工作人员。

（3）国家机关、国有公司、企业、事业单位委派到非国有公司、企业、事业单位、社会团体中从事公务的人员。根据《座谈纪要》，所谓委派，即委任、派遣，其形式多种多样，如任命、指派、提名、批准等。不论被委派的人身份如何，只要是接受上述单位委派，代表上述单位在非国有公司、企业、事业单位、社会团体中从事组织、领导、监督、管理等工作，都可以认定为国家机关、国有公司、企业、事业单位委派到非国有公司、企业、事业单位、社会团体从事公务的人员。如国家机关、国有公司、企业、事业单位委派在国有控股或者参股的股份有限公司从事组织、领导、监督、管理等工作的人员，应当以国家工作人员论。国有公司、企业改制为股份有限公司后，原国有公司、企业的工作人员和股份有限公司新任命的人员中，除代表国有投资主体行使监督、管理职权的人外，不以国家工作人员论。

（4）其他依照法律从事公务的人员。根据《座谈纪要》，《刑法》第93条第2款规定的"其他依照法律从事公务的人员"应当具有以下特征：在特定条件下行使国家管理职能；依照法律规定从事公务。具体包括：①依法履行职责的各级人民代表大会代表；②依法履行审判职责的人民陪审员；③协助乡镇人民政府、街道办事处从事行政管理工作的村民委员会、居民委员会等农村和城市基层组织人员；④其他由法律授权从事公务的人员。根据2000年4月29日《全国人大常委会关于〈中华人民共和国刑法〉第九十三条第二款的解释》（本章以下简称《刑法第九十三条第二款解释》）的规定，村民委员会等村基层组织人员协助人民政府从事下列行政管理工作时，属于《刑法》第93条第2款规定的"其他依照法律从事公务的人员"：救灾、抢险、防汛、优抚、扶贫、移民、救济款物的管理；社会捐助公益事业款物的管理；国有土地的经营、管理；土地征用补偿费用的管理；代征、代缴税款；有关计划生育、户籍、征兵工作；协助人民政府从事的其他行政管理工作。村民委员会等村基层组织人员从事上述公务时，利用职务上的便利，非法占有公共财物的，属于贪污性质。例如，徐某系某村委会主任，在某厂征用该村土地时，徐某利用职务上的便利，利用作废收款收据等手段套取征地补偿费10万元，据为己有。对徐某应以贪污罪论处。

所谓从事公务，是指代表国家机关、国有公司、企业、事业单位、人民团体等履行组织、领导、监督、管理等职责。公务主要表现为与职权相联系的公共事务以及监督、管理国有财产的职务活动。如国家机关工作人员依法履行职责，国有公司的董事、经理、监事、会计、出纳人员等管理、监督国有财产等活动，属于从事公务。公务有别于劳务，那些不具备职权内容的劳务活动、技术服务工作，如售货员、售票员等所从事的工作，一般不认为是公务。

贪污罪的另一类主体是《刑法》第 382 条第 2 款规定的"受国家机关、国有公司、企业、事业单位、人民团体委托管理、经营国有财产的人员"。"受委托管理、经营国有财产"，是指因承包、租赁、临时聘用等管理、经营国有财产。这类人不属于法定的国家工作人员，仅是贪污罪的主体，不能成为本章其他犯罪的主体。

4. 本罪的主观方面是直接故意，并具有非法占有公共财物的目的。对于因业务不精或工作疏忽所造成的帐目收支不平衡、财物短缺的行为，由于行为人主观上不具有贪污的故意，因此不能认定为贪污。

【案例 1 分析】姜某的行为构成贪污罪。姜某是国有公司的业务员，符合贪污罪的主体资格。该国有公司对于外商多发的货物，有保管义务，外商在法定期限内追索，该公司应予返还。如超过法定期限，外商不追索，依法应上交国家，因此多发的货物属于国家财产。姜某出于非法占有的目的，利用职务之便侵吞该批溢货，符合贪污罪的构成要件。

（二）贪污罪的司法认定

1. 本罪与非罪的界限。对于贪污公共财物数额较小的，情节显著轻微的，不应以贪污罪论处。根据《刑法》第 383 条第 1 款第 1 项的规定，贪污罪的成罪标准是"数额较大或者有其他较重情节"（参见前面所述内容）。

2. 本罪既遂与未遂的认定。贪污罪是一种以非法占有为目的的财产性职务犯罪，应当以行为人是否实际控制财物作为区分既遂与未遂的标准。对于行为人利用职务上的便利，实施了虚假平帐等贪污行为，但公共财物尚未实际转移，或者尚未被行为人控制就被查获的，应当认定为贪污未遂。行为人控制公共财物后，是否将财物据为己有，不影响贪污既遂的认定。

3. 共犯的认定。《刑法》第 382 条第 3 款规定，与符合贪污罪主体资格的人员相勾结，伙同贪污的，以贪污罪的共犯论处。根据 2000 年 7 月 8 日《最高人民法院关于审理贪污、职务侵占案件如何认定共同犯罪几个问题的解释》，行为人与国家工作人员勾结，利用国家工作人员的职务便利，共同侵吞、窃取、骗取或者以其他手段非法占有公共财物的，以贪污罪共犯论处；公司、企业或者其他单位中，不具有国家工作人员身份的人与国家工作人员勾结，分别利用各自的职务便利，共同将本单位财物非法占为己有的，按照主犯的犯罪性质定罪。《座谈纪要》进一步指出，如果根据案件的实际情况，各共同犯罪人在共同犯罪中的地位、作用相当，难以区分主从犯的，可以贪污罪定罪处罚。

4. 本罪与盗窃罪、诈骗罪、侵占罪的界限。侵吞、窃取、骗取是贪污的 3 种基本手段，这使得本罪与盗窃罪、诈骗罪、侵占罪在行为表现上有相似之处。其主要区别是：①犯罪的客体和对象不同。本罪的客体是复杂客体，即国家工作人员的职务廉洁性和公共财产所有权，犯罪对象是公共财物；而后三罪的客体是简单客体，即公私财产所有权，盗窃罪和诈骗罪的对象是公私财物，侵占罪的对象是保管物、遗忘物和埋藏物。②客观方面不同。本罪之客观行为是利用职务上的便利实施的；而后三罪之客观行为的实施不存在利用职务上的便利问题。③犯罪主体不同。本罪的主体是特殊主体，而后三罪为一般主体。

5. 本罪与职务侵占罪的界限。二者在主观上都是故意，且都以非法占有为目的；在客观上都表现为行为人利用职务上的便利，侵吞、窃取、骗取或者以其他手段非法占有财物。二者的主要区别是犯罪主体不同。另外，犯罪客体和对象也不同。

（三）贪污罪的刑事责任

根据《刑法》第 383 条的规定，对犯贪污罪的，根据情节轻重，分别依照下列规定处罚：①贪污数额较大或者有其他较重情节的，处 3 年以下有期徒刑或者拘役，并处罚金。"数额较大或者有其他较重情节"的认定，详见前面所述。这里的"并处罚金"是指应当并处 10 万元以上 50 万元以下罚金。②贪污数额巨大或者有其他严重情节的，处 3 年以上 10 年以下有期徒刑，并处罚金或者没收财产。根据《贪污贿赂刑案解释》第 2 条的规定，贪污在 20 万元以上不满 300 万元的，应当认定为"数额巨大"；贪污数额在 10 万元以上不满 20 万元，具有本解释第 1 条第 2 款规定的情形之一的，应当认定为"其他严重情节"。"本解释第 1 条第 2 款规定的情形"详见前面所述。这里的"并处罚金"是指应当并处 20 万元以上犯罪数额 2 倍以下的罚金。

3. 贪污数额特别巨大或者有其他特别严重情节的，处 10 年以上有期徒刑或者无期徒刑，并处罚金或者没收财产；数额特别巨大，并使国家和人民利益遭受特别重大损失的，处无期徒刑或者死刑，并处没收财产。根据《贪污贿赂刑案解释》第 3 条的规定，贪污数额在 300 万元以上的，应当认定为"数额特别巨大"；贪污数额在 150 万元以上不满 300 万元，具有本解释第 1 条第 2 款规定的情形之一的，应当认定为"其他特别严重情节"。这里的"并处罚金"是指应当并处 50 万元以上犯罪数额 2 倍以下的罚金。《贪污贿赂刑案解释》第 4 条第 1 款规定，贪污数额特别巨大，犯罪情节特别严重、社会影响特别恶劣、给国家和人民利益造成特别重大损失的，可以判处死刑。

对多次贪污未经处理的，按照累计贪污数额处罚。一般认为，这里的"未经处理"，是指由于某种原因，既没有受过刑事处罚，也没有受过行政处理的情况。

犯本罪，在提起公诉前如实供述自己罪行、真诚悔罪、积极退赃，避免、减少损害结果的发生，有《刑法》第 383 条第 1 款第 1 项规定情形的，可以从轻、减轻或者免除处罚；有《刑法》第 383 条第 1 款第 2 项、第 3 项规定情形的，可以从轻处罚。

犯本罪，有《刑法》第 383 条第 1 款第 3 项规定情形被判处死刑缓期执行的，人民法院根据犯罪情节等情况可以同时决定在其死刑缓期执行 2 年期满依法减为无期徒刑后，终身监禁，不得减刑、假释。

二、挪用公款罪

（一）挪用公款罪的概念和构成要件

挪用公款罪，是指国家工作人员利用职务上的便利，挪用公款归个人使用，进行非法活动的，或者挪用公款数额较大、进行营利活动的，或者挪用公款数额较大、超过 3 个月未还的行为。其构成要件是：

1. 本罪的客体是复杂客体，即国家工作人员的职务廉洁性、国家财经管理制度和公款的所有权。应当指出，挪用公款罪只是暂时侵犯了公款所有权中的占有权、使用权和收益权，而没有永久侵犯公款的全部所有权。

本罪的犯罪对象是公款，即公共财产中呈货币或者有价证券形态的一部分，可以是人民币、外币等有价证券。但以下特定财产也可以成为本罪的对象：①非公共资金。《刑法》第 272 条第 2 款规定，国有公司、企业或者其他国有单位中从事公务的人员和国有公司、企业或者其他国有单位委派到非国有公司、企业以及其他单位从事公务的人员，利用职务上的便利，挪用单位资金的，依照挪用公款罪定罪处罚。可见，非公共资金在一定条件下可以成为本罪的对象。②特定款物。《刑法》第 384 条第 2 款规定，挪用用于救灾、抢险、防汛、优抚、扶贫、移民、救济款物归个人使用的，以挪用公款罪从重处罚。据此，挪用公款罪的对象还可以是上述特定款物。

2. 本罪在客观方面表现为行为人利用职务上的便利，挪用公款归个人使用，进行非法活动，或者挪用公款数额较大、进行营利活动，或者挪用公款数额较大、超过 3 个月未还的行为。具体包括以下要素：

（1）行为人利用职务上的便利。所谓"利用职务上的便利"，是指行为人利用职务上主管、管理、经手公款的权力及便利条件，既可以是利用其调拨、支配、使用公款的权力，也包括利用其直接经手、管理公款的便利条件。

（2）挪用公款归个人使用。挪用，是指违反财经管理规定，未经批准擅自使用公款的行为。根据 2002 年 4 月 28 日全国人大常委会《关于〈刑法〉第三百八十四条第一款的解释》，有下列情形之一的，属于挪用公款"归个人使用"：
①将公款供本人、亲友或者其他自然人使用的；②以个人名义将公款供其他单位使用的；③个人决定以单位名义将公款供其他单位使用，谋取个人利益的。

《座谈纪要》指出，在司法实践中，对于将公款供其他单位使用的，认定是否属于"以个人名义"，不能只看形式，要从实质上把握。对于行为人逃避财务监管，或者与使用人约定以个人名义进行，或者借款、还款都以个人名义进行，将公款给其他单位使用的，应认定为"以个人名义"。"个人决定"既包括行为人在职权范围内决定，也包括超越职权范围决定。"谋取个人利益"，既包括行为人与使用人事先约定谋取个人利益实际尚未获取的情况，也包括虽未事先约定但实际已获取了个人利益的情况。其中的"个人利益"，既包括不正当利益，也包括正当利益；既包括财产性利益，也包括非财产性利益，但这种非财产性利益应当是具体的实际利益，如升学、就业等。

（3）挪用公款行为具体包括以下三种情形：

第一，非法活动型，即挪用公款归个人使用，进行非法活动。具体是指把挪用的公款用于走私、赌博、嫖娼等违法犯罪活动。此种挪用行为构成犯罪，法律没有就挪用数额作出要求，但根据《贪污贿赂刑案解释》第 5 条的规定，此种情况下的挪用公款，数额在 3 万元以上的，才应当以挪用公款罪追究刑事责任。

第二，营利活动型，即挪用公款数额较大，进行营利活动。所谓营利活动，是指挪用公款进行经营或者其他谋取利润的行为，如经商、投资、炒股等。此种挪用行为构成犯罪只要求"数额较大"，而不受挪用时间和是否归还的限制。根据《贪污贿赂刑案解释》第 5 条的规定，这里的"数额较大"是指数额在 5 万元以上。

第三，超期未还型，即挪用公款数额较大，超过 3 个月未还。这种情形是指挪用公款用于非法活动、营利活动以外的其他合法活动，如个人消费、支付医药费等。此种挪用公款行为构成犯罪必须同时具备"数额较大"、挪用时间超过 3 个月（从挪用之日至案发之日）未还两个条件。这里的"数额较大"也是指在 5 万元以上。

根据 1998 年 5 月 9 日《最高人民法院关于审理挪用公款案件具体应用法律若干问题的解释》（以下简称《挪用公款案解释》）的规定，多次挪用公款不还，挪用公款数额累计计算；多次挪用公款，并以后次挪用的公款归还前次挪用的公款，挪用公款数额以案发时未还的实际数额认定。

3. 本罪的主体是特殊主体，即国家工作人员。根据《刑法第九十三条第二款解释》的规定，村民委员会等村基层组织人员协助人民政府从事行政管理工作时，利用职务上的便利挪用公款，构成犯罪的，以挪用公款罪论处。

4. 本罪的主观方面是故意，即明知是公款而有意违反有关规定予以挪用，其目的是暂时使用公款。挪用公款给他人使用，不知道使用人用公款进行营利活动或者用于非法活动，数额较大、超过 3 个月未还的，构成挪用公款罪；明知使用人用于营利活动或者非法活动的，应当认定为挪用人挪用公款进行营利活动或者非法活动。

【案例 2 分析】赵某的行为构成挪用公款罪。赵某原是中国农业银行某县支行信贷股副股长，受"委派"到某村合作基金会任主任，属于国有金融机构的工作人员和国家工作人员。赵某将基金会拆借的 50 万元未入基金会账户，以基金会的名义将该款违规贷给个体工商户连某，造成贷款 30 万元未能收回，其行为属于挪用公款进行营利活动，符合挪用公款罪的构成要件，应以挪用公款罪定罪处罚。

（二）挪用公款罪的司法认定

1. 本罪与非罪的界限。一是要划清本罪与一般挪用公款行为的界限。如果行为人实施了挪用公款归个人使用的行为，但不符合上述构成要件的，属于一般挪用公款行为，不构成犯罪。二是要划清本罪与合法借款的界限。区分的关键在于行为人是否利用职务上的便利，以及是否履行了合法的借款手续。如果行为人根据财务制度，履行了必要的借款手续后使用公款的，属于合法借款。

2. 本罪与贪污罪的界限。二者侵犯的主要客体都是国家工作人员的职务廉洁性，客观方面都表现为利用职务上的便利，主观方面都是故意。二者的主要区别在于行为人主观上是否具有非法占有公款的目的。具体包括：①犯罪目的不同。本罪以暂时使用公款为目的，行为人不具有非法占有公款的目的；而后罪则以永久占有公共财物为目的。②次要客体和犯罪对象不同。本罪的次要客体是公款的部分所有权，犯罪对象只限于公款和特定款物；而后罪的次要客体是公共财物的全部所有权，犯罪对象是公款、公物。③行为方式不同。本罪表现为行为人利用职务上的便利，实施了挪用公款归个人使用的行为；而后罪则表现为行为人利用职务上的便利，侵吞、窃取、骗取或者以其他手段非法占有公共财物的行为。④犯罪主体的范围不尽相同。本罪的主体只限于国家工作人员，而后罪的主体除国家工作人员外，还包括受国家机关、国有公司、企业、事业单位、人民团体委托管理、经营国有财产的人员。

尽管本罪与贪污罪具有明显的区别，但本罪在一定条件下也可以转化为贪污罪。根据《挪用公款案解释》和《座谈纪要》的规定，具有下列情形之一的，以贪污罪论处：①携带挪用的公款潜逃的，对其携带挪用的公款部分，以贪污罪定罪处罚；②行为人挪用公款后采取虚假发票平帐、销毁有关帐目等手段，使所挪用的公款已难以在单位财务帐目上反映出来，且没有归还行为的；③行为人截取单位收入不入帐，非法占有，使所占有的公款难以在单位财务帐目上反映出来，且没有归还行为的；④有证据证明行为人有能力归还所挪用的公款而拒不归还的，并隐瞒挪用的公款去向的。

3. 罪数和共犯的认定。根据《挪用公款案解释》规定，因挪用公款索取、收受贿赂构成犯罪的，依照数罪并罚的规定处罚。挪用公款进行非法活动构成其他犯罪的，依照数罪并罚的规定处罚。挪用公款给他人使用，使用人与挪用人共谋，指使或者参与策划取得挪用款的，以挪用公款罪的共犯定罪处罚。

（三）挪用公款罪的刑事责任

根据《刑法》第 384 条的规定，犯本罪的，处 5 年以下有期徒刑或者拘役；情节严重的，处 5 年以上有期徒刑。挪用公款数额巨大不退还的，处 10 年以上有期徒刑或者无期徒刑。挪用用于救灾、抢险、防汛、优抚、扶贫、移民、救济款物归个人使用的，从重处罚。"挪用公款数额巨大不退还"是指因客观原因在一审宣判前不能退还的。《贪污贿赂刑案解释》对非法活动型和营利活动型、超期未还型的挪用公款罪中的"情节严重""数额巨大"的认定标准作了规定。

三、受贿罪

（一）受贿罪的概念和构成要件

受贿罪，是指国家工作人员利用职务上的便利，索取他人财物的，或者非法收受他人财物，为他人谋取利益，数额较大或者有其他较重情节的行为。其构成要件是：

1. 本罪的客体是国家工作人员的职务廉洁性。索贿型的受贿罪，还侵犯了他人的财产权利。本罪的犯罪对象只限于财物。

2. 本罪在客观方面表现为行为人利用职务上的便利，索取他人财物的，或者非法收受他人财物，为他人谋取利益，数额较大或者有其他较重情节的行为。具体包括以下要素：

（1）必须是利用职务上的便利。所谓利用职务上的便利，是指利用本人职务范围内的权力，即自己职务上主管、负责或者承办某项公共事务的职权及其所形成的便利条件。根据《座谈纪要》的规定，既包括利用本人职务上主管、负责、承办某项公共事务的职权，也包括利用职务上有隶属、制约关系的其他国家工作人员的职权。担任单位领导职务的国家工作人员通过不属自己主管的下级部门的国家工作人员的职务为他人谋取利益的，应当认定为"利用职务上的便利"为他人谋取利益。

（2）必须实施了受贿行为。受贿，包括索贿、收受贿赂两种基本表现形式和斡旋受贿、经济受贿两种特殊表现形式。索贿和收受贿赂，并不限于行为人直接据为己有，还包括使请托人向第三人提供贿赂的情形。

第一，索贿，即索取他人财物，是指行为人在公务活动中主动向他人索要财物的行为，包括向他人勒索财物。由于"索贿"是性质更为严重的受贿行为，比被动的收受他人贿赂具有更大的社会危害性，因此刑法规定，索贿行为构成犯罪并不要求具备"为他人谋取利益"这一要素。

第二，收受贿赂，即非法收受他人财物，为他人谋取利益。具体是指行为人在公务活动中，当行贿人主动向行为人提供财物时，行为人不予拒绝，而予以非法接受，并承诺、着手或者已经在公务活动中为行贿人谋取利益。就是说，非法收受他人财物的，必须同时具备"为他人谋取利益"的要素，才能构成受贿罪。至于为他人谋取的利益是否正当以及是否实现，为他人谋取利益是在收受贿赂之前、当时还是之后，均不影响受贿罪的认定。

为他人谋取利益，包括承诺、实施和实现三个阶段的行为。只要具有其中一个阶段的行为就具备了该要件。根据《贪污贿赂刑案解释》第 13 条的规定，具有下列情形之一的，应当认定为"为他人谋取利益"：①实际或者承诺为他人谋取利益的。承诺，可以是明示的，如在收受他人财物时，对他人提出的具体请托事项明确表示同意；还可以是默示的，如在行贿人有求于行为人并向行为人行贿时，行为人收受财物，但对其要求不作明确答复，双方心领神会、心照不宣。承诺为他人谋取利益但尚未实际进行的，也同样构成受贿罪既遂。②明知他人有具体请托事项的。③履职时未被请托，但事后基于该履职事由收受他人财物的。《贪污贿赂刑案解释》第 13 条还规定，国家工作人员索取、收受具有上下级关系的下属或者具有行政管理关系的被管理人员的财物价值 3 万元以上，可能影响职权行使的，视为承诺为他人谋取利益。

第三，斡旋受贿，亦称"间接受贿"。《刑法》第 388 条规定："国家工作人员利用本人职权或者地位形成的便利条件，通过其他国家工作人员职务上的行为，为请托人谋取不正当利益，索取请托人财物或者收受请托人财物的，以受贿论处。"这在刑法理论上称为斡旋受贿。根据《座谈纪要》的解释，"利用本人职权或者地位形成的便利条件"，是指行为人与被其利用的国家工作人员之间在职务上虽然没有隶属、制约关系，但是行为人利用了本人职权或者地位产生的影响和一定的工作联系，如单位内不同部门的国家工作人员之间、上下级单位没有职务上隶属、制约关系的国家工作人员之间、有工作联系的不同单位的国家工作人员之间等。

第四，经济受贿，亦称"单纯受贿"，即收受回扣、手续费以受贿罪论处。《刑法》第 385 条第 2 款规定："国家工作人员在经济往来中，违反国家规定，收受各种名义的回扣、手续费，归个人所有的，以受贿论处。"

（3）必须是受贿数额较大或者有其他较重情节的，才构成本罪。《贪污贿赂刑案解释》第1条第1款规定，受贿数额在3万元以上不满20万元的，应当认定为"数额较大"。第1条第3款规定，受贿数额在1万元以上不满3万元，具有下列情形之一的，应当认定为"其他较重情节"：①多次索贿的；②为他人谋取不正当利益，致使公共财产、国家和人民利益遭受损失的；③为他人谋取职务提拔、调整的；④曾因贪污、受贿、挪用公款受过党纪、行政处分的；⑤曾因故意犯罪受过刑事追究的；⑥赃款赃物用于非法活动的；⑦拒不交待赃款赃物去向或者拒不配合追缴工作，致使无法追缴的；⑧造成恶劣影响或者其他严重后果的。

3. 本罪的主体是特殊主体，即《刑法》第93条规的国家工作人员。根据《刑法第九十三条第二款解释》的规定，村民委员会等村基层组织人员协助人民政府从事行政管理工作时，利用职务上的便利，索取他人财物或者非法收受他人财物，构成犯罪的，以受贿罪论处。

此处的国家工作人员，应指在职的国家工作人员。不过，2007年7月8日"两高"《关于办理受贿刑事案件适用法律若干问题的意见》（以下简称《办理受贿案意见》）第10条规定："国家工作人员利用职务上的便利为请托人谋取利益之前或者之后，约定在其离职后收受请托人财物，并在离职后收受的，以受贿论处。"这在刑法理论上称为"事后受贿"。

4. 本罪的主观方面是故意，但故意的内容因受贿的行为方式不同而有所区别。根据《贪污贿赂刑案解释》第16条的规定，国家工作人员出于受贿的故意，收受他人财物之后，将赃款赃物用于单位公务支出或者社会捐赠的，不影响贪受贿罪的认定；特定关系人索取、收受他人财物，国家工作人员知道后未退还或者上交的，应当认定国家工作人员具有受贿故意。

（二）受贿罪的司法认定

1. 关于本罪的犯罪对象问题。根据刑法规定，本罪的对象只限于财物。根据《贪污贿赂刑案解释》第12条的规定，贿赂犯罪中的"财物"，包括货币、物品和财产性利益。财产性利益包括可以折算为货币的物质利益如房屋装修、债务免除等，以及需要支付货币的其他利益如会员服务、旅游等。后者的犯罪数额，以实际支付或者应当支付的数额计算。非财产性利益一般不能成为本罪的对象。

根据《办理受贿案意见》第1~7条的规定，国家工作人员利用职务上的便利为请托人谋取利益，以下列形式收受请托人财物的，以受贿论处：①以明显低（高）于市场的价格向请托人购买（出售）房屋、汽车等物品，或者以其他交易形式非法收受请托人财物的；②收受请托人提供的干股的（干股是指未出资而获得的股份）；③由请托人出资，"合作"开办公司或者进行其他"合作"投资的；④以合作开办公司或者其他合作投资的名义获取"利润"，没有实际出资和参与管理、经营的；⑤以委托请托人投资证券、期货或者其他委托理财的名义，未实际出资而获取"收益"，或者虽然实际出资，但获取"收益"明显高于出资应得收益的；⑥通过赌博方式收受请托人财物的；[1]⑦要求或者接受请托人以给特定关系人安排工作为名，使特定关系人不实际工作却获取所谓薪酬的；⑧授意请托人以本意见所列形式，将有关财物给予特定关系人的。

2. 本罪与非罪的界限。这包括以下几个方面：

（1）本罪与接受馈赠的界限。区分的关键是看是否有请托内容、是否为亲友谋取利益、给予与接受的方式是否具有隐蔽性等。但由于实际中存在以馈赠为名的行贿，故它与受贿罪的界限往往难以区分。根据2008年11月20日"两高"《关于办理商业贿赂刑事案件适用法律若干问题的意见》第10条的规定，贿赂与馈赠的界限主要应当结合以下因素全面分析、综合判断：①发生财物往来的背景，如双方是否存在亲友关系及历史上交往的情形和程度；②往来财物的价值；③财物往来的缘由、时机和方式，提供财物方对于接受方有无职务上的请托；④接受方是否利用职务上的便利为提供方谋取利益。

（2）本罪与合法报酬的界限。国家工作人员在法律、政策允许的范围内，利用业余时间，以自己的劳动为他人提供某项服务，从而获得报酬的，不构成受贿。但是，国家工作人员在业余时间，利用职务上的便利为他人谋取利益，获得报酬的，则应以受贿论处。

（3）本罪与一般受贿行为的界限。区别二者的关键在于是否"受贿数额较大或者有其他较重情节"。

（4）收受财物后退还或者上交的定性。根据《办理受贿案意见》第9条的规定，国家工作人员收受请托人财物后及时退还或者上交的，不是受贿。国家工作人员受贿后，因自身或者与其受贿有关联的人、事被查处，为掩饰犯罪而退还或者上交的，不影响认定受贿罪。

3. 共同受贿犯罪的认定。《座谈纪要》中指出，根据刑法关于共同犯罪的规定，非国家工作人员与国家工作人员勾结，伙同受贿的，应当以受贿罪的共犯论处。非国家工作人员是否构成受贿罪的共犯，取决于双方有无共同受贿的故意和行为。国家工作人员的近亲属向国家工作人员代为转达请托事项，收受

---

〔1〕 实践中应注意区分贿赂与赌博活动、娱乐活动的界限。具体认定时，主要应当结合以下因素进行判断：①赌博的背景、场合、时间、次数；②赌资来源；③其他赌博参与者有无事先通谋；④输赢钱物的具体情况和金额大小。

请托人财物并告知该国家工作人员，或者国家工作人员明知其近亲属收受了他人财物，仍按照近亲属的要求利用职权为他人谋取利益的，对该国家工作人员应认定为受贿罪，其近亲属以受贿罪共犯论处。近亲属以外的其他人与国家工作人员通谋，由国家工作人员利用职务上的便利为请托人谋取利益，收受请托人财物后双方共同占有的，构成受贿罪共犯。国家工作人员利用职务上的便利为他人谋取利益，并指定他人将财物送给其他人，构成犯罪的，应以受贿罪定罪处罚。

《办理受贿案意见》第7条第2款规定，特定关系人与国家工作人员通谋，共同实施受贿行为的，对特定关系人以受贿罪的共犯论处。"特定关系人"是指与国家工作人员有近亲属、情妇（夫）以及其他共同利益关系的人。特定关系人以外的其他人与国家工作人员通谋，由国家工作人员利用职务上的便利为请托人谋取利益，收受请托人财物后双方共同占有的，以受贿罪的共犯论处。

【案例3分析】甲、乙的行为构成受贿罪，属于共同犯罪。本案中，乙是国家工作人员甲的情妇，属于"特定关系人"。根据规定，只要"特定关系人"告知国家工作人员请托事项，并告知收钱财之事或者国家工作人员明知"特定关系人"收取了钱财，即构成受贿罪共犯。乙将丙的请托事项告诉甲，甲利用职务便利帮助丙承揽到该路段工程，乙收取丙给的"提成款"100万元，与甲共分，因此，两人的行为符合受贿罪的构成要件和共同犯罪的成立条件。

4. 罪数的认定。《贪污贿赂刑案解释》第17条规定："国工人员利用职务上的便利，收受他人财物，为他人谋取利益，同时构成受贿罪和刑法分则第三章第三节、第九章规定的渎职犯罪的，除刑法另有规定外，以受贿罪和渎职犯罪数罪并罚。"

5. 本罪与非国家工作人员受贿罪的界限。二者都表现为利用职务上的便利，索取或者收受他人财物的行为。二者的区别是：①犯罪主体不同。本罪的主体是国家工作人员，而后罪的主体是公司、企业或者其他单位的工作人员。②犯罪客体不同。本罪的客体是国家工作人员的职务廉洁性；而后罪的客体主要是公司、企业或者其他单位的管理秩序。③犯罪客观方面不同。索贿型的受贿罪的成立不以为他人谋取利益为要件，而后罪都必须以为他人谋取利益为要件。④职务的性质不同。本罪中的职务是公务，而后罪中的职务是业务。

6. 本罪与敲诈勒索罪的关系。受贿罪与敲诈勒索罪一般不难区别，但由于受贿罪中的"索贿"有时也包括勒索他人财物的行为，因此应当将索贿型的受贿罪与敲诈勒索罪区别开来。二罪的根本区别在于犯罪主体不同，以及行为人是否利用了职务上的便利。国家工作人员利用职务上的便利，以要挟、威胁的方式向请托人勒索财物的，成立受贿罪和敲诈勒索罪的想象竞合。如果没有利用职务上便利的，则只构成敲诈勒索罪。

（三）受贿罪的刑事责任

《刑法》第 386 条规定："对犯受贿罪的，根据受贿所得数额及情节，依照本法第 383 条的规定处罚。索贿的从重处罚。"《刑法》第 383 条是关于贪污罪的处罚规定。据此，受贿罪的处罚标准是：

1. 受贿数额较大或者有其他较重情节的，处 3 年以下有期徒刑或者拘役，并处罚金。"数额较大或者有其他较重情节"的认定，详见前面所述。这里的"并处罚金"是指应当并处 10 万元以上 50 万元以下罚金。

2. 受贿数额巨大或者有其他严重情节的，处 3 年以上 10 年以下有期徒刑，并处罚金或者没收财产。根据《贪污贿赂刑案解释》第 2 条的规定，受贿在 20 万元以上不满 300 万元的，应当认定为"数额巨大"；受贿数额在 10 万元以上不满 20 万元，具有本解释第 1 条第 3 款规定的情形之一的，应当认定为"其他严重情节"。"本解释第 1 条第 3 款规定的情形"详见前面所述。这里的"并处罚金"是指应当并处 20 万元以上犯罪数额 2 倍以下的罚金。

3. 受贿数额特别巨大或者有其他特别严重情节的，处 10 年以上有期徒刑或者无期徒刑，并处罚金或者没收财产；数额特别巨大，并使国家和人民利益遭受特别重大损失的，处无期徒刑或者死刑，并处没收财产。根据《贪污贿赂刑案解释》第 3 条的规定，受贿数额在 300 万元以上的，应当认定为"数额特别巨大"；受贿数额在 150 万元以上不满 300 万元，具有本解释第 1 条第 3 款规定的情形之一的，应当认定为"其他特别严重情节"。这里的"并处罚金"是指应当并处 50 万元以上犯罪数额 2 倍以下的罚金。《贪污贿赂刑案解释》第 4 条第 1 款规定，受贿数额特别巨大，犯罪情节特别严重、社会影响特别恶劣、给国家和人民利益造成特别重大损失的，可以判处死刑。

对多次受贿未经处理的，按照累计受贿数额处罚。根据《贪污贿赂刑案解释》第 15 条的规定，国家工作人员利用职务上的便利为请托人谋取利益前后多次收受请托人财物，受请托之前收受的财物数额在 1 万元以上的，应当一并计入受贿数额。

索贿的从重处罚。

犯本罪，在提起公诉前如实供述自己罪行、真诚悔罪、积极退赃，避免、减少损害结果的发生，有《刑法》第 383 条第 1 款第 1 项规定情形的，可以从轻、减轻或者免除处罚；有《刑法》第 383 条第 1 款第 2 项、第 3 项规定情形的，可以从轻处罚。

犯本罪，有《刑法》第 383 条第 1 款第 3 项规定情形被判处死刑缓期执行的，人民法院根据犯罪情节等情况可以同时决定在其死刑缓期执行 2 年期满依法减为无期徒刑后，终身监禁，不得减刑、假释。

四、单位受贿罪

单位受贿罪，是指国家机关、国有公司、企业、事业单位、人民团体，索取、非法收受他人财物，为他人谋取利益，情节严重的行为。索取他人财物或者非法收受他人财物，必须同时具备为他人谋取利益的条件，且是情节严重的行为，才能构成单位受贿罪。上述单位在经济往来中，在账外暗中收受各种名义的回扣、手续费的，以单位受贿罪追究刑事责任。1999年9月16日《最高人民检察院关于人民检察院直接受理立案侦查案件立案标准的规定（试行）》（以下简称《检察院立案标准》）对应当以本罪立案追究的情形作了列举。根据《刑法》第387条的规定，犯本罪的，对单位判处罚金，并对其直接负责的主管人员和其他直接责任人员，处5年以下有期徒刑或者拘役。

五、利用影响力受贿罪

利用影响力受贿罪，是指国家工作人员的近亲属或者其他与该国家工作人员关系密切的人，通过该国家工作人员职务上的行为，或者利用该国家工作人员职权或者地位形成的便利条件，通过其他国家工作人员职务上的行为，为请托人谋取不正当利益，索取请托人财物或者收受请托人财物，数额较大或者有其他较重情节的行为。离职的国家工作人员或者其近亲属以及其他与其关系密切的人，利用该离职的国家工作人员原职权或者地位形成的便利条件实施上述行为的，以本罪定罪处罚。本罪是行为人在国家工作人员不知情的情况下实施的犯罪，如果是上述人员与国家工作人员勾结，伙同受贿的，应当以受贿罪的共犯论处。在认定本罪时，应注意划清它与受贿罪的界限。根据《刑法》第388条之一的规定，犯本罪的，处3年以下有期徒刑或者拘役，并处罚金；数额巨大或者有其他严重情节的，处3年以上7年以下有期徒刑，并处罚金；数额特别巨大或者有其他特别严重情节的，处7年以上有期徒刑，并处罚金或者没收财产。根据《贪污贿赂刑案解释》第10条的规定，本罪的定罪量刑适用标准，参照本解释关于受贿罪的规定执行。

六、行贿罪

（一）行贿罪的概念和构成要件

行贿罪，是指为谋取不正当利益，给予国家工作人员以财物的行为。其构成要件是：

1. 本罪的客体是国家工作人员的职务廉洁性。

2. 本罪在客观方面表现为行为人实施了给予国家工作人员以财物的行为。行贿分为两种情形：一是行贿人主动给予国家工作人员财物；二是行为人因国家工作人员索要而被动给予其财物。但是，根据《刑法》第389条第3款的规定，因被勒索给予国家工作人员以财物，没有获得不正当利益的，不是行贿，不构成本罪。

此外，行贿还有一种特殊的表现形式，即《刑法》第 389 条第 2 款规定："在经济往来中，违反国家规定，给予国家工作人员以财物，数额较大的，或者违反国家规定，给予国家工作人员以各种名义的回扣、手续费的，以行贿论处。"

3. 本罪的主体是一般主体，单位行贿不构成本罪。

4. 本罪的主观方面是故意，并且具有谋取不正当利益的目的。至于行为人实际上是否获取了不正当利益，不影响本罪的构成。不正当利益包括有形的和无形的不正当利益，可以是物质性利益，也可以是非物质性利益。根据 2013 年 1 月 1 日"两高"《关于办理行贿刑事案件具体应用法律若干问题的解释》（以下简称《行贿刑案解释》），这里的"谋取不正当利益"，是指行贿人谋取的利益违反法律、法规、规章、政策规定，或者要求国家工作人员违反法律、法规、规章、政策、行业规范的规定，为自己提供帮助或者方便条件。违背公平、公正原则，在经济、组织人事管理等活动中，谋取竞争优势的，应当认定为"谋取不正当利益"。

（二）行贿罪的司法认定

1. 行贿行为与馈赠行为的界限。二者在目的、动机、内容和方式等方面均有不同。行贿往往是秘密进行的，给付财物是附条件的，即行为人的目的在于使对方利用职务之便为自己谋取不正当利益；馈赠行为则是公开的，给付财物是无条件的，是为了增加亲友的情谊，而不是以财物收买权力。

2. 本罪与一般行贿行为的界限。《刑法》第 389 条对行贿罪的构成并没有规定必须数额较大，但这并不意味着行贿罪的构成没有行贿数额方面的要求。根据《贪污贿赂刑案解释》第 7 条的规定，为谋取不正当利益，向国家工作人员行贿，数额在 3 万元以上的，应当以行贿罪追究刑事责任。行贿数额在 1 万元以上不满 3 万元，具有下列情形之一的，应当以行贿罪追究刑事责任：①向 3 人以上行贿的；②将违法所得用于行贿的；③通过行贿谋取职务提拔、调整的；④向负有食品、药品、安全生产、环境保护等监督管理职责的国家工作人员行贿，实施非法活动的；⑤向司法工作人员行贿，影响司法公正的；⑥造成经济损失数额在 50 万元以上不满 100 万元的。多次行贿未经处理的，应当累计行贿数额。因此，行贿数额不满 3 万元且不属于上述情形的，则属于一般行贿行为，不构成犯罪。

3. 罪数的认定。根据《行贿刑案解释》的规定，行贿人谋取不正当利益的行为构成犯罪的，应当与行贿犯罪实行数罪并罚。

4. 本罪与受贿罪的界限。刑法理论上通常认为行贿罪与受贿罪之间呈"对合"关系，但这种"对合"关系不是绝对的，在特定条件下，没有行贿罪，同样存在受贿罪；没有受贿罪，行贿罪也可以成立。这种并不矛盾的情形包括：①行为人因被勒索给予国家工作人员以财物，没有获得不正当利益的，不构成行贿罪；而国家工作人员的索贿行为构成受贿罪。②为谋取正当利益而给予国家工作人员以财物的，不构成行贿罪；而国家工作人员接受财物的行为构成受贿罪。③为谋取不正当利益而给予国家工作人员以财物的，构成行贿罪；但国家工作人员没有接受贿赂的故意，及时退还或者上交的，不是受贿。

　　（三）行贿罪的刑事责任

　　根据《刑法》第 390 条的规定，犯本罪的，处 5 年以下有期徒刑或者拘役；因行贿谋取不正当利益，情节严重的，或者使国家利益遭受重大损失的，处 5 年以上 10 年以下有期徒刑，并处罚金；[1]情节特别严重的，或者使国家利益遭受特别重大损失的，处 10 年以上有期徒刑或者无期徒刑，可以并处罚金或者没有财产。行贿人在被追诉前主动交待行贿行为的，可以从轻或者减轻处罚。其中，犯罪较轻的，对侦破重大案件起关键作用的，或者有重大立功表现的，可以减轻或者免除处罚。"被追诉前"是指侦查机关对行贿人的行贿行为刑事立案前。《贪污贿赂刑案解释》对这里的"情节严重""使国家利益遭受重大损失""情节特别严重""使国家利益遭受特别重大损失"以及"犯罪较轻""重大案件""对侦破重大案件起关键作用"的认定标准作了规定。

　　七、对有影响力的人行贿罪

　　对有影响力的人行贿罪，是指为谋取不正当利益，向国家工作人员的近亲属或者其他与该国家工作人员关系密切的人，或者向离职的国家工作人员或者其近亲属以及其他与其关系密切的人行贿的行为。本罪与利用影响力受贿罪是对向关系。本罪的特点是行为人为了利用（包括离职的）国家工作人员的近亲属等特定关系人的影响力，而给予其财物。根据《刑法》第 390 条之一的规定，犯本罪的，处 3 年以下有期徒刑或者拘役，并处罚金；情节严重的，或者使国家利益遭受重大损失的，处 3 年以上 7 年以下有期徒刑，并处罚金；情节特别严重的，或者使国家利益遭受特别重大损失的，处 7 年以上 10 年以下有期徒刑，并处罚金。单位犯本罪的，对单位判处罚金，并对其直接负责的主管人员和其他直接责任人员，处 3 年以下有期徒刑或者拘役，并处罚金。根据《贪污贿赂

　　〔1〕　根据 2016 年 4 月 18 日"两高"《关于办理贪污贿赂刑事案件适用法律若干问题的解释》第 19 条的规定，本章犯罪中，除贪污罪、受贿罪外，对刑法规定并处罚金的其他贪污贿赂犯罪，应当在 10 万元以上犯罪数额 2 倍以下判处罚金。

刑案解释》第 10 条的规定，本罪的定罪量刑适用标准，参照本解释关于行贿罪的规定执行。单位对有影响力的人行贿数额在 20 万元以上的，应当以本罪追究刑事责任。

八、对单位行贿罪

对单位行贿罪，是指为谋取不正当利益，给予国家机关、国有公司、企业、事业单位、人民团体以财物，或者在经济往来中，违反国家规定，给予各种名义的回扣、手续费的行为。《检察院立案标准》对应当以本罪立案追究的情形作了规定。根据《刑法》第 391 条的规定，犯本罪的，处 3 年以下有期徒刑或者拘役，并处罚金。单位犯本罪的，实行两罚制。

九、介绍贿赂罪

介绍贿赂罪，是指向国家工作人员介绍贿赂，情节严重的行为。介绍贿赂，是指在行贿人与受贿人之间进行引见、勾通、撮合，使促使行贿与受贿得以实现。构成本罪要求情节严重。应当指出，行为人只有在不构成受贿共犯或行贿共犯时才构成本罪。《检察院立案标准》对应当以本罪立案追究的情形作了规定。根据《刑法》第 392 条的规定，犯本罪的，处 3 年以下有期徒刑或者拘役，并处罚金。介绍贿赂人在被追诉前主动交待介绍贿赂行为的，可以减轻处罚或者免除处罚。

十、单位行贿罪

单位行贿罪，是指单位为谋取不正当利益而行贿（即给予国家工作人员以财物），或者违反国家规定，给予国家工作人员以回扣、手续费，情节严重的行为。应当注意区分本罪与行贿罪的区别，区分二者的关键在于犯罪主体不同，本罪的主体是单位，而行贿罪的主体是自然人。因此，《刑法》第 393 条规定，"因行贿取得的违法所得归个人所有的"，以行贿罪定罪处罚。就是说，个人为了谋取不正当利益，用单位的财物或者以单位的名义向国家工作人员个人行贿，因行贿取得的违法所得归个人所有的，应当以行贿罪论处。《检察院立案标准》对应当以本罪立案追究的情形作了规定。根据《刑法》第 393 条的规定，犯本罪的，对单位判处罚金，并对其直接负责的主管人员和其他直接责任人员，处 5 年以下有期徒刑或者拘役，并处罚金。

十一、巨额财产来源不明罪

巨额财产来源不明罪，是指国家工作人员的财产、支出明显超过合法收入，差额巨大，而本人又不能说明其来源是合法的行为。《刑法》第 395 条规定："国家工作人员的财产、支出明显超过合法收入，差额巨大的，可以责令该国家工作人员说明来源，不能说明来源的，差额部分以非法所得论"。"非法所得"一般是指行为人的全部财产与能够认定的所有支出的总和减去能够证实的有真实来源的所得。在理解本罪时应把握以下三点：其一，必须是国家工作人员的财产、支出明显超过合法收入，且差额巨大。《检察院立案标准》规定，涉嫌巨额财产来源不明，数额在 30 万元以上的，应予立案。其二，必须是本人不能说明其来源是合法的。根据《座谈纪要》的规定，"不能说明"包括：行为人拒不说明财产来源；行为人无法说明财产的具体来源；行为人所说的财产来源经司法机关查证并不属实；行为人所说的财产来源因线索不具体等原因，司法机关无法查实，但能排除存在来源合法的可能性和合理性的。其三，本罪是一个补充性罪名。根据《刑法》第 395 条第 1 款的规定，犯本罪的，处 5 年以下有期徒刑或者拘役；差额特别巨大的，处 5 年以上 10 年以下有期徒刑。财产的差额部分予以追缴。

十二、隐瞒境外存款罪

隐瞒境外存款罪，是指国家工作人员在境外的存款数额较大，应当依照国家规定申报而隐瞒不报的行为。根据《检察院立案标准》的规定，涉嫌隐瞒境外存款，折合人民币数额在 30 万元以上的，应予立案。根据《刑法》第 395 条第 2 款的规定，犯本罪的，处 2 年以下有期徒刑或者拘役；情节较轻的，由其所在单位或者上级主管机关酌情给予行政处分。

十三、私分国有资产罪

私分国有资产罪，是指国家机关、国有公司、企业、事业单位、人民团体，违反国家规定，以单位名义将国有资产集体私分给个人，数额较大的行为。"集体私分给个人"是指经集体研究决定将国有资产分给本单位的每个成员或者绝大多数成员。根据《检察院立案标准》的规定，"数额较大"是指累计数额在 10 万元以上。根据《刑法》第 396 条的规定，犯本罪的，对其直接负责的主管人员和其他直接责任人员，处 3 年以下有期徒刑或者拘役，并处或者单处罚金；数额巨大的，处 3 年以上 7 年以下有期徒刑，并处罚金。

十四、私分罚没财物罪

私分罚没财物罪，是指司法机关、行政执法机关违反国家规定，将应当上缴国家的罚没财物，以单位名义集体私分给个人的行为。《检察院立案标准》规定，涉嫌私分罚没财物，累计数额在 10 万元以上，应予立案。根据《刑法》第 396 条的规定，犯本罪的，对其直接负责的主管人员和其他直接责任人员，处 3 年以下有期徒刑或者拘役，并处或者单处罚金；数额巨大的，处 3 年以上 7 年以下有期徒刑，并处罚金。

本章小结

贪污贿赂罪共包括 14 个罪名，本章其中的贪污罪、挪用公款罪、受贿罪、行贿罪等主要罪名，从犯罪构成要件、司法认定和刑事责任方面作了重点阐析，应当重点掌握和理解，并能够运用。对本章的其他罪名也应当有所掌握。

 **思考练习**

1. 如何理解贪污罪的客观方面要件和犯罪主体？

2. 如何划清贪污罪与盗窃罪、诈骗罪、侵占罪的界限？

3. 挪用公款罪与贪污罪的区别是什么？挪用公款行为在哪些情况下会转化为贪污罪？

4. 如何理解受贿罪的构成要件？如何划清受贿罪与非罪的界限？

5. 试比较受贿罪与贪污罪的异同。

6. 试比较利用影响力受贿罪与受贿罪的区别。

7. 如何理解和认定行贿罪？

8. 什么是巨额财产来源不明罪？

实务训练

1. 关于贪污罪的认定，下列哪些选项是正确的？

A. 国有公司中从事公务的甲，利用职务便利将本单位收受的回扣据为己有，数额较大。甲行为构成贪污罪

B. 土地管理部门的工作人员乙，为农民多报青苗数，使其从房地产开发商处多领取20万元补偿款，自己分得10万元。乙行为构成贪污罪

C. 村民委员会主任丙，在协助政府管理土地征用补偿费时，利用职务便利将其中数额较大款项据为己有。丙行为构成贪污罪

D. 国有保险公司工作人员丁，利用职务便利编造未发生的保险事故进行虚假理赔，将骗取的5万元保险金据为己有。丁行为构成贪污罪

2. 房某系国有企业保卫科的工作人员，房某听说单位财务室的保险柜放有几十万元巨款，遂找到朋友方某（系无业人员），提出当晚自己值班时二人一起盗窃单位财务室款，事后让方某将自己反绑、堵嘴等制造假抢劫案，方某同意。当晚，方某、房某撬开单位财务室门入室，撬开保险柜盗走现金20余万元，事后二人平分。

问：房某、方某二人是否构成贪污罪的共犯？为什么？（提示：主要从房某是否利用职务之便方面把握。）

3. 国有公司财务人员甲于2007年6月挪用单位救灾款100万元，供自己购买股票，后股价大跌，甲无力归还该款项。2008年1月，甲挪用单位办公经费70万

元为自己购买商品房。两周后，甲采取销毁账目的手段，使挪用的办公经费70万元中的50万元难以在单位财务账上反映出来。甲一直未归还上述所有款项。

问：对甲的行为如何定罪处罚？并说明理由。（提示：对于甲第二次挪用行为应注意分析是否已经转化为其他罪名。如何处罚只需回答处罚原则即可。）

4. 大学生甲为了获得公务员面试高分，送给面试官乙（某机关领导）2瓶高档白酒，被乙拒收。次日，甲再次到乙家，偷逃将2枚价值4万元的金币放在茶几上离开。乙不知情。保姆以为乙知道此事，将金币放入乙的柜子。

问：甲、乙的行为是否构成行贿罪和受贿罪？保姆的行为是否成立利用影响力受贿罪？为什么？（提示：分析保姆的行为性质时主要从主观方面把握。）

5. 国家工作人员甲利用职务上的便利为某单位谋取利益。随后，该单位的经理送给甲一张购物卡，并且告知购物卡内有10万元，使用期限是6个月。甲收下卡后忘记使用，导致卡内10万元逾期被退回到原单位。

问：甲的行为是否构成受贿罪？如果构成，那么属于犯罪的既遂还是未遂或中止？

6. 甲欲投资某饭店的加层扩建项目，加层扩建部分双方四六分成。但办理饭店加层扩建手续需经城建规划部门的批准，该饭店的经理乙称有办法办理加层手续，但需要费用。甲拿出15万元给乙，让乙负责办理加层手续。乙找到城建规划管理部门某处长丙，给丙15万元，丙利用职务便利办妥了加层手续。

问：甲、乙、丙是否构成犯罪？如果构成犯罪，分别构成何罪？为什么？（提示：分析乙的行为性质时主要从其是否具有办理加层审批权方面把握。）

第二十四章 拓展学习

第二十五章   渎职罪

第一节   渎职罪概述

一、渎职罪的概念和构成特征

　　渎职罪，是指国家机关工作人员在公务活动中，违背公务职责的公正性、廉洁性和勤勉性，滥用职权、玩忽职守、徇私舞弊，妨害国家机关正常的职能活动，致使公共财产、国家和人民利益遭受重大损失的行为。这类犯罪的构成特征是：

　　1. 犯罪的同类客体是国家机关的正常管理活动，即各级国家机关执行国家职能、贯彻国家的法律、法规与政策，依法行使国家管理职权的正常活动。

　　2. 在客观方面表现为行为人滥用职权、玩忽职守、徇私舞弊，妨害国家机关的正常活动，致使公共财产、国家和人民利益遭受重大损失的行为。渎职行为有两种类型：一是积极的渎职行为，主要表现为滥用职权、徇私枉法、徇私舞弊以及其他利用职务之便的行为。二是消极的渎职行为，主要表现为玩忽职守等行为。

　　3. 犯罪的主体是特殊主体，即只能是国家机关工作人员，但故意泄露国家秘密罪、过失泄露国家秘密罪和枉法仲裁罪除外。这里的"国家机关工作人员"是指在国家机关中从事公务的人员，包括在各级国家权力机关、行政机关、司法机关和军事机关中从事公务的人员。在乡（镇）以上中国共产党机关、人民政协机关中从事公务的人员，视为国家机关工作人员。另外，2002 年 12 月 28 日《全国人民代表大会常务委员会关于〈中华人民共和国刑法〉第九章渎职罪主体适用问题的解释》（以下简称《渎职罪主体解释》）规定："在依照法律、法规规定行使国家行政管理职权的组织中从事公务的人员，在受国家机关委托代表国家机关行使职权的组织中从事公务的人员，以及虽未列入国家机关人员编制但在国家机关中从事公务的人员。这些人员在代表国家机关行使职权时，有渎职行为，构成犯罪的，依照刑法关于渎职罪的规定追究刑事责任。"可见，渎职罪的主体包括国家机关工作人员和上述立法解释中的"三种人"

4. 犯罪的主观方面，多数是出于故意，少数是出于过失。其中的许多故意犯罪，行为人的犯罪动机是徇私。2003 年 11 月 13 日最高人民法院《全国法院审理经济犯罪案件工作座谈会纪要》指出："徇私舞弊型渎职犯罪的'徇私'应理解为徇个人私情、私利。国家机关工作人员为了本单位的利益，实施滥用职权、玩忽职守行为，构成犯罪的，依照《刑法》第 397 条第 1 款的规定定罪处罚。"

本类罪共包括 37 个罪名，可归纳为以下三小类：一般国家机关工作人员渎职罪；司法工作人员渎职罪；特定部门工作人员渎职罪。为了正确处理渎职犯罪案件，2006 年 7 月 26 日《最高人民检察院关于渎职侵权犯罪案件立案标准的规定》（以下简称《渎职侵权立案标准》）对本章中除枉法仲裁罪、食品监管失职罪以外的各罪的立案标准作了规定。

二、渎职罪中的共性问题

2013 年 1 月 9 日"两高"《关于办理渎职刑事案件适用法律若干问题的解释（一）》（以下简称《渎职案解释一》）对渎职罪的一些共性问题作了规定，主要包括：

1. 渎职行为的实施。渎职行为既可以是本人亲自实施，也可以是教唆或者以"集体研究"的形式实施。国家机关负责人员违法决定，或者指使、授意、强令其他国家机关工作人员违法履行职务或者不履行职务，构成刑法分则第九章规定的渎职犯罪的，应当依法追究刑事责任。以"集体研究"形式实施的渎职犯罪，应当依照刑法分则第九章的规定追究国家机关负有责任的人员的刑事责任。对于具体执行人员，应当在综合认定其行为性质、是否提出反对意见、危害结果大小等情节的基础上决定是否追究刑事责任和应当判处的刑罚。

2. 渎职犯罪中"经济损失"的含义。渎职罪在客观方面的构成要素之一是，致使公共财产、国家和人民利益遭受重大损失。这里的"损失"包括人身伤亡、经济损失、造成恶劣社会影响等。渎职犯罪中的"经济损失"，是指渎职犯罪或者与渎职犯罪相关联的犯罪立案时已经实际造成的财产损失，包括为挽回渎职犯罪所造成损失而支付的各种开支、费用等。债务人经法定程序被宣告破产，债务人潜逃、去向不明，或者因行为人的责任超过诉讼时效等，致使债权已经无法实现的，无法实现的债权部分应当认定为渎职犯罪的经济损失。

3. 渎职罪的主体问题。依法或者受委托行使国家行政管理职权的公司、企业、事业单位的工作人员，在行使行政管理职权时滥用职权或者玩忽职守，构成犯罪的，应当依照《渎职罪主体解释》的规定，适用渎职罪的规定追究刑事责任。

4. 滥用职权罪、玩忽职守罪与本章另有规定的特定人员渎职犯罪的关系。《刑法》第 397 条第 1 款规定了滥用职权罪和玩忽职守罪，《刑法》第 398～419 条规定了其他特定人员滥用职权和玩忽职守的犯罪，共 35 个罪名。《刑法》第 397 条第 2 款规定："本法另有规定的，依照规定。"这表明，《刑法》第 397 条第 1 款属于普通法条，《刑法》第 398～419 条属于特别法条。根据特别法优于普通法的适用原则，国家机关工作人员实施滥用职权或者玩忽职守犯罪行为，同时触犯《刑法》第 397 条第 1 款的规定和《刑法》第 398～419 条规定的，应当依照特别法的规定定罪处罚。国家机关工作人员滥用职权，因不具备徇私舞弊等情形，不符合《刑法》第 398～419 条之规定，但依法构成《刑法》第 397 条规定的犯罪的，以滥用职权罪或者玩忽职守罪定罪处罚。

5. 罪数和共犯的认定问题。这包括：

（1）国家机关工作人员实施渎职行为并收受贿赂，同时构成受贿罪的，除刑法另有规定外，以渎职犯罪和受贿罪数罪并罚。这里的"另有规定"是指《刑法》第 399 条第 4 款之规定。

（2）根据《刑法》第 399 条第 4 款的规定，司法工作人员收受贿赂，有徇私枉法行为，民事、行政枉法裁判行为，执行判决、裁定失职行为的，同时又构成受贿罪的，依照处罚较重的规定定罪处罚。

（3）国家机关工作人员实施渎职行为，放纵他人犯罪或者帮助他人逃避刑事处罚，构成犯罪的，依照渎职罪的规定定罪处罚。

（4）国家机关工作人员与他人共谋，利用其职务行为帮助他人实施其他犯罪行为，同时构成渎职犯罪和共谋实施的其他犯罪共犯的，依照处罚较重的规定定罪处罚。

（5）国家机关工作人员与他人共谋，既利用其职务行为帮助他人实施其他犯罪，又以非职务行为与他人共同实施该其他犯罪行为，同时构成渎职犯罪和其他犯罪的共犯的，依照数罪并罚的规定定罪处罚。

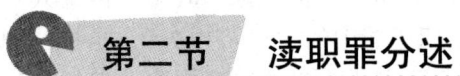

第二节   渎职罪分述

【案例】

1. 2007 年 5 月，有关方面决定由芜湖市三山区政府、芜湖市建设投资有限公司等部门共同开发三山区龙窝湖区域，三山区政府工作人员张某负责该地块的征地拆迁具体工作。2007 年 7 月，拆迁户许某收到征地拆迁通知后，为求多领国家拆迁补偿款，购买了 1 万多棵冬青树、1000 余棵香樟树等苗木突击栽种。后许某找到张某，分两次送给张某共 4 万元，请求其在拆迁补偿中给予照顾。其他拆迁户向张某反映许某突击种树的情况，张某不予调查。他还利用职务便利，帮助许某更改已经登记了的苗木调查登记表，将 1 万多棵冬青树改成香樟树，并增加其他树种的数量。许某最终获取苗木补偿款 145 万余元，造成公共财产损失 80 万余元。同年 11 月，许某拿到拆迁补偿款后，又送给张某 20 万元表示感谢。[1]问：对徐某的行为应如何定性？

2. 被告人杨有才原系某企业保卫科工作人员，1997 年 5 月起借调到郑州市公安局某分局治安科工作。1998 年 10 月，杨有才与民警杨某某等人负责查办一起数人奸淫幼女案。杨有才根据有关线索对犯罪嫌疑人付松召进行了传唤。1998 年 11 月间，杨有才在接受请托人周朝尘等的宴请和转送来的 2700 元钱后，即放弃了对付松召的进一步侦查、抓捕，也未向领导汇报付松召的情况。1999 年 12 月 9 日，转入该分局刑侦大队工作的杨有才先后通知付松召"注意躲躲""不要乱说""王凯也被抓起来了，说多了没啥好处"。由于杨有才的上述行为，致使犯罪嫌疑人王凯、郭俊锋在侦查及审查起诉阶段均未供述付松召参与共同犯罪的事实。直至 2000 年 8 月 17 日付松召到检察机关投案自首，杨有才的上述行为才败露。[2]问：杨有才作为公安机关的借用人员，可否被认定为司法工作人员？杨有才的行为构成徇私枉法罪还是包庇罪？

3. 2001 年 4 月 5 日 16 时许，看守所民警王某私自将罪犯黄冠民（已被判处有期徒刑 13 年）从东方市第一看守所内仓放出外仓（办公区），然后打传呼机让民警谢某回到所里。谢某当天值副班，无看守内仓人犯的任务。不久，谢某回到看守所内，王某便讲其欲放罪犯黄冠民回去搞清明，谢某听后即叫王某将此事向所长汇报、请示，然后便走开了。当天下午，王某还是准许黄冠民离所出走，致使黄从看守所

---

〔1〕 赵文琴、韦业强："受贿后又滥用职权是否数罪并罚"，载《检察日报》2010 年 7 月 27 日，第 3 版。

〔2〕 最高人民法院刑事审判第一庭、第二庭：《刑事审判参考》（总第 20 期），法律出版社 2001 年版，第 22 页。

脱逃，至今未归。[1]问：王某的行为是否构成私放在押人员罪？

一、滥用职权罪

（一）滥用职权罪的概念和构成要件

滥用职权罪，是指国家机关工作人员滥用职权，致使公共财产、国家和人民利益遭受重大损失的行为。其构成要件是：

1. 本罪的客体是国家机关的正常管理活动。

2. 本罪在客观方面表现为行为人滥用职权，致使公共财产、国家和人民利益遭受重大损失的行为。这包括以下两个要素：

（1）行为人有滥用职权的行为。所谓"滥用职权"，是指超越职权，违法决定、处理其无权决定、处理的事项，或者违反规定处理公务。

（2）必须致使公共财产、国家和人民利益遭受重大损失。所谓"重大损失"，既包括物质性损失和非物质性损失，也包括有形的损失和无形的损失。根据《渎职案解释一》第1条的规定，"致使公共财产、国家和人民利益遭受重大损失"是指有下列情形之一：①造成死亡1人以上，或者重伤3人以上，或者轻伤9人以上，或者重伤2人、轻伤3人以上，或者重伤1人、轻伤6人以上的；②造成经济损失30万元以上的；③造成恶劣社会影响的；④其他致使公共财产、国家和人民利益遭受重大损失的情形。

3. 本罪的主体包括国家机关工作人员和《渎职罪主体解释》规定的"三种人"。

4. 本罪的主观方面是故意。

【案例1分析】本案中，张某徇私舞弊，对其他拆迁户反映许某突击种树不予调查，还利用职务之便帮助许某更改苗木登记表，将冬青树（补偿标准低）改成香樟树（补偿标准高），且增加其他树种的数量，造成公共财产损失80余万元，已构成滥用职权罪。张某系国家机关工作人员，具体负责该地块的征迁工作，共收取许某24余万元的贿赂款，损害了国家工作人员职务行为的廉洁性，又构成受贿罪。根据上述规定，对张某应以滥用职权罪与受贿罪实行并罚。

（二）滥用职权罪的司法认定

1. 划清罪与非罪的界限。主要应划清滥用职权罪与工作失误的界限。区分二者主要是看造成损害结果的行为是否属于滥用职权。如果行为人没有实施滥用职权行为，其工作态度积极，但由于制度不完善、具体政策界限不清等原因，

---

[1] "王秋生私放在押人员案"，载110裁判案例，http://www.110.com/panli/panli_40833.html，最后访问时间：2018年3月9日。

导致发生了重大损失结果的，属于客观上无法预见，主观上不存在罪过，不构成滥用职权罪。

2. 其他方面的认定。包括滥用职权罪与特定人员滥用职权犯罪的关系和罪数、共犯的认定问题，这在本章第一节已作介绍。

（三）滥用职权罪的刑事责任

根据《刑法》第397条的规定，犯本罪的，处3年以下有期徒刑或者拘役；情节特别严重的，处3年以上7年以下有期徒刑。国家机关工作人员徇私舞弊，犯本罪的，处5年以下有期徒刑或者拘役；情节特别严重的，处5年以上10年以下有期徒刑。所谓徇私舞弊，是指国家机关工作人员为徇私情、私利，故意违背事实和法律，伪造材料，隐瞒情况，弄虚作假的行为。

本法另有规定的，依照规定。

二、玩忽职守罪

（一）玩忽职守罪的概念和构成要件

玩忽职守罪，是指国家机关工作人员严重不负责任，不履行或者不认真履行职责，致使公共财产、国家和人民利益遭受重大损失的行为。其构成要件是：

1. 本罪的客体是国家机关正常管理活动。

2. 本罪在客观方面表现为行为人严重不负责任，不履行或者不认真履行职责，致使公共财产、国家和人民利益遭受重大损失的行为。这包括以下两个要素：

（1）有玩忽职守的行为，即行为人严重不负责任，不履行或者不认真履行职责。具体包括：①不履行职责。即违背职责要求，没有实施依其职务应当实施的行为，这通常表现为不作为。②擅离职守。即在执行职务期间，违背其职责义务，擅自脱离工作岗位的行为。③不认真履行职责。即虽然有履行职责的行为，但履行不彻底、不认真。

（2）必须致使公共财产、国家和人民利益遭受重大损失。这里的"致使公共财产、国家和人民利益遭受重大损失"的具体情形，与滥用职权罪相同。

3. 本罪的主体与滥用职权罪的主体相同。

4. 本罪的主观方面是过失。过失是针对重大损失后果而言的，至于行为人对于自己不履行或者不正确履行职责的行为，则可能是明知故犯的。

（二）玩忽职守罪的司法认定

1. 划清本罪与非罪的界限。主要应划清玩忽职守罪与工作失误的界限，关键是看行为人是否违反职责规定。如果没有违反职责规定，即使发生了重大损失的结果，在主观上不存在犯罪过失，属工作失误；如果违反了职责要求即行为人未能恪尽职守，有职不履行或者履行职责不正确，导致危害结果的发生，则说明其主观上存在过失，属于玩忽职守。

2. 本罪与滥用职权罪的界限。二者的客体、主体、结果要件均相同，主要区别在于主观罪过和客观行为表现不同。本罪是过失犯罪，表现为疏忽、不认真履行职责的行为；而后罪是故意犯罪，表现为积极利用、违背职责的行为。

3. 本罪与危害公共安全罪中的有关责任事故犯罪的界限。这些犯罪的主观方面都是过失，客观方面都有失职行为且造成重大损失。主要区别包括：①客体不同。②发生场合不同。前者发生在国家机关的公务活动过程中；后者一般发生在生产、作业等业务活动过程中。③主体不同。前者的主体是国家机关工作人员和从事公务的人员；后者的主体一般是从事生产、作业的职工或工作人员。因此，国家机关工作人员在履行安全监督管理职责时滥用职权、玩忽职守，致使公共财产、国家和人民利益遭受重大损失的，以滥用职权罪、玩忽职守罪定罪处罚。[1]

2. 其他方面的认定。包括玩忽职守罪与特定人员玩忽职守犯罪的关系和罪数的认定问题，这在本章第一节已作介绍。

（三）玩忽职守罪的刑事责任

根据《刑法》第397条的规定，犯本罪的，处3年以下有期徒刑或者拘役；情节特别严重的，处3年以上7年以下有期徒刑。国家机关工作人员徇私舞弊，犯本罪的，处5年以下有期徒刑或者拘役；情节特别严重的，处5年以上10年以下有期徒刑。《渎职案解释一》对这里的"情节特别严重"的具体情形作了列举。

本法另有规定的，依照规定。

三、故意泄露国家秘密罪

故意泄露国家秘密罪，是指国家机关工作人员或者非国家机关工作人员违反保守国家秘密法的规定，故意使国家秘密被不应知悉者知悉，或者故意使国家秘密超出了限定的接触范围，情节严重的行为。本罪的对象是国家秘密。所谓"国家秘密"，是指关系国家的安全和利益，依照法定程序确定，在一定时间内只限一定范围的人员知悉的事项。国家秘密分为三级，即绝密、机密、秘密。《保守国家秘密法》第9条对哪些涉及国家安全和利益的事项应当确定为国家秘密，作出了规定。故意非法披露商业秘密的，如果该商业秘密于国家秘密，则属于本罪与侵犯商业秘密罪的法条竞合。根据《刑法》第398条的规定，犯本罪的，处3年以下有期徒刑或者拘役；情节特别严重的，处3年以上7年以下有

---

〔1〕 参见2015年12月16日"两高"《关于办理危害生产安全刑事案件适用法律若干问题的解释》第15条。

期徒刑。非国家机关工作人员犯本罪的，依照上述规定酌情处罚。

四、过失泄露国家秘密罪

过失泄露国家秘密罪，是指国家机关工作人员或者非国家机关工作人员违反保守国家秘密法的规定，过失泄露国家秘密，或者遗失国家秘密载体，致使国家秘密被不应知悉者知悉或者超出了限定的接触范围，情节严重的行为。犯本罪的，依照《刑法》第 398 条的规定处罚，即本罪的处罚与故意泄露国家秘密罪相同。

五、徇私枉法罪

（一）徇私枉法罪的概念和构成要件

徇私枉法罪，是指司法工作人员徇私枉法、徇情枉法，对明知是无罪的人而使他受追诉、对明知是有罪的人而故意包庇不使他受追诉，或者在刑事审判活动中故意违背事实和法律作枉法裁判的行为。其构成要件是：

1. 本罪的客体是国家司法机关的正常活动和司法公正。此外，对无罪之人进行非法追诉，还侵犯了公民的人身权利。

2. 本罪在客观方面表现为利用职务上的便利，在刑事诉讼中实施了徇私枉法、徇情枉法的行为。徇私、徇情是枉法的起因。枉法包括以下三种行为表现：

（1）枉法追诉，即对明知是无罪的人而使他受追诉。具体是指对明知是没有犯罪事实或者其他依法不应当追究刑事责任的人，采取伪造、隐匿、毁灭证据或者其他隐瞒事实、违反法律的手段，以追究刑事责任为目的，而立案、侦查（包括采取刑事强制措施限制或剥夺其人身自由）、起诉、审判等刑事追诉活动。例如，将明知是无罪的人作为"逃犯"在网上通缉，即可成立本罪

（2）枉法不追诉，即对明知是有罪的人而故意包庇不使他受追诉。所谓"有罪的人"，是指有犯罪事实应予追究刑事责任的人。所谓"故意包庇不使他受追诉"，是指采取伪造、隐匿、毁灭证据以及其他违背法律的手段，故意包庇有罪之人，使其不受立案、侦查、起诉或审判，包括应采取强制措施而不采取，或者违法撤销、变更强制措施，致使犯罪嫌疑人、被告人实际脱离司法机关侦控，以及重罪轻诉或轻罪重诉等。故意包庇的犯罪事实，既可以是全部犯罪事实，也可以是部分犯罪事实。

（3）枉法裁判。是指在刑事审判活动中故意违背事实和法律，作枉法判决、裁定，即有罪判无罪、无罪判有罪，或者重罪轻判、轻罪重判。枉法裁判的行为只能发生在刑事审判过程中，而前两种行为则可以发生在刑事诉讼的立案、侦查、起诉、审判过程中，侦查人员、检察人员、审判人员均可构成。

3. 本罪的主体是司法工作人员。根据《刑法》第 94 条的规定，司法工作人员是指有侦查、检察、审判、监管职责的工作人员。根据 1996 年 6 月 4 日《最

高人民检察院关于办理徇私舞弊犯罪案件适用法律若干问题的解释》的规定，司法机关专业技术人员在办案中故意提供假材料和意见，或者故意作虚假鉴定，严重影响刑事追诉活动的，也可以成立本罪。

4. 本罪的主观方面是故意，犯罪动机是徇私、徇情，即徇私利、私情。

（二）徇私枉法罪的司法认定

1. 本罪与工作失误的界限。司法工作人员如果不是出于徇私、徇情动机，而是由于责任心不强，工作方法简单，或者由于认识水平、工作能力有限，缺乏经验，或者由于案件复杂等原因，造成案件处理不当，以至于错押、错捕当事人，甚至是作出错误的裁判的，一般属于工作失误，不构成本罪。如果由于工作严重不负责任，造成冤假错案，给国家和人民的利益造成重大损失的，可以按玩忽职守罪论处。

根据《渎职侵权立案标准》的规定，司法工作人员实施徇私枉法行为，涉嫌下列情形之一的，应予立案追诉：①对明知是没有犯罪事实或者其他依法不应当追究刑事责任的人，采取伪造、隐匿、毁灭证据或者其他隐瞒事实、违反法律的手段，以追究刑事责任为目的立案、侦查、起诉、审判的；②对明知是有犯罪事实需要追究刑事责任的人，采取伪造、隐匿、毁灭证据或者其他隐瞒事实、违反法律的手段，故意包庇使其不受立案、侦查、起诉、审判的；③采取伪造、隐匿、毁灭证据或者其他隐瞒事实、违反法律的手段，故意使罪重的人受较轻的追诉，或者使罪轻的人受较重的追诉的；④在立案后，采取伪造、隐匿、毁灭证据或者其他隐瞒事实、违反法律的手段，应当采取强制措施而不采取强制措施，或者虽然采取强制措施，但中断侦查或者超过法定期限不采取任何措施，实际放任不管，以及违法撤销、变更强制措施，致使犯罪嫌疑人、被告人实际脱离司法机关侦控的；⑤在刑事审判活动中故意违背事实和法律，作出枉法判决、裁定，即有罪判无罪、无罪判有罪，或者重罪轻判、轻罪重判的；⑥其他徇私枉法应予追究刑事责任的情形。

2. 本罪与包庇罪的界限。二者的主观方面都是故意，客观方面徇私枉法罪也包含有"包庇"的内容，都可能导致有罪之人不受刑事追诉的结果，但二者的客体、客观方面和故意内容是不同的，犯罪主体具有交叉关系。如果司法工作人员包庇罪犯，这关键要看是否利用了职务便利，徇私枉法罪必须是利用职务便利故意包庇有罪之人，而且只能发生在侦查、起诉、审判过程中；而包庇罪不要求利用职务之便，并且实施包庇行为没有时间上的限制。因此，如果司法工作人员所实施的包庇行为与其具体的职务权限无关，如为犯罪人提供隐藏住所、财物、帮助其逃匿、作虚假证明的，则成立包庇罪。

【案例 2 分析】本案中，杨有才在公安机关借用期间，受指派办理奸淫幼女案，参与传唤、抓捕、审讯等工作，负有侦查职责。根据《刑法》第94条"司法工作人员，是指有侦查、检察、审判、监管职责的工作人员"之规定，以及《渎职罪主体解释》"虽未列入国家机关人员编制但在国家机关中从事公务的人员，在代表国家机关行使职权时，有渎职行为，构成犯罪的，依照刑法关于渎职罪的规定追究刑事责任"之规定，应当认定杨有才为司法工作人员。司法工作人员利用职权进行包庇的，属于徇私枉法性质；实施与其职权无关的包庇行为的，则属于包庇性质。本案中，杨有才利用职务便利，对明知是有罪之人而故意包庇不使他受追诉，其行为构成了徇私枉法罪。

3. 徇私枉法并收受贿赂行为的定罪问题。《刑法》第399条第4款规定，司法工作人员收受贿赂，实施徇私枉法行为的，同时又构成本法第385条规定的受贿罪的，依照处罚较重的规定定罪处罚。这就是说，在受贿行为和徇私枉法行为都构成犯罪的情况下，不实行数罪并罚。应当指出，上述条款是将原本属于数罪并罚的情形拟制为一罪，这属于特别规定、例外规定。

（三）徇私枉法罪的刑事责任

根据《刑法》第399条第1款的规定，犯本罪的，处5年以下有期徒刑或者拘役；情节严重的，处5年以上10年以下有期徒刑；情节特别严重的，处10年以上有期徒刑。

六、民事、行政枉法裁判罪

民事、行政枉法裁判罪，是指司法工作人员在民事、行政审判活动中，故意违背事实和法律作枉法裁判，情节严重的行为。成立本罪要求"情节严重"，具体认定标准参见《渎职侵权立案标准》。根据《刑法》第399条第2款、第4款的规定，犯本罪的，处5年以下有期徒刑或者拘役；情节特别严重的，处5年以上10年以下有期徒刑。司法工作人员收受贿赂犯本罪的，依照处罚较重的规定定罪处罚。

七、执行判决、裁定失职罪

执行判决、裁定失职罪，是指司法工作人员在执行判决、裁定活动中，严重不负责任，不依法采取诉讼保全措施、不履行法定执行职责，或者违法采取诉讼保全措施、强制执行措施，致使当事人或者其他人的利益遭受重大损失的行为。本罪的主观方面是过失。根据《刑法》第399条第3款、第4款的规定，犯本罪的，处5年以下有期徒刑或者拘役；致使当事人或者其他人的利益遭受特别重大损失的，处5年以上10年以下有期徒刑。司法工作人员收受贿赂犯本罪的，依照处罚较重的规定定罪处罚。

八、执行判决、裁定滥用职权罪

执行判决、裁定滥用职权罪，是指司法工作人员在执行判决、裁定活动中，滥用职权，不依法采取诉讼保全措施、不履行法定执行职责，或者违法采取诉讼保全措施、强制执行措施，致使当事人或者其他人的利益遭受重大损失的行为。根据《刑法》第 399 条第 3 款、第 4 款的规定，犯本罪的，处 5 年以下有期徒刑或者拘役；致使当事人或者其他人的利益遭受特别重大损失的，处 5 年以上 10 年以下有期徒刑。司法工作人员收受贿赂犯本罪的，依照处罚较重的规定定罪处罚。

九、枉法仲裁罪

枉法仲裁罪，是指依法承担仲裁职责的人员，在仲裁活动中故意违背事实和法律作枉法裁决，情节严重的行为。根据《刑法》第 399 条之一的规定，犯本罪的，处 3 年以下有期徒刑或者拘役；情节特别严重的，处 3 年以上 7 年以下有期徒刑。

十、私放在押人员罪

（一）私法在押人员罪的概念和构成要件

私放在押人员罪，是指司法工作人员利用职务上的便利，私放在押的犯罪嫌疑人、被告人或者罪犯的行为。其构成要件是：

1. 本罪的客体是司法机关的正常监管制度。本罪的对象仅限于在押的"三种人"，即在押的犯罪嫌疑人、被告人、罪犯。"在押"包括在羁押场所和押解途中。

2. 本罪在客观方面表现为司法工作人员利用职务上的便利，私放依法在押的犯罪嫌疑人、被告人或者罪犯的行为。这包括以下要素：

（1）必须是利用职务上的便利，即行为人利用自己看管、管教、押解、提审等便利条件。如果司法工作人员没有利用职务上的便利，而是利用自己熟悉监所地理环境等条件，帮助在押人员脱逃的，则应以脱逃罪的共犯论处。

（2）实施了私放在押人员的行为。所谓私放，是指没有经过合法手续，而私自将犯罪嫌疑人、被告人或罪犯释放，使其逃离监管。私放可以是作为，也可以是不作为。具体行为方式有：假借法定事由，提前释放；滥用职权，篡改（缩短）刑期；借口错捕，故意释放；利用提审、押解的机会纵放后谎称脱逃；为罪犯逃离监所创造条件等。只要行为人实施了私放在押人员的行为，即使被私放的犯罪嫌疑人、被告人后经判决宣告无罪，也同样构成犯罪，而不能因被私放的对象被宣判无罪就免除行为人的刑事责任。

3. 本罪的主体是司法工作人员，主要是负责监管犯罪嫌疑人、被告人、罪犯的工作人员以及执行刑事拘留、逮捕、提审和押解任务的工作人员。此外，根据 2001 年 3 月 2 日《最高人民检察院关于工人等非监管机关在编监管人员私放在押人员行为和失职致使在押人员脱逃行为适用法律问题的解释》的规定，工人等非监管机关在编监管人员被监管机关聘用受委托履行监管职责的过程中私放在押人员的，应当以私放在押人员罪追究刑事责任；由于严重不负责任，致使在押人员脱逃，造成严重后果的，应当以失职致使在押人员脱逃罪追究刑事责任。

4. 本罪的主观方面是故意。即明知是"三种人"而故意使其逃离监管。

【案例3分析】本案中，被告人王某身为狱警，利用其司法工作人员的特殊身份和正在值班的便利条件，擅自将在押的罪犯黄冠民带出监仓并准其离所出走，致使黄脱离监管，至今未归，王某的行为完全具备私放在押人员罪的构成要件，已构成私放在押人员罪。

（二）私法在押人员罪的司法认定

1. 本罪与非罪的界限。行为人在监管工作中，由于实践经验不足，警惕性不高、警戒不严、管理松懈而致在押的"三种人"脱逃的，或者由于工作粗枝大叶而错放在押的"三种人"的，一般属于工作失误，不构成犯罪。但对于出于严重官僚主义，极端不负责，草率从事，致使在押的"三种人"逃离监管，造成严重后果的，应当以失职致使在押人员脱逃罪论处。

根据《渎职侵权立案标准》的规定，涉嫌下列情形之一的，应予立案：①私自将在押的"三种人"放走，或者授意、指使、强迫他人将在押的"三种人"放走的；②伪造、变造有关法律文书、证明材料，以使在押的"三种人"逃跑或者被释放的；③为私放在押的"三种人"，故意向其通风报信、提供条件，致使该在押的"三种人"脱逃的；④其他私放在押的"三种人"应予追究刑事责任的情形。

2. 本罪的既遂与未遂。被私放的在押人员是否脱离司法机关的有效监管是既遂与未遂的衡量标准。如果在押人员没有逃离司法机关有效监管，属于未遂。如果在押人员已逃离了司法机关的有效监管，即使很快就被捉拿归案，也成立本罪的既遂。

3. 本罪与脱逃罪的共犯问题。本罪在客观上表现为司法工作人员人员利用职务便利，私自释放依法在押人员的行为，这在本质上是一种帮助行为，按照共犯理论，这些被私放的在押人员构成脱逃罪，而司法工作人员构成脱逃罪的共犯。但是，由于私放在押人员的行为已独立成罪，故对司法工作人员只能以私放在押人员罪定罪处罚。如果司法工作人员只是帮助在押人员脱逃，而并没有利用职务上的便利，则应以脱逃罪的共犯论处。在押人员脱逃时，司法工作人员故意不制止、不追捕的，以及在押人员与司法工作人员相勾结，导致在押人员脱离监管的，在押人员成立脱逃罪，司法工作人员由于利用了职务之便同时触

犯私放在押人员罪与脱逃罪的共犯，应从一重罪（私放在押人员罪）处罚。[1]

（三）私放在押人员罪的刑事责任

根据《刑法》第 400 条第 1 款的规定，犯本罪的，处 5 年以下有期徒刑或者拘役；情节严重的，处 5 年以上 10 年以下有期徒刑；情节特别严重的，处 10 年以上有期徒刑。

十一、失职致使在押人员脱逃罪

失职致使在押人员脱逃罪，是指司法工作人员由于严重不负责任，不履行或者不认真履行职责，致使在押的犯罪嫌疑人、被告人、罪犯脱逃，造成严重后果的行为。"在押"包括在羁押场所和押解途中。本罪的主体是司法工作人员。另外，根据有关规定，[2]对于未被公安机关正式录用，受委托履行监管职责的人员，由于严重不负责任，致使在押人员脱逃，造成严重后果的，应当以本罪定罪处罚；不负监管职责的狱医，不构成失职致使在押人员脱逃罪的主体；但是受委派承担了监管职责的狱医，由于严重不负责任，致使在押人员脱逃，造成严重后果的，应当以本罪定罪处罚。本罪的主观方面是过失。根据《渎职侵权立案标准》的规定，这里的"造成严重后果"是指具有下列情形之一，即涉嫌下列情形之一的，应予立案：①致使依法可能判处或者已经判处 10 年以上有期徒刑、无期徒刑、死刑的"三种人"脱逃的；②致使"三种人"脱逃 3 人次以上的；③"三种人"脱逃以后，打击报复报案人、控告人、举报人、被害人、证人和司法工作人员等，或者继续犯罪的；④其他致使在押的"三种人"脱逃，造成严重后果的情形。根据《刑法》第 400 条第 2 款的规定，犯本罪的，处 3 年以下有期徒刑或者拘役；造成特别严重后果的，处 3 年以上 10 年以下有期徒刑。

十二、徇私舞弊减刑、假释、暂予监外执行罪

（一）徇私舞弊减刑、假释、暂予监外执行罪的概念和构成要件

徇私舞弊减刑、假释、暂予监外执行罪，是指司法工作人员徇私舞弊，对不符合减刑、假释、暂予监外执行条件的罪犯，予以减刑、假释、暂予监外执行的行为。其构成要件是：

1. 本罪的客体是刑罚执行的正常管理秩序。

2. 本罪在客观方面主要表现为，徇私舞弊，对不符合减刑、假释、暂予监外执行条件的罪犯予以减刑、假释、暂予监外执行的行为。根据《渎职侵权立

---

〔1〕 张明楷：《刑法学》（下），法律出版社 2016 年版，第 1261 页。

〔2〕 参见 2000 年 9 月 22 日《最高人民法院关于未被公安机关正式录用的人员、狱医能否构成失职致使在押人员脱逃罪主体问题的批复》。

案标准》的规定，本罪中的行为具体包括：①刑罚执行机关的工作人员对不符合减刑、假释、暂予监外执行条件的罪犯，捏造事实，伪造材料，违法报请减刑、假释、暂予监外执行的；②审判人员对不符合减刑、假释、暂予监外执行条件的罪犯，徇私舞弊，违法裁定减刑、假释或者违法决定暂予监外执行的；③监狱管理机关、公安机关的工作人员对不符合暂予监外执行条件的罪犯，徇私舞弊，违法批准暂予监外执行的；④不具有报请、裁定、决定或者批准减刑、假释、暂予监外执行权的司法工作人员利用职务上的便利，伪造有关材料，导致不符合减刑、假释、暂予监外执行条件的罪犯被减刑、假释、暂予监外执行的；⑤其他徇私舞弊减刑、假释、暂予监外执行应予追究刑事责任的情形。

3. 本罪的犯罪主体是司法工作人员。

4. 本罪的主观方面是直接故意，并具有徇私的动机。

（二）徇私舞弊减刑、假释、暂予监外执行罪的刑事责任

根据《刑法》第401条的规定，犯本罪的，处3年以下有期徒刑或者拘役；情节严重的，处3年以上7年以下有期徒刑。

十三、徇私舞弊不移交刑事案件罪

徇私舞弊不移交刑事案件罪，是指市场监督管理、税务、监察等行政执法人员徇私舞弊，对依法应当移交司法机关追究刑事责任的案件不移交，情节严重的行为。根据《刑法》第402条的规定，犯本罪的，处3年以下有期徒刑或者拘役；造成严重后果的，处3年以上7年以下有期徒刑。

十四、滥用管理公司、证券职权罪

滥用管理公司、证券职权罪，是指市场监督管理、证券管理等国家有关主管部门的工作人员，徇私舞弊，滥用职权，对不符合法律规定条件的公司设立、登记申请或者股票、债券发行、上市申请予以批准或者登记，致使公共财产、国家和人民利益遭受重大损失的行为。根据《刑法》第403条的规定，犯本罪的，处5年以下有期徒刑或者拘役。上级部门、当地政府强令登记机关及其工作人员实施上述行为的，对其直接负责的主管人员，依照上述的规定处罚。

十五、徇私舞弊不征、少征税款罪

徇私舞弊不征、少征税款罪，是指税务机关的工作人员徇私舞弊，不征或者少征应征税款，致使国家税收遭受重大损失的行为。根据《刑法》第404条的规定，犯本罪的，处5年以下有期徒刑或者拘役；造成特别重大损失的，处5年以上有期徒刑。

十六、徇私舞弊发售发票、抵扣税款、出口退税罪

徇私舞弊发售发票、抵扣税款、出口退税罪，是指税务机关工作人员违反法律、行政法规的规定，在办理发售发票、抵扣税款、出口退税工作中，徇私

舞弊，致使国家利益遭受重大损失的行为。根据《刑法》第405条第1款的规定，犯本罪的，处5年以下有期徒刑或者拘役；致使国家利益遭受特别重大损失的，处5年以上有期徒刑。

十七、违法提供出口退税凭证罪

违法提供出口退税凭证罪，是指海关、外汇管理等国家机关工作人员违反国家规定，在提供出口货物报关单、出口收汇核销单等出口退税凭证的工作中，徇私舞弊，致使国家利益遭受重大损失的行为。犯本罪的，依照《刑法》第405条第1款的规定处罚，即本罪的处罚与上一个罪名相同。

十八、国家机关工作人员签订、履行合同失职被骗罪

国家机关工作人员签订、履行合同失职被骗罪，是指国家机关工作人员在签订、履行合同过程中，因严重不负责任，不履行或者不认真履行职责被诈骗，致使国家利益遭受重大损失的行为。本罪的主观方面为过失。根据《刑法》第406条的规定，犯本罪的，处3年以下有期徒刑或者拘役。致使国家利益遭受特别重大损失的，处3年以上7年以下有期徒刑。

十九、违法发放林木采伐许可证罪

违法发放林木采伐许可证罪，是指林业主管部门的工作人员违反森林法的规定，超过批准的年采伐限额发放林木采伐许可证或者违反规定滥发林木采伐许可证，情节严重，致使森林遭受严重破坏的行为。根据《刑法》第407条的规定，犯本罪的，处3年以下有期徒刑或者拘役。

二十、环境监管失职罪

环境监管失职罪，是指负有环境保护监督管理职责的国家机关工作人员严重不负责任，不履行或者不认真履行环境保护监管职责导致发生重大环境污染事故，致使公私财产遭受重大损失或者造成人身伤亡的严重后果的行为。根据《刑法》第408条的规定，犯本罪的，处3年以下有期徒刑或者拘役。

二十一、食品监管渎职罪

食品监管渎职罪，是指负有食品安全监督管理职责的国家机关工作人员，滥用职权或者玩忽职守，导致发生重大食品安全事故或者造成其他严重后果的行为。根据《刑法》第408条之一的规定，犯本罪的，处5年以下有期徒刑或者拘役；造成特别严重后果的，处5年以上10年以下有期徒刑。徇私舞弊犯本罪的，从重处罚。

二十二、传染病防治失职罪

传染病防治失职罪，是指从事传染病防治的政府卫生行政部门的工作人员严重不负责任，不履行或者不认真履行传染病防治监管职责，导致传染病传播或者流行，情节严重的行为。根据《刑法》第409条的规定，犯本罪的，处3

年以下有期徒刑或者拘役。

二十三、非法批准征收、征用、占用土地罪

非法批准征收、征用、占用土地罪，是指国家机关工作人员徇私舞弊，违反土地管理法、森林法、草原法等法律以及有关行政法规中关于土地管理的规定，滥用职权，非法批准征收、征用、占用耕地、林地等农用地以及其他土地，情节严重的行为。根据《刑法》第 410 条的规定，犯本罪的，处 3 年以下有期徒刑或者拘役；致使国家或者集体利益遭受特别重大损失的，处 3 年以上 7 年以下有期徒刑。

二十四、非法低价出让国有土地使用权罪

非法低价出让国有土地使用权罪，是指国家机关工作人员徇私舞弊，违反土地管理法、森林法、草原法等法律以及有关行政法规中关于土地管理的规定，滥用职权，非法低价出让国有土地使用权，情节严重的行为。犯本罪的，依照《刑法》第 410 条的规定处罚，即本罪的处罚与上一个罪名相同。

二十五、放纵走私罪

放纵走私罪，是指海关工作人员徇私舞弊，放纵走私，情节严重的行为。放纵走私行为，一般是消极的不作为。如果海关工作人员与走私分子通谋，在放纵走私过程中以积极的行为配合走私分子逃避海关监管或者在放纵走私之后分得赃款的，应以共同走私犯罪追究刑事责任。海关工作人员收受贿赂又放纵走私的，应以受贿罪和放纵走私罪数罪并罚。[1]根据《刑法》第 411 条的规定，犯本罪的，处 5 年以下有期徒刑或者拘役；情节特别严重的，处 5 年以上有期徒刑。

二十六、商检徇私舞弊罪

商检徇私舞弊罪，是指国家商检部门、商检机构的工作人员徇私舞弊，伪造检验结果的行为。根据《刑法》第 412 条第 1 款的规定，犯本罪的，处 5 年以下有期徒刑或者拘役；造成严重后果的，处 5 年以上 10 年以下有期徒刑。

二十七、商检失职罪

商检失职罪，是指国家商检部门、商检机构的工作人员严重不负责任，对应当检验的物品不检验，或者延误检验出证、错误出证，致使国家利益遭受重大损失的行为。根据《刑法》第 412 条第 2 款的规定，犯本罪的，处 3 年以下有期徒刑或者拘役。

二十八、动植物检疫徇私舞弊罪

动植物检疫徇私舞弊罪，是指动植物检疫机构的工作人员徇私舞弊，伪造

---

〔1〕 参见 2002 年 7 月 8 日《最高人民法院、最高人民检察院、海关总署关于办理走私刑事案件适用法律若干问题的意见》第 16 条。

检疫结果的行为。根据《刑法》第 413 条第 1 款的规定，犯本罪的，处 5 年以下有期徒刑或者拘役；造成严重后果的，处 5 年以上 10 年以下有期徒刑。

二十九、动植物检疫失职罪

动植物检疫失职罪，是指动植物检疫机构的工作人员严重不负责任，对应当检疫的检疫物不检疫，或者延误检疫出证、错误出证，致使国家利益遭受重大损失的行为。根据《刑法》第 413 条第 2 款的规定，犯本罪的，处 3 年以下有期徒刑或者拘役。

三十、放纵制售伪劣商品犯罪行为罪

放纵制售伪劣商品犯罪行为罪，是指对生产、销售伪劣商品犯罪行为负有追究责任的国家机关工作人员，徇私舞弊，不履行法律规定的追究职责，情节严重的行为。根据《刑法》第 414 条的规定，犯本罪的，处 5 年以下有期徒刑或者拘役。

三十一、办理偷越国（边）境人员出入境证件罪

办理偷越国（边）境人员出入境证件罪，是指负责办理护照、签证以及其他出入境证件的国家机关工作人员，对明知是企图偷越国（边）境的人员，予以办理出入境证件的行为。根据《刑法》第 415 条的规定，犯本罪的，处 3 年以下有期徒刑或者拘役；情节严重的，处 3 年以上 7 年以下有期徒刑。

三十二、放行偷越国（边）境人员罪

放行偷越国（边）境人员罪，是指边防、海关等国家机关工作人员，对明知是偷越国（边）境的人员予以放行的行为。犯本罪的，依照《刑法》第 415 条的规定处罚，即本罪的处罚与上一个罪名相同。

三十三、不解救被拐卖、绑架妇女、儿童罪

不解救被拐卖、绑架妇女、儿童罪，是指对被拐卖、绑架的妇女、儿童负有解救职责的公安、司法等国家机关工作人员，接到被拐卖、绑架的妇女、儿童及其家属的解救要求或者接到其他人的举报，而对被拐卖、绑架的妇女、儿童不进行解救，造成严重后果的行为。根据《刑法》第 416 条第 1 款的规定，犯本罪的，处 5 年以下有期徒刑或者拘役。

三十四、阻碍解救被拐卖、绑架妇女、儿童罪

阻碍解救被拐卖、绑架妇女、儿童罪，是指对被拐卖、绑架的妇女、儿童负有解救职责的公安、司法等国家机关工作人员，利用职务阻碍解救被拐卖、绑架的妇女、儿童的行为。根据《刑法》第 416 条的第 2 款规定，犯本罪的，处 2 年以上 7 年以下有期徒刑；情节较轻的，处 2 年以下有期徒刑或者拘役。

三十五、帮助犯罪分子逃避处罚罪

帮助犯罪分子逃避处罚罪，是指有查禁犯罪活动职责的国家机关工作人员，向犯罪分子通风报信、提供便利，帮助犯罪分子逃避处罚的行为。本罪的主体是司法及监察、公安、国家安全、海关、税务等国家机关工作人员。根据《刑法》第 417 条的规定，犯本罪的，处 3 年以下有期徒刑或者拘役；情节严重的，处 3 年以上 10 年以下有期徒刑。

三十六、招收公务员、学生徇私舞弊罪

招收公务员、学生徇私舞弊罪，是指国家机关工作人员在招收公务员、省级以上教育行政部门组织招收的学生工作中徇私舞弊，情节严重的行为。根据《刑法》第 418 条的规定，犯本罪的，处 3 年以下有期徒刑或者拘役。

三十七、失职造成珍贵文物损毁、流失罪

失职造成珍贵文物损毁、流失罪，是指国家机关工作人员严重不负责任，造成珍贵文物损毁或者流失，后果严重的行为。根据《刑法》第 419 条的规定，犯本罪的，处 3 年以下有期徒刑或者拘役。

本章小结

本类罪共包括 37 个罪名，本章对其中的部分重点、常见罪名，包括滥用职权罪，玩忽职守罪，徇私枉法罪，私放在押人员罪，徇私舞弊减刑、假释、暂予监外执行罪等罪名，从犯罪构成要件、司法认定等方面作了重点阐析。司法类开设刑法课程的各个专业，可根据本专业特点和岗位需要，选取若干个罪名进行讲授，要求学生重点掌握和理解，并能够实际运用。

思考练习

1. 如何理解渎职罪的犯罪主体？
2. 如果行为人既有渎职犯罪行为又有受贿行为，应如何定罪处罚？是否需要数罪并罚？
3. 认定玩忽职守罪时应当注意哪些问题？
4. 如何理解徇私枉法罪的客观方面要件？在认定该罪时应注意哪些问题？
5. 认定私放在押人员罪时应注意哪些问题？
6. 如何理解徇私舞弊减刑、假释、暂予监外执行罪的犯罪构成？

实务训练

1. 被告人许某于 2008 年 6 月间，在一次例行检查中发现其责任区内的拉丁酒吧未取得消防的批准文件先行开业，且存在诸多安全隐患。许某在稍作例行

询问，通知郑某进行报备后即离开，未作其他处理。不久，许某收受郑某贿送的人民币 2000 元。此后，许某还多次到拉丁酒吧消费免单。2008 年年底大检查中，许某因担心拉丁酒吧被查处，电话通报郑某，透露当晚公安机关检查行动的讯息。2009 年 1 月 31 日深夜，拉丁酒吧在营业中因消费者燃放的烟花引燃顶棚的易燃材料发生火灾，造成 15 人死亡、24 人受伤，还直接造成财产损失 346 500 元。2009 年 2 月 1 日凌晨，许某在办公室伪造 8 份"拉丁酒吧检查记录"和 2 份"责令限期整改（重大）治安隐患通知书"，企图逃避罪责。[1]

问：许某的行为构成滥用职权罪还是玩忽职守罪？受贿后又实施滥用职权罪应如何处理？

2. 某甲系合同制警察，一次值班与朋友打牌，接到一名男子报警电话称其人身可能受到严重伤害，要求保护，某甲没有立即采取行动，也未汇报，致使歹徒将该男子炸死。

问：某甲的行为是否构成玩忽职守罪？并说明理由。（提示：应主要从某甲是否符合玩忽职守罪的主体要件方面把握。）

3. 2011 年 11 月 15 日，英国公民尼尔·伍德被发现在其入住的重庆市一酒店房间内死亡。王立军身为重庆市公安局局长，在明知薄谷开来有杀害尼尔·伍德的重大嫌疑，且已掌握重要证据的情况下，为徇私情，指派与其本人及薄谷开来关系密切的副局长郭维国负责该案，向办案人员隐瞒薄谷开来向其讲述投毒杀害尼尔·伍德的情况及掌握的录音证据，对郭维国等人违背事实作出尼尔·伍德系酒后猝死的结论予以认可，将记录薄谷开来作案当晚到过现场的监控录像硬盘交给薄谷开来处置，以使薄谷开来不受刑事追诉。

问：王立军的行为构成何罪？

第二十五章　拓展学习

---

〔1〕 国家法官学院、中国人民大学法学院编：《中国审判案例要览（2010 年刑事审判案例卷）》，中国人民大学出版社 2011 年版，第 373 页。

第二十六章 军人违反职责罪

目标任务

　　理解军人违反职责罪的概念和构成特征，了解本类犯罪中各非重点罪名的概念和相关处罚的特别规定，掌握各重点罪名的概念、构成要件。能够分析具体案件是否成立相关犯罪，处理相关实务问题。

 **第一节　军人违反职责罪概述**

　　军人违反职责罪，是指军人违反职责，危害国家军事利益，依照法律应受刑罚处罚的行为。这类犯罪的构成特征是：

　　1. 犯罪的同类客体是国家的军事利益。

　　2. 在客观方面表现为军人实施了违反职责、危害国家军事利益的行为。所谓"违反职责"，是指违反国家法律、法规，军事法规、规章所规定的军人职责，包括军人的共同职责，士兵、军官和首长的一般职责，各类主管人员和其他从事专门工作的军人的专业职责等。

　　本类犯罪中，许多犯罪以特定的时间或地点为构成要件要素。而且，本章的有些罪名直接使用了"战时"一词，如战时违抗命令罪、战时临阵脱逃罪、战时造谣惑众罪等。《刑法》第451条规定："本章所称战时，是指国家宣布进入战争状态、部队受领作战任务或者遭敌突然袭击时。部队执行戒严任务或者处置突发性暴力事件时，以战时论。"

　　3. 犯罪的主体是特殊主体，即军人。这里的"军人"包括：现役军人，即中国人民解放军的现役军官、文职干部、士兵及具有军籍的学员和中国人民武装警察部队的现役警官、文职干部、士兵及具有军籍的学员；执行军事任务的预备役人员和其他人员。

　　4. 犯罪的主观方面，多数是故意，少数是过失。

　　本类罪共包括31个罪名。为了依法惩治军人违反职责犯罪，最高人民检察院、解放军总政治部印发了《军人违反职责罪案件立案标准的规定》（以下简称

《军职罪立案标准》），该规定自 2013 年 3 月 28 日起施行。《军职罪立案标准》对有关犯罪中的"对作战造成危害""造成严重后果""遭受重大损失""情节严重"和"情节恶劣"等的具体情形作了列举，对各个犯罪的立案标准作了规定。

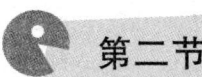 **第二节　军人违反职责罪分述**

【案例】

1. 被告人周延，某部排长。某部侦察连在前沿执行侦察任务时，遭到敌人的袭击，战斗从中午 12 时打到天黑。连长命令周延趁天黑带领两名战士从南面小山沟回团部报告情况，三人走到小山沟转弯处遭遇敌人伏击。周延不但不指挥战斗，反而贪生怕死，叫两名战士到一大石头后面还击，自己却从另一方向独自跑回部队，致使两名战士被敌人杀害。[1] 问：周延的行为构成什么犯罪？

2. 被告人赵振宇系某舰队训练团副班长。某日晚上 7 时，赵振宇在训练团营地南门岗哨执行值班任务时，突然想起次日外出游玩的事还没与同乡王某等人商量好，于是，他把值班使用的五四式手枪放在岗楼里，并委托居住在岗楼旁边积肥的农民许某照看岗楼。赵振宇离开岗楼后到本团招待所，先找到同乡王某安排好次日游玩之事，然后与王某一同到某支队的舰艇上找另一同乡张某玩耍。到晚上 8 时 50 分，赵振宇返回值班的岗楼，却发现岗楼的门锁被撬，岗楼内的手枪被人盗走。[2] 问：被告人赵振宇的行为构成何罪？

一、战时违抗命令罪

战时违抗命令罪，是指战时违抗命令，对作战造成危害的行为。违抗命令，是指主观上出于故意，客观上违背、抗拒首长、上级职权范围内的命令，包括拒绝接受命令、拒不执行命令，或者不按照命令的具体要求行动等。根据《刑法》第 421 条的规定，犯本罪的，处 3 年以上 10 年以下有期徒刑；致使战斗、战役遭受重大损失的，处 10 年以上有期徒刑、无期徒刑或者死刑。

二、隐瞒、谎报军情罪

隐瞒、谎报军情罪，是指故意隐瞒、谎报军情，对作战造成危害的行为。

---

〔1〕　"第十章军人违反职责罪"，载 http://www.docin.com/p‐597792.html，最后访问时间：2017 年 11 月 9 日。

〔2〕　韩玉胜主编：《刑法各论案例分析》，中国人民大学出版社 2000 年版，第 339 页。

所谓军情，是指作战时有关敌我的各种军事情况。根据《刑法》第 422 条的规定，犯本罪的，处 3 年以上 10 年以下有期徒刑；致使战斗、战役遭受重大损失的，处 10 年以上有期徒刑、无期徒刑或者死刑。

三、拒传、假传军令罪

拒传军令罪，是指负有传递军令职责的军人，明知是军令而故意拒绝传递或者拖延传递，对作战造成危害的行为。假传军令罪，是指故意伪造、篡改军令，或者明知是伪造、篡改的军令而予以传达或者发布，对作战造成危害的行为。犯本罪的，依照《刑法》第 422 条的规定处罚，即本罪的处罚与上一个罪名相同。

四、投降罪

投降罪，是指在战场上贪生怕死，自动放下武器投降敌人的行为。凡涉嫌投降敌人的，就应予以立案追诉。根据《刑法》第 423 条的规定，犯本罪的，处 3 年以上 10 年以下有期徒刑；情节严重的，处 10 年以上有期徒刑或者无期徒刑；投降后为敌人效劳的，处 10 年以上有期徒刑、无期徒刑或者死刑。

五、战时临阵脱逃罪

（一）战时临阵脱逃罪的概念和构成要件

战时临阵脱逃罪，是指在战斗中或者在接受作战任务后，逃离战斗岗位的行为。其构成要件是：

1. 本罪的客体是军人的作战义务。

2. 本罪在客观方面表现为在战斗中或者在接受作战任务后，逃离战斗岗位的行为，即实施了战时临阵脱逃的行为。临阵，是指部队已经受领作战任务，进入待命出击的区域及战场。如果不是在临阵的时间、地点逃离部队，不构成本罪，但可能构成逃离部队罪。

3. 本罪的主体是参战的军职人员，既包括直接战斗人员，也包括非直接战斗人员，如参战的医护人员、通讯人员、后勤保障人员等。

4. 本罪的主观方面是故意。犯罪动机是畏惧战斗、贪生怕死。如果因受伤或遇到敌方阻截而脱离部队的，或者是因为过失而在临阵状态下脱离战斗岗位的，不构成本罪。

（二）战时临阵脱逃罪的司法认定

1. 本罪与非罪的界限。本罪属于行为犯，凡战时涉嫌临阵脱逃的，应予立案。但是，对于情节显著轻微、危害不大的战时临阵脱逃的行为，不应以本罪论处。

【案例 1 分析】被告人周延身为排长，在遭到敌人伏击的关键时刻，不仅不指挥战斗，反而贪生怕死，独自逃跑，致使两名战士被敌人杀害，其行为构成了战时临阵脱逃罪。

2. 本罪与投敌叛变罪的界限。二者的区别包括：①行为表现不同。本罪行为人并非是投奔敌方；后罪则是投奔敌方或在被捕、被俘后投降敌人，并进行危害国家安全的活动。②犯罪主体不同。本罪的主体是参战的军职人员；后罪的主体则可以是军内外人员。③犯罪目的不同。本罪的行为人是为了逃避履行战斗义务；后罪则是具有危害国家安全的目的。

（三）战时临阵脱逃罪的刑事责任

根据《刑法》第424条的规定，犯本罪的，处3年以下有期徒刑；情节严重的，处3年以上10年以下有期徒刑；致使战斗、战役遭受重大损失的，处10年以上有期徒刑、无期徒刑或者死刑。

六、擅离、玩忽军事职守罪

（一）擅离、玩忽军事职守罪的概念和构成要件

擅离、玩忽军事职守罪，是指指挥人员和值班、值勤人员擅自离开正在履行职责的岗位，或者在履行职责的岗位上，严重不负责任，不履行或者不正确履行职责，造成严重后果的行为。其构成要件是：

1. 本罪的客体是军队的指挥、值班、值勤管理制度。

2. 本罪在客观方面表现为擅离职守或者玩忽职守，造成严重后果的行为。擅离职守，是指擅自离开正在履行职责的岗位。玩忽职守，是指在履行职责的岗位上，严重不负责任，不履行或者不正确履行职责。擅离职守或者玩忽职守的行为必须造成了严重后果，才构成本罪。

3. 本罪的主体是军人中的指挥人员和值班、值勤人员。指挥人员，是指对部队或者部属负有组织、领导、管理职责的人员。专业主管人员在其业务管理范围内，视为指挥人员。值班人员，是指军队各单位、各部门为保持指挥或者履行职责不间断而设立的、负责处理本单位、本部门特定事务的人员。值勤人员，是指正在担任警卫、巡逻、观察、纠察、押运等勤务，或者作战勤务工作的人员。

4. 本罪的主观方面是过失。

【案例2分析】被告人赵振宇作为军队值班人员，在值班期间擅自离开正在履行职责的岗位，并把值班使用的手枪放在岗楼里，造成手枪被盗的严重后果，其行为符合擅离军事职守罪的犯罪构成。

（二）擅离、玩忽军事职守罪的司法认定

1. 罪与非罪的界限。《军职罪立案标准》第6条对应以本罪立案追诉的情形作了规定。

2. 玩忽军事职守罪与玩忽职守罪的界限。二者的主要区别是犯罪主体不同。

本罪的主体限于军人中的指挥人员和值班、值勤人员。如果不属于这类人员，而是一般国家机关工作人员或者未在值班、值勤岗位上的军人玩忽职守，造成严重后果的，应以玩忽职守罪定罪处罚。根据 1988 年 10 月 19 日中国人民解放军军事法院《关于审理军人违反职责罪案件中几个具体问题的处理意见》（以下简称《军职罪处理意见》）的规定，军职人员确实不知他人借用枪支、弹药是为实施犯罪，私自将自己保管、使用的枪支、弹药借给他人，致使公共财产、国家和人民利益遭受重大损失的，以玩忽职守罪论处；如果在值班、值勤等执行职务时，擅自将自己使用、保管的枪支、弹药借给他人，因而造成严重后果的，以玩忽军事职守罪论处。

（三）擅离、玩忽军事职守罪的刑事责任

根据《刑法》第 425 条的规定，犯本罪的，处 3 年以下有期徒刑或者拘役；造成特别严重后果的，处 3 年以上 7 年以下有期徒刑。战时犯本罪的，处 5 年以上有期徒刑。

七、阻碍执行军事职务罪

阻碍执行军事职务罪，是指以暴力、威胁方法，阻碍指挥人员或者值班、值勤人员执行职务的行为。凡涉嫌阻碍执行军事职务的，均应予立案追诉。根据《刑法》第 426 条的规定，犯本罪的，处 5 年以下有期徒刑或者拘役；情节严重的，处 5 年以上 10 年以下有期徒刑；情节特别严重的，处 10 年以上有期徒刑或者无期徒刑。战时从重处罚。

八、指使部属违反职责罪

指使部属违反职责罪，是指指挥人员滥用职权，指使部属进行违反职责的活动，造成严重后果的行为。根据《刑法》第 427 条的规定，犯本罪的，处 5 年以下有期徒刑或者拘役；情节特别严重的，处 5 年以上 10 年以下有期徒刑。

九、违令作战消极罪

违令作战消极罪，是指指挥人员违抗命令，临阵畏缩，作战消极，造成严重后果的行为。根据《刑法》第 428 条的规定，犯本罪的，处 5 年以下有期徒刑；致使战斗、战役遭受重大损失或者有其他特别严重情节的，处 5 年以上有期徒刑。

十、拒不救援友邻部队罪

拒不救援友邻部队罪，是指指挥人员在战场上，明知友邻部队处境危急请求救援，能救援而不救援，致使友邻部队遭受重大损失的行为。根据《刑法》第 429 条的规定，犯本罪的，处 5 年以下有期徒刑。

十一、军人叛逃罪

（一）军人叛逃罪的概念和构成要件

军人叛逃罪，是指军人在履行公务期间，擅离岗位，叛逃境外或者在境外

叛逃，危害国家军事利益的行为。其构成要件是：

1. 本罪的客体是国家的军事利益以及军人的忠诚义务。

2. 本罪在客观方面表现为在履行公务期间，擅离岗位，叛逃境外或者在境外叛逃，危害国家军事利益的行为。所谓"叛逃"，主要是指投靠境外的机构、组织，或者直接投奔国外有关组织，或者逃往外国驻我国使领馆等行为。叛逃的地点包括：一是由境内叛逃到境外；二是在境外叛逃。

3. 本罪的主体是正在履行公务的军人。

4. 本罪的主观方面是故意，不要求行为人有明确的犯罪目的。

（二）军人叛逃罪的司法认定

1. 罪与非罪的界限。根据《军职罪立案标准》第 11 条的规定，军人叛逃涉嫌下列情形之一的，应予立案追诉：①因反对国家政权和社会主义制度而出逃的；②掌握、携带军事秘密出境后滞留不归的；③申请政治避难的；④公开发表叛国言论的；⑤投靠境外反动机构或者组织的；⑥出逃至交战对方区域的；⑦进行其他危害国家军事利益活动的。

2. 本罪与投敌叛变罪的界限。二者的主要区别包括：①行为表现不同。本罪是行为人在履行公务期间，擅离岗位，叛逃境外或者在境外叛逃，但不一定是投奔敌方国家或地区；后罪则是投奔敌方或者被捕、被俘后投降敌人，并进行危害国家安全的活动。②犯罪主体不同。本罪的主体是正在履行公务的军人；后罪的主体则是一般主体，包括军内外人员。③主观方面不同。本罪不要求行为人有明确的犯罪目的，后罪要求行为人具有危害国家安全的目的。

（三）军人叛逃罪的刑事责任

根据《刑法》第 430 条的规定，犯本罪的，处 5 年以下有期徒刑或者拘役；情节严重的，处 5 年以上有期徒刑；驾驶航空器、舰船叛逃的，或者有其他特别严重情节的，处 10 年以上有期徒刑、无期徒刑或者死刑。

十二、非法获取军事秘密罪

非法获取军事秘密罪，是指违反国家和军队的保密规定，采取窃取、刺探、收买方法，非法获取军事秘密的行为。凡涉嫌非法获取军事秘密的，应予立案追诉。根据《刑法》第 431 条第 1 款的规定，犯本罪的，处 5 年以下有期徒刑；情节严重的，处 5 年以上 10 年以下有期徒刑；情节特别严重的，处 10 年以上有期徒刑。

十三、为境外窃取、刺探、收买、非法提供军事秘密罪

为境外窃取、刺探、收买、非法提供军事秘密罪，是指违反国家和军队的保密规定，为境外的机构、组织、人员窃取、刺探、收买、非法提供军事秘密的行为。凡涉嫌为境外窃取、刺探、收买、非法提供军事秘密的，均应予立案追诉。根据《刑法》第 431 条第 2 款的规定，犯本罪的，处 10 年以上有期徒刑、无期徒刑或者死刑。

十四、故意泄露军事秘密罪

故意泄露军事秘密罪，是指违反国家和军队的保密规定，故意使军事秘密被不应知悉者知悉或者超出了限定的接触范围，情节严重的行为。根据《刑法》第 432 条规定，犯本罪的，处 5 年以下有期徒刑或者拘役；情节特别严重的，处 5 年以上 10 年以下有期徒刑。战时犯本罪的，处 5 年以上 10 年以下有期徒刑；情节特别严重的，处 10 年以上有期徒刑或者无期徒刑

十五、过失泄露军事秘密罪

过失泄露军事秘密罪，是指违反国家和军队的保密规定，过失泄露军事秘密，致使军事秘密被不应知悉者知悉或者超出了限定的接触范围，情节严重的行为。犯本罪的，依照《刑法》第 432 条的规定处罚，即本罪的处罚与上一个罪名相同。

十六、战时造谣惑众罪

战时造谣惑众罪，是指在战时造谣惑众，动摇军心的行为。造谣惑众，动摇军心，是指故意编造、散布谣言，煽动怯战、厌战或者恐怖情绪，蛊惑官兵，造成或者足以造成部队情绪恐慌、士气不振、军心涣散的行为。根据《刑法》第 433 条的规定，犯本罪的，处 3 年以下有期徒刑；情节严重的，处 3 年以上 10 年以下有期徒刑；情节特别严重的，处 10 年以上有期徒刑或者无期徒刑。

十七、战时自伤罪

战时自伤罪，是指在战时为了逃避军事义务，故意伤害自己身体的行为。凡战时涉嫌自伤致使不能履行军事义务的，均应予立案追诉。根据《刑法》第 434 条的规定，犯本罪的，处 3 年以下有期徒刑；情节严重的，处 3 年以上 7 年以下有期徒刑。

十八、逃离部队罪

逃离部队罪，是指违反兵役法规，逃离部队，情节严重的行为。逃离部队，是指擅自离开部队或者经批准外出逾期拒不归队。根据《刑法》第 435 条的规定，犯本罪的，处 3 年以下有期徒刑或者拘役。战时犯本罪的，处 3 年以上 7 年以下有期徒刑。

十九、武器装备肇事罪

武器装备肇事罪，是指违反武器装备使用规定，情节严重，因而发生责任事故，致人重伤、死亡或者造成其他严重后果的行为。根据《军职罪处理意见》的规定，军职人员在执勤、训练、作战时使用、操作武器装备，或者在管理、维修、保养武器装备的过程中，违反武器装备使用规定和操作规程，情节严重，

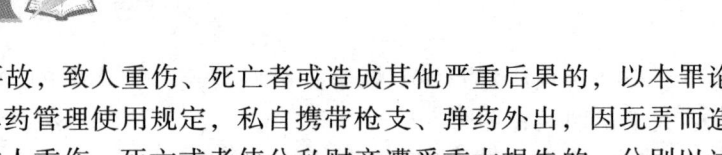

因而发生重大责任事故，致人重伤、死亡者或造成其他严重后果的，以本罪论处；凡违反枪支、弹药管理使用规定，私自携带枪支、弹药外出，因玩弄而造成走火或者爆炸，致人重伤、死亡或者使公私财产遭受重大损失的，分别以过失致人重伤罪、过失致人死亡罪或者过失爆炸罪论处。根据《刑法》第436条的规定，犯本罪的，处3年以下有期徒刑或者拘役；后果特别严重的，处3年以上7年以下有期徒刑。

二十、擅自改变武器装备编配用途罪

擅自改变武器装备编配用途罪，是指违反武器装备管理规定，未经有权机关批准，擅自将编配的武器装备改作其他用途，造成严重后果的行为。本罪的主观方面是过失。根据《刑法》第437条的规定，犯本罪的，处3年以下有期徒刑或者拘役；造成特别严重后果的，处3年以上7年以下有期徒刑。

二十一、盗窃、抢夺武器装备、军用物资罪

盗窃、抢夺武器装备、军用物资罪，是指以非法占有为目的，秘密窃取武器装备、军用物资，或者乘人不备，公然夺取武器装备、军用物资的行为。根据《刑法》第438条的规定，犯本罪的，处5年以下有期徒刑或者拘役；情节严重的，处5年以上10年以下有期徒刑；情节特别严重的，处10年以上有期徒刑、无期徒刑或者死刑。盗窃、抢夺枪支、弹药、爆炸物的，依照《刑法》第127条的规定处罚。

二十二、非法出卖、转让武器装备罪

非法出卖、转让武器装备罪，是指非法出卖、转让武器装备的行为。根据《刑法》第439条的规定，犯本罪的，处3年以上10年以下有期徒刑；出卖、转让大量武器装备或者有其他特别严重情节的，处10年以上有期徒刑、无期徒刑或者死刑。

二十三、遗弃武器装备罪

遗弃武器装备罪，是指负有保管、使用武器装备义务的军人，违抗命令，故意遗弃武器装备的行为。根据《刑法》第440条的规定，犯本罪的，处5年以下有期徒刑或者拘役；遗弃重要或者大量武器装备的，或者有其他严重情节的，处5年以上有期徒刑。

二十四、遗失武器装备罪

遗失武器装备罪，是指遗失武器装备，不及时报告或者有其他严重情节的行为。不及时报告，包括完全不报告和虽已报告但不及时两种情况。根据《刑法》第441条的规定，犯本罪的，处3年以下有期徒刑或者拘役。

二十五、擅自出卖、转让军队房地产罪

擅自出卖、转让军队房地产罪，是指违反军队房地产管理和使用规定，未经有权机关批准，擅自出卖、转让军队房地产，情节严重的行为。根据《刑法》第 442 条的规定，犯本罪的，对直接责任人员，处 3 年以下有期徒刑或者拘役；情节特别严重的，处 3 年以上 10 年以下有期徒刑。

二十六、虐待部属罪

虐待部属罪，是指滥用职权，虐待部属，情节恶劣，致人重伤、死亡或者造成其他严重后果的行为。虐待部属，是指采取殴打、体罚、冻饿或者其他有损身心健康的手段，折磨、摧残部属的行为。情节恶劣，是指虐待手段残酷的；虐待 3 人以上的；虐待部属 3 次以上的；虐待伤病残部属的，等等。其他严重后果，是指部属不堪忍受虐待而自杀、自残造成重伤或者精神失常的；诱发其他案件、事故的；导致部属 1 人逃离部队 3 次以上，或者 2 人以上逃离部队的；造成恶劣影响的，等等。根据《刑法》第 443 条的规定，犯本罪的，处 5 年以下有期徒刑或者拘役；致人死亡的，处 5 年以上有期徒刑。

二十七、遗弃伤病军人罪

遗弃伤病军人罪，是指在战场上故意遗弃我方伤病军人，情节恶劣的行为。本罪的主体是对伤病军人负有救护任务的直接责任人员。根据《刑法》第 444 条的规定，犯本罪的，处 5 年以下有期徒刑。

二十八、战时拒不救治伤病军人罪

战时拒不救治伤病军人罪，是指战时在救护治疗职位上，有条件救治而拒不救治危重伤病军人的行为。根据《刑法》第 445 条的规定，犯本罪的，处 5 年以下有期徒刑或者拘役；造成伤病军人重残、死亡或者有其他严重情节的，处 5 年以上 10 年以下有期徒刑。

二十九、战时残害居民、掠夺居民财物罪

战时残害居民、掠夺居民财物罪，是指战时在军事行动地区残害无辜居民，或者战时在军事行动地区抢劫、抢夺无辜居民财物的行为。无辜居民，是指对我军无敌对行动的平民。根据《刑法》第 446 条的规定，犯本罪的，处 5 年以下有期徒刑；情节严重的，处 5 年以上 10 年以下有期徒刑；情节特别严重的，处 10 年以上有期徒刑、无期徒刑或者死刑。

三十、私放俘虏罪

私放俘虏罪，是指擅自将俘虏放走的行为。本罪的客体是俘虏的管理制度。本罪的主体是具有看守、管理、调运俘虏等职责的军人。凡涉嫌私放俘虏的，应予立案追诉。根据《刑法》第 447 条的规定，犯本罪的，处 5 年以下有期徒刑；私放重要俘虏、私放俘虏多人或者有其他严重情节的，处 5 年以上有期徒刑。

三十一、虐待俘虏罪

虐待俘虏罪，是指虐待俘虏，情节恶劣的行为。情节恶劣，包括指挥人员虐待俘虏的；虐待俘虏3人以上或3次以上的；虐待俘虏手段特别残忍的；虐待伤病俘虏的；导致俘虏自杀、逃跑等严重后果的；造成恶劣影响的，等等。根据《刑法》第448条的规定，犯本罪的，处3年以下有期徒刑。

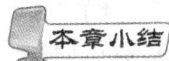

本章小结

军人违反职责罪，是指军人违反职责，危害国家军事利益，依照法律应受刑罚处罚的行为。本类罪共包括31个罪名，重点罪名包括战时临阵脱逃罪，擅离、玩忽军事职守罪，军人叛逃罪等。掌握重点罪名关键在于犯罪构成要件和认定时应注意的问题。

思考练习

1. 如何理解军人违反职责罪的构成特征？
2. 如何认定战时临阵脱逃罪？
3. 如何理解擅离、玩忽军事职守罪的犯罪构成？

实务训练

王某波系某部三连战士，平时对连长有意见。在一次战斗中，王某波所在班担任埋伏任务，从早晨埋伏到晚上，战士有些不耐烦了，王某波造谣说："哪有什么敌人，早晨听连长说，要考验我们，他不知到哪里喝酒去了。"有个战士闻听此言，立即从地上站起来，结果暴露目标，敌人开枪射击，一战士受重伤，敌人趁机逃走。

问：王某波的行为构成什么罪？并说明理由。

第二十六章　拓展学习

参考文献

1. 高铭暄：《刑法专论》，高等教育出版社 2002 年版。

2. 高铭暄、马克昌主编：《刑法学》，北京大学出版社、高等教育出版社 2017 年版。

3. 王作富主编：《刑法》，中国人民大学出版社 2016 年版。

4. 张明楷：《刑法学》，法律出版社 2016 年版。

5. 陈兴良：《规范刑法学》，中国人民大学出版社 2017 年版。

6. 陈兴良：《判例刑法学》，中国人民大学出版社 2017 年版。

7. 陈兴良：《本体刑法学》，中国人民大学出版社 2017 年版。

8. 黄京平：《刑法》，中国人民大学出版社 2016 年版。

9. 阮齐林：《刑法学》，中国政法大学出版社 2011 年版。

10. 周光权：《刑法各论》，中国人民大学出版社 2016 年版。

11. 曲伶俐主编：《刑事法律原理与实务》，中国政法大学出版社 2011 年版。

12. 罗翔编著：2013 年国家司法考试教材一本通《刑法》，中国法制出版社 2012 年版。

13. 潘家永主编：《刑法原理与实务》，中国政法大学出版社 2014 年版。

14. 赵秉志主编：《刑法教学案例》，法律出版社 2003 年版。

15. 韩玉胜主编：《刑法学原理与案例教程》，中国人民大学出版社 2014 年版。

16. 黄京平主编：《刑法案例分析（总则）》，中国人民大学出版社 2011 年版。

17. 李永升主编：《刑法案例与规范》，中国法制出版社 2017 年版。

18. 法律考试中心编：《国家司法考试历年试题汇编及答案解析》，法律出版社 2012 年版。